Otto Benndorf, George Niemann

Das Heroon von Gjölbaschi-Trysa

Otto Benndorf, George Niemann

Das Heroon von Gjölbaschi-Trysa

ISBN/EAN: 9783743396289

Hergestellt in Europa, USA, Kanada, Australien, Japan

Cover: Foto ©ninafisch / pixelio.de

Manufactured and distributed by brebook publishing software (www.brebook.com)

Otto Benndorf, George Niemann

Das Heroon von Gjölbaschi-Trysa

SONDERDRUCK

AUS DEM

JAHRBUCH DER KUNSTHISTORISCHEN SAMMLUNGEN

DES

ALLERHÖCHSTEN KAISERHAUSES

DAS HEROON

VON

GJÖLBASCHI-TRYSA

VON

OTTO BENNDORF UND GEORGE NIEMANN

MIT 34 TAFELN UND ZAHLREICHEN ABBILDUNGEN IM TEXTE

WIEN, 1889

DRUCK UND VERLAG VON ADOLF HOLZHAUSEN

K. K. HOFBUCHDRUCKER

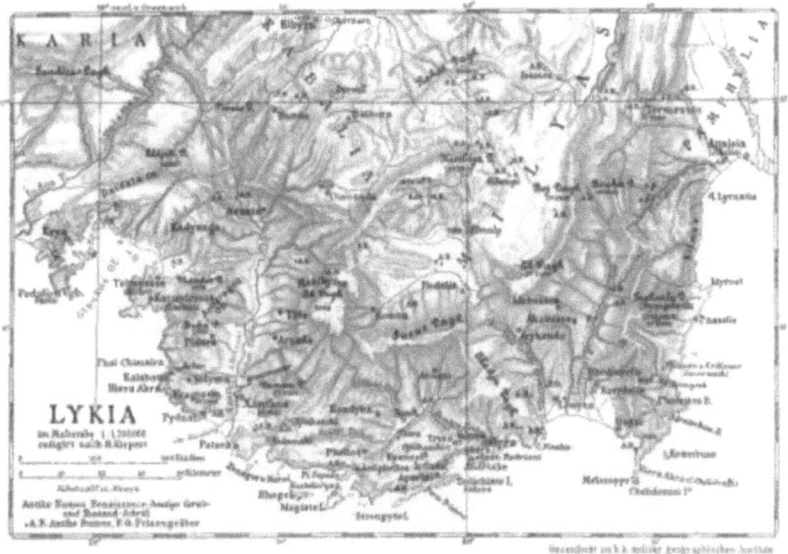

uf der Höhe von Rhodos stellt sich das südwestliche Ende Kleinasiens als ein langer Streifen duftigblauer Berge dar. Günstiger Wind treibt in einer Nacht hinüber, und mit Tagesanbruch sieht man Schneegipfel über dunklen Ufergebirgen aufleuchten. Man steuert ostwärts auf das in gewaltiger Oede entgegenwachsende Cap des Kragos, an der hafenlosen flachen Bucht des Xanthosthales vorüber, jäh aufsteigenden Bergwänden entlang, denen unwirthliche, in nackte Inseln zerrissene Gestade mit neuen Reihen schneebeladener Hochgipfel folgen — und diese wunderbare Verschlossenheit des Landes behauptet sich in überraschender Grösse während der ganzen Fahrt um die lykische Halbinsel. Es ist eine in die See herausgeschobene Schweiz, die man umkreist und von immer neuen Seiten bewundert.

Die Mitte des Südrandes von Lykien, zwischen den Küstenorten Antiphellos und Myra, bildet ein steiles Kalkplateau. Eine der höchsten Erhebungen dieses Plateaus, eine Bergkuppe 866 Meter über dem Meere, in Luftlinie kaum eine Stunde vom Strande entfernt — ihr heutiger Name ist Gjölbaschi, der antike Trysa — trägt unter den Resten einer kleinen lykischen Stadt das Grabmonument, das wir als Heroon von Gjölbaschi-Trysa veröffentlichen. Die Stätte ist durch eine vollkommene Rundschau ausgezeichnet. Ueber umwachsene Trümmer sieht man nach Westen auf die anmuthig wechselnden Höhen und Ebenen des Plateaus; im Osten trennt ein Thalschlund von einem höheren Küstengebirge; ehrwürdige Alpenhäupter stehen im Norden, und südwärts in der Tiefe erschliesst sich das weite Meer, welches strahlend blau in alle Winkel der zerklüfteten Küste dringt und ihre aufragenden Riffe, Felseilande und langgestreckten Landzungen in ewiger Bewegung mit weissem Glanze säumt.

Fürstlich wie diese Lage ist die Bestimmung des Monumentes zu denken. Zwar der Name des Todten ist verschollen, aber von seinem Stande und seiner Bedeutung zeugt die Anlage des Grabmals, welches unter den zahlreich erhaltenen Landesdenkmälern einmalig und ausserordentlich dasteht.

Der Volksstamm der Lykier empfing höhere Cultur durch griechische Zuwanderungen, welche die
Sage mit Bellerophon, dem Helden von Korinth, der nach tapferen Thaten die Königstochter und ein
Krongut erwirbt, beginnen lässt. Während landeinwärts lykischer Adel sich von Burg zu Burg befehdete,
entstanden in den Küstenebenen städtische Plätze, von denen die Griechen, ähnlich wie heutzutage, rasch
sich vermehrend und in kluger Ueberlegenheit überall sich anpassend, in das Innere vordrangen. In dieser
Ausbreitung und allmäligen Eroberung des Landes thaten sich in älterer Zeit ritterliche Geschlechter hervor,
welche fern von der Heimat einen günstigeren Boden für ihre Herrschertalente suchten, und von solchem
griechischen Adel offenbar war der Fürst von Trysa, dem das Heroon als Begräbnissstätte diente. Dem
Stile der Bildwerke zufolge wird er es in der zweiten Hälfte des fünften Jahrhunderts v. Chr. und nach
Landessitte bei Lebzeiten sich und den Seinen errichtet haben.

Griechische Machthaber verstanden es stets, sich durch angelegentliche Kunstpflege zu verherrlichen
und den Volksglauben an ihre göttliche Abkunft zu unterhalten. Als Heiligthum ist die Anlage des Grabes
gedacht. Wie ein Tempel stand der hohe Sarkophagbau unter schattenden Bäumen in einem offenen Hofe,
eingefriedet von einem grossen Mauerviereck, dessen Eingangsthor wie ein Propylaion mit besonderem
Schmucke bedacht war. Bescheidene Einbauten dienten dem Culte des Todten, bei Opfern und festlichen
Opfermahlen, zu denen sich die Mitglieder der Sippe an seinen Ehrentagen einfanden. Als Heros auffahrend auf einem Viergespann, war er am Eingange verewigt, und durch eine wappenartige Darstellung
unter diesem Bilde hatte er sich zu dem Geschlechte Bellerophons bekannt, welches königliches Ansehen
im Lande genoss und fremden Ländern Könige gegeben hatte. Ahnenbildern aber vergleichbar zogen sich
an den Umfassungsmauern bildliche Erzählungen vergangener Heldenschicksale hin, ein in langen Relief-
reihen ausgebreiteter epischer Cyclus, welcher den Krieg um Troja und das Ende von Theben enthielt,
Heroengeschichte in grossem Stil, wie die Kunst des Polygnot in friesartigen Gemälden geschaffen
hatte. Alles in alterthümlicher Strenge der Ausführung und trotz des aufgetragenen Farbenschmuckes von
prunklos schlichter Erscheinung, wie sie schon durch die provinziale Art des Maueraufbaues und die
Natur des Materiales, eines am Bauplatze gebrochenen marmorartigen Kalksteines, bedingt war. Aber in
seiner Fülle bildhauerischer Verzierungen bezeichnete das Monument an diesem seinem Orte sichtlich
einmal eine eigenartig höchste Leistung, und seiner Idee nach erscheint es uns heute mit dem zeitlich etwas
jüngeren Tempelgrabe, welches einem lykischen Fürsten in Xanthos aus Marmor erbaut ward, als ein
kunstgeschichtlicher Vorläufer des Weltwunders von Halikarnass, von dem sich die Bezeichnung der
Königsgräber als Mausoleen herschreibt.

Das Heroon erfuhr in später, vermuthlich mittelalterlicher Zeit eine theilweise Zerstörung, welche
Erdbeben weitergeführt haben. Seit dieser Zeit lag es unberührt und vergessen im Frieden seiner Abge-
schiedenheit, bis es ein deutscher Gelehrter im Jahre 1841 auf einsamer Wanderung wieder auffand. Aber
auch diese Entdeckung fiel, wie im Folgenden erzählt wird, ihrerseits der Vergessenheit anheim, und erst
österreichischen Unternehmungen der Jahre 1881 und 1882 war es vorbehalten, den Zauber, der über
dem Kunstschatze ruhte, zu lösen. Ueber diese Unternehmungen hat ein vorläufiger Bericht, der im
VI. Bande der Archäologisch-epigraphischen Mittheilungen aus Oesterreich enthalten ist, ausführliche Rechenschaft gegeben, und diesem Berichte ist jetzt nur hinzuzufügen, dass einige Mitglieder der Gesellschaft für
archäologische Erforschung Kleinasiens, die uns 1882 entsandte, im folgenden Jahre durch den Ingenieur
dieser Expedition, Herrn Gabriel Knaffl Ritter von Fohnsdorf, eine ergänzende Unternehmung durchführen liessen, so dass jetzt alle Sculpturen des Heroon in den Kunstsammlungen des Allerhöchsten
Kaiserhauses in Wien vereinigt sind. Dienstlich unterstützt wurde diese letzte Expedition durch Sr. Majestät
Transportschiff »Pola«, Commandant Salvini R. von Meeresburg, während die beiden früheren Sr. Majestät
Raddampfer »Taurus«, 1881 Commandant Fürst Wrede, 1882 Commandant Baritz von Ikafalva, dienst-
lich gefördert hatte.

Es hat besonderer Opfer und allseitiger Ausdauer bedurft, um diese Unternehmungen durchzuführen.
Möchte nunmehr ihr hervortretendes Ergebniss unseren hochsinnigen Förderern bleibenden Dank bieten
und nach ihrem Wunsche die Pflege bezeugen, deren sich auch wissenschaftliche Bestrebungen im grossen
Leben des Staates durch kaiserliche Huld und Obhut erfreuen.

Wien, den 1. October 1888.   O. B.

I. Julius August Schönborn.

Dem Entdecker des historischen Schatzes, welchen wir im Folgenden darlegen, gilt es zunächst dankbar die Ehre zu erweisen, auf die er als Abgeschiedener erhöhten Anspruch hat. Die Erfüllung dieser Pflicht ist um so angenehmer, als sie auf das Bild einer Persönlichkeit führt, die durch ihren Charakter und ihr Geschick menschliche Theilnahme abgewinnt. Schönborn's Forschungen im Orient haben durch Ungunst der Verhältnisse und in Folge persönlicher Unterlassungen bei seinen Lebzeiten keinerlei äussern Erfolg erreicht. Aber als Entdeckerleistungen, insoweit es sich um tapferes Suchen und treues Beobachten handelt, reihen sie sich den längst nach Verdienst berühmten von Fellows und Spratt, mit denen sie sich zeitlich wie örtlich berühren, ebenbürtig an und sichern ihm einen Ehrenplatz in der Geschichte der wissenschaftlichen Wiedereroberung Kleinasiens.[1]

Julius August Schönborn wurde am 8. November 1801 zu Meseritz im Grossherzogthum Posen geboren, als Sohn eines evangelischen Geistlichen Johann Martin Schönborn der, als Oberprediger im Orte 1834 verstarb. Den ersten Unterricht dankte er dem gestrengen Vater, dessen Beispiel und Erziehung seine Eigenart bestimmte. Weitere Ausbildung erhielt er auf dem Magdalenen-Gymnasium in Breslau; dann bezog er die dortige Universität, an der er von Ostern 1821 bis Ostern 1824 Theologie und orientalische Sprachen studirte. Neben dem Berufscollegien hörte er einige historische und philosophische, einmal auch ein botanisches bei Treviranus; philologische Studien waren nur durch eine Vorlesung Passow's über Aristophanes vertreten. In Berlin, wo er den Sommer 1824 zubrachte, liess er sich gleichfalls an der theologischen Facultät eintragen, vornehmlich zogen ihn aber hier die Vorlesungen Karl Ritter's über Ethnographie und Geographie Asiens an.

Im Herbst 1825 übernahm er eine Lehrerstelle an dem Gymnasium zu Posen und ging, als dieses 1834 in zwei Anstalten, in eine katholische und eine evangelische, getheilt wurde, an diese letztere, das Friedrich Wilhelms-Gymnasium über, an dem er seit 1831 als Oberlehrer, seit 1844 als Professor bis zu seinem 1857 erfolgten Tode wirkte. Er lehrte Religion, Hebräisch das er völlig beherrschte, Griechisch, Lateinisch, Geographie; der Einsatz seiner Person aber, mit dem er den Beruf trieb, und der sich steigerte, seit er die Braut durch Tod verlor, gewann und sicherte ihm eine hervorragende Stellung. Mit grosser Bestimmtheit tritt dies in dem Charakterbilde heraus, das ein Lieblingsschüler, der auch als junger Lehrer mit ihm in naher Verbindung stand und sich immer inniger mit ihm befreundete, Theodor Kock, nach seinem Tode veröffentlichte, und derselbe bestätigt es noch heute, indem er aus ausgebreiteter amtlicher Erfahrung ihm eine geradezu unvergleichliche Lehrbefähigung nachrühmt, die auch für sein (Kock's) Leben von bestimmendem Einflusse gewesen sei. Aehnlich äusserte sich Kuno Fischer, der die Anstalt in den Jahren 1835—1844 besuchte, in einer brieflichen Schilderung seiner Gymnasialzeit: »An den strengsten Lehrer, den älteren Schönborn, habe ich die dankbarste Erinnerung bewahrt. In seiner kurzgebundenen, formulirten, höchst bestimmten und sicheren Unterrichtsweise, die jeden Zweifel und jedes Missverständniss, darum auch alles Zwischenfragen ausschloss und einen unnahbaren Ernst zeigte, war er das verkörperte Unterrichtsobject. Man musste ihn fürchten, und zwar so, wie es für den Schüler sehr unbequem und unheimlich, aber auch wohlthätig ist. Es war in seiner Strenge nichts Gemachtes, sondern etwas Naturgemässes, vielleicht Vererbtes. Eine solche Strenge muss man erfahren, um die Wahrheit des Wortes ὁ μὴ δαρεὶς ἄνθρωπος οὐ παιδεύεται zu erleben ... Seine Strenge erschien als eine so ausnahmslose Gerechtigkeit, dass er ebenso geachtet als gefürchtet werden musste. Ich möchte Schönborn's Unterricht um keinen Preis in meinem Leben entbehrt haben«.

Die Thätigkeit, in der er solche Anerkennung fand, scheint ihn indessen nicht ausgefüllt zu haben. Die theologische Haltung seiner Jugend war im Laufe der Jahre einer wachsenden Begeisterung für die classischen Studien gewichen, hatte ihm aber eine ungewöhnlich ausgebildete Willenskraft hinterlassen, welcher eine blosse Bethätigung in gelehrtem Fleisse, wie glücklich dieser auch den Mangel philologischer Vorbildung

---

[1] Benützt wurden für die folgende Lebensskizze ausser allerhand persönlichen Mittheilungen, die ich unter Andern namentlich Herrn Director Dr. Theodor Kock in Weimar und Herrn Pastor em. Heinrich Schönborn in Posen, dem drittältesten Bruder, verdanke:

1. Ein Nachruf von Marquardt im Programm des königl. Friedrich Wilhelms-Gymnasiums zu Posen 1857.
2. Th. Kock, Epistola ad J. Fr. Martinum prof. Posnaniensem, qua continetur memoria A. Schoenborni, Stolp 1858.
3. Karl Schönborn, Vorrede zu dem Buche seines Bruders: Die Skene der Hellenen, S. III – VIII.
4. Karl Schönborn, Leben von August Schönborn (deutsch mit englischem Titel), in Moriz Schmidt, The Lycian inscriptions after the accurate copies of the late Augustus Schönborn, Jena 1868, S. 15–20.
5. Hermann Starke, Zur Geschichte des königl. Friedrich Wilhelms-Gymnasiums zu Posen, Posen 1884, S. 18, 20 f.
6. Ein Quartheft Schönborniana aus Karl Ritter's Nachlass, in der königl. Bibliothek zu Berlin, acc. Ms. 9362.
7. Zwei Fascikel handschriftlicher Auszüge aus Acten des königl. Museums zu Berlin, hergestellt und zu freier Benützung gütig überlassen im Auftrage des Herrn Generaldirectors der königlichen Museen in Berlin, Richard Schöne.
8. E. Cauer, Karl Gottlieb Schönborn, ausgewählte Schulreden nebst einem Lebensabriss, Breslau 1872.

einholte, nicht genügen wollte, sondern der Drang erwuchs einmal den ganzen Menschen in den Dienst der Wissenschaft zu stellen. Reisebeschreibungen hatten schon im Knabenalter auf ihn gewirkt, Vorlesungen Karl Ritter's den Gesichtskreis des jungen Gelehrten erweitert, und mit besonderem Interesse erfüllte ihn jetzt der Unterricht in Geographie; er stand im Leben allein und durfte einen Vorstoss ins Unbekannte wagen. Seinem als Director des Magdalenaeums 1869 zu Breslau gestorbenen jüngeren Bruder Karl, der kurz vor seinem Tode eine Lebensnachricht von ihm veröffentlicht hat, sprach er zuerst im März 1838 den Wunsch aus, Griechenland und den Orient zu bereisen. Schon im Mai desselben Jahres war dieser Wunsch, auf Kleinasien eingeschränkt, zu einem Plane gediehen, den er seit dieser Zeit mit der ganzen Festigkeit seines Charakters verfolgte. Er bereitete sich nicht blos wissenschaftlich für denselben vor, indem er alte Autoren daraufhin im Zusammenhange las und sich Sprachfertigkeit im Türkischen und Neugriechischen aneignete — ausser Englisch, Französisch, Italienisch stand ihm noch Arabisch, Polnisch und Dänisch zu Gebote — sondern war darauf bedacht, sich auch körperlich für die Strapazen der Reise zu stählen. Er hatte wenig Bedürfnisse, suchte aber selbst diese noch zu vermindern; jahrelang schlief er auf einer Decke, die er am Abend auf der Diele ausbreitete.

Am 5. März 1841 theilte er das Programm der Reise, die sich auf den Südwesten Kleinasiens erstrecken sollte, Karl Ritter mit und versicherte sich seines Einverständnisses, das ihm der grosse Gelehrte bereitwillig und mit liebenswürdiger Anerkennung aussprach. Kurz zuvor hatte er den Plan dem Provincial-Schulcollegium vorgelegt und sich Urlaub vom 1. August 1841 bis Ende März 1842, sodann Vorschuss seines Jahresgehaltes im Betrage von 700 Thalern und ausserdem eine Unterstützung von 300 Thalern erbeten. Ohne sich über die Kosten der Reise zu täuschen, wollte er doch nicht mehr fordern und lieber selbst noch eine Summe aufnehmen. Das Gesuch erregte das Interesse des Ministers Eichhorn und wurde auf Grund eines von Karl Ritter eingeholten Gutachtens genehmigt, indem man die nachgesuchte Unterstützung auf 500 Thaler erhöhte. Auch bei dem Oberpräsidenten der Provinz Posen, Flottwell, und dem Generaldirector der königlichen Museen zu Berlin, von Olfers, bei Boeckh Pinder Parthey und Anderen zeigte sich Antheil für das nach damaligen Verhältnissen ungewöhnliche Unternehmen, und die mittlerweile erschienenen Arbeiten von Fellows, namentlich das zweite Werk von Fellows, dessen überraschender Inhalt mit einem Male die Cultur Lykiens aufschloss, steigerten diesen Antheil, ohne Schönborn's Hoffnungen herabzustimmen.

Schönborn hatte gewünscht, eine grössere Gesellschaft nach Art einer Expedition zusammenzubringen, um langsam und in allen Beziehungen gründlich untersuchend vorgehen zu können. Diese Erwartung zerschlug sich; aber es fanden sich zwei gleichgesinnte Reisegefährten, die sich in ihren Interessen ergänzten. In Posen selbst schloss sich ein jüngerer Amtsgenosse an, Professor Dr. Hermann Löw, geboren 1807 zu Weissenfels, seit 1850 Director der Realschule in Meseritz, gestorben zu Halle a. S. 1879, ein mathematisch und naturwissenschaftlich gebildeter Gelehrter, der mit Vorliebe Botanik trieb und auf dem Gebiete der Entomologie mit anerkannten Arbeiten thätig war. In Wien stiess dann der junge, erst 23jährige Heinrich Kiepert dazu, der soeben ein erstes Heft seines Atlas von Hellas und den hellenischen Colonien veröffentlicht hatte und nach einer, wie Karl Ritter urtheilte, mit Feuereifer betriebenen Vorbereitung die Orientreise aus eigenen Mitteln unternahm, hauptsächlich für die Fortsetzung dieses Werkes, dem kurz darauf die berühmte Karte von Kleinasien folgte. Am 14. August traten diese Drei die Fahrt auf der Donau an und langten am 27. über Küstendsche in Constantinopel an, wo Studien und letzte Vorbereitungen bis zum 10. September aufhielten. Dann zogen sie in zwanzig Tagen über Brussa und den bithynischen Olymp quer durch die Halbinsel nach Smyrna. Von dort aus bereiste Kiepert die Westküste und die Inseln, während die beiden Andern, meist auch getrennt um vielseitiger zu untersuchen, sich gegen Südosten wieder in das Innere zurückschlugen.

Wie in vielen Plateauländern sind auch in Kleinasien die Flussläufe mit wenigen Ausnahmen Hemmnisse des Verkehrs, und in Folge davon laufen die Verkehrslinien gewissermassen eigensinnig durch das Land und erschliessen seinen Bau nur gelegentlich und zufällig. Klar wird dieser Bau erst, wenn die Verkehrslinien verlassen und jene Naturbahnen verfolgt werden, die nicht nur durch ihn bedingt sind, sondern ihrerseits ihn mitbestimmen. Bis vor Kurzem waren Karawanenwege die einzigen Verkehrslinien in Klein-

asien, und ihnen hauptsächlich dankte man das Wenige, was von dem modernen Zustande des Innern bekannt war. In dem ganzen, grösstentheils alpinen Ende der Halbinsel südlich vom Mäanderthale gibt es
aber solcher Wege nur in geringer Zahl, und selbst die Kunde dieser wenigen Linien hatte sich verloren.
Fellows im Jahre 1838 und dann im Jahre 1840 unternommene Reisen zogen daher die ersten Licht-
streifen in dieses grosse Dunkel, aber ihr sensationeller Glanz war vornehmlich den Denkmälern zu Gute
gekommen. Als nach ihm Schönborn einsetzte, waren in geographischer Hinsicht beinahe alle Hauptsachen noch zu thun. Die hiernach angezeigte Aufgabe hatte er selbst scharf als ›antiquarische Erforschung des Landes auf geographischer Grundlage‹ bezeichnet, und sein Beruf dafür trat sofort hervor, indem er beinahe grundsätzlich die gangbaren Wege mied, auch nicht von Ruinenplatz zu Ruinenplatz vor-
rückte, sondern ohne das Alterthum aus dem Auge zu verlieren, zunächst rücksichtslos alle Flussläufe

3. Itinerare J. A. Schönborn's nach H. Kiepert.

erdrang, um die Landesplastik festzustellen. Der Muth aber, die Ausdauer und die Gründlichkeit, mit der
er dieses Ziel verfolgte, nöthigen Respect ab, und dieser Respect steigert sich, wenn man sein Vorleben in
Betracht zieht und die Schwierigkeiten kennt, die er im Lande zu überwinden hatte.

    Schönborn und Löw verliessen Smyrna am 8. October 1841. Sie begaben sich zunächst in das
Kaystros-, aus diesem über den Pass von Baliambo in das Mäanderthal und in einem südlichen Nebenthal dieses letzteren, dem Lykos entlang, über Laodikeia nach Denislü. Hier gingen sie auseinander und
Schönborn begann seine einsamen Irrfahrten gleich mit einer Hauptthat. Er unternahm eine Tour, die
das Zwischengebiet von Lykien und Karien, die grandiose Urwaldeinöde der Dolomantschai, des alten Indos, der früher nur an seiner Mündung einmal überschritten worden war, seinem allgemeinsten Charakter
nach aufhellte.[1] Er zog zu diesem Behufe über den Chonasdagh nach Karajukbazar und verfolgte den

---

[1] Benndorf und Niemann, Reisen in Lykien und Karien (Reisen im südwestlichen Kleinasien Band I), Wien 1885, S. 145 f.

wunderbaren Fluss ungeachtet aller Bodenhindernisse, zeitweilig unter Nahrungsmangel leidend, gemieden von den scheuen Einsiedlern dieses Gebietes, die noch keinen Europäer gesehen hatten, in vier energischen Tagemärschen bis zu seiner Mündung. Hier untersuchte er Kaunos, ging sodann der Küste entlang nach Makri-Telmessos und auf dem Gebirgsstock, der die Flussgebiete des Indos und Xanthos trennt, über Kadyanda und den an Finstermünz erinnernden Pirnaspass in die Kibyratis, in welcher die Quellarme des Indos sich sammeln. Kibyra selbst zu finden, gelang ihm auf den ersten Anlauf nicht, er hatte einen Termin einzuhalten und musste nach Tefenü eilen, das etwa halbwegs zwischen dem Mäander und der pamphylischen Küste, auf der von Smyrna nach Adalia führenden Karawanenstrasse liegt. Hier traf er mit Löw, der inzwischen Eisenerze jener Gegend untersucht hatte, rechtzeitig wieder zusammen und ritt mit ihm über Istanos, den dortigen Binnenfluss gleichen Namens gegen Norden bis zu seinem Verschwinden verfolgend, und so-

4. Itinerare J. A. Schönborn's nach H. Kiepert.

dann über Pajamatsch nach Adalia, wo Beide von den Gebirgsmühsalen und der ungewohnten Ernährung, meist saure Milch und ungesäuertes grobgeröstetes Fladenbrod, erschöpft am 4. November anlangten.

Trotz dieser Erschöpfung gönnte sich Schönborn nicht mehr als zwei Tage Ruhe und brach dann sofort wieder gegen Norden auf, um den unbekannten Lauf der beiden Hauptflüsse Pamphyliens, des Kestros und Eurymedon, zu erkunden, welche beide die hohen Tauruskesten in tiefen Schluchten durchsetzen und zum Theil durch unterirdische Zuflüsse aus mehreren landeinwärts in höher gelegenen Gebirgsebenen sich anstauenden mächtigen Seen gespeist werden. Diese Recognoscirung war besonders schwer und musste der Jahreszeit halber besonders rasch unternommen werden. Schönborn erkrankte und konnte den letzten Pass, den er zu überwinden hatte, nur mit dem Aufgebot aller Kräfte übersteigen, glücklicher Weise noch einen Tag zuvor, ehe ein starker Schneefall ihn für den Winter sperrte. Als er die Küstengegend erreichte und am 3. December in Adalia wieder eintraf, verkündeten häufige Gewitter und starke Platzregen, dass auch hier der Winter angebrochen sei.

Schönborn wollte von Adalia aus zur See nach Rhodos gehen — Löw war ihm, wie es scheint, bereits dahin vorausgeeilt, um dort den schlimmsten Theil der rauhen Jahreszeit abzuwarten; er traf aber auf der Rhede von Adalia zufällig kein Schiff und vergegenwärtigte sich wohl auch die Unsicherheit einer vielleicht sehr langen Ueberfahrt in einem Segelboote. Als daher nach einigen Ruhetagen die Wanderlust sich wieder regte und etwas Sonne zum Vorschein kam, beschloss er, sich der Südküste entlang zu Lande Rhodos zu nähern. Diese dritte und in diesem Jahre letzte Wanderung war es, die ihm unvermuthet die wichtigste Entdeckung seiner ganzen Reisezeit zuführen sollte.

Er brach am 8. December auf, und da der Strandpass von Phaselis zur Winterszeit meist überfluthet ist, schlug er die Strasse von Termessus major ein, um vorerst nach Elmalü, dem heutigen Centralorte von Lykien, zu gelangen. Dies bedurfte drei Tage, die bei Nebel und Regen wenig Ausbeute gaben und selten durch eine Ortschaft führten; einmal musste er, nördlich von Imedschik, in einer Zweighütte bei Hirten übernachten, sieben Personen unter dem niedrigen Filzdache zusammengekauert, die achte mit der Hälfte des Körpers im Freien. In Elmalü rückte er durchnässt in später Nacht ein und fand in dem überfüllten Chane des Ortes erst Unterkunft, als zwei Türken ihn in ihr stockfinsteres Zimmer aufnahmen. Am 11. December hielten Schneegestöber in Elmalü zurück; dann ging es in dem aufgeweichten Boden der Hochebene langsam gegen Süden zu dem Awlansee und durch das Arykandosthal wieder hinab zum Meer. Am 12. übernachtete er in der Wildniss des Awlandagh, am 13. in einer Felshöhle oberhalb Limyra; am 14. passirte er in neunstündigem Auf- und Abstieg den unbewohnten quellenlosen Beimelik, der als steil in die See vorgeschobener Hochriegel des Aladschadagh die Strandebenen von Myra und Limyra scheidet, und am 15. traf er, nach einem gefährlichen Ritt durch eine Fuhrt des stark geschwollenen Dembretschai, im Kloster des heiligen Nikolaos in Myra ein, wo er mit Griechen, die zu dem einfallenden Hochfeste von der Insel Castelloryzo herüber gewallfahrtet waren, einige Tage lang diesen Heiligen feierte und sich für weitere Fährlichkeiten zu stärken konnte.

Schönborn führte auf der Reise ein ausführliches Tagebuch, das er nach Beendigung derselben gewissenhaft überarbeitete. Aus Gründen, auf die ich zurückkomme, ist dasselbe leider Manuscript geblieben. Seit längerer Zeit ist sogar dieses Manuscript verschollen, vielleicht zu Grunde gegangen, da ein jüngst in mehreren öffentlichen Blättern erlassener Aufruf ganz ohne Erfolg geblieben ist. Man verdankt die Kenntniss seiner Reise, im Besondern die Kenntniss von Gjölbaschi, und damit die Möglichkeit und den Antrieb zugleich diesen Kunstschatz zu heben, der liebevollen Gründlichkeit, mit der Karl Ritter alle erreichbaren Quellen in sein grosses Werk der Erdkunde leitete. Es ist daher geboten, Ritter's Auszug aus Schönborn's handschriftlichem Tagebuch möglichst vollständig im Wortlaute zu wiederholen.[1]

Einen Küstenweg von Myra nach Antiphellos gibt es nicht; wer nach Westen weiter will, muss auf das gegen 2000 Fuss hohe Dembreplateau, das von hier an als Steilwand vielfach unmittelbar in das Meer abfällt. So stieg Schönborn am 19. December über Sura Kürsas nach Tschakalbejad und kam am 20. nach Gjölbaschi oder Gjölbaghtsche, wie er aussprechen hörte. Er beschreibt die Oertlichkeit mit ihrer grandiosen Aussicht, die Sarkophage, die Trümmer der antiken Stadt; dann erklimmt er das Heroon, betrachtet es staunend von innen und aussen, schildert die Sarkophagstätte, die friesgeschmückten Mauern, die sie hofartig einfrieden, und bemerkt schliesslich, er sei in Verlegenheit, was er über die Reliefs selbst sagen solle. »Ich würde es vermögen, wenn ich mich hätte entschliessen können, Notizen zu machen, statt mich an der Schönheit derselben und an dem Gegenstande, den sie bieten, zu erfreuen und sie zu bewundern. War es doch der trojanische Krieg, den ich vor mir hatte, Homer's Schöpfung in bildlicher antiker Darstellung, und ich gestehe, dass ich mich daran nicht satt sehen konnte. Wer hätte auch lange zweifeln können, was ihm vor Augen stehe. Das Relief in der Ecke der Westseite zeigt den Achilles sitzend bei dem hoch geschnäbelten Schiffe, voll Erbitterung den Kopf mit der Hand unterstützend. Es folgt der Herold, der die Versammlung beruft, und die Krieger kommen, Schlachtscenen reihen sich an, auf die Stadt selbst wirft sich der Kampf, an dem Thore wird gestritten, die Schaar der Greise sitzt über dem Thore und so zieht sich Bild an Bild hin, ein reiches Leben mit griechischer Sicherheit in den Gruppen,

---

[1] Karl Ritter, Die Erdkunde XIX. Kleinasien Band II. S. 1136—1141.

in den Bewegungen, in den Proportionen der einzelnen Gestalten entworfen. So sehr auch die Oberfläche des Steines durch die Zeit mitgenommen ist, das Auge mag nicht von demselben lassen. Tritt man nahe an die einzelnen Reliefs heran, so ist die Zerstörung freilich zuweilen so weit vorgeschritten, dass man kaum die Gestalt noch erkennt, und man ablassen muss, die Züge der Gesichter im Einzelnen studiren zu wollen, denn das verwehrt die schadhafte Oberfläche; aber das Ganze macht einen so erhebenden Ein-druck, wie ich ihn auf meiner ganzen Reise nicht wieder gehabt habe. Ich trage kein Bedenken, es auszu-sprechen, dass diese Reliefs, in gehöriger Höhe aufgestellt, jedem Museum zu einer wahren Zierde gereichen werden, wie reich es auch sonst ausgestattet sein mag, und bin auch eben so fest überzeugt, dass jeder, der diese Monumente nach Europa führt, einen bedeutenden Gewinn bei dem Verkauf haben würde.«

»In der Darstellung des trojanischen Krieges ist übrigens der Kampf am Thore sichtlich als die Hauptsache des Ganzen dargestellt; nicht nur ist das Relief hier am tiefsten ausgearbeitet, sondern beide Reihen von Reliefs greifen hier auch in einander ein. Im ganzen aber sind diese Reliefs, wie alle anderen auf lycischen Gräbern erhaltenen, nur wenig erhaben. Ausser dieser trojanischen Scene sind aber noch andere Darstellungen hier erhalten, namentlich ist dies an der Nordseite der Fall, aber gerade diese Seite hat in Folge der Dünste von der See her, welche der Südwind zuführt, besonders gelitten. Auch die innere Südseite behandelt einen andern Gegenstand; aus den Gestalten, die hier auf Ruhebetten sitzend vor-gefunden werden, möchte man fast auf eine Götterspeisung schliessen. Ueber und neben der Thür ziehen einzelne Gestalten mit ihrer steifen Haltung die Augen auf sich. Wie viel von den Bildwerken der Ostseite erhalten sei, wage ich nicht zu bestimmen, fast sollte man meinen, dass sie zum grössten Theile sich noch vorfinden würden, sei es in den Mauern anderer Gebäude, sei es an oder in dem Abgrunde, der nordwärts daran stösst und an dem sich Steinblöcke noch vorfinden. Zerstört worden ist diese Ostseite sichtlich um eines Castells willen, welches westlich von dem Grabe errichtet worden ist.«

Diese Schilderung wird durch einen brieflichen Bericht ergänzt, welchen Schönborn neun Jahre später auf Falkener's Veranlassung niederschrieb, und welchen Falkener als »communication from pro-fessor Schönborn, of Posen, relative to a monument recently discovered by him in Lycia« in seiner 1851 gegründeten archäologischen Zeitschrift herausgab.[1] Ich schliesse ihn gleich hier an, gleichfalls in seinem Wortlaute:

»With regard to the monument of which you desire particulars, I fear my information will be deemed very insufficient. On two several occasions that I visited it, I endeavoured to examine it with be-coming care; but the first time I was unable to do so from the heavy winter rains, and the second time I was prevented by another cause.«

»The monument is in Lycia. That Mr. Spratt and Professor Forbes should not have found it is rather wonderful. Yet how often in these countries one passes in the immediate vicinity of extensive ruins with-out perceiving them! at least, such has not unfrequently happened to me. It abuts close upon the ruins of a small mountain town, which is partly built of very good materials, but a portion is of later date; as is rendered evident by a Byzantine cross. I believe the fortress to be of still later time, and that it was on the occasion of building this that the eastern side of the peribolus was thrown down, in order not to have any wall, behind which an enemy might hide himself; for only on the eastern side is an assault on the city practicable. The same reason must account for other magnificent tombs having been destroyed which were near the peribolus, and were built in imitation of wooden constructions. The ancient name of the place I have not been able to guess. The view that presents itself from the peribolus, I consider as the most beautiful that I have ever beheld. To the east one looks towards a distant promontory; below you is the sea, with a row of rocky islands; on the north and west rise mountains above mountains, while the immediate foreground is grand and striking.«

»The monument consists of a peribolus enclosing a sarcophagus, showing its sepulchral character. It is of a rectangular form, and the enclosing wall is about thirty paces long, by twenty-five in width. It is formed of large squared stones, often of great length, which are placed in two courses one above the

---

[1] Falkener, The museum of classical antiquities, vol. I, 1851, S. 41—43.

other. Three sides of the quadrangle are in very good preservation, but the fourth, or eastern side, as already observed, is destroyed. The place which the colossal sarcophagus, within the peribolus, once occupied, is very discernible, for the lower part of the sarcophagus, formed of beautiful white marble, is still existing. The entrance to the monument has been on the south side; the doorway is yet perfect, but the steps which must have given access to it are wanting. The basreliefs of which you inquire are in the enclosing wall, and form continuous friezes. On the exterior of the south wall are two such rows, placed immediately one over the other. Three similar rows line the interior of the same wall, while the west and north sides each have two rows. The sculpture is in rather low relief, as is generally the case in the tombs of Lycia. Some of them are greatly injured by the action of the weather, though still in sufficient preservation to enable the subject to be distinguished clearly at a little distance. What gives them the greatest interest is the subject represented, for part of them refer to the Iliad; and the deceased to whom this structure was erected must, in all probability, have derived his descent from one of the Homeric heroes. On one of the sculptured friezes of the enclosing wall is Achilles, when, full of anger and vexation, he sat on the sea shore, near the high-prowed vessels. On an adjoining slab is the herald who calls the Achaeans together; then follow warriors, next to whom are battle-scenes. The battle approaches the city: the gate is besieged. The Trojan elders show themselves above and upon the gate. Thus the sculptures correspond, subject by subject, with the Iliad. The attack on the gate is evidently placed as the centre of the composition. Not only is the sculpture here of higher relief than in the other parts, but, moreover, in this instance, the two chief rows are connected with each other with reference to the subject represented.«

»I must observe, however, that the basreliefs do not all relate to the siege of Troy, and few of those on the south side seem so appropriated.«

»From consideration of the subject they represent, from the certain connexion of the bas-reliefs with this place, and from their beauty (notwithstanding they have greatly suffered from time, and are in very low relief), I should assign to them the first place among the sculptured remains of Lycia; and, therefore, earnestly desire that they may be sufficiently known before they stand the chance of being destroyed or lost. The latter evil has already commenced. Between my first and second visits, two travellers, on their way from Egypt, passed this way, accompanied by an Egyptian Turk. The latter, whom I met on his return, told me that they had removed on camels the two corner stones of the exterior sculptures — which I had missed after my first visit — and had taken them to Smyrna. You may conclude from this, that the sculptures are of such excellence as to excite the desire of removing them, or, at least, some portions of the entire monument.«

»In another year I shall probably be in a position to give you additional and more precise information. I hope to be able to revisit this country, in order that I may more fully investigate this monument and some theatres; and I may, possibly, also visit the interior of Caria and Cilicia Trachcia. I thank you for your suggestions, and will certainly work up the various valleys of the latter country, instead of following the line of coast. It will be my principal endeavour to bring back drawings of these bas-reliefs; and should my wishes be accomplished, I shall have great pleasure in forwarding them to you.«

In Gjölbaschi verwandte Schönborn einen ganzen Tag auf Besichtigung der Ruinen und suchte vergeblich nach Inschriften oder Münzen mit dem antiken Ortsnamen. Dann ging er, alle wichtigen Trümmerplätze des Dembreplateaus berührend, hinab an die Küste nach Antiphellos und von da der Kammhöhe des wallartig aufgeworfenen Strandgebirges entlang über Phellos Säret Sidek nach Xanthos. Der Zufall wollte, dass er in Xanthos am Abend des 27. December, also am Abend desselben Tages eintraf, an dem des Morgens Fellows, der mit seinen Arbeitern von dem englischen Marineschiffe Beacon Captain Graves gelandet worden war und zum dritten Male nach Lykien kam, um in Xanthos Ausgrabungen vorzunehmen, vergebliche Anstrengungen machte, in Booten sich den reissenden Fluss hinaufzuarbeiten.[1] Obwohl Ritter's

---

[1] Fellows, Xanthian marbles, S. 15 — Travels and researches in Asia minor, S. 434.

Auszüge aus seinem handschriftlichen Tagebuche nichts davon melden, scheint er mit Fellows hier eine erste Begegnung gehabt zu haben, die indessen nur flüchtig gewesen sein kann; er hatte Eile und wollte den Rest des Jahres benützen, um den Kragos und Antikragos zu untersuchen, Sidyma und Pinara zu berühren. Als dies erfolgt war, setzte er am 5. Januar 1842 von Makri nach Rhodos über, wo er sich mit seinen Reisegefährten wieder vereinigte. In ihrer Gesellschaft ruhte er mehrere Wochen und wartete die Regengüsse ab, die in diesem Jahre spät, aber um so stärker sich eingestellt hatten.

In den Erinnerungen an die Fülle des im Flug Gesehenen und Erlebten, welche diese Mussezeit ausfüllten, arbeitete sich offenbar der Fund von Gjölbaschi als das Bedeutendste heraus. So regte sich denn der Wunsch, dieses Bedeutendste für die Heimat zu erwerben, allein rasch machten sich auch entgegenstehende Bedenken geltend. Schönborn wandte sich von Rhodos aus an die königlich preussische Gesandtschaft in Constantinopel mit der Bitte, ihm einen Ferman zur Ausführung des ganzen Monumentes zu verschaffen. Kurz darauf, am 27. Januar 1842, richtete er indessen an die Generalverwaltung der königlichen Museen in Berlin einen Bericht, in welchem er anfrug, ob sie bei dem Erhaltungszustande der Bildwerke eine gänzliche oder theilweise Ueberführung derselben für räthlich halte. Er erklärte in diesem Bericht zugleich seinen Schritt bei der Gesandtschaft: »Da Fellows mit mehreren Schiffen, einer zahlreichen Mannschaft und vielen Werkzeugen und Maschinen, auch mit ausgedehnten Fermanen versehen, nur wenige Tagereisen von dem fraglichen Monumente fern, mit der Ausräumung von Xanthus beschäftigt ist, so hielt ich anderseits jeden Verzug für gefährlich, indem die fragliche alte Stadt [Gjölbaschi] den Engländern bei weiteren Excursionen nicht kann verborgen bleiben; und nach dem zu urtheilen, was mir Fellows in Xanthus als zur Ausführung bestimmt gezeigt hat, zweifle ich nicht, dass er das Basrelief sehr gern und mit Freuden gegen viele Xanthische Ueberreste eintauschen und den britischen Museen sichern würde ... Sollte der Ferman ertheilt und das Werk von Euer Hochwohlgeboren für geeignet, befunden werden, so wird es mich sehr freuen, dazu die Veranlassung gegeben zu haben. Sollte es wegen seines jetzigen Zustandes für ungeeignet befunden werden, so erlaube ich mir wenigstens die gehorsame Bitte, alles über das Relief Gemeldete geheim halten zu wollen und namentlich nichts hierüber in öffentlichen Blättern verlauten zu lassen, ... indem ich dann versuchen will, es auf andere Weise für Deutschland zu gewinnen; zumal da ich die feste Ueberzeugung hege, es im Kunsthandel leicht wenigstens um das Zehnfache des Preises — da der Ferman und die Exportation sicherlich mehr als 1000 Thaler kosten dürften — anderweitig absetzen zu können.« Bescheid auf die gestellte Frage erbat er sich nach Smyrna, wohin er Ende Februar zu gelangen gedachte, um ein Anfangs März abgehendes Dampfboot zur Heimkehr benützen zu können, falls eine Verlängerung seines Urlaubes, die er früher erbeten, über die er aber noch keine Verständigung erhalten hatte, abgelehnt worden sein sollte. Auch Löw hatte, und zwar schon vor dem Eintreffen Schönborn's in Rhodos, am 29. December 1841 dem Generaldirector von Olfers in Berlin zuschriftlich eine Erwerbung vorgeschlagen: zwei Marmorstatuen, die eine ein bekleidetes weibliches Standbild ohne Kopf und Extremitäten, gefunden von Schönborn in Hypaipa; die andere ein bekleidetes männliches Sitzbild, ohne Kopf und linken Arm, der rechte im Schoosse ruhend, vom nämlichen Stil wie die Mehrzahl der lykischen Basreliefs, gefunden von Löw an der Stelle wo sich der lykische Dudensu auf der Hochebene von Elmalü in eine Höhle des Gebirges stürzt, um unter der Erde zu verschwinden.[1] Ueber das Schicksal dieser beiden Stücke ist nichts weiter bekannt. Wichtig wäre namentlich die lykische Statue, von der wir im Lande weder etwas gesehen noch vernommen haben.

Am 7. Februar 1842 fuhr Schönborn in einem Kaik nach Makri hinüber, kam aber erst einige Tage später wieder in den Besitz seiner Pferde und daher erst am 12. Februar wieder auf die Wanderschaft. Zunächst holte er die ihm noch fremde linke Hälfte des Xanthosthales nach, Tlos, Arsada, die grosse antike Thalsperre bei Balamut, und kam schliesslich nach Xanthos selbst zu Fellows, der ihn freund-

---

[1] Petersen und von Luschan, Reisen in Lykien Pamphylien und Karien (Reisen im südwestlichen Kleinasien Band II) Wien, 1888, Taf. XXII.

lich aufnahm und sein Nereïdenmonument betrachten liess.[1] Dann begab er sich nach Furnas an das
südöstliche Ende des Thales und stieg von da die nämliche Strasse, welche einst Alexander der Grosse von
Patara her benützte, um in das Innere der Landschaft zu dringen, durch den noch ganz mit Schnee und
Eis erfüllten und von allem Verkehr gemiedenen Pass der Bazirgianjaila in die Hochebene von Elmalü.
Eilig und doch allenthalben noch durch den Winter behindert, durch Funde aufgehalten, schlug er sich
hierauf gegen Norden in die Kibyratis, seltsamer Weise auch jetzt wieder ohne auf Kibyra selbst zu stossen,
weiterhin nach Dawas in Karien, durch das Nebenthal des Harpasos zum Mäander, nach Ephesos. Am
27. Februar, also noch vor dem festgesetzten Termin, war er wieder zurück in Smyrna.

Nach allem Geleisteten mochte Schönborn es wie eine Belohnung empfinden, als er in Smyrna wirklich die gewünschte Verlängerung des Urlaubes und sogar eine weitere Reiseunterstützung von 500 Thalern
vorfand. Das Warten war seine Sache nicht, und es fiel ihm schwer, längere Zeit vergeblich zu warten,
nicht blos auf Löw, dessen Ankunft, durch Stürme und Havarien verzögert (so entschuldigte er brieflich),
erst am 25. März erfolgte, sondern auch auf eine Antwort aus Berlin wegen des Heroon von Gjölbaschi.
Und doch war man inzwischen in Berlin bereitwillig auf die Erwerbungsvorschläge eingegangen und hatte
beschlossen, beiden Reisenden einen Credit von je 3000, zusammen 6000 Thalern, in Smyrna zu eröffnen,
um die fraglichen Statuen und das Nothwendigste von den Gjölbaschi-Reliefs für das königliche Museum
zu gewinnen. Als dieses »Nothwendigste« hatte von Olfers in einem am 8. März an Schönborn nach
Smyrna gerichteten Schreiben die Gestalten an der Thür des Heroon erkannt und bemerkt: »Ist eine von
denselben wenigstens so viel erhalten, dass, wenn sie als Friese in den geräumigen und hellen Sälen des
Museums aufgestellt werden, noch zur Genüge erkennbar sind und man ihren Eindruck mit Behagen geniessen kann, so sind sie es allerdings wohl werth, hieher geschafft zu werden.« Gleichzeitig war die königliche Gesandtschaft in Constantinopel ersucht worden, einen Ferman zu erwirken. Kurz es war nichts
unterblieben, um eine Erwerbung zu Stande zu bringen, und wenn es hätte geschehen können, dass jener
Bescheid rascher einträf oder dass Schönborn seine Ungeduld nur um wenige Tage länger zügelte, so wäre
bei der Energie, die ihn auszeichnete, damals sicherlich ein Versuch gemacht worden, Theile der Reliefs von
Gjölbaschi nach Berlin zu bringen. So aber hatte sich Schönborn schon am 10. März wieder landeinwärts
geschlagen und war für Löw, als dieser vierzehn Tage später einträf und das an Schönborn gerichtete
Schreiben eröffnete, nicht mehr erreichbar. Es blieb unter diesen Verhältnissen Löw nichts übrig, als zurück
zu melden, alle Umstände hätten sich auf eine so unglückliche Weise gestaltet, dass es für den Augenblick
unmöglich sei, irgend etwas zu unternehmen. »Ankauf der nothwendigen Instrumente und Maschinen, der
nur hier in Smyrna und auch hier schwer zu erhaltenden Bretter von gehöriger Stärke für die nöthigen
200 und mehr Kisten, deren Maass ich hier ohne Schönborn's Tagebücher nicht einmal zu bestimmen vermag, Anwerbung und Hinführung der nöthigen Arbeiter würde sehr viel Zeit kosten. Ausserdem sind,
wie ich aus Schönborn's Mittheilungen weiss, die Steine viel zu gross, um auf Kameelen transportirt zu
werden, der Weg für Wagen, die überdies von hier mitgenommen werden müssten, ganz unbrauchbar, so
dass die Alternative einträte, entweder den Weg herzustellen oder Steinmetze zur Abnahme der Hinter-
seite der Steine mitzunehmen. Alles dies würde die Arbeit in eine Zeit verschieben, wo sie theils des
Klimas, theils des ablaufenden Urlaubes wegen nicht mehr möglich wäre. Wäre Schönborn nur hier,
oder wüsste ich ihn zu erlangen, so sollte den vereinten Kräften es doch wohl noch gelingen. Mich tröstet
das, dass ich Euer Hochwohlgeboren die bestimmte Versicherung geben zu können glaube, dass dennoch
die Erwerbung dieses merkwürdigen Denkmales für die vaterländischen Museen, und zwar ohne grosse
Kosten, als ziemlich sicher angesehen werden kann. Den näheren Plan hoffe ich bei meiner Rückkehr darlegen zu können.«

Für diese vorläufige Enttäuschung befliss sich Löw durch einen frisch geschriebenen Bericht über
lykische Alterthümer zu entschädigen. So viel man erkennt, beruht derselbe auf einem Austausch von Be-

---

[1] Fellows, Xanthian marbles, S. 37 = travels and researches, S. 451, wo aber die Bemerkung über Schönborn »at my sug-
gestion he kindly examined several points: he discovered« etc. nicht richtig ist. Schönborn hatte die Entdeckung und Beobachtungen, welche Fellows anführt, bereits gemacht, wie aus seinem Tagebuch erhellt.

obachtungen, wie er zwischen Freunden auf der Reise natürlich ist, und verdient daher durch eine Probe charakterisirt zu werden, umsomehr, als Schönborn sehr viel weiter und eingehender sich im Lande umgesehen hatte. Löw spricht zunächst, nach Hörensagen wie es scheint, über die von Fellows entdeckten Sculpturen in Xanthos und bemerkt:

»Diese Werke sollen grösstentheils denselben Zauber des leichten schwimmenden Umrisses besitzen wie die meisten übrigen Werke griechischer Schule in Lykien, dieselbe Grazie der Stellungen und Schönheit der Proportionen. Fellows hält sie für ausserordentlich alt. Wenn nur sonst irgend etwas für ein so hohes Alterthum in Lykien eingebürgerter griechischer Weise sprechen wollte. Wenn sich nur eine griechische Inschrift aus so alter Zeit, nur eines der vielen Theater mit einer dem alten griechischen Theater ähnlichen Anlage finden wollte.«

»Stellt man sich frisch und dem unmittelbaren Eindrucke ergeben vor Lykiens Alterthümer hin und lässt für den Augenblick alles kunstgeschichtliche Wissen und Glauben zur Seite gestellt sein, so sprechen sie gar zu vernehmlich von einer langwährenden, volksmässigen, treufleissigen Arbeit. Jeder war ein Steinmetz, wie in manchen Gegenden noch heute Jeder ein Holzschnitzer ist. Jeder war es aus Pietät, um seinen Liebsten die letzte Ruhestätte im Felsen zu höhlen. Von Kunst ist kaum, von Künstlern gewiss nicht die Rede. Der lange Gebrauch hatte sie zu tüchtigen Zimmerleuten gemacht; mit dem Holzmeissel gingen sie an den harten Stein, um den Todten ein festeres Haus als den Lebenden zu bauen. Da sieht man jeden Zapfen und Riegel des lykischen Hauses, jeden Schlag des breiten, für den Stein zu scharfen Holzmeissels, wenig geeignet zur Herstellung grosser ebener Flächen. Fleiss setzte das Werk doch durch. Wie gleicht die lykische Inschrift den Zeichen und Ziffern, mit denen der Zimmermann seine Balken zeichnet! Welche Noth machte jeder gerundete Schriftzug! Man sehe nur diese ⌐ und Ρ und ⌐. Von einer eigentlichen künstlerischen Technik nicht die Spur. So mühsam arbeitet nur, wer die Arbeit im Leben ein einziges Mal macht. — Da zeigt sich dann der erste Pulsschlag griechischen Lebens, zuerst untergeordneter Weise. Auf den ältesten, abgelegensten und unansehnlichsten Gräbern setzt sich der griechische Eindringling durch eine zweite flüchtig mit irgend einem scharfen Instrumente eingegrabene Inschrift in das Eigenthum des verlassenen oder erblos gewordenen lykischen Grabes. Dann erscheint er als Künstler im Dienste des Lykiers. Seine Instrumente hat er mitgebracht; der breite Holzmeissel des Lykiers weicht einem eigenthümlichen vielzahnigen Meissel der Griechen. Da liegen die Meisselschläge nicht mehr so ⧄⧄, sondern so ⧄⧄. Dieser Meissel stellt die Ebene leicht ohne die Gefahr des Ausspringens grösserer Stücke her.[1] Seinen Namen setzt er auf das Grab. Bald erscheint er als Mann der Lykierin, die Inschrift griechisch und lykisch. Er baut ein Grab für sich und seine lykischen Genossen. Die Felsengräber nehmen die Formen griechischer Tempelbauten an; griechische Inschriften werden häufiger, die Lettern derselben sind mit einem dazu geeigneten spitzen Meissel geschickt gebildet. Ausser dem lykischen Felsengrab werden die Formen der freistehenden Gräber häufiger, besonders des von Fellows als gothisch bezeichneten Steinsarges und des Heroum. Die oben erwähnten Basreliefs zieren besonders diese Gräber, doch auch das lykische ΜΝΗΜΕΙΟΝ ΠΡΟΓΟΝΙΚΟΝ, hier sichtlich oft erst als Verzierung des viel älteren Grabes angebracht. Diesen Formen folgen dann die ganz römischen Grabformen des ΠΥΡΓΙΣΚΟΣ und ΤΥΜΒΟΣ, auf denen sich solche Basreliefs nicht mehr finden. Doch schon auf dem gothischen Grabe finde ich gräcisirte Römernamen. Einzelne Städte haben eigenthümliche Formen vielleicht durch ihre gothischen Verbindungen empfangen oder sich selbst gebildet; so Arykanda. Doch gehören auch diese Formen später Zeit. Ueberall Vorrücken des Gebrauches von der Küste zum Innern und da also späteres Beginnen desselben.«

»Alle grossartigen Baue, deren Alter sich mit einiger Bestimmtheit nachweisen lässt, Quaderbau oder Bau aus polyedrischen Steinen, Bau von Stadtmauern sowohl als Theatern, Wegen und Brücken, gehören der Zeit der römischen Kaiser.« Diese Beobachtung ist übertrieben formulirt und erleidet viel-

---

[1] Von technischer Seite ist dergleichen, so viel bekannt, bisher nicht bemerkt worden. — Ueber den geschilderten historischen Process vgl. Vorläufiger Bericht, S. 11, 30. Reisen, Band I, S. 111.

fache Einschränkungen. Auch die geäusserten chronologischen Zweifel sind unbegründet, wie heute keiner Erinnerung mehr bedarf. Um so trefflicher ist das über das Eindringen der Griechen und den volksthüm-lichen Charakter der lykischen Felssculpturen Gesagte.

Wir begleiten Schönborn nicht weiter auf seiner letzten Wanderung, die er am 10. März 1842 von Smyrna aus antrat, fast ohne Unterbrechung bis tief in den Juli hinein fortsetzte und erst beendigte, als kein Eingeborner mehr sich fand, der im Hochsommer mit ihm weiter reisen wollte. Bemerkt sei nur, dass sie ihn am 19. April ein zweites Mal nach Gjölbaschi brachte und dass er daselbst zwei Reliefsteine vermisste, welche inzwischen durchreisende Engländer, sogar auf Kameelen, nach Smyrna weggeschafft haben sollten: eine Fabelei, von der es Wunder nimmt, dass er sie ernst nahm. Erstaunlich ist aber, was Alles er noch in diesen letzten Monaten erledigte. Verfolgt man überhaupt auf der Karte (s. oben S. 6 und 7) das oftmals dichtgezogene Netz seiner Reisezüge, die ihn im Laufe von neun Monaten von immer neuen Richtungen an dieselben Orte, kreuzungsweise so oft auf die eigene Spur zurückbrachten, auf denen er Pass um Pass erstieg, Thal um Thal absuchte, mehr als einen See umwanderte, unermüdlich wieder aufnehmend was er nicht beendigt, nachholend was er übersehen hatte, und dabei immer aufmerksam beobachtend, gewissenhaft beschreibend, so erhält man die Vorstellung einer durch ihn eingebrachten Landeskunde, wie sie in dem auf sieben Längen- und zwei Breitengrade sich erstreckenden Gebiete von Karien, Lykien, Pamphylien, Kilikien, Isaurien, Pisidien, Milyas und theilweise auch Phrygien aus eigener Anschauung nicht entfernt ein Europäer nach ihm wieder erreichte. Es erscheint mit einem Male so viel gethan, dass man begreift, wie selbst heute noch die Kenntniss mancher Namen und Wegstrecke ausschliesslich auf seinem Zeugniss beruht, und man erhält den Eindruck, als ob die Bodenplastik seinem Gedächtnisse sich hätte einprägen müssen, dass er jederzeit im Stande gewesen wäre ihre wesentliche Gestalt nachzubilden. Allein so klar und richtig, wenn auch nicht immer anschaulich, er zu beschreiben verstand, so wenig verstand er sich auf das Zeichnen, und dies ist nicht der einzige Punkt, in dem er gegen eine Expedition dreier Engländer, welche während der letzten Monate mit ihm wetteiferte, im Nachtheile war.

Diese Expedition hing zusammen mit einer Unternehmung der englischen Marine, welche durch den Stab des Schiffes Beacon, Captain Graves, in jenen Jahren eine neue Küstenaufnahme des ägäischen Meeres bewerkstelligte. Schon im Winter 1840/41 und im October 1841 war ein Officier dieses Schiffes, Hoskyn master of H. M. S. Beacon, detachirt auf dem Schooner Isabella, in Lykien thätig gewesen und hatte das Xanthosthal nebst einer Route in das centrale Hochland bis Elmalü mappirt. Als dann der Beacon Befehl erhielt, die Arbeiten von Fellows zu unterstützen und deshalb in Makri vor Anker ging, unternahmen Viceadmiral T. A. B. Spratt, damals Lieutenant und »assistant-surveyor« des Beacon, sodann der dem Schiffe dienstlich zugetheilte Naturforscher Professor Edward Forbes († 1854 an der Universität Edinburg) und ein zufällig im Orient reisender junger Geistlicher, Rev. E. T. Daniell († im Hochsommer 1842 in Adalia), sowohl nach Xanthos zu Fellows, wie wiederholt in die Umgebung von Makri Ausflüge, welche den Vorsatz reiften, die ganze Provinz gemeinsam zu untersuchen. Sie führten diese Untersuchung während einer Abwesenheit des Beacon in drei Monaten (vom 3. März bis 28. Mai) mit grossem Erfolge durch — abgesehen von Gjölbaschi, in dessen unmittelbarer Nähe sie zweimal vordrangen, ohne jedoch von dem Heroon zu erfahren, entging ihnen kein bedeutender Ruinenplatz —, und es ist in der That seltsam und nur durch das trostlose Erstarren aller Regsamkeit in dem Alpenlande begreiflich, dass sie in dieser Zeit mit Schönborn nirgends zusammentrafen, auch von ihm so wenig wie er von ihnen Kunde erhielten. Einmal kamen sie sogar bis auf einige Kilometer Nähe an einander vorüber, am 13. April, als sie von Gagai der Küste entlang nach Adalia hinzogen und er, aus der Gegend von Adalia herkommend, nach einem Aufenthalte in Olympos quer vor ihnen nach Korydalla einbog. Erst im Juni, nachdem Schönborn während der letzten Mainacht durch Iuruken im Xanthosthale die Pferde gestohlen worden waren und er sich deshalb veranlasst sah, mit dem englischen Schiffe, welches Fellows' Ausbeute wegbrachte, nach Rhodos zu gehen, traf er hier mit seinen Rivalen zusammen und trat zu ihnen in ein freundliches Ver-hältniss, das sich in gegenseitiger Achtung auch für die Folgezeit erhielt.[1]

---

[1] Spratt and Forbes, Travels in Lycia, II, S. 8.

Der Gegensatz ihrer beiderseitigen Arbeitsweisen und Arbeitslagen ist zu lehrreich, um nicht einen Augenblick dabei zu verweilen. Hier der schlichte mittellose, zuweilen vielleicht etwas unpraktische Schulmann, der allein, ohne Saptieh, nur mit einem Türken und zwei gewiss fragwürdigen Pferden, der culturlosen Lebensweise der Landeskinder durchaus sich anpassend, ohne ein anderes Instrument als einen Taschencompass und ein Siedethermometer, ohne einen andern Rückhalt als die tiefe Leidenschaft des Autodidakten für Wissenschaft und Alterthum, in eiserner Ausdauer beobachtend umherzog. Dort drei in ihren Mitteln nicht beschränkte, vorzüglich knapp ausgerüstete, namentlich in ihrem Wissen gut zusammenpassende Engländer, welche, der Eine ein im Mappiren geschulter Militär, der Andere ein vielseitiger Kenner der Natur, der Dritte tüchtig im Landschaftszeichnen und Entziffern von Inschriften, in seltener Vereinigung schneller erreichen, energischer erledigen und sicherer mittheilen konnten, was Jener einsam und mühsam sich in dunklem Drange fast wie zu unveräusserlichem persönlichen Eigenthum erwarb. Man versteht hienach das verschiedene Schicksal, das ihren Arbeiten beschieden war.

Als Schönborn im August 1842 in seinen Wirkungskreis zurückkehrte, schien er die einjährige Campagne ohne Schaden überwunden zu haben, da das Fieber, unter dem er anfänglich litt, bald zurücktrat, und er konnte nun, soweit das jetzt nöthig in Anspruch nehmende Amt es gestattete, an das Ordnen und Bergen seiner Reiseergebnisse gehen. Mit diesen schleunig hervorzutreten oder Prioritätsansprüche geltend zu machen, entsprach nicht seiner Art. Die beträchtliche Zahl griechischer Inschriften überwies er Boeckh zum Abdruck im Corpus inscriptionum graecarum. Mit seinem Schatze antiker Münzen, den er unter Abdarbungen allmälig zusammengekauft hatte, war ihm ein Unglück begegnet; man hatte die schönsten, einige Hundert an der Zahl, darunter viele aus Selge und Termessos, aus dem Abklatschkasten, in dem er sie verwahrte, auf der Rückreise von Rhodos ihm entwendet. Alle brauchbaren Stücke des Restes lieferte er an das Berliner Münzcabinet ab, immerhin noch Material zu einer stattlichen Veröffentlichung.[1] Besondere Sorgfalt hatte er auf die lykischen Inschriften gewendet und deren ganz ohne Vergleich mehr als irgend wer in Copien und Abklatschen eingebracht; er bereitete nun eine Edition derselben vor, für die sich aber kein Verleger fand und die erst elf Jahre nach seinem Tode durch Moriz Schmidt zu Stande gekommen ist. Seiner geographischen Ergebnisse entledigte er sich gelegentlich und theilweise in zwei bescheidenen Schulprogrammen; die Itinerare kamen durch die Art, wie Kiepert sie, unterstützt durch mündliche Erläuterungen, zusammenzudenken verstand, der neuen Karte von Kleinasien zu Statten. Sein Hauptaugenmerk blieb auf die Tagebücher gerichtet, an denen er unermüdlich sichtend und feilend änderte, auch durch neue Lectüre alter Autoren förderte, über deren eigentlichen Werth ihm dann aber Zweifel kamen und zu denen er doch immer wieder zurückkehrte, ohne ein Genügen und Enden zu finden. 1845 sollten sie in der geographischen Anstalt in Weimar herauskommen; aber der Beginn des Druckes verzögerte sich in das folgende Jahr, dann gab es einen neuen Aufschub, und als er 1847 einen Theil seiner Funde in Spratt's Lycia, anschaulicher als er vermocht hätte, bekannt gemacht sah, gab er den Druck vorläufig auf bis zu einer neuen Reise, die ihm nun doppelt nothwendig erschien, um über alles noch Zweifelhafte ins Klare zu kommen.

Die Hoffnung auf eine zweite Reise hatte er von der ersten mitgebracht und nie aufgegeben. In Berlin hatte man ihn nach seiner Rückkehr sehr freundlich aufgenommen, den Gjölbaschi-Vorschlag jedoch, wie bei den klaren Schwierigkeiten der Sache und dem bescheidenen Schwanken seiner durch nichts unterstützten Erzählung in der Ordnung war, fallen gelassen. Aber der König hatte bei einer Audienz Interesse für die geschilderten Ruinen Kleinasiens gezeigt und geäussert, ihn zu gelegener Zeit nochmals entsenden zu wollen, was bis dahin zu beschweigen sei. An dieser Aussicht liess er sich genügen. Auch verdoppelte die Gegenwart ihre Rechte, als sein in Pflicht und Mühe aufgehendes Leben — seine Erholung bestand in Harfenspiel, das er einsam und gesanglos meisterlich übte — eine frohe Wendung nahm, da er in der Schwester seines Reisegenossen Löw die Lebensgefährtin fand. Freilich vor den wenigen Vertrauten, denen er sich überhaupt aufschloss, konnte er das Schicksal seiner lykischen Entdeckungen nie ohne patrioti-

---

[1] Pinder und Friedländer, Beiträge zur älteren Münzkunde, I, 1851, S. 70—84, Taf. I, II. Die Herausgeber bemerken S. 70: »ein namhaftes Verdienst hat er sich durch Sammlung lykischer Inschriften erworben, deren sorgfältig angefertigte Abdrücke er der königlichen Bibliothek in Berlin verehrt hat«.

schen Kummer mit der Gunst, welche Fellows erfahren hatte, vergleichen, und diese Empfindung ver-
schärfte sich, als er späterhin glaubte, das Geheimniss von Gjölbaschi um der Sache willen an Spratt und
Forbes mittheilen zu sollen. Admiral Spratt schien dasselbe, wie er 1884 in London mir erzählte, so sehr
aus dem Rahmen seiner lykischen Erfahrungen zu fallen, dass er sich ungläubig verhielt und ein Missverständniss voraussetzte, eine Auffassung, welche auch deutsche Sachverständige, als sie von den Plänen der
ersten österreichischen Expedition nach Lykien Kunde erhielten, getheilt und brieflich ausgesprochen
haben. Spratt's Zweifel veranlassten dann späterhin Falkener, von Schönborn Aufklärungen zu erbitten,
und Schönborn entsprach diesem Wunsche mit dem oben (S. 9) wiederholten Schriftstücke. Hier vermied
er es aber doch wieder, Namen und Lage des Ortes zu offenbaren, wo seine Entdeckung zu finden war;
denn die Perspective einer zweiten Reise hatte inzwischen klare Gestalt angenommen.

Anstoss dazu hatte Karl Ritter gegeben, indem er Schönborn anbot, die Bearbeitung des südwestlichen Kleinasien für seine Erdkunde zu übernehmen. Falkener wollte mitgehen, wozu es freilich nicht
kam, Spratt war 1851 activ im Mittelmeere. Alexander von Humboldt, von Olfers und Ritter befür-
teten ein neues Gesuch, und mit zureichenden Mitteln, gut ausgerüstet, auch mit einem Daguerreotyp versehen, konnte Schönborn in den letzten vier Monaten des Jahres 1851 die Reise durchführen.

Gerade jetzt aber, wo voll vorgesorgt war und Alles gut hätte gehen können, wurde der Erfolg durch
unglücklich zusammenwirkende Zufälle theils beeinträchtigt, theils geradezu vereitelt. Kleinasien war durch
Erdbeben heimgesucht worden, die in Lykien namentlich viel Schaden angerichtet und eine allgemeine
Aufregung hinterlassen hatten. In Folge des Erdbebens und nach einem unerhört heissen Sommer waren
Quellen ausgeblieben, Cisternen ausgetrocknet und vieler Orten schwerer Mangel an Wasser. Eine allgemeine Unsicherheit war im Lande ausgebrochen, Räuberbanden trieben ihr Unwesen, die Behörden waren
unfähig, ihm zu steuern und verweigerten zuweilen Bedeckung mitzugeben. Mit knapper Noth entging
Schönborn in der Nähe von Elmalü einem Ueberfalle. Untersuchungen im Theater von Aspendos, die
ihm für seine Studien der Bühnenalterthümer besonders am Herzen lagen, musste er abbrechen, weil ein
Theil der Dorfbewohner, vielleicht wegen des geheimnissvollen Daguerreotyps, dessen Messing für Gold
gelten mochte, eine Plünderung seines Lagers vorbereitete, und er konnte sie erst fortsetzen, als er in mili-
tärischer Begleitung wieder erschien. Einen Hauptpunkt seines Reiseprogramms, das unbekannte Hochland von Karien, in dem man die Zahl der Räuber auf viele Hunderte schätzte, musste er ganz aufgeben.
Aber auch in dem geographisch ausgiebigsten Theile seiner Reise, als er von Kelenderi aus im rauhen
Kilikien über Ermenek in das isaurische Gebirgsland aufstieg und ohne Führer und allen Wegbescheid
durch die Steinwüsten zahlreicher Tauruskämme den Rückweg in die pamphylische Ebene erzwang,
kam er durch Erkrankung um ein volles Erträgniss. Schon am dritten Tage auf dieser Strecke befiel ihn
heftiges Fieber, sodass er acht Tage lang sich auf das Pferd heben lassen und »von einigem Reiswasser
leben musste«. Die Anstrengungen, die er sich trotzdem auch für die Folge zumuthete, waren von der
Art, dass die vier Leute, die ihn auf längere Zeit begleiteten, sämmtlich in Erkrankung oder Ermattung
abfielen, obgleich sie Ruhe hatten, wenn er an die Untersuchung von Ruinen ging.

In Gjölbaschi schliesslich, wohin er am 10. November 1851, also zum dritten Male gelangte, war er
drei Tage lang beflissen, die Reliefs aufzunehmen, erreichte aber auch da kein Resultat. »Das dicke Gebüsch, welches den Peribolos erfüllte« — so erzählt er Geheimrath von Olfers am 5. Januar 1852 —
»liess sich zwar beseitigen; auch dem Mangel alles Wassers in jener Gegend wurde, freilich auf kostspielige
Weise, abgeholfen, indem ich das mehrere Stunden weit auf Pferden herbeigeholte Wasser die Kanne mit
zwei Thaler bezahlte; aber die Bilder misslangen. Wurde die Maschine den Reliefs gerade gegenüber aufgestellt, so wurden zwar die Risse und Beschädigungen der Steine, auf denen die Reliefs sich befanden,
sichtbar, nicht aber die stark verwitterten Reliefs; wählte ich dagegen eine schiefe Stellung, so wurden die
Figuren verzerrt. Als ich endlich zur Gewissheit kam, dass ich auf diese Weise nicht zum gewünschten
Ziele gelangen könne, so begnügte ich mich, die Reliefscenen ihren einzelnen Figuren nach zu beschreiben,
fest entschlossen, die misslungenen Bilder durch Zeichnungen zu ersetzen, die ich durch einen zur Zeit in
Adalia weilenden italienischen Maler anfertigen liesse. Die diesfalls nöthigen Schritte habe ich bereits von
Smyrna aus gethan, und ich hoffe so bald zu den Copien zu gelangen. Sollte es mir aber auf diesem Wege

nicht gelingen, so ist mir in Smyrna bereits eine andere Aushilfe eröffnet worden, und ich hoffe demnach mit Sicherheit, Euer Hochwohlgeboren die Zeichnungen, und zwar vielleicht schon vor Ende dieses Semesters vorlegen zu können. Vor Beginn des Frühlings wird das Copiren freilich nicht wohl vorgenommen werden können.«

Hauptsächlich für die Reliefs von Gjölbaschi hatte Schönborn das Daguerreotypiren erlernt und sich den dazu nöthigen Apparat, der zwei Pferde erforderte, aufgebürdet. Der Transport dieses Apparates hatte ihm beim Durchsetzen der Flüsse und in den Wildnissen des Hochgebirges, wenn die Pferde fielen oder ohne Futter waren, manche Aufregungen verursacht und eine beständige Sorge geschaffen. Jetzt endlich, wo die kostbare, langbehütete Last am Ziele war, musste das Instrument oder seine Befähigung, es zu gebrauchen, versagen. Man begreift, wie dieser Ausgang bei der ohnehin gedrückten Stimmung der Reise auf ihn wirken musste. Er sah das ganze Monument mit andern Augen an. Während er bei dem ersten Besuche den Gesammtcharakter und, soweit dies ohne besondere Vorkenntnisse geschehen konnte, auch die Bedeutung des Fundes in schlichter Empfänglichkeit wahrheitsgemäss gewürdigt hatte, ward ihm jetzt hauptsächlich seine Zerstörung eindrücklich. Er gab deshalb die alten Wünsche endgiltig auf und sprach sich in diesem Sinne unzweideutig in seinen Berichten aus. Hinterher ist es auch nicht mehr zu den verheissenen Zeichnungen gekommen. Die ganze Angelegenheit trat vielmehr derart zurück, dass drei Jahre später, als der Landschaftsmaler Albert Berg auf Anregung Alexander von Humboldt's vom Könige nach Lykien geschickt wurde, um das Phänomen des brennenden Erdfeuers von Janartasch aufzunehmen, Niemand mehr sich ihrer erinnerte. Berg reiste mit D. E. Colnaghi, welcher im Auftrage von C. T. Newton die ersten Lichtbilder von lykischen Monumenten herstellte, und Beide, der deutsche Maler und der englische Photograph, zogen am 24. März 1854 sieben Kilometer weit, und vier Tage später ein zweites Mal drei Kilometer weit an Gjölbaschi vorüber. [1]

Die zweite Reise hatte Schönborn's Gesundheit stärker erschüttert, als er anfänglich eingestehen mochte. Doch erholte er sich so weit, dass er bei wechselndem Befinden nicht blos dem Amt in gewohnter Weise vorstehen, sondern auch den Unterricht seiner Tochter übernehmen und literarische Arbeit fördern konnte. Diese letztere, namentlich ein Buch über das Bühnenwesen der Griechen, hervorgegangen aus seinen Beobachtungen an antiken Theatergebäuden, machte ihm besondere Freude, die zu geniessen ihm noch einige Jahre vergönnt war. [2] Dann kamen ernste Erkrankungen, die ein unheilbares Herzleiden er-

---

[1] C. T. Newton, Travels and discoveries in the Levant, I, S. 341 f., wo das Itinerar von Colnaghi mitgetheilt ist. Am 16. März waren sie von Rhodus in einem Segelschiff nach Kastelloryzo gefahren, am 18. in einem Boote an die Küste nach Antiphellos, am 21. ritten sie in sieben Stunden auf das Dembreplateau nach Ja-û-Kyaneai, wo sie sich zwei Tage aufhielten. Am 24. nahmen sie von da den Weg nordwestlich (»The road leads over the mountains in an easterly direction« sagt das Itinerar Colnaghi's, das den Weg sonst genau und deutlich beschreibt, mit einem begreiflichen Irrthume) gegen Kasch an den Rand des Plateaus, von wo sie dann zum Fellentschai niederstiegen und seinen Lauf bis zu der Stelle verfolgten, wo er sich mit dem von Arneai herabkommenden Irnestschai vereinigt, um gemeinsam als Dembretschai das Strandgebirge zu durchbrechen und bei Myra zu münden. An jener Vereinigungsstelle (Dereaghsy, bis wohin sie von der Höhe des Plateaus drei Stunden brauchten) liegt eine alte byzantinische Backsteinbasilica (Reisen, Band I, Tafel XXXVII) mit einer kleine antike Burg mit Felsgräbern, mit deren Aufnahme sie drei Tage beschäftigt gewesen zu sein scheinen. Am 28. ritten sie schliesslich, des Hochwassers wegen auf Kameelen, im Thale des Dembretschai in sieben Stunden nach Myra. — Gjölbaschi ist von Kyaneai sieben Kilometer, vom Dembretschai drei Kilometer weit entfernt. Der directe Weg von Kyaneai nach Myra hätte sie am Fusse des Berges von Gjölbaschi vorbeigeführt. Von der Höhe von Kyaneai wie von der heutigen Ortschaft Ja-û aus, die im Thale unter Kyaneai liegt, hat man die Burg von Gjölbaschi gegen Osten deutlich vor sich.

[2] Ausser seinen »in den Jahren 1835, 1841, 1848 erschienenen und oft aufgelegten drei lateinischen Lesebüchern« sind von literarischen Arbeiten zu erwähnen:

    1. Zwei Programme des Friedrich Wilhelms-Gymnasiums zu Posen vom Jahre 1843 und 1849; das erstere: Ueber einige Flüsse Lykiens und Pamphyliens nach Mittheilungen des Prof. Dr. Löw und nach eigenen Notizen; das zweite: Beiträge zur Geographie Kleinasiens (auch unter dem Titel: Der Zug Alexanders durch Lykien, Posen, 1848).

    2. In Falkener's Museum of classical antiquities, vol. I, S. 41—43 der oben S. 9 wiederholte Bericht über das Heroon zu Gjölbaschi, und vol. II, S. 161—166 on the true situation of Cragus, Anticragus, and the Massicytus, mountains of Asia Minor.

    3. Ueber Vitruv's Construction des griechischen Theaters in der Zeitschrift für Alterthumswissenschaft, 1853, Nr. 40 und 41.

    4. Ueber das Wesen Apollons und die Verbreitung seines Dienstes, Berlin, 1854.

    5. Die Skene der Hellenen, ein Versuch, herausgegeben von Karl Schönborn, Leipzig, 1858.

kennen liessen. Er suchte im Bade Altwasser Genesung, sein Zustand verschlimmerte sich aber zusehends. Von der zweiten Reise hatte er erst den ersten Theil, den Zug durch das rauhe Kilikien, im Manuscript ausgearbeitet, und er fühlte, dass er nicht mehr im Stande sein werde die Beschreibung zu vollenden. Er sandte daher das Manuscript an Karl Ritter zu unbeschränkter Verwerthung für die Erdkunde. Während eines Badeaufenthaltes in Teplitz-Schönau, im Juli 1857, unterzog sich Ritter, wie seine in der königlichen Bibliothek zu Berlin noch vorhandenen Auszüge beweisen, einem gründlichen Studium des Ganzen, und den Eindruck desselben legte er dankbar in einem Briefe nieder, der Schönborn wenige Tage vor seinem am 1. September 1857 erfolgenden Tode beglückte. Mit freudestrahlendem Blick reichte er diese ihm am Lebensende zu Theil werdende Anerkennung seinen bei ihm weilenden Brüdern, und auch ihnen wird diese Fügung den letzten Abschied erleichtert haben, als sie ihn auf dem Friedhofe von Waldenburg in früher Morgenstunde still begruben.

Karl Ritter hat in dem letzten Bande, den wir von der Erdkunde besitzen, den Gehalt der Schönborn'schen Tagebücher nicht blos da, wo sie die einzige Quelle der Darstellung waren, benützt und vielfach wiederholt. In persönlicher Bewunderung, und wie im Bedürfniss nach liebevoller Ausgleichung richtet er dabei des Oefteren[1] auf das Ganze der Schönborn'schen Leistungen den Blick. »Seine Treue der Beobachtung«, sagt er einmal, »und seine Gewissenhaftigkeit in der Erforschung des Wahren, wie in der bescheidensten Berichterstattung ist hochherzig und rührend, denn mit den kärgsten Mitteln gab er sich den grössten Beschwerden und den unermüdetsten wiederholtesten Anstrengungen preis, um zu ergründen, was auf bis dahin völlig unbekannten, fast weglosen Gebieten nur zu ergründen möglich war, und erreichte bei vieler Ausdauer in der Noth, wiederholter Kränklichkeit und Ueberanstrengung aller Art, die wohl sein körperliches Uebel vermehren mochten, nur das 56. Lebensjahr ... Weder Ruhm noch Lohn hat er für seine Arbeit davongetragen; Anspruchslosigkeit und Verdienst waren ihm in gleichem Masse eigen.«

Die literarischen Arbeiten Schönborn's würden schwerlich zu einer Vergegenwärtigung seines Lebens anreizen. Seine Hauptforschungen im Orient werden ihren Werth einbüssen, wenn einmal der Geometer den für Geographie thätigen Alterthumsforscher ablöst. Mit Gjölbaschi dagegen wird sein Name verbunden bleiben, so lange man griechische Kunst schätzt. Es bekümmert daher, dass er diesen in tiefster Anspannung seiner Kraft gefundenen Hochgewinn seines Lebens als solchen nicht erkannte, zu heben unvermögend war und mit eigenen Händen wieder begrub. Aber über alles Unzulängliche, Erlittenes wie Verschuldetes, hinweg erhebt die Gesinnung, und auch für die unendlich abgestuften Dienste im Reiche der Wissenschaft gilt menschlicher Weise der gleiche Trost, dass jede Bethätigung ihr Schicksal in sich trägt, die Person aber über diesem Schicksal steht.

[1] Karl Ritter, Die Erdkunde XIX, Kleinasien Band II, S. 357, 364, 489, 519 f., 561 f., 581, 622 f., 648—697, 739.

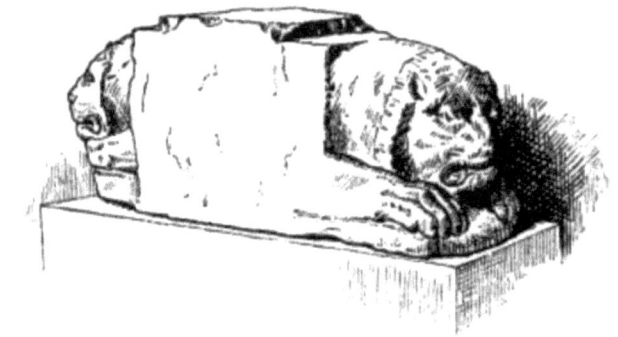

5. Kalksteinsculptur aus Xanthos im britischen Museum.

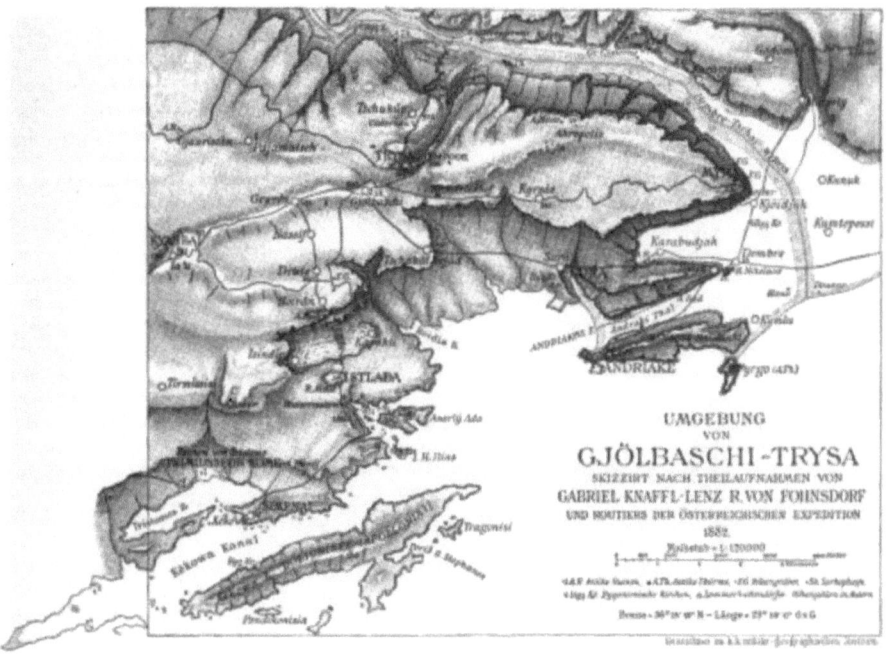

UMGEBUNG
VON
GJÖLBASCHI-TRYSA
SKIZZIRT NACH THEILAUFNAHMEN VON
GABRIEL KNAFFL-LENZ R. VON FOHNSDORF
UND ROUTIERS DER ÖSTERREICHISCHEN EXPEDITION
1882

II. Gjölbaschi-Trysa.

γυτικὰς πέτρα

Aesch. suppl

　　　Den lykischen Alpen liegt in der Mitte der Südküste ein scharfgeformtes Kalkplateau vor. Von West nach Ost ist es bis zu acht Stunden lang, von Nord nach Süd bis zu vier Stunden breit; seine Ebenen haben eine durchschnittliche Höhe von 500 bis 600 Metern, während die Reliefspitzen Seehöhen zwischen 700 und 1000 Meter erreichen. Dem Meere entlang meist über kurze niedrige Uferterrassen hinweg, inlands unmittelbar aus den Tiefen des weiten Beckens von Kasch heraus, baut es sich in mächtig gestreckten Steilwänden auf und bildet, wenn man ihre Schlangenpfade emporgeklommen ist, ein reichgipfelndes Hügelland, welches anschliessende Strandgebirge auf beiden Seiten überragen. Im Westen scheidet es ein zur Bucht von Antiphellos abfallender leichter Sattel von dem 4000 Fuss hohen gigantischen Küstenwall, der sich uferlos von da zum Xanthosthale hinzieht. Im Osten hat ein breit durchsetzendes Querthal seinen ursprünglichen Zusammenhang mit den hochgebirgsartigen Massen des Aladschadagh gelöst und bis auf den Grund zerschnitten. Dieses fünf Stunden lange Querthal, eine Schlundspalte von schauerlicher Grösse der Verhältnisse, ist ein Werk des Dembretschai, der bei Myra mündet. Nach diesem Flusse also, der die ganze Bodenerhebung schon im Becken von Kasch bespült, der ihren im Süden wie im Norden gleich ausgeprägten Steilrand auch im Osten fortführt und ihre plastische Gestalt damit vollendet, wird sie als

3

Dembreplateau sich bezeichnen lassen. Die vorstehende Karte ist ein Versuch die östliche Hälfte desselben zu skizziren. [1]

Während sich das Dembreplateau nach aussen einheitlich abschliesst, löst es sich im Innern in eine Fülle wechselnder Erhebungen auf. Nur hin und wieder gruppiren sich diese Erhebungen in zusammenhängende, von Südwest nach Nordost streichende Züge, und sie bilden unaufhörlich kleine, rings geschlossene Thalkessel, welche in monotoner Formation und nur durch ihre Grösse unterschieden, terrassenbildend neben und über einander liegen, auch wohl zwischen einzelnen Höhenzügen sich reihen und dann durch auf- und niederlaufende Thalfurchen in eine gewisse Verbindung gesetzt sind. Der Verkehr ist daher nicht blos abwärts zum Meere, sondern auf der Höhe des Plateaus selbst beschränkt und wird hier durch das starrende Felsblockwerk, in das sich alle Gehänge auflösen, ungemein erschwert. Auch ist das ganze Gebiet quellenlos. Es gebricht mithin an einer ausgiebigen Vegetation; über das niedere Buschwerk, welches die grauen Felsen allerwärts umgrünt, erhebt sich selten einmal ein bescheidenes Gehölz; schattenspendende Bäume stehen einsam und sind weitgesuchte Zufluchtsorte. Aber in jenen kleinen Thalkesseln sammelt sich als tischebene Fläche, mitunter in einer Ausdehnung von ein paar Kilometern Breite und Länge, eine vorzüglich reine fette Rotherde an, welche die atmosphärischen Niederschläge zurückhält und den mühelosen Anbau mit jährlich zwei- bis dreimaligen Erträgnissen lohnt. Im Gegensatze zu dem Palmenklima der Thal- und Küstenniederungen herrscht auf der Höhe eine gemässigtere Temperatur, und die meerwärts gelegenen Berggipfel eröffnen weite, unbeschränkte Ausblicke, die in Zeiten der Küstenschiffahrt nicht minder werthvoll waren wie die Fülle schützender Inseln, versteckter Buchten und sicherer Ankerplätze, durch die sich das Gestade des Dembreplateaus auszeichnet. Eine Reihe antiker Niederlassungen haben diese Vortheile ausgebeutet und ihre Ruinen zeigen, wie dicht einst in diesen Gebirgsöden die Cultur war, welche Griechen begründet hatten und die Machtverhältnisse des römischen Reiches in friedlichen Jahrhunderten festigten und steigerten.

Unter den Plätzen des Dembreplateaus hat nach dem Zeugniss der Monumente Trysa Anspruch auf das höchste Alter. [2] So weit heute unsere Kenntniss reicht, kommt ihm auch die höchste Lage zu — die Schwelle des Heroon liegt nach den Barometerbeobachtungen Felix von Luschan's 866 Meter über dem Meeresspiegel —, und diesem höchsten Alter und dieser höchsten Lage entspricht die mässige Ausdehnung der baulichen Anlagen. Sie geben eher den Eindruck einer Burg mit zugehöriger Gemeinde als einer städtischen Gründung, und als einer Dynastensitz, wie es deren von Alters augenscheinlich viele in Lykien gab, [3] wird man den Kern der Ansiedlung zu denken haben. Der von Südwest nach Nordost laufende Felsrücken, auf dessen Kammhöhe und südlicher Lehne sich die Ruinen ausbreiten, war hiezu wohl geeignet. Nach Seehöhe, Form und Ausdehnung gleicht er dem »Felsenneste« über dem Passe von Dekeleia, in dem sich die Lakedaimonier im Jahre 413 v. Chr. festsetzten. [4] Er krönt einen Berg, der auf drei Seiten steil, auf einer vierten in zerrissenem Terrain abfällt (Fig. 7), und war vom Meer wie vom Lande her nur in mehrstündigem Anstiege erreichbar, überdies ohne genaue Ortskunde, wenn man durch das beständige Gestrüpp und eine täuschende Menge von Felshügeln den Weg zu suchen hatte, leicht zu verfehlen. Die kaum 20 Meter breite und 200 Meter lange Kammhöhe liess sich stark befestigen und war durch das tief geborstene Bodengestein abwärts nach allen Seiten wie durch Palissaden geschützt. Wasser gaben geräumige Felscisternen, in den umliegenden Karstebenen reiften die Ernten der Hörigen, und

[1] Die Aufnahmen des Herrn Ingenieurs von Knaffl beziehen sich auf den von ihm erbauten Weg (Fig. 7) der vom Heroon 810 Meter abwärts um den Felsrücken von Trysa herum nach Norden in das Kesselthal von Tschukur und von dort in achtzehn grossen Kehren den Steilrand des Plateaus hinab in das Thal des Dembretachsi führt (Vorläufiger Bericht S. 24 f.); ferner auf das Dembrethal von da bis Myra, die Ebene von Myra und die Küstenlinie bis Sura, wobei sich eine geringe Verschiebung der Küstenformen nach Westen als Correctur der englischen Seekarte ergab. Für die Jalibai liegt die Aufnahme der Officiere des »Taurus« zu Grunde, Petersen und von Luschan, Reisen Band II, S. 48. Unsere Routiers gaben nur die Weglinien und die Ortsnamen.

[2] Vergleiche für das Folgende Petersen's Darlegungen im II. Bande der Reisen, S. 81.

[3] J. P. Six Monnaies Lyciennes, Revue numismatique, 1886—1887. Ueber karische Dynasten in den attischen Tributlisten U. Köhler, Urkunden und Untersuchungen zur Geschichte des delisch-attischen Bundes S. 119.

[4] Ernst Curtius, Atlas von Athen, Taf. VII, erläuternder Text S. 62.

was das Land nicht gewährte, brachte den Burgherren das Meer ein. Denn wie ihre ritterlichen Nachbarn auf dem Plateau, unter deren Augen sich dasselbe Fangnetz schützender Gestadeformen ausbreitete,
werden sie Sund- und Hafenzölle erhoben und ihre befestigte Warte als Ausfalls- und Rückzugsplatz für
Kapereien benützt haben. Einer vereinzelten, aber an sich unverdächtigen Nachricht zufolge trieben die
Lykier, die sonst im Gegensatze zu den Kilikiern den Ruf rechtlicher Leute genossen, anfänglich See-
räuberei.[1] Ist diese Nachricht, wie es scheint, mit Recht auf ihr feindseliges Verhalten gegen die Rhodier
bezogen worden,[2] als diese das an der Ostküste Lykiens gegründete Phaselis durch Occupation von Gagai
Korydalla und Rhodiapolis im Rücken zu decken suchten, so waren die zwischenliegenden Gestade des
Dembreplateaus, mit ihrer für Piraterie classischen Configuration, die in Lykien nirgends sonst und wohl
überhaupt nur selten ähnlich sich wiederholt, der natürliche Schauplatz für jene vorgeschichtlichen Kämpfe.
Wie lange das Faustrecht währte, ist nicht zu sagen; nach den Perserkriegen stellte wohl die attische Macht
Ordnung her, und der vom Xanthosthale ausgehende lykische Bund, in welchem das städtische Element

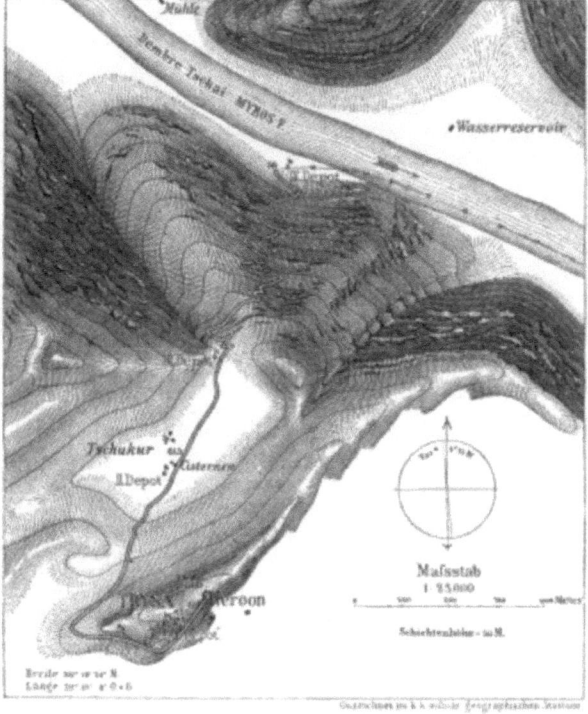

7. Weg vom Heroon in das Dembrethal
erbaut und aufgenommen von Gabriel Knaffl-Lenz Ritter von Fohnsdorf.

---

[1] Heraclides Ponticus XV, C. Müller Fragm. historicorum Graecorum II, S. 217 Λύκιοι θεῖχον ληστεύοντες. Νόμοις δὲ
οὐ χρῶνται, ἀλλ᾿ βίαι, καὶ ἐκ παλαιοῦ γυναικοκρατοῦνται. Πωλοῦσι δὲ τοὺς ξενολάμπορας, καὶ τὰς οὐσίας αὐτῶν δημεύουσιν.
[2] Treuber, Geschichte der Lykier, S. 90.

und das immer tiefer eindringende Griechenthum überwog, wird die Macht der Bergfürsten allmälig erstickt haben. Auch in Trysa löste Rath und Volk einmal die Tyrannen ab; aber für eine städtische Entwicklung war die Lage zu hoch, der Platz zu klein. Die beiden Nachbarstädte, das durch seine grossen Ebenen gesegnete Kyaneai, das sich bis in späte Kaiserzeit als Centralplatz des Plateaus behauptete und zu dessen Syntelie Trysa wahrscheinlich gehörte, und weiter an der Küste Myra, hatten es längst überholt. Vom Rechte der Münzprägung kann es, wenn überhaupt, nur in geringem Umfang Gebrauch gemacht haben. Mit städtischen Prätensionen, und wie so mancher Griechenort der hellenistischen Zeit tief verschuldet, zeigt es sich in den wenigen Urkunden,[1] die unter seinen Trümmern hinterblieben sind. Der neue Wohlstand der Kaiserzeit, welcher in Lykien tausendfach sich regte, ging spurlos an ihm vorüber, und so erklärt sich, dass selbst der Name von Trysa aus der Ueberlieferung schwinden konnte.[2]

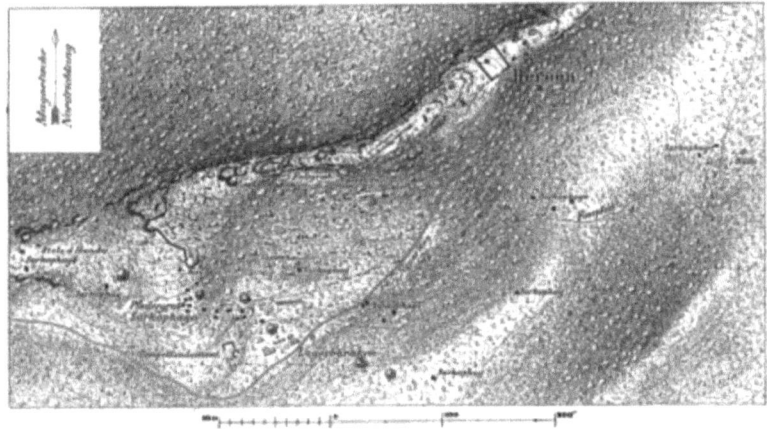

8. Plan von Gjölbaschi-Trysa.

In den Ueberresten des Platzes treten die Grundzüge seiner Geschichte klar heraus. Der Gründungszeit werden die auf der Kammhöhe vorhandenen Cisternen und die starke Burgmauer angehören. Die letztere hat gute polygone Construction, die sich zuweilen dem Quaderbau nähert, und ist zu verschiedenen Zeiten, wie es scheint selbst noch im Mittelalter, ausgebessert worden. Ihre Anlage lässt sich auf längere Strecken, hin und wieder als blosse Verbindung aufragender Felswände, verfolgen, sowohl dem Nordrande

---

[1] Gollob und Löwy, in den Archäologisch-epigraphischen Mittheilungen aus Oesterreich, VII S. 140—144; Petersen, Reisen Band II, S. 12.

[2] Inschriftlich ist der Name nur in der Formel Τρυσέων ὁ δῆμος erhalten, woraus sich nach zahlreichen lykischen Analogien als wahrscheinlicher Nominativ Trysa ergibt, wie gleicher Weise Arsada aus Ἀρσαδέων ὁ δῆμος, Istlada aus Ἰστλαδέων ὁ δῆμος erschlossen worden ist. Bei Kyaneai, also in unmittelbarer Nähe von Gjölbaschi, erwähnt Pausanias VII, 21, 13, ein χρηστήριον Ἀπόλλωνος Θυρξέως, was Ortsbezeichnung ist, wie der gleichfalls benachbarte Apollon Surios (Reisen Band II, S. 43 bis 46). Der Ort Τύρσα, den das Etymologicum magnum s. v. τύραννος als lykisch erwähnt, ist nach Sylburg's Vermuthung lydisch. Ein Τρύλος τις τύραννος bei Aelian Var. hist. XIV, 22.

Ueber den Namen danke ich Wilhelm von Hartel die folgenden Bemerkungen: »Τρύσα ist ein mit dem Suffix σα gebildeter Name, wie sie besonders häufig auf karischem Boden vorkommen, wie: Ἄρπασα, Βάργασα, Δίδρασα, Δύασα, κάνδασα, Μαδνασα, Μόβασα, Μύλασα, Πήδασα, Πλάρασα (vgl. die pontischen Städte Belσασα, Δάδασα; in Kappadokien und Armenien Οὔενασα, Γόδασα, Δαύρασα; in Pisidien Κάμβασα, Κόρμασα, Ὀλβασα). Vgl. Georg Meyer in Bezzenberger's Beiträgen, X, S. 173. Die zugrunde liegende Wurzel τρ ist nicht griechisch, aber der Anlaut τρ ist im Lykischen wenigstens nicht selten (vgl. τρας und M. Schmidt's Neue lykische Studien, S. 69—71). Die Stadt kann lykisch Τράσα, Τρύσα oder vielleicht Τρσα (r sonans) gelautet haben, was die Griechen durch Τρύσα wiedergaben«.

der Kammhöhe entlang, wie theilweise auch an ihrem Südrande, wo gegen Osten zu ein kleines Thor mit anstossender Bastion noch aufrecht steht (vgl. Fig. 16 links am Ende). Einmal muss sie dann weiter abwärts fortgesetzt worden sein und einen grossen Theil des mit Trümmern besetzten West- und Südhanges als Stadtmauer eingefasst haben. Stücke dieser Stadtmauer sind noch erkennbar; aber der einstige Umfang ist nicht festzustellen, und für ihre Entstehung bieten die Häuserreste, welche sie einschliesst, keine zeitlichen Merkmale. Die Häuser beginnen unterhalb der Burgmauer und drängen sich den Abhang strassenlos herab, so dass unter den Wirrsalen der Vegetation die Grundrisse schwer zu scheiden sind. In der Regel scheinen sie nicht mehr als ein oder zwei Räume besessen zu haben, wo es der Platz zuliess mit einer eigenen Cisterne. Die Räume sind theils durch Aufmauerung, theils durch Austiefung des Felsbodens gewonnen und haben in den Felswänden Nischen, die mitunter tempelförmig umrahmt sind, also Heiligthümer enthielten.[1]

Das früheste Denkmal des Ortes ist ein ehrwürdiger Monolith, welcher umgestürzt und in ein paar gewaltige Brocken geborsten auf der Vorhöhe am Westende des Burgabhanges liegt. Es war ein grosser viereckiger Steinpfeiler nach Art des Harpyienmonumentes von Xanthos, der wie dieses oben eine Grabkammer besass. Auf einem jetzt eingedrückten Sockel erhob er sich in nahezu quadratischer Grundform (1·375 × 1·36 Meter) über 4 Meter hoch und war auf den Aussenseiten der Grabkammer oben mit einem Reliefbande geschmückt. Mit dem oberen Abschluss des Monumentes fehlt auch der obere Theil der Basreliefs. Soweit sie erhalten sind, stellen sie eine langsam nach links vorschreitende, wohl sepulcrale Procession theils schildtragender, theils unbewehrter Fussgänger und Reiter dar. Die Darstellung lief in einer Richtung fort und war nur durch die Grabesthür und, wie es scheint, zwei Löwenköpfe unterbrochen, die man auf den beiden Knaggen wahrnimmt, an denen das Monument emporgerichtet wurde. Ihrem Stile nach sind diese Reliefs die älteste Sculptur, die bis jetzt aus Lykien vorliegt, gewiss nicht jünger als das »Lion tomb« von Xanthos im britischen Museum, und jedesfalls aus vorpersischer Zeit.[2]

Einen so hohen Ansatz können die Vasenscherben mitbeglaubigen, welche bei Anlage des neuen Weges, etwa in halber Höhe des Abhanges, zum Vorschein gekommen sind. Sie wurden aus antikem Schutte aufgelesen und stammen von den verschiedensten Gefässen: unter einer Menge roththoniger eine Anzahl schwarzgefirnisster, zum Theil von feinen Schalen herrührend, einige davon nur auf der Innenseite schwarz, aussen roth, eine mit innen Stück  alterthümlich gezeichneten Gewandes von einer rothen Figur, eine mit mattschwarzem Firniss innen und der nebenstehenden aufgeritzten Malerei auf der Aussenseite (Fig. 9). Mit zwei rhodischen Drachmen des vierten Jahrhunderts und einem Dutzend winziger lykischer Bronzemünzen von schlechtester Erhaltung, welche an den türkischen Commissär übergingen, bildeten jene Scherben die einzige Ausbeute an nennenswerthen kleineren Fundstücken, die wir bei immerhin erheblichem Erdumwurfe ausserhalb des Heroons erzielten.

Etwas mehr kam später bei einer kleinen Nachgrabung zu Tage, welche Karl Graf Lanckoroński durch Eduard Gollob vornehmen liess (siehe S. 22,1). Derselbe fand in dem Schutt eines 5·95 × 6·58 Meter grossen späten Gebäudes »Glastrümmer, Thonscherben, Bronzeschnallen, Nägel, einen Thondeckel, mehrere Münzen, endlich die ersten drei Inschriften, ausserdem einen Block in Gestalt eines Kegelstumpfes (Umfang unten 0·59, oben 0·44 Meter, Höhe 0·39 Meter) mit 18 unten sich in einer 0·06 Meter hohen wulstartigen Basis (Umfang 0·69 Meter) verlierenden Canneluren. Auf der unteren Fläche befand sich ein quadratisches Loch (Länge 0·04 Meter). Ein ähnlicher, sehr stark fragmentirter lag in unmittelbarer Nähe«.

9. Vasenscherbe, gefunden in Gjölbaschi.

[1] Wie in einem Hause zu Anaphe, Ross. Archäologische Aufsätze, II. S. 531, Taf. XVIII B, und einem Gebäude zu Thera, ebenda, Taf. XIII, Fig. 9 c, S. 422; Michaelis, Annali dell'instituto, 1864, S. 257, tav. d'agg. R 2; Gazette archéologique, 1883, pl. 37, S. 220.
[2] Reisen Band II, S. 13, Fig. 9.

Von den zuletzt gefundenen Münzen, die in den Besitz des Grafen Lanckoroński übergingen, hat Friedrich von Kenner die Güte gehabt die folgende Beschreibung zu entwerfen und hier zur Verfügung zu stellen:

1. Kyaneai.

ΑΥΤ ΚΑΙ Μ ΑΝΤ ΓΟΡΔΙΑΝΟC CEB Brustbild mit Lorbeerkranz, rechts, mit Paludamentum, darunter die Achselklappen des Panzers.

10. Bronze von Kyaneai.

Rev. ΚΥ ΑΝΕ Ι Τ ΩΝ Krieger in voller Rüstung mit Helm, Panzer und flatterndem Mantel auf springendem Pferd, rechts, mit der erhobenen Rechten einen Wurfspiess schleudernd.

Bronze, 32 Mm. Durchmesser. — Perlenrand auf beiden Seiten. — Gut erhalten.

Mionnet Suppl. VII, 11, Nr. 40, beschreibt nach dem Mus. Sanclement. III, 168 eine ähnliche, aber kleinere Münze von Grösse 6, d. i. 24 Mm. Durchmesser.

2. Masikytes?

Kopf des Hermes, rechts; hart über dem Ohre ein Flügel, zu beiden Seiten unten (Λ) — Γ.

Rev. Caduceus geflügelt, in vertieftem Viereck, Aufschrift nicht vorhanden oder nicht mehr erkenntlich.

Bronze, 14 Mm. — Aehnlich bei Imhoof-Blumer, Monnaies grecques, p. 325, Nr. 5, ohne Λ–Γ auf der Vorderseite, dafür der Caduceus hinter dem Kopf, der auf unserem Stücke fehlt; auf der Rückseite der Münze Imhoof's Μ — Α. Ein ähnliches Stück mit ΚΒ (ΚΡ d. i. Kragos) hat Mionnet, S. VII, p. 9, Nr. 33) nach Sestini mitgetheilt.

3. Masikytes.

Kopf des Apollon, rechts, zu beiden Seiten unten (Λ) — Γ.

Rev. ΜΑC ΙΚΥ Köcher und Bogen gekreuzt, in vertieftem Viereck.

Perlenrand auf beiden Seiten. Bronze, 16 Mm., an beiden Seiten Einschnitte im Rande. Vgl. Imhoof-Blumer, Monnaies grecques, p. 326, Nr. 7.

Die Rückseite ist zweimal geprägt; von dem älteren Gepräge gewahrt man links unten die Reste der Ecke eines ähnlichen vertieften Viereckes.

4. Unbestimmt.

Unbärtiger Kopf (Apollon?), links.

Rev. Adler mit geöffneten Flügeln, links.

Bronze, 12 Mm. — Das Gepräge verwischt, die Oberfläche porös.

Vgl. die Bemerkungen Imhoof-Blumer's, Monnaies grecques, p. 326, zu Nr. 9.

5—7 verschliffene Stücke:

5. Büste des L. Verus. Umschrift unleserlich.

Rev. Reste einer stehenden Figur in langen Gewändern.

Bronze, 17 Mm. Durchmesser.

6. Knabenbüste des Caracalla, rechts. Umschrift unleserlich.

Rev. Reste einer schreitenden Figur.

Bronze, 16 Mm. Durchmesser.

7. Trajan.

Sesterz, gänzlich verschliffen. Auf der Vorderseite ist von der Legende nur mehr TRAIAN AVG mit Mühe zu lesen und das Bildniss des Kaisers mit seinen charakteristischen Zügen zu erkennen. Die Rückseite ist ganz leer, sie scheint schon im Alterthum absichtlich abgeschliffen worden zu sein.

8. Severus Alexander.

Sesterz: IMP ALEXANDER PIVS AVG Brustbild mit Lorbeerkranz, rechts, um den Hals das Paludamentum, auf der rechten Achsel die Panzerklappen.

Rev. P M TR P XII COS III PP, im Felde S — C. Sol schreitend, links, mit der Strahlenkrone, die Rechte erhoben, in der Linken die Geissel.

Jahr 233. — Cohen, II. Auflage, IV, 445, Nr. 441.

9. Maximinus Thrax.

Sesterz: MAXIMINVS AVG GERM Brustbild mit Lorbeerkranz, rechts, um den Hals das Paludamentum, an der rechten Achsel die Panzerklappen.

Rev. SALVS AVGVSTI, im Segment S — C. Sitzende Salus, links, den linken Arm auf die Stuhllehne ge-stützt, in der Rechten eine Schale, nach welcher die Schlange züngelt; letztere erhebt sich von dem nebenstehenden Altar, um den sie sich schlingt.

Aus den Jahren 236 bis 238. — Gut erhalten. Cohen, II. Auflage, IV, 514, Nr. 92.

10. Licinius (pater).

Kupferdenar mit Silberglanz: IMP LICINIVS AVG Brustbild mit Lorbeerkranz, links, den Mantel um die Schultern, in der Rechten den Blitz, in der Linken das Scepter.

Rev. PROVIDEN TIAE AVGG, im Abschnitt ANT A (?). — Castell mit Thor und drei Thürmchen.

Vorderseite sehr gut erhalten. Cohen, I. Auflage, VI, 67, Nr. 122.

11. Constantin der Grosse.

Kupferdenar: (imp Constan)TINVS AVG Kopf mit Lorbeerkranz (undeutlich) rechts.

Rev. Prägefehler. Indem zwei Schröttlinge zugleich unter den Hammer gelegt wurden, die sich um We-niges verschoben, prägte sich nur ein Theil der Umschrift der Rückseite: . . . . AVGG, wahrschein-lich PROVIDENTIAE AVGG ab, im Felde zeigt sich nur der vertiefte Abdruck des darübergelegenen Schröttlings.

12. Constantinus junior als Caesar.

Kupferdenar: DN FL. CL. CONSTANTINVS NOB C Brustbild mit Diadem, links, im Mantel, in der Rechten das Scepter.

Rev. IOVI CONSER VATORI CAESS, im Felde S, im Abschnitt SMK. Jupiter stehend, in der Rechten eine zufliegende Victoria mit Kranz, auf welche er den Blick wendet, mit der Linken das Scepter auf-stützend; neben seinem rechten Fusse ein Gefangener (? verwetzt).

Cohen, I. Auflage, VI, 233, Nr. 142.

13. Constantius II. als Caesar.

Kupferdenar: FL IVL CONSTANTIVS NOB C Brustbild mit Diadem, links, mit Paludamentum und den Achsel-klappen des Panzers.

Rev. PROVIDEN TIAE CAESS, im Abschnitt SM . . (KA? undeutlich), Castell mit Thor und zwei Thürmchen an den Ecken, zwischen diesen ein Stern, im Felde links ein Kügelchen.

Cohen, I. Auflage, VI, 317, Nr. 252.

14. Anastasius I.

Follis: DN ANASTA SIVS PP AVG Brustbild mit Diadem, rechts, im Mantel, am rechten Arme die Klappen des Panzers.

Rev. M, darüber Kreuz, darunter B, im Felde rechts und links je ein Stern, im Abschnitt CON.

Variante zu Sabatier, I, 154, Nr. 13, pl. IX, 3.

Das zweitälteste Denkmal des Ortes ist das Heroon, welches die Glanzzeit der Tyrannis repräsen-tirt. Etwas von landesherrlichem Ueberschwang verräth auch die merkwürdige Stele, welche im Westen der Burg, dicht am Rande des Abhanges, der sich gegen Norden in das Thal von Tschukur verliert, hoch aus dem Felsen herausgearbeitet ist und auf der dem Thale zugewendeten und dasselbe beherrschenden Seite in colossalen Verhältnissen das Reliefdenkmal eines Hundes trägt. Aus eben jener Zeit wird dann das einzige im Gezimmerstil gehaltene Felsgrab des Platzes südwestlich unter der Burgmauer stammen und mindestens ein Theil der bedeutenden zweistöckigen Sarkophage, welche eigenthümliche Mischungen lykischer und hellenischer Architekturformen zeigen. Verstreut durch das ganze Gebiet stehen Sarkophage der einfachen abgeschliffenen Form mit Hyposorion und gewölbtem Deckel, die auffälliger Weise sämmtlich ohne Schrift sind, also der Epoche wortreicher Epitaphien wahrscheinlich vorausliegen.

Für die städtische Zeit des Ortes ist das Wenige, was sich von der Anlage eines Marktes behaupten lässt, charakteristisch. Den Markt erkannte Petersen an der Stelle, wo wir unsere Lagerbaracken aufgeschlagen hatten (Fig. 8). Sie ist das einzige Planum des Ortes, und die beiden jetzt begangenen und überhaupt allein gangbaren Pfade der Gegend, von Westen den Trysaberg herauf und von Osten her dem Fusse des Burghügels entlang, führen über diese Stelle. Ihre natürlichen Grenzen sind im Norden, Süden und Westen durch antike Ueberreste bezeichnet. Auf der Nordseite war sie mit steil und roh zusammengelegten Stein- und lang hinlaufenden Felsstufen eingefasst, wie sich solche stadionartige Sitzreihen ähnlich auf dem grossen Markte von Tlos und in der Mitte der Ruinen von Kadyanda wiederholen, offenbar für die Spiele, welche in hellenistisch-römischer Zeit den Hauptreiz lykischer Götterfeste bildeten. Südlich längs dem neuen Wege, der für den Transport der Steine vom Heroon herabgeführt wurde, schmückten überhaupt eine Reihe von Ehrenbildnissen, deren Basen die Fussspuren der verschwundenen Bronzen noch aufweisen; eine dieser Basen war es, welche die erste Kunde des Stadtnamens brachte, den späterhin andere Inschriften bestätigten. Gegen Westen grenzen die Fundamente eines dorischen Kalksteintempels an, dessen bescheidene Gestalt, ein wahrscheinliches templum in antis von nicht viel über 5 Meter Fussbreite, einen Masstab für die städtische Bedeutung von Trysa gibt; denn seiner Lage nach und nach vielfachen Ueberresten von Gemeindebeschlüssen, die von Fall zu Fall auf seinen Wänden eingetragen waren, ist er als Haupttheiligthum des Ortes zu denken. Wahrscheinlich aus seinem Bezirke stammt eine südlich in der Nähe gefundene, wohl noch dem zweiten Jahrhundert v. Chr. angehörige Stele,[1] welche die erste griechische Künstlerinschrift aus Lykien, von einem sonst nicht bekannten, dem Namen nach einheimischen Bildhauer Hermakotas, Sohn eines Hermonax, enthält; sie trug sicherlich ein Relief und war von einer vermuthlich durch testamentarische Verfügung freigelassenen Sklavin errichtet, die sich durch Weihung des Reliefs ihren heroisirten Herren dankbar bewies (Fig. 11). Durch die Inschriften des Tempels sind örtliche Culte des Befreiers

11. Stele von Gjölbaschi in Wien.

[ἡ δεῖνα τ]οῖς ἑαυτῆ[ς
κυρ]ίοις ἐλευθερωμένη ὑπ' αὐ-
τ]ῶν θωρακὶν ἥρωσι. Ἑρμακό-
τας Ἑρμώνακτος ἐποίησεν.

[1] Löwy, Inschriften griechischer Bildhauer, n. 304.

Zeus und des Helios bezeugt.[1] Es ist an sich natürlich, und die Stele kann darin bestärken, den erstgenannten Cult auf den Tempel zu beziehen. Helioscult für den alten Landesgott Apollon bürgerten wohl die Beziehungen zu Rhodos ein, und auch die Entstehung des andern können sie veranlasst haben. Es ist möglich, dass Zeus Eleutherios die Befreiung des Landes von der schwer auf Lykien lastenden, tief verhassten Herrschaft der Rhodier angeht. Da sein Cult indessen sonst in Lykien nicht bezeugt, also vermuthlich örtlich und älteren Datums ist, wird eine Stiftung desselben nach Beseitigung der Tyrannis wahrscheinlicher, wie die Syrakusaner ein gottesdienstliches Bild und Fest des Zeus Eleutherios beschlossen, nachdem sie den Thrasybul vertrieben hatten.[2] Wenn die städtische Entwicklung von Trysa mit einem solchen Befreiungsacte begann, so war es natürlich, dass der Gott, dem er zu danken war, am Markte der Stadt Verehrung empfing.

12. Grabstele von Gjölbaschi in Wien.

Eine Cultushandlung vergegenwärtigt ein Felsenrelief am Südhange des Berges, dicht unter der Burgmauer, wo freier Blick weithin über das Meer ist. In Lebensgrösse stellt es einen mit erhobener Rechten gegen Mittag betenden Mann, ihm mit gleicher Bewegung zugewendet einen lockigen Knaben und links von Beiden als Opfer einen grossen Maststier dar. Das Relief ist flach gehalten und vielfach beschädigt, gibt aber mit hinreichender Deutlichkeit den Eindruck einer älteren Arbeit, etwa des vierten Jahrhunderts.[3] Nicht erheblich jünger dürfte die in der Nähe des Tempels gefundene Grabschrift einer Stele sein, welche von einem Kallippos gesetzt wurde, der nach einer andern Inschrift wahrscheinlich einem ortsansässigen vornehmen Geschlechte angehört.[4]

An einem grösseren Monumente, welches der römischen Epoche zugewiesen werden könnte, fehlt es meines Wissens in Trysa, und von drei in Betracht kommenden kleinen Grabmälern kann eines sehr wohl älteren Datums sein. Das letztere (Fig. 12) ist der arg verwaschene Rest eines 0·21 Meter breiten, 0·24 Meter hohen, 0·07 Meter dicken Stelenreliefs aus Kalkstein, worauf neben einander zwei Figuren in Vordersicht stehen, eine Frau im Aermelchiton und schleierartig herabhängendem Obergewande und ein in ein Himation gehüllter Knabe. Die beiden anderen Grabmäler sind cylindrische Cippen von einer in Lykien nicht seltenen Art, beide mit einer nischenartig eingetieften stehenden Relieffigur; der grössere mit einem Manne, der kleinere, nur 0·33 Meter hohe, der nach Wien gelangt und in Fig. 13 reproducirt ist, mit einer verschleierten Frau und zu ihren Füssen:

ΕΥΤΥΧΟΥC   Εὐτύχους

ΤΙ░░░ΡΕΥΑCΗ   τ[ῆ] θρεψάση

dem muthmasslichen Ende einer Inschrift, deren Anfang über dem Kopfe der Frau weggebrochen ist. Die Einkerbung des oberen Profils war bestimmt, als Auflager eines umzubindenden Todtenkranzes zu dienen, wie die eigenthümlichen Wülste der cylindrischen Grabstelen in Attika nachweislich die nämliche Bestimmung gehabt haben.

---

[1] Reisen Band II, S. 12, n. 190 αἱρεθεὶς τε καὶ ὑπὸ τῆς πόλεω[ς ἱερεὺς Δι]ὸς Ἐλευθερίου καὶ Ἡλίου τ[ὰ κ]ατὰ τὴν ἱερατείαν ἀνεπλήρωσεν εὐσεβῶς κτλ.

[2] Diodor XI, 72, 2 καταλύσαντες τὴν Θρασυβούλου τυραννίδα συνήγαγον ἐκκλησίαν, καὶ περὶ τῆς ἰδίας δημοκρατίας βουλευσάμενοι πάντες ὁμογνωμόνως ἐψηφίσαντο Διὸς μὲν Ἐλευθερίου κολοσσιαῖον ἀνδριάντα κατασκευάσαι, κατ' ἐνιαυτὸν δὲ θύειν Ἐλευθέρια καὶ ἀγῶνας ἐπιφανεῖς ποιεῖν κατὰ τὴν αὐτὴν ἡμέραν ἐν ᾗ τὸν τύραννον καταλύσαντες ἠλευθέρωσαν τὴν πατρίδα.

[3] Vgl. ein Sarkophagrelief in Gagai, Fellows Lycia, S. 208, und ein Felsenrelief in Pheilos, Reisen Band I, S. 130.

[4] Archäologisch-epigraphische Mittheilungen aus Oesterreich VII, S. 142, 2; Reisen Band II, S. 12

4

Während das früh eingedrungene Christenthum an anderen Plätzen der Provinz zahlreiche Bauzeugnisse, namentlich längs der Südküste hinterliess, kam es in Trysa nur zu einer kleinen, aus Bruchsteinen mit grobem Kalke aufgemauerten Kapelle, die in Ruinen auf der Burg, die Apsis gegen Nord-

osten, steht. In den mittelalterlichen Verzeichnissen kirchlicher Verwaltungssitze fehlt der Name von Trysa. Aber wie eine Menge stark abgenütztes byzantinisches Kupfer, das an verschiedenen Stellen aus dem Erdreiche kam, und gelegentlich auch unbedeutende Funde anderer Art bewiesen, wurde die Stätte fortbewohnt. Wie lange dies geschah, wie lange namentlich das Heroon aufrecht stand, entzieht sich einer Schätzung. Möglicher Weise wurde es, wie die grosse Basilika von Aladscha-Kisle, die auf dem Gebirge gegenüber jenseits des Dembretschai in Trümmern liegt, im Jahre 808 n. Chr. zerstört, als Chumid in dem Kriege, den der Chalif Harun-al-Raschid mit dem Kaiser Nikephoros führte, die Grabstätte des heiligen Nikolaos in Myra verwüstete;[1] oder bei einem späteren Einfalle der Sarazenen, die im Jahre 1034 n. Chr. unter Michael IV. Myra einnahmen, das dann von byzantinischer Seite mit einem starken Mauerringe umgeben wurde.[2] Der Ruin mag in der That von Menschenhänden begonnen worden sein, den nämlichen wohl, welche die grossen Sarkophagbauten neben dem Heroon zertrümmerten; vollendet haben muss ihn aber eines der vielen Erdbeben, welche die Landschaft heimsuchen.

Unter Michael Palaiologos (1259—1282) war Lykien nebst Pamphylien und Pisidien bereits der Osmanenmacht verfallen.[3] Ob die Johanniter von Rhodos, die sich im 14. und

13. Grabcippus von Gjölbaschi in Wien.

15. Jahrhundert an einigen Punkten der kleinasiatischen Küste, in Smyrna, Halikarnass, Physkós, Telmessos festsetzten und an der Südküste die nahegelegene grösste Insel Kastelloryzo besassen, auch Theile des lykischen Festlandes wiedergewannen, ist nicht zu sagen. Das Castell von Kekowa,[4] das die zwei Stunden lange, wichtige Wasserstrasse der gleichnamigen Insel sperrt

1 R. von Schneider im II. Bande der Reisen S. 40. Theophanes, Chronographia, I, S. 749, ed. Classen Ἀαρὼν ὁ τῶν Ἀράβων ἀρχηγὸς μετὰ στόλου κατὰ τῆς Ῥόδου Νεαφολὶ ἐξέπεμψεν. οὗτος ἄφρονες κατασλαύσας καὶ τὴν Ῥόδον καταλαβὼν πολλὰς, δίνων ἐποιήσατο ἐν αὐτῇ, τὰ μάττω ἐν αὐτῇ φρούριον διεφυλάχθη, ἀσφθέησαν. ἐν δὲ τῷ ἐπανέρχεσθαι αὐτῶν, χαιμρὸς κατεπολμηθὲν, ὑπὸ τοῦ ἁγίου καὶ θαυματουργοῦ Νικολάου . . Ἰσθὺν γὰρ εἰς τὰ Μύρα καὶ τὴν ἱερὰν αὐτοῦ σοντρίβει παραβεῖς λαρνακα, ἄλλην ἀντ᾽ ἐκείνης πλησίον αὐτῇς κατέα̣ν σωτ. αὐτίκα τε πολλὴ ἀνέμων καὶ θαλαττίων κυμάτων, βροντῶν τε καὶ ἀστραπῶν ἀνωμαλία τὸν στόλον κατέλαβεν κτλ. Anastasii Historia ecclesiastica ex Theophane ed. Imm. Bekker, S. 750, 2.

2 Cedrenus, Historiarum compendium, ed Bekker, II, S. 511, 18 τῷ δὲ Σεπτεμβρίῳ μηνὶ τοῦ ‚σμμ‘ ἔτους, ἰνδικτιῶνος γ´, στόλος πυρὸς ἐραίνου κατὰ τὴν δύσιν, τὴν κορυφὴν κελκλμένφ φαίνων πρὸς μεσημβρίαν, καθ᾽ ἧς ἡμέρας καὶ αἱ Σαρακηνῶν ἔρας τὰ Μύρα . . . . Ὅπως δὲ διατεραμένου τὸ τοῦ ἀρρενοτόκου στόμα καὶ πάσης ἰατρικῆς τέχνης ἀπειρηκνίας, ὅπαρ αὐτῷ ἐπεστας ὁ μέγας ἐν θαύματι Νικολάος ἔκετο ἐν Μύρας τὴν ταχίστην ἐκτλέσεν ὡς ἑαυτὸν τευξόμενον θεραπείας. ὁ δὲ θάττον ἢ λόγος ἐκείσε φοιτήσας, καὶ μέρους καὶ ἄλλης καλυτέλησεν τὸν τοῦ μεγάλου θεῖον δεδμιδυμένοις ναὸν, καὶ τρίτη παρακλίσας ὀρχωστώτχν τὴν τῶν Μυρίων μητρόπολιν, θεραπείας τυχὼν ἐπάνεισεν ὑγιής.

Schönborn, nach dem Auszuge Ritter's, Kleinasien II, S. 1140, erklärt die Zerstörung der Ostseite des Heroon aus der Rücksicht auf ein Castell, «welches westlich von dem Grabe [nämlich dem Heroon] errichtet worden ist. Da der Angriff auf dasselbe nur von Ost her möglich war, so hat man hier dem Feinde eine Mauer, hinter der sie sich hätten bergen können, nicht lassen wollen, und aus gleichem Grunde sind auch einige Grabgebäude, die hier neben dem Peribolos zusammengedrängt stehen, sehr beschädigt worden. . . . Im West des Grabmals stossen andere Gebäude an, und zwar sind die zunächst anliegenden sicher ein Theil der Festung gewesen. Aus welcher Zeit diese stammen ist nicht zweifelhaft, da sich an mehreren Gesimsen das Kreuz in der Form des preussischen eisernen Kreuzes vorfindet, doch stammt das dazu verwendete schöne Material offenbar aus den älteren Zeiten her».

3 Nikephoros Gregoras, Historia Byzantina, V, 5, vol. I, S. 141, 3, ed Schopen. Ducas, Historia Byzantina, cap. II, S. 13, ed. Bekker.

4 Kekowa oder Kakawa heisst jetzt das Türkendorf unter dem Castell am Eingange der Tristomobai, aber auch collectiv der ganze Küstendistrict, vgl. Studniczka, Reisen Band II, S. 52, 3. — L. Mayer, Views in the Ottoman Empire, London 1803 (mit

und den Werth eines Vorwerkes für Kastelloryzo besitzen musste, darf man gewiss in ihren Händen glauben. Ein Rhodiser Kreuz ist auf einem Baue der Burg von Gjölbaschi eingemeisselt (vgl. S. 28, 2). Da sich Anfang und Ende einer Culturentwicklung so oft in dem nämlichen topographischen Bilde begegnen, so wäre denkbar, dass die Johanniter einen zum Strandcastell von Kekowa gehörigen Wachtposten auf der Höhe von Trysa besessen hätten. Indessen kann das Kreuz, zu dessen Form sich Analogien unter Anderem in Tristomo, auf dem Aladschadagh, in Sagalassos und an frühchristlichen Bauten Syriens finden, sehr wohl älter sein als die Besitzungen der Johanniter in diesen Gegenden.

deutschem Text herausgegeben von J. A. Bergk, Leipzig 1812, über welches Verhältniss der Ausgaben Michaelis mich belehrte, indem er zugleich auf die Irrthümer in den Citaten des Werkes in Ephemeris epigraphica, IV, S. 29 und V, S. 575 aufmerksam machte), gibt unter der Bezeichnung Cacamo Ansichten von Kekowa, Andraki, Myra. Meletios γεωγραφία παλαιά και νέα, Venedig 1728, S. 470 Ἀνδράκη, κοινῶς Κάκκαβα, ἤ κατ' ἄλλους Ἱερὸν Γέροντα (dies vielmehr unmittelbar östlich vom Phinekapromontorium), πόλις ποτέ, ἀριστερᾷ τῶν Μύρων 4 μίλια.

Der Name Kekawa, dessen Erklärung Kiepert bei Ritter, Kleinasien II, S. 1086 vergeblich aus dem Türkischen suchte, ist onomatopoetische Bezeichnung des in diesen Gegenden noch jetzt besonders häufigen Rebhuhns, gleich nachweisbar im Syrischen wie im Altgriechischen (P. de Lagarde, Gesammelte Abhandlungen, S. 50, 130; Κακκάβη auch Name von Karthago, Steph. Byz. s. v. Καρχηδών). Um so merkwürdiger ist die Glosse des Stephanos von Byzanz s. v. Περδίκεια, αὐθέτέρως, χώρα και λιμήν Λυκίας, τὸ ἐθνικὸν Περδικαιεύς.

Die Karte Lykiens auf S. 1 hat noch Kekowa = Aperlai, wie ich Reisen Band I, S. 28 annahm, irrthümlich nach G. Hirschfeld's (von Studniczka, Reisen Band II, S. 48 f., bestätigter) Darlegung in den Archäologisch-epigraphischen Mittheilungen aus Oesterreich IX, S. 192 f. Die Karte auf S. 19 folgt dagegen G. Hirschfeld's Ansätzen Kekowa = Simena, Assar Bai = Aperlai.

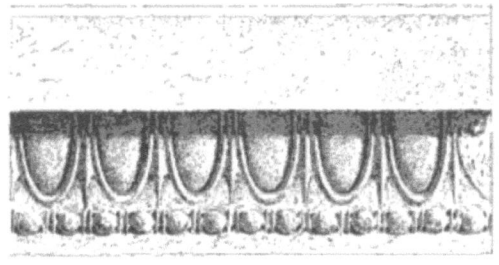

14. Deckplatte der Südmauer des Heroon
in Wien.

15. Vom Nereidenmonument zu Xanthos
im britischen Museum.

16. Die Burg von Trysa mit dem Heroon von Südosten her.

III. Der Bau des Heroon.

ἔνθα οἱ αὐλὴ ὑψηλὴ δέδμητο περισκέπτῳ ἐνὶ χώρῳ.

Das Heroon überragt nicht nur die sonstigen Monumente von Gjölbaschi, sondern ist das grösste und eigenartigste Denkmal der lykischen Landschaft.

Tafel I—V entwickeln die bauliche Anlage in ihrem ursprünglichen Zustande und in dem Zustande der Zerstörung, in welchem wir sie kennen lernten.

Tafel I zeigt den ursprünglichen Zustand und die landschaftliche Lage in einer von Nordwesten her gedachten Vogelperspective. Man sieht über das gegen Myra hin allmälig sich abdachende Dembreplateau auf das Meer und erkennt in weiter Ferne Cap Phineka als Ausläufer des Aladschadagh und jenseits hinter ihm die weit vorspringende Landzunge des Chelidoniacap mit ihren vorliegenden Inseln. In dem frei be-handelten Vordergrunde rechts steigen, von waldartigem Gebüsch bestanden, die Felsen der Akropolis an. Ein Stück ihrer Umfassungsmauer stösst hier an die nordwestliche Ecke des Baues. Linkerhand hat man die Begräbnisstätte, welche auf tieferem Niveau östlich an das Heroon anschliesst und vier besonders gross und eigenthümlich ausgeführte Sarkophagbauten besass, von denen nur die beiden von der Ostmauer entfern-teren hervortreten. Vom Heroon selbst gibt das Bild nicht mehr als die bauliche Hauptgestalt. Dem Portal fehlen die Thürflügel und der bekrönende Aufsatz, über dessen Form nichts feststeht; auch was über antike Einbauten ermittelt ist (s. unten S. 40), wurde der Deutlichkeit halber hier übergangen, und gewiss ruhten die Todten im Schatten der Vegetation, welche triebkräftig aus allen Klüften des Felsbodens emporschiesst.

Von der entgegengesetzten Seite, aus der Tiefe von Südosten her, vergegenwärtigt die Skizze Fig. 16, welche Niemann von der in dem Ortsplane (Fig. 8) verzeichneten Hütte aus entwarf, das Heroon als Ruine, wie es die langgestreckte Akropolis gegen Osten fortsetzt und abschliesst. Rechterhand daneben sieht man den spitzbogigen Sarkophag des Dereimis und Aischylos, welcher allein von den erwähnten vier Grabbauten noch aufrecht stand und 1883 durch die nachträgliche Expedition G. von Knaffl's nach Wien gelangt ist (vgl. Tafel XXXII, 1—3).

Die Tafeln II—V veranschaulichen das Heroon, wie wir es 1881 vorfanden und 1882 genauer unter-suchen konnten.

Tafel II gibt unten den Grundriss, oben einen Durchschnitt in der Richtung von Südwest nach Nord-ost; Tafel III eine Vedute der Südseite, wobei der Sarkophag des Dereimis und Aischylos rechterhand wieder zum Vorschein kommt. Tafel IV und V zeigen die Mauern nach einem mit dem Theodolith aus-geführten Nivellement, und zwar Tafel IV die Südmauer aussen und innen, Tafel V die drei übrigen Mauern von innen. Eigener Abbildungen der Ost- und Nordmauer von aussen war zu entrathen, da jene auf Tafel XXX und XXXIV mitscheint, und von dieser Fig. 17 in Verkürzung, wie der abschüssige Hang nicht anders erlaubte, einen Begriff gibt.

Wie die Durchschnittszeichnung auf Tafel II deutlich macht, sind auf dem nordöstlichen Abfalle der Akropolis zwei Terrassen hergestellt, welche die Breite ihres Felskammes einnehmen: eine obere von vier-eckiger Gestalt, welche geebnet und ummauert ist — das Heroon — und drei Meter tiefer eine untere offene, auf welcher vier grosse Sarkophage standen, beziffert II, III, IV, V im Grundrisse auf Tafel II unten. Bei der Herstellung der oberen ergab sich ein Conflict mit der nördlichen Burgmauer, welche für den Aufbau des Heroon abgeschnitten wurde. Das Heroon war daher einerseits jünger als die Burgmauer, und wenn sich die Reihenfolge der Monumente von der Akropolis her, wie an sich natürlich ist, mit der Zeitfolge ihrer Entstehung deckt, andererseits älter als jene vier vornehmen Sarkophage.

Die Oertlichkeit hatte ursprünglich das nämliche Aussehen, welches die nicht überbauten Theile der Akropolis und des Felshanges nach allen Seiten noch jetzt zeigen. Es standen von Vegetation umwucherte Felszacken und Bänke an, zwischen denen sich der Vordringende mühsam durchwand, wenn er nicht von Block zu Block zu klettern oder zu springen hatte. Das Planum musste daher durch Abarbeiten und Auffüllung hergestellt werden, und bei den Ausgrabungen im Innern des Heroon, die bis auf den nackten Felsen geführt wurden, haben wir die Spalten und Klüfte des Bodens in der That mit Humus, Bauschutt und massenhaften Steinmetzabfällen ausgefüllt gefunden. Mehrere anstehende Felszacken konnten in die Ostmauer einbezogen werden, zwei sind in dem Aufrisse der Innenseite sichtbar (Tafel V). Beim Abarbeiten der übrigen kam zu statten, dass sich die Quadern für den Mauerbau aus ihnen gewinnen liessen. Nur eine offenbar besonders grosse Masse, die in der westöstlichen Diagonale des Vierecks auftragte, wurde hierzu nicht benützt, sondern für den Hauptsarkophag der Grabstätte bestimmt, den man dann, — wie die Structur und Lage lykischer Sarggräber durch das zufällige Vorkommen und Zureichen solcher Felsblöcke in der Regel bedingt ist —, so weit es anging aus dem gewachsenen Stein herausmeisselte.[1]

Das Heroon besteht aus einem nicht ganz rechtwinkeligen Mauerviereck von 19·6 Meter kleinster und 24·54 Meter grösster innerer Seitenlänge. Die Mauern sind annähernd 1 Meter dick — das Mass der Dicke schwankt, wo es sich noch feststellen liess, zwischen 1 Meter und 1·06 Meter — und erheben sich durchschnittlich 3 Meter über den Boden des Innern, das sie hofartig einfrieden. Dem Relief des Bauplatzes entsprechend, verkleidet die Westwand die hinter ihr aufsteigenden Fels- und Erdmassen der Akropolis (vgl. Fig. 18), während die drei anderen Mauern freistehen und fast überall unter das Niveau des Hofes hinabreichen.

Den Aufbau bilden Läuferschichten ohne Binder. Die drei freistehenden Mauern sind zwei Steine stark und werden aus zwei in den Lagerfugen nicht übereinstimmenden Parallelwänden gebildet, welche zwischen den unbehauenen Innenseiten einen geringen Zwischenraum lassen, den eingeschüttete kleine Steine ausfüllen. Die einzige Verbindung dieser getrennten Doppelwände besteht in 0·34 Meter dicken übergelegten Deckplatten. Die Westmauer weicht von dieser Construction insofern ab, als sie statt einer hinteren Parallelwand grösstentheils Füllwerk polygoner Blöcke hat, das sich indessen oben der regelmässigen Steinschichtung nähert (Tafel IV oben und Fig. 18). Die Deckplatten springen nur an der Aussenseite der Südwand vor und sind hier mit einem flachen Eierstabe (Fig. 14) versehen, während sie auf der Nordmauer beiderseits, auf der Westmauer innen mit den Wandflächen bündig liegen; von der Ostmauer sind Deckplatten nicht mehr vorhanden. Abgesehen von jenem bekrönenden Eierstabe ist eine gewisse Gliederung des Aufbaues auch sonst erkennbar. Die Fundamente der Nordwand bestehen aus Polygonblöcken (Fig. 17). So weit die Südwand aussen Futtermauer unter dem Niveau des Hofes ist (Tafel IV unten), zeigt sie eine abstechend unregelmässigere Form der Steine, auch stehen gebliebenen Werkzoll, und die erste Lagerschicht darüber hat eine an Orthostaten erinnernde besondere Höhe. An der West- und Nordwand springt die untere Quaderschicht als eine Art Sockel (εὐθυντηρία) nach innen vor.[3]

Auffallend unregelmässig ist der Zuschnitt der Steine, der zwischen Polygon- und reinem Quaderbau eine gewisse Mitte hält. Die Stirnflächen der Steine sind fast nirgends rechtwinkelig. Die wenigsten Stossfugen sind lothrecht; die Aussenseite der Südwand ausgenommen, bilden die Lagerfugen immer sich krümmende Linien, die Höhe einer Steinschichte variirt selbst an derselben Wand. Die Gesammthöhe der beiden Friesschichten ist an der äusseren Südwand durchgehends 1·21 Meter, schwankt dagegen an der

---

[1] Vgl. z. B. das monolithe Grabhaus von Phellos, Texier, Asie mineure III, pl. 203, Reisen Band I, Tafel XXXVII; das dorische Grabhaus von Antiphellos, Texier III, pl. 189, Reisen Band II, S. 60 f. (R. von Schneider); einen Sarkophag von Kyanesi, Band II, S. 20, Fig. 14 (Petersen).

[2] Plinius, nat. historia, 36, 172, ed. Detlefsen, medios parietes farcire fractis caementis diatonicon vocant. Vitruv, II, 8, 7.

[3] Dörpfeld, Mittheilungen des deutschen archäologischen Institutes in Athen, 1883, S. 151.

inneren Südwand östlich von der Thür zwischen 1·17 und 1·09 Meter, westlich von der Thür zwischen 1·09 und 1·03 Meter; an der sorgfältiger aufgebauten Westwand beträgt die Schwankung zwischen 1·16 und 1·23 Meter, an der Nordwand 0·7 bis 0·94 Meter. Auch die Deckplatten sind weder in den Lager- noch in den Oberflächen horizontal. Die Oberfläche der Deckplatten längs der Südmauer ist windschief, von West nach Ost fällt die äussere Kante dieser Oberfläche um 2 Centimeter, während die innere um vier Centimeter steigt. An der Westwand bildet die Oberkante der oberen Friesschicht eine leicht nach oben gebogene Curve, deren Südende um 5 Centimeter über dem Nordende liegt. An der Nordwand liegt der westlichste Deckstein um 0·15 Meter höher als der östlichste. Da die Mauern überall auf Felsen gebettet sind, werden diese Unregelmässigkeiten als ursprünglich zu betrachten sein.

An den Ecken greifen die Steine in nicht ganz regelmässigem Wechsel übereinander, auch kommen zuweilen Winkelsteine vor. Die Fugung ist in allen Theilen des Baues sorgfältig, der Anschluss genau, doch

17. Die Nordmauer des Heroon von aussen.

klaffen viele Stossfugen namentlich in der Nord- und Südmauer, was sich wie vereinzelt vorkommende Sprünge als Folge eines Erdbebens erklärt. Die sogenannten »Stemmlöcher«, welche die Wandquadern griechischer Gebäude zum Behufe einer genauen Fugung erhielten,[1] haben sich nirgends gefunden. Auch sind nirgends Dübel oder Klammern verwendet worden, ein Umstand, dem der Bau seine Erhaltung mit- verdankt. Gewaltsame Aussprengungen, welche einige Steine der Süd- und Nordmauer an den Ecken und Fugen zeigen (Tafel IV oben, Tafel V in der Mitte), beweisen, dass man in culturarmer Zeit einmal zu zerstören anfing, um das Metall von Dübeln und Klammern zu gewinnen, aber diese vergebliche Bemü- hung alsbald wieder aufgab. Die beiden Thürpfosten erlitten beim Aufstellen Abkantungen, auf welche beim Zuschnitt der anstossenden Mauerquadern, die man also später anbaute, Rücksicht genommen wurde (Tafel VI).

---

[1] Dörpfeld, Mittheilungen des deutschen archäologischen Institutes in Athen, 1881, S. 384.

Die Mauern sind inwendig an den oberen Quaderschichten mit einem umlaufenden Doppelfriese von Reliefs verziert. Die Südmauer trägt diesen Schmuck auch aussen und ist dadurch wie durch ihren kunstgemässeren Aufbau — nur hier, wie gesagt, kommen horizontale Lagerfugen und der bekrönende Eierstab vor — als die der Stadt zugewandte Hauptseite ausgezeichnet. Als solche hat sie ein Thor, welches gleichfalls innen wie aussen Sculpturschmuck trägt. Offenbar führte einst ein Fussteig von der Stadt herauf, etwa in der Richtung des neuen Knaffl'schen Weges, da von der östlichen Hälfte der Südmauer an unmittelbar steiler Abhang ist, während gegen Westen die Felsen höher anstehen und leichteren Zugang gewähren. Der vorausgesetzte Weg erklärt, dass das Thor nicht genau in der Mitte der Wand liegt, sondern etwas nach Westen verschoben ist. Diese Unregelmässigkeit fällt zwar dem von links Kommenden, für den sich die längere Hälfte stärker verkürzt, weniger auf, scheint aber insofern einigermassen ausgeglichen, als sich die kürzere Hälfte über die Stelle, wo die Westwand einbindet, noch um einige Quadern, allerdings nur oben und in anderer Construction, verblendend nach Westen fortsetzt: genau so weit, wie das

18. Die Süd- und Westmauer des Heroon von innen.

Ostende der Wand von der Mitte der Pforte entfernt ist; jedesfalls gehören die fraglichen Quadern, wie auch der Grundriss auf Tafel II zeigt, nicht der Akropolismauer an.

Die Schwelle der Pforte liegt etwas höher als der Boden des Hofes und lag ursprünglich, ehe der neue Knaffl'sche Weg bis zu ihr herauf angeschüttet wurde, gegen 2 Meter höher als der Felsboden des Abhanges. Das Thor war also nur auf einer angelegten Treppe oder Leiter zugänglich, die man gegebenenfalls wie eine Zugbrücke entfernen konnte, ein Sachverhalt, der für antike Verhältnisse nichts Befremdendes hat und im Orient öfters zu belegen ist.[1]

Die Pforte ist 1·233 Meter breit und 2·15 Meter hoch im Lichten. Sie besteht aus vier grossen Blöcken, welche die massive Dicke der Mauer haben: einem schiefwinkelig geschnittenen 0·45 Meter starken

[1] Vgl. die Thor eines Hauses in Sura, Reisen Band II, S. 43, Fig. 33; die Thore der ersten und dritten Festung in Loryma, Reisen Band I, S. 23, 24 (in der dritten ist das 1·6 Meter breite »Fenster« so zu verstehen); die Gräber bei de Vogüé, Syrie centrale, II, pl. 71, 91; in gewissem Sinne das Nereidenmonument von Xanthos, Michaelis, Annali dell' Instituto, 1875, S. 166, verglichen mit Reisen Band I, S. 90, 2.

Schwellensteine, zwei nur zum Theil auf ihm stehenden lothrechten Pfosten und einem Sturze von
3·3 Meter unterer, 3·12 Meter oberer Länge und 1·01 Meter Höhe und Dicke. Auf der oberen Fläche des

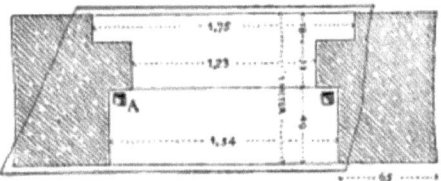

19. Schwelle des Thores.

Sturzes finden sich drei unregelmässig angebrachte, etwa 0·18 Meter lange, 0·06 Meter breite und 0·08 Meter
tiefe Löcher, die auf bekrönende Aufsätze[1] schliessen lassen (Fig. 20). Die Portalöffnung war innen durch

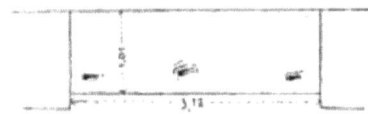

20. Die obere Fläche des Thorsturzes.

eine zweiflügelige Thür geschlossen; Beweis dessen die in der Schwelle beiderseits vorhandenen quadratischen
Pfannenlöcher A in Fig. 19 und 21, welche 0·08 Meter breit und 0·1 Meter tief sind, und die zwei 0·13 Meter

21. Das Thor von innen.

im Durchmesser grossen, 0·12 Meter tiefen Rundlöcher, welche
im Thürsturze ihnen entsprechen. Aus der Verschiedenheit
dieser Löcher folgt, dass die Thürangeln (θαιροί) oben von
Holz, unten von Metall waren und unten in eingesetzten Metall-
pfannen liefen. Als Grund, warum man sich oben mit dem
technisch Schlechteren begnügte, lässt sich nur der Wunsch
denken, Metall zu ersparen.

Dem Verschlusse des Thores von innen dienten zwei
viereckige Löcher B in Fig. 21, die sich, 0·07 × 0·08 Meter
gross, an den Innenflächen der Thürpfosten gegenüber finden. Sie haben genau die gleiche Lage rechts und links,
1·35 Meter über der Schwelle, 0·17 Meter entfernt von der
Thürleibung. Sie verlaufen horizontal in die Pfosten und
sind sehr seicht; ihre Tiefe beträgt nur 0·045 bis 0·05 Meter.
Da sie ohne Einfuhr sind, kann ein massiver Querbalken den
Verschluss nicht bewirkt haben. Vielmehr müssen es zwei Querbalken (ὀχῆες, repagula, A B in Fig. 22) gewesen sein, welche
beim Zumachen jedesmal eingesetzt, beim Oeffnen jedesmal
ausgehoben wurden und irgendwie schliessend übereinander-
griffen (ἐπημοιβοί). Da 0·17 Meter viel wäre für die Dicke der
Thürflügel, 0·07 Meter wenig für die Dicke der Querbalken,
und die nicht ganz 0·13 Meter im Durchmesser starken hölzernen Thürangeln der Oberseite ein ungefähres
Mass für die Dicke der Thürflügel abgeben, so setzten die beiden Querbalken wahrscheinlich nur mit vor-

---

[1] Zwei Thüren in den Gemälden der «Tomba del citaredo» zu Corneto (Monumenti inediti dell'instituto VI, VII, tav. LXXIX)
zeigen je drei solche Aufsätze, in der Mitte ein palmettenartiges Ornament und rechts und links von demselben an den Enden
nach auswärts gerichtete Tauben.

stehenden Zapfen in die seichten Pfostenlöcher ein. Aehnlich ist die Schilderung, welche die Ilias von dem Verschlusse an dem Mauerthore des Griechenlagers gibt. Aus dieser Schilderung sind nicht nur im Obigen die griechischen Termini entlehnt, sondern in der untenstehenden Zeichnung (Fig. 22), welche nicht mehr als eine Möglichkeit des Verschlusses neben denkbaren andern veranschaulichen will, auch der keilförmige Schieber (κληίς), der die beiden Querbalken fest zusammenschliesst.[1] Neben dieser Vorrichtung wird das

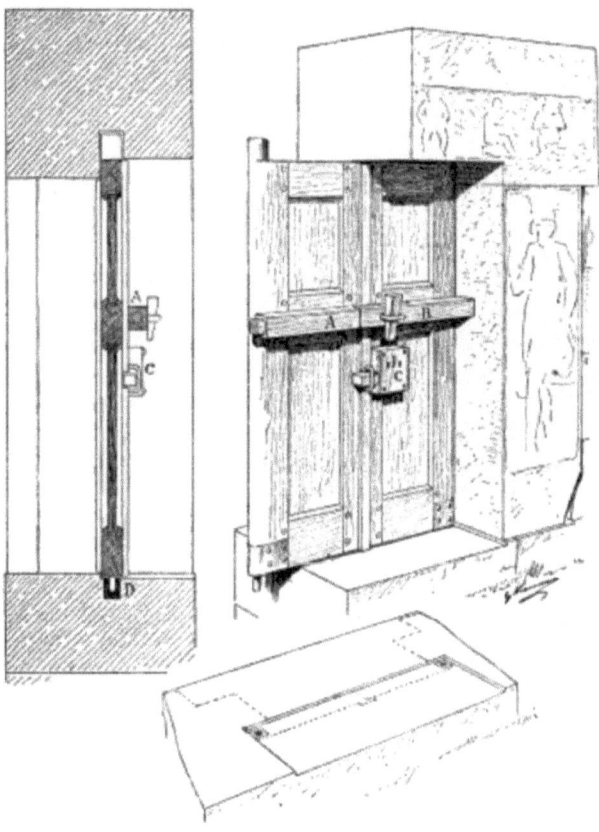

22. Verschluss des Thores.

---

[1] M 454 f.: ὡς Ἕκτωρ ἰθὺς σανίδων φέρε λᾶαν ἀείρας,
αἳ ῥα πύλας εἴρυντο πύκα στιβαρῶς ἀραρυίας,
δικλίδας, ὑψηλάς· δοιοὶ δ᾽ ἔντοσθεν ὀχῆες
εἶχον ἐπημοιβοί, μία δὲ κληὶς ἐπαρήρει.

Dazu bemerken die Scholien ὅτι δύο μηροὶ μοχλοὺς εἶναι ἐπὶ τῆς πύλης, ἐξ ἑκατέρας φλιᾶς ἕνα, ἐπαλλασσομένους κατὰ μέσον, καὶ ἐπὶ τοῖς ἄκροις ἐπαλειφομένους διὰ τὴν συμβολὴν μιᾷ κλειδί. Vgl. Becker-Rein, Gallus, II[2], S. 276; Marquardt-Mau, Privatleben der Römer, I, S. 230, 5.

Thor auch ein innen angebrachtes primitives Schloss gehabt haben, welches von aussen zu benützen war. Ohne eine solche zweite Sicherung, wie sie übrigens zahlreichen Zeugnissen entspricht, würden die Wächter das Heroon nicht haben verlassen können.[1]

Als wir das Heroon kennen lernten, war nur die Westwand, bis auf einige Deckplatten, unberührt. Der Südmauer fehlten Steine an den Enden, andere waren verschoben; die Nordmauer hatte eine grosse Lücke in der Mitte, und die Ostmauer war bis auf die unteren Steinschichten zerstört. Zahlreiche Blöcke des Aufbaues lagen theils im Innern des Peribolos, halb verschüttet im Boden und versteckt in der massig aufgeschossenen Vegetation, die den ganzen Raum erfüllte, theils ausserhalb, namentlich im Norden und Süden, weit hinab verschlagen. Was hiervon durch Ausgrabung und sorgfältiges Absuchen der Abhänge wieder zusammengebracht wurde, hat den Nordfries in seinem ursprünglichen Zusammenhange hergestellt, die Südfriese innen und aussen bis auf ein paar Lücken vervollständigt und einen beträchtlichen Ueberschuss für den Ostfries ergeben.

23. Löwenkopf von Marmor
aus dem Heroon.

Funde anderer Art, die über Ausstattung und Benützung des Heroon deutlichen Aufschluss geben könnten, sind bei den Ausgrabungen kaum erzielt worden. Es waren immer traurig zusammenhangslose Trümmer, die uns zu Händen kamen, sie wurden indessen aufmerksam gesammelt und sind mit den Reliefs nach Wien gebracht worden, wo ich sie wiederholt untersucht habe. Von Interesse sind schon des in Lykien sehr seltenen Materials halber[2] die Stücke aus Marmor, die auf Rundsculpturen schliessen lassen, unter Anderem eine Flügelfigur, vielleicht eine Nike, da auch Theile weiblicher Hände und ein Stück bauschendes Gewand vorhanden sind. Dem Stil nach zeichnet sich ein, wie es scheint, nicht als Speier gearbeiteter Löwenkopf aus, den ich in Wien aus mehreren Fragmenten zusammengesetzt habe und in Fig. 23 nach dem Original, in Fig. 35, S. 47 nach einem von Herrn Bildhauer Rudolf Kahler ergänzten Gipsabguss wiederhole.

Um eine genaue Vorstellung der Fundthatsachen zu ermöglichen, folgen in Beschreibung und Abbildung alle Stücke, die ein irgendwie noch ersichtliches Interesse besitzen.

Aus Marmor:

1. Der erwähnte Löwenkopf, 0·27 Meter hoch, 0·19 Meter tief, mit weit geöffnetem, aber anscheinend nicht durchbohrtem Maule und heraushängender Zunge (Fig. 23). Verglichen habe ich denselben nach Abbildungen mit Löwenköpfen von Olympia Knidos und Halikarnass, nach Abgüssen mit einem theilweise erhaltenen Exemplare vom alten Artemision und denjenigen vom Parthenon, Heraion von Argos und den Heiligthümern von Samothrake. In dieser Zusammenstellung wurde augenfällig, dass er dem fünften

[1] Protodikos, De aedibus Homericis, S. 67, bemerkt zu M 455: Δοκεῖ μοι τοίνυν τοὺς ὀχεῖς ἢ μοχλοὺς τούτους καὶ πάλιν κατασκευάσθαι καὶ ἐπιβεβλῆσθαι ὥσπερ καὶ νῦν ἔτι ταῖς πύλαις τῶν περιβόλων παλαιῶν Χριστιανικῶν ναῶν. Ὅπισθεν δῆμου τῶν παλαιῶν μετὰ τὰς παραστάδας δύο μακραὶ δοκοὶ εἰσιν ἐν ἀμφοτέροις τοῖς τοίχοις τῆς πύλης ἐπικάρσιαι ἐγκατεσφηρωμέναι, εὐηκταὶ δὲ καὶ διὰ τοῦτο εἰς τε τὸ πρόσω καὶ εἰς τοὐπίσω βηθίως ὠθεῖσθαι δυνάμεναι. Μοχλοῦντες οὖν τὰς πύλας Ἴλανουσιν ἑκατέραν δοκὸν ἐξ t' ἂν τῆς ἀσφαλὴν αὐτῆς εἰς μικρόν τι κοίλωμα ἐπὶ τοῦ ἀντικειμένου τοίχου τῆς πύλης ἐμβάλλουσιν. Οὕτω δὲ ἐπιβεβλημένων ἄλληλαις ἐπίκεινται καὶ διὰ τοῦτο οἱ ὀχεῖς ὑπὸ Ὁμήρου ἐπημοιβοὶ ἐπονομάζονται. Ὅτε δὲ αἱ δοκοὶ μὴ ἀκριβῶς τὰς πύλας ἐφάπτωνται, ἀλλ' ἢ μεταξὺ ὑπολειπῇ τι κενόν, ἐμβάλλουσι κατὰ τὸ μέσον ξύλινον σφῆνα, ὃν Ὅμηρος κληῖδα καλεῖ (ὁρα La Roche, ἐν Ὁ. M στιχ 456). Τὸν αὐτὸν δὲ τρόπον αἱ θύραι καὶ πύλαι νῦν μοχλοῦνται, καὶ ἑκάστην εἷς μόνος μοχλὸς Ξ. Ἦλαι δὲ ἀντὶ τοῦ τρηχὺ, πολυφῆ βαλάνην ἔχρῶντο, ἣν διὰ τρήματος ἀπὸ τοῦ μοχλοῦ στυρτωλίω ἀκοντίου εἰς τὴν μοχλὸν χρησάμενοι τὰς πύλας ἔκλειον. Ἔντεῦθεν καὶ ὁ Παρμενίδης παρὰ Σέξτω τῶ ἐμπειρικῷ τὴν μοχλὸν βαλανωτὸν ὀχῆα καλεῖ (πρὸς λογικοὺς Α στὶ. 213, στιχ. 24, ed. Bekker). In Fig. 22 C ist das hölzerne Schloss angenommen, welches Protodikos aus seiner Heimat Paros beschreibt und mit Recht zur Erläuterung der Schlüsselvorrichtung an der Schatzkammer im Palaste des Odysseus benützt (ψ 6, 7, 46—50). Das mit Stiergebrüll verglichene Krachen der Thür (ψ 48) wird hauptsächlich von den hölzernen Angeln herrühren.

[2] Michaelis Annali dell' instituto 1874, S. 219. Reisen Band I, S. 39, 5.

Jahrhundert angehört. Mit dem Löwenkopfe vom Artemision sondert er sich von den anderen ab durch eine sehr grosse Weichheit der Flächenbewegung. In Detaillirung der Formen geht schon der Parthenonkopf weiter, noch mehr derjenige vom Mausoleum oder gar die wie zerrissen aussehenden von Samothrake; auch der Kopf vom Heraion hat eine Fülle spielender Einzelformen, die aber dem alterthümlich compacten Grundschema der Anlage mehr wie aufciselirt erscheinen. Im Bau steht wohl der Parthenonkopf noch am nächsten. Von vorn betrachtet hat er annähernd das nämliche Oval wie dieser, dieselbe halbkugelartige Krümmung des Kinns, eine ähnliche Stellung und Zeichnung des Auges. Massiger zusammengehalten ist indessen das Obertheil der Schnauze, an der die Nasenlöcher nur durch leichte Vertiefungen angedeutet sind; geringer ist das Relief der Zunge und der Zähne, tiefer die Einsenkungen der Stirn, ornamentaler und grösser die Lefzen der Maulwinkel; die Haare sind nicht büschelweise gegliedert mit zackiger Silhouette, sondern bildeten einen kreisartigen Rand, von dem aus sie mit unbedeutendem Relief, wie es scheint, nach rückwärts verliefen. Andere Verschiedenheiten rühren daher, dass der Parthenonkopf mehr auf Profilansicht gearbeitet ist. Einen erheblich jüngeren Eindruck macht der Kopf vom Mausoleum[1] namentlich durch den ornamental wirkenden Einschnitt, der von dem oberen Augenlide aus in die Mitte der Augenbrauen hinaufgeführt ist, um das Stechende des Katzenblickes, ins Besondere für die Seitenansicht zu erreichen. Die Löwen von Xanthos sind nicht genügend erhalten und nicht hinreichend veröffentlicht, um zuverlässige Vergleiche zu ermöglichen.[2]

24. Fingertheile von Marmor aus dem Heroon.

2. Fingertheile von zwei wahrscheinlich weiblichen Händen, ungefähr in Lebensgrösse von schematischer Arbeit: ein Endstück vom rechten Daumen mit einem kleineren Stück vom linken Daumen und ein Stück des dritten und vierten Fingers der linken Hand, welche gerade ausgestreckt und aneinander geschlossen und auf der Rückseite nicht bearbeitet sind (Fig. 24).

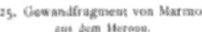

25. Gewandfragment von Marmor aus dem Heroon.

26. Flügelfragmente von Marmor aus dem Heroon.

[1] Newton, History of discoveries at Halicarnassus, Cnidus and Branchidae, pl. XXX.
[2] Siehe oben Fig. 5 und Monumenti inediti dell' instituto X, 12, 18.

3. Ein 0·23 Meter langes bauschendes Stück von statuarischem Gewand in freiem Stil gearbeitet (Fig. 25).

4. Ein aus mehreren Stücken wiederzusammengefügter Theil eines rechten Flügels, welcher auf der Rückseite glatt bearbeitet ist, 0·27 Meter hoch, 0·2 Meter breit, 0·03 Meter dick; nebst zwei kleineren Stücken eines Flügels von gleichen Dimensionen und gleicher schematischer Arbeit (Fig. 26). Das Relief der Federn ist sehr gering.

5. Kleiner Theil einer Basis, 0·19 Meter lang, 0·1 Meter hoch, am Rande wie ein liegendes Brod abgerundet, welche Rundung auf einer Seite senkrecht abgeschnitten ist; auf der Basis erhebt sich um einige Centimeter etwa der Rest eines Baumstammes.

6. Ein 0·1 Meter langes und ein 0·03 Meter langes Fragment, beide so gestaltet, dass sie dem unteren Theile von Stierhörnern angehört haben können. Dass sie von den Stierprotomen des Thürsturzes herrühren möchten, ist von Wolfgang Reichel vermuthet, aber bei näherer Untersuchung doch als nicht erweislich und eher unwahrscheinlich erkannt worden.

Aus Terracotta:

1. Zwei rings gebrochene, 0·1 Meter und 0·105 Meter hohe Mittelstücke (und drei andere Fragmente unter Anderem aus dem Haar) von Löwenkopfspeiern (Fig. 27), welche aus einer Form gedrückt und nur in den Furchen leicht übergangen sind, von geringer, auf Fernwirkung berechneter Arbeit. Vollstän-

27. Terracottagegenstände aus dem Heroon.

digere Exemplare, welche aus genau der gleichen Hohlform gewonnen sind, kamen 1875 in Samothrake, als die lange dorische Halle der Mysterienstätte ausgegraben wurde, zum Vorschein, und wurden als dem Dache dieses Gebäudes angehörig erkannt.[1] Die Fabrik, welche diese Thonwaare lieferte, dürfte hiernach wohl an einem mittleren Orte, etwa in einem Emporium der Westküste Kleinasiens zu suchen sein.

2. Ein 0·086 Meter hohes Oberheil eines im Contur blattförmig gekerbten Stirnziegels (Fig. 27), auf dem eine Palmette in Relief angebracht ist, das Herzblatt erhaben, die Blätter der Palmette der Fernwirkung halber vertieft. Wahrscheinlich entsprach auch dieser Stirnziegel dem in Samothrake zugehörigen; indessen ist der Beweis dafür nicht mehr zu führen, da die in Samothrake gefundenen Fragmente nicht mit nach Wien gekommen sind. Das zur Veröffentlichung gelangte grösste ist nur das untere Stück und hört fast an der nämlichen Stelle auf, wo das von Gjölbaschi beginnt. Die Grösse stimmt und auch die Formen, welche beide Stücke noch gemeinsam haben.

Aus Stuck:

Ein 0·09 Meter langer, 0·06 Meter breiter, rings gebrochener Rest eines flachgehaltenen Reliefs, wahrscheinlich von der rechten Schulter eines Thieres, wohl eines Pferdes, mit drei herabfallenden Locken der Mähne, nicht alterthümlich.

---

[1] Conze, Untersuchungen auf Samothrake II, Taf. LVIII und S. 51, 23, wo das Gebälk und Dach hergestellt ist. Der zugehörige Stirnziegel a a O I, Taf. L. Fig. 2, S. 76.

Aus Kalkstein:

1. Allseitig gebrochenes Stück eines Flachreliefs (Fig. 28), wohl mit Todtenmahl, 0·22 Meter hoch, 0·23 Meter breit, 0·175 dick, die Rückseite mit dem Spitzhammer gerauht, von wohlerhaltener feiner Arbeit. Man sieht noch das linke Ende des Bettes mit dem Fusse der gelagerten Figur, unter dem Bette die Spur eines Tischfusses, links von dem Bette den Rest einer stehenden Figur, von der nur herabfallendes Gewand und die auf einen Stab gestützte linke Hand erhalten ist.

2. Eine jetzt 0·175 Meter hohe, 0·14 Meter breite, 0·215 Meter tiefe, linke Löwentatze (Fig. 29) von schöner strenger Arbeit, hinten und oben abgebrochen, mit horizontaler Standfläche, welche halbkreisförmig die Tatze umgibt, also gegen eine Statue und für eine ornamentale Verwendung, wohl eher als Tisch- wie als Stuhlbein, spricht. Sie kann daran erinnern, dass den Heroen im Cultus Speisen dargebracht wurden, die man auf Tischen hinzustellen pflegte.[1]

28. Fragment eines Todtenmahles aus dem Heroon.

29. Löwentatze aus dem Heroon.

3. Eine kleinere Löwenklaue.

4. Drei Theile von zwei verschiedenen Palmetten.

5. Ein 0·26 Meter breites, 0·17 Meter hohes, 0·1 Meter dickes Stück eines Hochreliefs, an Taf. XXIX 6 erinnernd; auf der einen Seite ist etwas erhöhter Rand, über den sich das Relief erhebt; von diesem ist nur der Rest eines Armes oder Beines mit darüberliegendem Gewande erhalten.

30. Die Ostmauer des Heroon von innen.

In der Südostecke des Heroon fallen zwei Besonderheiten auf: eine abweichende Anordnung der Friesreliefs und die Spuren eines Einbaues, auf den die Reliefs Rücksicht nehmen.

An der östlichen Hälfte der inneren Südwand sind die Reliefs, mit Ausnahme der drei ersten Blöcke bei der Thür, nicht wie sonst überall auf der von den Deckplatten an gerechnet ersten und zweiten Stein-

---

[1] Deneken, De theoxeniis, Berlin 1881, S. 36; Wassner, De heroum apud Graecos cultu, Kiel 1883, S. 13.

schicht, sondern auf der zweiten und dritten Steinschicht angebracht, über denen die erste glatt blieb (Tafel IV oben). Die heruntergerückten Reliefs sondern sich ihrem Gegenstande nach scharf ab von den heroischen Vorwürfen der übrigen Friese und schildern ein grosses friedliches Gelage, das sich, wie drei lose Reliefsteine beweisen, über die Ecke auf die Ostwand fortsetzte (Tafel XVIII 8, XIX 17 und 18). Wie weit es sich daselbst fortsetzte, ist nicht bestimmt zu sagen, da von den Friesen der Ostwand mehr als die Hälfte fehlt; aber da man den Zusammenhang des dargestellten Gegenstandes nicht durch ein Wiederhinaufrücken in der Ecke unterbrochen haben wird, kann es sich nur in gleicher Höhe auf der Ostwand fortgesetzt haben. Ingleichen war auch in der Nordostecke eine Unterbrechung vermieden. Auch die Kentauromachie vom unteren Friese der Nordwand setzte sich, wie sieben erhaltene Blöcke lehren (Tafel XVIII 1—7), auf die Ostwand fort, und zwar ebenfalls in gleicher Höhe, was sichergestellt ist durch den in der Mitte der Ostwand erhaltenen Mauerrest — vgl. Fig. 30 — über dem nur noch zwei, nicht drei weitere Steinschichten Platz haben (Tafel V, unten). Die Friese der Ostwand setzten also an den beiden Ecken in verschiedener Höhe ein, im Norden in der normalen, im Süden um eine Schicht tiefer. Eine Ausgleichung des Unterschiedes musste irgendwo innerhalb, rechterhand indessen von dem in der Mitte erhaltenen Mauerreste stattfinden, und es war gewiss das Natürlichste, sie mit einem Sinnabschnitt zusammenfallen zu lassen. Wahrscheinlich rückten also die Friese mit dem Ende des Gelages an der südlichen Hälfte der Ostwand wieder hinauf, wie sie mit seinem Anfange an der östlichen Hälfte der Südwand herabgerückt waren. Die ganze Unregelmässigkeit blieb damit auf die Ausdehnung des Gelages in der Südostecke des Baues beschränkt.

In Folge dieses Sachverhaltes war an der Ostwand wie an dem anstossenden Theile der Südwand durchlaufend nur die von oben zweite Steinschicht verziert. Die Reliefs dieser zweiten Steinschicht waren aber an der Südwand zweimal durch glatt belassene Flächen von 0·14 Meter Breite unterbrochen. Die eine dieser Flächen findet sich zu Beginn des Gelages an dem Steine A 8 auf Tafel XXI und XXII; die andere hälftet ungefähr das Gelage an dem Steine A 4 auf Tafel XX; beide laufen nach unten auf die dritte Steinschicht fort, die letztere auf B 4 von Tafel XX, die erstere auf B 7 von Tafel XXII, an welch' letzterer Stelle zu beachten ist, dass nur der links liegende Rest des Blockes, in der Figur des schüsseltragenden Knaben, Relief erhielt. Jede dieser glattbelassenen Flächen hat in der zweiten Steinschicht annähernd gleich hoch über dem Fussboden ein 0·03 Meter im Durchmesser grosses, 0·15 Meter tiefes Bohrloch; die beiden Löcher stehen 3·35 Meter weit von einander ab, der wahrscheinliche Abstand der zweiten von der Innenseite der Ostwand beträgt unbedeutend mehr, 3·55 Meter. Ein drittes gleichartiges Bohrloch zeigt dann ein Reliefblock der Ostwand, welcher aus der Fortsetzung des Gelages, und zwar aus der oberen Reihe desselben herrührt; das Loch sitzt hier wieder an einer 0·14 Meter breiten, glattbelassenen Fläche und augenscheinlich wieder in der nämlichen Höhe über dem Fussboden (Tafel XIX, 18). Diese drei übereinstimmenden Marken weisen auf eine gemeinsame Vorkehrung hin und lassen vermuthen, dass an jenen Stellen Holzpfosten anstossender Querwände befestigt waren. Allerdings sind Standspuren, welche diese Auffassung unterstützen würden, auf dem Boden nicht vorhanden, ihr Fehlen hat aber bei der Einfachheit der landesüblichen Holzbauten an sich nichts Auffälliges.

Da der Verlauf der Reliefs wegen dieser Querwände intermittirte, so liegt der Schluss nahe, dass auch ihr Niederrücken damit in Zusammenhang stand und durch die anstossenden Decken der Einbauten verursacht war. Trifft diese Vermuthung das Wahre, so würden sich zwei geschlossene Gemächer an der Südwand, möglicher Weise auch ein drittes an der Ostwand ergeben, allerdings niedrig und von bescheidenen Dimensionen, aber darin ganz dem mit Erde eingedeckten altlykischen Holzhause entsprechend, welches die Felsgräber nachbilden. Die ganze Anlage findet sich in demjenigen Theile des eingefriedeten Raumes, der sich dem Platze nach am besten dazu eignete, und erklärt sich durch die Natur der Sache und zahlreiche Analogien. Bei einer so grossen Grabstätte erheischte nicht blos die »custodia sepulcri« eigene Räume,[1] sondern vor Allem der Cultus selbst, namentlich die Feste, die man alljährlich an den Geburtstagen heroisirter Todten zu feiern pflegte. Im Hinblick auf eine derartige Bestimmung der Gemächer

---

[1] Vgl. Marquardt-Mau, Das Privatleben der Römer I, S. 370. Foucart, Associations religieuses chez les Grecs, S. 45.

würde sogar das zum Friesschmuck gewählte Gelage einen besondern Sinn erhalten. Dass das Heroon bewohnt wurde, erhellt aus dem beschriebenen Innenverschlusse des Thores.

31. Einbauten der Südostecke.

Während die Einbauten der Südostecke mit der Erbauung des Heroon gleichzeitig gedacht werden müssen, gibt sich in der Nordwestecke deutlich ein nachträglicher Einbau zu erkennen.

An der Westwand auf Tafel V oben sieht man gegen das rechte Ende hin eine rohe Einarbeitung. Dieselbe erstreckt sich in Form eines oben 0·56 Meter, unten 0·61 Meter breiten verticalen Streifens über die drei oberen Steinschichten in die vierte herab, bis zu 0·04 Meter tief in die Mauer eingreifend und die Reliefs beider Friese rücksichtslos durchschneidend (vgl. Tafel XIV und XV, A 14 und B 16). Lothrecht ist nur ihre linke Kante, welche von der Stirnfläche der Nordwand 3·81 Meter absteht, und sie ist auch allein scharfkantig gemeisselt, während die andere Kante unregelmässig verläuft und auch der Grund des Streifens ungleich gerauht ist. In diesem rauhen Grunde des Streifens sitzen ungefähr lothrecht übereinander drei Zapfenlöcher von etwa 0·035 Meter Tiefe und 0·03 zu 0·035 Meter Weite, zwei in der obersten, eines in der zweiten Steinschichte. Unter ihnen auf dem Boden und in dem oben S. 31 erwähnten, hier 0·4 Meter weit vorspringenden Sockel finden sich keine Marken.

Einen ähnlichen Streifen sieht man an der Nordwand herablaufen, 2·8 Meter von der Stirnfläche der Westwand entfernt (Tafel V in der Mitte, vgl. Tafel XVI, A 3 und B 4). Er geht über alle fünf Steinschichten der Wand, 0·3 Meter breit und sehr flach eingebaut, so dass in der oberen Friesreihe nur eine Figur, die erste rechts neben dem Reiter auf A 3 von Tafel XVI, erheblich zu Schaden kam. Wie der vorstehende Durchschnitt (Fig. 32) zeigt, sind auf diesem Streifen senkrecht übereinander zwei rechteckige Löcher *d d* in der zweiten und dritten Steinschicht angebracht: sie sind in schräger Richtung nach unten 0·14 Meter weit eingetieft, das eine erscheint

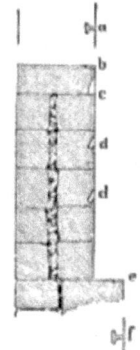

32. Durchschnitt der Nordwand.

wie ein Fenster in der Langwand des Tempels auf B 4 von Tafel XVI. In derselben lothrechten Linie sind ferner bei *b* auf der oberen Fläche der Deckplatte und bei *e* auf der oberen Fläche des vorspringenden Sockelsteines T-förmige Klammerlöcher eingearbeitet, deren Draufsichten *a* und *f* zeigen, schliesslich an der Deckplatte eine gleichfalls schräg nach unten verlaufende, 0·4 Meter breite Einkerbung *c*.

Alle diese Löcher lassen auf den Anschluss einer Bauconstruction schliessen, deren Art indessen nicht näher zu bestimmen ist. Die ⊤-förmigen Klammerlöcher deuten auf Verbindung von Stein mit Stein, die anderen Löcher auf Befestigung von Holz. Unbestreitbar aber gehören die beschriebenen Marken an der Ost- und Nordwand zusammen einem Einbaue an, der zwar noch antik, aber später als die Errichtung des Heroon ist. Möglicher Weise rühren von ihm die in Fig. 27 abgebildeten Löwenspeier aus Terracotta her.

Der Entdecker des Heroon fand den Hof erfüllt mit Buschwerk, das er beseitigen musste, ehe er arbeiten konnte. Nicht anders erging es uns im Jahre 1881, und obschon wir alles Gewächs mit Hacke und Beil gründlich entfernt hatten, sahen wir es im folgenden Frühjahr doch wieder in vollem Aufspriessen begriffen, in einzelnen Schösslingen sogar schon hoch herausgewachsen. Eine so erstaunliche Triebkraft des Bodens muss auch im Alterthum, gewollt oder ungewollt, die Stätte verschönt haben, und dieser Antheil der Natur vollendet den Charakter der Anlage. Eine schützende Einfriedung, Wohnungen für Wächter oder Priester, eigene Räume und Vorkehrungen für den Todtencultus und ein Hain oder Garten mit schattenspendenden Bäumen um das Grab, das sind in der That die in der Ueberlieferung vielfach sich wiederholenden Bestandtheile eines durch religiöse Verehrung ausgezeichneten vornehmen Begräbnisses.

Die Abgrenzung des geweihten Platzes, das Temenos, hat das griechische Heroon mit dem Gottesheiligthum als ein der Idee nach Unerlässliches, den Hain oder die Baumpflanzung als einen bedeutungsvollen Schmuck gemein. Wie erwünscht dieser Schmuck war, hat zu vielen längst gewürdigten Zeugnissen vor Kurzem eine attische Urkunde aus dem Jahre 418 v. Chr. gezeigt, nach der man im Neleion Oelbäume zog.[1] Vom Gottesheiligthum unterschieden war das Heroon durch das factische oder symbolische Grab, das den Kern der Anlage bildete, und durch die abweichende Art der Opfer und Culthandlungen, welche dem Dienste der Unterweltsgötter glichen.[2] In diesen Grundzügen der Sache muss zwischen den Cultstätten mythischer Heroen und den Begräbnissen historischer Personen, die Heroenehren genossen, Uebereinstimmung bestanden haben. Aber allerdings mag der wechselnde Geschmack der Zeiten und Landschaften, die Art der verfügbaren Oertlichkeit, das Mass der Gründungsmittel und nicht zuletzt persönliche Neigung und Laune eine schwankende Mannigfaltigkeit von Formen hervorgerufen haben, die in den griechischen Theilen Kleinasiens, welche orientalische Einwirkungen unmittelbar erfuhren, allem Anscheine nach besonders gross war.

Von der Gestalt des eigentlichen Grabes und den Dimensionen der Anlage abgesehen, sieht man sich an das Kyrosgrab im Lustgarten von Pasargadai erinnert, wovon ausführliche Beschreibungen vorliegen, die auch nach anderer Hinsicht lehrreich sind.[3] Die Leiche des Königs war in einem viereckigen Thurme beigesetzt, der zum Theil, wie es scheint, massiv aus dem Felsen gehauen war und über diesem untern Felskern die Grabkammer mit einer kleinen Thür, zu der von aussen eine Treppe aufführte, enthielt. Der Thurm war von mässiger Grösse und stand versteckt unter allerhand dichtbelaubten hohen Bäumen, unter denen Platanen, die Lieblingsbäume der grossen Könige, gewiss nicht fehlten. Wasser war in den Hain eingeleitet, dessen Pracht üppige Wiesen hoben, und durch eine Umfassungsmauer war das Ganze abgesondert. Bei der Treppe des Thurmes lag ein kleines Haus, in dem die Wächter des Grabes wohnten, von Kambyses eingesetzte Priester, deren Amt in ihrer Familie vom Vater auf den Sohn überging. Nach königlicher Verfügung erhielten dieselben täglich für sich ein Schaf nebst einer Ration Weizenmehl und Wein,

---

[1] St. Kumanudis, Ephemeria archaiol. 1884, S. 164 f.; Ernst Curtius, Sitzungsber. d. königl. preuss. Akademie d. Wissensch. 1885, S. 437 f.; C. Bötticher, Der Baumcultus der Hellenen, S. 276—300.

[2] Wassner, De heroum apud Graecos cultu, S. 18.

[3] Arrian, Anabasis VI, 29, 4—8 ὡς λέγει Ἀριστόβουλος, εἶναι γὰρ ἐν Πασαργάδαις ἐν τῷ παραδείσῳ τῷ βασιλικῷ Κύρου ἐκείνου τάφον, καὶ περὶ αὐτὸν ἄλσος πεφυτεῦσθαι δένδρων παντοίων, καὶ ὕδατι εἶναι κατάρρυτον καὶ πόαν βαθεῖαν πεφυκέναι ἐν τῷ λειμῶνι. αὐτὸν δὲ τὸν τάφον τὰ μὲν κάτω λίθου τετραπέδου ἐς τετράγωνον σχῆμα πεποιῆσθαι· ἄνωθεν δὲ οἴκημα ἐπέναι λίθινον ἐστεγασμένον, θυρίδα ἔχον φέρουσαν εἴσω στενήν, ὡς μόλις ἂν ἑνὶ ἀνδρὶ οὐ μεγάλῳ πολλὰ κακοπαθοῦντι παρελθεῖν. ἐν δὲ τῷ οἰκήματι πύελον χρυσῆν κεῖσθαι, ἵνα τὸ σῶμα τοῦ Κύρου ἐτέθαπτο, καὶ κλίνην παρὰ τῇ πυέλῳ. . . ἐν μέσῳ δὲ τῆς κλίνης ἡ πύελος κεῖτο ἡ τὸ σῶμα τοῦ Κύρου ἔχουσα. εἶναι δὲ ἐντὸς τοῦ περιβόλου πρὸς τῇ ἀναβάσει τῇ ἐπὶ τὸν τάφον φερούσῃ οἴκημα σμικρὸν τοῖς Μάγοις πεποιημένον, οἳ δὴ ἐφύλασσον τὸν Κύρου τάφον, ἔτι ἀπὸ Καμβύσου τοῦ Κύρου, παῖς παρὰ πατρὸς ἐκδεχόμενοι τὴν φυλακήν. καὶ τούτοις πρόβατόν τε ἐς ἡμέραν ἐδίδοτο ἐκ βασιλέως καὶ ἀλεύρων τε καὶ οἴνου τεταγμένα καὶ ἵππος κατὰ μῆνα ἐς θυσίαν τῷ Κύρῳ κτλ. Strabon XV, 730 ἐνταῦθα δὲ καὶ τὸν Κύρου τάφον εἶδεν ἐν παραδείσῳ, πύργον οὐ μέγαν, τῷ δάσει τῶν δένδρων ἐναποκεκρυμμένον κτλ. Vgl. Reisen Band I, S. 109.

in jedem Monat aber ein Pferd, das dem Kyros geopfert wurde. Eigene Wächter hatten nach Ktesias auch die Königsgräber zu Persepolis, welche hoch in unerklimmbaren Felswänden ausgehöhlt waren.[1]

Charakteristisch für den Grössencultus und das städtische Lebensideal der hellenistischen Zeit ist das in einer Thalschlucht bei Knidos gelegene Temenos des Antigonos Gonatas, welches nach Usener's schöner Darlegung ein Heroon des Antigonos, eine Statue seines Schutzgottes Pan, eine Thymele, Laufbahn, Ringhalle und Bäder enthielt.[2]

Zu Apollonia in Pisidien[3] bestand ein ausgedehntes Begräbniss, welches der Erbauer Apollonios mit Statuen von sich und seinen Angehörigen geschmückt, mit Hallen, Gärten und Wohnräumen ausgestattet und mit einer Stiftung der Obsorge von Priestern übergeben hatte; die Hallen dienten hier für die Schmäuse des Todtencultus.[4] In einer Inschrift von Smyrna werden als Bestandtheile eines Geschlechtsgrabes angeführt: ein Thorakeion (Rusticaunterbau) mit Sargkammern, als Träger des Hauptsarges und als anstossende Baulichkeiten ein Saal, eine Treppe, ein Schlafgemach, ein Medianum und Speisezimmer — die letzteren drei Räume bilden offenbar den Oberstock über dem Saale — und zwei Ostotheken.[5] Wiederholt

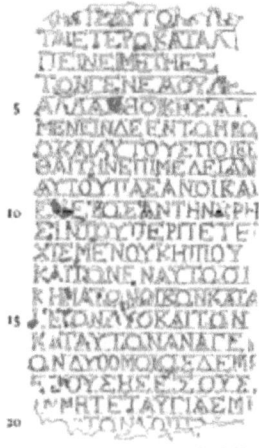

33. Inschrift von Myra.

werden in kleinasiatischen Gräbern Speisezimmer (δίαιτα, σωλάριον), Räume für die Wächter, Gitter und Einfriedungen hervorgehoben, Heroa mit Peribolos (oder τόπος) und Bomos, besonders oft in Hierapolis.[6] Am meisten aber entspricht, wie Petersen bemerkt hat, eine Inschrift, die aus nächster Nähe von Gjölbaschi, in Myra, zum Vorschein gekommen ist (Fig. 33).[7] Dieselbe steht auf einem 0·6 Meter hohen,

---

[1] Ktesias, Persica 15.

[2] Usener, Rheinisches Museum für Philologie, N. F. XXIX, S. 29 f.

[3] Le Bas-Waddington, n. 1195 a, C. I. G. III, n. 3973; nach der Lesung Waddington's:

['Η θεῖνα γυν]ὴ   Ἀπολλώνιος   Ἀπολλώνιος
['Απολλων(ε)ου   Ὀλυμπίχου   Ἀπολλωνίου
[τοῦ 'Ολυμπίχ]ου   τοῦ Ἀρτέμωνος   τοῦ Ὀλυμπίχου
[τοῦ Ἀρτέμω]νος   τοῦ Ἀρτέμωνος

Ἀπολλώνιος Ὀλυμπίχου τοῦ Ἀρ[τέμωνος ζῶν τὸ μνημεῖον ἑαυτῷ καὶ τ[ῇ ἰδίᾳ νἱῷ | καὶ τῇ ἑαυτοῦ καὶ τὰ περὶ τὸ μνημεῖον κατεσκεύασεν, προσ[θεὶς αὐτῷ τὸ μνημεῖ]ον τούς τε κήπους καὶ τὰ οἰκήματα καὶ [ἱ]ερέας [ἀπολεί]ξας καὶ δοὺς πάντα τὰ εἰς θεραπείαν καὶ ἐπιμέλειαν διήκοντα ἀναπαραιτήτως.

[4] Pollux IV, 123. C. I. G. II, 2448, col. II, 19. C. I. L. VI, 8117 [L. Abuccius] Ner[e]us et Abuccia Pieris porticum scamna mensas collibertis suis sua pecun. d. d. X, 1678 porticum cum apparatorio. VI, 12558 hoc adparatorium pertinet ad monimentu(m) Q. Aquili Dionysi etc. Overbeck-Mau, Pompeji, S. 412.

[5] C. I. G. II, 3278 τὸ θωράκειον καὶ τὰ ἐνόρια καὶ τὴν σορὸν τὴν ἐπὶ τῷ θωρακείῳ, καὶ τὰ οἰκήματα τὰ προσκείμενα· οἶκος, κλεῖμαξ, κοιτών, μεδιανὸς, τρίκλινος, ὀστοθῆκαι β'. Boeckh versteht unter θωράκειον ein »septum quadratum«, Le Bas, S. 15, n. 25 »une enceinte carrée«, Vidal-Lablache, De titulis funebribus in Asia minore, S. 32, 5 »hypobathrum arae vel sarcophago suppositum, cuius parietes cellae introrsus excavatae propugnaculo erant«. Zu medianum vgl. Dig. IX, 3, 5, 2.

[6] Smyrna C. I. G. III, 3281 τὴν χρῆσιν τοῦ παρακεχωρημένου ὑποκάτω τοῦ σωλαρίου θωρακείου, 3386 τὸ κατὰ τὸ σωλάριον ἀγγεῖον Ἡρακλήσιον τὸ κατὰ τοῦ σωλαρίου. 3268 τὴν καμάραν καὶ τὴν κατ' αὐτῆς δίαιταν. Halikarnass 2664 ἐπιμελήσονται δὲ οἱ δικαστήρχοντες τὸ οἰκῆσαν τὸ ἐξιὸντι τοῦ μνημείου. Hierapolis 3915 f. Nikomedeia 3777 τὸν βωμ[ὸν] καὶ τὸν ἀνδρίαντα καὶ τὸν περικείμ]ενον τόπον καὶ τροφὴν καὶ ἐν αὐτῷ πωλῆσαι δύο, μίαν μὲν ν[ι]υκτήν, ἑτέραν δὲ [ἡμερ]εσιαν. Pessinus 4089 βωμὸν σὺν τῷ π[ε]ρι[σ]ρ[ο]έγραπι. Ankyra, Aschäol.-epigr. Mittheil. IX, S. 116 τὸ ἐρῷον … καὶ … τὴν ἐξέδραν καὶ τὸ περίπραγμα.

[7] Reisen Band II, S. 36, 56. Vgl. das Baseler Testament (Bruns fontes[4], S. 232).

Right column of inscription:

           οὐδὲ...]
ὅ]ν τ]ις αὐτο[ν] κτ[ί-
ται, ἑτέρῳ καταλεί-
πεῖν, εἰ μὴ τῇ ἐξ [αὐ-
τῶν γενεᾷ, οὐδὲ
5 ἄλλαχῇ οἰκῆσαι,
μένειν δὲ ἐν τῷ ἐρώϊ-
ῳ, καὶ αὐτοὺς ποιεῖσ-
θαι τὴν ἐπιμέλειαν
αὐτῶν πάσαν· οἱ καὶ
10 ἐχέτωσαν τὴν χρῇ-
σιν τοῦ περιπετασ-
χισμένου κηπίου
καὶ τῶν ἐν αὐτῷ οἰ-
κημάτων, οὕτων κατα-
15 γ]είων δύο, καὶ τῶν
κατ' αὐτῶν ἀναγεί-
ων δύο. ὁμοίως δὲ μὴ
ἐξ]ουσίας ἐξ[ουσί-
α]ν μήτε Ταυγίας (?) μή-
20 τε κατὰ] τὸν λοιπ[ὸν . . .

0·36 Meter breiten und 0·28 Meter dicken Marmor, der oben ein 0·06 Meter im Viereck grosses Einsatzloch hat und aus einer Architektur herrühren wird. Leider ist es nur ein Bruchstück aus einem längeren Ganzen; indessen genügt das Erhaltene, um die Natur der Urkunde und die Bauanlage, auf die sie sich bezieht, erkennen zu lassen. Es handelt sich um testamentarische Verfügungen für ein Heroon, die an eine Mehrzahl von Personen gegeben sind. Dieselben sollen ausschliesslich in dem Heroon wohnen und den ganzen Dienst für dasselbe versehen, zum Entgelt aber Nutzniessung haben, sowohl an einem ummauerten kleinen Garten, der das Grab des Heroon augenscheinlich umgibt, wie auch an zwei in dem Garten befindlichen Gebäuden, die aus je einem Gemach in Unter- und Obergeschoss bestehen. Also ein Heroon mit Grab, Garten, eingebauten Wohnungen für die Wächter und einer Umfassungsmauer, diesen Elementen der Anlage nach ganz wie in Gjölbaschi.

In dem gräberreichen Lykien lässt sich kein ähnlicher Bau nachweisen, und wenn mir nichts entgangen ist, steht das Heroon in der Fülle der erhaltenen Grabanlagen überhaupt als ein Einmaliges da. Mit niedrigen viereckigen Mauern eingefasst ist ein Theil der altkarischen Collectivgräber, welche Paton kürzlich auf der Halbinsel von Halikarnass gefunden hat.[1] Stattliche Terrassengräber, die bei Vari in Attika erhalten sind, bis zu dreissig Schritt lang und auf drei Seiten mit drei bis vier Steinlagen umzogen, gewiss Geschlechtsbegräbnissen dienend, haben einen eigentlichen Peribolos nicht gehabt, da auf ihren Vordermauern öfters noch die Basen aufgerichteter Stelen vorhanden sind.[2] Entsprechenderes findet sich in Syrien, wo gleiche Baubedingungen und verwandte Grabsitten bestanden. So das »el-Maabed« genannte Monument in der Ebene von Amrit, ein in den Felsen vertiefter sehr grosser viereckiger Hof, in dessen Mitte sich das gleichfalls viereckige Heiligthum erhebt, in seinem unteren Theile wie der Sarkophag des Heroon aus dem Felsen gehauen, in seinem oberen als ein nach Norden offenes Tabernakel aufgebaut.[3] So die von einer viereckigen Umfassungsmauer eingeschlossene Grabhöhle Machpela in Hebron und die in der Nähe von Hebron gelegene Ruine »Harâm Râmet el-Chalil«,[4] deren Mauern der Construction nach dem Heroon von Gjölbaschi gleichen. Aber diese Aehnlichkeiten reichen nicht weit und ergeben keinen fassbaren Zusammenhang. Das Fehlen wirklich gleichartiger Anlagen in Gebiete griechischer Cultur wird zufällig sein. Das Grab Hektors auf der Tabula iliaca ist temenosartig dargestellt, als »ein auf einem mehrstufigen Unterbau von einer Mauer umschlossener viereckiger Raum, aus welchem ein Schild mit dem Zeichen eines Löwen hervorragt, wie man ihn wohl auf Grabmälern aufstellte[5]« (doch wohl eher eine Stele mit dem Relief eines Löwen); das gegenüber dargestellte Sema des Achill hat im Wesentlichen die Gestalt eines lykischen Pfeilergrabes. Unweit von Termessos, ausserhalb der Thalsperre, welche die Stadt an der Westseite befestigt, fand Niemann neben einem Propylaion und grossen Tempel auch eine stattliche Reihe grosser Grabanlagen, von denen mehrere aus einem hofartigen Peribolos mit hochragendem Bau in der Mitte bestanden; einer dieser Bauten war ein Rundtempelchen von spätrömischen Formen und stand auf quadratischer Basis innerhalb einer 21 Meter langen und breiten Mauerumfriedung, deren Wandflächen mit Reliefdarstellungen von Trophäen geschmückt waren.

Einblick in die Art, wie ein griechisches Heroon zu Stande kam, erhalten und benützt wurde, gewährt eine für die Kenntniss griechischer Grabsitte noch nicht ausgenützte theräische Urkunde, das im Museum zu Verona befindliche sogenannte Testament der Epikteta, dessen Inhalt näher zu vergleichen lohnt.[6]

In Thera herrschte eine kleine Zahl altadeliger Familien, in denen die Heroisirung wie ein Vorrecht der Geburt herkömmlich war. Diejenige der Epikteta gehörte, wie Boeckh, der das historische Verständ-

---

[1] Journal of hellenic studies VIII, S. 64 f.

[2] Milchhöfer im zweiten Textheft zu den Karten von Attika, S 7 f., und nach freundlichen brieflichen Mittheilungen.

[3] Renan, Mission de Phénicie, pl. VIII und X, S. 62 f.; Perrot et Chipiez, Histoire de l'art III, S 103.

[4] Rosen, Zeitschrift der Deutschen morgenländischen Gesellschaft XII, S. 494 f.

[5] Otto Jahn, Bilderchroniken, S. 36.

[6] C. I. G. II, 2448. Cauer, Delectus², 148. Newton, Essays on art, S. 169. R. Dareste, Testament d'Epictéta, nouvelle revue historique de droit français et étranger 1882, S. 349 f. Bruno Keil, Hermes XXIII, S. 289 f. — Vgl. die Inschrift von Kaisareia (K. Keil, Philologus II. Suppl. S. 622), ein anderes Testament von Thera und das des Diomedon von Kos (Ross, Inscriptiones graecae ineditae III, n. 311, II, n. 198, dazu Boeckh, C. I. G. II, S. 1088, n. 2476 g), den Rest einer ähnlichen, aber weit späteren Urkunde von Hierapytna auf Kreta C. I. G. II, 2562, und die sepulcralen Functionen der Gerusie, Reisen Band I, S. 72.

niss der Urkunde erschlossen hat, im Einzelnen nachwies, dem königlichen Geschlechte des Archegeten Theras an.[1] »Epikteta ist die Tochter des Grinnos, welcher nach dem König Grinos, einem Abkömmling des Theras (unter dessen Herrschaft die Gründung Kyrenes fällt), benannt war; ihr Gatte, natürlich nach der Sitte der vornehmen Geschlechter zugleich ihr Geschlechtsgenosse, heisst Phoenix, nach dem Bruder des Ahnherrn der Aegiden; ein Verwandter derselben, der Sohn des Isokles, ist Aristodamos, nach dem Schwager des Theras benannt: nicht weniger als vier der Verwandten der Epikteta heissen Prokleidas, eben wieder von Prokles, dem Neffen des Theras.« Für ihren verstorbenen Mann Phoinix und für zwei verstorbene Söhne, Andragoras und Kratesilochos, richtete Epikteta einen Heroencult ein, in den sie selbst mit einbezogen wurde, und die dem zweiten oder dritten Jahrhundert v. Chr. angehörige Stiftungsurkunde, bestehend aus dem Testamente der Epikteta und dem Statut der Genossenschaft, die sie zur Verwaltung einsetzte, ist in acht Columnen auf einer grossen Marmorbasis eingegraben, welche an dem Cultusorte selbst aufgestellt war und Statuen der genannten Drei und der Epikteta trug.

Der angeordnete Heroencult ist mit einem Musencult verbunden, welch letzter wohl als ein von den Ansiedlern eingeführter alter Geschlechtscult zu denken ist, der über Sparta auf die böotischen Musenculte zurückgeht. Ein mit Sculpturen, den Statuen der Heroen und Reliefs ausgestattetes Musenheiligthum ist vereinigt mit dem Temenos der Heroen, in dem sich die Grabcapellen, für jeden Todten eine, befinden. Diesen ganzen Complex vermacht Epikteta ihrer Tochter Epiteleia als unveräusserliches, unbelastbares Eigenthum. Auch soll keine Veränderung in demselben Platz greifen, ausser dass der Einbau einer Halle in das Temenos der Heroen gestattet wird. Das Musenheiligthum, welches offenbar schon eine Halle besitzt, soll keine anderweitige Benützung erfahren ausser bei einer Hochzeitsfeier im Geschlechte der Epiteleia. Der Sohn der Epiteleia wird erster Priester der Musen und Heroen (in welcher Eigenschaft er wahrscheinlich in oder bei dem Heiligthume wohnt), und das Priesteramt fällt nach ihm immer dem jeweilig Aeltesten in der Familie zu. Verwaltet und in seiner Bestimmung geschützt wird das Ganze durch eine Genossenschaft (κοινὸν τοῦ ἀνδρείου scil. συλλόγου τῶν συγγενῶν), welche fünfundzwanzig namentlich angeführte Männer der Sippe bilden. Für die Zwecke dieser Verwaltung stiftet Epikteta ein auf ein bestimmtes Grundstück angewiesenes Capital von 3000 Drachmen, dessen siebenpercentige Zinsen mit 210 Drachmen alljährlich im Monat Eleusinios an die Sippe fällig werden. Nach Empfang dieser Summe hat sich die Sippe an drei aufeinanderfolgenden Tagen des Monates Delphinios im Musenheiligthume zusammenzufinden, um die Opferfeste zu begehen, und diese Vereinigungen erhalten den Charakter von Familientagen, indem auch ihre Weiber, unverheirateten Töchter und erwachsenen Söhne, wie auch die verheirateten Erbtöchter mit ihren Männern und Kindern zugelassen sind, nebst etlichen verschwägerten oder sonstwie zugehörigen Frauenzimmern, welche gleichfalls namentlich angeführt waren.

Um die Wohlthat der Stiftung zu sichern und zu steigern, hat sich die Genossenschaft in ihrem Statut (νόμος) eine feste Gliederung gegeben und eine Verpflichtung zu gewissen freiwilligen Leistungen, nebst einer Menge von Vorschriften, namentlich Strafsätzen auferlegt. An ihrer Spitze steht ein Obmann, der die Geldgebahrung besorgt (ἀρτυτήρ). Ein Schriftwart (ἐπίσσοφος) bucht die Einnahmen und Ausgaben, führt die Personallisten, fixirt die mit Stimmenmehr gefassten Beschlüsse und erlässt die Einladungen zu den Versammlungen. Ein Archivar (γραμματοφύλαξ) hat die auf Holztafeln aufgeschriebenen beiden Stiftungsurkunden und die Genossenschaftsbeschlüsse in einer Lade (γλωσσόκομον) aufzubewahren, zu protokolliren und regelmässig in die Versammlungen zu bringen. Für besondere Vorkommnisse ist die Wahl gewisser anderer Beamten vorgesehen; die Hauptleistung fällt aber einem in bestimmter Reihe nach dem Alter wechselnden Ausschusse von Festordnern (ἐπιμήνιοι) zu, welche am 19., 20. und 21. des Monats Delphinios, ein Jeder an seinem Tage, die Opfer auszurichten und die Gelage zu besorgen haben. Für diese letzteren haben sie guten auswärtigen Wein in hinreichendem Ausmass,[2] Kränze, Musik, Salben beizustellen,

---

[1] Boeckh a. a. O. und über die von H. v. Prokesch in Thera entdeckten Inschriften, gesammelte kleine Schriften VI, S. 42.

[2] Col. IV, 34 οἶνον ἱκανὸν ἱκανὸν ἐδόκιμον ἕως τριῶν πινόντων. Hier ist wohl ὅσον παρενθετisch zu verstehen und τριῶν von den drei üblichen Krateren des Symposion (Hug zu Platons Symposion 176 A), vgl. Antiphanes bei Athenaios X, 441 c βούλει καὶ σύ, φιλτάτη, πιεῖν; B. καλῶς ἔχει μοι. A. τοιγαροῦν [ἐμοὶ] φέρε· μέχρι γὰρ τριῶν [δεῖν] φασι τιμᾶν τοὺς θεούς. — Anders:

6*

und die Gastmähler werden in üblicher Weise von den Opfern abgehalten. Das Opfer gilt am ersten Tage den Musen, am zweiten den heroisirten Gatten Phoinix und Epikteta, am dritten den heroisirten Söhnen Kratesilochos und Andragoras. An jedem dieser drei Tage wird das betroffene Heiligthum bekränzt, ein nicht näher bezeichnetes Opferthier geschlachtet und eine Anzahl Kuchen bereitet aus 5 Choinikes (nach lakedaimonischem Mass gegen 8 Liter) Weizenmehl und für einen Stater[1] (1 Mark 35—40 Pfennige) getrocknetem Käse. Hiervon erhalten die Musen am ersten Tage die herkömmlichen Theile des Opferthieres und einen Kuchen (auf einen Tisch hingestellt, wie allgemein üblich, s. S. 39, 1), die Heroen am zweiten und dritten Tage erhalten das Gleiche, ausserdem aber einen Laib Weizenbrod, einen Laib Gerstenbrod und drei kleine Fische.[2] Die versammelte Sippe bekommt einen kleinen Baarbetrag als Versammlungsgeld (συλλο-γευτικόν), alle übrigen Kuchen und die Hälfte der Eingeweide, während der Rest der Opferthiere den Festordnern zufällt. Der Obmann der Sippe vertheilt die Rationen an die Anwesenden, und nach Beendigung des Mahles spenden diese vom ersten Glase den Musen und Heroen. Man sieht, wie in dem Rahmen einfachster Lebensverhältnisse Alles darauf angelegt war, die religiöse Pflicht festlich zu gestalten und die auseinanderlebenden Nachfahren in der Verehrung der Todten als Geschlecht zusammenzuhalten.

Wie Manches auch in diesem Bilde nach Zeit und Ort verschieden sein mag, so sind doch die typischen Züge, die aus demselben hervortreten, ohne Weiteres übertragbar. Die Urkunde beleuchtet den aristokratischen Charakter der Anlage von Gjölbaschi, ins Besondere die Natur der Einbauten und den Sinn des Männergelages, das sich als Fries in ihnen hinzieht (vgl. Fig. 31).

Irre ich nicht, so wird diese Auffassung durch eine Inschrift aus dem Nachbarorte Kyaneai bestätigt. Sie steht über der Thür eines Felsengrabes, das mit einer in sehr grossen Verhältnissen angelegten schönen Tempelfront jonischen Stils verblendet ist und sich durch diesen bedeutenden Schmuck, der an hoher Bergwand weithin das Thal beherrscht, vor den zahlreichen anderen Ortsgräbern als ein besonders vornehmes Grabmal auszeichnet.[3] Nach dem Charakter der Schrift und der Architektur gehört es dem vierten Jahrhundert v. Chr. an:

34. Inschrift von Kyaneai.

Τὸν τάφον κατεσκεύασεν τόν τε ἄνω καὶ τὸν κάτω Περπένεγνις . . . .
ἀππάδεος ἑαυτῷ καὶ τῇ γυναικί. Καὶ μη[θ]ενὶ ἐξέστω ἀνοῖξαι τὴν σορὸν, εὖ ἐ[μὶν
ἐστιν, τοῖς δὲ λοιποῖς τάφοις τοῖς τε ἄνω καὶ τοῖς κάτω χρήσονται πάν[τες
οἱ συγγενεῖς. Μὴ ἐξέστω δὲ ἀνοίγειν μηθενὶ ἄνευ τῆς μίνδιος, ἀλλὰ συνπαρα[ι-
5 νέτωσαν (sic) αὐτοῖς, εἰ δὲ μὴ, κύριοι ἔστωσαν κωλύοντες καὶ ζημιοῦντες αὐτούς.   5

Perpenenis stiftet hier als Oberhaupt eines adeligen lykischen Geschlechts sich und seinem Weibe das von der grossen Tempelfront verblendete Hauptgrab wie auch Felsgräber über und unter demselben. Niemand soll den Sarg öffnen, der dem Stifter und seinem Weibe gehört (Z. 2 euphemistisch: »wo es für

---

[1] Aristoph. Ritter 1187 A. Ἔχε καὶ πιεῖν κεκραμένον τρία καὶ δύο. Δ. ὡς ἡδὺς, ὦ Ζεῦ, καὶ τὰ τρία νόμιμα καλῶς. Kratinos bei Athenaios I, 29 d τὸν δ᾽ ἐν ἔθῃ Μεθαίων ἐδώκ᾽ ἄρτους οἴνους, ἔπειτα κάκκαβου᾽ καὶ λέγει᾽ οὐῖμ᾽ ὡς ἅπαλος καὶ λευκός· ἄρ᾽ οἶσει τρία;

[2] Col. VI. 1. Den angegebenen Betrag hält Imhoof-Blumer für das Wahrscheinlichste, als einem Silberstücke von 7·50 bis 7·75 Gramm (die Hälfte des leichten asiatischen Tetradrachmon von circa 15 Gramm) entsprechend, welches auf den Inseln vom dritten bis ersten Jahrhunderte geprägt wurde und als Stater zu verstehen sein werde.

[3] Col VI, 13 ἐλλύτας καὶ ἄρτον καὶ πάραχα καὶ ὀξάρια τ . . a, wo Boeckh τ[ρ]οφ setzt und Daroste und Keil τρία emendiren. Zu πάραχα, das Boeckh für verderbt hielt, hat Cauer nachgewiesen Hesych. παρ[β]αξ . . . πύραμα στρογγύλον ἀφ᾽ οὗ αἱ μᾶζαι γίνονται. Käse, Kuchen aus Gerstenmehl, reife Oliven und Schnittlauch setzten die Athener den Dioskuren vor, Athen. IV, 137 e.

[3] Kugler, Geschichte der Baukunst, S. 171. Petersen mit Luschan, Reisen Band II, Tafel III, S. 22 mit dem oben wiederholten Facsimile der Inschrift von Petersen's Hand. Petersen vermuthet ein Compositum des Wortes in einer dunklen Stelle der Inschrift von Istlada, Reisen Band II, n. 85, 6 ὡρίλατεν Ἰστλάδιον τῷ δήμῳ εἰς τὸν ταφρευμένος (?) λέγων (δραχμάς) ,γ.

uns ist‹). Die übrigen Gräber sind der Verwandtschaft eingeräumt. Niemand aber darf ein Grab öffnen, um darin zu bestatten, ohne Erlaubniss der Mindis. Zuwiderhandelnde sollen die Mitglieder der Mindis gemeinschaftlich vermahnen, und wenn dies nichts nützt, von rechtswegen an der Ausführung hindern und mit einer Strafe belegen. Nach dem Zusammenhange des Ganzen und dem alterthümlich nachlässigen Wortlaut des Schlusssatzes scheint die Mindis ein Collectivum zu sein, das der Gesammtheit der Geschlechtsgenossen (συγγενεῖς) entspricht und doch von ihr verschieden ist. Der Sachverhalt wird klar, wenn es die Männer der Sippe bedeutet, welche das Erbbegräbniss als Ausschuss der Gesammtheit wie in Thera verwalten. Damit würde stimmen, dass die rechtlichen Befugnisse des Ausschusses gegen ungesetzlich Handelnde einzuschreiten im Testamente der Epikteta ähnlich ausgesprochen werden: μὴ ἐχέτω ἐξουσίαν μηθεὶς μήτε ἀποδόσθαι τὸ Μουσεῖον κτλ., εἰ δὲ μή, κωλυέσθω ὑπὸ τοῦ κοινοῦ, καὶ κύριον ἔστω τὸ κοινὸν κωλύον τὸν τούτων τι ποιοῦντα.[1]

 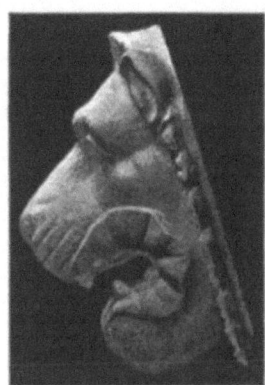

35. Löwenkopf aus dem Heroon.

Zum Schlusse habe ich die fachmännische Auseinandersetzung, welche der Chéfgeolog der k. k. geologischen Reichsanstalt, der unsere zweite Expedition begleitete, Herr Dr. Emil Tietze, über das zur Erbauung des Heroon verwandte Gestein und die am Baue sichtbaren Spuren von Erdbeben gegeben hat,[2] mit seiner Erlaubniss in ihrem Wortlaut zu wiederholen:

»Die meist etwas zuckerkörnige Beschaffenheit des weisslichen Kalksteines in Gjölbaschi bringt diesen Kalkstein jedenfalls einem echten Marmor näher, als man dies bei einem eocänen Kalk erwarten könnte. Das Zurücktreten der Versteinerungen und insbesondere der Nummuliten gerade in dieser Gegend erscheint für die Verwendbarkeit des Gesteines zu Sculpturzwecken ebenfalls von einiger Bedeutung, insoferne, als die Art der Verwitterung der natürlichen oder künstlich hergestellten Gesteinsoberflächen je nach dem Vorhandensein oder Fehlen solcher Versteinerungseinschlüsse eine etwas andere wird. Das Fehlen solcher Einschlüsse bedingt bekanntlich oft eine relativ etwas grössere Gleichmässigkeit in der Beschaffenheit des Gesteines und demgemäss darf die Seltenheit der Nummuliten im Kalk von Gjölbaschi als ein für die Verwendbarkeit desselben nicht ungünstiger Umstand aufgefasst werden.

»Viel nachtheiliger freilich, als es die zahlreichere Anwesenheit von Nummuliten in dem besprochenen Kalk sein würde, erscheint bezüglich der künstlerischen Behandlung desselben eine andere Eigenschaft des

---

[1] Col. II, 10 f.

[2] Emil Tietze, Beiträge zur Geologie von Lykien, S. 23—27, Separatabdruck aus dem Jahrbuch der k. k. geolog. Reichsanstalt, Band XXXV, S. 305—309.

betreffenden Gesteins, welche leider viel gleichmässiger über alle Gebiete seines Auftretens verbreitet ist, als die Vertheilung der Versteinerungen.

»Der eocäne Kalk dieser Gegend zeigt sich nämlich fast überall von kleinen Hohlräumen, sogenannten Drusenräumen durchsetzt, welche auf den Bruchflächen des Gesteins als Löcher erscheinen, und die, so unbedeutend sie auch in der Regel sein mögen, einer Bearbeitung der betreffenden Blöcke durch Künstlerhand einige Schwierigkeiten entgegensetzen mögen.

»Der hier geschilderte Kalkstein, und zwar die bei Gjölbaschi selbst entwickelte, an Nummuliten arme Modification desselben hat zweifellos das Material zu unserem Denkmal geliefert. Sämmtliche bei der Construction des letzteren verwendeten Blöcke, einschliesslich derjenigen, auf welchen die Reliefarbeiten zur Darstellung gelangt sind, zeigen mit dem Gestein, welches die Berge zunächst Gjölbaschi zusammensetzt, eine völlige petrographische Uebereinstimmung, was vielleicht schon deshalb nicht unerwähnt gelassen werden darf, weil an anderen Orten der karamanischen Küste unter den Trümmern der Bauten des Alterthums sich stellenweise (z. B. in Form von Säulenfragmenten) Gesteine finden, welche, wie gewisse Granite oder Syenite, sicherlich von weither nach den einstigen Städten dieser Gegend gebracht worden sind, um daselbst zu baulichen Zwecken verwendet zu werden.

»Auch die so überaus zahlreichen alten Sarkophage der Gegend von Gjölbaschi, Kekowa und Ja-u bestehen, nebenbei bemerkt, ähnlich wie das Heroon von Gjölbaschi, aus dem in ihrer unmittelbaren Nachbarschaft vorkommenden Kalkstein.

»Spuren von Steinbrüchen, aus welchen das Material für diese Arbeiten beschafft worden sein könnte, wurden aber in einiger Entfernung von der Küste nicht mehr aufgefunden, es mag also wahrscheinlich sein, dass man unter die benachbarten Gebirgsabhänge bedeckenden Gesteinsblöcke oder einzelnen dort hervorragenden Felsen jeweilig eine Auswahl traf, und wenn sich diese Auswahl bei der Errichtung der oft so kolossalen Sarkophage dieser Gegend vornehmlich nach der Grösse der betreffenden Blöcke richten musste, kann wohl für die zur Ausführung von bildhauerischen Darstellungen in Aussicht genommenen Steine auch eine gewisse Auswahl gemäss der Qualität, bezüglich der möglichst homogenen Beschaffenheit derselben versucht worden sein. Es befinden sich beispielsweise in der Nähe der Stelle, wo das Heroon stand, auf der Nordostseite derselben einzelne Felsen, welche eine etwas homogenere Beschaffenheit als die meisten sonst in der Umgebung zerstreuten Gesteinsblöcke besitzen; das heisst, welche einen etwas geringeren Grad der stellenweisen Durchlöcherung durch kleine Hohlräume aufweisen, als dies bei vielen ihrer Nachbarn der Fall ist. Ich glaube überhaupt, dass das Material für das Heroon am Gipfel des betreffenden Berges selbst gewonnen worden ist, und dass die bei der Herstellung des Bauviereckes bei der Ebnung des Bodens weggeräumten Steine theilweise eine Verwendung bei dem Bau der Mauern gefunden haben.

»Ganz frei von jenen Löchern habe ich allerdings bei Gjölbaschi keine irgendwie grössere Gesteinspartie gefunden, und so sind denn auch die zu den Reliefs verwendeten Blöcke damit zum Theil behaftet.

»Für den Erhaltungszustand der betreffenden Darstellungen haben jene kleinen Hohlräume einen entschiedenen Nachtheil im Gefolge gehabt, der nicht allein in der durch sie bedingten grösseren Disposition zur Verwitterung an sich, sondern vornehmlich in der durch sie hervorgerufenen Ungleichmässigkeit der Verwitterung gefunden werden darf.

»Ob die geschilderte Beschaffenheit des Gesteins den Künstler möglicherweise bisweilen zur Anpassung seiner Arbeit an kleine Unebenheiten der von ihm behandelten Flächen genöthigt haben kann, ist eine weitere Frage, welche aber natürlich nur von Künstlern oder Kunstkennern entschieden werden kann. Hier kann wohl nur die Möglichkeit einer darauf bezüglichen Discussion angedeutet werden.

»Wenn dem Gesagten nach das bei der Errichtung des Heroon benützte Gesteinsmaterial (obschon für Bauzwecke vorzüglich) für bildhauerische Thätigkeit nicht unbedingt als vortheilhaft bezeichnet werden darf, so muss doch andererseits hinzugefügt werden, dass weit und breit in dem betreffenden Theil von Lykien ein besseres dafür nicht aufzufinden gewesen wäre, wie nach der bei der geologischen Bereisung des Landes gewonnenen Uebersicht getrost behauptet werden kann. Sind aber Unzukömmlichkeiten oder besondere Schwierigkeiten in dem verfügbaren Material zu überwinden gewesen, dann kann deren glückliche Besiegung bei Beurtheilung des Kunstwerkes den Künstlern und der Bewunderung für dieselben nur zu Gute kommen.

»Das Heroon befand sich aber nicht blos bezüglich der theilweisen Verwitterung der Reliefs im Zustande einer gewissen Beschädigung, auch das Bauwerk selbst hatte, wie kaum anders zu erwarten war, von dem Zahn der Zeit zu leiden gehabt. Die Beschädigungen, welchen dieses Bauwerk unterworfen gewesen ist, rührten aber hier sicherlich nicht, wie das so vielfach bei anderen Bauten des Alterthums vorkommt, daher, dass spätere Geschlechter das Baumaterial des Monumentes für ihre Zwecke benützt und dadurch an der Zerstörung der Construction gearbeitet hätten, denn wer würde sich wohl einfallen lassen, grössere Bauquadern von dem Gipfel eines Berges mühsam herabzuschaffen, wenn man anderwärts in der Umgebung dieses Berges ganz ähnliche Steine genügend zur Verfügung hatte. Die betreffenden Beschädigungen rührten vielmehr höchst wahrscheinlich von Erderschütterungen her, von denen diese Gegend betroffen wurde.

»Ehe noch die Arbeiten zur Abtragung des Heroon begannen, habe ich versucht, diejenigen Beobachtungen anzustellen, welche möglicherweise einen Schluss auf die Art der seismischen Störungen gestatten, welche hier stattgehabt haben dürften, weil diese Beobachtungen sonst nie mehr anzustellen gewesen wären. Jedenfalls sind die betreffenden Thatsachen in unserem Sinne verwerthbarer als die bisweilen sichtbaren Verschiebungen der Deckel ausgeplünderter Sarkophage«.

Hier folgt eine kurze Beschreibung des Heroon.

»Die Deckplatten der Umfassungsmauern auf dieser [Süd-]Seite waren nun nach innen zu (also nordwestwärts oder nordwärts) verschoben, und zwar in der Art, dass die Verschiebung auf der westlichen Seite dieses Mauertractes etwas stärker war als auf der Ostseite. Doch gilt diese Bemerkung nur für denjenigen Theil der Mauer, welcher sich noch westlich vom Portal befand. Der östlich vom Portal gelegene Theil dieser südöstlichen Mauer war im Allgemeinen viel stärker und dabei sehr ungleichmässig zerrüttet. Die einzelnen Deckplatten waren in verschiedenem Grade, obschon stets in einer nördlichen Richtung verrückt, welche Ungleichmässigkeit aber wohl auf den Umstand zurückzuführen ist, dass die Steine verschieden fest lagen.

»Die Nordostseite des Denkmals war am schlechtesten conservirt. Hier waren beträchtliche Abstürze nach Nordosten zu erfolgt. Auch zeigte sich die äussere Hälfte der Doppelmauer nach dieser Richtung hin verrückt.

»Auf der Nordwestseite, welche der Seite des Portals gegenüber liegt, stand die Innenseite der Doppelmauer noch fast vollständig da. Die der Berglehne zugekehrte Aussenseite hatte sich indessen theils nordwärts verschoben, theils war sie nach dieser Richtung hin auf den Bergabhang hinabgestürzt. Nur gegen die nördliche Ecke des Denkmals zu hatte sich auch die Innenhälfte der Doppelmauer ein wenig verschoben, und zwar nach der inneren (Hof-)Seite des Gebäudes zu, also in entgegengesetzter Richtung wie die Aussenmauer. Die Deckplatten jedoch von diesem Theil der Mauer waren der äusseren Mauer in deren Bewegung gefolgt. Sie verbanden wohl noch zur Noth die beiden Mauerhälften über dem klaffenden Riss, der dieselben trennte, waren aber sichtlich gewissermassen von der äusseren Mauerhälfte geschleppt worden, während sie der inneren Hälfte gegenüber sich viel unabhängiger verhalten hatten.

»Auf der Südwestseite des Baues lehnte sich die Mauer an anstehenden Fels an, der sogar noch ein wenig über das Niveau der Mauer hervorragte. Diese Seite der Mauer ist so ziemlich unverrückt und unbeschädigt geblieben.

»Das ist das Beobachtungsmaterial, welches sich bezüglich jener Beschädigungen des Heroons sammeln liess. Wenn sich aus diesem Befunde ein Schluss auf die Ursache der Zerstörungen gewinnen lässt, so geht derselbe zunächst dahin, dass die betreffenden Beschädigungen der Construction (ich spreche nicht von denen der Reliefs) unmöglich von Menschenhand herrühren können. Wie wäre es sonst möglich, dass auf der Nordwestseite des Denkmals gerade die für Menschen so schwer zugängliche Aussenseite der Doppelmauer verschoben worden wäre, ohne dabei die innere zunächst zugängliche Mauer in Mitleidenschaft zu ziehen, oder wie wäre es denkbar, dass auf der Südostseite die Deckplatten nach innen zu gezogen worden wären, wo man sie bequemer nach aussen zu hätte hinabstürzen können. Es ist nicht überflüssig, dies hervorzuheben, weil die zahlreichen alten Steinsarkophage, welche die Küstenlandschaft Lykiens schmücken, sämmtlich ohne Ausnahme erbrochen gefunden wurden und ihres Inhaltes, der nach jeder Richtung hin hätte interessiren müssen, beraubt waren. Es müssen also natürliche Ereignisse gewesen sein, welche jene Zerstörungen hervorgebracht haben. Diese Ereignisse können aber der Lage und Beschaffenheit der Oertlichkeit nach nur seismischer Natur gewesen sein. Berücksichtigt man die Art der Verschiebungen der Deckplatten des Heroons, sowie die Richtungen, nach welchen die Mauern selbst zum Theil verschoben, zum Theil eingestürzt erscheinen, so ergibt sich, dass der Stoss, welcher die Erschütterung des Gebäudes hervorbrachte, im Allgemeinen von Süd nach Nord gewirkt haben muss. Nur die Beobachtungen an der nördlichen Ecke des Heroons könnten auch eine entgegengesetzte Richtung andeuten, die vielleicht einem schwächeren Rückschlage der ersten Bewegung entspricht, wie ja ein derartiges Schaukeln bei Erdbeben nicht selten beobachtet wurde. Möglich bleibt es übrigens, dass die Beschädigungen des Gebäudes, so wie sie vorlagen, auch das Ergebniss mehrerer gleichartiger sich summirender Vorgänge gewesen sind.

»Einen Zusammenhang dieser Vorgänge oder dieses Vorganges, dessen Zeitpunkt wohl stets in Dunkel gehüllt bleiben wird, mit dem tektonischen Aufbau der Gegend nachzuweisen, in der Weise, wie man das nach dem Vorgange von Suess bei seismischen Störungen mit Recht zu thun geneigt ist, halte ich zunächst noch für unzulässig, denn leider blieb die hier bei Gjölbaschi gemachte Beobachtung ganz vereinzelt, die tektonischen Linien, von welchen dieser Theil Lykiens beherrscht wird, stehen jedenfalls auf der supponirten Stossrichtung ungefähr senkrecht.

»Bei der Spärlichkeit jedoch genauerer Angaben über Erdbeben in diesem Theile Kleinasiens und bei dem Umstande, dass Ermittlungen über die Stossrichtungen dieser Erscheinungen daselbst überhaupt noch nicht vorliegen, schien es mir angemessen, diesen kleinen Beitrag zu solchen Ermittlungen für spätere Studien zur Verfügung zu stellen.«[1]

---

[1] »Es ist unschwer einzusehen, dass aus einem ziemlich verwilderten, abseits alles grösseren Verkehres liegenden Gebiete, wie Lykien seit langer Zeit ist. Nachrichten über seismische Vorgänge und dergleichen nicht so leicht der civilisirten Welt zukommen werden. Es ist deshalb aus der Seltenheit solcher Nachrichten kein Schluss auf die Seltenheit der betreffenden Vorgänge zu ziehen. Kleinasien ist so vielfach von solchen Ereignissen betroffen worden, wie man schon aus Hoff's verdienstlicher Chronik der Erdbeben (in der Geschichte der Veränderungen der Erdoberfläche, Gotha 1840) ersehen kann, dass man annehmen darf, auch Lykien werde seinen Theil daran gehabt haben. Um nur einige wenige Beispiele zu nennen, so wird das Erdbeben im Jahre 224 v. Chr., welches Karien und Rhodus betraf, sich wohl auch in unserem Gebiete bemerkbar gemacht haben, und das Erdbeben unter Gallienus, welches im Jahre 262 n. Chr. in Rom, Libyen und Kleinasien gespürt wurde, wobei mehrere Städte verschlungen oder überfluthet wurden, wird Lykien ebenso wenig verschont haben, wie die in Aegypten, Syrien, Mesopotamien, Kleinasien, Cypern und Sicilien im Jahre 1204 stattgehabte Erschütterung, welche die Mauern von Tyrus umwarf, oder die Stossreihe vom 2. September 1754, welche von Armenien über ganz Kleinasien sich bis Constantinopel erstreckte. Bei einem um das Jahr 150 n. Chr. stattgehabten Erdbeben wird Lykien sogar direct genannt.«

Für das letztgenannte Erdbeben hat Löwy, Reisen Band II, S. 132, als Zeitgrenzen Herbst 141 und Herbst 143 ermittelt. Ueberschwemmung der lykischen Küste durch das Meer erwähnt unter den Prodigien des Jahres 68 n. Chr. Dio Cassius LXIII, 26, 5; dazu die marine Ueberfluthung des unteren Xanthosthales in der Bellerophonssage Plutarch, De mulierum virtutibus IX, 7, S. 18 ed. Reiske. Lykische Erdbeben in den Oracula Sibyllina III, 439. IV, 109 V, 125.

Anschaulich schildert der oben S. 16 erwähnte handschriftliche Bericht J. A. Schönborn's, Jáo, Posen, den 1. Januar 1852, an den Generaldirector der königl. Museen in Berlin, von Olfers, die Folgen eines grossen Erdbebens, welches Lykien im Vorjahre betroffen hatte: »Von Gjölbaschische eilte ich über Tlos nach Pinara und von da, um einige sehr gefährdete Punkte des Xanthusthales zu meiden, über den Antikragus nach Macri. Die Verwüstungen der Erdbeben machten sich schon im Xanthusthale, selbst da, wo der Boden aus Erde besteht, in Zerklüftungen und partiellen Senkungen bemerklich; weit bedeutender sind sie im Gebirge. Der eine Flügel des Theaters zu Pinara ist eingestürzt; grosse Felsmassen haben sich losgelöst, Wege sind verschüttet, die Häuser mehrerer Ortschaften niedergestürzt. Der Verlust an Menschenleben ist aber in den öffentlichen Blättern zu hoch angegeben worden; es sind einige über siebzig umgekommen. Die Heftigkeit der Erdstösse hat zwar im Allgemeinen sehr nachgelassen; aber während des Novembers kamen dergleichen noch täglich in Macri und Levisai vor. Die heissen Quellen im Xanthosthale, welche mehrere Monate vor Beginn der Erdstösse verschwunden sind, haben sich auch nicht wieder gezeigt; Rauch dringt ab und zu noch an zwei Stellen aus dem Boden hervor, namentlich aus einem Felsberge bei Levisai, dessen Gipfel gespalten ist.«

Unter den heissen Quellen sind die Schwefelquellen nördlich von Tlos zu verstehen, Hoskyn, Journal of the R. Geograph. Society of London XII, S. 149 (möglicherweise die nämlichen, welche Plutarch, Alexander 17, 2 erwähnt). Der gespaltene Gipfel bei Levisai erinnert an ein sibyllinisches Orakel III, 439—441.

IV. Die Bildwerke des Heroon.

γένος τῶν ἀπὸ Βελλεροφόντου.

Parthen. narrat. amat. V.

In den Aufrissen der Mauern auf Tafel IV und V sieht man alle Reliefs, die sich am Bauwerke selbst befanden. Hiezu kommt eine beträchtliche Zahl von Reliefblöcken, die dem Verbande entrissen waren und durch angelegentliche Nachforschungen in dem Innern des Heroon wie aus der Umgebung desselben wieder gewonnen worden sind.

Die Tafeln VI bis XXVIII reproduciren die Reliefs unter fortlaufender Nummerirung der Blöcke für sich allein, in grösserem Massstabe, der indessen mehrfach wechselt. Zwanzigfach verkleinert sind die Bildwerke des Thors auf Tafel VI, zwölffach diejenigen der Nordwand östliche Hälfte auf Tafel XVII, desgleichen die losen Blöcke der Ostwand auf Tafel XVIII, XIX und die Reliefs der Südwand aussen auf Tafel XXIII, XXIV. Zehnfach verkleinert ist das Uebrige. In fünfundzwanzigfacher Verkleinerung geben Tafel XXV bis XXVIII Uebersichten von Allem, was erhalten ist, in fortlaufendem Zusammenhange.

Die bildhauerische Aufgabe, welche am Heroon zur Durchführung gekommen ist, war nach den Massen des Bauwerks ungewöhnlich gross. Da eine Unterbrechung an der Ostwand ausgeschlossen ist, erstreckte sie sich:

7

> an der Südwand aussen auf 20·5 Meter Länge,
> » » Südwand innen » 19·66 » »
> » » Westwand » » 24·54 » »
> » » Nordwand » » 20·7 » »
> » » Ostwand » » 23·5 » »
>   zusammen also auf 108·9 Meter Länge,

was einer Fläche von rund 120 (119·79) Quadratmetern gleichkommt, wenn man die Gesammthöhe der Friespaare auf durchschnittlich 1·1 Meter veranschlagt und das Thor miteinrechnet. Von diesem ursprünglichen Bestande ist etwa der siebente Theil verloren. Zur einstigen Längenausdehnung der Friese fehlen, abgesehen von kleinen Lücken, die durch verschwundene Fragmente entstanden sind, ungefähr fünfzehn laufende Meter. Davon kommen etwas über dreizehn Meter auf die Ostwand, drei Blöcke fehlen der Südwand, alles Andere ist ununterbrochen vorhanden.

Es ist nicht ohne Interesse, sich von der bildhauerischen Arbeit auch nach der Zahl der Figuren einen Begriff zu machen. Ich zähle auf den erhaltenen Reliefblöcken 468 menschliche Figuren, 25 Kentauren, 7 Fabelthiere, 50 Pferde mit 6 Wagen, 31 andere Thiere, 8 Stadtthürme, 2 Stadtthore, 2 Tempel, 7 Schiffshintertheile, 16 Betten, 9 Stühle, 5 Tische, 6 grössere Vasen, 1 Tropaion, 1 Leiter, im Ganzen also, um alles Beiwerk zu übergehen, 581 lebende Figuren. Auf den Quadratmeter würden sonach einst zwischen fünf und sechs lebende Figuren gekommen sein. Veranschlagt man bei einem Grade der Ausführung wie ihn die umstehende Vignette zeigt, die für einen solchen Quadratmeter erforderliche Zeit auch nur auf einen Monat, so würden — das Jahr zu zehn Arbeitsmonaten gerechnet, da der Hochsommer und jedesfalls die Regentage des Winters in Abzug kamen — zwölf Jahre fortgesetzter Thätigkeit für einen Bildhauer zur Vollendung erforderlich gewesen sein. Es erhellt schon hieraus, dass mehrere Hände sich in das Pensum theilten. Am dichtesten mit Figuren besetzt sind die Aussenfriese der Eingangswand, ihre Innenfriese westlich vom Thor und diejenigen der West- und halben Nordwand. Dann lockern sich plötzlich die Reihen und wie »gesperrte Schrift« scheint sich die Composition von da der ganzen Ostwand entlang gezogen zu haben. Auch an der Südwand innen östlich vom Thore hat sie auffällig grössere Leeren. Man erhält den Eindruck, als ob die arbeitenden Bildhauer in der beschriebenen Reihenfolge von aussen nach innen gegangen und dann ringsum nach rechts, also ἐπὶ δεξιὰ, vorgerückt wären, über der Langwierigkeit des Unternehmens aber oder in Folge anderer Umstände die Geduld verloren und sich das Pensum zuletzt durch Figurenersparnisse gekürzt hätten.

Man kann fragen, ob eine so ausgedehnte Decoration von Anfang an geplant war. Nur die Südwand aussen bot brauchbare Flächen für regelrechte Friese. Die übrigen Wände hatten eine so störende Structur, der in den oberen Steinschichten wenigstens leicht abzuhelfen gewesen wäre, dass man zweifeln kann, ob Friesschmuck an ihnen beabsichtigt war; auch fehlt ihnen der Eierstab und das einigermassen schützende Vorspringen der Deckplatten. Dazu kommt, dass zwei Gegenstände, der Amazonen- und der Kentaurenkampf, wenn auch in verschiedener Fassung, doppelt an dem Gebäude, innen und aussen, zur Verwendung gelangt sind. Vorstellbar wäre also etwa, da Baupläne so oft Abänderungen während der Ausführung erleiden, dass ursprünglich nur die Eingangsfront verziert werden sollte und ihre Vollendung erst den Bauherrn angereizt habe, auch das Innere ausstatten zu lassen. Indessen ist der Unterschied, ob man auf- und niederwogende Friese gewollt und vorgesehen oder nachträglich zugelassen habe, nicht eben gross, und an mehr als einem Orte Lykiens nimmt die Sculptur mit den ungünstigsten Raumverhältnissen vorlieb und passt sich ihnen geduldig an. Ich erinnere beispielweise an den zweimal umknickenden Fries über einem Grabe von Myra, an die von keinem Standpunkte aus übersehbaren Reliefs auf den gekrümmten Flächen der spitzbogigen Sarkophagdeckel, an die so oft an wenig geeigneten Stellen unvermittelt hingesetzten Felsenreliefs. Bei der im Wesentlichen bäuerlichen Art der Landescultur erscheint ein gewisser disparater Charakter von Architektur und Sculptur an lykischen Monumenten natürlich, und vielleicht hat man überhaupt von Vorstellungen abzuschen, die nur in den Heimatsgebieten der griechischen Kunst strenge Anwendung erlauben. Die aufgeworfene Frage ist daher müssig. An dem Baue war Alles, auch die bildhauerische Arbeit, aus einem Gusse.

Mit Ausnahme des Thürsturzes besteht die ganze Decoration in flachen Reliefs. Dieselben sind in der bekannten altüblichen Weise durch Hineinarbeiten in die ursprünglich glatten Stirnflächen der Steine hergestellt, nachdem die Steine in den Bau bereits versetzt waren. Dies letztere macht schon die Structur der Mauern wahrscheinlich und geht aus den Umrahmungen hervor, die man an den Rändern der Steine stehen liess. Diese Umrahmungen sind häufig in irgend einer Weise für die Composition verwerthet, längs der unteren Lagerfuge als Bodenerhöhungen, Felsen, Dünen, Meer, längs der Stossfugen für allerhand Staffagen, in der Regel für Bäume, aber auch für Säulen (Tafel VII, VIII, A 2—5), Felsriffe (Tafel XIX, 15—16), Thürme (Tafel XII, XIII, B 9—13), einmal für ein Tropaion (Tafel X, A 4—5), eine Ante (Tafel XVI, B 5), einen Thürpfosten (Tafel VII, A 1). Auch ist ihnen künstlerische Bedeutung insofern eigen, als sie das Auseinanderklaffen der Steine weniger auffällig machen, damit also überhaupt fortlaufende Handlung ermöglichen und durch thunlichst verticale Begrenzungen den schiefen Verlauf der Stossfugen hin und wieder etwas ausgleichen (z. B. Tafel VII, A 2, VIII, B 5). Im Ganzen aber wirken sie direct als technischer Nothbehelf, ähnlich etwa wie die Bleibänder einer Glasmalerei, welche den Zusammenhang des Gemäldes zugleich ermöglichen und beeinträchtigen. Sie haben verschiedene Breite und eine Dicke, welche überall mit der Tiefe des Reliefs wechselt, sind aber meist so schwach, dass sie öfters hätten abkanten müssen, wenn die Reliefblöcke fertig ausgearbeitet in den Bau versetzt worden wären. Dies ist aber nirgends zu constatiren, so mannigfache Verletzungen auch die Umrahmungen im Laufe der Zeit erlitten haben, selbst nicht bei A 13, A 14 der Westwand, wo der nachträgliche Einbau die Beschädigung veranlasst haben kann. Umgekehrt erklären sich die Umrahmungen bei einer Ausarbeitung der Reliefs im fertigen Baue durch die Weichheit des Steines, den man nicht bis zu den Fugen bearbeiten konnte, ohne die Reliefformen durch Ausbrüche zu gefährden.

Da die Figuren meist im Profil stehen, ergibt sich schon durch das Links und Rechts der Gliedmassen ein flacherer und ein höherer Plan. Der erstere pflegt zwischen 1 und 2, der letztere zwischen 2 und 4 Centimeter über dem bis zu den Steinumrahmungen hin ausgehobenen Grunde zu stehen, doch ist manche Stelle noch flacher, und überall, wo ein besonderer Anlass dazu vorlag, wurde auch weiter in den Stein hineingearbeitet. Am meisten gehöhlt sind die Centralblöcke der Stadtbelagerung in der Mitte der Westwand, wo die Austiefung beispielsweise links von dem geopferten Widder auf A 9 bis zu 8 und 9 Centimeter und in den Thoren bis zu 11 Centimeter fortschreitet. Der Grund des Reliefs ist also überall ungleich und verschieden tief. Wie der Augenschein lehrt und eine abbozzirt gebliebene Stelle eines Relieffrieses vom Nereidenmonument[1] bestätigt, wurden die Figuren zunächst als blosse Silhouetten mit scharfen rechtwinkeligen Rändern herausgehoben und von diesem scharfen Rande, der zuweilen etwas unterhöhlt, oder auch etwas abgeschrägt wurde, blieb in der Regel ein guter Theil bestehen, nachdem die Silhouette ihr Relief erhalten hatte: ein Verfahren, wie es bekanntlich am Parthenonfries und an Flachreliefs namentlich des fünften und vierten Jahrhunderts vielfach üblich war. Nicht selten ist aber auch das Relief, welches die ursprüngliche Silhouette erhielt, so durchgebildet, dass die scharfen Ränder ganz oder fast ganz körperliche Abrundung erhielten. An Figuren z. B., welche das eine Bein in Profil gestellt, das andere mehr von vorn oder hinten zeigen, pflegt das Profilbein scharfe Ränder zu haben, das andere solche, die in den Grund verlaufen. Am häufigsten abgerundet sind die Conture in der Meleagerjagd (Tafel VII, VIII, B 1—7), die mit besonderer Sorgfalt ausgeführt scheint, und, insoweit die Verwitterung nicht täuscht, ist dasselbe auch von den beiden Aussenfriesen der Eingangswand zu vermuthen. In diesem Wechsel ein Princip oder die Manier verschiedener Hände zu erkennen, hat mir nicht gelingen wollen. Je nach Gefühl und Bedürfniss wechselten offenbar die Mittel, der modellirten Zeichnung Schärfe der Lichtwirkung im Contur und den Schein von Tiefenerstreckung zu geben.

Der Entwurf der Reliefs und ihre Ausführung muss Anpassungen an das gegebene Maass der Blöcke und an die Eigenart des Gesteines erfahren haben. Wenn beispielsweise die Länge der Betten auf den Innenfriesen der Südmauer, westlich vom Thore zwischen 46 und 59 Centimeter, östlich vom Thore zwischen 71 und 80 Centimeter schwankt, so liegt es nahe, einen Grund für dieses Auseinandergehen in

---

[1] Michaelis, Der Parthenon, S. 204 f., Monumenti inediti dell' instituto X, 18, 23—26.

einer Anpassung zu suchen. Fusszehen sind kaum je, Ohren sehr selten zu unterscheiden, auch da nicht, wo der Erhaltungszustand keineswegs dafür verantwortlich gemacht werden kann; meist sind die Haare oder die Kopfbedeckungen so geführt, dass die Ohren verdeckt bleiben. Es ist möglich, darin eine Stileigenthümlichkeit zu erblicken, wie es unteritalische Vasen gibt, auf denen wie z. B. auf der Karlsruher Hydria mit dem Parisurtheile kein Ohr zum Vorschein kommt. Wahrscheinlicher ist aber doch wohl, dass man mit Rücksicht auf das stellenweise poröse Gestein leicht ausbrechende Kleinformen thunlichst vermied, und möglicher Weise hängt damit auch der Charakter der Gewandung zusammen, die oftmals auf die sparsamste Faltengebung beschränkt und steif wie Leder aussieht. Auf A 6 der Westwand findet sich unter der zweitletzten Figur von rechts ein hässlich grosser Drusenraum.[1] Da er zu Tage lag, umging man ihn, indem die ganze Stelle zu einer besonders grossen Bodenerhöhung benutzt wurde, welche dann ihrerseits wahrscheinlich für die Wahl des Bewegungsmotives der niederstürzenden Figur bestimmend war. Anpassungen dieser letzteren Art sind aber sonst kaum bemerkbar. Einsatz- oder Flickstücke kann ich nur an den Flügelstieren des Thürsturzes nachweisen. Wo Drusenräume das Relief störten, dürften sie mit einer Stuckmasse ausgefüllt worden sein und ein Auftrag von Farbe den Schaden ausgeglichen haben.

Denn dass Malerei in dem ganzen Bilderschatz durchherrschte, ist nicht zu bezweifeln, mag sich auch nichts mehr davon auf den Steinen erhalten haben. Farbe zu finden ist die natürliche Erwartung, mit der man von der Betrachtung anderer Denkmäler des Landes herkommt. Die Bemalung, welche Semper für die Tempelfassaden der lykischen Felsgräber aus den Formen ihrer Profilirungen erschlossen hatte, hat Niemann an dem Amyntasgrab von Telmessos[2] thatsächlich vorgefunden in Ornamentresten, die er aufnehmen und zeichnen konnte. Auf den Platten des Harpyienmonumentes, welche unter dem weit vorladenden Deckstein gegen Nässe grösstentheils geschützt waren, und an manchen von Fellows sonst in Xanthos entdeckten Reliefs sind Spuren von Roth, Blau und zuweilen anderen Farben zu sehen gewesen,[3] wie denn die plastische Form, die sie durch Verwittern der Umgebung im Laufe der Zeit erhielten, theilweise selbst an den Gypsabgüssen noch tastbar hervortritt. An dem zweiten grossen Pfeilergrab von Xanthos, welches im Baue dem Harpyienmonument genau entspricht, sind als Wände der Grabkammer statt der Reliefplatten glatte weisse Marmorplatten in den Kalkstein eingesetzt, ein Wechsel des Materials, der nur dann Sinn hat, wenn diese reinen Marmorflächen den Malgrund für Gemälde boten, so dass also hier an zwei gleichartigen Monumenten die figürlichen Verzierungen desselben Bautheiles, das eine Mal in bemaltem Relief, das andere Mal in blosser Malerei hergestellt waren.[4] Noch heute sind aufgetragene Pigmente an den Reliefs der Felsengräber von Myra[5] wahrzunehmen und als Ornament zu verfolgen. Dasselbe gilt von alterthümlichen lykischen Inschriften, die an regenfreien Plätzen noch jetzt abwechselnd blaue, rothe und grüne Farbe, eingefüllt in die Furchen ihrer Buchstaben, zeigen. Wie es scheint, waren diese Farben überall unmittelbar auf den Stein gemalt, und auch in Gjölbaschi dürfte sich dies nicht anders verhalten haben. Die Fälle, welche hier für einstige Malerei sprechen, sind ungemein zahlreich, so zahlreich, dass, wenn man sie übersichtsweise zusammenstellen oder auch nur in Kategorien ordnen wollte, ein guter Theil der Beschreibung zu wiederholen wäre, da es beinahe keinem Reliefblocke an solchen Anzeichen fehlt. Eine solche Zusammenfassung zu versuchen wäre auch müssig, da es sich fast immer um Erscheinungen handelt, welche anderwärts oft und eingehend beobachtet worden sind. Lehrreich und in gewissem Sinne neu ist eigentlich nur der Einblick in die Willkür mit welcher die Malerei ergänzend eingriff. Nicht nur dass dieselben Gegenstände, eine geschwungene Lanze, ein zum Schuss erhobener Bogen, ein aufgespannter Sonnenschirm mitunter nebeneinander bald plastisch, bald gemalt vorkamen, häufig ist ein und derselbe Gegenstand zum Theil plastisch, zum Theil gemalt gewesen. Dies letztere war namentlich bei mancher Waffe der Fall und ist wohl am augenfälligsten bei den Quadrigen,

---

[1] Vgl. Tietze oben, S. 48.
[2] Reisen, Band I, S. 41, Tafel XVII.
[3] Fellows, Travels and researches, S. 493 f.; Birch, Archaeologia XXX, S. 192; G. Scharf in Falkener's Museum of classical antiquities I, S. 252 f.
[4] Reisen, Band I, Tafel XXV, S. 87.
[5] Petersen, Reisen, Band II, S. 30 f.

deren vorderes Rad fast regelmässig nur zu drei Viertel körperliche Form hat, im Uebrigen aber sich in die Fläche des Wagenkastens ununterscheidbar verliert. In wie enger Beziehung die Reliefs auch sonst zur Malerei stehen, wird in einer eigenen Darlegung am Schlusse zu erörtern sein. Bedeutungsvoll wirkt in dieser Hinsicht auf den ersten Blick die in griechischer Plastik hier zum ersten Male begegnende eigenthümliche Paarung der Friese, welche dem Sinne nach bald getrennt verlaufen, bald zusammenhängen und sich zu grossen Reliefgemälden vereinigen.

Der Stein, aus dem die Reliefs gearbeitet sind, sieht in frischen Bruchstellen weissem Marmor täuschend ähnlich und hat, von ein paar rothgelben Partien abgesehen, welche von Eisenoxyden herrühren, gleichmässig einen schönen grauen Ton und ein mehr oder weniger poröses Aussehen erhalten. Vielfach ist er mit kleinen Flechten überzogen, am meisten scheint ihn die Seeluft angegriffen zu haben. Die am stärksten verwitterten Reliefs sind diejenigen der Nordmauer und der Südmauer aussen, die den Sciroccostürmen vom Meer her ausgesetzt waren. Hier hat man es meist mit allseitig eingeschrumpften hageren Gerippen von Figuren zu thun. Besser haben sich die Figuren an der Westwand und der Südmauer innen erhalten. Aber nur bei sehr wenigen Blöcken und auch da nur kleine Strecken weit, wo das Gestein zufällig härtere Textur hatte, stehen die ursprünglichen Oberflächen an, mehr oder weniger tief hat sie das Wetter überall weggefressen. Ist damit der Reiz der Ausführung, der an Sculpturfragmenten von Marmor für allen sonstigen Ruin zu entschädigen

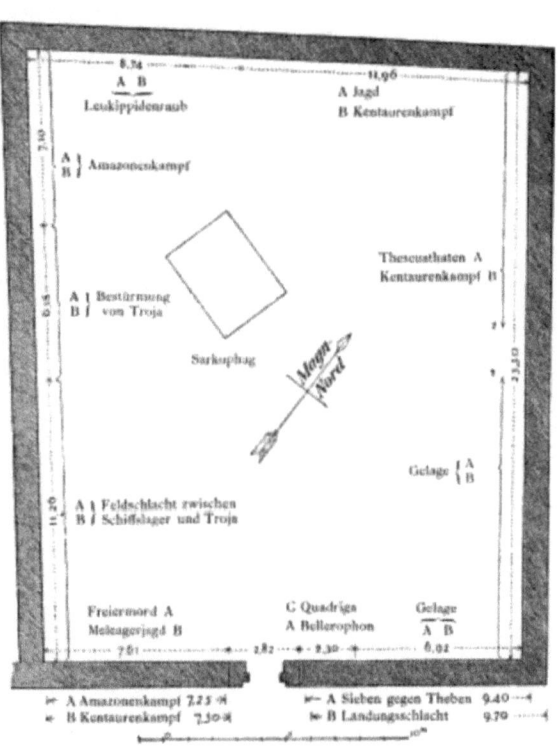

37. Uebersicht der Friesdarstellungen.

pflegt, und die Möglichkeit, den Antheil verschiedener Hände zu verfolgen, fast ganz verloren, so hat doch die Deutlichkeit des Gegenständlichen in den Bewegungen und Attributen der Figuren und bis zu einem gewissen Grade die Wirkung der künstlerischen Motive an sich merkwürdig wenig darunter gelitten. In langer, gesichert fortlaufender Folge, wie sie mit Ausnahme des Parthenon und des Pergamener Altars zufällig kein grösseres griechisches Bauwerk bewahrt hat, kommt die Composition zu klarer Geltung, etwa wie von einem verschwundenen Gemälde die erhaltene Cartonskizze einen Begriff gibt. Auf den ersten Blick fühlt man den griechischen Charakter der Leistung, in näherer Betrachtung geht immer deutlicher die Art einer bestimmten älteren Zeit auf. Alterthümlich muthet namentlich die Naivität an, mit der die ausführenden Künstler scheinbar den ganzen Vorrath ihres Wissens und Könnens bunt ausgeschüttet haben. Ohne äussere Trennung und meist ohne Zusammenhang sind die verschiedenartigsten Stoffe nebeneinander gestellt, in einer Gestaltenmenge, welche die einstigen Ortsbewohner mit nicht geringem Staunen betrachtet haben mögen, und in der sich zurechtzufinden das umstehende Schema (Fig. 37) erleichtern wird.

Die Radirungen der Reliefs sind von den Herren Carl von Sigl und Jakob Groh nach Angaben William Unger's mit Hilfe von Photographien hergestellt worden. Um urkundliche Treue mindestens im Antiquarischen zu erreichen, sind dann die Radirungen wiederholt mit den Originalen durchverglichen und unter beiderseitigem Aufgebot von Mühe und Geduld vor ihnen berichtigt worden. Da es den Thatbestand vor Allem zu erfassen und zu fixiren galt, habe ich es für meine Pflicht gehalten, den Abbildungen eine ausführliche Beschreibung beizugeben. Dieselbe ist in einem mehrmonatlichen Studium vor den Originalen entworfen, hierauf an den Abbildungen geprüft und durchgängig wieder vor den Originalen durchgesehen worden, wobei mich jüngere Freunde, die Herren Drd. Rudolf Heberdey, Wolfgang Reichel, Moriz Dreger und Hermann Dollmayr zeitweise unterstützt haben. Zuweilen sagt die Beschreibung etwas mehr und stellt Einzelnes bestimmter oder anders hin, als die Radirungen erkennen lassen. Auch ohne besondere Erinne-rung will sie in allen diesen Fällen als Ergebniss weitergeführter Beobachtung gelten, und wer den Zustand der Originale kennt, wird dies nicht unbegreiflich finden. Wie ein Palimpsest, der zu immer neuen Studien anreizt, und jeder schärfer einsetzenden Beobachtung weitere Ausbeute verspricht, werden die Originale gewiss auch zukünftigen Nachprüfungen Stoff zu Berichtigungen und Ergänzungen darbieten.

38. Assyrisches Relief, NW Nimrud.

1. Das Thor.
(Tafel VI.)

Die drei grossen Reliefsteine des Thores, die beiden Pfosten und der Sturz, hatten im Jahre 1882 ihrer Schwere wegen — das Gewicht des Sturzes wurde auf hundert, dasjenige der Pfosten auf je sechzig Centner berechnet — in Gjölbaschi zurückbleiben müssen.[1] Erst in einer weiteren Unternehmung, die der Ingenieur der Expedition Gabriel Knaffl Ritter von Fohnsdorf vom September 1883 bis Mai 1884 durch-führte, wurden sie sammt dem Reliefsarkophage des Dereimis und Aischylos (Tafel XXXII, Fig. 1—3) und einem zweiten gleich colossalen aus dem Stadtgebiete von Trysa[2] zum Meeresstrande befördert und hier von Sr. Majestät Transportschiff »Pola«, Commandant Salvini R. v. Meeresburg, aufgenommen. Auf diesem Schiffe gelangte dann der letztgenannte Sarkophag in das kais. ottomanische Antikenmuseum nach Constantinopel und das Uebrige nach Triest zur Beförderung nach Wien.

Bei jenem Transporte, der mit Geduld und Vorsicht langsam gefördert wurde, ereignete sich auf dem neuerbauten Wege, der in achtzehn Kehren von Tschukur in das Thal des Dembretschai hinabführt

---

[1] Vorläufiger Bericht, S. 94 f.
[2] Reisen, Band II, Tafel II, S. 16.

(Fig. 7, S. 21), ein bedauerlicher Unfall. Die Steine waren, gegen Schädigungen verschalt, auf Schlitten verladen, welche an langen in Flaschenzügen laufenden Seilen den sechsthalb hundert Meter hohen Abhang von Etappe zu Etappe hinabgelassen wurden. Durch Ungehorsam eines Arbeiters, der die Flaschenzüge einmal statt an dem dazu bestimmten Felsen an ein Paar jungen Baumstämmen verankerte, kam der Hauptschlitten, auf dem sich der Thürsturz befand, da die Baumstämme nachgaben und bald entwurzelten, in unaufhaltsame Bewegung, und so stürzte der mächtige Stein, nachdem er sich einmal überschlagen hatte, über eine Strassenstützmauer hinweg etwa hundert Meter abwärts, das ganze Gehölz des an jener Stelle dicht verwachsenen Gehänges wie Strohhalme wegfegend und leider auch selbst in viele Stücke zerschellend. Was von diesen als zugehörig erkennbar war, wurde sofort gewissenhaft aufgesammelt und ist in Wien durch den Bildhauer W. Sturm jun. geschickt wieder zusammengesetzt worden. Dabei wurden die verbleibenden Risse und nicht eben bedeutenden Lücken nach den Photographien, welche Felix von Luschan 1882 von den Sculpturen des Heroon aufgenommen hatte, in Stuck ergänzt, so dass das ursprüngliche Aussehen des merkwürdigen Stückes für den Augenschein wieder hergestellt ist. Die nämlichen Photographien liegen auch den Radirungen auf Tafel VI zu Grunde, wo das Original versagte.

Wie Tafel III verstehen lässt, war dem Eingangsfront namentlich bei Morgenbeleuchtung eine lebhafte Gesammtwirkung eigen, hauptsächlich durch die scharfe Gliederung, welche sie an einem mit tiefen Schatten sich markirenden Hochrelief ihres Thores besass. Eingeschoben zwischen die oberen Friese, die mit ihren Eierstäben an ihm stumpf abgeschnitten sind, hatte der grösste Stein im Bau einen eigenartig schweren, dem Herannahenden schreckhaft entgegenwirkenden Schmuck erhalten, Flachrelief und Hochrelief in seltener unmittelbarer Vereinigung. An der oberen Hälfte seiner Stirnfläche springen in gleichen Abständen von einander vier Vordertheile geflügelter Stiere hervor, gleichmässig geformt und geradeaus gerichtet. Ein jedes bildet eine compacte Masse, da die Flügel dem Halse zu beiden Seiten aufrecht angeschmiegt und die Vorderbeine mit straff an den Leib eingeschlagenen Hufen angezogen sind; nur die Hörner standen stärker ab und waren daher theilweise in Stein besonders eingesetzt. Besonders eingesetzt, vermuthlich eines Fehlers im Steine wegen, war auch an dem zweiten Stiere von links das linke Bein sammt den umgebenden Theilen; in der Anstückelungsfläche sitzt ein 0·06 Meter tiefes, 0·03 × 0·05 Meter im Geviert grosses Dübelloch. Das Relief geht 0·45 Meter weit vom Sturze vor und hat durch dieses starke Ausladen eine Menge entstellender Abbrüche erlitten. Soweit die Zerstörung urtheilen lässt, scheint die Arbeit wenig ausgeführt gewesen zu sein. Gut sind die zwischen den Vorderbeinen herabsinkenden Wampen und die Kopfbildung wiedergegeben, die Ohren waren zurückgeschlagen, die Flügel zeigen Spuren von Befiederung.

Die drei leeren Räume zwischen den Stiervordertheilen füllen zwei 0·25 Meter im Durchmesser grosse, altgriechische Rosetten und ein ebenso grosses und ebenso kreisrundes, flach modellirtes Gorgoneion, welches die Mitte über der Thürlichtung einhält. Die Rosetten haben eine 0·05 Meter im Durchmesser grosse, halbkugelartige Erhöhung in der Mitte und um dieselbe eine nicht festzustellende Anzahl Blätter, die Rosette rechts scheint zehn Blätter gehabt zu haben. Das Gorgoneion zeigte den in zahlreichen Varietäten für das fünfte Jahrhundert charakteristischen Uebergangstypus und hatte nichts Fratzenhaftes mehr. Der Mund war etwas in die Breite gezogen, aber nicht geöffnet, das Haar zog sich anscheinend gewellt und die Ohren verdeckend weit auf die Backen herab, von Schlangen ist nichts zu sehen.

Auf dem freien Streifen unter diesen Symbolen sind vier kleine Profilfiguren angebracht, welche in der Art von Grabreliefs einen bescheiden porträthaften Eindruck machen, zwei offenbar ältere Paare, die in gemessenem Abstande, Mann und Frau, auf Sesseln einander gegenüber sitzen. Diese Figuren finden sich genau unter den Stieren, so dass sie also die Viergliederung weiterführen, und zwar sitzen unter den beiden äusseren Stiervordertheilen die Männer, unter den beiden mittleren die Frauen. Die Männer bärtig, im Doppelkleide, einen auf der Achsel ruhenden Stab schräg gegen den Boden haltend; die Frauen verschleiert, das Schleiergewand mit der einen Hand berührend, in Begleitung einer kleineren Dienerin oder Tochter, die ihnen, das eine Mal mit einem Kästchen, das andere Mal mit trauernd erhobenem Arme, im Rücken steht. Ein paar Thiere vollenden den häuslichen Charakter der Darstellung, links ein zum Mann aufsehendes Windspiel und eine mit weit vorgestrecktem Halse auf die Frau zufahrende Gans, rechts ein wie im Fressen auf den Boden ausgestreckter Hund, wieder gegen den Mann hin gewandt, der ihm die Hand entgegenhält.

Auf der Innenseite des Thores fallen, als die einzigen lebensgrossen Figuren am ganzen Baue, die beiden Tänzer ins Auge, welche das stehende Rechteck der beiden Pfosten ausfüllen, zwei Jünglinge, die man nach ihrer zierlichen Haltung und ihren weichen Formen beim ersten Anblick für weiblich halten kann. Im Wesentlichen symmetrisch componirt, stehen sie, den unteren Theil der Figur der Thürlichtung zugewandt, in rascher Bewegung auf den Fussspitzen, während sie den Oberkörper in Vordersicht halten und den einen Arm senken, den andern in verschiedenem Schema zur Höhe der Achsel erheben. Sie haben halblanges, über die Ohren herabflatterndes Haar, einen nach oben stark sich erweiternden hohen Kopfaufsatz und einen dünnfaltigen ärmellosen Chiton, der ungegürtet bis auf die Mitte der Oberschenkel herabreicht und alle Körperformen, auch die für das Geschlecht entscheidenden klar durchscheinen lässt. Die stark beschädigten Gesichter lassen einen vollen Bau der Wangen und einen halb geöffneten Mund erkennen. Den Füssen fehlt, wie es scheint, eine Andeutung von Zehen.

Auf dem Thürsturze liefern acht kleine Gestalten die Concertmusik zu dem Tanze, indem einige von ihnen zugleich selbst mittanzen. Während die Gestalten der Thürpfosten zu den besser erhaltenen Stücken gehören, sind diese keineswegs stärker exponirten, aber etwas flacher gehaltenen Figuren des Thürsturzes so beschädigt, dass sich über ihr ursprüngliches Aussehen im Einzelnen und die Art ihrer Ausführung nicht genügend urtheilen lässt. Sicher sieht man, dass sie nackt sind, den nämlichen Kopfaufsatz wie die grossen Tänzer tragen, einen unförmlich grossen, immer in Vordersicht gehaltenen Kopf mit coteletteartigen Bärten, kurze Beine und einen schweren Rumpf haben: Verhältnisse also, die zwar bei der vierten und mehr noch bei der fünften Figur von links abgeschwächt erscheinen, indessen auch da doch im Vergleich mit der Grösse ihrer musikalischen Instrumente und in Betracht ihrer absonderlichen Haltung den Eindruck zwerghafter Missgestalten hervorrufen. Geschlechtszeichen sind nicht mehr erkennbar.

Bis zu einem gewissen Grade mitwirkend für jenen Eindruck ist die räumlich gedrückte und auch sonst vernachlässigte Gesammtanlage des Reliefs. Oben ist an dem Thürsturz ein breiter Streifen von der Dicke der Deckplatten glatt geblieben, unten fehlt ein solcher Streifen und die mittleren Figuren berühren fast die Steinkante mit ihren Füssen. Während über der Thürlichtung vier Figuren angebracht sind, kommen über den linken Thürpfosten drei, über den rechten eine. Gegen das rechte Ende lockert sich daher die ganze Reihe, und die letzte Figur ist in Folge einer verschiedenen Behandlung des Bodens kleiner als die entsprechenden am linken Ende. Hier sitzt auf einer Bodenerhöhung die von links zweite Figur und hält beide Hände geschlossen auf der Brust, wahrscheinlich Doppelflöte blasend, wie die achte am Ende. Ihr zugewandt stehen die erste und dritte tanzend auf den Fussspitzen, indem sie den einen Arm hoch erheben, die andere Hand geschlossen auf der Brust halten. Die vierte sitzt mit eingeschlagenem rechten Beine auf einem Schlauche, dessen zugebundenes Ende links zum Vorschein kommt — ein Schlauch oder Kissen ist wohl wahrscheinlicher als ein Gefäss — und spielt mit beiden Händen auf einem langen rechteckigen Saiteninstrument, das sie von Brust und Oberschenkel aus schräg aufwärts hält. Rechts neben ihr in Kniehöhe schwebt jetzt scheinbar in der Luft ein breiter Kessel, mit ausgebogenem oberen Rande, ohne Spur von einem Untersatze oder von Füssen, deren völliges Verschwinden bei dem Relief des Beckens räthselhaft bliebe. Die fünfte Figur sitzt auf einem Sessel, die Beine gleichmässig ausstreckend, den linken Fuss wie im Taktiren erhoben, und legt die rechte Hand an ein grosses Tympanon, das sie aufrecht über den Schenkeln hält. Die sechste steht in der typischen Haltung des Bes, von vorn, mit einknickenden Knieen, die Füsse nach auswärts platt auf den Boden gestellt, die Hände geschlossen und nahe beieinander in der Gegend der Weichen. Die siebente sitzt, den linken Fuss einschlagend, wieder auf einem Schlauche oder einer Spitzamphora und spielt mit der vorgestreckten Rechten auf einem Trigonon, dessen Schallkasten aus ihrem Schoosse schräg in die Höhe steht und dessen zweite Seite am linken Oberschenkel hervorragt, die dritte Seite des Instrumentes war augenscheinlich offen. Die achte Figur entspricht im Gegensinne der zweiten, nur mit dem Unterschiede, dass sie auf einem Schlauche oder einer Amphora sitzt und dass ihre Doppelflöten deutlich sind.

Von dem Thorschmuck nicht zu trennen sind die Reliefs der drei östlich anstossenden Blöcke, welche vor dem Einbau der Südostecke — vgl. Fig. 31, S. 41 — auf dieser Wandseite allein noch sichtbar waren, Tafel XXII, A 8, A 9, C 1.

Auf dem an den Thürsturz anstossenden oberen Block C 1 sieht man ein nach rechts galoppirendes Viergespann, das sich durch gute Erhaltung auszeichnet und nur durch einen grossen Flecken von Eisenoxyden beeinträchtigt ist.[1] Der durch ein vierspeichiges Rad und den am oberen Contur des Kastens angedeutete Wagen ist grösstentheils im Profil gezeichnet, während die Pferde mit lebendig variirter Kopfhaltung sich perspectivisch vorschieben. Auf dem Wagen steht zurückgebeugt in Rückensicht und sich am Wagenrande festhaltend, ein mit Rundschild und Kegelhelm bewaffneter jugendlicher Krieger, dessen Chiton im Winde flattert, und rechts hinter ihm ein gleichfalls unbärtiger Wagenlenker, der sich, halb von vorn, ihm zuwendet. Beide haben kurzes Haar und enganliegende ärmellose Bekleidung. Die Deichsel, das am Wagenkasten befindliche Viertel des Radkreises, die Zügel, das Geschirr und der Schwanz des vorderen Pferdes sind nicht plastisch wiedergegeben.

Der an den Thürpfosten stossende Block A 9 enthält das Abenteuer des Bellerophon mit der Chimaira. Die Chimaira, in der gewöhnlichen Gestalt als Löwin mit Steinbockskopf am Rücken und emporgeschlagenem Schweif — der Löwenkopf ist ganz verstossen, vom Steinbockskopf ist noch das Bartende erkennbar, ein Schlangenkopf nicht mehr zu constatiren — flieht nach rechts auf eine leichte Bodenschwellung, die wohl, so geringfügig sie ist, den Schauplatz der That als gebirgig andeuten soll.[2] Ihr hintendrein galoppirt mit angezogenem rechtem Unterschenkel auf dem Pegasos lanzenschwingend der jugendliche Held, der ein erstes Geschoss bereits auf den mittleren Kopf des Ungeheuers entsendet hat.

Auf dem links folgenden dritten Block A 8 eilt in entgegengesetzter Richtung ein Krieger, der eine jugendliche Gestalt in den Armen fortträgt. Die letztere klagt, indem sie den rechten Arm ausstreckt, von ihrer Tracht ist nur die phrygische Mütze mit Wahrscheinlichkeit erkennbar, der Krieger hat Chiton, Rundschild und einen an dem Stirnbügel noch erkennbaren Helm. Bäume mit je einem in das Darstellungsfeld hereingebogenen abgehauenen Aste bilden hier wie auf den beiden anderen Blöcken die Begrenzung.

39. Assyrisches Relief, NW Nimrud.

Die bisher betrachteten Bildwerke schliessen sich im Gegensatze zu allen übrigen zu einer Einheit zusammen. Während die übrigen ihren Stoff decorativ entwickeln, geben sie einen bestimmten sachlichen Bezug zu erkennen. Wie ein Titel sprechen sie am Eingange des Baues seine Bestimmung aus.

Das Viergespann lässt sich mythologisch mit dem Bellerophonbilde nicht verbinden, sondern steht vollkommen allein da. Es verlangt eine Erklärung für sich, die auch seinem eigenthümlichen Platze, der zwischen Thor und Einbau der Südostecke etwas Verlorenes hat und doch in dieser Einschränkung eigenartigen Werth erhält — vergl. Fig. 31, S. 41 — mit gerecht wird. Die Erklärung ergibt sich durch den Vergleich lykischer Monumente. Das Viergespann wiederholt sich auf den gewölbten Dächern mehrerer Sarkophage, die sich durch besondere Grösse auszeichnen, nämlich:

1. Zweimal auf dem Sarkophage des Dereimis und Aischylos von Gjölbaschi in Wien, Tafel XXXII, Fig. 1—3.

[1] Vgl. die Heliogravure, Reisen, Band II, Tafel I.

[2] Reisen, Band I, S. 83. Ausführlich stellt das Kragosgebirge mit der Chimaira ein pompejanisches Wandgemälde dar, Giornale degli scavi di Pompei II, tav. IV. Vgl. Treuber, Beiträge zur Geschichte der Lykier, Tübingen 1886, S. 17.

8

2. Zweimal am Sarkophage des Pajava von Xanthos im britischen Museum, Fellows, Asia minor, Titel-bild, T. 16 zu S. 228 und Vignette auf S. 230; G. Scharf, Observations to accompany Lycia, Caria, Lydia, S. 5; Viollet-le-Duc, Entretiens sur l'architecture, pl. 1; Reisen, Band I, S. 107, Fig. 63; Dieulafoy l'art ant.

40. Vom Deckel des Pajavasarkophages im britischen Museum.

41. Vom Deckel des Merehisarkophages im britischen Museum.

42. Von einem Sarkophagdeckel in Kyanaei.

de la Perse II, S. 59; Friederichs-Wolters, n. 1000; Savelsberg II, S. 190. (Fig. 40.)

3. Zweimal an dem sogen. Sarko-phage des Merehi von Xanthos im briti-schen Museum (Chimaira tomb), Horatius ed. Milman, S. 193; Fischer, Bellerophon, S. 72; Engelmann, Annali dell' instituto, 1874, S. 25, n. 67; Savelsberg II, S. 205. (Fig. 41.)

4. Einmal an dem Sarkophage von Gjölbaschi in Constantinopel, Reisen, Band II, Tafel II, S. 16, Fig. 10.

5. Einmal an einem Sarkophage in Kyaneai, von dem nur der Deckel erhalten scheint, Spratt and Forbes I, S. 114. (Fig. 42.)

Bis in untergeordnete Einzelheiten ist das Bild an allen diesen Monumenten gleich. Die Fahrt geht bald nach links, bald nach rechts, auf den beiden Parallel-seiten eines Sarkophagdaches bald zusam-men in einer, bald von einander weg in entgegengesetzter Richtung, immer aber gibt die Flucht der rennenden Thiere den nämlichen prächtigen Effect, steht der Lenker vorgebeugt auf dem Wagen und der mehr oder weniger reich bewaffnete Krieger zurückgebeugt neben ihm, sich anhaltend an die Wagenbrüstung, immer bildet das Viergespann den bedeutendsten Schmuck des Sarkophages und verdeckt die Figur des Kriegers diejenige des Wagenlenkers, um für den Beschauer vor ihm den Ehrenplatz zu behaupten. Man sieht, dass es sich um eine im Lande verbreitete typische Verzierung handelt, in welcher der Krieger Hauptfigur ist und den Hauptinhaber des Grabes darstellt. Zunächst ist er vermuthlich als Sieger in festlichen Kämpfen gedacht. Dafür spre-chen zwei Kränze, die auf dem Sarko-phage in Constantinopel (Nr. 4), dem stilistisch spätesten der Reihe, das Vier-

gespann beiderseits umgeben, und, wenn das Bild nicht überhaupt blosser Kunstimport ist, wohl auch die Haltung des Kriegers, welcher öfters wie im Absteigen das eine Bein gegen den Boden senkt, nach Art des Apobatenspiels, welches der Parthenonfries und andere attische Bildwerke vergegenwärtigen.[1] Aber es wäre merkwürdig, wenn die zufällig erhaltenen Sarkophage, die nach ihrem Baue Geschlechtsgräber sind, sämmtlich von Siegern hippischer Agone gestiftet sein sollten, und schon aus diesem Grunde empfiehlt sich eine allgemeinere Auffassung. In einem strassenlosen wildgebirgigen Lande, in dem man einen Wagen oftmals nur zerlegt als Menschen- oder Pferdelast von Ort zu Ort bringen konnte, musste eine so glänzende Auffahrt den Reiz eines halben Wunders besitzen. Sie erinnerte an die fahrenden Helden der Dichtung, mit denen sich die Stifter solcher Geschlechtsgräber in Blutsgemeinschaft wähnten, aus deren Zeit und Sitte sich das Apobatenspiel selbst herschrieb. In diesem Sinne erscheint das Bild, wie die Ritterrüstungen unserer Adelsgräber, als ein Standesvorrecht, das nach antikem Glauben auch eine glücklichere Zukunft in Aussicht stellte. Denn indem sich die Vorstellungen von Sieg und Heroenthum in ihm verschmolzen, wurde es durch seine ständige Verwendung am Grabe gewissermassen zu einer Formel von Unsterblichkeit, wie Elias und Herakles auf Wagen zum Himmel auffahren.

Auch den Sinn des Bellerophonbildes klären andere lykische Monumente auf. Der kämpfende Bellerophon findet sich in Lykien noch einmal,[2] als Relief zu Tlos im Xanthosthale, an welchem Orte ein

43. Verzierung des Pronaos im Tempelgrabe von Tlos.

Demos Bellerophonteios bezeugt ist, der einen örtlichen Cult des Helden voraussetzen lässt. Auch in Tlos nun schmückt die Darstellung ein Grab (vergl. Fig. 43), auch hier wieder findet sie sich dicht neben

---

[1] Das Zeugniss des Theophrast bei Harpokration s. v. ἀποβάτης . . . ἱππικόν τι ἀγώνισμα . . . τὰ δ' ἐν αὐτῷ γινόμενα δηλοῖ Θεόφραστος ἐν τῷ κ' τῶν Νόμων. χρῶνται δέ, φησί, τούτῳ μόνοι τῶν Ἑλλήνων Ἀθηναῖοι καὶ Βοιωτοί würde lykische Apobatenspiele nicht ausschliessen.

[2] Fellows, Lycia zu S. 136. G. Scharf, Observations to accompany Lycia, Caria, Lydia, S. 9 (dieselbe Zeichnung wiederholt auch in Falkener's Museum of classical antiquities I, S. 252). Am Gypsabguss in London ist von der Chimaira nichts zu sehen, nur Andeutung von Gebirg, welches Bellerophon hinaufreitet. Spratt, I, S. 34, der eine genaue Beschreibung des Grabes gibt, sieht den Leoparden neben der Thür als stellvertretend für die Chimaira an: »Within the portico is a handsome carved door, or rather imitation door, with knocker and lock, on each side of which are windows opening into large tombs. On one side of the portico is carved a figure, which we may recognise as Bellerophon, mounted on Pegasus, and galopping up a rocky hill, which may represent Mount Cragus, to encounter an enormous leopard sculptured over one of the tomb entrances on the right side of the door. This animal may be a form of Chimaera, but presents none of the mythological attributes, and is, in all probability, the representation of a »Caplan«, the leopard which infests the crags of Cragus at the present day. An ornamental flourish appears on the door-side near the leopard, and is repeated on the corresponding panel on the other side; but there is no animal carved on the panel. On the panels beneath the tomb are carved dogs, and there are also traces of others on the pediment. Pegasus is a Persian horse, having a topknot and knotted tail. A saddle-cloth of ornamental character has been painted on his back. The group of figures appears to have been originally painted. The head-dress of Bellerophon is very peculiar, as also the arrangement of the beard. The eye is rather full and Greek.« Auch Scharf a. a. O. kennt nur Bellero-

der Eingangsthür, und auch hier wieder ist das Grab durch seine Anlage unverkennbar als ein fürstliches herausgehoben; denn es ist die einzige griechische Tempelfassade des Ortes, welche die in langen Reihen vorhandenen übrigen Felsgräber bei Weitem überragt.[1]

Ferner kommt die Chimaira an dem sogenannten Sarkophage des Merehi von Xanthos im britischen Museum vor (Fig. 41), und zwar an der Hauptseite desselben, unter den Hufen des Viergespanns, wie im Ansprunge den Kopf duckend, als Löwin mit Ziegenkopf und einem Schweife, der wie andere Einzelheiten des Reliefs nur in Malerei ausgeführt war.[2] Man hat hier der Chimaira zuliebe den Krieger des Viergespanns mythologisch aufgefasst und das Relief in die lange Liste der erhaltenen Bellerophondenkmäler aufgenommen,[3] obwohl es sich zugestandenermassen von allen übrigen wesentlich unterscheidet. Als Grund der Anomalie legte man sich zurecht, dass der griechische Typus auf asiatischem Boden Veränderungen erlitten und sich assyrischen Typen angepasst habe, welche den auf der Löwenjagd begriffenen Herrscher zu Wagen darstellen. Indessen trifft diese Voraussetzung schon deshalb nicht zu, weil der vermeintliche Bellerophon keineswegs kämpft, sondern ganz wie die Apobaten der übrigen Sarkophagreliefs mit der Rechten sich am Wagen anhält und mit der Linken ruhig vor der Brust den gemalten Schild führte. Das Viergespann und die Chimaira sind also durch keinerlei Handlung verbunden, sondern stehen selbständig und gegenständlich heterogen nebeneinander. Genau so selbständig und gegenständlich heterogen, wie das Viergespann und das Chimairarelief am Heroon von Gjölbaschi. Der Sinn aber dieses Nebeneinander gehört nicht der Formen-, sondern der Zeichensprache an und wird heraldisch sein.

Der lykische Adel muss grosses Ansehen und eine langdauernde Macht im Lande besessen haben. Dafür zeugen eine Menge Burgen und Akropolen im Gebirge, die durch ganz Lykien verstreuten grossen Geschlechtsgräber, die älteren Münzen mit ihren zahlreichen Dynastennamen, und weniger als irgendwo scheint er seine Standesart verleugnet zu haben. Aus den nachgerade reichlich zufliessenden Inschriften ersieht man, in wie strenger Absonderung er sich durch Heiraten in der Verwandtschaft erhielt, welchen Werth er auf seine langen Stammbäume legte, die wir in einigen Fällen noch über Jahrhunderte verfolgen können, wie consequent er es unter den gänzlich veränderten Verhältnissen der römischen Provinz verstand, sich im Besitze der einflussreichsten Bundesämter zu behaupten und nach Decreten, in denen nicht blos die griechische Sprache degenerirt, mit Ehren überhäufen zu lassen. Populäre Culte ehrten die Landesheroen Jobates, Bellerophon, Sarpedon, Glaukos, Pandaros, Telephos u. a. m., und wenn man kaum in einer andern griechischen Landschaft auf so viel Namen der Heldensage stösst, so ist daraus nicht »auf eine besondere Beliebtheit der epischen Dichtung«, sondern auf die Zähigkeit zu schliessen, mit der sich diese Namen im Gebrauche vornehmer Familien bis in späte Zeit erhielten.[4] Nicht nur die Ahnenreihen regierender Könige, wie auf dem Nemrud Dagh, hatten ihre göttliche oder heroische Spitze, der Spott

---

[1] phon auf dem Pegasos, ohne Chimaira, und gibt folgende technisch interessante Bemerkungen: »It is roughly hewn, but covered with a broad outline, in black colour, which indicates the joints and details, with greater accuracy; so that, from a careful investigation, it appears to be a very early bas-relief, with the method in which the sculptors proceeded, laid open to us. Upon the rough hewn work of the mason were traced the more precise lines of the master, only a few of which had been in this instance worked out by the sculptor. On comparing our plaster cast with the original, the defects were at once exposed; the saddle girth and bridle were not traceable, and the horse's limbs, the left hand of the rider and the horse's crest, were unmeaning masses. On the smooth body of the horse remains the pale red colour of a saddlecloth. Where the sculptor's lines were not sufficiently broad, the black colour remains on either side of the groove, whilst in other places the chisel has quite removed the mark of the brush. The head of the rider is the only part at all finished, and it possesses an appearance of great antiquity. The front-knot of his hair, the full eye, and peculiarly turned moustache, are quite worthy of attention, and the tuft of the horse's mane may be added to the notices of similarity between the horse-crests of the Chariot procession from the Xanthian Acropolis and those of Persepolis«.

[1] Reisen, Band I, Tafel XLII. Ebenso hebt sich das Hauptgrab von Pinara (Band I, Tafel XIX, S. 52 f.) durch seine Grösse, seine Tempelfront und seinen Sculpturschmuck als eine Herrschergruft heraus; im Pronaos hat es vier Ansichten zerstörter Städte, auf dem Friese, wie an den Gypsabgüssen im britischen Museum zu ersehen ist, einen Transport von nackten Gefangenen vor einem Reiter, im Giebel wahrscheinlich eine Uebernahme von Tribut durch einen sitzenden Schreiber. Aehnlich ist der Sachverhalt bei dem grossen Grabe von Kyaneai, s. oben S. 46.

[2] Horat. Op. ed. Milman, S. 193.

[3] Fischer, Bellerophon, S. 72; Engelmann, Annali dell' instituto. 1874, S. 25 f./ Vgl. Stephani, Compte-rendu, 1881, S. 23.

[4] Zusammenstellungen dieser Namen bei Waddington zu Le Bas III, n. 1221. 1275. 1297; Cousin und Diehl, Bulletin de corrospond. hellén. X, S. 44; Petersen Reisen, Band II, S. 197.

des Sokrates im Theaitet über das ἀναφέρειν εἰς Ἡρακλέα, und wie viel sonstige directe und indirecte Ueber-lieferungen, namentlich aus dorischen Staaten zeigen, wie allgemein man an der Heiligkeit solcher Herkunft festhielt.[1] Wenn also Bildwerke ihre eigene Sprache reden, so erklären sie in diesem Falle mit grosser Be-stimmtheit, dass die fürstlichen Todten des Tempelgrabes zu Tlos, des Chimairasarkophages von Xanthos und des Heroon von Trysa sich zu dem nämlichen Geschlecht bekannten. Ihren Wappen zufolge waren sie, was Parthenios nach Hermesianax von Leukippos, dem offenbar sehr vornehmen Helden einer lykischen Liebesgeschichte, hervorhebt: γένος τῶν ἀπὸ Βελλεροφόντου.

Die Bellerophonsage ist im Glaukosliede der Ilias fixirt, welches erhöhten Reiz und eigenthümliches Licht gewinnt, wenn man Lykien aus Anschauung kennt. Bellerophon kommt von Tiryns an den Fluss Xanthos, zu Jobates, dem König der Λυκίη εὐρείη, d. i. des Xanthosthales, das nach Länge und Breite einen grossartig weiten Hohlraum der Alpenlandschaft bildet, in welchem viele Meilen weit die fruchtbaren Ebenen liegen (Λυκίην ἐριβώλακα, Λυκίης ἐν πίονι δήμῳ). Jobates residirt in Xanthos, wo ein Demos Jobateios feststeht, mag Homer auch den Ort Xanthos nicht ausdrücklich nennen, wie er überhaupt keinen lykischen Ort nennt. Von hier aus wird Bellerophon in das Chimairathal des Kragosgebirges nach Westen, darauf zu den Solymern gegen Osten, zum Dritten gegen die von Norden kommenden Amazonen gesandt, und nachdem er in allen Richtungen die Gefahren bestanden hat, schenkt ihm Jobates die Hälfte seines Reiches mit einem Krongute von fruchtbarem Garten- und Ackerland, nämlich die obere Hälfte des Xanthosthales mit dem Orte Tlos, worauf ein dortiger Demos Bellerophonteios hinweist. Nach dem Tode des Jobates fällt dann seinem Geschlechte die Königsherrschaft, wie es scheint, im ganzen Lande zu. Seine Kinder sind Hippolochos, Laodameia und Isandros, welch' letzterer kinderlos im Kampfe gegen die Solymer fällt, seine Enkel sind die berühmten Könige und Heerführer der Lykier vor Troja, Sarpedon und Glaukos. Sarpedon hat sein Heiligthum in Xanthos und dort König sein, wie er bei Homer der angesehenere von beiden, nicht blos als Sohn des Zeus ist. Ein für Lykien bezeugter Demos des Glaukos ist zwar noch nicht fixirt, allein das Grab des Glaukos ist bekannt, unweit des oberen Xanthosthales bei Telandros am Flusse Glaukos gegen Karien hin, und das Grab wird man nicht ausserhalb seines Herrschaftsgebietes an-genommen haben. Nun wiederholen sich die Namen Glaukos, Sarpedon, Hippolochos öfters auf lykischen Monumenten, und zwar meist unter Umständen, die auf vornehme Stellung ihrer Träger schliessen lassen. So kommt Sarpedon vor als Grossvater eines Bundesadmirals in Xanthos, als Prostat des Apollonheilig-thums in Sura bei Gjölbaschi, als Mitglied eines Geschlechtes in Tlos, Glaukos in einem Heroon in Xan-thos. Einen Hippolochos preist in Tlos ein aus hellenistischer Zeit stammendes Epigramm wegen seiner Ver-dienste um ganz Lykien, vielleicht denselben, welchen Münzen von Masikytes nennen. Ein Hippolochos, Sohn eines Andromachos, steht in dem Fragmente einer grösseren Inschrift zu Trysa. Ein Hippolochos, Sohn eines Apelles, aus angesehenem Geschlecht, Myreer und Aperlit von Simena, wird an diesem Orte, also in nächster Nähe von Trysa, geehrt, und in zwei anderen, in gleicher Nähe von Gjölbaschi gelegenen Demen hat man Hippolochos mindestens noch zweimal.[2] Merkwürdiger Weise kommen also diese Namen beinahe ausschliesslich in Xanthos, Tlos und den Bereichen von Trysa vor, und fast hat es den Anschein, als hafteten sie an Stammsitzen des Geschlechtes, das sich auf Bellerophon zurückführte. Dies mag Zufall sein, und zu einem Beweise für das Fortleben und die Ausbreitung des Geschlechtes reichen sie jedesfalls nicht aus. Aber als ein Symptom dafür dürfen sie wohl in Anspruch genommen werden, und als ein solches scheinen sie mir Beachtung zu verdienen. Liegt einmal der reiche Urkundenschatz, den es allenthalben noch aus den Trümmern zu heben gilt, geborgen vor, so wird er eine breite Statistik des lykischen Landadels erschliessen, wie wir sie für denjenigen von Thera und Anaphe bis zu einem gewissen

---

[1] Vgl. Welcker zu Theognis, S. XLIII f., Boeckh zu C. I. G. 1340 und die lebendige Schilderung des epidaurischen Adels bei U. v. Wilamowitz-Möllendorf, Isyll von Epidauros, S. 36 f. Eine lehrreiche nächste Parallele gibt der Euagoras des Isokrates. [2] Ueber das Xanthosthal als Λυκίη εὐρείη, Reisen, Band I, S. 49, 120; über die Chimaira ebenda S. 83. — Die lykischen Demen Keil, Philologus V, S. 652. — Das Grab des Glaukos bei Telandros, Quint. Smyrn. IV 6 f. (Reisen, Band I, S. 148, 1). — Glaukos in Xanthos Reisen, Band I, Nr. 87. — Sarpedon ebenda Nr. 118; C. I. G. 4242, 4303 k. Le Bas-Waddington 1251 (vgl. Sarpedonis C. I. G. 4289, 4290, 4295, 4300 q). Reisen, Band II, Nr. 84. — Hippolochos, Reisen, Band I, Nr. 111, Band II, Nr. 19 q, 92. 94. Le Bas-Waddington 1290, auf Münzen von Masikytes: Imhoof-Blumer, Monnaies grecques, S. 326, 8.

Grade schon besitzen[1] (vergl. S. 44 f.), und damit werden sich auch die hier nur angeregten Fragen einer Lösung entgegenführen lassen.

Dass die wappenartigen Bilder der drei Gräber von Xanthos, Tlos und Trysa das eine Mal sich auf Bellerophon, das andere Mal auf die Chimaira beschränken und dann wieder Beides vereinigen, also nur dem Sinne, nicht der Form nach gleich sind, wird man der aufgestellten Erklärung nicht entgegenhalten. So weit unsere Kunde antiker Wappen reicht, finden wir sie in der äusseren Gestalt so wenig wie im Anlasse und dem Orte der Verwendung dem Zwange fester Regeln unterworfen, und für verschiedene Zweige und Linien eines Geschlechtes mussten sie sich differenziren. In diesem letzteren Sinne erklärt es sich möglicher Weise auch, dass die andere Seite des sogen. Merehisarkophages von Xanthos (s. S. 60, n. 3) statt der Chimaira unter dem Viergespanne einen nichtgeschwänzten Löwen zeigt, wie wohl ebensogut Anderes zur Erklärung denkbar ist und vielleicht die Annahme näher liegt, dass an dem Löwen nicht blos der Schwanz, sondern auch der Ziegenkopf, der ihm zur Chimaira fehlte, gemalt war.[2] Aber es kann nicht Aufgabe sein, den Gründen zufälliger Verschiedenheiten nachzuforschen, sondern nur sich an die Hauptsache zu halten, welche auch von anderen Seiten zu unterstützen ist. Auch das Bild der säugenden Kuh,[3] welches über der Grabthüre des Harpyienmonumentes angebracht ist und in der Composition gegenständlich wie formell isolirt steht, wird erst als Geschlechtswappen, stolz in anderem Sinne, verständlich — wie es denn jetzt auch auf altlykischen Münzen mit dem Dynastennamen Sppitaza nachgewiesen ist —, und überraschend sind namentlich numismatische Analogien. So prägten die Attaliden und Ptolemaier mit dem Bilde des vergötterten Dynastiegründers, und die Könige von Pontos, welche sich von den Achaimeniden herleiteten, mit dem Bilde des Perseus, des mythischen Stammvaters der achaimenidischen Könige, zusammen mit dem Achaimenidenzeichen, Mondsichel und Sonne.[4]

Wegen des Einbaues der Südostecke, auf den der Friese Rücksicht nehmen — vergl. Fig. 31, S. 41 — kann dann das Relief des dritten Blockes A 8, obwohl es der Handlung an einem formell zurückweisenden Zuge gebricht, nur im Zusammenhang mit demjenigen des zweiten Blockes A 9 gedacht werden. Hier lässt aber die Ueberlieferung im Stich, und eine Erklärung wird sich daher nur vermuthen lassen. Für sich betrachtet, macht die Gruppe den Eindruck einer Entführungsscene; aber der Schildträger kann ein Streitgenosse des Helden sein, der einen von der Chimaira verwundeten jungen Lykier, etwa den Königssohn, gerettet hat und hinwegträgt. Auf denjenigen Bildwerken, welche einer vom Drama fortgebildeten Sagenform folgen, kämpft Bellerophon nicht allein, sondern mit einem Freunde oder mit einer ganzen Schaar von Genossen, die dann meist durch asiatische Leibtracht und die sogenannte phrygische Mütze als Landeskinder charakterisirt sind. Auf einer Silberschale des fünften Jahrhunderts in der kais. Ermitage zu St. Petersburg machen sechs Jäger einen Kreis um den Kampf, welchen Bellerophon allein mit der Chimaira auszieht. Dabei ereignet es sich wohl auch, wie auf einem unteritalischen Krater in Neapel oder einem Sarkophagrelief der Villa Panfili, welches auf ein Gemälde der hellenistischen Zeit zurückweist, dass einer dieser Genossen von der Chimaira gepackt oder zu Boden geworfen wird: ein Steigerungsmotiv, da die Chimaira sonst inagressiv erscheint und durch die blosse Unform wirkt.[5] Wie das »vix illigatum te triformi Pegasus

[1] Boeckh, über die von Herrn von Prokesch in Thera entdeckten Inschriften, Gesammelte kleine Schriften VI, S. 1 f. L. Ross, Archäologische Aufsätze II, S. 496 f. und dort namentlich die Statistik der Anaphäischen Aigiden.

[2] An der Nebenseite eines Sarkophages in Anaphe liegt die Chimaira unter dem Pegasos, welchen Bellerophon bändigt (L. Ross, Archäologische Aufsätze II, Taf. XVIII C, S. 531), eine Zusammenstellung, die ebenfalls mehr heraldisch als künstlerisch gedacht ist. — Eine Bellerophondarstellung auf einer sarkophagartigen Aschenurne aus Marmor in Athen (Mittheilungen des archäologischen Institutes in Athen II, X — XII), welche nicht aus Lykien, wie man annimmt, sondern wahrscheinlich aus Kilikien stammt; vergl. Reisen, Band I, S. 39, 6.

[3] Schlumberger, Oeuvres de A. de Longpérier I, S. 166 f.; Stephani, Compte-rendu, 1864, S. 198 f.; Imhoof-Blumer, Monnaies grecques, S. 103; J. P. Six, Monnaies Lyciennes (Revue numismatique, 1886—1887), n. 119, 120. Six setzt den Dynasten Sppitaza nach Telmessos, weil sein Name an dem Grabe seines Sohnes in Telmessos vorkomme (M. Schmidt, The Lycian inscriptions, pl. V, n. 3), ohne an das Harpyienmonument zu erinnern.

[4] A. von Sallet, Zeitschrift für Numismatik IV, S. 229 f., XV, S. 207. Vgl. Head, Historia numorum, S. 424; Leake, Numismata Hellenica, S. 15, 41; E. Curtius, Ueber Wappengebrauch und Wappenstil, S. 92.

[5] Stephani, Compte-rendu, 1881, Taf. I, 3; Heydemann, Vasensammlungen des Museo nazionale, 3243; Kalkmann, Archäolog. Zeitung, 1883, S. 105. Vgl. das schwer verdorbene dunkle Epigramm Anthol. Pal. III, 15.

expediet Chimaera‹ des Horaz indirect zu zeigen scheint, mochten derartige Erweiterungen des Kampf-bildes, die sich ungezwungen aus der Natur des Stoffes entwickelten, häufiger sein, als der heutige Bestand unserer Ueberlieferung erkennen lässt, und ihnen würde sich der hier vorausgesetzte Rettungsact organisch anschliessen.

Während das Viergespann innen auf den Stifter des Heroon geht, sagen die Doppelpaare aussen, dass er ein Geschlechtsgrab gründete. Individuelle Beziehungen dieser Figuren freilich sind nicht zu er-gründen und bei dem typischen Charakter der lykischen Grabreliefs auch nicht vorauszusetzen. Aehnlich zu-sammensitzende Paare begegnen auf Gräbern von Hoiran und Limyra, beinahe regelmässig in den Giebeln der grossen Sarkophage mit gewölbtem Dache unter den Sphingen, überall in der gleichen allgemeinen Haltung wie hier. [1]

44. Assyrisches Relief, NW Nimrud.

Mit dem Viergespann innen und dem Doppelpaare aussen ist aber das Persönliche, was der Gebäude-titel zu sagen hat, abgeschlossen, der Rest ist der Religion und dem Culte vorbehalten. Konnten uns für jenes griechische Vorstellungen leiten, so fühlen wir uns hier auf asiatischem Boden. Vor Allem fremd-artig berühren die geflügelten Stiere. Ihre apotropäische Bestimmung unmittelbar über dem Eingang, die in ihrer Wundergestalt als solcher liegt, drängt sich zwar, verstärkt durch das wuchtige Hochrelief, das sie allein am ganzen Baue haben, sofort auf; indessen ist damit die Wahl dieser bestimmten Formen, ihre Zahl und Anordnung noch nicht erklärt.

Der Flügelstier scheint Aegypten fremd, ist dagegen in der Kunst der Euphratländer zu Hause. [2] Hier hat er seine typische Stelle als Hochrelief an den Eingängen von Palästen, Tempeln und Stadtmauern. Auf den Steinplatten, welche die massiven Ziegelwände verkleiden, tritt er in Verhältnissen, die sich bis zu 15 Fuss Höhe steigern, gewaltig hervor, eine schwer einherschreitende Gestalt mit aufwärts geschlagenen Adlerflügeln und einem bärtigen, mehrfach gehörnten Menschenkopfe, der dem Kommenden stets ent-gegenblickt. So steht er unter Anderem an den recht-winkelig zusammenstossenden vier Eingangswänden des Palastes von Sargon in Khorsabad viermal wieder-holt, das äussere Paar kleiner, das innere grösser, beider-seits Kopf an Kopf, eine finstere Schaar riesenhafter Schutzgeister, in der That geeignet, Grauen einzuflössen und das Gewissen aufzuregen. Neben dem menschen-köpfigen Typus kennt aber die assyrische Kunst auch die rein thierische Form des Flügelstieres, die den mythologischen Werth der Idee zu Gunsten einer ein-heitlicheren Erscheinung abschwächt, und abwechselnd beide Typen haben sich in immer neuen Verwendungen

45. Assyrisches Relief, NW Nimrud.

die Kunst des Orients hindurch behauptet. Eingeschnitten auf Cylindern, gewebt oder gestickt in den Prachtgewändern der Könige, über deren Composition die Reliefs ausführlich belehren (Fig. 38, 39, 44 und 45), gemalt auf dem Thonplattenschmuck der Palastwände, in eingelegter oder erhabener Arbeit auf

[1] Reisen, Band II, S. 23, Fig. 16, in Hoiran; S. 55, in Tirmissini; Fellows Lycia zu S. 206 in Limyra, an den beiden grossen Sarkophagen im britischen Museum und dem Sarkophage des Dereimis und Aischylos in Wien, s. oben S. 56.

[2] Rawlinson, five great monarchies I⁴, S. 288. Perrot et Chipiez, Histoire de l'art II, S. 495 f.

verschiedenartigen Geräthen, ist namentlich der letztere Typus mannigfach verwendet worden, einfach gereiht als Bortenmuster in Verbindung mit dem Lieblingsmotiv der Rosetten, oder wappenartig gedoppelt, indem die Thiere beiderseits bald vor dem sogenannten heiligen Baume der assyrischen Kunst oder seiner Abbreviatur, der Palmette, knieen, bald vor einem bärtigen Manne anspringen und sich von ihm packen und bändigen lassen.[1]

Namentlich dieser kunstgewerbliche Gebrauch des Typus wird seiner räumlichen Verbreitung günstig gewesen sein. Triftige Gründe scheinen dafür zu sprechen, dass die jüdischen Cherubim, welche die Pforten des Paradieses bewachen, im Tempel zu Jerusalem die Bundeslade schirmen und zugleich als Ornament im Vorhange des Allerheiligsten eingewebt sind, ihrer künstlerischen Gestalt nach durch jene babylonisch-assyrischen Schöpfungen bedingt waren.[2] Nachbildungen der menschenköpfigen Flügelstiere sind in Persepolis erhalten; am gewaltigsten, noch grösser als ihre Originale, sind die beiden Colosse, welche mit zwei flügellosen Genossen in den Propyläen die Thorwacht halten.[3] Auch in den Stierbildern von Boghasköi in Kappadokien, auf Münzen von Mallos in Kilikien und einer Münze von Amastris in Paphlagonien hat man assyrische Einwirkungen erkannt.[4] Stiervordertheile kommen unter dem Gethier, welches das Gewand, die Arme und den Nimbus der ephesischen Artemis besetzt, ohne ersichtlichen Unterschied geflügelt wie ungeflügelt, und, so viel ich sehe, immer knieend vor:[5] als Sinnbild der Allgewalt, welche die grosse Göttin über alles Lebendige ausübt, ein Gedanke, der in anderen orientalischen Cultusbildern noch deutlicher wirkt, wenn die Stiere, ähnlich jenen assyrischen, huldigend zu beiden Seiten der Gottheit knieen.[6] Knieende Stiervordertheile bilden die Verzierung griechischer Goldplättchen des fünften Jahrhunderts v. Chr., welche als Kleiderschmuck in einem Grabe der Krim zum Vorschein gekommen sind.[7] Auf kleinasiatischen Münzen und aus dem griechischen Orient stammenden geschnittenen Steinen ist der geflügelte Stier als Protome wie als ganze Gestalt des Oefteren nachweisbar.[8] Allein hier in Kleinasien und den mit der Cultur Kleinasiens enger verbundenen Inseln scheint der Typus auf seiner Wanderung nach dem Westen Halt gemacht zu haben. Durch entscheidende Veränderungen zu formeller Vollendung erhoben, vor Allem durch Action belebt und mit neuem poetischen Inhalt erfüllt, geht er als Symbol der Flüsse in die hellenische Kunst über und lebt gleichartig erst wieder in der christlichen Kunst des Abendlandes als Beizeichen des Evangelisten Lukas auf.

In Niniveh ist neben verschiedenen anderen Thieren auch die Verwendung des Flügelstieres als Säulenbasis erwiesen.[9] Knieende Stiere schmücken die Sattelcapitäle von Persepolis und Susa. (Fig. 46 a.)[10]

---

[1] Layard, The monuments of Niniveh, pl. 8, 43—48, 87; a second series, pl. 69, 48; Lajard, Recherches sur le culte de Mithra, pl. XIII, XV, XVII, XIX; Culte de Venus, pl. I, 4; Rawlinson a. a. O.[1], S. 408, 452.

[2] Layard, Niniveh and its remains II, S. 464; Langbehn, Flügelgestalten der ältesten griechischen Kunst, S. 35 f.; Fr. Lenormant, Origines de l'histoire III, S. 112 f.; Schrader, Keilinschriften und das alte Testament I[2], S. 39 f.

[3] Flandin et Coste, Voyage en Perse II, pl. 73, 74, 77, 80—82.

[4] Perrot et Guillaume, Exploration archéologique de la Galatie I, S. 338, II, pl. 38; Perrot et Chipiez, Histoire de l'art IV, S. 694; Wright, Empire of the Hittites, pl. XXIV; Mionnet, Supplém. IV, S. 560, 62; Imhoof-Blumer, Monnaies grecques, S. 360.

[5] Menetreius, Symbolica Dianae Ephesiae statua in Gronov's Thesaurus VII, S. 359 f. An dem Exemplar der Sammlung Torlonia knieen sechs geflügelte Stiervordertheile im Nimbus der Göttin, C. L. Visconti, Monumenti del museo Torlonia, n. 118 a.

[6] Imhoof-Blumer, Monnaies grecques, S. 437, n. 121; Silbermünze Antiochos II, S. 440, n. 8; Bronze von Rhosos, wo Imhoof auf analoge Typen von Hierapolis in der Kyrrhestike, Dion in der Dekapolis und Neapolis in Samaria hinweist. Brieflich erinnert er noch an »Tarsos mit Apollon (Lajard, Culte de Venus, pl. V, 1), Thyateira mit Helios (Severus Alexander, Berlin) und Skepsis mit Demeter (Severus Alexander, Turin)«.

[7] Stephani, Compte-rendu, 1876, S. 138, pl. III, 2.

[8] Cesnola Salaminia, S. 50, Fig. 51. Scarabaeus von Salamis, geflügelter Stier nach rechts stehend. Zwei Vordertheile geflügelter Stiere gekoppelt auf einem Scarabaeus der Sammlung Millingen; Lajard, Recherches sur le culte de Mithra, pl. LXVIII 1; King, Antique gems and rings, pl. XVI. Eine mandelförmige Gemme mit einem menschenköpfigen Flügelstier aus Tanagra, Archäolog. Zeitung, 1874, S. 157. Elektronstater von Kyzikos, Monumenti inediti dell' instituto III, 35, 22; Numismatic chronicle, 1887, S. 110, III, 19. Protome von Flügelstier auf Silbermünzen, welche Imhoof, Monnaies grecques, S. 468 f., für wahrscheinlich karisch erklärt. Flügelstiere auf zwei Gefässen der tomba Regulini-Galassi, Museo Gregoriano I, 15, 17. Vgl. Lehnert, Archäolog. Zeitung, 1885, S. 115. Flügelstier als Kopfaufsatz Hormiscas III., Clarac, Musée de sculpture VI, 1046, 3150.

[9] G. Smith, Assyrian discoveries[7], S. 174 »marble model of human-headed winged bull«; Perrot et Chipiez, Histoire de l'art II, S. 223 f.

[10] Vgl. Flandin et Coste, Voyage en Perse III, pl. 188 bis die vergleichende Uebersicht der Säulen und Halbsäulen von Persepolis. Dieulafoy, L'art antique de la Perse III, S. 75.

Bei der Gemeinschaft stofflicher Motive, welche die persische Kunst mit der assyrischen verbindet, ist ein Zusammenhang dieser Thatsachen wahrscheinlich, und der hier wie dort offenbaren Absicht, die Sicherheit und Kraft des architektonischen Trägers zu versinnlichen, dienen die nämlichen religiösen Vorstellungen, welche den Flügelstier zum Portalhüter gemacht haben. Dass den Thierbildungen des persi-

46. a Persisches Capitäl, b Capital von Ephesos, c Gebälkträger von Delos, d Gebälkträger von Schapur,
e Gebälk von S. Apollinare nuovo in Ravenna.

schen Capitäls die Flügel fehlen, steht nicht entgegen, da der Typus auch in der persischen Kunst gleichwerthig mit und ohne Flügel vorkommt, und erklärt sich daraus, dass die Beflügelung mit der Function des Sattelcapitäls und der Fernwirkung seiner Form schwer in Einklang zu bringen gewesen wäre. Der Reiz dieser Schöpfung wirkte dann nach Ost und West in die entlegensten Theile des persischen

Reiches weiter. In Indien war er für die Säulenplastik der Grottentempel[1] bestimmend, in Ephesos führte er zur Ausgestaltung ionischer Capitäle mit Rindsköpfen[2] (Fig. 46 b), in Delos zu knienden Stiervordertheilen als Trägern von dorischem Gebälk[3] (Fig. 46 c), und von jener zeitlich nächstliegenden persischen Form des Typus, welche an allen Königsgräbern von Persepolis und Naksch-i Rustam zu sehen ist, war sein Auftreten in Gjölbaschi formell abhängig. Ein untergeordneter Umstand erläutert dies. Während das Knieen der Thiere in Persepolis, wo sie auf dem Schaft der Säule oder den emporstehenden Voluten des Capitäls Auflager haben, möglich erscheint, ist es in Gjölbaschi durch buchstäbliches Herübernehmen unverständlich geworden, da die Thiere sammt ihren fest an den Leib geschlossenen Beinen vom Thürsturze ab in die Luft knieen. Auch an einem späteren thurmartigen Gebäude in Schapur[4] (Fig. 46 d), an dessen oberem Rande innen Halbstiere als Tragsteine, wahrscheinlich einer umlaufenden Gallerie, angebracht sind, und an dem Gesims des Gewölbes von S. Apollinare nuovo in Ravenna (Fig. 46 e), verräth sich die Entlehnung in dem nämlichen Umstande.

Die Numismatik Lykiens, die man jetzt Dank J. P. Six in erheblich neuer Gestalt übersieht,[5] bestätigt die entwickelte Herleitung. Unter den zahlreichen Thiervordertheilen, die als Prägebilder lykischer Münzen benutzt wurden, neben Greif, Pegasos, Bock, Pferd, Flügelhirsch, Löwe, Eber, Flügellöwe, Flügeleber, fehlt auch der Stier geflügelt wie ungeflügelt nicht, und der letzte Ursprung des Typus gibt sich durch das gleichzeitige Vorkommen des geflügelten Mannstiers in ganzer wie halber Gestalt zu erkennen. Die Mehrzahl dieser Stücke gehört der grossen Serie an, die nach ihren Legenden einem Dynasten Kuperleis, Könige von Arina, d. i. Xanthos (»440—400 ungefähr«) zugeschrieben wird; einige tragen Legenden, welche Six auf zwei gleichzeitige andere Dynasten, Ocucas und Ukuv . . . ., deutet. Ich hebe sie aus diesen Serien mit den Angaben und Nummern von Six, unter Benützung einiger Gypsabgüsse, die ich der Güte Imhoof-Blumers danke, in anderer Reihenfolge aus.

Geflügelter Mannstier in ganzer Gestalt:

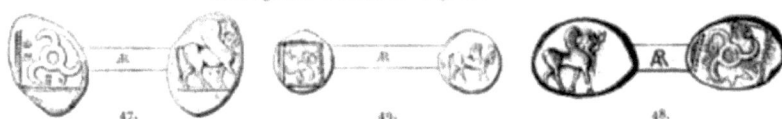

143. Gehörnt, nach rechts schreitend (Fig. 47 und 48).

Rev. KO-ΓΡΑ-ΛΕ, Triquetra nach links, in vertieftem Perlenviereck.

Ar. ⅓. 8, 59. 8, 56. Paris, Berlin. Mionnet S. IX, S. 238, Nr. 74; Fellows, coins of Lycia X, 9; Prokesch, Inedita II, t. I, 5.

144. Desgleichen, K-O-Γ, Triquetra nach rechts (Fig. 49).

Ar. 2. 2, 36. Mus. Hunter, t. 66, Nr. 26, Fellows X, 10.

Vordertheil eines geflügelten Mannstieres:

---

[1] Cunningham, Archaeological survey of India, vol. V, S. 185 f. Fergusson and Burgess, The cave temples, pl. XVI. Fergusson, History of indian and eastern architecture, S. 150. Vgl. Burgess, The Buddhist stupas of Amaravati and Jagguyyapeta, London, 1887, pl. LII f.

[2] Durm in Erbkam's Zeitschrift für Bauwesen XXVI, Taf. LXIX, S. 168, Baukunst der Griechen, S. 173; Adler in Ernst Curtius' Beiträgen zur Geschichte und Topographie Kleinasiens, S. 43, und Deutsche Bauzeitung, 1872, S. 110.

[3] Stuart and Revett, antiqu. of Athens IV; Kinnard, antiqu. of Delos, pl. 5. Bulletin de corresp. hellén. VIII, pl. XVII, S. 427 f.

[4] Flandin et Coste, Voyage en Perse I, pl. 47, S. 49.

[5] J. P. Six, Monnaies Lyciennes, Revue numismatique, 1886—1887.

90. Gehörnt, nach links (Fig. 50).

Rev. Unbärtiger Kopf nach links mit langem Haar, in vertieftem Perlenviereck.

Ar. 2. 2, 86. Sammlung Six. Six in Sallet's Zeitschrift für Numismatik VI, t. III, 17.

91. Derselbe Typus nach rechts.

Rev. Unbärtiger Kopf nach links mit geflochtenem Haar, in vertieftem Perlenviereck.

Ar. $^3/_4$. 0, 71 Brit. Mus. 0, 50 Berlin. Imhoof-Blumer, Monnaies grecques, S. 469, Nr. 66.

92. Derselbe Typus, jünger.

Auf dem Rev. ausserdem **OΣOV**.

Ar. $1^1/_2$. 1, 40. Imhoof-Blumer a. a. O., Nr. 65.

93. Derselbe Typus (Fig. 51).

Rev. **OFVO** hinter unbärtigem Kopf mit lang gelocktem Haare nach rechts, in vertieftem Perlenquadrat.

Ar. $2^1/_2$. 2, 85. cat. Ivanoff, Nr. 406. Ar. 3. 2, 82. Sammlung Six.

Ar. $2^1/_2$. 2, 76. Imhoof-Blumer a. a. O., Nr. 63, Choix pl. VII, 240.

95. Wie Nr. 63. Ar. $^3/_4$. 0, 67. Sammlung Six.

Vordertheil eines geflügelten Stieres:

145. Nach links. Rev. **K·O·Γ**. Triquetra, in vertieftem Perlenviereck.

Ar. $1^1/_2$. Cat. Whitall 1884, Nr. 1184.

Zwei knieende Stiervordertheile gekoppelt:

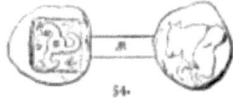 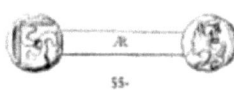

52.   53.

165. Darüber Triquetra nach links (Fig. 52).

Rev. **K·O·Γ**. Triquetra nach links. Perlenkreis. Concaves Feld.

Ar. $^6/_3$. 8, 60. Mus. Hunter t. 66, 24, Fellows IX, 9.

165 b. Desgleichen ohne Triquetra (Fig. 53).

Rev. Um die Triquetra **Γ·O·Ϡ**, vertieft in Perlenkreis.

Ar. $4^1/_2/2^1/_2$. 8, 64. Aus Naukratis. Brit. Museum. Head Numism. Chronicle 1886, S. 5, pl. I, 7.

Vordertheil eines knieenden Stieres:

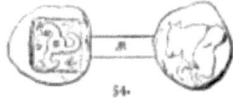 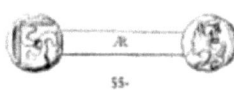 

54.   55.   56.

89. Nach links (Fig. 54).

Rev. **V·♦·O♦Ϡ**. Triquetra nach links, vertieft in Perlenviereck.

Ar. $3^1/_2$. 8, 71. Brit. Museum. Fellows XIV, 7.

107. Nach rechts in Perlenkreis (Fig. 55).

Rev. Triquetra nach rechts, vertieft in Perlenviereck.

Ar. $1^1/_2$. 1, 54. Duc de Luynes choix pl. XI, 20; Fellows XII, 6.

108. Nach links. Rev. Desgleichen.

Ar. 1. 0, 45. Coll. Ivanoff. Fellows XIII, 3.

158. Nach links. Rev. **KOΓ·Ρ·ΛΛ**. Triquetra nach links, in Perlenviereck.

Ar. $1^1/_4$. 1, 01. Sammlung Waddington. Fellows XIII, 1.

166. Nach rechts (Fig. 56).

Rev. Triquetra nach links **K·O·Γ**, in Perlenkreis.

Ar. $1^1/_2$. 1. 0, 52. Six. Revue numismatique 1886, pl. X, 8.

Auch die Vierzahl der Stiere, welche an dem breiten ungegliederten Thürsturze jedesfalls durch keine tektonische Rücksicht veranlasst war, wird einen Sinn besessen haben, den zu errathen freilich die Merkmale versagen. Es mag ausser Zusammenhang stehen, obschon man versucht sein kann, einen höfischen Bezug vorauszusetzen, dass an den persischen Königs-gräbern immer vier Stiercapitäle im baulichen Theile der Anlage, der dem Königspalast nachgebildet scheint, fungiren. Auch dass die vier Hauptbossen an den Deckeln lykischer Sarkophage mitunter die Gestalt von Rinds-köpfen haben, wie sie sonst in Löwen- oder Pferdepro-tomen, in Gorgoneia, Portraitbrustbilder und dergleichen ausgehen, oder dass an den auch in Lykien verbreiteten Rundaltären hellenistisch-römischer Gräber vier Ochsen-köpfe verwendet sind, um die Guirlanden zu tragen,[1] wird in das Gebiet des Ornamentalen, oder ornamental Gewordenen gehören. In gewissem Sinne gibt aber ein merkwürdiges Fragment von Xanthos vielleicht eine Parallele. Fellows[2] zog es mit einigen alterthümlichen Sculpturen aus einer Mauer beim Theater, zwischen dem Harpyienmonument und der sogenannten Akropolis. Fig. 57 a stellt das Fragment von vorn, b schräg von rechts, in kleinerem Massstab c und d von hinten dar. Es ist aus Kalkstein, 0·74 Meter hoch und breit, 0·42 Meter dick, und bildete die Ecke eines Grabes, sei es eines hohen Sargkastens, oder was wahrscheinlicher ist, einer dem Har-pyienmonument entsprechenden Kammer eines Pfeiler-grabes. Den Schaft eines solchen, welcher Reste einer lyki-schen und einer griechischen Inschrift trug, fand Fellows,[3]

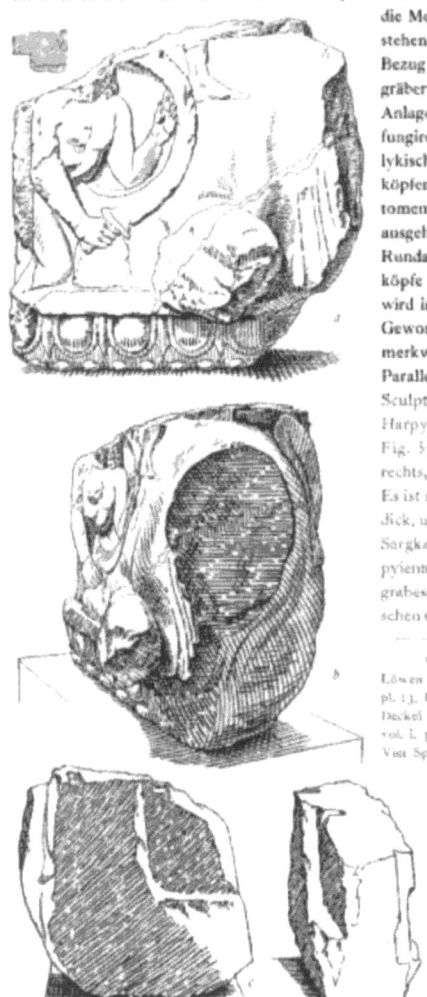

Fig. 57. Kalksteinsculptur von Xanthos im britischen Museum.

[1] A. Michaelis, Ancient marbles in Great Britain, S. 564. Vier Löwen an dem Grabmale von Amrit (Renan, Mission de Phénicie, pl. 13). Perrot et Chipiez, Histoire de l'art III, S. 152) und auf dem Deckel des Sarkophages von Golgoi (Cesnola Cypriote antiquities, vol. I, pl. LXXIV, 476—479, Cesnola-Stern, Cyprus, Taf. XVIII). Vier Sphingen auf dem Sarkophage von Amathus (Cesnola-Stern, Taf. XLVIII, 4) und in den Giebeln lykischer Sarkophage. — Im Grabe Ramses V. zu Theben (Champollion, Noti-ces descriptives II, S. 570; S. Birch, Transactions of the society of biblical archaeology VIII, S. 388) finden sich zwei Reliefs, welche den Lauf der Sonne darstellen und in welchen vier in den vier Ecken befindliche Stierköpfe mit der Sonnenscheibe zwischen den Hörnern die vier Sonnenstände bezeichnen. Herr Dr. J. Krall macht mich auf das Grab Ramses II. (Champollion a. a. O. I, S. 404) aufmerksam, in dessen Vorhalle sich vier pfeilerartige Stützen mit Bekrönung von Stierköpfen finden.

[2] Mangelhaft veröffentlicht Fellows Lycia zu S. 173 (das Fragment scheint hoch vermauert gewesen zu sein: aus dem rechten Beine des knienden Stieres wurde in der Zeichnung ein Knabentorso, aus dem linken Knaben-fuss darüber ein Knabenarm). Vaux handbook, S. 172, n. 140**, beschreibt es genau: »fragment of sculpture from an angle of a building, containing a crouching warrior and bull, and found between the Harpy tomb and the Acropolis«.

[3] Fellows Travels and researches, S. 494. »This (das Harpyienmonument) and the neighbouring tombs stood prior to the building of the theatre, which is probably of Greek workmanship. The usual form of this structure must have been parti-

seines Decksteines und der Platten der Kammer beraubt, überbaut im südöstlichen Theile des Theaters, also in unmittelbarer Nähe. Es hat unten einen plastischen Eierstab, wie die Reliefplatten des Harpyienmonumentes einen gemalten, und wie auch bei dem zweiten grossen Pfeilergrabe von Xanthos ein besonderer Ornamentstreifen, unterhalb der für Malerei bestimmten Marmorplatten der Grabkammer angesetzt gewesen zu sein scheint;[1] auch könnte der mit dem Spitzhammer glatt behauene linke Rand auf *a*, welcher vorn einen (auch in der Zeichnung von *d* und im Grundrisse oben auf *a* angedeuteten) verticalen Falz hat, von einer Grabthüre wie am Harpyienmonumente herrühren. Diagonal springt nun in der Ecke ein Stiervordertheil heraus, den abgebrochenen Kopf, wie die schlapp herabhängende Wampe verräth, etwas niedergebeugt und deutlich kniend wie in Gjölbaschi. Auf der Höhe des Rückens bemerkt man noch einen Rest der Eckkante des Grabgehäuses, das sich über dem Thiere nach oben fortsetzte und auf den abfallenden Seitentheilen des Rückens haften links und rechts die nackten Beine verschwunener Knabengestalten, welche auf dem Stiere geklettert, oder ihn niedergedrückt zu haben scheinen. Auf *a* kniet ausserdem eine unbekleidete jugendliche Figur, die einen Schild führt, mit beiden Beinen auf dem Boden und hält in der gesenkten Rechten (die nach Murray auf einem Steine ruht) den Griff eines Schwertes, dessen Klinge vielleicht gemalt war. An ein Opfer ist nicht zu denken, gegen ein Stiergefecht[2] spricht der Schild, der in diesen Agonen nicht gebräuchlich ist. Die Darstellung ist räthselhaft, fordert aber, dass correspondirend kniende Stiervordertheile auch an den drei übrigen Ecken angebracht waren.

Schwierig ist die innere Decoration des Portals von Gjölbaschi zu deuten. Zwar die beiden Jünglingsgestalten sind verständlich als typische Bilder einer Bestattungsceremonie. Ihr Tanz ehrt die Todten und wiederholt sich an anderen Grabmälern der Landschaft. Im Heroon selbst kam er noch einmal vor, auf der einen Schmalseite des Sarkophages (Tafel XXIX, 1), und in den beiden Giebeln eines Sarkophages in Xanthos führen ihn zwei kurz bekleidete Mädchen auf, die den nämlichen Kopfschmuck tragen.[3] Auch auf einem Grabe von Kadyanda[4] tanzt ein Jüngling, ein Reigentanz von Frauen ziert das Innere des dorischen Grabhauses von Antiphellos,[5] und die Sitte sepulcraler Tänze und des hier dargestellten im Besondern, war ja weit verbreitet, wie beispielsweise ein mit dem gleichen Kopfaufsatz geschmücktes Mädchen, welches zur Flötenbegleitung neben der Grabthüre tanzt, in einem Wandgemälde von Capua begegnet.[6] Im Gegensatze zu den Lustbarkeiten der Gelage stand der religiöse Tanz bei den Joniern und in weiten Kreisen des Orients in hohem Ansehen, er war Sache der Vornehmen und bei fürstlichen Bestattungen sicherlich Sache des eigenen Geschlechts. Es ist daher möglich, dass die Grösse, welche die beiden Tänzer auszeichnet, nicht lediglich durch die zufällige Gestalt des Reliefplatzes veranlasst war. Die als goldenes Putzstück zu denkende Krone, welche nach ihrer korbartigen Gestalt Kalathos hiess, wie der Tanz bei dem sie getragen wurde,[7] war offenbar ein den Göttercukten entlehntes, rituelles Requisit. Auch die Hauptfigur des Todtenmahlreliefs trägt sie zuweilen. Vielleicht erklärt ihre Verwendung eine in missverständlicher Fassung vorliegende Nachricht, nach der die Lykier in Frauentracht getrauert haben sollen.[8]

ally sacrificed on account of these monuments, as the seats rising in the circus above the diazoma have abruptly ceased, on the western side, and have not been continued towards the proscenium. Near to one of the vomitories in the south-eastern bend of the diazoma is a similar monument to the Harpy tomb, which has had the capstone and bas-reliefs removed, and the shaft built over by the theatre. Upon one of its sides is a short Lycian inscription, and a few words referring to its repair remain upon another side in the Greek character.‹

[1] Reisen, Band I, Taf. XXV, S. 87.

[2] Friedländer, Sittengeschichte Roms II³, S. 363, mit den Zeugnissen für Kleinasien; Dilthey, Archäolog. Zeitung, 1878, S. 46; Waddington zu Le Bas, n. 499, S. 147 f. Vgl. das Relief der Sammlung Gonzenbach, Starck nach dem griechischen Orient, S. 383 und die Malerei von Tiryns, Schliemann, Tiryns, Taf. XIII, mit Erläuterung von Fabricius. Ueber assyrische Stierjagden O. Keller, Thiere des classischen Alterthums S. 62 f.

[3] Reisen, Band II, S. 6, Fig. 4.

[4] Fellows Lycia, zu S. 116. Petersen, Reisen, Band II, S. 193.

[5] Texier, Description de l'Asie mineure III, pl. 198. Reisen, Band I, S. 112, II, S. 60 (R. v. Schneider).

[6] Bullettino archeologico Napolitano N. S. II, tav. XIV.

[7] Stephani, Compte-rendu, 1865, S. 27 f. Unter den verschiedenen Schemata des Tanzes erwähnt Athenaios XIV, 630 a den ἐπαγχωνισμός, was vielleicht die Haltung des Tänzers links erläutert.

[8] Plutarch, Consolatio ad Apollonium 21, VII, S. 429 ed. Reiske τὸν γοῦν Λακῶν νομοθέτην φασὶ προστάξαι τοῖς αὐτοῦ πολίταις, ἐὰν πενθῶσι, γυναικείας ἠμφιεσμένους ἐσθῆτα πενθεῖν ἱερμαίνειν βουληθέντα, ὅτι γυναικεῖόν τι τὸ πάθος ἐστί, καὶ οὐχ ἀρμόττον ἀνδράσι

Die Innenverzierung des Thürsturzes stellt dagegen ein Problem, und zwar ein solches von religions-geschichtlicher Bedeutung. Aus der Haltung der übrigen Bildwerke fällt sie als etwas Absonderliches, Minderwerthiges und in gewissem Sinne Gemeines heraus. Aber als epichorisch lässt sie sich darum doch nur sehr bedingt bezeichnen. In Lykien findet sich sonst nichts Aehnliches, vielmehr ist der orientalische Ursprung der Darstellung, wie sehr sie auch griechischerWeise genähert sein möge, nicht in Abrede zu stellen.

Von den acht zwerghaften Gestalten ist nur eine, die von links fünfte, näher bekannt. Sie trägt die wesentlichen Merkmale des ägyptischen Gottes Bes, den die Griechen Besas nannten. Ein Versuch, das Verständniss des fraglichen Ganzen zu gewinnen, musste daher an diesem Theile einsetzen. Da jedoch ein Studium der bisherigen Literatur über den Gott Bes alsbald auf Lücken und unausgeglichene Wider-sprüche stiess, zugleich aber auch auf eine für Gjölbaschi möglicher Weise nutzbare Combination führte, deren Werth zu prüfen war, so wurde die Mitwirkung eines Aegyptologen nothwendig, und ich bin Herrn Jakob Krall dankbar, dass er dieselbe gewährte. Nicht nur zu einer gemeinsamen Sammlung und Durch-sicht der erreichbaren Ueberlieferung liess er sich freundlich bereit finden, sondern auf Grund dieser Vor-arbeit, bei der uns Herr Wolfgang Reichel vielfach behiflich war, führte er eine Untersuchung aus, die er hier zur Verfügung stellte.

Ueber den ägyptischen Gott Bes
von
Jakob Krall.

§ 1. Bisherige Ansichten.

Die sonderbare, aus dem Rahmen der übrigen Götterdarstellungen heraustretende zwerghafte Gestalt mit Bart, grossen Ohren, dem Gesicht in Vorsicht, krummen Beinen, einem Thierfell mit langem her-abhängenden Schwanze hat jederzeit das Interesse der ägyptologischen Forschung beschäftigt. Man nannte sie im vorigen Jahrhunderte Bakchos und in unserem Typhon und später Bes. Fand sich in einer freilich der spätesten Zeit angehörigen Inschrift Gott Bes als aus dem Lande Punt — es ist darunter das südwestliche Arabien, das Sabäerland und die gegenüberliegende afrikanische Küste gemeint (Lieblein, Handel und Schiff-fahrt auf dem rothen Meere in alten Zeiten, S. 11 f.) — kommend bezeichnet, worauf Brugsch (Geogra-phische Inschriften altägyptischer Denkmäler, II, S. 16) aufmerksam gemacht hat, so schien das Problem gelöst, und es stand seitdem fest, dass Bes ein aus Arabien importirter Götze sei. Noch 1879 konnte Erman (Numismatische Zeitschrift v. Sallet, IX, S. 296 f., Taf. VI) bei Besprechung einiger angeblich im nordwest-lichen Arabien gefundenen Münzen bemerken, dass endlich Gott Bes auch auf arabischem Boden nach-gewiesen sei, was Hommel in seinem neuesten »Abriss der Geschichte der vorderasiatischen Culturvölker und Aegyptens« (Handbuch der Alterthumswissenschaft von Iwan Müller, Bd. III, S. 48) veranlasste, den Blick von Arabien bis Mesopotamien schweifen zu lassen und Bes als Verzerrung des Gottes Nergal, welcher über Südarabien nach Aegypten gekommen wäre, in Anspruch zu nehmen.

Vorsichtig und sachgemäss wie immer hat sich de Rougé über die Frage geäussert. Indem er hervor-hebt, dass »aucune divinité égyptienne n'est aussi peu connue jusqu'ici«, bemerkt er in Bezug auf das Alter der Darstellungen des Gottes Bes: »ses représentations sont rares sur les monuments anciens, elles existent néanmoins depuis une très-haute antiquité« und äussert sich nur unbestimmt über seine Ableitung aus Arabien, welche er der Legende zuweist (Notice sommaire des monuments égyptiens du Musée du Louvre, 1879, S. 143). Pierret (Le Panthéon Égyptien, S. 8) und Birch (bei Wilkinson, Manners and Customs of the ancient Egyptians III², S. 11) haben sich für arabische Herkunft des Gottes Bes erklärt. Der Letztere lässt die Darstellungen desselben (bei Wilkinson II², S. 13) erst mit Scheschonk und seinen Nachfolgern, also mit dem zehnten Jahrhunderte v. Chr., beginnen. Für Ebers steht die Provenienz des Gottes aus dem Auslande fest, er findet es schwer, die verschiedenen Fassungen und Attribute des Gottes zu erklären (diffi-

---

cile a spiegarsi; Antichità Sarde e loro provenienza, Annali dell' Instituto, 1883, S. 78 und 114). Auch Maspero leitet den Gott Bes aus der Fremde, speciell aus Arabien (Punt) ab (Guide au Musée de Boulaq, 1883, S. 155 zu Nr. 1709) und lässt ihn dann von Aegypten aus nach Phönikien und Griechenland eingeführt werden. Für die Verbreitung des Bes nach Phönikien und von da nach Griechenland und weiter liegen die sorgfältigen Untersuchungen von Heuzey vor (L. Heuzey, Sur quelques représentations du dieu grotesque appelé Bès par les Égyptiens, Académie des inscriptions et belles-lettres, Comptes rendus 1879, Paris 1880, S. 140—149; Catalogue des figurines antiques du Musée du Louvre, S. 77; Les figurines de terre cuite du Musée du Louvre, pl. 8, S. 6; Papposilène et le dieu Bès, Bulletin de correspondence hellénique VIII, S. 161—167; vgl. Körte, Etruskische Kunstwerke von Orvieto, Archäologische Zeitung, 1877, S. 112. A. de Longpérier, Musée Napoléon III, Taf. XIX). Die Untersuchungen von Raoul-Rochette (Sur l' Hercule assyrien et phenicien, Mémoires de l' Institut royal de France, Académie des inscriptions et belles-lettres, Bd. XVII, S. 1 f.) sind ohne Verwerthung der ägyptologischen Quellen gemacht und daher in den einschlägigen Partien fast ganz veraltet. Schärfer glaubte Pleyte, der in seinem Werke »Chapitres supplémentaires du livre des Morts II, S. 111 f.« dem Gotte Bes eine monographische Behandlung hat zu Theil werden lassen, das Auftauchen des Gottes im ägyptischen Gesichtskreise präcisiren zu können, indem er annahm, dass Gott Bes erst in der Zeit des Königs Tearko († 664 v. Chr.) auf ägyptischen Denkmälern dargestellt und darum wohl aus Aethiopien eingeführt worden sei. Wiedemann bemerkt dagegen, dass Gott Bes bereits auf Denkmälern der Thetmösidenzeit vorkomme, und äussert sich unbestimmt über die Herkunft des Gottes aus Arabien (Aegyptische Geschichte I, S. 23 und 391).

Dem gegenüber scheint eine nochmalige Revision des vorliegenden bildlichen Materials geboten zu sein; wir sind hiebei in der angenehmen Lage, nicht blos mit hieroglyphischen mythologischen Texten, sondern auch mit Denkmälern operiren zu können, welche von Jedermann sich controliren lassen. Indem sich die Forschung auf dem Gebiete ägyptischer Mythologie den höchsten Aufgaben der Wissenschaft, den Fragen nach den philosophischen Speculationen, welche dem gesammten Götterglauben zu Grunde lagen, mit Vorliebe zuwandte, ist das Detail, wie mich dünkt, über Gebühr vernachlässigt worden. So kommt es, dass wir auf diesem vielleicht wichtigsten Gebiete ägyptologischer Studien nur über eine geringe Anzahl fester Punkte, welche als Basis für weitere Forschungen dienen können, verfügen und jeder neue Mitarbeiter vor demselben Chaos wie seine Vorgänger steht.

Vorerst lassen wir eine Zusammenstellung der wichtigsten uns erreichbaren Besdarstellungen, nach den in der nachfolgenden Untersuchung gegebenen Gesichtspunkten geordnet, folgen:

§ 2. Katalog.

Aegypten.

1. (Fig. 58.) Tempel von Luxor, Geburtshaus Amenôthes III., um 1400 v. Chr. — III Lepsius 74.
2. (Fig. 59.) Nördlicher Denderahtempel aus der Zeit von Nerva oder Traian. — IV Lepsius 82 b.
3. (Fig. 63.) Nördlicher Denderahtempel aus der Zeit von Traian oder Hadrian. — IV Lepsius 85 b, c.
4. (Fig. 61.) Tempel von Erment aus der Zeit des Ptolemaios Kaisaros. — IV Lepsius 65.
5. (Fig. 64.) Nördlicher Denderahtempel (?). — Wilkinson III², S. 151, Nr. 535.
6. — Nördlicher Denderahtempel. — Description de l' Égypte, Antiquités IV, Taf. 33, 2.
7. (Fig. 60 a, b.) Unterägypten, derzeit in Oxford, Nr. 627, aus der Zeit Thetmôsis III., 15. Jahrhundert v. Chr.; vgl. Catalogue of the Egyptian Antiquities in the Ashmolean Museum, 1881, S. 35.

8. (Fig. 65.) Louvre. — Pierret, Le Panthéon Égyptien, S. 47.
9. (Fig. 67.) Relief im Tempel von Dakkeh. — Gau, Denkmäler von Nubien, Taf. 36, 1; Champollion, Monuments, Taf. I, 2; Notices descriptives I, S. 115; Prisse d'Avennes, Histoire de l'art égyptien, Text S. 146; Wilkinson I³, S. 469, Nr. 236.
10. (Fig. 68.) Louvre. — Pleyte, Chapitres II, Taf. zu S. 132.
11. (Fig. 69.) Louvre. — Pleyte, a. a. O.

12. (Fig. 66.) Louvre. — Pierret, Le Panthéon Égyptien, S. 47.

13. — Statuette, Berliner Museum. — Erman, Aegypten II, 529.

14. (Fig. 93.) Säulenverzierung im südöstlichen Tempel von Wadi es-Sofra. — V Lepsius 75.

15. — Siegel, Terracotta. — Caylus III, Taf. IV, Nr. 1 und 2, Text S. 16 f.

15 a, b. Bulak, Maspero, Guide au Musée de Boulaq, S. 228 und 182, Nr. 4587 (auf Holztäfelchen) und 2564 (aus Gold).

16 a, b. (Fig. 92 und 95.) Als Pilasterfigur, Gebel Barkal. — V Lepsius 6, danach bei Pleyte, a. a. O. II, Taf. zu S. 113.

17. (Fig. 62.) Am Abacus einer Säule im Denderahtempel. — IV Lepsius 83 c, und Description de l' Égypte, Antiquités IV, 33 (s. Nr. 6 und 3, vgl. Wilkinson III², 149, Nr. 533, und Francis Frith, Egypt, Nubia and Ethiopia mit Noten von Sharpe, Taf. VIII, S. 19).

18. Viermal am Abacus einer Säule im Denderahtempel. — Maspero, Archéol. Égypt., S. 56, Nr. 59.

19. (Fig. 72.) An einer Büchse von Holz, British Museum. — Wilkinson II², S. 13, Nr. 282.

20. (Fig. 79.) An einem Sistrumgriffe, Berliner Museum. — Wilkinson I², S. 499, Nr. 529.

21. An einer Büchse für Kohl, Alnwick Castle. — Wilkinson II², S. 348, Nr. 451, 2 und 3.

22. (Fig. 70.) Beskopf als Deckel eines Gefässes, Relief in einem Grab in Qurnah, Theben, aus der Zeit Ramses X. — Champollion, Monuments II, 158; Rosellini, M. C. II, 58, 4 und Text II, 350; vgl. Wilkinson II², S. 7, Nr. 273, 2.

23. Beskopf als Verzierung des Griffes an einem Metallspiegel. — Wilkinson II², S. 351, Nr. 455, 1.

24. (Fig. 71.) An einer Kopfstütze, dreimal, aus einem Grab von Qurnah, Theben, Ramessidenzeit. — Champollion II, 159.

25. Auf einer Kopfstütze, Leidener Museum. Nach der Beischrift gehörte sie einem Sotem' od Pharao's — Leemans, Monumenten II, Taf. LXXIV, Text S. 49, Nr. 546.

26. Auf einer Kopfstütze, Leidener Museum. — Leemans, a. a. O., Nr. 547.

27. (Fig. 78.) Auf einer Kopfstütze, Sammlung Abbott. — Champollion, Monuments V, Taf. XLVII, Nr. 23 und Text S. 9.

28. (Fig. 74). Auf einem Elfenbeinstücke, Louvre. — Perrot und Chipiez, Histoire de l' art, I, S. 838, Nr. 577.

29 a, b. (Fig. 75 und 76.) Auf Silbermünzen mit attischen Typen. — Zeitschrift für Numismatik IX, Taf. 6.

30. Hohle Besstatuette aus glasiertem Thon, Salbgefäss (?). Sammlung Posno, Pleyte, a. a. O. II, S. 115.

31. (Fig. 80.) Vignette zum 28. Todtenbuchcapitel, in einem Papyrus der Thetmosidenzeit (16.—15. Jahrhundert v. Chr.); vgl. Naville, Einleitung zum Todtenbuche, S. 97.

32. (Fig. 81.) Relief in dem Grabe Seti II. in Biban el-Molûk (zweite Hälfte des 13. Jahrhunderts v. Chr.). Als Vignette zum 145. Capitel. — III Lepsius 206 a; Champollion, Notices descriptives I, 452, und danach bei Naville, Todtenbuch, Taf. CLVII; vgl. Chabas, Antiquité historique², S. 148.

33. (Fig. 82.) Todtenbuch von Turin, ed. Lepsius, Cap. 145, Z. 71 f.

34. Statuette, British Museum. — Sharpe, Mythology, S. 60; Pleyte, a. a. O. II, Taf. zu S. 123.

35. (Fig. 73.) Statuette, British Museum. — Wilkinson III², 150, Nr. 534; Bonomi and Arundale, Taf. 23, Nr. 85, und danach Pleyte, a. a. O. II, Taf. zu S. 118.

36. Statuette, Louvre. — Pierret, Le Panthéon Égyptien, S. 47.

36 a. Broncestatuette, Bulaker Museum, Nr. 1731, Maspero Guide, S. 158. Vgl. Nr. 5, 4, 2.

37. Statuette, Wilkinson III², 152, Nr. 536.

38. Statuette, Wilkinson III², 148, Nr. 532.

39. Basrelief, rother Jaspis. — Caylus III, Taf. V, Nr. 1 (Text S. 23).

40 a, b. — Statuette aus glasiertem Thon. — Caylus III, Taf. IV, Nr. 4 (Text S. 21) und VI, Taf. IX, Nr. 3 (Text S. 27).

41. — Terracotta. — Caylus VI, Taf. LXXII, Nr. 3 (Text S. 240).

42. — Basalt, Glyptothek in München, Brunn, Beschreibung⁵, S. 31, Nr. 20.

43. — Louvre, Salle historique 504, Beskopf als Amulet mit der Cartouche Thetmôsis III. — Wiedemann, Aegyptische Geschichte I, 367.

44. — Bulak, Besstatuette, auf der Brust die Cartouche Amenôthes III. — Wiedemann, a. a. O. II, 391.

45. — Sammlung Alnwick Castle, Besstatuette mit dem Namen Scheschonk I. — Athenaeum, 1883, Nr. 2906, S. 24; Wiedemann, a. a. O. II, 550.

46. — British Museum, Beskopf. — Wilkinson II³, S. IV.

47. — Naukratis, Beskopf. — Flinders-Petrie, Naukratis, Taf. XXXVIII, Nr. 14 (vgl. Nr. 15).

48. — Naukratis, Beskopf. — Flinders-Petrie, a. a. O., Taf. XX, 3, 8.

48 a. — Glasierter Thon, Beskopf. — Caylus VII, Taf. VII, 3, Text S. 17.

49. — Statuette aus glasiertem Thon. — Bulak, Maspero, Guide S. 182, Nr. 2559.

50. — Statuette, Louvre. — Pleyte, a. a. O., II, Taf. zu S. 123, Nr. 3.

50 a. — Sammlung Hay, British Museum (33, 36). — Pleyte, a. a. O. II, Taf. zu S. 123.

50 b. — Statuette, Sammlung Posno, Nr. 335. — Pleyte, a. a. O. II, S. 122.

50 c. — Statuette, British Museum (?). — Bonomi and Arundale, Taf. XXIII, Nr. 81.

51. (Fig. 88.) Relief an einem Naos. — Naville, Goshen and the Shrine of Saft el-Henneh II, Z. 6, III, Z. 4, V, Z. 2, 4.

52. — Porzellan. — Caylus VII, Taf. V, Nr. 1, 2, Text S. 11.

53. (Fig. 89.) Relief an einem Naos. — Naville, a. a. O. III, 3.

53 a. — Sammlung Posno, Nr. 210, Bes mit Discus auf dem Haupte. — Pleyte, a. a. O. II, S. 119.

53 b. — British Museum, Nr. 1207, Bes mit dem linken Ut'aauge. — Pleyte, a. a. O. II, S. 120.

54. (Fig. 85.) Bes Harpokrates nährend. — Leidener Museum A, 1188ᶜ. — Pleyte, a. a. O., Taf. zu S. 119.

54 a. — Bulak. — Mariette, Album photographique, Taf. IX, vgl. Maspero, Guide S. 162, Nr. 1784.

55. (Fig. 86.) British Museum. — Bonomi and Arundale, Taf. XXIII, Nr. 83.

56. (Fig. 84.) Bronce, Leidener Museum, Nr. A, 1190. — Leemans, Monumenten I, Taf. XV.

57. — Statuette, Bes mit Jugendlocke. — Wilkinson III³, S. 152, Nr. 537.

58. — Bes als Amon mit Keule und Krone Oberägyptens, Museum von Liverpool. — Wilkinson III³, S. 13 Nr. 496, vgl. Sammlung Posno, Nr. 672 und 449.

59 a. — Bes als Mumie, Louvre. — Pleyte, a. a. O. II, 117.

59 b. — Bes auf einem Apis-Naos, Louvre. — de Rougé, Notice, 1879, S. 62.

59 c. — Besstatuette aus glasiertem Thon, Leiden, A, 1188a. — Pleyte, a. a. O. II, Taf. zu S. 119.

60. (Fig. 83 a, b.) British Museum, Nr. 1211a. — Pleyte, a. a. O. II, Taf. zu S. 120.

61. — Scarabaeus aus Naukratis. — Flinders-Petrie, a. a. O., Taf. XXXVIII, Nr. 149.

61 a. — Scarabaeus, Leidener Museum. — Leemans Monumenten I, Taf. XXVII, Nr. 934.

61 b. — Scarabaeus aus Naukratis. — Flinders-Petrie, a. a. O., Taf. XXXVIII, 14.

61 c. — Bes auf dem Lotos, vor ihm ein knieender Affe, Sammlung Posno, 382. — Pleyte, a. a. O. II, S. 120.

61 d. — Statuette, Louvre, Bes von vier Affen umgeben. — Pleyte, a. a. O. II, S. 121.

62. — Weiblicher Bes, Statuette von Turin. — de Rossi bei Pleyte, a. a. O. S. 136.

63. — Statuette von Leiden. — Pleyte, a. a. O., S. 136.

64. — Terracotta aus Naukratis. — Flinders-Petrie, a. a. O., Taf. XIX, Nr. 4.

64 a. — Blauglasierter Thon, aus dem Faijum (?) Berliner Museum. — Cesnola, Cypern, S. 414.

65. (Fig. 90.) Amulet, Horos auf den Krokodilen.— Wilkinson III², zu S. 152, Taf. XXXIII, als Specimen.
66. (Fig. 87.) Naukratis. — Flinders-Petrie, a. a. O., Taf. XXXVIII, 157.

Aethiopien.

67. (Fig. 91.) Nordöstlicher Tempel von Wadi es-Sofra. — V Lepsius 74 a.
68. (Fig. 94.) Säulenverzierung am südöstlichen Tempel von Wadi es-Sofra. — V Lepsius 75.
    Vgl. oben Nr. 16 a, b, 9 und 14.

Phönikien.

69. — Nekropole von Marathos, Terracotta. — Longpérier, Musée Napoléon III, Taf. XIX, Nr. 1.
70. — Nekropole von Marathos, Terracotta. — Longpérier, a. a. O., Nr. 3.
71. (Fig. 101.) Terracotta, Louvre. — Heuzey, Terres cuites du Louvre VIII, 4.
72. (Fig. 100.) Terracotta, Louvre. — Longpérier, a. a. O., Nr. 2; Heuzey, a. a. O. VIII, 1; vgl. Perrot
    und Chipiez, a. a. O. III, 65, Nr. 22.
73. (Fig. 96.) Terracotta, Louvre. — Heuzey, a. a. O. VIII, 5.
74. (Fig. 97.) Terracotta, Louvre. — Heuzey, a. a. O. VIII, 2; Perrot und Chipiez, a. a. O. III, 408, Nr. 279.
75. — Scarabaeus. — Lajard, Le culte de Mithra, Taf. LXIX, 2.
76. — Scarabaeus. — Lajard, a. a. O., Taf. LXIX, 5.
77. — Scarabaeus. — Lajard, a. a. O., Taf. LXIX, 3.
78. (Fig. 98.) Scarabaeus. — Lajard, a. a. O., Taf. XXXIV, 14.
79. (Fig. 102.) Scarabaeus. — Lajard, a. a. O., Taf. LXIX, 1.
80. (Fig. 99.) Scarabaeus. — Lajard, a. a. O., Taf. LXIX, 4.
81. — Münzen von Cossura(?). — Gesenius, Monumenta, Taf. XXXIX.

82. (Fig. 103). Nimrud, British Museum, Schale aus Bronze. — Layard, Monuments of Niniveh, Taf. LXI;
    Perrot und Chipiez, a. a. O. II, S. 742.

Kypros.

83. — Amathus, Terracotta. — Cesnola, Cypern, Taf. I., Nr. 6.
84. (Fig. 104.) Sarkophag aus Amathus. — Cesnola, Cypern, Taf. XLV, Perrot und Chipiez, a. a. O. III,
    S. 610 und 611, Nr. 417 und 418.
85. — Statue, gefunden in Athieno, jetzt im Museum von New-York. — Bei Perrot und Chipiez,
    a. a. O. III, S. 533, Nr. 359.
86. — Coloss von Amathus, Museum von Constantinopel. — Sorlin-Dorigny, Statue colossale
    découverte à Amathonte (Gazette archéologique, 1879, Taf. XXI, S. 230); Perrot und
    Chipiez, a. a. O. III, Taf. zu S. 566.

87. — Besähnliche Gestalt (?) Thyateira Ak-Hissar. — Revue archéologique, 1886, Bd. I, S. 165;
    1888, Bd. I, S. 89.

88. — Amulete aus südrussischen Gräbern. — Comptes-rendus de la commission impériale
    archéologique, St-Pétersbourg, 1865, S. 195 und 201 f. und Taf. VI, 13, 14.

Sardinien.

89. — Terracotta aus Tharros, Museum von Cagliari. — Monumenti inediti dell' instituto, 1883,
    Taf. LII, Nr. 31; Perrot und Chipiez, a. a. O. III, S. 421.
90. — Scarabaeus. — Orcurti, Bullettino archeologico sardo IV, Taf. II, 13; Perrot und Chipiez,
    a. a. O. III, S. 423.

Persien.

91. (Fig. 77.) Siegel. — Layard, Niniveh und Babylon, Taf. XVIII, D, Kossowicz, Inscriptiones Palaeo-
    Persicae, S. 136, Inscriptio Arsacis in Sigillo Grotefendi.

Aus der grossen Zahl von Exemplaren, die aus etruskischer und griechisch-römischer Kunst namentlich in den Museen Italiens sich finden, seien beispielsweise folgende Stücke angeführt:

92. — »Calice di bucchero (alto 0·32 m.) acquistato dal sig. Marchese Chigi. Sul recipiente è stampata sette volte una figura seduta in guisa di nano che corrisponde col tipo dei Πάταικοι«. Helbig, Bullettino dell' instituto, 1879, S. 6; vgl. a. a. O., 1878, S. 105, und 1881, S. 186, 4.

93. — Visconti, Museo Worslejano, Taf. XVIII, 1.

94. — v. Rohden, Die Terracotten von Pompeji, Taf. L, Nr. 2 und Text S. 61 mit einer Anmerkung von Dümichen.

95. — Die von Otto Jahn in der Abhandlung über den bösen Blick (Berichte der k. sächsischen Gesellschaft der Wissenschaften, 1855, S. 88 f.) besprochenen Stücke.

96. — Terracotta, Salbgefäss, Collegio Romano.

97. — C. L. Visconti, Museo Torlonia, Taf. V, 20, »porfido rosso«, Bes trägt den »busto di Iside«.

98. — Florenz, Museo archeologico, ägyptischer Saal, Nr. 39.

99. — Museo Chiaramonti, Nr. 621.

100. — Polytechnicum in Athen, Terracotta, Nr. 628.

101. — Wien, Sacken und Kenner, Sammlungen des k. k. Münz- und Antiken-Cabinets, S. 254, Nr. 82.

§ 3. Namen des zwerghaften Gottes.

Indem wir uns nach dem Namen des zwerghaften Gottes umsehen, tritt uns die Thatsache entgegen, dass der allgemein recipirte Name Bes verhältnissmässig selten auftritt. In unserer Zusammenstellung zeigt er sich dreimal (Nr. 5 a, 4, 3), daneben finden wir andere Namen wie: [Hieroglyphen] Hit (Nr. 5 b) und [Hieroglyphen] Hait (dreimal Nr. 4), [Hieroglyphen] Hathte (Nr. 3), [Hieroglyphen] Ahte (Nr. 2), [Hieroglyphen] T(e)ttn (Nr. 4), [Hieroglyphen] Spt (Nr. 4), [Hieroglyphen] Spt ḥu Mnteu, Spt der die Sinaibeduinen niederwirft, und [Hieroglyphen] Spt, der Herr des Ostens (Nr. 29). Vollends führen die dem Todtenbuche entnommenen Darstellungen des Gottes andere Namen: [Hieroglyphen] (Nr. 32) Segeb, und [Hieroglyphen] (Nr. 31) Cherau.

Wir werden darin nicht verschiedene Gottheiten, sondern verschiedene Formen eines und desselben Gottes zu erkennen haben. In der Beilegung verschiedener Namen an eine und dieselbe Gottheit haben die Aegypter die Individualisirung derselben für gewöhnlich erschöpft. Die hundert Namen des Osiris sind bekannt genug. Bei unseren Ausführungen werden wir uns für den zwerghaften Gott des Namens Bes bedienen, da derselbe allgemein recipirt ist und auch den Griechen und Kopten, wie die folgenden Zusammenstellungen zeigen werden, geläufig war.

Die Darstellung bei Rosellini, M. C., Taf. XXIII, 3, mit der danebenstehenden hieroglyphischen Legende [Hieroglyphen] Bes(a) zeigt uns, dass Bes der Name einer grossen Katzenart ist. Nach Dr. Bilharz (bei Brugsch, Hierogl.-demot. Wörterbuch, II, 418) ist es *Cynaelurus guttatus*. Das Thierfell, welches Gott Bes über die Schulter geworfen hat, ist nach Heuzey's Untersuchungen ein Pantherfell, was schliesslich auf dasselbe hinauskommt. Er sagt in der oben angeführten Schrift »Sur quelques représentations du dieu Bes« S. 140: »Il est vêtu d'une peau de bête, non de lion, comme on le répète ordinairement, mais de panthère, si l'on en juge par les mouchetures gravées avec soin sur plusieurs représentations.« Das Verhältniss ist sonach wie bei dem Gott Sebek (= Σοῦχος bei den Griechen); denn Sebek ist der ägyptische Name des Krokodils. Bezeichnend ist es, dass die verschiedenen Benennungen, welche der zwerghafte Gott in den Darstellungen aus Erment (Nr. 4) führt, von dem Thierfelle, dem Determinativum für Thierbezeichnungen im Hieroglyphischen, gefolgt sind. Eine weitere Reihe von ähnlichen auf den Gott Bes sich beziehenden

10*

Benennungen gibt eine von Brugsch aus demselben Tempel publicirte Inschrift, Recueil de monuments égyptiens, II, Taf. 71. Wir haben es hier allem Anscheine nach mit Raubthieren zu thun, welche auf einer primitiven Culturstufe göttlich verehrt wurden, wie die Tiger in Indien.

§ 4. Bes als Personenname.

Als Personennamen finden wir Bes(a) verwendet in der Zeit der Ramessiden; in dem Papyrus Abbott erscheint der Name Pibes(a) [Hieroglyphen] (die Nachweise bei Lieblein, s. v.); in späterer Zeit kommt der Name Besmaut in thebanischen Priesterfamilien des Gottes Month häufig vor. Die Varianten des Namens sind: [Hieroglyphen]. Aber auch der Name Bes(a) zeigt sich auf thebanischem Boden [Hieroglyphen], mit den Varianten [Hieroglyphen] und [Hieroglyphen]. Ferner nennt die Pianchistele einen H(e)rbes(a) [Hieroglyphen] als Fürsten von Sa und Hesaui und einen Pibes(a) [Hieroglyphen] als Fürsten von Babylon und Nilopolis.

Häufig kommt der Name in der Kaiserzeit vor. Bekannt ist, um nur Einiges anzuführen, dass der Schüler des grossen koptischen Heiligen Schenute den Namen **BHCA** führte (Zoega, Catalogus, S. 33 und passim; vgl. Parthey, Aegyptische Personennamen, s. v.). Βησᾶς ist der Name eines Märtyrers in Alexandria (Eusebios, Hist. eccles., VI, 41, 16). Auch inschriftlich ist der Name belegt (Kaibel, Epigr. 1019, C. J. G. 4987). Eine Kome Aegyptens Βήσσα wird bei Heliodor erwähnt (Heliodor, Aethiop. 6, 3; 6, 9). Nach Suidas, s. v. Λέων I, schrieb Leon aus Byzanz, der Schüler des Platon, über das Orakel des Bes, περὶ Βησαίου, doch sind in diesem Artikel des Suidas verschiedene Leon zusammengeworfen (Müller, Fragm. Histor. Graec., II, S. 329). Dies wäre die älteste Erwähnung des Gottes Bes in hellenischen Kreisen.

Hedylos, ein Dichter des 3. Jahrhunderts v. Chr. (O. Schneider, Callimachea II, S. 43), beschreibt in einem Gedichte (Athen. XI, 497 d, Jacobs, Appendix epigramm. 30) ein vom Mechaniker Ktesibios gearbeitetes Rhyton im Tempel der Arsinoe, an welchem ein salpinxblasender Bes angebracht war. Dass hier Vers 3 ὀρχηστὴν Βησᾶν (statt βήσαν) αἴγυπτον zu lesen sei, erkannte G. Dindorf im Thesaurus s. v. βῆσσα. Athen. XI, 784 b βῆσσα ποτήριον παρ᾽ Ἀλεξανδρεῦσι πλατύτερον ἐκ τῶν κάτω μερῶν, ἐστενωμένον ἄνωθεν kennt ein gleichnamiges Gefäss bei den Alexandrinern, unten breit, oben eng (vgl. Pollux, Onom. VI, 96, Βησιακὴν als Name eines Trinkgefässes, Hesych. Βησίον᾽ ποτήριον), welche Beschreibung auf die amphoraartigen ägyptischen Gefässe, mit einem Beskopf als Verzierung nur sehr bedingt zuträfe. Sprichwörtlich nannten die Griechen Besas einen dumm dastehenden, mit offenem Munde glotzenden oder gaffenden Menschen, wo wir von Maulaffen reden; vgl. Bernhardy zu Suidas s. v. Βησᾶς᾽ ἕστηκεν, οἷον ἀχανής. οὕτως ἕστηκεν ἀχανής καὶ παταγώδης (Bernh. παταικώδης) καὶ ὑπόχωρος.

Ein ägyptischer Schurz aus Thierfell mit herabhängendem Schwanze hiess Besau [Hieroglyphen] [Hieroglyphen], abgebildet bei Lepsius, Aelteste Texte des Todtenbuches, Taf. VII und XXXVI.

In Abydos gab es nach Ammianus Marcellinus (19, 12) ein Orakel des Bes, welches bis auf Constantin bestand. Die von Sayce, Some Greek Graffiti from Abydos, Proceedings of the Society of Biblical Archaeology, 1888, S. 377 f., gefundenen Inschriften bezeugen die Richtigkeit der bestrittenen Lesung bei Ammianus und zeigen, dass die Verehrung des Bes in Abydos etwa mit dem Beginne der christlichen Zeitrechnung nachweisbar wird. Er wird als κύριος Βησᾶς, als οὐράνιος θεός, als πανομφαῖος bezeichnet. — Eine Stadt Besantinoupolis nennt Photios, Bibliotheca ed. Bekker, S. 535, 14.

§ 5. Aeltestes Vorkommen des Bes in Aegypten.

Vorerst hat uns die Frage nach dem ältesten Auftreten des Gottes Bes auf ägyptischen Monumenten und die Bedeutung dieses im ägyptischen Pantheon so singulär dastehenden Gottes zu beschäftigen. Schon die noch näher zu besprechende Darstellung Nr. 1 (Fig. 58) aus der Zeit Amenôthes III. (15. Jahrhundert v. Chr.), welche den zwerghaften Gott in seiner auch später üblichen Fassung zeigt, beweist, dass die oben erwähnte Annahme von Pleyte unhaltbar ist. In dieselbe Zeit gehört eine Besstatuette in Bulak (Nr. 44), welche auf der Brust die Cartouche Amenôthes III. zeigt. In eine noch frühere Zeit führt uns eine Steatittafel in Oxford, welche neben der Cartouche des Königs Thetmôsis III. (um 1500 v. Chr.) den Gott Bes zeigt, Nr. 7 (Fig. 60 a, b), ebenso trägt ein als Amulet dienender Beskopf im Louvre die Cartouche Thetmôsis III. (Nr. 43). Ja das Museum von Bulak besitzt den Griff eines Spiegels mit einem Beskopfe, welcher nach dem Urtheil von Mariette (bei Heuzey, a. a. O., S. 141) der Zeit von Pepi und Merenr'a, also der späteren Pyramidenzeit angehören soll.

58. (Nr. 1.)

Aus der Zeit vor dem Einfalle der Hykschos sind verhältnissmässig wenige Götterdarstellungen erhalten. Eine der ältesten, wenn nicht die älteste, ist der grosse Sphinx von Gizeh, vgl. ausserdem die Göttin M'at als Hieroglyphe II L 84 (aus Gizeh), den Gott Chnum II L 116 und die Darstellungen des Gottes Min II L 115 e aus der Zeit des Königs Merir'a. Schon diese Beispiele genügen, um zu zeigen, dass schon im alten Reiche die Typen, welche uns in so vielen Tausenden von Exemplaren aus späterer Zeit vorliegen, geschaffen waren. Bedenkt man dies, so wird man es nicht auffallend finden, dass der

59. (Nr. 2.)

60 a. (Nr. 7.)

60 b. (Nr. 7.)

auch später verhältnissmässig selten dargestellte zwerghafte Gott sich vor der Vertreibung der Hykschos nicht hat nachweisen lassen, und gewiss daraus keine Schlüsse auf eine Entlehnung aus fremden Culturkreisen ziehen wollen.

§ 6. Bes als Beschützer und Wärter des neugeborenen Sonnengottes.

Wenden wir uns nun zur Erörterung der Frage nach der Auffassung des Gottes, so ist gleich eine der ältesten Darstellungen von höchster Wichtigkeit (Nr. 1, Fig. 58). Sie entstammt dem Ma-m-mise, dem Geburtshause des Königs und Gottes Amenôthes III. in Luxor (15. Jahrhundert v. Chr.), so genannt, weil in demselben die Geburt des Königs Amenôthes III. dargestellt wird. In der oberen Abtheilung sehen wir die Schicksalsgöttinnen — die Hathoren [1] — bei der Wöchnerin, der Königin Mutemuat beschäftigt, in der mittleren zehn Götter als Repräsentanten der Zeit (des Jahres und des Lebens), in der unteren — als Vertreter des Raumes, wie sich zeigen wird — links die sperberköpfigen Seelen von Pe und die schakalköpfigen Seelen von Nechen, je drei an der Zahl, vor dem Scepter Uas und dem Symbole des magischen Schutzes Sa kniend, rechts den zwerghaften Gott, die Hände auf die Oberschenkel gestützt, mit geknickten Knieen, langem herabhängenden Schwanze, neben ihm die aufrecht stehende Nilpferdgöttin.

Ein vollkommenes Seitenstück findet die Darstellung aus der Zeit Amenôthes III. in einer um über fünfzehn Jahrhunderte jüngeren (aus der Zeit Nervas oder Traians) in Denderah, welche sich jedoch auf die Geburt des jungen Sonnengottes bezieht (Nr. 2, Fig. 59). Auch hier finden wir in der oberen Abtheilung die Hathoren thätig, nur mit dem Unterschiede, dass die Wöchnerin die Göttin Hathor, der Neugeborne Gott Horos selbst ist. In der unteren sehen wir links die schakalköpfigen Seelen von Nechen, drei an der Zahl, kniend vor den Symbolen des Lebens 'Anch und dem Scepter Uas, hinter ihnen das aufrechtstehende Nilpferd mit Messer und Sa (Schutz)-Symbol, in der hieroglyphischen Beischrift als Rert bezeichnet, rechts die sperberköpfigen Seelen von Pe, ebenfalls drei an der Zahl, vor denselben Symbolen kniend, hinter ihnen eine etwas beschädigte Gottheit, sitzend auf einem Stuhle mit Messer und Federkrone. Die danebenstehende Inschrift nennt dieselbe Ahte. Die von Lefébure, Le Mythe Osirien (Études égyptologiques, Bd. III), I, S. 113, gegebene Deutung von Ahte ist bei Berücksichtigung der parallelen Darstellung aus der Zeit Amenôthes III. unhaltbar. Die Vergleichung mit dieser Darstellung nöthigt uns, in Ahte eine Form des zwerghaften Gottes zu erkennen, deren Attribute Messer und Federkrone in der Reproduction sichtbar sind. Diese Annahme wird zur Gewissheit erhoben durch einen unten zu erwähnenden jüngst aufgefundenen Text, wo unter den Formen des zwerghaften Gottes auch Gott Ahte genannt wird (s. u. S. 89).

61. (Nr. 4.)

Noch klarer geht die Bedeutung des zwerghaft gebildeten Gottes aus den Darstellungen Nr. 4 (Fig. 61), welche dem Tempel von Denderah entnommen sind (Zeit Traians und Hadrians), hervor. In diesen erscheint Gott Bes adorirend vor Horos dem Kinde, Har-p-chrote = Harpokrates auf der Lotosblume, hinter Horos

---

[1] Vgl. Maspero im Journal asiatique, 1878, Bd. XI, S. 348 und 349. Der Papyrus d'Orbiney gibt sieben als Zahl der Schicksalsgöttinnen an (IX, 8). Ebensoviele nennt auch der grosse Zauberpapyrus der Pariser Bibliothèque nationale (ed. Wessely),

steht das weibliche Nilpferd ⬡ Rert, in der linken Hand einen Wedel (?) und zwei Messer haltend, unter der Hand steht das ⬡ Symbol. Analog sind die Darstellungen aus Erment aus der Zeit des Ptolemaios Kaisaros (Nr. 4, Fig. 61). Eine andere Darstellung späterer Zeit zeigt uns zwei zwerghaft gebildete Götter nebeneinander, von denen der eine als Bes, der andere als Hit bezeichnet ist; von beiden heisst es, dass sie anrufen ihren Herrn, d. h. den Sonnengott (Nr. 5 a, b, Fig. 64). Aus dem häufigen Vorkommen des Gottes Bes in den Mammises schreibt sich der Name Typhonien her, der von den Erforschern Aegyptens am Ende des vorigen Jahrhunderts diesen Bauwerken beigelegt wurde.

64. (Nr. 5.)

62. (Nr. 17.)   63. (Nr. 3.)

Die Vergleichung der ältesten und jüngsten Darstellungen des Gottes Bes lässt uns die Stellung desselben bei dem neugeborenen Sonnengott, beziehungsweise dessen Ebenbilde auf Erden, dem Pharao, erkennen. Aus dieser Auffassung, welche bis in die späteste Zeit lebendig sich erhält, lässt sich auch die Mehrzahl der Darstellungen und Attribute des Gottes erklären. Eine Statuette des Bulaker Museums, Nr. 54a, zeigt Bes, den neugebornen Sonnengott Harpokrates am linken Arme, mit der rechten Hand ihm Nahrung reichend. Aehnlich auf einer Statuette des Leidener Museums (Nr. 54, Fig. 85). Auf die Affen, welche zu Füssen des zwerghaften Gottes hocken, kommen wir später zurück. Nur durch die Zahl und Stellung der letzteren unterscheidet sich eine Statuette des britischen Museums (Nr. 60, Fig. 83 a, b) von der eben erwähnten.

65. (Nr. 8.)   66. (Nr. 12.)   67. (Nr. 9.)   68. (Nr. 10.)   69. (Nr. 11.)

So gewinnt auch der harfenspielende und hüpfende Gott (Nr. 8—15 a, b, Fig. 65—69, 93) seine Erklärung. Er begrüsst den eben geborenen Sonnengott und sucht denselben zu unterhalten. Beides werden wir bei Göttergruppen, mit welchen der zwerghafte Gott enge zusammenhängt, wiederfinden. Geradezu als Wärter und Beschützer des jungen Sonnengottes erscheint uns sonach der zwerghafte Gott. Durch Musik, Tanz und nicht am wenigsten durch seine grotesken Züge und seine komische Gestalt gewinnt er die Gunst seines Herrn.

Als Beschützer des Sonnengottes wird Bes in Verbindung mit Schlangen dargestellt. Die Vernichtung von Schlangen, »der Feinde des Sonnengottes«, spielt im ägyptischen Glauben eine grosse Rolle. In zahl-

---

Z. 663 f. (χαίρετε αἱ ξ τύχαι τοῦ οὐρανοῦ), und die gleich zu besprechende Darstellung aus Denderah (Nr. 2), in welcher auch die Namen der Hathoren angegeben werden. Darstellungen derselben ausserdem bei Champollion, Monuments, Taf. CXLV, 1—2, aus dem Tempel von Esneh und Kleopatra's Zeit.

reichen Darstellungen sehen wir den Verstorbenen beschäftigt, Schlangen den Kopf zu zerdrücken. In einem Grabe aus der Zeit Ramses X. (12. Jahrhundert v. Chr.) ist ein Gefäss dargestellt, dessen Deckel einen Beskopf zeigt, unter welchem zwei Schlangen aufsteigen (Nr. 22, Fig. 70). Eine ebenfalls der Ramessiden-zeit zuzuweisende Kopfstütze zeigt einen hüpfenden Bes, der mit seinen Händen zwei Schlangen gefasst hat und in die Höhe hebt (Nr. 24, Fig. 71). Ein Fragment einer Klapper aus Elfenbein im Louvre gibt eine Reihe von schützenden Gottheiten, unter diesen zwischen Anubis und der Nilpferdgöttin den zwerg-haften Gott, welcher in jeder Hand eine Schlange zerdrückt (Nr. 28, Fig. 74). Auf einer Kopfstütze der Sammlung Abbott (Nr. 27, Fig. 78) hat sowohl Bes als die Nilpferdgöttin je eine Schlange mit den Zähnen gefasst. Aehnlich der Bes auf einer Kopfstütze der Leidener Sammlung (Nr. 26).

§ 7. Zwerge im alten Aegypten.

Zwerge haben die Aegypter in ihren Haushaltungen häufig verwendet, wo sie zur Unterhaltung ihrer Herren dienten (Dümichen, Geschichte Aegyptens, S. 7 A), etwa wie noch heutigen Tages in Innerafrika Zwerge als Spassmacher vorkommen. Wir finden Zwerge in dieser Stellung bereits in den Mastaba's des Ti und Ptahhotep dargestellt (vgl. den Zwerg Nemôthes, Perrot, a. a. O. I, 665), dann in Benihassan (eine Zwergin? II Lepsius, 32; Champollion, Monuments Taf. LXXXI) und in Tell el-Amarna im Hofhalte Amenôthes IV., Chunatens (III Lepsius 91 h). Einem solchen am Hofe des Sonnengottes zu begegnen wird uns daher nicht auffallend erscheinen. Eine von Dümichen publicirte geographische Inschrift aus Karnak (Geographische Inschriften I, 31) sagt von dem Könige: »Es kommen zu ihm die Zwerge der Südländer, um als Sclaven zu dienen in seinem Hause.« Vgl. Pleyte, a. a. O. II, S. 149 f.

Der Name, den sie führen, ist 〰〰〰 (Champollion, Monuments, Taf. LXXXI), über dem Bilde eines Zwerges; danach bei Wilkinson II², 70, Nr. 337) �𓈖𓏏𓀀 (Todtenbuch, 164, 13), also Nmu. Auch im demotischen gnostischen Papyrus von Leiden kommt das Wort (II, 7) vor. Daneben erscheint der Name 𓀠𓂋𓀀 hu'a (Dümichen, Historische Inschriften I, 37, 38).

§ 8. Die Nilpferdgöttin, das weibliche Seitenstück des Bes.

In dem Bisherigen haben wir die Bedeutung des Gottes Bes noch nicht vollständig umschrieben; um noch eine Seite desselben kennen zu lernen, müssen wir zu den Darstellungen des Tempels von Luxor, beziehungsweise des Geburtshauses von Denderah, zurückkehren. Beide Male finden wir Gott Bes in Gesellschaft der Nilpferdgöttin und der schakal- und sperberköpfigen Götter von Pe und Nechen. Es gilt hier vor Allem diese Begleiter des Gottes Bes einer näheren Prüfung zu unterziehen.

In der Nilpferdgöttin haben wir das weibliche Seitenstück des zwerghaften Gottes zu erkennen. Mehrmals in unserer Zusammenstellung tritt der Zusammenhang hervor (Nr. 1, 2, 3, 4, 6, 25—28). Beson-ders charakteristisch ist der Fall, wo ein Mann des Namens 𓉐𓃞𓊪 Penbes(a) einen Naos mit einer technisch vollendeten Statue der Nilpferdgöttin weiht (Mariette, Monuments divers, Taf. 90 und 91, danach bei Maspero, L'archéologie égyptienne, S. 225), welche sich in den Ruinen von Karnak vorge-funden hat, speciell an der Stelle des der Göttin geweihten kleinen Tempels (Rochemonteix im Recueil de travaux relatifs à la philologie et à l'archéologie égyptiennes et assyriennes, Bd. III, S. 74). Wie der zwerg-haft gebildete Gott führt auch die Nilpferdgöttin verschiedene Namen, sie heisst bald 𓏭𓉐 Ape, bald 𓄿𓏏 Tauer, bald 𓂋𓏏𓀀 Rert. Als Hieroglyphe und als Name kommt sie schon in der Zeit der Amenemh'a und Osortesen auf Stelen aus Abydos vor (Mariette, Catalogue des monuments d'Abydos, S. 109 und 125). Nach Plutarch (De Iside ac Osiride, c. 19) erscheint sie in der Form Tauer, Θούηρις, als Kebsweib des Seth, des Gottes der sengenden Hitze, der Wüste, des Gegners des Gottes Horos.

Die Statuette der Nilpferdgöttin wird, wie Mariette (Catalogue des monuments d'Abydos, S. 3 und 20) bemerkt, oft in den Ruinen der Häuser gefunden, sie hatte den Zweck bösen Blick, Geister und schädliche Thiere abzuhalten. Ihr Symbol, das ☩ Sa, bedeutet den Schutz durch talismanische Mittel, als Herrin der erscheint sie in der Form Ape in der Vignette des Cap. 137 B des Todtenbuches (ed. Naville, Taf. CLI). Wir finden das Sa neben dem Lebenszeichen ('Anch) und dem Uasscepter in den oben besprochenen Darstellungen der Mammise.

Sie erscheint als Beschützerin von schwangeren Frauen und heisst in den Inschriften die »gute Amme«, der Monat Epiphi (Brugsch, Thesaurus II, S. 472) — der elfte des ägyptischen Jahres — war ihr geweiht und hat von ihr seinen Namen, vielleicht aus dem Grunde, weil der folgende der Feier der Geburt des Sonnengottes (Mesôre) bestimmt war. Aber auch dem zwerghaften Gotte wird in einer merkwürdigen Darstellung (Nr. 27, Fig. 78) der Sa-Knoten beigelegt und so seiner schützenden Kraft auch äusserlich Ausdruck gegeben. Nach der oben entwickelten Auffassung des Gottes Bes und seiner damit im Zusammenhange stehenden Darstellung in den »Geburtshäusern« wird man es begreiflich finden, dass auch dieser der besonderen Vorliebe der ägyptischen Frauen sich erfreute und demgemäss auch bei verschiedenen Toilettengegenständen Verwendung fand (Nr. 19—23, 30, Fig. 72, 79, 70). Besonders häufig finden wir endlich beide Schutzgottheiten, den zwerghaften Gott und die Nilpferdgöttin, auf den bekannten noch jetzt am oberen Nil üblichen Kopfstützen dargestellt (Nr. 24—27, Fig. 71, 78).

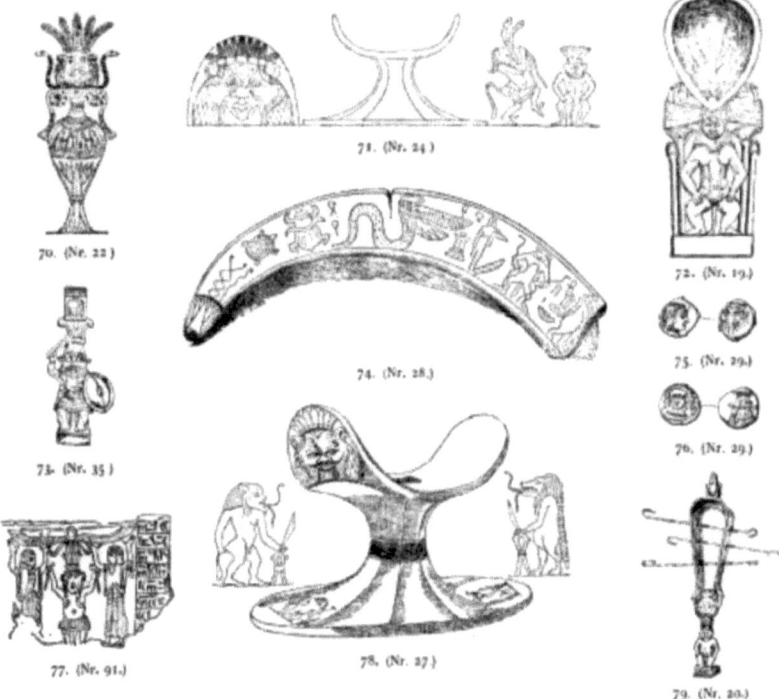

70. (Nr. 22.)

71. (Nr. 24.)

72. (Nr. 19.)

74. (Nr. 28.)

75. (Nr. 29.)

76. (Nr. 29.)

73. (Nr. 35.)

77. (Nr. 91.)

78. (Nr. 27.)

79. (Nr. 20.)

§ 9. Die Seelen des Südens und Nordens.

Noch bedürfen die Seelen von Pe und Nechen näherer Erklärung. Die Localitäten sind uns hinlänglich bekannt. auch Pe, gewöhnlich mit Tp zusammen genannt, entspricht

11

einem Quartiere in oder wahrscheinlich bei der Stadt 〈hieroglyphs〉 Buto im Delta (Brugsch, Dictionnaire géographique, S. 214f.). 〈hieroglyphs〉 oder 〈hieroglyphs〉 Nechen lag in oder bei der Stadt 〈hieroglyphs〉 Necheb, Eileithyiaspolis, in der Nähe des späteren Ortes 〈hieroglyphs〉 Esneh, Latopolis (Brugsch, a. a. O., S. 354 f.). Beide Localitäten werden geradezu als Repräsentanten von Nord und Süd genommen: 〈hieroglyphs〉 »ich verleihe Dir die weisse Krone (Oberägyptens) in Eileithyiaspolis und die rothe Krone (Unterägyptens) in Buto«, wird Pharao verheissen. Die Seelen von Pe und Nechen sind sonach die Seelen des Südens und Nordens. Das Todtenbuch hat ihnen zwei Capitel gewidmet, das 112. und 113. nach der Anordnung des Turiner Exemplars, vgl. Lefebure, Le Mythe Osirien (Études égyptologiques III), S. 9 f. Die Texte liegen uns in der Edition von Naville (Das ägyptische Todtenbuch) Taf. CXXIV, CXXV, vor. Als Seelen von Pe nennt es Horos, Amset und Hapi, als Seelen von Nechen Horos, Tuamutf und Kbhsnof, also Horos und die vier Todtengenien (über die Todtengenien als Vertreter der vier Cardinalpunkte des Himmels vgl. Naville, Aegyptische Zeitschrift, 1877, S. 40). Mit zweien der letzteren theilen sie auch die Darstellungsweise.

Die älteste Darstellung der Seelen von Pe und Nechen findet sich auf einem Armbande Amôsis I. um 1600 v. Chr. (Maspero, Archéologie égyptienne, S. 307). Dann finden wir sie in dem Mammise Amenôthes III. zu wiederholten Malen (III L 75 c). In dem Tempel zu Abydos tragen drei sperberköpfige Götter und ebensoviele schakalköpfige Götter den König Seti I. in einer Sänfte (Mariette, Abydos I, Taf. 31 b. vgl. auch Taf. 29). Eine entsprechende Darstellung liegt uns aus der Zeit Hadrians (IV L 87 a) im grossen Tempel von Philai vor. In dem grossen Saale des Grabes Seti I. finden sich auf den drei Pfeilern zur Rechten je ein schakalköpfiger, auf jenen zur Linken je ein sperberköpfiger, auf einer Standarte knieender Gott dargestellt. Es sind dies die Geister von Pe und Nechen, welche, wie die Inschrift sagt: 〈hieroglyphs〉 〈hieroglyphs〉 (Lefébure, Les hypogées royaux de Thébes, Annales du Musée Guimet IX, I, Taf. XIX—XXII) »adoriren R'a und schützen ihren Sohn, der aus ihren Gliedern hervorgegangen ist, den König«. Aehnlich in dem Grabe der Königin Ti (Champollion, Notices, S. 92) und des Zeitgenossen Seti I., des Fürsten Pauer (Wilkinson III¹, Taf. 64; Champollion a. a. O., S. 520 und Planches, Bd. V, Taf. XXX). In dem Grabe Ramses I. adoriren die Seelen von Pe Harchuti und »ihr Sohn, der König ist . . . . wie einer von ihnen, die Seelen von Nechen adoriren die Herren der Ewigkeit, der König ist einer von ihnen« (Lefébure, Le Mythe Osirien I, S. 16).

Ausserdem finden wir die Seelen von Pe und Nechen auf einem Naos mit schiefem Dache im Chonsutempel von Karnak aus der Zeit des Priesterkönigs Herhors dargestellt (III L 244 und Wilkinson III², 357, Nr. 593 a). Ferner auf einem von Caylus mitgetheilten (Bd. VI, Taf. XIV, 2 und XV, 2, Text S. 40 f.) Bronzegefässe, welches die schakal- und sperberköpfigen Geister vor Harpokrates adorirend zeigt, in dem 16. Cap. des Todtenbuches vor Horos der Unterwelt (Naville, Das Todtenbuch, Taf. XXII, L a), in der Vignette des 138. Cap. (Naville, a. a. O., Taf. CLII, Jk), und in später Zeit im Denderahtempel (Mariette, Denderah III, 27). Endlich gehören die sperberköpfigen Träger des Rundbildes der Thierkreises von Denderah hieher (Description de l' Égypte IV, 21). Sie gehören überhaupt zu den ältesten Schöpfungen ägyptischer Mythologie, schon die Texte der Pyramidenzeit kennen sie und bringen sie als Götter von Süd und Nord in Verbindung mit dem Erdgotte Seb.

Mit Vorliebe wird in den Darstellungen für jede Gruppe die Dreizahl eingehalten, entsprechend den oben erwähnten Angaben des 112. und 113. Cap. des Todtenbuches.

§ 10. Die Seelen des Ostens und Westens.

Speciell für Osten und Westen, welche Himmelsrichtungen bei dem täglichen Laufe der Sonne hauptsächlich in Betracht kamen, hat die ägyptische Mythologie eine Reihe von Göttergestalten entwickelt. Im Todtenbuche und in den mythologischen Texten finden wir neben den Seelen des Südens und Nordens auch Seelen des Ostens und Westens recht häufig genannt. Das 108. und 109. Cap. des Todtenbuches ist ihnen geweiht. Als Seelen des Westens werden im Todtenbuche Tum (die Abendsonne), Sebek (das Krokodil, welches »die untergehenden Sterne frisst«) und Hathor (die Herrin der Nacht), als Seelen des Ostens Horos des doppelten Horizontes (die Morgensonne), das göttliche Kalb und der Gott, der die Sonne jeden Tag anbetet (der Morgenstern, vgl. Brugsch, Thesaurus inscriptionum aegyptiacarum I, 72 f., Religion und Mythologie der alten Aegypter, 176) namhaft gemacht. Ebenso alt sind die Darstellungen von vier Affenpaaren, welche die auf- (und unter-) gehende Sonne adoriren (v. Bergmann, Der Sarkophag des Panehemisis I, S. 20 f.; Brugsch, Religion und Mythologie, S. 153 f.). Die Vignetten des 16. Cap. des Todtenbuches geben dafür Belege; doch wird die Achtzahl verhältnissmässig selten eingehalten. Sehr häufig ist, wohl mit Rücksicht auf die je drei Seelen des Südens und Nordens, die Sechszahl (vgl. die Ausgabe von Naville, Taf. 21). Spätere Texte bezeichnen sie als die »Seelen des Ostens und Westens« (Rosellini, M. C., Taf. XXXVIII, gibt eine Darstellung aus Edfu, welche drei adorirende Affen — sie werden bezeichnet als 𓈖𓈖𓈖 𓊵 𓏤𓍯 »Seelen des Ostens« — vor Horos auf einer Säule zeigt. In einer Darstellung des Tempels von Edfu (Dümichen, Tempelinschriften, Taf. XXVI, vgl. auch XXI) treten die vier Affenpaare mit ihren Namen auf, die begleitende Inschrift besagt: »Die Bentetaffen, welche die Morgensonne, und die Uetenaffen, welche die Abendsonne preisen, die Seelen des Ostens, welche danken dem Gott von Apollinopolis, wenn er erscheint an den Lenden der Himmelsgöttin Nut, und die Seelen des Westens, welche seine Gestalt beim Niedergang begrüssen, wenn er am Abend in den Tempel eingeht. Auserlesen sind ihre Gesänge, herrlich ihre Worte, und der Lichtgott R'a ist entzückt ihre Stimme zu hören.« Begreiflich genug werden als Gebiete, in welchen die Seelen des Ostens ihre Thätigkeit entwickeln, die Länder Punt und Uethen genannt, welche in dem äussersten Osten, den die Aegypter kannten, zu suchen sind.

§ 11. Die Nilpferdgöttin und der zwerghafte Gott als Repräsentanten von Westen und Osten.

Nachdem wir in den Seelen von Pe und Nechen Vertreter des Nordens und Südens erkannt haben, können wir zu unserem Ausgangspunkte, der Darstellung des Mammise von Luxor zurückkehren. Indem in der unteren Abtheilung derselben Norden und Süden vertreten sind, suchen wir unmittelbar nach Repräsentanten von Westen und Osten und finden die weibliche Nilpferdgöttin und den zwerghaften Gott. Thatsächlich wird die Nilpferdgöttin in Verbindung mit dem Westen in den Vignetten des 186. Cap. des Todtenbuches (Taf. CCXII) in der Ausgabe von Naville gebracht. Wir sehen hier die Tochter des Sonnengottes R'a, die Göttin Hathor, welche als 𓈖𓏏𓍯 𓊖 𓏤𓀭, die Herrin der Unterwelt (des Westens), als 𓎼𓈖 𓊖 𓏤𓀭, die Hehre der Unterwelt, bezeichnet wird — dem entspricht auch der Name, den die Göttin führt, Hathor 𓉡 bedeutet »das Haus des Horos«, welches Gott Horos nach vollbrachter Tagesarbeit aufsucht, wenn er im Westen untergeht; vgl. Pierret, Panthéon égyptien, S. 52 —, auf dem westlichen Berge, hinter welchem die Sonnenscheibe am Abende verschwindet, neben ihr steht die Nilpferdgöttin.

Zeigt sich die Nilpferdgöttin als Repräsentantin des Westens neben den Seelen des Südens und Nordens, so wird es gestattet sein, den letzten in der Reihe, Gott Bes für den Osten in Anspruch zu nehmen. Dazu war er nach den bisherigen Ausführungen recht wohl geeignet. Er ist es ja, der den Sonnengott bei seinem Aufgange begrüsst. Aus dem südwestlichen Arabien, dem Lande Punt, also aus dem fernsten ihnen bekannten Osten, liessen die Aegypter den Sonnengott wie den Phönix kommen, um in dem Lande der Mat'au in Libyen nach vollendetem Laufe über das Himmelsgewölbe sich zur Ruhe zu legen. Thatsächlich kommt auch Gott Bes aus dem Lande Punt, beziehungsweise Toneter nach den Angaben der oben besprochenen Darstellungen von Denderah und Erment (Nr. 3 und 4, Fig. 63, 64).

Die Repräsentanten der vier Weltgegenden, also des Raumes, die schakal- und sperberköpfigen Götter, das weibliche Nilpferd und Gott Bes — dies ist die Bedeutung der unteren Götterreihe der Darstellungen aus den Geburtshäusern von Luxor und Denderah (Nr. 1 und 2) — bringen dem neugebornen Könige ihre Huldigung dar. Gemeinsam ist ja diesen Göttergestalten, dass sie den Sonnengott adoriren und schützen.

§ 12. Der zwerghafte Gott ist in Aegypten autochthon, nicht aus Arabien importirt.

So erklärt sich auch die Stelle, auf welche sich die Annahme einer fremden Herkunft des Gottes Bes stützte, einfach genug. Schon die späte Zeit, aus welcher die Darstellung von Denderah stammt — Anfang des zweiten Jahrhunderts n. Chr. — hätte vor zu weit gehenden Folgerungen warnen sollen. Heisst es hier, dass [Hieroglyphen] Bes, der gute, Herr von Punt sei oder in Erment, dass er aus dem Lande Neterto komme, so ist sicherlich dies nicht so zu verstehen, dass er als fremder Gott aus Arabien in Aegypten importirt wurde, sondern die Stelle besagt nur im mythologischen Sinne, dass er mit dem Sonnengotte, dem er im Lande Punt bei seinem Aufgange gehuldigt, nach Aegypten gekommen sei. In diesem Sinne kommen die Götter überhaupt aus dem Lande Punt, und es darf nicht befremden, dass auch Horos, Hathor, Anuqe und Ammon als Herren von Punt bezeichnet werden, die Niemand deswegen aus Arabien wird ableiten wollen.

Der Beweis, dass Gott Bes mit dem Lande Punt nur im mythologischen Sinne zu thun habe, lässt sich auch negativ führen. Wir besitzen an den Wänden des Terrassentempels von Deir el-Bahari doch so ausführliche Darstellungen des Landes Punt, seiner Bewohner, seiner Pfahlbauten und Producte. Welche Gelegenheit für die ägyptischen Künstler, den angeblichen Gott des Landes Punt darzustellen! Wie interessant musste es für die in Punt landende, von der Königin H'aschop ausgeschickte Expedition sein, den aus Aegypten ihr wohlbekannten Gott nun in seinem Heimatlande wiederzufinden! Und wenn nicht anders, so musste man doch erwarten, in den begleitenden Inschriften eine Erwähnung des aus Punt angeblich gekommenen Gottes zu finden, etwa des Inhalts, dass er die Expedition glücklich in sein Heimatland geführt. Von alle dem ist in den Inschriften und Darstellungen keine Spur.

Man sieht, wenn die in § 1 erwähnten Münzen (Fig. 75, 76, Nr. 29) wirklich im nordwestlichen Arabien gefunden wurden, woran ich mit dem ersten Herausgeber derselben stark zweifeln möchte, so bleibt nur die Annahme möglich, dass sie aus Aegypten durch den Handel dahin gekommen sind, eine Annahme, die gewiss nicht die geringste Unwahrscheinlichkeit hat, vollends wenn wir berücksichtigen, dass Gott Bes, wie die Darstellung Nr. 51, Fig. 88, zeigt, im Nomos Arabia zu Hause war. Die Funde von Naville in Saft el-Henneh aus den letzten Jahren haben uns dies deutlich gezeigt. Die Form, unter der er hier hauptsächlich verehrt wurde, heisst: [Hieroglyphen] »Gott Sopt, welcher die Mnteu niederwirft«. [Hieroglyphen] Sopt als Form des Bes haben wir bereits oben in den Darstellungen aus Erment (S. 77) kennen gelernt. Die Mnte sind die Beduinen des Sinai und dann überhaupt Vertreter der Fremdvölker des Ostens.

So zeigt ihn auch die belehrende, noch unedirte Darstellung einer Steatittafel in dem Ashmolean Museum von Oxford (Fig. 60 a, b, Nr. 7), welche auf der einen Seite einen Fisch (vgl. Fig. 87 und Rosellini, M. C., Taf. LXII, 8; Champollion V, Taf. XLVIII, 5), auf der anderen Bes, mit Federn auf dem Haupte und ausgestreckten Armen zeigt, über den Händen sehen wir das Lebenszeichen ☥ 'Anch, rechts und links von Bes je einen Asiaten in flehender Haltung. Ueber dem Bes schwingt sich die Morgensonne, correct als Käfer dargestellt, in die Höhe. Die danebenstehende hieroglyphische Legende nennt den Namen des grossen Eroberers Thetmôsis III. Als Local der Scene haben wir uns Punt zu denken, wo unter Beistand des Bes der neugeborne Sonnengott seinen Lauf über das Himmelsgewölbe beginnt.

Keiner der fremden Götter, welche in Aegypten Aufnahme gefunden haben, erfreute sich einer so allseitigen Verehrung, wie Gott Bes sie nachweislich erfahren hat. Dass er ein echt ägyptischer Gott ist, beweist ferner der Umstand, dass er im Todtenbuche auftritt. Keiner der fremden Götter wird, wenn wir von den Zusatzcapiteln absehen, in dem Todtenbuche genannt. Sogar der später zu höchstem Ansehen in Aegypten gelangte Gott Amon hat keinerlei Erwähnung in demselben gefunden. Vgl. Naville, Das ägyptische Todtenbuch, Einleitung, S. 29.

§ 13. Bes im Todtenbuche.

Die meisten ägyptischen Gottheiten, welche im Lichte des Sonnengottes eine Rolle zu erfüllen hatten, finden wir auch in der Nacht der Unterwelt thätig. Sie blieb ja nach ägyptischer Lehre Niemandem erspart, die Götter unterliegen wie die Menschen dem Tode oder besser gesagt der Metamorphose, wie diese haben

80. (Nr. 31.)   81. (Nr. 32.)   82. (Nr. 33)

sie ihre Gräber. Den veränderten Verhältnissen entsprechend, haben die Götter in der Unterwelt ihre Rolle modificirt und umgestaltet. So erscheint auch Gott Bes im Todtenbuche als strafender Gott, sein groteskes Gesicht soll nunmehr Schrecken verbreiten, er wird nicht mehr als Zwerg, sondern als Mann, ja sogar als Riese dargestellt.

Wir finden ihn vorerst unter den Vignetten des 145. Cap., speciell in dem Turiner Exemplare als Wächter des einundzwanzigsten Pylons der elysischen Gefilde (Nr. 33, Fig. 82). Nach Pleyte zeigen die älteren thebanischen Redactionen dieses Capitels den Gott mit einem Leopardengesichte, geschmückt mit zwei Straussenfedern (Chapitres II, S. 111). In dem Grabe Seti II. (zweite Hälfte des 13. Jahrhunderts) finden wir den fraglichen Gott als Wächter des vierzehnten Pylons (Nr. 32, Fig. 81). Ausserdem finden wir Bes (Nr. 31, Fig. 80) als Vignette des 28. Cap. der von Naville edirten Recension des Todtenbuches (Taf. XXXIX). Der Papyrus, in dem die Vignette vorkommt, ist aus der Zeit der Thutmosiden (Einleitung, S. 97). Das Capitel handelt vom »Nicht zulassen, dass ausgerissen werde das Herz des Verstorbenen durch den Gott« (Z. 2—3), dessen Name etwa durch »Kämpfer« wiederzugeben ist. Als Unterweltsgottheit, strafender Art, trägt er Messer in seinen Händen. Dem Schrecken, den seine Erscheinung verbreiten sollte, entsprechen auch die Namen, die er führt, unter welchen der Name Bes in den uns vorliegenden Fällen nicht vorkommt. Aus einer Verquickung beider Auffassungen des Gottes Bes sind jene späten Darstellungen hervorgegangen, welche ihn vor Harpokrates huldigend mit Messern in den Händen zeigen (Nr. 5 a, 4, 2). Zuletzt erscheint er gar mit Schild und Schwert, wie ein Krieger gewappnet, schreckenverbreitend (Nr. 35, Fig. 73, Nr. 36).

§ 14. Wiederholungen des Bes.

Es lag nahe, die verschiedenen Auffassungen, in denen Gott Bes erscheint, nebeneinander zur Anschauung zu bringen. So zeigen uns die beiden Seiten einer der Ramessidenzeit zuzuweisenden Kopfstütze drei Besdarstellungen (Nr. 24, Fig. 71), auf einer anderen Kopfstütze erscheint er zweimal (Nr. 26). Nr. 5 gibt uns Gott Bes einmal mit Messern in den Händen und daneben Hit adorirend. Ein in Naukratis gefundener Stein zeigt uns drei Bes auf einem Krokodile stehend (Nr. 66, Fig. 87). Am Abacus von Pfeilern des Geburtshauses von Denderah (Nr. 17, Fig. 62, Nr. 18) finden wir vier Bes, an jeder Seite einen, an einem Friese desselben Tempels eine fortlaufende Reihe von Besköpfen (Nr. 6). In dem Tempel von Erment ist nicht weniger als neunmal die Darstellung nebeneinander wiederholt, wo der junge Sonnengott, bald als Kind auf dem Lotos, bald als Horossperber aufgefasst, von den verschiedenen Formen des Gottes

Bes und seines weiblichen Gegenstückes adorirt wird (Nr. 4). In dem Tempel von Gebel Barkal aus der Zeit Tearko's (erste Hälfte des 7. Jahrhunderts v. Chr.) finden wir Bes zu wiederholten Malen und recht zweckmässig als Pilasterfigur verwendet (Nr. 16 a, b, Fig. 92 und 95).

§ 15. Ergebnisse.

Als einen Zwerg, der dem im fernen Osten geborenen Sonnengott huldigt, haben wir Gott Bes kennen gelernt. Als Seitenstück der Nilpferdgöttin, welche die Göttin des Westens, »Hathor«, begleitet, erscheint er neben den Vertretern des Südens und Nordens, den Geistern von Nechen und Pe, als Repräsentant des Ostens. Durch Tanz und Musik sucht er seinen neugebornen Herrn zu unterhalten und sorgt als »männliche Amme« für dessen leibliches Wohl. Mit Vorliebe wird er in den Geburtshäusern der Götter und Könige dargestellt. Als strafender Gott erscheint er mit Messern in Händen im Todtenbuche. Keiner der übrigen Götter kommt ihm an Mannigfaltigkeit der Typen gleich, aber auch keine der Gestalten des ägyptischen Pantheons ist so scharf individualisirt wie Gott Bes. Er ist ein echt ägyptischer Gott, Todtenbuchtexte und Tempeldarstellungen kennen ihn seit der Zeit Thetmôsis III. Ungewöhnlich ist vor Allem, dass das Gesicht von vorn gezeichnet ist, doch trifft dies, wie unsere Zusammenstellung zeigt, nicht immer zu (vgl. Nr. 31, 32, 3, 4, 5b). Köpfe in Vordersicht kommen in ägyptischer Kunst zwar selten vor, doch zeigen sie die Sängerinnen bei Wilkinson I², S. 440 und 441 und II, S. 37, die Götter der Stundentafeln III Lepsius, 257, 258, ein gefangener Purosata in Medinet Abu, endlich eine Vignette des 182. Cap. des Todtenbuches (Naville, Das Todtenbuch, Taf. CCVIII, 3. Abth.). Dass Bes das Gesicht meist von vorn zeigt, erklärt sich daraus, dass er als Fratze die Bedeutung eines Apotropaion besitzt. So sehen die Menschenköpfe der Flügelthiere an den assyrischen Portalen dem Herankommenden stets entgegen (s. o. S. 65), und diese Eigenthümlichkeit theilt der Gott mit der griechischen Gorgo, die man neuerdings von ihm abzuleiten versucht hat. Auch die acht Figuren des Thürsturzes von Gjölbaschi richten trotz verschiedenster Haltung den Kopf gleichmässig gerade aus. Die Darstellung des Gottes Bes verhält sich zu den übrigen Götterdarstellungen wie die Zeichnungen des Turiner satyrischen Papyrus zu den entsprechenden Tempeldarstellungen.

§ 16. Bes als Sonnengott.

Diese ursprünglichen Conceptionen erscheinen in den Texten der späten und spätesten Zeit bedeutend getrübt. In der Zeit der Ramessiden beginnen, begünstigt durch den Mangel an scharfer Individualisirung, die Göttervorstellungen ineinander zu fliessen. Es kam die Lehre auf, dass die Gottheit eine sei, aber viele Namen habe. So ward Amon gleich R'a gesetzt und ward zu Amon-R'a. So entstand jenes Chaos, in dem die ägyptische Mythologie den Griechen und auch uns, vor Allem in den Texten der Ptolemäerzeit entgegentritt.

Auch der zwerghafte Gott ist von diesem Processe nicht unberührt geblieben. Vorerst sehen wir, dass er die Attribute des Sonnengottes annimmt, als dessen Wärter er ursprünglich gedacht war. Er wird wie Horos auf einem Lotos dargestellt, daneben hat er wohl auch den Kopf einer erlegten Gazelle (Horos, der Localgott von Antaeopolis, wird auf Nomosmünzen als Sperber, der mit seinen Krallen den Rücken einer Gazelle aufreisst, dargestellt; J. Rougé, Textes géographiques d'Edfou, XII nome), das heiligen Thieres des Todfeindes des Horos, des Gottes Seth in der Hand (Nr. 56, Fig. 84). Ein anderes Mal tragen Besköpfe Aufsätze mit Gazellenköpfen (Nr. 6). Eine Statuette des britischen Museums (Nr. 60, Fig. 83 a, b), zeigt Gott Bes, der auf dem Rücken eine Gazelle trägt. Ein anderes Mal schleppt Bes das dem Gott Seth speciell geweihte Thier, das Schwein herbei (Leemans, Horapollon I, 49, und Lefébure, Le Mythe Osirien, S. 57) (Nr. 50). Vgl. auch Brugsch, Dict. geogr. I, 347 und 841.

Im Nomos Arabia (s. o. S. 77) ward Horos als »Horos des Ostens« verehrt und als solcher auch sperberförmig dargestellt. Ferner — und diesen Fund verdanken wir Naville (Goshen, S. 10, Taf. II, Z. 6) — finden wir ihn zwerghaft nach Art des Gottes Bes mit Kalathos, Federkrone und Messern in den Händen, aber daneben geflügelt dargestellt (Nr. 51, Fig. 88). Der Rücken dieser Mischgestalt ist (Nr. 53, Fig. 89) der eines Sperbers. So findet eine Statuette bei Caylus (Nr. 52), einen Bes darstellend, den Rücken »formé par le corps d'un épervier« und die Stelle eines späten Zusatzcapitels des Todtenbuches (Pleyte, Chapitres, II, S. 107), ihre Erklärung:

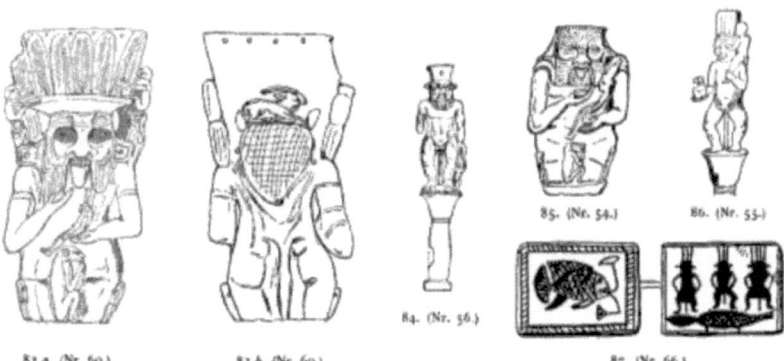

83 a. (Nr. 60.) 83 b. (Nr. 60.) 84. (Nr. 56.) 85. (Nr. 54.) 86. (Nr. 55.) 87. (Nr. 66.)

»eine Gestalt (eines Gottes), der die Hand aufhebt, das Gesicht eines Bes hat mit Federn und den Rücken eines Sperbers«. In dieser Form wird Gott Horos des Ostens als ⸣⸢⸣⸢⸣ Gott Sopt (Sperber), welcher die Mnteu (s. o. S. 77) niederwirft, aufgefasst. Vgl. ⸣⸢⸣⸢. Wilkinson II², S. 228; Brugsch, Geographische Inschriften I, S. 32 f. Daneben heisst es einmal von dem in Besform dargestellten Gott: ⸣⸢⸣⸢⸣⸢ »er schlachtet seine Widersacher in seiner Form als Ahte« (Naville, Goshen, Taf. I, Z. 5; vgl. Text S. 7 und Anm. 5), welche Form wir oben (S. 80) bei Besprechung des Geburtshauses in Denderah kennen gelernt haben.

Als Sonnengott wird Gott Bes ferner dargestellt in Verbindung mit Löwen (Nr. 49, 50, 50 a, 50 b, 58 a). Nr. 50 c gibt statt Löwen Sphinxe. Der Thron des Gottes Horos wird von zwei Löwen getragen. Vgl. die Vignetten des 17. Cap. des Todtenbuches (ed. Naville, Taf. XXVII). Nr. 57 hat er die Jugendlocke des Gottes Horos. Endlich finden wir auch Gott Amon als Bes, wenn auch mit einigen Variationen dargestellt (Nr. 58). Die hieher gehörigen Stellen hat Golenischeff in seiner Edition der Metternichstele gesammelt (S. 18 und 19, vgl. auch Chabas in der Aegyptischen Zeitschrift, 1868, S. 99), auf einer Statuette heisst er Amon, auf einer anderen gar Osiris Amon.

§ 17. Die Achtgötter.

Noch haben wir auf eine Verbindung des Gottes Bes mit einem wichtigen Kreise aufmerksam zu machen. Schon oben haben wir die »Seelen des Ostens und Westens« unter der Form von vier Affenpaaren kennen gelernt. Texte der späteren Zeit lassen diese mit einer anderen Gruppe von acht Göttern, den sogenannten Elementargöttern, abwechseln. Für unseren Zweck bleibt es gleichgiltig, ob wir es hier mit ursprünglichen Conceptionen oder späteren Entwicklungen zu thun haben. Nachweislich seit der Zeit des Königs Amasis II. (6. Jahrhundert) finden wir die vier männlichen Elementargötter mit Frosch-, die vier weiblichen mit Schlangenköpfen dargestellt, beide mit Schuhen, welche die Form eines Schakalkopfes zeigen. Lepsius glaubte in diesen Götterpaaren die Vertreter der vier Elemente nach griechischer Lehre erkennen zu können (Die Götter der vier Elemente, Denkschriften der Berliner Akademie, 1851).

Nach einer Inschrift von Dêr el-Medineh (Dümichen, Kalenderinschriften I, 70) heissen die Achtgötter »die Väter des R'a, die Kinder des Tanen (eine Form des Ptah von Memphis), die grossen Götter, die geboren hat Tanen in Theben, die Starken, die Harfenschläger von Theben« (v. Bergmann, Der Sarkophag des Panehemisis I, 21). Und durchgehends wird von den Achtgöttern hervorgehoben, dass sie ihre Freude über die Geburt des Sonnengottes durch Hüpfen, Tanzen, Singen, Harfenspielen Ausdruck geben, wie wir dies bei den Geistern der vier Weltgegenden und dem Gotte Bes kennen zu lernen Gelegenheit hatten. Hat es sich zudem gezeigt, dass Bes und sein weibliches Seitenstück, die Nilpferdgöttin, als Vertreter des Ostens und Westens gelten, so war die Verquickung mit den affenförmig dargestellten Seelen des Ostens und Westens und damit den Elementargöttern von selbst gegeben. Die Inschrift über einem der als Pilasterfigur im Tempel von Gebel Barkal verwendeten Bes bezeichnet den König Tearko als »Schöpfung des R'a, als Ausfluss der Achtgötter«, die durch den Kynoskephalos determinirt sind: ⌐☐☐☐☐☐☐☐☐☐☐☐☐ ☐☐☐☐ (V Lepsius, 6).

Dass die bildende Kunst den eben erwähnten Zusammenhängen Rechnung getragen hat, zeigt die Verbindung, in welche der zwerghafte Gott mit Affendarstellungen gebracht wird. Hier ist vor Allem auf die schon oben erwähnten Statuetten des britischen und Leidener Museums hinzuweisen: die erstere (Nr. 60, Fig. 83 a, b) zeigt uns Bes als Wärter des jungen Sonnengottes, rechts und links von seinem Kopfschmuck hocken je zwei übereinander gestellte Affen, rechts und links und zwischen seinen Beinen hockt je einer, also im Ganzen sieben, und man sieht sich leicht veranlasst, anzunehmen, dass Gott Bes als der achte des Kreises der Achtgötter, welche dem Sonnengotte huldigen, zu denken ist. Die Statuette von Leiden giebt drei Affen, welche um den Gott Bes hocken (Nr. 54, Fig. 85). Aehnlich steht es mit einer anderen Statuette des britischen Museums: Gott Bes trägt auf der linken Schulter den als Kind dargestellten Sonnengott und stützt ihn mit der linken Hand, in der Rechten trägt er einen Kynoskephalos (Nr. 55, Fig. 86). Ein von Petrie in Naukratis gefundener Scarabäus zeigt Gott Bes von zwei Affen adorirt (Nr. 61). Auch der obenerwähnte, ein Schwein tragende Bes hält zwischen den Füssen einen Kynoskephalos. Aus der Verbindung mit den Affen, den heiligen Thieren des Mondgottes Thot erklären sich auch die späten Darstellungen, welche Bes mit dem Ut'aauge, welches hier den Vollmond symbolisirt, zeigen (Nr. 53 b, vgl. 53 a).

Die Lösung der Frage, inwieweit die Verquickung des Bes mit diesen Götterkreisen bei der Wiederholung des Gottes, welche wir an mehreren Beispielen seit der Zeit Tearkos beobachten konnten (man beachte vor Allem die vier Bes an den vier Seiten eines Abacus im Mammise von Denderah), mitgewirkt hat, bleibt weiteren Funden vorbehalten.

Aber auch das weibliche Seitenstück des Bes, die Nilpferdgöttin, ist von diesen Verquickungen nicht unberührt geblieben. Wie Bes mit Horos, so wird sie ihrerseits mit Hathor identificirt und erscheint als solche von Affen umgeben und einen derselben nährend auf Statuetten von Turin und Leiden (vgl. Nr. 62—64 a).

§ 18. Horos auf den Krokodilen.

Die verschiedenen Beziehungen des Gottes Bes finden sich fast sämmtlich auf einigen jener »Horos auf den Krokodilen« genannten Talismanen vereinigt, welche den ägyptischen und allgemeinen Grund-

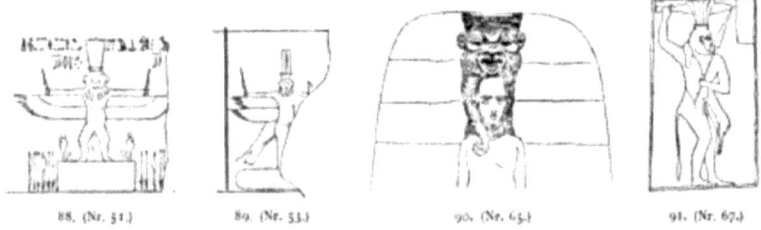

88. (Nr. 51.)   89. (Nr. 53.)   90. (Nr. 65.)   91. (Nr. 67.)

satz, in zweifelhaften religiösen Dingen nichts auszulassen, was irgendwie nützlich sein könnte, recht hübsch illustrirt, jenen Grundsatz, der sie veranlasste, alle erdenklichen Schreibfehler in ihre Todtenbücher als Varianten aufzunehmen. Während die ursprünglichen Fassungen der Horosstelen Harpokrates auf zwei Krokodilen und über ihm für gewöhnlich das uns wohlbekannte Gesicht des Gottes Bes zeigen (Nr. 65, Fig. 90), ersetzen spätere Darstellungen (vgl. die Reproduction bei Pleyte, Chapitres II, Taf. XVII) Harpokrates geradezu durch Gott Bes, den sie freilich nach Art des Gottes des Nomos Arabia (vgl. o. S. 88 f.) geflügelt und mit einem Sperberrücken darstellen. Als Fussbekleidung hat er Schube mit Anubisköpfen wie die Elementargötter.

§ 19. Die äthiopischen Darstellungen.

Die äthiopischen Darstellungen bedürfen einer gesonderten Behandlung. Weniger gilt dies von den oft erwähnten Besdarstellungen des Felsentempels von Barkal aus der Zeit Tearkos (Nr. 16 a, b, Fig. 92, 95), wo die äthiopische Cultur und Kunst noch rein ägyptisch ist und nur locale Abweichungen von der thebanischen und unterägyptischen aufweist. Hier wird Bes als Pilasterfigur verwendet. Anders steht es mit

93. (Nr. 14)

92. (Nr. 16 a.)　　　94. (Nr. 68.)　　　95. (Nr. 16 b.)

den Darstellungen von Wadi es-Sofra und Dakkeh, welche neue locale Elemente dem Typus zumischen. Wir finden Bes in Wadi es-Sofra bald sitzend, das Trigonon spielend, mit Kalathos und Federkrone (Nr. 14, Fig. 93), bald stehend, in der Linken einen Schild, in der erhobenen Rechten ein Schwert (Nr. 68, Fig. 94, vgl. dazu Nr. 67, Fig. 91, in demselben Tempel); in Dakkeh sitzend, das Trigonon spielend, bekleidet mit Halsband und Armringen (Nr. 9, Fig. 67). Eigenthümlich ist diesen Darstellungen, welche der Zeit politischer und cultureller Selbständigkeit des äthiopischen Reiches entstammen, dass in ihnen der fragliche Gott nicht als Zwerg, sondern als erwachsener Mann erscheint. In dem einen Fall, wo wir es feststellen können, hat er den Mund geschlossen. Wir haben sogar allen Grund, anzunehmen, dass der musicirende Gott in Dakkeh den Localgott Hermes Paytnuphis darstellte. So hat die äthiopische Kunst altägyptische Vorbilder willkürlich zur Darstellung einheimischer Gottheiten benützt. Zum Verständnisse altägyptischer mythologischer Anschauungen ist aus den Darstellungen in diesem entlegenen Erdenwinkel Wesentliches nicht zu gewinnen.

§ 20. Bes in Phönikien.

Ungünstiger als bei Aegypten, wo wir uns einer unversieglichen monumentalen Ueberlieferung gegenüberfinden, steht es mit Phönikien. Hier macht sich der Mangel an Funden aus älterer und neuerer Zeit, an einheimischen epigraphischen Ueberlieferungen und an literarischen Darstellungen aus dem Alterthume überall geltend. Auch hier gilt es vor Allem, sich der spärlichen sicher phönikischen Ueberreste zu vergewissern und dieselben an der Hand der gewonnenen Ergebnisse und der Angaben der Alten zu prüfen.

Zuerst sind hier die Münzen mit phönikischer Legende, welche der kleinen Insel Kossura, zwischen Sicilien und dem gegenüberliegenden afrikanischen Festlande, zugeschrieben werden, in Betracht zu ziehen (Gesenius, Monumenta scripturae linguaeque phoeniciae, S. 300; vgl. Raoul-Rochette, Sur l' Hercule assyrien et phénicien, S. 365 f.; Corpus Inscr. Semiticarum I, S. 181). Sie zeigen uns einen bärtigen Zwerg, den Gesenius geradezu als Kabiren bezeichnete, in der Rechten schwingt er einen Gegenstand, den man gemeiniglich als Hammer erklärt, der aber ebensogut ein Messer oder eine Waffe sein kann, vgl. Raoul-Rochette, a. a. O., S. 372), in der Linken hält er eine Schlange. In dem Kopfschmucke haben wir die Federkrone der ägyptischen Besdarstellungen zu erkennen. Eine Silbermünze, welche vom Duc de Luynes, Choix de médailles grecques, 1840, Taf. XII, Nr. 3, zweifelnd der persischen Herrschaft in Aegypten zugeschrieben, von Longpérier, a. a. O., zu Taf. XIX, als phönikisch bezeichnet wird, zeigt einen Beskopf ähnlich den S. 86 besprochenen, auch sonst verwandten, gleichfalls legendenlosen Münzen (Nr. 29 a, b, vgl. Nr. 48 a).

Ferner gehören hieher drei Terracotten aus der Nekropole von Amrit (Marathos), welche von Longpérier und Heuzey behandelt worden sind (Nr. 69, 70, 72, Fig. 100), eine Statuette aus glasirtem Thon, auf Kypros gefunden, welche Gott Bes, von einer nackten Göttin auf den Schultern getragen, darstellt (Nr. 74, Fig. 97), eine Terracotta, welche eine weibliche Gottheit in einem Korbe hockend und Gott Bes säugend zeigt (Nr. 71, Fig. 101), eine weitere Terracotta, auf welcher wir die weibliche Gottheit zwischen zwei hüpfenden Bes thronend erblicken (Nr. 73, Fig. 96), ein Sarkophag, von Cesnola auf Kypros entdeckt, welcher auf einer Seite vier Besgestalten, auf einer anderen vier weibliche nackte Gottheiten, alle acht Figuren in gleichmässiger Tanzbewegung, zeigt (Nr. 84, Fig. 104). Vielleicht gehört auch der bekannte Koloss von Amathus (Nr. 86) hieher. Die Schento (Schurz) einer auf Kypros gefundenen Kalksteinstatue zeigt einen Beskopf als Schmuck, über demselben das Ut'aauge, unter demselben zwei sich emporringelnde Schlangen (Nr. 85), lauter Elemente, die aus dem ägyptischen Kreise geläufig sind (S. 82). Namentlich wichtig ist, dass unter den auf Sardinien gefundenen Gegenständen phönikischer Provenienz Gott Bes ungemein häufig vorkommt (vgl. Ebers, Annali dell' instituto, 1883, S. 76 f., und Monumenti, XI, Taf. LII, S. 78: ... sembra che la mostruosa figura del Dio Bes ... abbia trovato nella Sardegna una speciale accoglienza).

Die von Layard (Nr. 82, Fig. 103) mitgetheilte in Nimrud gefundene Schale, welche allem Anscheine nach eine Reihe von zwerghaft gebildeten Gottheiten, von denen nur zwei erhalten sind, gab, ist ebenfalls dem phönikischen Kreise zuzuweisen. In den Fundamenten des Palastes von Khorsabad fand Place eine Besstatuette aus gebranntem Thon (Longpérier, a. a. O. zu Taf. XIX). Hieher gehört ferner die Darstellung eines Siegels mit persischer Keilschrift (Nr. 91, Fig. 77, vgl. Oppert, Inscriptions des Achéménides, 1851, S. 305). Ob die in südrussischen Gräbern gefundenen Bes (Nr. 88) von phönikischen oder griechischen Kaufleuten in jene Gegenden gebracht wurden, kann zweifelhaft bleiben, wahrscheinlicher ist es jedoch, dass sie auf milesische Colonien, und hier möchte man in erster Reihe an Naukratis denken, zurückgehen.

Auch die von Lajard zusammengestellten Scarabäen, welche Bes mit Thieren verbinden (Nr. 75—80, vgl. Dümmler, Jahrb. des arch. Inst. II, S. 91, Taf. VIII), stellen nur eine Nachbildung des oben besprochenen, bekannten Talismans »des Horos auf den Krokodilen« dar, wobei sie den Typus phönikischen Anschauungen und Gewohnheiten anpassen, unter Berücksichtigung der speciellen Bedürfnisse und Uebungen phönikischer Kunst. So verschwinden die Krokodile, die in Phönikien keinen Sinn hatten, dafür finden wir den Eber, den die ägyptischen Darstellungen nicht kennen. Die Rolle des Ebers in den phönikischen Mythen ist hinlänglich bezeugt (Movers, Phönizier I, S. 215 f.). Es ist möglich, dass die Phöniker diese Darstellungen, wie Heuzey meint (Sur quelques représentations, S. 142), auf ihren Gott Melkarth als Krieger und Tödter von Ungeheuern bezogen haben.

Die Rolle des Gottes Bes als Wärter des Sonnengottes, von der wir für Aegypten ausgegangen sind, ist auch in diesem fremden Darstellungskreise noch lebendig, dafür hat Heuzey mehrere Belege gesammelt (Papposilène, S. 161 f.).

Nach Hesychios führte Adonis auf Kypros den Namen Πυγμαίων wegen seiner zwergartigen Darstellung. Im Tempel von Hierapolis war ein σμικρὸς ἀνὴρ χάλκεος, ἔχων αἰδοῖον μέγα zu sehen (Lucian de dea Syria, 16). Nach Herodot III, 37 ist das Bild des Hephaistos-Ptah von Memphis dem der phönikischen

96. (Nr. 73.)   97. (Nr. 74.)   98. (Nr. 78.)   99. (Nr. 80.)   100. (Nr. 72.)

101. (Nr. 71.)   102. (Nr. 79.)   103. (Nr. 82.)

Pataiken ähnlich: πυγμαίου ἀνδρὸς μίμησίς ἐστι. Herodot schweben hier die Darstellungen des Gottes Ptah als Embryo vor, welche mit der Fratzengestalt des Gottes Bes leicht verwechselt werden konnten.

Es geht sonach aus bildlichen wie literarischen Quellen hervor, dass zwerghaft gebildete Gottheiten nach Art der ägyptischen Darstellungen des Gottes Bes in der phönikischen Mythologie eine bedeutende Rolle spielten. Da es sich ergeben hat, dass der zwerghafte Gott in Aegypten autochthon ist, so bleibt nur die Annahme gestattet, dass die Phöniker diese Göttergestalt aus Aegypten entlehnt haben.

Dabei sind zwei Möglichkeiten vorhanden: entweder haben die Phöniker für einheimische Gottheiten aus Aegypten die Darstellungsweise entlehnt, etwa wie sie ihre echtsemitische B'a'alit von Byblos nach Art der ägyptischen Isis auf der Stele des Königs Jehawmelek dargestellt haben, oder aber sie haben Gottheit und Darstellungsweise aus Aegypten entlehnt, wie dies umgekehrt die Aegypter manchmal bei syrischen Gottheiten gethan haben, so bei dem Gott Reschpu und der Göttin Kadesch. In dem letzteren Falle hätte man ein starreres Festhalten an den ägyptischen Typen und auch die Entlehnung des Namens zu gewärtigen. Da sich hiefür keine Anhaltspunkte gewinnen lassen, so wird man sich für die erste der beiden Annahmen zu entscheiden haben.

Sieht man sich in der literarischen Ueberlieferung nach Gottheiten um, für welche die Phöniker Zwerggestalten als Darstellungsform gewählt haben können, so kommt die soeben berührte, oft behandelte Stelle bei Herodot, welche die phönikischen Pataiken und Kabiren mit einer ägyptischen Zwerggestalt in Verbindung bringt, zu Hilfe. Herodot erzählt, wie Kambyses in Memphis Gräber und Tempel verhöhnt, wie er in das Heiligthum des Hephaistos hineingeht und über das Cultusbild lacht. Gemeint ist, wie gesagt, jene

Form des Ptah, in der er als Embryo mit eingeknickten Beinen, grossem Kopfe und unförmigem Leibe dargestellt wurde. Um den Griechen einen Begriff von diesem Bilde zu geben, vergleicht Herodot dasselbe mit den
auf phönikischen Schiffsvordertheilen angebrachten Pataiken, welche Zwerggestalt hätten, und bei flüchtiger
Betrachtung kann in der That die Form des Ptah mit der eines Bes verwechselt werden. Hierauf geht
Kambyses in das Heiligthum der Kabiren in Memphis, in welches nur der Priester eintrat, und verbrannte
die Cultusbilder, nachdem er auch sie verhöhnt hatte. Wenn Herodot hinzufügt, dass diese Cultusbilder
Aehnlichkeit mit denjenigen des Hephaistos hätten, so lässt sich diese letztere Bemerkung nur so verstehen,
dass von seinen Gewährsmännern — denn Herodot hat selbstverständlich das Innere des Kabirenheiligthums
nicht betreten — den Kabiren Zwerggestalt zugeschrieben wurde. Wichtig ist der Zusatz, dass die Kabiren
die Kinder des Hephaistos-Ptah seien. Die vorausgesetzte Zwerggestalt und die Vaterschaft des Ptah sind
also die beiden positiven Merkmale, die einer Untersuchung über die Natur dieser Kabiren als Handhabe
dienen können.

    Leider wissen wir nicht, was es mit dem Tempel der Kabiren für ein Bewenden hat. Es wird von
Herodot nicht gesagt, ob er phönikische oder ägyptische Kabiren im Auge habe.

    Der Name Kabire ist semitisch, und dies würde auf phönikische Gottheiten hinweisen. Denn
daran wird man trotz der Einwendungen, die noch in den letzten Jahren Crusius, bei Ersch und Gruber,
s. v. Kabiren, in schärfster Form vorgebracht hat, festhalten, dass in den Kabiren ein ursprünglich phönikischer Götterkreis vorliegt. Ihre Hauptverehrungsstätte war Berytos, auf einer spätrömischen Münze der
Stadt sind sie, acht an der Zahl, dargestellt (Eckhel, Doctr. num. vet. III, S. 354, 359, abgebildet bei
Lenormant in Daremberg und Saglio dict. s. v. Cabiri, S. 773, Fig. 918). Sie haben die Schiffahrt erfunden, nach Sanchuniaton sind sie Feld- und Meergötter. Ist also der Gedanke an phönikische Kabiren
in Memphis an sich natürlich, so kann er durch den Umstand erhöhte Wahrscheinlichkeit gewinnen,
dass in der Nähe des grossen Ptahtempels von Memphis, und zwar nördlich von demselben, rings um
das von dem Könige Proteus gebaute Heiligthum, Tyrier wohnten, weshalb der ganze χῶρος überhaupt
Τυρίων στρατόπεδον hiess. In dem von Proteus gebauten Tempel fand sich ein Heiligthum der fremden Aphrodite, also der Astarte. Thatsächlich nennt ein Grabstein aus Memphis einen Priester der Astarte. Dieses
Heiligthum des Proteus mit seinem Aphroditeheiligthum haben wir allem Anscheine nach als Anbau zum
grossen Ptahtempel zu denken. Im Sarapeum finden wir in ähnlicher Weise ein Astartéion, Asklepieion,
Aphrodition und Anubieion. Einen Tempel phönikischer Kabiren an dieser Stelle zu finden wäre daher
gewiss nicht auffallend; ja man hat aus dem Umstande, dass bei den Griechen Proteus mit den Kabiren in
genealogische Verbindung gebracht wird, geradezu geschlossen, dass der Kabirentempel im Heiligthume
des Königs Proteus lag (Movers, Phönizier II, 2, 194, 195, 75, 76). Folgt man diesen Anzeichen der Ueberlieferung, so würde man begreifen, dass diese phönikischen Kabiren eben wegen ihrer Zwerggestalt in ein
Kindschaftsverhältniss zu dem benachbarten zwerggestalten Gotte Ptah gesetzt werden konnten, und möglicherweise ist für dieses Verhältniss sogar noch ein weiterer Hinweis in der Ueberlieferung vorhanden.
Damascius berichtet im Leben des Isidor (Photios biblioth., S. 352, b. 15 ed. Bekker, vgl. O. Gruppe, Die
griech. Culte und Mythen, S. 379), dass Eschmun, der achte und vornehmste der Kabiren, in Beryt als
Asklepios für die Griechen verehrt worden sei. Asklepios ist aber Imhotep der Aegypter, der in alten
hieroglyphischen Texten als vornehmster Sohn des Ptah bezeichnet wird. ·

    Andererseits jedoch wäre möglich, dass die in Aegypten seit Jahrhunderten wohnenden Griechen,
denen Herodot seine Nachrichten im Wesentlichen verdankte, den ihnen aus der Heimat, durch phöni-
schen Einfluss, geläufig gewordenen Namen der Kabiren auf eine Göttergruppe des ägyptischen Pan-
theons übertrugen. Für diese Annahme lässt sich anführen, dass diese Kabiren als Kinder des Hephaistos-
Ptah galten, was jenen ägyptischen Inschriften, in welchen die acht grossen Götter als Kinder des Ptah-
Tanon von Memphis bezeichnet werden (s. S. 89, 90), entspricht. Auf die Verquickung dieser acht grossen
Götter mit dem zwerghaften Gotte haben wir ebenfalls aufmerksam gemacht, und es ist merkwürdig, dass
Bes in der That auch mit Ptah identificirt wurde und dessen Attribute annahm. Eine aus der Todtenstadt
von Memphis stammende Sculptur (Nr. 59 b) stellt an dem Sockel eines Bes eine Figur des Apis dar mit
der Legende: »Apis, Incarnation des Ptah«. Bes trägt einen Apisnaos über der Federkrone (Nr. 35, Fig. 73),

und an einer Statuette des Leidener Museums (Nr. 59 c) hat er einen Stierkopf im Schoosse. Nimmt er also in diesen Fällen die Attribute des Ptah an, so geht eine Statuette des Louvre (Nr. 59 a) noch weiter, indem sie Bes mit Schwert und Schild geradezu in der Form des Ptah als Mumie zeigt. So würde sich auch erklären, dass auf den bekannten Talismanen Bes und Harpokrates gelegentlich auch durch Ptah-Embryo ersetzt werden. Hierzu kommt, dass die entwickelte Form eines Embryo ihren anatomischen Verhältnissen nach, wie bemerkt, Aehnlichkeit mit einer Zwerggestalt besitzt.

Gegen die letztere Auffassung, welche in den Kabiren der Griechen Herodot's eine ägyptische Götter-gruppe voraussetzt, lässt sich geltend machen, dass eine ägyptische Darstellung der Achtgötter in Zwerg-gestalt zwar an sich als der Kinder des zwerghaften Ptah-Bes sehr wohl denkbar wäre, aber bis jetzt that-sächlich fehlt.

In der vorstehenden Abhandlung Jakob Krall's sind die Schlusserörterungen von unmittelbarer Bedeu-tung, und wenn sie in eine Aporie auszulaufen scheinen, so ist diese Unsicherheit glücklicher Weise nicht wesentlich von Belang für das in Gjölbaschi vorliegende Problem der Erklärung. Denn mag den herodo-teischen Kabiren eine phönikische oder eine ägyptische Göttergruppe entsprechen oder selbst irgend eine Mischform aus beiden Religionskreisen zu Grunde liegen, so wird hierdurch die Ueberlieferung nicht berührt, dass die Gewährsmänner Herodot's in Memphis eine Gruppe zwerggestalter Gottheiten als Kabiren kannten. Hält man aber damit die Thatsache zusammen, dass eine Mehrheit zwerggestalter Gottheiten im Gebiete

104. (Nr. 84) Sarkophagreliefs aus Amathus.

phönikischer Kunst des Oefteren begegnet — von besonderer Wichtigkeit ist namentlich ein Sarkophag aus Amathus (Nr. 84, Fig. 104), auf dessen beiden Nebenseiten vier Besfiguren mit vier nackten weiblichen Gestalten durch correspondirende Bewegung in Verbindung gesetzt sind —, so ist dem Schlusse nicht aus-zuweichen, dass man in diesen Zwerggestalten mit Wahrscheinlichkeit phönikische Kabiren zu erkennen habe. Fest steht, dass diese einen Verein von acht göttlichen Wesen bildeten, und acht zusammengehörige Gestalten, die vier männlichen in ausgesprochener Zwerggestalt, sind auf dem Sarkophage von Amathus vereint. Auch auf dem Thürsturze von Gjölbaschi hat man es mit acht zu thun, und dass diese Zahl hier von Bedeutung war, genau erreicht und keinesfalls überschritten werden sollte, lässt die zufällig verfehlte Art ihrer räumlichen Anordnung vermuthen: hatte der ausführende Bildhauer am Thürsturze von rechts begonnen, so waren ihm die Abstände der Figuren anfänglich zu gross gerathen, wie umgekehrt zu klein, wenn er vom entgegengesetzten linken Ende her arbeitete. Nicht nur eine Reihe geographischer Namen, worunter Sura mit seinem Fischculte, Solyma, Sidyma, Sirbis u. a. besonders deutlich sind, sondern auch eine von F. von Luschan an einem Felsengrabe von Limyra gefundene altaramäische Inschrift[1] sind für das Eindringen semitischer Cultur beweisend. In Lykien eine der mannigfach verschiedenen Erscheinungs-

---

[1] Reisen, Band II. S. 69 f (Sachau).

formen, welche der phönikische Kabirencult bei seinem Uebergang in den hellenischen Westen angenommen hat, zu finden, würde daher gewiss nichts Befremdliches haben. Ob auch in Gjölbaschi wie auf dem

kyprischen Sarkophage vier Gestalten weiblich waren, was man bei den drei ersten von links und der letzten rechts nach der Form der Hüften voraussetzen könnte und wogegen bei dem androgynen Charakter orientalischer Gottheiten [1] selbst die Bärte, die auch sie zu tragen scheinen, an sich nicht sprechen würden, ist eine bei dem geschilderten Erhaltungszustand leider nicht zu beantwortende Frage. Der gesammte Stoff der Ueberlieferung ist ja überhaupt noch mit Dunkelheiten aller Art behaftet. Aber wer den nachgewiesenen Spuren religionsgeschichtlicher Zusammenhänge vorurtheilsfrei folgt, wird der sich ergebenden Vermuthung, dass in Gjölbaschi eine ältere Form der phönikischen Kabiren vorliege — verschieden von der spätrömischen Münze von Beryt, auf der statt des herkömmlichen Bildes der Dioskuren einmal acht sitzende theilweise bekleidete Gestalten, augenscheinlich erwachsen, vorkommen, neben einem Schiffsvordertheile — wissenschaftliche Berechtigung nicht absprechen wollen.

105. Figur der Cista Pasinati.

Als ein Symptom dafür scheint mir beachtenswerth, dass auf einer altlateinischen Cista neben einer Darstellung der in hellenistischer Zeit so oft mit den Kabiren identificirten Dioskuren eine Figur steht, welche dem Bes entspricht und die bisher unerklärte, aber in dem hier vorliegenden Zusammenhange einigermassen sich aufhellende Beischrift: Vater der Zwerge, »pater poumilionum«, trägt.[2]

2. Der Freiermord der Odyssee.

(Tafel VII, VIII, A 1—A 6.)

Die westliche Hälfte der Südwand innen hat getrennte Friese; der obere stellt den Freiermord der Odyssee, der untere die Meleagerjagd dar. Der obere hat sechs Blöcke, A1—A6, von denen nur die ersten vier noch in der Mauer waren. A 5 war etwa zwanzig Schritt weit vom Aufstellungsort verschleppt und lag in traurigem Zustande, geborsten und arg verwaschen, im Gebüsche des Heroon. A 6 kam etwas besser erhalten, nahe bei der Wand umgestürzt im Erdreiche zum Vorschein. Der untere Fries hatte sieben Blöcke, B 1—B 7, wovon B 6 fehlt. A 1 ist links unvollständig, die Stossfugen von B 2, B 3, B 4 sind ausgesprengt, wobei die anstossenden Theile zu Grunde gingen. Trotz dieser Beschädigungen und Lücken gehören die beiden Friese zu den besser erhaltenen des Baues.

Die obere Reihe wird am rechten Ende von A 1 durch einen von der ursprünglichen Stirnfläche des Steines stehen gebliebenen verticalen Streifen, welcher unten 0·165, oben 0·15 Meter breit ist, in zwei ungleich lange Theile geschieden. Rechterhand davon ist der Freiermord selbst, linkerhand Penelope mit ihren Mägden dargestellt.

Odysseus hat die Freier beim Gelage überrascht und nimmt mit seinem Sohne den Kampf gegen die ganze Schaar auf. Die Thüre am linken Ende und eine Reihe uncannelirter, dorischer Säulen, welche an den Fugen der folgenden Steine ausgearbeitet sind, deuten den Männersaal seines Palastes an. Die Säulen sind als eine Halle gedacht, an deren Rückwand die Betten der Freier stehen. Es sind vornehme milesische Betten mit kunstreich verzierten Füssen, verschieden von denen des Gelages auf der östlichen Hälfte der Südwand, und sie bilden eine lang sich hinziehende Flucht, deren Monotonie durch das Ueberschneiden der Säulen und die Unruhe der Figuren, welche zum Theil vom Lager abgesprungen sind und an einer Stelle die Reihe unterbrechen, gemildert ist. Den nothwendigen Abstand der Angreifenden

---

[1] Gerhard, Griechische Mythologie, §§ 376, 502; Lajard, Culte de Venus, S. 81; Preller-Jordan, Römische Mythologie I, S. 447; E. Meyer, Zeitschrift der Deutschen morgenländischen Gesellschaft XXXI, S. 730 f.

[2] Cista Pasinati, Monumenti inediti dell' instituto IX, 24, Annali 1870, S. 345, Schöne: »del resto tanto il ‚padre de' nani' stesso quanto la sua relazione coi Dioscuri è un' enimma di cui cerco invano il bandolo«; C. I. L. XIV 4110; Garrucci sylloge, n. 527, der an Pygmalion erinnert. — Die Emalltessera Nr. 48 a zeigt einerseits einen Beskopf, andererseits ein Schiffsvordertheil und erinnert dadurch an die Münze von Beryt.

von den Freiern deckt am Beginne der Betten eine hohe schön geformte Amphora mit Volutenhenkeln, die sich auf einem eigenen Podium[1] erhebt und dem Gelage als Mischgefäss dient.

Die Handlung ist aus dem ersten Theile der homerischen Erzählung geschöpft, der das charakteristische Motiv des Bogenschiessens bot, ehe der Kampf mit den herbeigeholten Waffen beginnt und in regelrechte Schlacht ausartet. Dem epischen Vorgange entsprechend steht Odysseus am Eingange des Saales, eine hohe wuchtige Gestalt, die auch in der Tracht nichts vom Bettler verräth, kühn ausschreitend in einer Haltung, die von sonstigen Stellungen der Bogenschützen bedeutend abweicht. Er spannt den Bogen und zielt; Pfeil und Bogen sind indessen, wie die Erhaltung des ganzen Grundes sicher stellt, plastisch nicht angegeben, so wenig wie die Pfeile, welche Odysseus bereits versandt hat. Ohne die Bemalung, welche das Relief im Einzelnen verdeutlichte, erräth man jetzt den ganzen Hergang mehr an den Bewegungen der Freier, an der Armhaltung des Odysseus und an dem Köcher, den er an der Hüfte trägt. Zur Rechten rückt ihm der jugendliche, im Wuchs noch etwas zurückstehende Telemach in gleichem Schritte nach, umwallt von einem Gewande, das in seinem Rücken bis auf den Boden niederfällt und von der linken Achsel herab den Leib verdeckt; er hält in der Linken die Scheide vor und deckt den Vater mit dem gezückten Schwert. Vater und Sohn bilden eine geschlossene Gruppe, welche an die berühmte der Tyrannenmörder erinnert und durch wohlüberdachte Abweichungen Abhängigkeit von derselben verräth, ähnlich wie die von einander gelösten Figuren des Theseus und Peirithoos auf dem Wiener Kentaurenkrater:[2]

Fig. 106. Harmodios und Aristogeiton.   Fig. 107. Odysseus und Telemach.   Fig. 108. Theseus und Peirithoos.

Man zählt im Ganzen acht Betten und vierzehn Freier, je einen Freier auf dem ersten und letzten Bette, während auf die sechs mittleren der Sitte gemäss je zwei kommen. So viel man sieht oder vermuthen kann, sind die Freier mit Ausnahme eines Bärtigen sämmtlich jugendlich dargestellt, barhäuptig, mit kurzem Haar und wie es die Tischsitte erfordert, unbeschuht. Bekleidet sind sie alle mit einem losen Gewandstück, das in liegender Haltung den Unterkörper bis zu den Hüften umgibt, im Auffahren mannigfach sich löst und von den Herabgesprungenen ängstlich vorgeschützt wird. Waffen fehlen durchaus, ihre Schutzwehr bilden Tische, die sie gegen die fliegenden Geschosse wie Schilde erheben; zwei besonders Aufgeregte richten sich ihr eigenes Bett auf, um sich dahinter zu bergen. Das Verhängniss beginnt erst sich zu vollenden. Aus der Mitte der Schaar hat Odysseus den ärgst Frevelnden, der sich schmachvoll an seiner Person vergriff, den Antinoos, bereits erlegt, auch ein zweiter scheint schon todt, verwundet sind nicht mehr als drei, Eurymachos kann Gnade flehend noch auf Rettung hoffen, der Knabe, der als Mundschenk aufwartete, noch durch die Thüre entfliehen: der erste Schrecken beherrscht alle, ein jeder denkt nur an die eigene Rettung, in dem ausgebrochenen Tumult findet keiner die Besinnung sich zur Wehre zu setzen. In dieser Ohnmacht malt sich ihre Schuld, das siegessichere Vordringen des Odysseus erscheint

---

[1] Ein hölzernes βάθρον ὑπαπαρτίρινον in dem Inventar des Tempels der Athena von Aigina, O. Müller, Aeginetica, S. 160. C. I. G. II, 2139. Franz. elementa, 57. Hicks, 60.

[2] Archäolog. Zeitung, 1883, Taf. 18, S. 351 f. (Ernst Curtius und Robert von Schneider). Verwandt ist die Kentauromachie eines Kraters in Florenz, in der ein Kentaur sich mit vorgehaltenem Tische vertheidigt, Heydemann 3. Halle'sches Winckelmannsprogramm, Taf. III, 1, S. 86.

wie ein Gottesgericht, und in dem Gedankenreichthum, mit dem sich das Ereigniss in allen Figuren spiegelt, ahnt man über die Beeinträchtigungen der Zeit und der ausführenden Hände hinweg die Erfindung eines grossen Meisters.

Rechts von dem Trennungsstreifen auf A 1 ist die Saalthüre und ihre erhöhte Schwelle bezeichnet durch eine schmale, nach links zunehmende Vertiefung, welche nicht ganz bis auf den Fussboden reicht. Der hinausschleichende Knabe hält in der Linken ein Gefäss, wie es scheint einen Bügelschlauch, und ist mit einem bis zu den Knieen reichenden ärmellosen Chiton bekleidet, wie ihn auch Odysseus anhat und die Figuren des ganzen Monuments als Regel tragen; sein linker Fuss wird vom Steinrahmen überschnitten, der hier nicht zur Säule umgearbeitet ist. Die Fuge klaffte, war aber genau gearbeitet und ist in der Radirung unrichtig wiedergegeben.

Odysseus und Telemach haben beide den Pilos und kurzes Haar. Das Gesicht des Telemach scheint zerstört worden zu sein, sein Gewand ist decent angeordnet, wie die Kleidung durchgängig an den Freiern. Der Mund des Odysseus war sprechend geöffnet, an seiner rechten Hand sieht man theilweise noch die beiden abwärts gerichteten kleinen Finger,[1] an seiner rechten Achsel ist eine Bruchstelle.

Die Bettlaken haben leise bewegtes Relief, auch hin und wieder eine Furche zur Andeutung der Falten. Die Ehrenstelle auf dem ersten Bette hat der jugendliche (π 443) Eurymachos, mit Antinoos der Hervorragendste unter den Freiern, der χ 45 f. allein um Gnade fleht, und hier sich durch Unerschrockenheit vor den anderen auszeichnet; er hat sich aufgerichtet und streckt dem Odysseus die geöffnete Rechte mit geschlossenen Fingern hoch entgegen. In dem Zwischenraume zwischen dem Polster seines Bettes und dem Fussboden stehen aus dem ebenen Grunde zwei Ansatzspuren weggebrochener Gegenstände heraus, dem zweiten Ansatze rechts entspricht der schwache Rest eines solchen auf dem Fussboden. Etwas Bestimmteres ist nicht zu erkennen; ein Hund, an den man gedacht hat, der beim Gelage in der That natürlich wäre und bellend gegen Odysseus gewandt das Bild beleben würde, scheint ausgeschlossen.

Die beiden Freier des zweiten Bettes (A 3) sind aufgefahren und haben knieend eine Viertelwendung nach vorn gemacht. Der viereckigen Tischplatte, der jugendliche zur Linken hält, fehlen die Füsse wie der nämlichen auf A 4. Der Bärtige zur Rechten ist verwundet und greift mit beiden Händen an die getroffene Stelle in den Rücken, indem er vor Schmerz zusammenzuckt und mit verzerrtem Gesicht und schreiend geöffnetem Munde in die Höhe schaut.

Auf dem dritten Bette liegt der tödtlich getroffene jugendliche Antinoos (φ 21) ausgestreckt auf dem Rücken. Odysseus hat ihm den Hals durchschossen, als er zu trinken im Begriffe war, die rechte Hand greift in den Nacken nach der Pfeilspitze, während die Linke, der die Trinkschale (henkellos, mit Omphalos) entsank, matt am Bette herabhängt. Das Bild entspricht der homerischen Schilderung χ 8 f.:[2]

>»Sprach's, und Antinoos drauf erzielt' er mit herbem Geschosse.
>Dieser trachtete jetzt das schöne Gefäss zu erheben,
>Golden und zweigeöhrt, und schon in den Händen bewegt er's,
>Dass er tränke des Weins: doch nichts von seiner Ermordung
>Ahnet' er. Wer wohl dächt' in der schmausenden Männer Versammlung,
>Einer allein bei so Vielen, und ob er der Tapferste wäre,
>Würd' ihm bereiten des Todes Gewalt und das schwarze Verhängniss?
>Aber Odysseus schnellt den Pfeil ihm g'rad in die Gurgel,
>Dass aus dem zarten Genick die eherne Spitze hervordrang.
>Nieder sank er zur Seit' und der Hand entstürzte der Becher« u. s. w.

---

[1] Zieht man so die Sehne an, so prallt die rechte Hand, wenn der Pfeil abgeschnellt ist, an die Brust zurück (ἐπὶ τὸν μαστόν). Zieht man die Sehne mit verwandter Hand an, so dass der Daumen unten, der kleine Finger oben ist, so prallt die rechte Hand gegen das Ohr oder in Schulterhöhe zurück (ἐπὶ τὸ δέξιον οὖς oder ἐπὶ τὸν ὦμον); geschieht das letztere stehend, so wird zur Sicherung des Standes das rechte Bein als Spielbein vorgesetzt. Vgl. die Scholien und Eustathios zu Homer, Δ 118, Θ 323; Xenophon, Anab. IV, 2, 28. Anonymus Byzant. περὶ τοξείας in Köchly und Rüstow, Griech. Kriegsschriftsteller II, 2, S. 200. Anders: Dümmler, Mittheilungen des k. deutschen archäolog. Institutes, röm. Abth. II, S. 187; Löschke, Jahrbuch II, S. 278.

[2] Nach den weiteren Versen der homerischen Beschreibung ist die mit dem Tisch umsinkende Figur des Antinoos auf einer etruskischen Aschenurne in Florenz componirt, Brunn urne etrusche, tav. XCVII, 6.

Unbekümmert um das Schicksal des Antinoos ist sein Bettgenosse herabgesprungen und steht abgewandt neben ihm im Saale, ein leibhaftiges Bild der Furcht mit eingezogenem Kopfe und zusammensinkenden Knieen, das langflatternde Gewand mit beiden Händen vorhaltend und mit dem zögernd vorgesetzten linken Fuss, wie es scheint, langsam vorrückend. Die Schrittstellung erinnert an den hinkenden Philoktet des Pythagoras, die ganze Figur an den Pankratiasten von Halimus, der wahrscheinlich auf ein Werk desselben Künstlers zurückgeht.[1]

Die beiden Freier auf dem vierten Bette (A 4) verhalten sich ruhiger. Der zur Linken kniet und duckt sich hinter die vorgehaltene Tischplatte, sein Gewand ist über die linke Achsel heraufgezogen. An seinem Kopfe ist das von vorn gezeichnete Auge, das Ohr, der Backencontur und der geöffnete Mund zu erkennen. In schöner Haltung sitzt sein Nachbar auf, das rechte Bein angezogen und die linke Hand auf das Kissen gestützt; er neigt sein Haupt gegen die Brust, in der er verwundet ist und hält mit der Rechten den eingedrungenen Pfeil umfasst, um ihn behutsam herauszuziehen.

Das fünfte Bett richten die beiden Inhaber als Schutzwehr auf. Die Gruppe hat sehr gelitten und ist in der Radirung in manchen Einzelheiten unrichtig wiedergegeben, lässt sich aber dem Entwurf nach wiederherstellen. Von dem Bette sieht man die rechte Hälfte mit dem etwas erhobenen Kopfende und dem zugehörigen Beine, welch' letzteres in der Mitte beschädigt ist, aber bestimmt die nämlichen Einkerbungen stehender Doppelvoluten erkennen lässt, wie sie die übrigen Bettbeine haben. Der Freier zur Rechten hat das Bett zwischen den Beinen und dem Kopfende erfasst und auf den Fussspitzen stehend, möglicher Weise mit dem Rücken gegen die Säule gestemmt, bis zur Kopfhöhe erhoben. Sein Genosse links, der in Rücksicht kniet und mit der vorgestreckten Linken sein Gewand erhebt, ist ihm dabei behilflich, indem er mit der Rechten das Bett gleichfalls unterfasst und wie im Begriffe scheint, hinter dasselbe zu schlüpfen. Zwischen seiner rechten Hand und der linken des Stehenden fällt ein Stück Betttuch herunter, dessen Saum in geschwungener Linie nach links bis auf die rechte Schulter des Knieenden verläuft, dessen Bausch aber abgebrochen ist und nicht in gerader Linie, wie in der Radirung, endete.

Der zerstörte Stein A 5 hat wieder zwei Betten mit je zwei Freiern. Die Darstellung dieser vier Figuren ist mit grösserer oder geringerer Wahrscheinlichkeit jetzt nur zu errathen. Die erste links liegt ausgestreckt auf dem Bette, augenscheinlich auf der linken Körperseite, das Gesicht abwärts gewendet; der linke Arm ist nicht sichtbar, der rechte weggebrochen, das rechte Bein scheint im Herüberwenden diesseits des linken umgesunken zu sein und dasselbe zu verdecken. Die zweite Figur kniet in Vordersicht, den Kopf nach links gewendet, stützt sich mit der linken Hand auf das anscheinend in das Nachbarbett verschobene Kopfkissen und hält mit der rechten Hand das Gewand empor, welches beide Oberschenkel bedeckt und mit einem Ende über die linke Achsel herabfällt. Die dritte Figur zeigt eine merkwürdige momentane Haltung. Sie mag mit erhobenem rechtem Arm aufgefahren und in dem Augenblicke, als sie schon mit dem linken Beine nach vorn kniete und das rechte nachzog, um herabzuspringen, von einem Geschoss in der rechten Achsel verwundet worden sein: die linke Hand griff über den Leib herüber an die Wunde, der rechte Arm war über den Kopf gelegt; das Gewand blieb ausser Spiel, es läuft vom linken Schenkel hinter den Rücken und fällt mit dem anderen Ende über den rechten Schenkel vom Bette herab. Die vierte Figur kniet in Vordersicht mit auseinander gespreizten Beinen, beide Arme gehen parallel nach rechts nieder, so dass die Hände zu beiden Seiten des linken Knies zu denken sind; die Handlung ist unklar, wird aber in Zusammenhang mit dem theilweise abgebrochenen rechteckigen Gegenstand stehen, der unterhalb der Hände bis zum Boden reicht: man kann ein herabgesunkenes Kopfkissen voraussetzen oder einen umgeworfenen Tisch, dessen Beine die beiden Hände erfassen würden, um ihn emporzuheben.

Das achte Bett kommt auf dem schmalen Steine A 6 nur zum Theile zum Vorschein. Die Füsse des Kopfendes rechterhand fehlen, ein prächtiger Act schliesst hier das Ganze. Die Figur steigt vom Bett herunter, scheint aber dabei innezuhalten; die Zehen des linken Fusses berühren schon den Boden, die Last des Körpers wird aber noch vom Bette getragen und ruht auf dem untergeschlagenen rechten Beine, das

---

[1] Annali dell' instituto 1881 tav. d'agg. T. S. 249 f. (Milani). Anzeiger der philosophisch-historischen Classe der kais. Akademie der Wissenschaften zu Wien vom 3. November 1886.

mit dem Fusse bereits über den Polsterrand herabgleitet; die erhobene Linke hält das Gewand vor, die Rechte stützt sich seitwärts auf das Bett, in Folge davon zeigt sich der Rücken und vollendet eine rhythmisch schöne Entwickelung des Gliederbaues.

Die Frauen des königlichen Palastes führt die kleinere, linke Hälfte des Frieses vor. Das Bild beginnt links, auffällig weit entfernt von der Stossfuge des Thürsturzes, mit einem sehr breiten Stuhl. Derselbe ist angedeutet durch zwei dünne gedrechselte Beine (das linke ist abgebrochen) und ein hohes ungegliedertes Polster, von dem man perspectivisch die rechte Nebenseite sieht. Linkerhand von dem Stuhl bildet der Reliefgrund, soweit er noch vorhanden und nicht weggebrochen ist, eine glatte Fläche, auf welcher zwei oder vielleicht selbst drei Figuren nebeneinander hätten Platz finden können. Rechts steht Penelope als reife, weibliche Gestalt, ihre Umgebung um Haupteslänge überragend, sehr ähnlich der Eurydike im Orpheusrelief der Villa Albani. Sie steht in Vordersicht, den Kopf nach rechts gewendet, ruhig auf dem linken Bein, den rechten Fuss wie in Schrittstellung nachziehend, ausdrucksvoll beschäftigt mit ihrer Kleidung; ausser dem gegürteten Chiton trägt sie ein auf dem Kopf aufliegendes im Rücken bis zu den Knieen herabgleitendes Obergewand, das sie mit der gesenkten Rechten und wie sich entschleiernd mit der erhobenen Linken gefasst hält; ihr Gesicht scheint abgeschlagen zu sein. Als Dienerin des Gefolges unmittelbar zugehörig, steht in ihrem Rücken, jenseits des Stuhles, ein halberwachsenes Mädchen mit kurzem Haar; das rechte Standbein sammt Fuss verhüllen die herabfallenden Falten des dorischen Chiton, vom Spielbein sieht man nur den Contur des auf die Zehen gestellten Fusses; die rechte Hand ruhte auf dem Stuhl, die linke scheint Penelope zu berühren und wird von ihrem Obergewande verdeckt. In gemessenem Abstande rechterhand von Penelope folgt dann eine Gruppe von vier Dienerinnen, zunächst eine matronale, durch halblanges Haar und reicheres Gewand ausgezeichnete, die der Penelope eine junge Magd vorstellt, und durch diese Vermittlung sich als Oberin des Gesindes zu erkennen gibt. Sie schreitet der Magd entgegen, indem sie rückwärts zu der Gebieterin aufblickt und ihre Aufmerksamkeit durch den gegen die Magd ausgestreckten rechten Arm und die ebendahin weisende linke Hand in Anspruch nimmt. Ihre Tracht besteht in einem ärmellosen dorischen Chiton und einem auf dem Kopf ruhenden Obergewande, das im Rücken bis zu den Füssen herab fällt und über den linken Vorderarm wieder aufgenommen ist. Die Magd sieht zur Herrin hinüber und kreuzt zum Zeichen von Ergebenheit die Arme über der Brust; sie trägt einen gegürteten dorischen Chiton mit langem Ueberfall auf beiden Hüften und hat wie die übrigen Dienerinnen kurzgeschnittenes Haupthaar. Zwischen ihr und der nächstfolgenden, nach rechts abgewendeten Figur klafft eine Fuge im Baue der Composition, um auf einen wichtigen Sinnabschnitt derselben hinzuweisen. Die abgeschiedene Dienerin erhebt betrübt die linke Hand gegen das Gesicht und lässt die rechte an der linken Hüfte ruhen, ihr dorischer Chiton hat einen bis zur Mitte der Oberschenkel herabfallenden gegürteten Ueberfall. In Rückensicht entfernt sich dann, eilig ausschreitend, eine etwas ältere Dienerin, welche höhnisch zurückblickt, den linken Arm in gleicher Richtung emporstreckt, die Finger der Hand spreizend, und die rechte Hand in heftiger Erregung an den Hinterkopf drückt; ihr Auge steht fast von vorn, die Nase ist gebogen, der Mund geöffnet, das ganze Gesicht fällt durch gemeine Züge auf. Sie trägt einen dorischen Chiton von derberem Stoffe, der über den Hüften mit einem breiten Streifen gegürtet ist. Ihr voraus eilt Odysseus hinweg, indem er zurückblickend das gezückte Schwert vor das Gesicht führt und in der Linken eine brennende Fackel hält. Das Kleidungsstück, das er über dem gegürteten Chiton trägt, ist auf der rechten Achsel zusammengenommen und fällt über dem linken Knie mit einem schwanzartig schmalen, langen Zipfel, hinter dem noch der Fuss der Fackel zum Vorschein kommt, über der Brust mit einem so merkwürdig ausgebogten, hier allerdings verstossenen Ende herab, dass ein Thierfell, das rechte Vorder- und Hinterbein auf der Schulter zusammengebunden, nicht zu verkennen ist. Dass Odysseus und der Mundschenk einander entgegenrennen, schwächt die trennende Wirkung des leeren Zwischenstreifens.

Angesichts einer Darstellung wie der Freiermord, ergeht es uns heute wie den Griechen der kimonisch-perikleischen Zeit, denen Polygnot zum ersten Male Heroengeschichte in grossem Stile vorführte: zunächst beschäftigt das Verhältniss des Bildwerks zu Homer. Unsere Phantasie hat sich an der nämlichen dichterischen Ueberlieferung gebildet und bringt ihrer künstlerischen Ausgestaltung ein ähnlich stoffliches Interesse entgegen. Selten aber wohl wird dieses stoffliche Interesse so wie hier befriedigt, wo auf den ersten

Blick Alles vertraut ist, die Poesie rasch und vollkommen in der Betrachtung aufgeht. An die immer gleichartigen Darstellungen antiker Gelage gewöhnt, wundern wir uns nicht einmal mehr, dass nach heroischer Sitte die Freier beim Mahle sitzen, jeder vor seinem Tische, und dass Herolde, nicht Knaben, das Amt des Mundschenken üben. Wir müssen den Text wieder zur Hand nehmen und auf Unterschiede prüfen, um zu entdecken, dass die waffenlosen Freier doch noch Schwerter zur Hand haben, die sie mit den vorgehaltenen Tischen gegen Odysseus aufbieten (χ 74), dass der Krater am entgegengesetzten inneren Ende des Männersaales steht (φ 145, χ 341), Telemach dem Vater mit Schwert und Lanze beispringt (φ 435), und anderes mehr. Alle Hauptsachen treffen zusammen, an Klarheit der Schilderung steht der Künstler hinter dem Dichter nicht zurück und für unsere Empfindung hat er sogar etwas voraus, da die Furchtbarkeiten der Katastrophe vermieden sind, die dem Gerechtigkeitsgefühl der epischen Sänger als Sühne Bedürfniss waren.

Das Verhältniss zu Homer spricht sich in Uebereinstimmungen aus, welche kaum anders zu verstehen sind, als dass der Künstler nach Textstellen erfand, die er wörtlich im Gedächtniss trug. Wie wir sahen, deckt sich die Darstellung des Antinoos mit den Versen, welche seine Todesart erzählen (χ 9—17). Dass die Freier im Widerspruche mit der Sitte keinen Rock, sondern lediglich Mäntel haben, was in Gjölbaschi besonders auffällt und vielleicht als Junkerart gedacht ist, kann durch die zweimal vorkommende Stelle (φ 180, ω 249, χλαίνας μὲν κατέθεντο κατὰ κλισμούς τε θρόνους τε) veranlasst sein, welche das Auftreten der Freier schildert und dabei ihre Mäntel hervorhebt, die sie vor dem Opfern ablegen. Das Bild der Penelope ist hervorgegangen aus dem achtzehnten Gesange (φ 193 f.), nach welchem Athena ihre Schönheit im Schlafe verklärt, ihrer Gestalt höheren völligeren Wuchs gibt und Penelope dann im Männersaale sich zeigt:

> »hingesenkt vor die Wangen des Haupts hellschimmernde Schleier
> und an den Seiten ihr stand in Sittsamkeit eine der Jungfraun«,

ein Anblick, der die Freier in einen Aufruhr der Bewunderung versetzt. Man begreift wie diese durch öftere Wiederholung (a 334, π 416, σ 210, φ 65) gehobene Stelle mit dem Triumph, den die Schönheit der Penelope feiert, die Phantasie des Künstlers herausforderte, und man versteht die Compositionsgründe, die ihn bestimmten das Gefolge der Penelope auf eine Dienerin zu beschränken und die Gestalt derselben durch grössere Jugend vor den übrigen Mägden auszuzeichnen. Sehr glücklich stimmt das Gebahren der hinwegeilenden Magd zur frechen Melantho, die den Odysseus zweimal (σ 326, τ 65) höhnisch anfährt und von Penelope angelassen wird (τ 91) πάντως θαρσαλέη, κύον ἀδδεές, bei Homer (σ 321, τ 82) durch Schönheit ausgezeichnet, die sich nach einem natürlichen Strafrecht der bildenden Kunst hier in ein gemeines Aeussere verwandelt. Auch das zweite Auftreten des Odysseus wird erst durch eine Homerstelle begreiflich. Odysseus ist dort kleiner von Statur als Penelope und kleiner auch als nahebei sein eigenes Bild im Freiermord. Er kann daher, wie der Zusammenhang der Handlung ohnehin nahe legt, nur unerkannt gedacht sein, und in der That gehört ein grosses Thierfell, wie es die Beschreibung an ihm constatirte, zu seiner Bettlererscheinung (ν 434):

> »Statt der Gewand' umhüllt ihn ein hässlicher Kittel und Leibrock,
> Beide zerlumpt und schmutzig, in hässlichem Rauche besudelt;
> Auch ein grosses Fell des hurtigen Hirsches bedeckt ihn«, u. s. w.

Als Hirsch- oder Rehfell ist es auf einer etruskischen Urne des Leidener Museums charakterisirt, welche Penelope darstellt, wie sie in Gegenwart des Odysseus Geschenke von den Freiern einsammelt.[1]

Dabei überrascht wiederum die Freiheit, mit der die ganze linke Scene gedacht ist.[2] Dass sie zum Freiermord gehört, macht schon ein gewisser allgemeiner Gegensatz, hier eine ruhige Vereinigung häus-

---

[1] Brunn urne etrusche I, 93, 2, wo die erklärende Homerstelle fehlt.

[2] Petersen, Reisen, Band II, S. 15, bemerkt über diese Darstellung: »Weder zur Bestrafung der bösen Mägde eilt Odysseus davon, noch zur Reinigung des mordbefleckten Saales. Das Schwert deutet — mag noch nachher der Bogen die Waffe sein — auf noch bevorstehenden Kampf, die Bewegung der Rechten auf verschwiegene Gedanken und damit auf noch dauernde Unerkanntheit; die Fackel auf die Nachtzeit; die Bewegung und der Fortgang nach rechts, wo der Freiermord anhebt, lassen links einen dem Freiermord vorausgehenden, nicht einen nachfolgenden Moment erwarten. In der That liefern das 18. bis 20. Buch der Odyssee die Elemente, aus deren freier Combination, an welcher geflissentliches Studium gewiss keinen Antheil hatte, unser Bild geworden ist; die nächtliche Unterredung von Penelope und dem noch unerkannten Odysseus; die Ungebühr der natroten

licher Frauen, dort wildbewegter Männerkampf, wahrscheinlich und zeigen insbesondere die Figuren von Penelope und Odysseus, über die kein Zweifel möglich ist. Der ungewöhnlich grosse Stuhl, der in keinem Bezuge zur Handlung steht und doch schwerlich müssig ist, kann dann an den Arbeitssessel der Penelope erinnern, der als kunstreich gedrechseltes und mit Elfenbein eingelegtes Werk des Ikmalios (τ 55—57) hervorgehoben wird — allerdings mit einem Auftritt, also verschieden in der Form, wie hier — und vielleicht hat es auch an einer weiteren Sachbezeichnung nicht gefehlt. Der freie Rest des Reliefgrundes linkerhand vom Stuhle fällt in der Figurenfülle der Friese als die einzige leere Stelle von grösserer Ausdehnung auf. Dass sie unbenützt geblieben sei, etwa als zufälliger Ueberschuss, der sich im Anpassen einer bestimmten Vorlage ergab, ist wenig glaublich. Bei der grossen Rolle, die der Malerei zufiel, wäre vielmehr möglich, dass ein Beiwerk, dessen plastische Form Schwierigkeiten verursachte, an dieser Stelle in Farben angedeutet war, und ein Webstuhl wie in dem Chiusiner Vasenbilde, das auf ein verwandtes Original zurückgeht, würde gut in das Ganze passen. Wie dem indessen sei, äusserer Hilfen bedarf das Verständniss des dargestellten Vorganges nicht. Klar tritt die greise Eurykleia als Oberin des Gesindes hervor (χ 396, τ 21);

108. Vase aus Corneto im königl. Museum zu Berlin.

sie kennt die treuen und untreuen Mägde genau (τ 497, χ 420), und wenn durch sie die einen vor der Herrin geehrt erscheinen, während die anderen betrübt sich abwenden oder aufbegehrend forteilen, so konnte das Gericht über die guten und bösen Mägde, welches dem Freiermorde folgt, ihn ergänzt und abschliesst, nicht wohl einfacher und edler vorgeführt werden. Unerkannt in seiner Bettlertracht und von den Anwesenden nicht einmal beachtet, widmet Odysseus dem Vorgange gesteigerte Aufmerksamkeit, und indem er wie im Hintergrunde das gezückte Schwert erhebt und zugleich hinwegeilt, scheint er den Vollzug anzudeuten, der dem Gerichte an anderem Orte folgen werde.

Die Scheidung der guten und bösen Mägde nimmt Eurykleia im Auftrage des Odysseus vor (χ417), nachdem die Freier erschlagen sind, während Penelope, welche die vergangene Nacht viel gewacht hat, noch den Götterschlaf schläft, der sie ahnungslos über alle Gräuel der Vergeltung hinweghebt. Die vom Künstler erzählte Scene steht also nicht in unserer Odyssee. Sie stammt auch schwerlich aus irgend einer anderen denkbaren Dichtung, denn sie ist so mit einem inneren Widerspruche behaftet. Soll sie dem Freier-morde voraufliegen, wie schon äusserlich für den von der Thür her Betrachtenden natürlich wäre, so ver-stösst sie gegen die Oekonomie der Handlung, da die Bestrafung der Mägde nur nach vollzogenem Freier-mord denkbar ist, vorher würde sie das Gelingen des Racheplanes gefährdet haben. Soll sie dem Freiermord nachfolgen, so ist die beibehaltene Maske des Odysseus unnütz und sinnwidrig. Man wird dem Bilde allein gerecht, wenn man sich den offenbaren Hauptwunsch des Künstlers und die Natur seiner Ausdrucks-mittel vergegenwärtigt. Ein Freiermord ohne Penelope würde seine Rechtfertigung unterdrückt und eines versöhnenden Elements entbehrt haben, ein Sieg ohne Krone gewesen sein. Sollte Penelope hervortreten, ihrer Bedeutung gemäss, so musste ihr stimmungsvolles Bild irgendwie in Fluss kommen, die Leidende

109. Vase aus Corneto im königl. Museum zu Berlin.

sich in Handlung zeigen. Aus dem engen Zirkel ihres Wittwenthums bot der Dichter keinen Anlass dazu, keinen wenigstens, den zu verwerthen einer schlichten Kunst natürlich gewesen wäre; denn die Reize einer Darstellung wie das Einsammeln der Geschenke lagen in völlig anderer Richtung. Der Künstler schuf sich daher einen solchen Anlass und wählte einen Moment, der vor Allem den Adel ihrer Erscheinung heraus-zuheben und zu steigern geeignet war. Indem er sie im Kreise der ihrigen hoheitsvoll wie eine Göttin waltend hinstellte, wuchs damit ein Gegenbild zu Odysseus heraus. Wie Odysseus im rechten Theile des Frieses, ist Penelope links die dominirende Hauptgestalt. Während er als sieghafter Held mit seinen Geschossen die Ordnung herstellt, sondern sich in ihrer Gegenwart, durch die stille Gewalt ihrer Blicke, die bösen Elemente des Hauses aus.

Anlass zu dieser Erfindung gab ohne Zweifel der neunzehnte Gesang, der die wohlvorbereitete erste Begegnung von Odysseus und Penelope am Vorabend der Katastrophe erzählt. Die Freier haben den Männersaal verlassen, die Waffen sind aus demselben entfernt, Telemach ist zur Ruhe gegangen, Odysseus bleibt in dem von Feuerbränden erhellten, leeren Raum allein zurück. Da naht Penelope mit den Die-nerinnen, ihr zur Seite stellen sie den Stuhl des Ikmalios an das Feuer, sie reinigen den Saal, Melantho offenbart sich, indem sie den Herrn beschimpft, Penelope rügt sie, dann folgt das herrliche Gespräch in dem die Wiedervereinigten getrennt einander geniessen, und das Fussbad der Eurykleia. Fast alle Einzelelemente der Darstellung finden sich hier beisammen, der Zusammenhang aber, den sie neu erhalten haben, scheint aus den Worten heraus entwickelt, mit denen Odysseus zu Beginn des Gesanges (τ 44) den zur Nachtruhe abgehenden Telemach entlässt, indem er den Sinn seines Verbleibens ausspricht:

ἀλλὰ σὺ μὲν κατάλεξαι, ἐγὼ δ' ὑπολείψομαι αὐτοῦ,

ὄφρα κ' ἔτι δμωὰς καὶ μητέρα σὴν ἐρεθίζω.

Anzuerkennen ist aber, dass in der Bewegung des Odysseus, und namentlich in der Fackel, die man sich schwer entschliesst für ein blosses Zeitsymbol zu nehmen, ein gewisser irrationaler Rest zurückbleibt, ohne den freilich kein höher organisirtes Kunstwerk zu bestehen vermöchte.

Das kunstgeschichtliche Interesse des Freiermordes von Gjölbaschi steigert sich durch eine aus Corneto stammende Vase des Berliner Museums,[1] die nach Stil und Schrift etwa der Mitte des fünften Jahrhunderts angehört (Fig. 108, 109). Die Bilder ihrer beiden Seiten schliessen über das Ornament hinweg zusammen und geben die Composition in einem stark verkürzten Auszuge. Das ausgebreitete Gelage ist nur durch ein Bett, die Schaar der Freier nur durch drei Personen vertreten, auch weicht ab, dass Odysseus noch Bettler ist, die Mägde, die eine trauernd die andere händeringend, Zeugen des Vorgangs sind. Man erkennt jedoch die trauernde Magd, den im Nacken Getroffenen und mit beiden Händen nach der Wunde Greifenden, hier in Rücksicht wieder, desgleichen das Motiv des vorgehaltenen Tisches, des vorgestreckten Gewandes; Odysseus hat denselben Posten zur Linken in derselben Wendung nach rechts erhalten, und vor Allem die aus dem Verlaufe der Handlung zur Darstellung gewählte Situation ist identisch. Es erhellt somit ein Grad der Uebereinstimmung, der sich aus der gemeinsamen dichterischen Grundlage allein nicht herschreibt. Man wird auf ein Original geführt, das dem Vasenbilde unmittelbar voraufliegen muss und nur in der monumentalen Malerei dieser Zeit gesucht werden kann. Für diesen Ursprung spricht auch die über Jahrhunderte verfolgbare, sichtlich von einer grossen Erfindung ausgehende Lebenskraft des Typus. Zeigt er sich doch in wie immer beeinträchtigter Gestalt der Hauptsache nach deutlich noch in den späten Reliefs

110. Etruskische Aschenkisten in Volterra.

der etruskischen Aschenkisten, wo Niemand für Zufall halten wird, dass Odysseus wieder von links her schiesst, die Freier rechts von den Betten auffahren, dem Gelage der Mundschenk nicht fehlt, Telemach an der Seite des Vaters kämpft, der an erster Stelle liegende Freier sich durch den bittflehend erhobenen Arm als Eurymachos charakterisirt und anderes Einzelne mehr, was in diesen Denkmälern meist erst durch

---

[1] Monumenti inediti dell' Instituto X, 53; annali, 1878, S. 222 f. (Heydemann). Furtwängler, Beschreibung der Vasensammlung im Antiquarium, Nr. 2578. Dümmler, Jahrbuch des archäolog. Institutes II, S. 171.

Gjölbaschi zum Verständniss gelangt ist (Fig. 110). Auch die römischen Sarkophagreliefs, die ein vor-
gerückteres Stadium des Kampfes, wie es scheint schon mit den herbeigeholten Waffen veranschaulichen,
sind in der Grundidee wie in manchen Einzelheiten von der älteren Composition abhängig.[1]

Von Polygnot sind fünf verschiedene Odysseusbilder überliefert. Schon dieser Zahl nach ist vorauszusetzen, dass Polygnot das Ideal des Odysseus festgestellt habe. Die eigenartigste Grossthat des Helden,
den Freiermord, verherrlichte er durch ein Gemälde im Pronaos der Athena Areia in Plataiai, welches
Pausanias[2] leider nur flüchtig berührt γραφαὶ δέ εἰσιν ἐν τῷ ναῷ (später heisst es: ἐπὶ τοῦ προνάου τῶν τοίχων)
Πολύγνωτου μὲν Ὀδυσσεὺς τοὺς μνηστῆρας ἤδη κατειργασμένος κτλ. Man hat diese Worte auf das letzte Ende
der Sache bezogen, und gewiss können sie bedeuten, dass Odysseus die Freier bereits gemordet habe.
Aber eine Nöthigung, diese engste Bedeutung von κατεργάζεσθαι aufzugreifen, liegt keineswegs vor. Sein
allgemeiner Gebrauch im Sinne von überwältigen, bezwingen, unterwerfen, u. s. w. lässt eine Situation
wie die hier in Frage stehende zu, nach der die Vernichtung der Freier begonnen hat und sich rettungs-
los vollendet. Hat man aber die Wahl zwischen einem noch kämpfenden Sieger und einem fertigen,
passiven,[3] so kann die Entscheidung für Polygnot kaum zweifelhaft sein. Es bleibt zwar immer mislich,
nach schlagwortartig kurzen Umschreibungen eines künstlerischen Vorwurfs sich ein Urtheil zu bilden
über die Möglichkeiten seiner formellen Durchführung, die das Entscheidende bleibt, da sie das Unwahr-
scheinlichste einfach, das Geläufigste fremdartig gestalten kann. Allein ein Leichenbild, wie es vorausgesetzt worden ist, läge selbst als Folie für das Heldenthum eines Odysseus nicht auf der natürlichen Bahn
des griechischen Geschmacks, der ja in tausendfältigen Schilderungen von Kampf und Sieg nur accessorische,
höchstens episodische Darstellungen des eingetretenen Todes zuliess; zählt doch selbst die Iliupersis des
Polygnot, die hierin gewiss sehr weit ging, nicht mehr als zehn Todte und einen Sterbenden auf über
sechzig Lebende. Auch wäre ein solches Bild wider den klaren Willen der epischen Poesie, die zwar,
nachdem die Schlacht abgethan ist, durch ein prächtig hingeworfenes Bild (χ 401—405) den Löwen unter
den Erschlagenen malt, aber rasch darüber hinweggeht und das Frohlocken der Euryk leia mit den berühmten: οὐχ ὁσίη κταμένοισιν ἐπ’ ἀνδράσιν εὐχετάασθαι energisch abschneidet. Am ehesten denkbar wäre der Stoff
als Stimmungsbild in dem reichen Colorit späterer Jahrhunderte, während Polygnot durch die Schlichtheit
seines auf die vier Farben der Vasenmalerei und vielleicht Gold beschränkten Vortrages auf inhaltliche Fülle
und die Kunst der Erzählung angewiesen war. Auch der Schlussmoment liess gewiss eine erzählende Auffassung zu, wenn durch Handlung im Nebensächlichen die passive Hauptsache gehoben wurde: die untreuen
Mägde konnten die Leichen der Freier hinaustragen, Eumaios und Telemach die Waffen ablegen, Euryk leia
dem Sieger huldigen, und Aehnliches mehr. Aber insgesammt würden diese Zusätze die Sprachkraft des früheren Moments nicht aufwiegen, den allein schon die Analogie der Niobidendarstellungen bestätigen würde.
Die Fassung des Stoffes, die in Gjölbaschi vorliegt, ist die einzige, die wir aus dem Alterthume kennen. Dass
sie in Beziehung zu Polygnot stehe, ist daher mit demjenigen Grade von Wahrscheinlichkeit, den die Natur
unserer Ueberlieferung überhaupt erlaubt, zu vermuthen, mag jene Beziehung auch durch Zwischenglieder
vermittelt sein, welche ein Verhältniss von Original und Copie abschwächen oder nahezu ausschliessen.

---

[1] Zusammengestellt in den archäolog. Vorlegeblättern, Serie D, 12, 5. 6. 7. Das dort nach einer Mittheilung Robert von
Schneider's veröffentlichte Fragment von Constantinopel ist jetzt Gazette archéologique, 1886, pl. l, S. 1—4, wieder veröffent-
licht und von Sorlin Dorigny auf den Mord des Aigisthos bezogen. Das athenische Fragment, dessen Bedeutung Ulrich Köhler
erkannte, jetzt im Patissiamuseum, ist beschrieben von Michaelis, Archäolog. Anzeiger, 1861, S. 177*. Auf das Petersburger Stück
(Nr. 333 des Catalogus) hat mich Georg Treu aufmerksam gemacht. Die Wiederholung desselben in Mantova (Labus III, 52,
S. 293) haben neuerdings Conze, Archäolog. Anzeiger 1887, S. 107*, Heydemann, Drittes Hallisches Winckelmannsprogramm,
S. 10 und Robert, Archäolog. Zeitung, 1885, S. 220 für modern erklärt. Milchhöfer, Mittheilungen des archäolog. Institutes in
Athen IV, S. 160, erwähnt das »Relief eines nackten Jünglings in Rückensicht (Niobide?), Höhe ca. 0m0. Er greift mit der Rechten
nach der Schulter, wo er offenbar verwundet ist. Gute Arbeit (Kalamaki bei Tapeinos)«. Löwy, a. a. O. XI, S. 139, 1, macht darauf
aufmerksam, dass es auch einer Darstellung des Freiermordes angehört haben könne.

[2] Pausanias IX, 1; vergl. II, 3, 3, in Korinth bei der Peirene ein Peribolos ἐν αὐτῷ γραφή, τὸ Ὀδυσσέως ἐς τοὺς μνηστῆρας
ἔργον τόλμημα.

[3] Bursian, Griechische Kunst in Ersch und Gruber's Encyclopädie, S. 466 f., denkt sich »Odysseus als Sieger über die
todt zu seinen Füssen liegenden Freier«. Lehrreich zu vergleichen ist das Kassandrabild des Philostratos imag. II, 10, und die
darüber vorhandene Literatur.

3. Die kalydonische Jagd.

(Tafel VII, VIII, B 1—B 7.)

Der gereihten Composition des oberen Frieses ist im unteren eine central geordnete gepaart. Sie zeichnet sich durch schöne Motive und sinnvolle Gliederung aus, ein geschulter edler Geschmack bringt die Vorzüge einer in langer Tradition gewonnenen Durchbildung des Stoffes zur Geltung. Die Ausführung verräth besondere Sorgfalt und scheint nach den durchgängig schlankeren Proportionen, den kleineren Köpfen und der virtuoseren Gewandbehandlung von einer anderen Hand herzurühren.

Die Jagd findet in einem Walde statt, welchen an den Fugen Baumstämme, denen die Aeste abgehauen sind, andeuten. Centrum der Jagd ist der Eber, auf den sich Alles bezieht, und durch seine Grösse, durch das Aufgebot so vieler Kämpfer und die Zahl der Geschlagenen, die den Schauplatz verlassen, steht er in der That als etwas Ausserordentliches da. Er nimmt nicht genau die Mitte des Streifens ein, sondern ist nach links etwas darüber hinaus, innerhalb zweier Reihen von Jägern, die ihm mit den verschiedensten Angriffsmitteln schlagend, stechend, schiessend, werfend von beiden Seiten zusetzen. Jede Reihe besteht aus sieben activen Jägern. Die erste beginnt mit dem Ranzenträger zu Anfang von B 2 und endigt mit dem Keulenschwingenden Theseus jenseits des Ebers, die zweite läuft von da bis zur Lücke B 6. Indem die erste dem Eber in Vordersicht entgegensteht, die andere ihm grösstentheils in Rücksicht folgt, gewinnt die Darstellung Tiefe, und indem sich die Endfiguren mit besonderem Ausdruck bewegen: der Ranzenträger, der mit aufgeregter Geberde anschreit, als gälte es eine Gefahr zu verhüten, schräg aus der Linie heraus gegen den Beschauer vor, Theseus umgewandt der Linie wieder entgegen, die letzten Jäger rechts einem Herbeirufenden nach wie in eine Lücke eiligst einrückend, verlängern und biegen sich gewissermassen die Reihen und schliessen sich für die Vorstellung zu einem Kreise zusammen. Woher der Eber kommt, zeigt der Geschlagene auf B 5, den ein Gefährte aufrichtet, wohin er vordringt, ein gegensätzlicher Charakter der beiden Reihen. Während die rückwärtige sich länger und verhältnissmässig ruhig entwickelt, ist die vordere, in welcher Meleager, Peleus und Atalante neben Theseus ihren Ehrenplatz haben, scheinbar gedrängter und im vollen Feuer des Angriffs. Ausserhalb des Kreises bringt die horizontale Lage eines kampfunfähig Gewordenen, den zwei Genossen hinweggetragen haben und niederlegen, eine glückliche Pause in die fortlaufende Bewegung. Rechts in der Lücke B 6 wird dieser Gruppe eine ähnliche, ausführlichere entsprochen haben, und an den Enden schliessen nach auswärts gewandte Figuren mit idyllisch ruhigen Motiven das Ganze ab. Aus der Sache heraus gliederte sich also die Darstellung in eine lange reichbewegte Mitte und zwei kurze stimmungsvolle Schlusstheile, und wenn die Symmetrie, mit der sich die Haupthandlung entwickelt — den Eber wiegt die extensiv geringere, dafür aber weiter excentrische Gruppe der beiden Inactiven auf B 5 auf — in diesen Schlusstheilen fortlief und ausklang, muss sich damit ein Aufbau von seltener rhythmischer Schönheit vollendet haben.

Der Eber steht mit vorgestemmten Vorderbeinen und erhobenem Kopfe an, das Gehör spitz in die Höhe gerichtet. Gut charakterisirt ihn der stramme Bau des Körpers, der geringelte kurze Schwanz und die stilistisch übertriebene Zeichnung des Kammes, der in der Mitte des Rückens eine Lücke hat;[1] das Vordertheil des Rüssels sammt den Hauern und die beiden linken Beine sind abgebrochen. Gestellt haben ihn zwei windspielartige Hunde, welche rechts und links an ihn in die Höhe springen und sich in Hals und Keule einbeissen. Von dem Hunde links fehlt das Hintertheil und die Oberschichte des Reliefs sammt dem rechten Vorderbeine, mit Ausschluss der Piote.

Unmittelbar bedroht wird der Eber von drei Figuren. Jenseits läuft der jugendliche Theseus an, nackt bis auf eine Chlamys, die ihm im Rücken flattert, ein Schwert an der Hüfte, mit einer Keule in den hoch erhobenen Händen zu einem wuchtigen Schlage ausholend. Von seiner Kopfbedeckung, vielleicht einem schrägen Petasos, ist nur ein schirmartig über das Gesicht vorstehendes Stück erhalten; die Stirn, beide Ellenbogen und eine Hälfte des linken Fusses sammt einem Theile des untern Reliefrandes sind ab-

---

[1] Furtwängler, Der Goldfund von Vettersfelde. S. 23 f.

geschlagen. Rechterhand schleudert ein mit Schild und Helm Gerüsteter den Speer auf den Eber herab. Sein Gewand ist eigenthümlich angeordnet, es geht von dem linken Arme oder der linken Schulter herab, indem es nur die eine Hälfte des Körpers bedeckt[1] und wie es scheint vom Gürtel wegbauscht, so dass die Glutaien sich entblössen. Auf dem nackten Theile des Rückens ist das Ende seines Helmbusches sichtbar. Seine Bewegung enthält einen Widerspruch: als erster der rechten Jägerreihe ist er diesseits des Ebers gedacht, weshalb er Rücksicht hat und den Hund deckt, anderntheils verliert sich sein Schild im Hintergrunde jenseits des Ebers, was sich mit dem Speerstosse schwer verträgt. Der Fehler liegt wahrscheinlich der Wunsch zu Grunde, den Eberschwanz nicht sehen zu lassen und ein unschönes Ueberschneiden des Hundekopfes durch den Schild zu vermeiden. Linkerhand in wohlberechnet weiterem Abstande hielt Meleager die Lanze zum Hochstosse bereit; von seiner Figur ist nur der obere Theil erhalten und auch dieser arg zugerichtet, er trug einen gegürteten ärmellosen Chiton, wie alle übrigen Theilnehmer der Jagd, ferner eine im Rücken aufflatternde Chlamys und einen Pilos, der mit zwei oder drei Ausnahmen gleichfalls bei allen Figuren wiederkehrt; das abgesplitterte Gesicht war nach rechts gewandt.

Neben Meleager schreitet in Panzer und attischem Helm der bärtige Peleus heran, den Schild vorhaltend, das einschneidige Schwert gezückt in der gesenkten Rechten. Reste des Wehrgehänges laufen über den Panzer, dessen Ledervorstoss über den Hüften nicht in einzelne Laschen gegliedert ist; der linke Unterschenkel fehlt fast ganz, der rechte zum grossen Theil. Es folgt in anmuthiger Haltung Bogen schiessend Atalante. Sie steht auf den Fussspitzen, das rechte Bein vorgestellt, den Oberkörper leicht biegend, den Kopf neigend. Die Sehne des Bogens ist plastisch nicht angedeutet, der Rücken der rechten Hand dem Beschauer zugekehrt, an der linken Hüfte kommt der Köcher mit überklappendem Deckel zum Vorschein. Bekleidet ist sie mit hohen Pelzstiefeln, einem Chiton, in dem sich die Körperformen besonders klar entwickeln, einer enganliegenden Kopfbedeckung, deren obere Endigung mit dem Reliefrande weggebrochen ist, wahrscheinlich einer phrygischen Mütze, und einem über den linken Arm geworfenen Thierfell, dessen Extremitäten vorn wie im Rücken herabfallen. Die nächste Gestalt ist ein bärtiger Mann, der nach links aus der Linie heraus vordringt und mit einem Stein in der erhobenen Rechten das Wild bedroht um ihm einen Seitenweg abzuschneiden; die linke Hand erhebt er unter der gespangten Chlamys, welche zwischen Arm und Brust einen tiefen Bausch bildet.[2] In ähnlicher Haltung wie Atalante folgt dann ein Jüngling, dessen Chlamys mit prächtigem Faltenspiel im Rücken aufflattert, einen Speer erhebend und die linke Hand mit ausgestrecktem Zeigefinger wie zielend vorgehalten, und den Beschluss der Reihe macht der erwähnte Ranzenträger, der wieder dem steinschleudernden Manne entspricht, aber das Motiv dieser Figur in einer Steigerung wiederholt: er schreitet energischer aus und bewegt die Arme in höchster Erregung, den rechten gegen den Kopf, während er mit dem linken ausfährt; das Untergesicht ist weggebrochen, desgleichen die beiden Hände fast ganz, wie auch die Unterschenkel, von der rechten Achsel hängt der Jagdranzen[3] wie ein Gewandbausch herab. Eine offenbar perspectivisch gedachte Feinheit ist, dass die Zwischenräume der Figuren von Atalante her gegen das Ende der Reihe sich allmählich erweitern.

Auf die bereits beschriebene erste Figur der rechten Jägerreihe folgt in einem gewissen Abstande auf B 4 ein nahe beisammen stehendes und durch gleiche Handlung verbundenes Paar: beide schreiten mit dem linken Beine aus und halten in der gesenkten Rechten die Lanze horizontal, unweit der sichtbaren Sauroter erfasst; der diesseitige Bärtige schützt die um den linken Arm gewickelte Chlamys vor, während der andere sich mit einem Schilde deckt, das ihm bis dicht an das Auge reicht; Arm und Unterschenkel sind verstümmelt. Eine weitere Gruppe bilden der vierte und fünfte Jäger. Der vierte jugendliche, dessen Bewegung ein kurzes Mäntelchen mitmacht, holt in Rücksicht zum Lanzenstosse aus, indem er, wie

[1] Aehnliche Gewandanordnung zeigen Figuren in der Iliupersis des Brygos, Euphronios und derjenigen von Gjölbaschi, Westwand, B 12; auf unteritalischen Gefässen: Gerhard, Apulische Vasenbilder I, III; in einem Amazonenkampfe: d'Hancarville, vases Hamilton II, 65, Inghirami, vasi fittili II, 179. Vgl. auch eine Figur der Meleagervase aus der Kyrenaika, Annali dell'instituto 1868, tav. d'agg. L., M, der Themis-Aigeusschale, Berlin 2538; des Amazonenkampfes, Gerhard, aus. Vasenb. IV, 330 u a. m.

[2] Sehr ähnlich ist eine Figur des Meleagersarkophags im Bullettino della commissione archeologica municipale I, tav. II, S. 181. Baumeister, Denkmäler des classischen Alterthums, Fig. 992, S. 918.

[3] Visconti, monumenti scelti Borghesiani XXVII, S. 195. Stephani, Compte-rendu, 1867, S. 108 f.

der zweite Jäger der linken Reihe, mit der linken Hand das Ziel sucht. Der fünfte, nach dem Contur des
abgesplitterten Gesichtes bärtig, ist wieder in Vordersicht gegeben und greift mit dem linken Arm über die
Fuge hinüber, um Hilfe herbeizurufen, wobei er scheinbar an den ihm entgegenfahrenden vierten anprallt:
eine ausdrucksvolle Härte, die dazu nöthigt ein perspectivisches Hintereinander vorzustellen. Das rechte Bein
der Figur ist verstossen, das linke verschwindet hinter dem Baumstamme, das Gesicht war halb nach rechts
gewendet; die rechte Hand schultert ein Geräth, das aus einem langen Stiel mit einer halbelliptisch breiten
Endigung besteht und einem Grabscheit oder einer Schaufel gleicht. Das Geräth kommt ähnlich in einer
Darstellung landwirthschaftlicher Instrumente auf einem römischen Cippus[1] vor und wird auf die nämliche
Weise von einem Jäger getragen, der mit einen todten Hasen heimkehrt, in einem Relief von Paros;[2]
wahrscheinlich diente es dazu das Gestrüppe zu durchhauen und die Lauffänger (ποδάγρη, ποδοστράβη, pedica)
mit denen man Hasen, Roth- und Schwarzwild fing, in den Erdboden einzugraben.[3] Die herbeieilenden

111. Thonrelief aus Melos im königl. Museum zu Berlin.

letzten Jäger, der sechste ein Jüngling, der siebente ein bärtiger Mann, bilden wieder ein Paar. Der sechste
hat die Chlamys um den linken Arm gewickelt und erhebt, wenn die Erhaltung nicht trügt, eine sehr kurze
Lanze, wie sie auch Figuren auf der Françoisvase ähnlich halten, wohl ein Probolion. Der siebente, der
die Lanze noch schultert und die Chlamys im Rücken fliegen lässt, trägt einen Schild und stellt, indem er
zurückblickt, eine compositionelle Verbindung her mit dem verlorenen Relief von B 6.

Beide achten des jugendlichen Genossen nicht, der schwerverwundet vor ihren Füssen am Boden
liegt. Aufzurichten sucht ihn ein gleichaltriger sorglich gebückter Freund, der ihm mit beiden Armen
unter die Achseln greift; der rechte Arm des Verwundeten geht mit verwandter Hand auf den Boden,

---

[1] Fabretti, Inscript. antiquae, S. 574; Daremberg et Saglio, Dictionnaire des antiquités s. v. bipalium, fig. 859; Schreiber,
Kulturhistorischer Bilderatlas, Taf. LXIII, 4
[2] Archäologisch-epigraphische Mittheilungen aus Oesterreich IX. Taf. IX, S. 181, 2 (Löwy).
[3] Xenophon cyneg. IX, 11—16. X, 11.

der linke ist mit niedersinkender Hand starr erhoben, sein rechtes Bein matt über das linke geschlagen. Sehr lebendig wirkt es, dass die Gruppe nicht nach links gekehrt ist, sondern den Herzueilenden entgegen; stofflich war sie wohl ein Vorspiel für die breiter entwickelte gleichartige Scene von B 6, auf die sich die Wasser schöpfende Endfigur von B 7 bezog. Das Wasserschöpfen würde schwer verständlich gewesen sein, wenn es dem Geschlagenen auf B 5 hätte gelten sollen und dieser etwa durch eine weitere Reihe activer Jäger abgetrennt gewesen wäre. Klar und schön konnte das eigenthümliche Motiv erst wirken, wenn der zu Labende als Gegenstand besonderer Theilnahme umringt und gepflegt von den Gefährten — man denkt hier an den berühmtesten unter den Erschlagenen, den Ankaios — in grösserer Nähe lag. Geschöpft wird das Wasser aus einer Cisterne, deren cylindrische Fassung wenig über den Boden in die Höhe ragt. Auf den jenseitigen perspectivisch erhöhten Rand dieser Fassung setzt der Schöpfende den linken Fuss und hat den Wassereimer, den er an einem plastisch nicht angedeuteten Stricke mit erhobener Hand heraufzog, an seinem Bügel ergriffen; sein Blick war in die Tiefe gerichtet, sein Gesicht ist zerstört.

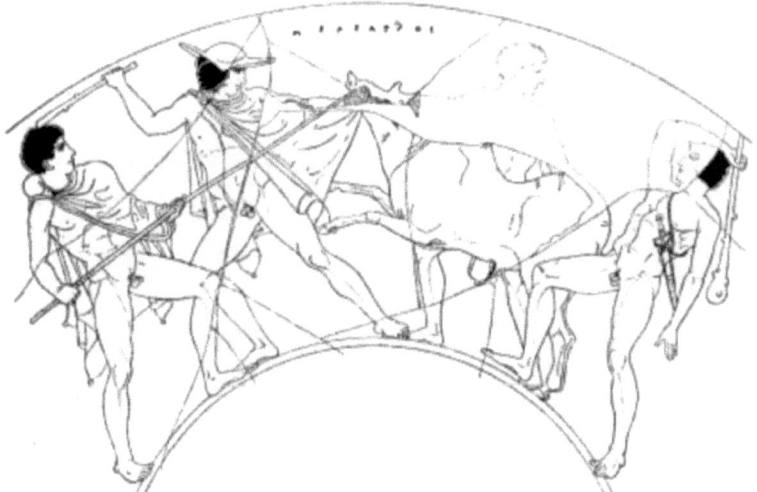

112. Bild einer Schale von Vulci im königl. Museum zu Berlin (2538).

Der Schlusstheil am linken Ende (B 1) hat von der Mitte her zunächst eine Gruppe von drei Figuren, dann eine solche von zwei und endet mit einer Figur, die abseits für sich allein steht.

Ein Schwerverwundeter oder Todter wird von zwei vermuthlich jugendlichen Kameraden, die ihn zu Häupten und Füssen erfasst hatten, aus dem Kreise hinweggetragen und augenscheinlich zu Boden gelegt. Vom Träger rechts ist nur der Kopf noch und auch dieser schlecht erhalten. Er wird den Getragenen unter der linken Achsel und rechts im Rücken gefasst haben; der Oberkörper desselben, soweit er nicht zerstört ist — es fehlen Kopf und die linke Brustseite mit dem Arm — zeigt sich sammt der matt über die Hüfte herabhängenden rechten Hand in Vordersicht, während die Beine Profil haben. Hier unter den Kniekehlen hat ihn von jenseits der andere Träger erfasst, der nach seiner unbequemen Haltung — er steht vorgebückt mit eingeknickten Knien fest auf beiden etwas auseinander gestellten Füssen, eine Chlamys fliegt von seinem Rücken in die Höhe — darauf bedacht scheint, den Getragenen sanft und behutsam niederzulegen. Der Zug von der Mitte nach aussen, der diese Gruppe beherrscht, setzt sich leise in der folgenden fort. Ein Verwundeter, von einem Gesunden unterstützt, schleicht sich mit dem Ausdruck von

14*

schwerem Leiden matt hinweg. Er steht mit vorgesunkenem Kopfe unsicher auf dem etwas einknickenden rechten Bein, und setzt tastend den linken Fuss vor, indem er sich mit der Rechten auf die Lanze stützt und nach rückwärts an den Gesunden lehnt. Dieser umfängt ihn mit dem rechten Arme im Rücken und hält seinen linken Arm, den er ihm um den Nacken geschlungen hat, an der Hand fest. Die Stellung seiner Füsse gibt den Eindruck, als ob er in kurzen sanften Schritten den Verwundeten vorwärts schöbe; er trägt ein Schwert an der Hüfte und verbindet die beiden Gruppen, indem er zurücksieht. Von der letzten Figur ist nur der Rumpf und der Kopf noch vorhanden. Sie stand in Vordersicht, den Kopf nach rechts, und hält mit der Linken an der Hüfte ein stabartiges Attribut; die Chlamys bedeckt den linken Arm, die Rechte war möglicher Weise erhoben. An dem Bruchrande über der Stelle, wo seine Füsse vorauszusetzen wären, sieht man noch das Ende eines niedrigen länglichen Gegenstandes von nicht mehr zu bestimmender Gestalt und Bedeutung vorstehen.

    Unter den erhaltenen Darstellungen[1] der kalydonischen Jagd nimmt die Composition von Gjölbaschi künstlerisch die erste Stelle ein. Mit Verwunderung wird man daher bei näherer Betrachtung gewahr, wie nahe sie im Grunde noch dem alterthümlichen Typus steht und wie scheinbar geringfügig die Aenderungen sind, mit denen das Wesentliche ihrer Neugestalt aus der Ueberlieferung hervorgebildet ist. Die Grund-

113. Bild einer Amphora von Marciano im königl. Museum zu Berlin (1705).

züge lassen sich geradezu identisch beschreiben. Auch die attischen schwarzfigurigen Bilder (Fig. 113), deren bedeutendstes auf der Françoisvase steht, haben ausnahmslos wie hier den Eber in der Mitte nach links.[2] Auch sie lassen von beiden Seiten Hunde anspringen, von beiden Seiten die Angreifenden hintereinander anrücken, die eine Reihe links vom Eber, die andere Reihe rechts vom Eber, und zwar regelmässig die linke im Profil von vorn, die rechte im Profil von hinten, so wie die alterthümliche Kunst Vorder- und Rückensicht an schreitenden Figuren unterscheidet. Es ist möglich, dass sich diese Unterscheidung der Reihen aus der alten Gewohnheit, mit dem linken Bein anschreiten zu lassen, gewisser-

[1] Kekulé, De fabula Meleagrea, S. 35 f.; Stephani, Compte-rendu, 1867, S. 58 f., S. 80 f.; Annali dell' instituto, 1863, S. 81 f. (Helbig), 1868, S. 26 f. (Schlie), 1869, S. 26 f. (Matz). Surber, Die Meleagersage, S. 89 f. Die Bullentino dell' instituto, 1879, S. 227 beschriebene Vase ist nach Berlin (1706) gelangt. Vgl. das Jagdrelief von Limyra, Reisen, Band II, S. 73, Fig. 50.

[2] Nach rechts haben den Eber die altkorinthischen Pinakes (Berlin 894—896, antike Denkmäler I, 8, 16. 79), drei mit korinthischen Inschriften versehene Jagdbilder (die Dodwellvase; Museo Gregoriano II, 22; British Museum 559; Müller-Wieseler I, 18, 93), eine kyrenaïsche Schale (Micali, Monumenti inediti XLII, 1), eine Hydria aus Caere (Monumenti inediti dell' instituto VI, VII, 77, Annali, 1863, S. 210). — Die von François Lenormant dem Louvre überwiesene Vase aus Caere (Gazette archéologique, 1881—1882, pl. 32. 33; Rayet-Collignon, Céramique grecque, S. 72, Fig. 33), welche Lenormant für eine etruskische Localfabrication aus dem siebenten Jahrhundert v. Chr. ausgab, wäre in jeder Hinsicht eine völlige Anomalie.

maassen von selbst ergab, und jedesfalls hat sie durch sorglose Innenzeichnung, welche die schwarzen Silhouetten widerspruchsvoll interpretirte, oftmals an Deutlichkeit verloren. Immer aber war sie die gegebene bildungsfähige Vorlage, die nur einmal ernst genommen und klar durchdacht zu werden brauchte, um auf eine Tiefenentwicklung der beiden Reihen zu führen, wie sie den Hauptreiz unserer Composition ausmacht. Anstoss, das starr Ueberkommene durchzugestalten, mochte namentlich das Bedürfniss einer wahrheitsgemässeren Wiedergabe des Ebers geben. Seine Furchtbarkeit hatte man anfänglich durch einen Wuchs bezeichnet, welcher der Menschengrösse gleichkam, und unter seinem Bauche hatte dann der getödtete Ankaios den besten Platz gefunden. Wurde das Thier naturgetreuer gebildet — und im Fortschritt der Zeiten wird es immer kleiner: auf einem altkorinthischen Pinax ist es grösser als der beistehende bärtige Mann, auf der Françoisvase fast gleichgross, die älteste rothfigurige Darstellung[1] (Fig. 112) gibt ihm noch eine Rückenhöhe von etwa zwei Drittel Manneslänge, während die Rückenhöhe in Gjölbaschi nur

114. Bild einer apulischen Amphora im königl. Museum zu Berlin (3258).

noch halbe Manneslänge beträgt, auf späteren Vasen noch weniger, bis sich dann auf römischen Monumenten die Verhältnisse mitunter wieder steigern — so entstand über dem Rücken des Thieres eine leere Stelle, die zu füllen war und am einfachsten durch einen jenseits stehenden Jäger gefüllt wurde. Diese Aenderung aber, die zuerst im rothfigurigen Stil auftritt, dürfte es hauptsächlich gewesen sein, die als ein folgenreicher Anfang die dritte Dimension in dem Flächenbilde zur Geltung brachte. Auch der getödtete Ankaios hatte dann unter dem Bauche des Thieres nicht mehr Platz und schuf eine Verlegenheit, die, nachdem man ihn, wie es scheint, eine Zeit lang ganz weggelassen oder wie in dem Terracottarelief von Melos (Fig. 111) nicht eben glücklich stehend hatte sterben lassen, zu neuen Erfindungen antrieb, unter denen

---

[1] Gerhard, Auserlesene Vasenbilder IV, 327, 328, Berlin 2538. Die Grösse des Ebers im Giebelfelde zu Tegea hat Treu, Mittheilungen des deutschen archäolog. Institutes in Athen IV, S. 401 f., unter dem Einflusse der mit Recht abgelehnten Vorstellungen von Urlichs wohl immer noch zu hoch berechnet.

die Angliederung von Flügeln der Composition für die Verwundeten hinter der Kampflinie wohl die zugleich einfachste und schönste Lösung war. Zwischen den altattischen Vasenbildern (Fig. 113) und den unteritalischen des vierten oder dritten Jahrhunderts, deren bedeutendstes zur Vergleichung hier wiederholt ist (Fig. 114), bezeichnet also die Composition von Gjölbaschi eine ziemlich genaue kunstgeschichtliche Mitte. Den Gedanken, der in dem alterthümlichen Schema schlummert, hat sie lebendig gemacht, aber in vornehmer Gebundenheit des Ausdrucks fast mehr zu errathen als zu verstehen gegeben, während ihn die unteritalischen Vasenbilder unbehindert in voller Deutlichkeit aussprechen, indem sie gleichsam einen aus der Vogelschau gesehenen Berghang herab den Kreis von Jägern und Hunden rund um das Ungeheuer zusammenziehen.[1] Wie dann die letzteren ihrerseits weiter überboten werden konnten, ermisst man an einer Beschreibung des ältern Philostrat I 28 und an dem wilden Getümmel der grossen Eberjagd von St. Remy.

Die kalydonische Jagd macht im Ganzen einen jüngeren Eindruck als der Freiermord, und scheint dem Giebelfelde des Skopas am Athenatempel zu Tegea nahezustehen; denn auch dort war der Eber nach links gerichtet und etwas aus der Mitte gerückt, waren an dem Hauptposten Theseus, Meleager, Atalante und Peleus vereinigt, auch musste die Gruppe des Epochos, wie er den schwer verwundeten Ankaios, der das

115. Schale von Corneto im Museo Torlonia zu Rom.   116. Unteritalischer Krater des archäologischen Museums der Universität Leipzig.

Beil fallen lässt, unterstützt und die ihr symmetrisch entsprechende des Peleus und Telamon stoffliche Aehnlichkeiten aufweisen. Allein schon die Stelle, welche diese Gruppen im Giebelfelde einnahmen, wird ihnen abweichende Gestaltungen aufgenöthigt haben, und das sonst Gemeinsame dürfte sich nicht sowohl durch zeitliche Nähe der Entstehung als vielmehr durch eine im letzten Grunde ähnliche Abhängigkeit von einer einmal epochemachenden Auflösung und Umformung des archaischen Schemas erklären. Nach verschiedenen Anzeichen haben wir aber keinen Grund, diese Reform erheblich später anzunehmen und in einer anderen Kunstgattung zu vermuthen, wie die Erfindung des Freiermords.

---

[1] So auch unter Anderem die Eberjagd der berittenen Niobiden mit ihren Treibern auf einem pompejanischen Wandgemälde, Sogliano pitture murali, Campane, n. 505. Heydemann, Berichte der sächsischen Gesellschaft der Wissenschaften, 1883, Taf. III, S. 183 f. Die Idee des Kreises nimmt auch das Relief eines Meleagersarkophages (Bullettino della commissione archeologica municipale I, tav. II, S. 175 f.) wieder auf, indem es unter Anderem den Steinschleuderer (s. o. S. 107, 2) verwerthet und an den beiden Enden die Dioskuren divergirend nach vorn herausreiten lässt. »Eine neue Zeichnung des Sarkophags der heil. Agathe in Catania . . . lässt eine von den römischen stark abweichende Darstellung der kalydonischen Jagd erkennen, die der einer apulischen Vase in Berlin [s. o. Fig 114] und in einigen Punkten auch der auf dem Grabmal von Gjölbaschi sehr ähnlich ist.« Robert, Archäolog. Zeitung, 1885, S 74.

Die älteste rothfigurige Malerei, die wir von dem Stoffe besitzen, ist die schöne Berliner Schale (Fig. 112), deren Innenbild den kinderlosen Aigeus in Delphi zeigt, wie er die Seherin Themis, welche sinnend auf dem Dreifusse sitzt, um Nachkommenschaft befragt. Die Aussenbilder geben die Erfüllung des Orakels, indem sie das Heldenthum seines Sohnes nach dem sprichwörtlichen οὐκ ἔνευγε Θηςέως in verschiedenen Unternehmungen verherrlichen. Auf der einen Seite hilft er dem Peleus einen grossen Hirsch erlegen, auf der anderen Seite glänzt er, in strahlender Jugendkraft des Leibes wie Harmodios, als Theilnehmer der kalydonischen Jagd, beide Male mit der Keule zuschlagend. In den altattischen Bildern fehlt Theseus und kommt kein Jäger mit der Keule vor.[1] Hier tritt er zum ersten Male in der kalydonischen Jagd auf und die Composition ist die zeitlich erste, welche die Figur hinter dem Eber hat. In diesem Umstande wie in einzelnen Motiven ist sie dem etwas späteren Terracottarelief von Melos (Fig. 111) und dem Friese von Gjölbaschi verwandt.

Zu den kunstgeschichtlich jüngsten Figuren zählen die Verwundeten, deren mindesten vier waren, wenn der dargelegte Schluss auf den mit B 6 fehlenden Bestandtheil der Composition begründet ist. Sie zu deuten ist kaum zulässig. Darf man in der Lücke Ankaios voraussetzen, so lässt sich in dem von zwei Genossen Getragenen, zweitwichtigsten auf B 1, allenfalls Hyleus annehmen. Für die anderen fehlt das Recht zu einer Vermuthung. Bemerkenswerth sind aber die Verse des Ovid, welche durch eine Darstellung ähnlich der auf B 1 angeregt sein können:

»In juvenes certo sic impete vulnificus sus
Fertur, et Eupalamon Pelagonaque, dextra
tuentes
Cornua, prosternit. Socii rapuere iacentes.«

Die Hyleusgruppe erinnert an Sinon und Anchialos in der Iliupersis des Polygnot, welche den Leichnam des Laomedon hinaustragen und dort am Ende des oberen Streifens, wie ich glaube, an vorletzter Stelle angebracht waren.[2] Die Gruppe auf B 5, die sich in Gjölbaschi noch einmal ähnlich findet (Tafel XVIII 3, vergl. XXIV B 3, XIV B 14), ist nicht blos aus späteren Verwendungen im Niobiden- und Orestes-

117. Schale von Orvieto in der archäologischen Sammlung der Universität Wien.

mythos und von einer Metope des Athenatempels von Ilion bekannt,[3] sondern variirt mit zwei verwandten Gruppen des Phigaliafrieses und einer des Nikefrieses, eine gewiss noch etwas ältere malerische Erfindung. Auch das scheinbar jüngste Motiv des Ganzen, der Wasserschöpfende auf B 7, geht auf die gleiche Zeit zurück. Als Beleg dafür (Fig. 115) kann das Innenbild einer jetzt im Museo Torlonia zu Trastevere befindlichen rothfigurigen Schale von Corneto gelten,[4] die in Schrift und Zeichnung den Zeitstempel der

---

[1] Nach dem Stiche der Monumenti inediti dell' instituto IV, 54, schwingt in der Meleagerjagd der Françoisvase Aristandros eine Waffe, deren Ende wie der Kolben einer Keule aussieht. Bei einer neuen Aufnahme und Untersuchung des Originales durch Wolfgang Reichel erwies sich aber dieser Kolben als ein Wachsfleck, womit der frühere Zeichner sein Bauspapier angeklebt hatte.

[2] Pausanias X, 27, 3. Λαομέδοντα δὲ τὸν νεκρὸν Σίνων τε ἑταῖρος Ὀδυσσέως καὶ Ἀγχίαλός εἰσιν ἐκκομίζοντες · γέγραπται δὲ καὶ ἄλλος τεθνεὼς, ὄνομά οἱ Ἔρισος.

[3] Stark, Niobe, S. 182. Benndorf und Schöne, Bildwerke des lateranensischen Museums, n. 469. Rossbach, Archäolog. Zeitung, 1884, Taf. 14, S. 227 f.

[4] Bullettino dell' instituto, 1866, S. 234, III (Benndorf). Berichte der sächsischen Gesellschaft der Wissenschaften, 1878, Taf. V, S. 144 f. (Heydemann).

ersten Hälfte des fünften Jahrhunderts trägt; hier ist der Jüngling nackt, der runde Raum hat eine andere Bewegung des rechten Armes veranlasst, und die charakteristische Regung eines perspectivischen Bedürfnisses in der Wiedergabe des Brunnenrandes fehlt noch, im Uebrigen herrscht weitgehende Uebereinstimmung. Das rothfigurige Innenbild einer Schale, die aus Orvieto in die archäologische Sammlung der Universität Wien gelangt ist (Fig. 117), kann zeigen, wie das Motiv die Kunst jener Zeit auch sonst beschäftigte, und nicht ohne Interesse verfolgt man, wie es selbst in späteren neuartigen Verwendungen sein kunstgeschichtliches Ursprungszeugniss nicht verliert. In allen Hauptsachen entspricht die Figur des Perseus, der im Wasserspiegel eines Brunnens das ihm von Athena vorgehaltene Medusenhaupt betrachtet, auf einem unteritalischen Krater im archäologischen Museum der Universität Leipzig (Fig. 116),[1] und noch in altchristlichen Darstellungen des Wasserschöpfens hat sich die Orientirung der Hauptfigur erhalten.[2] Uebrigens wird nur die Fassung des Motivs Eigenthum der bildenden Kunst sein, die Sache selbst war gewiss, wie ähnliche Episoden der Argonauten-, Archemoros- und Heraklessage, in der poetischen Ueberlieferung vorgebildet.[3]

118. *a* vom Phigaliafriese, *b c* von Gjölbaschi.

Von besonderem Werthe ist schliesslich die Gruppe des verwundet Hinwegschleichenden, den ein theilnehmender Genosse stützt, umfasst und geduldig vorschiebt (Fig. 118 *a*). Das ungemein ausgiebige Motiv, den Arm über die Schulter einer Nachbargestalt zu legen und sich so in Zugehörigkeit, Theilnahme, Hilfsbedürftigkeit mit ihr zu verbinden, zählt zu den Entdeckungen, die der reifarchaischen Zeit vorbehalten waren. Wohl das für uns älteste Beispiel ist die Gruppe des Memnon und Sarpedon in der Nekyia des Polygnot.[4] Die hier vorliegende Verwendung fordert zunächst den Vergleich mit einer berühmten Gruppe des Phigaliafrieses heraus (Fig. 118 *a*), näher noch steht eine Wiederholung im Gegensinne, die sich in dem Amazonenkampfe der Westwand findet und in dieser Umgebung auf Mikon zurückweist (Fig. 118 *b*, Taf. XV, A 15). Vom Bruder des Polygnot, Aristophon, welchen Plinius unter den Künstlern zweiten Ranges anführt,[5] kannte man ein Gemälde, welches Ankaios von dem Eber verwundet, »cum socia doloris Astypale« darstellte. Mag sich dieses Bild auch, wie seit Otto Jahn mit Recht angenommen wird, nicht auf den Arkadier Ankaios, sondern auf den Argonauten Ankaios und seine Mutter Astypalaia, also auf eine samische Parallelsage der kalydonischen Jagd beziehen, so wird doch die Plinianische Beschreibung desselben erst Angesichts des Meleagerfrieses von

---

[1] Otto Jahn, Berichte der sächsischen Gesellschaft der Wissenschaften, 1847, Taf. ru S 287, Philologus XXVII, S. 11. Viereckig wie hier und gleichfalls in Obersicht ist die Fassung des Brunnens in einem Neapler Vasenbild desselben Gegenstandes und auf einer ebendort befindlichen anderen Vase, welche Aktaion auf der Jagd darstellt, Heydemann, Vasensammlungen des Museo nazionale, n. 2562; Sant Angelo, n. 31.

[2] So ist das samaritanische Weib aus Sichar am Jakobsbrunnen (Garrucci storia dell' arte cristiana III, 132, 1, IV, 249. 2, V, 334, 1; 381, 3; 402, 4. VI, 419, 5; 438, 4; 443; 452, 2) meist nach rechts bewegt.

[3] Vgl. Annali dell' instituto, 1877, tav. d' agg. W. S, 410 f. (Jatta).

[4] Winter, Die jüngeren attischen Vasen, S. 24, 2; 30, 1, und die dort angeführten weiteren Beispiele. Schöne, Griechische Reliefs, n.16, vom Erechtheionfriese, Friesrelief von Rhamnus in der Münchner Glyptothek, n. 85 Le Bas, Voyage archéologique monuments figurés 19

[5] Plinius naturalis historia, 35, 138, Aristophon (laudatur) Ancaeo volnerato ab apro cum socia doloris Astypale.

Gjölbaschi verständlich. Ankaios kann nicht »von Astypale betrauert«[1] worden sein, sondern Astypalaia wird ihm nach Art der hier in Frage stehenden Gruppen Theilnahme und Hilfe erwiesen haben. Die Frage aber, ob das Bild des Aristophon, das man am natürlichsten in einem Heiligthume von Samos voraussetzt, nur die berühmte Gruppe eines nach polygnotischer Weise erzählenden grösseren Ganzen war, oder verschieden von Polygnot als selbständiges Staffeleigemälde zu denken sei, möchte ich nicht mit Brunn im letzteren Sinne entscheiden, sondern mindestens offen halten. Der Zusammenhang und die Tradition der polygnotischen Schule, der Geschmack der Zeit und die Ausführlichkeit unseres Frieses, die zu Rückschlüssen auffordert, scheinen mir eher die erstere Auffassung zu begünstigen. Die Gliederung des Frieses in eine lange, lebhaft bewegte Mitte und zwei kürzere, ruhiger gehaltene Seitenflügel ist jedesfalls eine Form der Composition, die sich in polygnotischer Zeit vollendet. Sachlich gleich, wenn auch strenger accentuirt, zeigt sie der Ostfries des Thesion, dessen herrliche Entfaltung von Kraft und Freiheit undenkbar ist ohne Befruchtung durch die grosse zeitgenössische Malerei.

4. Der trojanische Krieg.
(Tafel IX, X, XI, XII, XIII, XIV, XV.)

Die beiden Friese der Westwand bestehen, der obere aus siebzehn, der untere aus neunzehn Steinen. Dargestellt ist auf denselben vom Südende angefangen eine gelandete Flotte, eine Feldschlacht von Griechen, die Bestürmung einer Stadt, und ein Kampf von Griechen mit berittenen Amazonen. Diese Darstellungen sind unter sich nicht geschieden, sondern bilden ein zusammenhängendes Ganze, das auch der Höhe nach einheitlich erscheint. Denn da die Zeichnung der Flotte zu Anfang und der bestürmten Stadt in der Mitte die Zwischenfuge beider Steinlagen ignorirt und sich von unten nach oben wie auf einer ungetheilten Fläche ausbreitet, so nöthigt dieses theilweise Ineinandergreifen dazu, auch das Uebrige in idealer Perspective zusammenzufassen und auf einem gemeinsamen Plane hintereinander zu denken. Räumlich nimmt die Griechenschlacht, die sich von der Küste her bis unter die Mauern der Stadt hinzieht, die breiteste Stelle ein, da sie beinahe die Hälfte ausfüllt, während das Stadtbild und der Amazonenkampf sich in den Rest annähernd gleichmässig theilen. Die genauen Längenmasse betragen für die Feldschlacht 11·26 Meter, die Bestürmung der Stadt 6·18 Meter, die Amazonomachie 7·1 Meter, zusammen 24·54 Meter.

a) Die Feldschlacht
(Tafel IX, X, XI)

nimmt oben sieben, unten acht Steine in Anspruch und erstreckt sich, wie gesagt, vom Schiffslager bis unter die Mauern der belagerten Stadt. Das Ufer, in welches die Schiffshintertheile festgefahren sind, hin und wieder leise Bodenschwellungen, und an den Steinfugen kahle Bäume mit ein oder zwei verkappten Aesten geben die Scenerie; nur die beiden dem Schiffslager nächsten Fugen auf A und die nächsterste auf B haben geometrisch einfache Umrahmungen, keine Bäume, die unmittelbar am Meer offenbar als unwahrscheinlich vermieden wurden.

Man hat oben 32, unten 29, zusammen 61 Figuren (28 bärtige, 22 bartlose, 11 unbestimmbare), wozu oben noch vier Pferde und ein Tropaion kommen. Die obere Reihe ist also durch eine grössere Fülle, die sich freilich dem Auge als solche nicht bemerklich macht, bevorzugt, und in ihr hebt sich auch deutlich eine Mitte des Ganzen heraus. Während im Uebrigen nur Einzelkämpfe, zuweilen durch die Figur eines Gefallenen, Fliehenden oder Herzueilenden erweitert, aneinandergereiht erscheinen, ist auf dem mittleren Block A 4 (wie auf Taf. XXIV B 2, 3) eine Centralgruppe von grösserer Breite und einer gewissen Tiefenerstreckung angebracht. Als abgekürzte Darstellung eines Reihenkampfes rücken hier in geschlossener gleichmässiger Bewegung zwei Kämpferpaare gegeneinander los, welche durch grössere Energie der Ausfallslage und durch den Umstand, dass ein Zwischenraum sie sondert, in die Augen fallen. Ein von links herzusprengendes Viergespann und ein Tropaion rechts, vor dem ein Gefangener gemordet wird, ver-

---

[1] Brunn, Geschichte der griechischen Künstler II, S. 33.

stärken dieses Centrum. Durch einleitende Motive wiederum sind die beiden Enden des unteren Streifens ausgezeichnet, wo durch allmälige Steigerungen der Bewegung sehr glücklich das Einrücken in den Kampf geschildert ist.[1] Auch der Salpinxbläser zu Beginn[2] der oberen Reihe auf A 1 lässt sich als einleitendes Motiv auffassen, während das entgegengesetzte rechte Ende eines solchen entbehrt. Hier ist das Schlachtbild gegen die Stadt hin abgesondert durch eine unbestimmt geformte, annähernd halbcylindrische Erhebung des Reliefgrundes, welche vertical verläuft.

Die kämpfenden Parteien sind weder nach ihrer Ausrüstung, noch durch ihre Stellung und Bewegung unterschieden, die Schlacht wogt in ziemlich gleichmässigem Tempo bunt durcheinander. Für die zur See Eingedrungenen charakteristisch ist vielleicht die Figur in dem einen Schiffe, die mit einer Geberde von Betrübniss, wie es scheint, dem Kampfe zuschaut, ferner gewiss der sehr eigenthümliche kahlköpfige, kleingestaltete Greis, der sich auf B 1 furchtsam hinter dem Rücken des ersten Helden zusammenduckt, vielleicht auch die Quadriga auf A 3 als der einzige Streitwagen der Schlacht. Für die Städter charakteristisch ist namentlich der kniende Bogenschütze, mit dem die untere Reihe rechts beginnt, möglicher Weise auch noch ein zweiter, der einzige, der sonst noch vorkommt, auf B 4, wo er zu Boden gesunken ist und getödtet wird. Die Schlacht scheint noch nicht lang im Gange, man sieht erst eine Leiche und sechs ausgesprochen Verwundete; alle Uebrigen, auch die ins Knie Gesunkenen, sind noch im vollen Eifer des Kampfes. Aber das errichtete Tropaion, vor dem schon das Schlachten von Gefangenen beginnt, zeigt, dass der Sieg sich entscheidet. Da das Tropaion nach rechts gegen die Stadt hin gewandt ist, wird es von den Gelandeten errichtet worden sein, und in Einklang damit steht vielleicht, dass ein möglicher Weise als Heerführer der Stadtpartei aufzufassender Hoplit auf A 6 die Seinigen zum Rückzuge auffordert. Wie diese Figur aufzufassen sei, ist freilich keineswegs klar zum Ausdruck gebracht.

Tracht und Bewaffnung beider Parteien ist griechisch. Bekleidet sind alle Figuren, auch die Leiche auf A 6. Wo immer erkennbar, haben sie den in Gjölbaschi durchgängig getragenen, fast bis an die Knie reichenden ärmellosen Chiton, der stets gegürtet ist. Ein Obergewand hat nur der Salpinxbläser auf A 1, der Greis auf B 2 und zwei bärtige Hopliten auf B 7 und B 8. Wehrlos sind sechs Figuren, Bogenschützen, wie gesagt, nur zwei, alle übrigen haben Hoplitenwaffen. Wo die Waffen fehlen oder versagen, kämpfen die Krieger wie bei Homer mit Feldsteinen.

Der Schild ist durchgängig kreisrund und von mittlerer Grösse, so dass der Durchmesser etwa der halben Körpergrösse gleichkommt; auf der Aussenseite hat er einen umlaufenden, gegen die Wölbung etwas zurückliegenden Rand, in der Mitte innen einen breiten Riemen für den Ellenbogen und am Rande einen strickartigen (einmal bei der ersten Figur von B 6 querstangenartigen) Riemen als Griff für die Hand. Zehnmal erscheint er streng kreisförmig, achtunddreissigmal verkürzt er sich in mannigfaltiger Weise.

Den Helm tragen 51 Kämpfer, zwei unsichere Fälle nicht mitgezählt. Davon haben 16 die Form eines Pilos, 9 sind korinthisch, 26 attisch. Die korinthischen werden zurückgeschoben getragen, mit einem Futter, das an der Ohrstelle zum Vorschein kommt, deutlich an dem linken Kämpferpaar auf A 4, und haben fast immer eine langgeschweifte Crista. Die attischen Helme haben die nämliche Crista, einen tief herabreichenden Nackenschirm, einen diademartigen Stirnschirm, der in der Gegend der Schläfe in eine Volute endigt, und in drei Fällen auch Backenlaschen. Herabgelassene Backenlaschen hat das Tropaion und der Steinschleuderer auf B 7, emporstehende der rufende Hoplit auf B 6.

Panzer sind an 22 Kämpfern ersichtlich. Elfmal sind es anliegende Lederkoller, Plattenpanzer sind nicht vertreten, alle übrigen haben die Musculatur des menschlichen Rumpfes nachgebildet, was in Ermangelung eines antiken Terminus in Kürze als Muskelpanzer zu bezeichnen erlaubt sein mag. Die Muskelpanzer haben am Halse keine sichtbare Beendigung, Chitontheile kommen an den Armen nicht zum Vorschein; sie müssen gefüttert gedacht werden und abgesehen von Figur 3 auf A 5 hängt auch bei allen

¹ Vgl. Herodot VI, 112, Ἀθηναῖοι ... πρῶτοι μὲν γὰρ Ἑλλήνων πάντων, τῶν ἡμεῖς ἴδμεν, δρόμῳ ἐς πολεμίους ἐχρήσαντο. Köchly und Rüstow, Geschichte des griechischen Kriegswesens, S. 48.

² So auf Vasen, z. B. Petersburg 854. 1357. München 4. Ein Salpinxbläser zu Beginn der Hauptseite eines Amazonen-sarkophages in Neapel, Memorie della r. accademia di archeologia Ercolanese V, tav. VI.

unten am Leib und über den Hüften ein Vorstoss herab. Einmal auf A 7 ist dieser Vorstoss gürtelartig breit und ungegliedert, sonst endigt er in eine Reihe halbkreisförmiger Ausbogungen.

Beinschienen vermag ich nirgends, auch sonst nicht an dem Heroon zu erkennen. Lanzen sind nicht mehr als 9 plastisch ausgeführt. Die Schwerter sind kurz, etwas kleiner als die Länge eines Oberschenkels und werden zu Hieb und Stich gebraucht. Wo die Form scharf zu sehen ist, sind sie einschneidig, die Schneidseite wie an einem Messer ausgeschwungen, und mit einer nur auf der Schneidseite vorstehenden Parirstange.

Die Verwitterung hat das Aussehen der Figuren an diesem Theile der Friese mehr als anderwärts vergröbert und entstellt. Antheil an diesem Eindruck haben aber ohne Frage die ursprüngliche Anlage und Ausführung, namentlich die sehr gedrungenen Proportionen, die besonders grossen Köpfe. Fusszehen und Ohren sind nirgends sichtbar, Finger meist nur schwach noch zu unterscheiden.

B 1 ganz und A 1 zur Hälfte geben die Flotte durch vier Schiffshintertheile, die sich in grossen, schön geschwungenen Curven hintereinander vorschieben und in ungegliederte Aphlasta endigen. Der Bauch der Schiffe ist unten durch eine nach links leise aufsteigende, unregelmässig geführte Bodenlinie überschnitten, welche den Ufersand oder die Stranddüne bezeichnet, in welche die Schiffe festgefahren und heraufgezogen sind. Vier Steuerruder stehen von den Backbordseiten schräg empor,[1] gegen das Ende allmälig sich verbreiternd und an demselben nach beiden Seiten ausgeschweift. Das Ende des jenseitig letzten Steuerruders verdeckt den Unterschenkel der ersten Figur der oberen, also hinteren Schlachtreihe. In dem ersten Schiffe auf A 1 sitzt nach links, den Kopf nach rechts gewandt und von der rechten Hand unterstützt, eine männliche Figur im Chiton und Pilos. Ihre Beine sind weggebrochen und die Formen durchgängig zerstört, namentlich das Gesicht und das Ende des in den Schooss herabgehenden linken Armes, dessen Hand wohl dem rechten Ellenbogen Unterlage gab. Auch zwischen dem ersten und zweiten Schiffsschnabel fehlt ein Stück. A 1 ist überhaupt mehrfach durchgebrochen und jetzt aus einzelnen Stücken zusammengesetzt. Der Steinrahmen an den Stossfugen von A 1, A 2 und B 1 hat die Form einer rechtwinkeligen Leiste, während an den übrigen Stossfugen Baumstämme ausgearbeitet sind.

Auf A 1 beginnt die Schlacht mit einem jugendlichen Salpinxbläser, der in Rückensicht ruhig dasteht. Gegen die Schlacht hin gewandt, bläst er in den langen, geraden Lauf des hoch erhobenen Instrumentes, das er mit der Hand des gestreckten rechten Armes nahe seinem sich erweiternden Ende gefasst hält; ein Mundstück ist nicht zu erkennen. Er trägt einen Pilos, sein Obergewand ist von der rechten Achsel quer über den Rücken gezogen und umhüllt den gebeugt zu denkenden linken Arm. Sein Nachbar ist über die Stossfuge hinweg im Kampf mit einem auf A 2 ins Knie gesunkenen bärtigen Manne. Er schreitet in Rückensicht nach links und ist augenscheinlich bemüht, den Speer, den er dem zusammenbrechenden Gegner in den Rücken stiess, mit einem kräftigen Rucke aus dem Leibe zu ziehen. Ein korinthischer Helm mit fliegendem Busch und ein Schild sind seine Schutzwaffen; der Speer läuft nur bis zur Stossfuge und ist auf A 2 plastisch nicht vorhanden. Seine rechte Hand und sein rechter Fuss verschwinden hinter dem Steinrahmen.

Der Gegner auf A 2 ist auf wellig erhöhtem Boden in Vorsicht rechtshin auf das Knie gestürzt und greift mit der Rechten in das verwundete Kreuz, während er den unbewehrten (?) Kopf mit schmerzlichem Ausdruck des Gesichtes — der Mund geöffnet, die Augenbrauen, wie es scheint, in die Höhe gezogen — zurückwirft und den Schild in Reflexbewegung erhebt; an der linken Hüfte sieht er den Schwertgriff vor, über den linken Unterarm läuft ein breiter Schildriemen. Jenseits, theilweise verdeckt von ihm, schreitet ein Hoplit, mit dem Schild bis unter das Auge gedeckt, zu seiner Vertheidigung ein. Er erhebt die Faust zum Lanzenstosse, aber die Lanze ist wieder nicht vorhanden; er hat einen Piloshelm auf und trug möglicherweise einen Panzer. Es folgt ein Zweikampf von Hopliten, die in Vorsicht mit Lanzen heftig aufeinander eindringen. Der jugendliche links setzt weit ausschreitend den linken Fuss auf eine Bodenerhöhung und hält die Lanze horizontal gesenkt, der bärtige rechts, der mit dem andern Beine vordringt, erhebt sie. Der erstere hat einen Muskelpanzer mit kurzem ausgebogtem Vorstoss, einen Schild und

[1] Vgl. die beiden Marmorreliefs mit Schiffsdarstellungen aus Puteoli, Museo Borbonico III, tav. XLIV.

15*

bebuschten korinthischen Helm, der zweite Lederkoller, Schild und einen attischen Helm mit Stirnbügel, in die Höhe geschlagener Backenlasche(?) und wehendem Busch. Schild und Unterschenkel des zweiten überschneiden die letzte Figur von A 2, einen in Vordersicht zusammenbrechenden Jüngling, welcher der ersten Figur am andern Ende von A 2 symmetrisch entspricht und wie diese eine Speerwunde im Rücken über die Stossfuge hinweg erhielt. Er kniet nach links, das linke Bein lang nachziehend, den behelmten Kopf zurückgeworfen, den Schild auf den Boden gestützt, und greift sich in den Nacken, wo ihn der auf A 3 fahrende Krieger vom Wagen herab niederstach. Von der Lanze ist auf dem Steinrahmen von A 2 ein kleiner Rest erhalten, von da an war sie aber, wie der glatte Reliefgrund beweist, in körperlicher Form nicht weiter herabgeführt.

Der Wagen des Kriegers, eine nach rechts ansprengende Quadriga, Wagen und Pferde schräg vorgeschoben, füllt A 3 vollkommen aus. Vom Wagen sieht man das eine der beiden Räder, kreisrund, mit vier Speichen, die Nabe als eine stehend ovale Scheibe, und den auf der Achse ruhenden Kasten von viereckigem Grundriss, die Vorderseite perspectivisch vertieft, die rechte Nebenseite als einen stehen gebliebenen Rest der ursprünglichen Stirnfläche des Steines, worin die Formen des Rades scheinbar verschwinden und sicherlich gemalt waren. Von der Deichsel ist nichts zu sehen. Der Rand des Wagenkastens hat eine doppelte Art von Bügel (ἄντυξ), einen senkrecht abstehenden auf der Vorderseite, an dem sich der Krieger mit der linken Hand festhält und von dem ein Theil diesseits der Hand weggebrochen ist, und einen horizontal abstehenden auf der rechten Nebenseite. Die Pferde, die beiden diesseitigen als Hengste charakterisirt, springen in die Höhe, acht Hinterbeine gestreckt nebeneinander am Boden, die Vorderbeine alle gleichmässig in der Luft, das rechte Vorderbein horizontal vorgestreckt, das linke jenseits noch über dem rechten gebogen. Das linke Deichselpferd wendet den Kopf nach vorn zurück, die übrigen wenden ihn nach rechts. Die Mähne ist kurz abgeschnitten, zwischen den Ohren ein Haarschopf zusammengebunden. Zaum und Zügel sind weggelassen, wie auch der geschwungene Schweif des ersten diesseitigen Pferdes nur bis zur Kante des Wagenkastens modellirt ist und sich dann in der rechten Nebenseite des Kastens verliert. Die beiden Insassen des Wagens, der bärtige Krieger diesseits von vorn, im Grunde neben ihm nach rechts der unbärtige Lenker, sind nur von den Hüften aufwärts über der Brüstung sichtbar. Der Lenker, in blossem Chiton und Pilos, steht vorgebeugt die geschlossene Linke vorhaltend, die Rechte angezogen. Der Krieger, im Muskelpanzer, auffälliger Weise ohne Helm, scheint absteigen zu wollen, da das rechte Bein, dessen untere Hälfte vom Steinrahmen verdeckt wird, wie bei Apobaten über dem Fussboden schwebt; die im Lanzenstosse begriffene Rechte ist unmittelbar über den Kopf erhoben, während die Linke sich, wie bemerkt, an der oberen Antyx festhält.

A 4 hat sechs Figuren in drei Paaren, von denen das erste links eine Gruppe für sich bildet, die folgenden zwei zu einer grösseren Gruppe vereinigt sind. Die beiden ersten Figuren sind bärtig und kämpfen mit einander in Vordersicht. Der Unterliegende ist in das rechte Knie gesunken und hält sich mit der gegen den Boden gestemmten Rechten, die noch das Schwert umfasst, mühsam aufrecht, indem er mit dem erhobenen Schilde den drohenden tödtlichen Streich abzuwehren sucht; der Helm ist attisch, mit grossem langem Busch, das Schwert auf der Masse des Bodens in der Ecke nur leicht angedeutet, an der linken Hüfte kommt die Scheide zum Vorschein. Sein Gegner, der einen Lederkoller, Schild und korinthischen Helm mit wehendem Busche trägt, dringt mit hoch erhobenem Schwerte zum Schlag ausholend auf ihn ein, das Gesicht im Profil, umrahmt vom rechten Arme. Die folgenden Paare sind als abgekürzte Darstellung eines Reihenkampfes aufzufassen. Alle vier Kämpfer, die bärtigen links von vorn, die anderen rechts von hinten, fallen gleichmässig aus, indem sie den Schild bis unter das Auge vorhalten und mit dem linken Fusse weit ausschreiten; auch haben sie alle Helme mit wehendem Busch, rechts attische, links korinthische, der eine dieser letzteren, wie es scheint, mit einer Schlange als Träger des Busches. Der erste Kämpfer links hält das Schwert am Oberschenkel zum Tiefstosse bereit (die Scheide sieht über der Hüfte vor), und die gleiche Bewegung ist wohl für seinen Nachbar vorauszusetzen, dessen Gestalt er grösstentheils mit dem Schilde verdeckt. Auch die Kämpfer rechts, welche weniger dicht beisammen stehen, haben Wehrgehänge, scheinen aber nicht mit dem Schwert anzugreifen: der rechte Arm des zweiten ist nicht gestreckt, sondern etwas gebeugt, so dass die Hand jenseits über der Hüfte zu denken ist, die rechte Hand des ersten aber, von dem nur der Oberarm sichtbar ist, muss noch höher gedacht werden und scheint eine Lanze gehalten zu haben, deren Spur noch über den Schild und linken Oberschenkel des zweiten schräg herabläuft.

An der Steinfuge von A 4 und A 5 ist ein idolartig gedachtes Tropaion ausgearbeitet. Ueber einen dicken runden Stamm, welcher ein auf A 4 sichtbares kurzes Querholz hat, ist ein Lederkoller gehängt; jenseits desselben kommt beiderseits die Rundung eines von innen gesehenen Schildes zum Vorschein, diesseits läuft über dasselbe die Spur eines wie im Hochstoss gehaltenen Speers herab, übergestülpt ist ein nach rechts gewandter attischer Helm mit Busch und herabgelassenen Backenlaschen. Die Waffen scheinen einem gefangenen Jünglinge abgenommen zu sein, den ein junger Krieger vor dem Tropaion tödtet.[1] Der Krieger hat den Gefangenen von rückwärts am Stirnhaar gepackt, drückt ihn, indem er in sein Kreuz kniet, zu Boden, zerrt dabei seinen Kopf zurück und sticht ihm das Schwert oberhalb des rechten Schlüsselbeins senkrecht in die Brust. Der Gefangene sinkt mit dem Ausdruck von Schmerz im Gesicht in momentaner kläglicher Haltung zusammen, nur mit den Zehen des rechten Fusses den Boden berührend, das linke Bein nachschleifend, halb herabhängend vom linken Arme des Kriegers, dessen Ellenbogen er mit der Linken erfasst hat, während die Rechte zu ohnmächtiger Abwehr in die Klinge des Schwertes greift. Die Gruppe ist malerisch gedacht und wirkt lebendig, hat aber etwas Unrhythmisches im Aufbau und in dem rechten Bein des Kriegers einen Fehler. Dieser unharmonische Eindruck verstärkt sich durch die sehr stark und unschön verdeckte folgende Figur, die sich linear wie ein Bestandtheil der Gruppe ausnimmt und möglicher Weise auch dem Sinne nach zugehört: ein jugendlicher Hoplit, den man als Wache denken kann, schreitet aus dem Hintergrunde gegen einen wie zur Befreiung des Gefangenen herannahenden bärtigen Hopliten, der das Schwert aus der Scheide zieht, mit blanker Klinge ein.

Der besonders lange Stein A 6 — er gehört zu den grössten des Baues und wird nur von einigen Friessteinen auf der Südwand aussen übertroffen — enthält vier Gruppen, die beiden mittleren zu drei, die beiden äusseren zu zwei Figuren.

Die erste Gruppe besteht aus einem knieenden jugendlichen Krieger, den ein bärtiger Hoplit mit der Lanze niedersticht. Der Knieende, im attischen Helm, deckt sich mit dem emporgehobenen Schild und hält das gezückte Schwert an der Hüfte zur Vertheidigung bereit; ein Theil der Klinge ist mit der rechten Hand weggebrochen, die Schwertscheide fehlt, der rechte Unterschenkel ist nicht angedeutet.

Die sehr individuell gedachte zweite Gruppe wird von drei Kämpfern gebildet, die ihre Angriffswaffen verloren haben: ein jugendlicher Hoplit ringt mit zwei Gegnern, die vor ihm auf dem Boden knieen. Weit ausschreitend tritt er mit dem linken Bein auf den Schild eines bärtigen Kriegers, der einen Stein vom Boden heben zu wollen scheint, und zugleich packt er den zweiten jugendlichen, seiner Waffen augenscheinlich schon Beraubten mit der rechten Hand am Haar, während dieser mit der (weggebrochenen) linken Hand die Rechte des Hopliten zu entfernen sucht und mit der andern Hand den Oberschenkel desselben umschlingt.

Die dritte Gruppe stellt einen Lanzenkampf über einer Leiche dar. Die Leiche liegt in der Mitte auf ihrer linken Seite, Gesicht und Brust von vorn, das rechte Bein (an dem der Fuss vermisst wird) vorgewendet, so dass es das linke verdeckt und allein sichtbar ist; der rechte Arm fällt über den Kopf herüber mit verwandter, jetzt abgebrochener Hand, der linke liegt, mit zerstörter Hand, horizontal unter dem Leibe, der Chiton scheint auf der rechten Achsel zerrissen und lässt die rechte Brust frei. Links schreitet ein bärtiger Krieger, im attischen Helm, den Schild zurückgeworfen, in Rücksicht nach rechts aus und sticht auf seinen mit Schild, Lederkoller und attischem Helm bewaffneten jugendlichen Gegner mit der Lanze ein, so dass er zusammenbricht. Die Art des Zusammenbrechens ist vortrefflich ausgedrückt; er steht breitspurig auf den Fussspitzen, die Knie stark gebeugt, den Leib gekrümmt, den Kopf geneigt, und scheint

---

[1] Vgl. die attische Bronzemünze, auf welcher Imhoof-Blumer (als Gegenstück zu der bekannten gleichzeitigen Münze mit Themistokles auf einem Kriegsschiffe) Miltiades erkennt, einen gefangenen Meder vor das Tropaion stellend; zu Pausanias I, 32, 4 angeführt und abgebildet. Imhoof-Blumer and Percy Gardner, a numismatic commentary on Pausanias, S. 151, 20, EE VII, VIII.

mehr instinctiv als mit Kraft die in seine rechte Brust eingedrungene Lanze zu umfassen. Der Busch seines Helmes steht frei ab, das Zwischenglied, das ihn auf der Höhe trug, ist undeutlich.

Die vierte Gruppe, ein Schwertkampf zweier bärtiger Männer, nimmt sich wie eine Variation der ersten aus; auch die erste Gruppe von A 4 ist vielfach verwandt. Der Unterliegende kniet mehr in Vordersicht, so dass sein rechter Unterschenkel sichtbar wird, hält das Schwert anders (die Scheide fehlt auch hier) und trägt einen Pilos. Der Siegende schreitet von rechts her auf ihn zu und hat mit der Linken den Rand seines Schildes erfasst, um ihn seitwärts zu biegen und mit dem hochgeschwungenen Schwerte auf ihn einzuschlagen; er trägt einen attischen Helm, ein Schild fehlt ihm, die Schwertscheide und der kurze ausgebogte Vorstoss des Muskelpanzers sind besonders deutlich gebildet. Unter dem Knieenden ist aus Rücksicht auf einen hier vorhandenen grossen Drusenraum (vgl. S. 48 und 53) eine ungewöhnlich hohe unregelmässige Bodenerhöhung in die Composition eingeführt.

Von A 7 gehört nur die linke Hälfte zur Griechenschlacht, während die rechte den Anfang der Stadtbelagerung bildet. Geschieden sind hier die beiden Stoffe durch eine halbcylindrische verticale Anschwellung des Reliefgrundes, die man für einen Baum halten könnte, die sich aber durch geringeres Relief, unbestimmteren Contur und das Fehlen von Aesten von den übrigen Bäumen unterscheidet; keinesfalls kann sie als obere Fortsetzung des unterhalb an der Fuge B 8 und B 9 angebrachten Baumes gelten, welcher etwas weiter links steht.

Das Ende der Griechenschlacht (s. Fig. 35 auf S. 51) ist das besterhaltene Stück des ganzen Sculpturschatzes: zwei Krieger Schild an Schild aufeinander eindringend, links ein bärtiger Hoplit mit gezücktem Schwert von vorn, der Gegner rechts, dessen Schild das Gesicht bis dicht unter die Augen deckt, mit erhobener Lanze von hinten. An dem Hopliten lässt sich die Armatur genau verfolgen. Sein Schwert ist einschneidig mit leise gebogenem Rücken und hat einen Griff mit einseitiger Parirstange. Der kreisrunde, im Durchmesser über eine halbe Manneslänge grosse Schild wird an seinem inneren Rande an einer Schlinge erfasst, der breite Riemen im Centrum, durch welchen der Unterarm fährt, ist hier nicht vorhanden. Der Muskelpanzer hat unten einen breiten ungegliederten Vorstoss wie derjenige des Peleus in der Meleagerjagd, Taf. VII, B 2. An dem korinthischen Helm unterscheidet man den hohen geschweiften Kamm ohne Bügel, den Nasenberg, die nur flach bezeichnete, schmal geschlitzte Augenhöhle, den ausgeschweiften Nackenschutz, eine Einbuchtung des Helmrandes über der Gegend des rechtes Ohres, an welcher Stelle ein formloses Stück Helmfutter zum Vorschein kommt. Der Helm des Gegners ist attisch mit hohem geschweiftem Kamm, Nackenschutz und einem nach vorn sich verbreiternden Stirnschirm, der über der Ohrgegend in eine Volute endigt.

In verhältnissmässiger Schärfe ist das Gesicht des Hopliten erhalten (Fig. 119). Das Auge ist sehr gross und fast ganz von vorn gegeben, das obere und untere Lid treten deutlich hervor, die Thränenkarunkel im innern Winkel des Auges fehlt. Die Nase ist leise gebogen, ihre Spitze abgebrochen; der Nasenflügel scheint nervös bewegt, der Winkel des leise geöffneten Mundes, dem eine Andeutung von Zähnen fehlt, lächelnd verzogen. Wo das Ohr sitzen sollte, zeigt die Erhaltung und Bearbeitung der Flächen, dass es so wenig wie an dem Gegner plastisch ausgeführt war. Der Backenbart ist kurz und spitz geschnitten und durch eine Reihe grösserer unregelmässig gebildeter Buckeln bezeichnet; wie es scheint, war auch der Lippenbart fein angedeutet. Das Auge des Gegners ist in Folge der grösseren Tiefe, die hier das Relief hat, nicht ganz von vorn gegeben, sondern nähert sich schräg der Profilform. Die Nase verläuft mit der Stirn, die in der Mitte eine leichte Einsenkung hat, in einer Geraden. An den Fingern der erhobenen Hand sind die Nägel eingezeichnet, die Hand des Hopliten ist zu stark angefressen, um Einzelheiten der Form erkennen zu lassen, ebenso sind Fusszehen an beiden Figuren nicht mehr zu constatiren. Klar und schön modellirt war das Nackte durchgängig, namentlich an Armen und Beinen, während das Gewand, in dem doch die Körperformen durchscheinen, eher wie Leder aussieht und besonders durch unnatürliche, monotone Führung der Falten auffällt. Trügt nicht der Zustand der Erhaltung, so möchte man in diesen beiden Figuren wieder eine andere Hand als in der Griechenschlacht erkennen: die Köpfe sind kleiner, der Panzer abweichend, der korinthische Helm hat einen feineren Schnitt, der ganze Organismus des Körpers scheint richtiger und schärfer erfasst.

119. Hoplit der Feldschlacht.

B 2 zeigt drei in die Schlacht Eilende, den ersten links zurückgehalten von einem Greise. Alle drei schreiten gleichmässig links an und laufen nebeneinander wie in einer sich vorwärts schiebenden Reihe. Der zweite deckt den dritten zum Theile, während zwischen dem ersten und zweiten Zwischenraum bleibt (vgl. ein analoges Verhältniss der Abstände in der Meleagerjagd, Taf. VII, B 2).

Der erste links, bartlos, in attischem Helm, fährt mit dem Schild in die Höhe und erhebt die Rechte aufrecht, wie gesticulirend, keinesfalls zum Lanzenstoss, auch nicht mit dem Schwert, das anders gehalten werden müsste, ein Wehrgehäng fehlt überdies. Indem er also feurig in die Schlacht strebt, sucht er sich aus der Umarmung des hinter ihm sich bergenden und zusammenduckenden Greises loszumachen, der sein Gewand mit beiden Händen an den Hüften gefasst hält: die geschlossenen Finger seiner linken Hand kommen an der linken Hüfte vor. Das kahlköpfige, langbärtige Haupt des Alten ist in Dreiviertelwendung nach oben gerichtet, sein Rücken krümmt sich, die Kniee schlottern, jämmerlich ist auch sein gespreiztes Stehen; über dem Chiton hat er ein Obergewand, das von der linken Achsel herabfällt und um beide Beine geschlungen ist. In gesteigerter Bewegung ist der zweite Krieger, der, wie es scheint, mit unzufriedenem Ausdrucke des Gesichtes und geöffnetem Munde rufend zurücksieht; er trägt einen attischen Helm und einen Muskelpanzer, hält den Schild vor und legt die Lanze ein. Der dritte Krieger, mit Schild und Piloshelm, springt in die Schlacht, die Lanze schulternd.

B 3 hat zwei Paare und eine Einzelfigur, welche über die Stossfuge hinweg mit der ersten Figur von B 4 verbunden ist. Der Kampf des ersten Paares ist noch unentschieden. Ein Unbärtiger, in Lederkoller, Schild und Helm, schreitet nach links weit aus zu einem Lanzenstoss gegen einen nur mit Piloshelm und Schild Bewaffneten, der in Rückensicht sich vorsichtig deckt und wie mit einem Ruck zugleich nach rechts bückt, um eine Steinkugel aufzuheben; sein rechter Unterarm ist zu kurz gerathen, die Finger der rechten Hand werden von dem linken Unterschenkel der folgenden Figur überschnitten. Diese, ein nur mit dem Piloshelm bewaffneter unbärtiger Jüngling, hat den Mann, mit dem er kämpfte, bereits bezwungen. Den auf beide Kniee Gesunkenen, scheinbar schon Verwundeten hat er beim linken Ohr erfasst und biegt seinen Kopf bei Seite, um ihm das Schwert senkrecht über dem linken Schlüsselbeine in den Leib zu stossen;[1] ohnmächtig

---

[1] Vgl. Φ 116 Ἀχιλεὺς δὲ ἐρυσσάμενος ξίφος ὀξὺ τύψε κατὰ κληῖδα παρ᾽ αὐχένα, πᾶν δὲ οἱ εἴσω δῦ ξίφος ἄμφηκες κτλ. Θ 325 παρ᾽ ὦμον, ὅθι κληὶς ἀποέργει αὐχένα τε στῆθός τε, μάλιστα δὲ καίριόν ἐστιν. Χ 325. Π 339 ὁ δ᾽ ἀπ᾽ οὔατος αὐχένα θεῖνεν Πηνέλεως, πᾶν δ᾽ εἴσω δῦ ξίφος, ἔσχεθε δ᾽ οἶον δέρμα, παρηέρθη δὲ κάρη, ὑπέλυντο δὲ γυῖα. Diese Art der Tödtung, die man bei Beurtheilung der

greift der Unterliegende mit der Rechten an das Bein des Siegers, mit der Linken, an welcher der Schild mit in die Höhe fährt, in die Klinge, in der verzogenen Stirn und dem schreiend geöffneten Munde verräth sich der Ernst seiner Lage. Die letzte Figur, in Muskelpanzer, Schild und Piloshelm, stösst mit der erhobenen Rechten seinem auf B 4 fliehenden Gegner die Lanze in den Rücken.

Dieser, ein Jüngling mit attischem Helm, springt hinweg, indem er krampfhaft den Schild anzieht, den Kopf mit schmerzlichem Ausdruck des Gesichtes zurückwirft und mit der Rechten auf den Rücken greift, offenbar indessen ohne die höher sitzende Speerwunde zu erreichen; sein linker Fuss berührt nur mit den Zehen den Boden, der rechte schwebt in der Luft und verliert sich hinter dem Baumstamme der Stossfuge.

Es folgen auf B 4 zwei Paare, die in Vordersicht kämpfen. Das erste ist eine Variation der ersten Gruppe von B 3. Rechts holt ein mit Lederkoller, Schild und attischem Helm bewaffneter Jüngling weit aus zum Schlage mit dem Schwerte, das er über der linken Schulter schwingt, wo es grösstentheils vom Helm verdeckt wird und nur noch in Spuren zu erkennen ist; der bärtige Gegner, im Piloshelm, deckt sich emporschauend in gebückter Stellung mit dem Schild und langt mit der rechten Hand zugleich nach einer Steinkugel, die auf einer Bodenanschwellung liegt. Der Kampf des zweiten Paares ist zur Entscheidung gekommen. Ein überwundener, jugendlicher Bogenschütze, der einen Köcher an der linken Hüfte trägt, kniet am Boden und macht mit beiden Händen offenbar vergebliche Versuche, sich von der Hand des Gegners, die ihn im Haar gepackt hat, zu befreien. Sein Gegner, ein bärtiger Mann im Muskelpanzer und Piloshelm, ist weitausholend im Begriff, ihm mit der Lanze den Todesstoss zu geben. In der rechten untern Ecke des Steines liegt ein anscheinend runder Gegenstand am Boden, vielleicht die Kopfbedeckung des Bogenschützen.

B 5 hat zwei Gruppen, die sich nach entgegengesetzten Seiten auseinander bewegen. Ein mit Schild und Helm bewaffneter Mann verfolgt einen nur noch den Schild tragenden fliehenden Jüngling, den er beim Schopf gepackt hat und zurückkreisst, wogegen sich dieser mit der zurückgreifenden Rechten vergeblich wehrt. Sein Helm hat die attische Form und diesseits des Bruches als Zierde einen in die Höhe stehenden Flügel. Von dem überschnittenen rechten Unterschenkel des Fliehenden sieht man nur noch die Wade. Nach der anderen Seite zu schreitet ein bärtiger Hoplit aus, der einem widerstandslos zusammensinkenden jugendlichen Gegner mit der Lanze den Todesstoss gibt. Der Sieger ist in Rückensicht, trägt Lederkoller, Schild und attischen Helm und stösst die Lanze in die Brust des Gegners. Dieser ist auf eine Bodenerhöhung ins linke Knie gestürzt und wird offenbar nur durch den am Arm hängenden Schild, der auf den Boden gestossen ist, und gegen dessen Hand sich sein Kopf neigt, noch gestützt; die Linke hat den Schildriemen fahren lassen, die Rechte hängt matt am Leibe herab und vermag das Schwert nicht mehr zu halten. Er trägt einen attischen Helm, an dem der Bügel unter dem Busch einmal deutlich ist, und ein Wehrgehäng, das unter der linken Achsel hervorsieht, das Gesicht hat schmerzlichen Ausdruck.

B 6 hat drei Figuren, einen Lanzenzweikampf und eine isolirte Füllfigur, einen mit erhobener Rechten um Hilfe rufenden (Mund geöffnet) bärtigen Hopliten, der mit Schild und Speer nach rechts hinweggeilt; derselbe trägt einen Muskelpanzer mit ausgebogtem kurzen Futtervorstoss und hat einen attischen Helm, dessen Backenlaschen in die Höhe stehen. Die Action dieser Figur hat weder nach rechts, noch auf den Zweikampf links von ihm Bezug. Hier hat ein mit dem korinthischen Helm bewaffneter bärtiger Krieger einen Lanzenstoss durch den Rand seines Schildes erhalten und bricht die Spitze der Lanze um, während er zugleich den Angreifer mittelst des Schildes zurückdrängt. Dieser, vom Schilde bis unter das Auge gedeckt, muss dem Drucke nachgeben, so dass er mit dem im Knie gebeugten rechten Beine zurückfährt und in Rückensicht erscheint. Dass er den Speer herausziehen wollte, ist wegen der Haltung seines stark gebeugten Armes nicht wahrscheinlich, sein Helm hat attische Form.

Galliergruppe der Villa Ludovisi öfters als ein Raffinement hingestellt hat (zuletzt Trendelenburg, Pergamenische Kunst in Baumeister's Denkmälern des klassischen Alterthums II, S. 1240, 1260); zeigt schon ein Sardonyx aus einem Schachtgrabe von Mykenai (Helbig, Das homerische Epos², S. 313, Fig. 110) und mehr als ein Monument der älteren Zeit, vgl. z. B. Overbeck, Bildwerke zum thebischen und troischen Heldenkreis, XVII, 3; Monumenti inediti dell' instituto II, 9, VI, 32; Gerhard, Auserlesene Vasenbilder IV, 329, 330; dazu oben A 5, Tafel XVIII 7 u. a. m.

B 7 zeigt eine Gruppe von drei Figuren und einen bärtigen Hopliten, der über die Stossfuge von B 8 hinüberkämpft. Die dreigliedrige Gruppe ist ein Kampf über einem Schwerverwundeten, der gefallen ist. Ueber einer beträchtlichen Bodenerhebung liegt dieser aufgerichtet auf seiner rechten Seite, den rechten Arm matt gegen den Boden gestemmt, das Haupt auf die rechte Schulter geneigt, die linke Hand schlaff herabhängend in dem Riemen des noch am Arme befindlichen Schildes, der jenseits am Boden aufzustehen scheint; sein Chiton hat sich auf der rechten Schulter gelöst und hängt von der linken Schulter in langen Falten herab, der untergeschlagene rechte Unterschenkel ist nicht sichtbar. Jenseits hat ein bärtiger Hoplit, in Lederkoller, Piloshelm, Schild und weitflatterndem langem Mantel, den Schild des Gefallenen am Rande erfasst, wie es scheint, in der Absicht ihn zum Schutze über ihn zu decken, indem er zugleich den eigenen Schild über ihm erhebt, um den drohenden Angriff seines Gegners abzuwehren. Der Gegner holt in Rückensicht weitausschreitend zum Wurfe mit einer Steinkugel aus; er erhebt den Schild bis zur halben Gesichtshöhe, sein Helm ist der attische, mit Stirnbügel, Nackenschutz, hohem geschweiftem Kamm und herabgelassenen Backenlaschen. Der folgende Hoplit setzt in Angriffstellung mit vorgehaltenem Schilde den linken Fuss auf eine Bodenerhöhung, indem er das Schwert aus der Scheide zieht; er trägt einen Lederkoller und einen mit geschweiftem Busch versehenen korinthischen Helm, von dem ein Stück Futter in der Gegend des Ohres zum Vorschein kommt.

Von seinem Gegner auf B 8, der den linken Fuss gleichfalls auf eine Bodenerhöhung setzt und in Rückensicht mit erhobenem Speere gegen ihn anstürmt, wird auf B 7 noch der untere Theil des vom Baume überschnittenen Schildes sichtbar. Er trägt einen attischen Helm mit deutlichem Bügel und quergestreiftem Busch. Die drei letzten Figuren des Steines und der ganzen Reihe bilden eine Gruppe, die durch eine Steigerung der Motive wie auf A 2 den Kampf einleitet. Die letzte rechts ist ein halb in Rückensicht knieender Bogenschütze, der mit regelrecht vorgestreckten Armen und etwas eingezogenem Kopfe zielend dargestellt ist; er trägt einen Piloshelm und an der linken Hüfte einen breiten Köcher, der linke Oberarm und die rechte Hand sind weggefressen. Die zweite Figur ist ein bärtiger Mann, der mit Schild, attischem Helm und gesenkter Lanze in den Kampf eilt. In gesteigerter Bewegung dringt dann die dritte vor, ein bärtiger Krieger, der pathetisch den rechten Arm erhebt und nach der Oeffnung des Mundes zu schliessen aufschreit, während bei den die Schlacht einrückenden Gegnern auf A 2 ein Kriegsgeschrei nicht zum Ausdruck gebracht ist. Er trägt einen Muskelpanzer, einen attischen Helm und an der linken Hand Schild und Lanze, ein Mantel fällt lose von der linken Schulter über den stark verkürzten Arm herab.

b) Die Bestürmung der Stadt

(Tafel XII, XIII)

nimmt unten und oben je vier und einen halben Stein in Anspruch (A 7—11, B 9—13). Die Stadt ist durch einen Tempel und durch die Stadtmauer bezeichnet. Als Stadtmauer ist durch das ganze Bild ein schwaches Gerüst einfachster geometrischer Linien gespannt, welches die eingereihten Figuren beleben und die Eigenart der Zeichnung, wenn man will, zum Träger einer landschaftlichen Idee macht. Denn wie leise auch die Winke sind, welche die Phantasie erhält, so lassen doch die aufragenden Felsen auf B 13, die Grundmotive der dort und darüber auf A 11 gegebenen Endgruppen und hauptsächlich die in gewissem Sinne einheitliche Perspective der Thürme, Thore und emporlaufenden Mauerzüge die Lage der Stadt auf einem Abhange vergegenwärtigen, von dem die Auswandernden auf A 11 wie in zurückliegendes Gebirge aufsteigen.

Die Stadtmauer hat sieben Thürme. Davon stehen fünf (I—V in Fig. 120) in besonderer Grösse im Vordergrunde. In ziemlich gleicher Breite und in ziemlich gleichen Abständen voneinander nehmen sie, verbunden durch die fortlaufende Mauer, den untern Streifen ein, reichen jedoch verschieden hoch in den oberen hinauf. Sie verkleiden die störenden Stossfugen, auch ist die Zwischenfuge der beiden Streifen in dem Gesimse der Stadtmauer maskirt, so dass nur die Zinnen in den oberen Streifen übergreifen. Neben Thurm III und V liegen zwei spitzbogige Thore. Diese Flucht von Thürmen und Thoren bildet gewissermassen die Breitseite der Anlage, an deren Enden die Stadtmauer einbiegt und aufwärts läuft. An Thurm V stösst auf A 11 ein zinnenloses Stück, welches anfangs steigt, dann wagrecht ist. Daraus erhebt sich weiterhin Thurm VI mit drei schräggestellten Zinnen, welche die steigende Bewegung wieder aufnehmen, und dann schliesst eine Senkrechte ab, die sich indifferent im oberen Rande verliert. Dass auch die Stadtmauer links entsprechend ansteigt, macht Thurm VII glaublich, der in halber Plattenhöhe auf A 8 über den Köpfen der Vertheidiger vorsieht.

120. Die Bestürmung der Stadt.

Die fünf Thürme des Vordergrundes sind Reste der ursprünglichen Stirnfläche der Steine, in welche die Zwischenreliefs vertieft sind. Die Thürme scheinen daher vorzuspringen, und die sehr eigenthümliche Zeichnung ihrer Bekrönungen sollte wohl diesen Eindruck unterstützen. Die Zinnen sitzen auf einem gurtartigen Gesimse, welches an Thurm VII als Relief durchläuft, an den übrigen Thürmen (mit Ausnahme von IV und V an denen es fehlt oder verdeckt ist) sich nur in der Silhouette der linken Kante zeigt. Thurm I—IV haben vier Zinnen, und zwar gleichmässig links eine Eckzinne, dann zwei halbelliptische, von denen die erste eine Mittelzinne, die andere, von zwei Seiten gesehene, die zweite Eckzinne ist — bei I, II, III ist ihre rechte Seite schräg in den Stein vertieft —, schliesslich eine kleiner gebildete hintere Eckzinne, welche der ersten gegenüberliegt. Wie immer ungenügend und inconsequent spricht sich doch hierin der Wunsch aus, die Thürme vorspringend von der Seite zu geben, und damit würde im Einklang stehen, dass die Thore nicht in der Mitte der Thürme wie in Wirklichkeit liegen, mithin dass es der Zinnenperspective entsprechend möglich wäre, das rechts vom Thor befindliche Mauerstück vom Thurme gedeckt zu denken. Thurm V und VI sind auf drei Zinnen beschränkt, Thurm VII auf zwei, an dem letzteren ist aber die Perspective auch in den Thurmflächen durchgeführt, während dies bei den übrigen nur durch Malerei geschehen sein kann. Perspectivisch von rechts her sind auch die Spitzbogen der Thore gedacht, da bei beiden gleichmässig nicht nur die Spitze nach links excentrisch ist, sondern die linke Curve steiler ansteigt als die rechte.

Gleichfalls schräg von rechts zeigt sich der Tempel, der die Stadt als einziges Gebäude vertritt. Ueber den Köpfen der Vertheidiger auf A 8 ragt er in bescheidenstem Relief hervor, eigentlich nur ein Dach, von welchem der Giebel, die Firstlinie mit hohem Akroterion und am unteren Dachrande der Langseite drei spitzbogige Antefixe angegeben sind. Das Giebelgeison verläuft links unten in den Reliefgrund; tragende Glieder, Gebälk und Wand des Tempels fehlen, obwohl Platz dafür wäre. Das Firstakroterion hat als Basis zwei ionische Voluten, die aus den Giebelgeisa hervorkommen, und darüber einen wahrscheinlich als Palmette gedachten Contur, den der Steinrand in der Mitte durchschneidet.

Mit den tiefsten Schatten treten in dem Bilde die beiden Thore und die Reliefs des Steines A 9 heraus. Dieser Stein enthält zwei thronende Gestalten, um die sich Diener bemühen und die Vertheidiger der Stadt schaaren. Soweit die Mauern reichen, sind in dem obern Streifen ausser den Gruppen der Thronenden nur in Vertheidigung begriffene Krieger, in dem untern nur angreifende, und zwar treten die Vertheidiger massenhaft auf, wie sich in einer Festung Alles drängt, während die Angreifenden im offenen Felde in einzelne Abtheilungen aufgelöst sind. Der Städter sind mehr — man hat oben 44, unten 15 Figuren, wozu beiderseits noch zwei Auswanderer mit einem Thiere kommen —, und wie sie im Uebergewicht der Zahl sind, so entwickeln sie in einfacher fast durchgängig paarweiser Reihung eine grössere Mannigfaltigkeit, die das Auge anzieht und die Phantasie beschäftigt. Hauptsächlich interessirt das Relief des Steines A 9, welches ziemlich die Mitte der Westwand bezeichnet, in dem sich die Formen häufen, die Schatten vertiefen. Hier thront als Herrscher der Stadt ein greiser König und in einiger Entfernung über ihm wie eine Göttin herausgehoben das schöne Weib, welches den ganzen Krieg entzündete.

Die Angreifer rücken in vier Rotten vor, welche durch die fünf Thürme des Vordergrundes flankirt werden und in ihren viereckigen Feldern sich wie die Metopen eines Triglyphenfrieses ausnehmen. Die Rotten sind durch die Uniform geschieden und entsprechen einander abwechselnd. Es gleichen sich einerseits die von links erste und dritte, andererseits die von links zweite und vierte Rotte; diese Paarung wird indessen durch eine andere gekreuzt und wieder aufgehoben. Durch ihre convergirende Bewegung sind die beiden mittleren verbunden, während die erste und letzte beide nach aussen gerichtet sind und sich dadurch gleichmässig lösen. Die erste und dritte stürmen ein wallartiges Vorwerk der Befestigung.[1] Ihnen voraus sind die beiden anderen, welche den Graben und Wall schon passirt haben, sich der Mauer entlang schleichen und die Stadtthore einstossen.

Der Stadtwall zwischen Thurm I und II auf B 9 ist durch eine steinige Bodenerhöhung bezeichnet, welche nach links allmäliger abfällt. Die drei Krieger der ersten Rotte, die ihn überschreiten (der eine steigt an, der zweite ist oben, der dritte schon wieder abwärts, alle in gleichem Schritt, das linke Bein voran), haben Piloshelme, einen mit Kamm, und an der linken Hüfte über dem Chiton ein kurzes Schwert. Sie blicken empor, decken sich mit dem wagrecht erhobenen Schild und halten zusammengebückt Fühlung, da sie es mit einer Menge entschlossener Gegner zu thun haben. Ueber den Zinnen der beiden ersten Thürme und ihrer Zwischenmauer sieht man die Oberleiber von durchgängig mit Piloshelmen und phrygischen Mützen, mehrfach auch mit Schilden bewehrten Vertheidigern, die in höchster Anstrengung Lanzen, Steinkugeln oder mit beiden erhobenen Händen Steinblöcke[2] auf sie niederschleudern. Zwei solcher Gestalten sind in gleicher Bewegung auch auf Thurm VII angebracht, wo sie genau genommen nur Sinn haben, wenn sie gegen andere, unsichtbare Feinde herabkämpfen.

Der Stadtwall zwischen Thurm III und IV findet sich in der linken Ecke des Feldes, und die drei Krieger der dritten Rotte sind erst im Begriff, ihn zu übersteigen. Da sie nur von zwei steinschleudernden Vertheidigern, deren Obertheile in den unteren Nachbarecken von A 9 und A 10 zum Vorschein kommen, bedroht werden, stürmen sie rascher, aufrechter und mit geringerer Fühlung an. Den Schild halten sie nicht wagrecht, sondern schräg in die Höhe. Bekleidung ist an ihnen nicht sichtbar, auch die Bewaffnung eigenthümlich. Ihre Helme sind schädelförmig, ohne Kamm, mit herabgelassenen Backenlaschen; messerartig kurze Schwerter stecken an der linken Hüfte hinter breiten Gürteln; ihre Schilde scheinen nicht metallen zu sein, besitzen jedesfalls den sonst überall vorhandenen vertieften Rand nicht und haben in der Mitte eine leise gipfelnde Erhöhung.

Die zweite Rotte bilden vier mit Schild und korinthischem Helm bewaffnete Männer, die gepaart gegen das eine Thor anrücken. Die beiden vorderen vorgeneigt mit gebeugten Knieen: der erste mit einem abgebrochenen derben Instrument (keiner Lanze), das er von unten in die rechte Thürkante treibt, das Thor erbrechend; sein Nachbar scheinbar waffenlos und nackt. Die beiden hinteren scheinen aufrecht im gleichen Laufschritt nachzuschleichen, wobei sie in der etwas zurückgebogenen Rechten den Speer schief nach aufwärts richten. Unbemerkt sind sie insgesammt zur Stelle gelangt, kein Vertheidiger, der sie bekämpfte, zeigt sich über ihnen auf der Mauer.

Die vierte Rotte, gleichfalls Männer mit Schilden, Piloshelmen und wohl durchgängig Lanzen, gibt das nämliche Bild, mit einigen Veränderungen. Sie ist in gesteigerter Bewegung und hat zwischen den beiden Paaren eine Figur mehr, welche dem Vorgang grösseres Gewicht gibt. Das Unternehmen ist geglückt. Die beiden Vordermänner sind nicht mehr mit dem Erbrechen des Thores beschäftigt, sondern man sieht schon in die Tiefe des geöffneten Thores, in das sie mit vorgehaltenem Schilde in stark gebückter Haltung rasch und doch vorsichtig eindringen. Der Schild des ersten, durch einen Kamm auf dem Pilos ausgezeichneten, wird sammt der Hand von der rechten Thorkante überschnitten. Beide Figuren sind sehr

---

[1] Ein προτείχισμα. Thukydides VI, 100. Anonymus Byzant. περί στρατηγίας ed. Köchly und Rüstow, Cap. VI, XII, XIII. Vitruv I, 5, 5.

[2] Zwischen den Zinnen der trojanischen Mauer auf der Françoisvase liegen die Steinkugeln gehäuft in Bereitschaft. Die bei Tage herabgeworfenen Steine wurden in der Nacht wieder aufgesammelt, Aeneas tacticus, 38, 4.

beschädigt; in der gesenkten Rechten, die an dem ersten abgebrochen ist, werden Lanzen vorauszusetzen sein. Die beiden Hintermänner sind wieder in identischer Bewegung und haben die nämliche Tracht, ein gegürtetes Gewand, welches von der linken Schulter abwärts nur die linke Körperhälfte bedeckt und bei dem vorderen vom Gürtel weg im Rücken bauscht. Der vordere schultert die Lanze, sein rechter Fuss reicht in flachstem Relief in die Thurmfläche herein. Die eingeschobene fünfte Figur vermittelt zwischen den Bewegungen der beiden Paare und hat den Speer, der jetzt grösstentheils verschwunden ist, schon von der Schulter genommen, in Bereitschaft schräg nach oben gerichtet.

Stadtwärts hinter dem Thore ist ein von Seitenmauern gebildeter offener Hof mit einem jenseitigen zweiten Thore zu denken, eine Thorburg (vgl. Fig. 121, 122), wie sie schon der Orient kennt und der militärische Scharfsinn der Griechen früh in mannigfachen Formen ausgebildet hat. [1] Auf den Seitenmauern

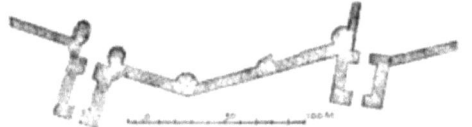

121. Thore des Peiraieus.   122. Thor von Messene.

dieses Thorhofes stehen, perspectivisch zusammenstossend, zwei Phalangen dicht gereihter Hopliten, welche durch ihre nach der Mitte zu niedergebückte Haltung zeigen, dass sie mit den Eingedrungenen im Kampfe sind. Die Hopliten sind alle gleich gross, aber die Linie ihrer Köpfe senkt sich auf A 10 und A 11 wie in perspectivischer Ansicht von rechts und links nach der Mitte. Durch Verschiedenheit der Helmform sind die Phalangen als verschiedene Truppenkörper charakterisirt. Die zur Rechten besteht aus zehn Kriegern, von denen man nur die Aussenseite ihrer Schilde (unter diesen und über der Stadtmauer in den Winkeln willkürliche Andeutungen der unteren Extremitäten), die Piloshelme und einen Ausschnitt des Gesichts um die Stirn sieht; ihre Augen sind durchgängig streng von vorn gezeichnet. Die Phalanx zur Linken besteht aus sechs Kriegern, von denen man das Gesicht — nur der erste und dritte sind bärtig — die geschlossene linke Hand an der Innenseite des Schildes, die mit Kämmen versehenen Kegelhelme, den vorderen Contur der Brust und theilweise das vorgesetzte linke Bein sieht. Die Angriffswaffen der Hopliten werden gemalt gewesen sein.

Zu jeder Phalanx gehört ein Anführer, der sich um Hilfe rufend gegen den Stadtherrscher hin zurückwendet. Der Anführer der rechten Phalanx wird an der Stossfuge auf A 11 nur mit dem Oberkörper sichtbar über den beiden letzten Hopliten. Er ist unbärtig und trägt einen unten mit geraden (doppelreihigen?) Platten endigenden Panzer, einen nicht mehr deutlichen Helm und einen Schild, den er erhebt; seine Rechte ist in gerader Haltung über die Fuge hinweg hoch erhoben, die zerstörte Hand kommt in der Ecke auf A 10 zum Vorschein. Der Anführer der linken Phalanx zeigt sich weit ausschreitend in ganzer Gestalt. Er ist bärtig und trägt einen Panzer, der in eine Doppelreihe rechteckiger Klappen endigt, einen Schild, von dessen Aussenseite ein breiter Lederschutz herabfällt, einen Speer, der über dem Schilde plastisch nicht fortgesetzt ist, und einen attischen Helm mit seitlich vom Kamme abstehenden Flügeln (nur einer ist sichtbar) und mit Nackenschutz, unter dem das Haar in langen Locken hervorquillt; sein rechter Arm ist nach links weit ausgestreckt erhoben, die Hand geöffnet mit leicht gespreizten Fingern.

Auf den Mahnruf dieser Führer eilen die Reserven herbei. Zunächst auf A 10 drei mit Schilden und attischen Helmen Gerüstete, welche mit der Rechten gleichmässig grosse Sicheln schultern: die zwei ersten bärtig, jugendlich der letzte links, der einen Panzer mit einer doppelten Klappenreihe trägt und durch die

[1] Vgl. Perrot et Chipiez, Histoire de l'art II, S. 481. Schliemann, Troja, S. 74, mit der Besprechung Adler's (»Schleusenkammer mit zwei Thoröffnungen«) in Schliemann, Tiryns, S. XIX. G. v. Alten, Die Thoranlagen bei der Hagia Triada zu Athen in den Mittheilungen des k. deutschen archäolog. Institutes in Athen III, S. 43. Taf. III, IV; derselbe über die Thore der Peiraieusbefestigung in Curtius und Kiepert, Karten von Attika, Heft I, S. 16. Ueber die Thore von Messene E. Curtius, Peloponnes II, S. 141, über diejenigen von Paestum, Donaldson im Museum of classical antiquities, I, S. 35 f. u. s. w.

Kopfwendung über die Stossfuge hinweg verbindet. Dann auf A 9 zwei Paare von Lanzenträgern, durch beträchtlichen Abstand von einander getrennt, in gleichem Schritte voreilend. Der erste des vorderen Paares ist bärtig, hat attischen Helm mit Buschaufsatz und trägt in der Rechten den Speer, von dem nur das untere Ende zwischen Schild und Stossfuge plastisch ausgeführt ist; sein jugendlicher Nebenmann, der ihn grösstentheils, namentlich mit dem Schilde, deckt, hat einen Piloshelm mit Busch und den Speer mit der Rechten geschultert. Von dem nachrückenden zweiten Paare ist der fast ganz verdeckte jenseitige Krieger jugendlich, der vordere bärtig. Beide tragen den Schild und haben Piloshelme, der vordere schultert den Speer, eine Chlamys flattert von seiner Schulter weg.

Die entstandene Bedrängniss schildert in anderem Sinne eine stille, abgeschiedene Gruppe links vom thronenden Könige, das letzte Figurenpaar auf A 9. In die Nähe des Tempels hat sich in voller Schlacht-rüstung ein durch den Flügelschmuck seines Helmes ausgezeichneter bärtiger Krieger zurückgezogen, um zur Gottheit zu beten, und ein jugendlicher Kampfgenosse neben ihm ist mit dem Opfer beschäftigt. Der Betende steht hoch aufgerichtet in Vordersicht auf dem rechten Beine, das linke ziemlich weit zurückgestellt, das Gesicht in Dreiviertelwendung gegen den Tempel hin gerichtet, der Mund wie es scheint geöffnet. Er erhebt die Hände zu beiden Seiten, die Linke noch über die Höhe des Scheitels mit Lanze und Schild, die Rechte etwas weniger hoch und schräg nach vorn, geöffnet mit lose emporgestreckten Fingern, von denen nur der Daumen fehlt. Er trägt einen Muskelpanzer, unter welchem der Chiton unmittelbar in langen, bis in die Mitte der Oberschenkel reichenden Falten herabfällt, ein Wehrgehäng über der linken Hüfte, einen auf der Brust gespangten langen Mantel, der im Rücken beiderseits ruhig niederhängt, und einen attischen Helm mit Flügeln neben dem Kamme (nur der eine ist sichtbar) und zurückgeschlagenen Backenlaschen, unter denen das langlockige Haar bis in die Mitte des Halses niedergeht. Der Opfernde neben ihm tödtet einen Widder. Er kniet mit dem linken Beine auf dem Rücken des Thieres, dessen beide Vorderbeine knieend rechts von der ersten Zinne und dessen Hintertheil zwischen den Beinen des Betenden im Contur hervorkommt; man sieht die Zehen seines linken Fusses auf dem Rücken des Thieres. Den Kopf desselben hat er mit der linken Hand zwischen seinen Oberschenkeln zurückgebogen, so dass man auf die Unterseite der beiden Backen und das eine Widderhorn sieht; zugleich erhebt er das einschneidige Schwert — die Scheide sieht unter dem linken Arm hervor —, um mit einem Schlage die Gurgel zu durchschneiden. Er hat einen über dem Chiton flatternden Mantel und einen attischen Helm mit Busch und aufgeschlagenen Backenlaschen.

Die mit Opfer und Gebet beschäftigte Gruppe und die beiden Paare der Lanzenträger auf A 9 lassen zwei Lücken zwischen sich, in denen die Herrschergestalten wie im Hintergrunde stehen.

Die thronende Frau ist mit fühlbarer Vorliebe als Hauptfigur behandelt. An die hintere Eckzinne des Thurmes III stösst perspectivisch die rechteckige Stirnfläche einer Estrade. Auf dieser steht ihr Thron und vor ihm ein Fussschemel. Man sieht die rechte Nebenseite des Thrones perspectivisch. Seine Rücken-lehne ist oben nur durch eine schwache Linie angedeutet, die Seitenlehne wird von einer sehr beschädigten geflügelten Sphinx getragen, die Schwinge des Sitzes ist dreifach gegliedert, von den beiden Füssen der Seite war der hintere plastisch nicht angeführt, der vordere ist grossentheils weggebrochen; erhalten ist von ihm nur ein Stück unterhalb des Sitzes und dicht an der hinteren Eckzinne des Thurmes III der mit Ablauf versehene rechteckige Fuss. Rechts an ihm stösst eine in eine Thierklaue auslaufende rechte Seitenwand des Schemels, von dem man parallel zur Estrade auch die Front und einen Theil der linken Seitenwand sieht. Dieser Anordnung von Thron und Schemel entsprechend sitzt die Frau halb nach rechts, indem sie den rechten Arm auf der Seitenlehne des Thrones, den linken im Schoosse ruhen lässt und den auf schlankem Halse sitzenden Kopf in sanfter Neigung nach links zurückwendet. Ueber einem dünnen Chiton, der als Untergewand nur an den Füssen zu unterscheiden ist, trägt sie ein Himation, das vom Rücken her über den rechten Ellenbogen und die Beine geschlungen ist, so dass der Oberkörper bis zu den Hüften scheinbar frei bleibt. Ein grosser Theil des Gesichtes und des Kopfes überhaupt ist abgeschlagen. Das Haar ist gescheitelt, gewellt und beiderseits in den Nacken gekämmt, als Kopfputz dient ein nach oben sich erweiternder Kalathos. Ueber diesem wölbt sich der Sonnenschirm, den eine rechts, augen-scheinlich auf der Estrade stehende Dienerin hält: Stab und Armhaltung sind allerdings nicht zu sehen, man sieht von der Dienerin nur den Kopf und die flache leere Form der Brust. Ihr Haar ist gescheitelt und in langen schlicht anliegenden Strähnen nach den Backen zu über die Ohren gezogen (vgl. Fig. 123).

Der thronende König sitzt tiefer als die thronende Frau, aber durchaus ähnlich und gewissermassen parallel zu ihr. Auch von seinem Stuhl sieht man perspectivisch die rechte Seite, nämlich das gedrechselte

123. Aus einem laconischen Vasenbilde, M. i. d. i. IV 15.

rechte Vorderbein mit drei quer herausstehenden Scheiben und einem, wie es scheint, glockenförmigen Fusse, und die Seitenschwinge des Sitzes, welche ohne Andeutung des Hinterbeines oder der Rückenlehne in den Reliefgrund verläuft; die Form des Fussschemels ist nicht mehr deutlich zu erkennen. Unter dem Stuhl liegt ein dem Katzengeschlecht angehöriges Thier, seiner Grösse nach eher ein Panther als ein Löwe, sicherlich kein Hund, nach rechts umblickend. Der König sitzt in Dreiviertelwendung nach rechts, die Schenkel nebeneinander, bekleidet mit einem Gewande, das hinter dem Rücken herabkommt und über die Beine geschlagen ist, indem es die Brust scheinbar nackt lässt. Er stützt sich auf ein kelchförmig bekröntes Scepter, welches die Rechte etwas über Schulterhöhe erfasst und senkrecht hält. Die lässige Art seiner Körpergestaltung und das durchfurchte bärtige Gesicht charakterisiren den alten Mann. Eine breite Binde umgibt sein Haupthaar. Sein Blick folgt sorgenvoll den vor ihm defilirenden Kriegern, und mit der vorgestreckten Linken scheint er mit Bezug auf diesen Auszug aus einer Schale zu spenden. Rechts im Hintergrunde neben ihm steht in Vorsicht ein jugendlicher Diener, den Unterkörper verdeckt durch die Beine des Königs, in gegürtetem Chiton und phrygischer Mütze. Er hält den rechten Arm mit geschlossener Hand seitlich hoch erhoben und hat die geschlossene Linke in der Nähe des rechten Ellenbogens senkrecht unter die rechte Hand gebracht: eine auffällig unbequeme Haltung, die sich erklärt, wenn er einen stabartigen Gegenstand senkrecht von sich weg und seitwärts nach dem Könige zu hielt. Damit kann aber nur der Stock eines Sonnenschirmes gemeint sein, der ja in der Kunst des Orients ein stehendes Attribut der Herrscherwürde ist; aber weder der Stock noch der Schirm ist in Relief ausgeführt. Eine zweite zum Könige gehörige Gestalt ist ein möglicherweise nackter Mann, der links neben dem Panther in Dreiviertelwendung nach rechts auf dem Boden kauert, mit verschränkten Armen und gekreuzten Unterschenkeln; sein Gesicht ist jetzt weggebrochen, sicher war er ohne Kopfbedeckung.

Während der Entscheidungskampf in der Mitte ausgefochten wird, zeigt der Abschluss der Darstellung am rechten Ende das Schicksal der Stadt entschieden und ihre Bewohner auf der Flucht. In aller Prägnanz des Ausdrucks sagen dies ein Paar gegensätzlich behandelte Gruppen mit voller Deutlichkeit. Oben hat man das gemeine Volk, das seine Habseligkeiten in das Gebirge rettet, unten die schöne Herrin, die in der Mitte der Stadt wie eine Göttin thronte und nun unter ritterlichem Schutze abzieht und auf einem Maulthiere in die Weite reitet.

Von landschaftlicher Bedeutung sind die bereits hervorgehobenen Felszacken auf B 13. Ueber ihnen auf A 11 baut sich eine dreigliedrige Gruppe auf. Zu unterst ein Esel, nach rechts einen Bergweg ansteigend, wie aus einem Hohlweg hervorkommend, da er nur mit dem Bauche sichtbar wird. Er trägt einen zweimal zusammengeschnürten Sack, oder auch zwei Säcke und ein Gefäss — die drei Theile sind nicht genau zu bestimmen —, jedenfalls eine schwere Last; vom Schwanz ist plastisch nur der Ansatz vorhanden. Jenseits über ihm kommen Kopf und Brust eines bärtigen alten Mannes und höher neben ihm als Kniestück eine weibliche Gestalt, beide ansteigend, hervor. Der Rücken des Mannes ist gekrümmt, möglicher Weise trägt er etwas; Arme sieht man nicht, von seinem Gewand ist nur eine von der linken Schulter herablaufende Falte deutlich; er hat einen Pilos, unter dem das Haar auf den Hals fällt. Die Frau steigt mit dem linken Beine an, ihr Oberkörper ist von den Hüften an in Vorsicht gegeben. Bekleidet ist sie mit einem ärmellosen Chiton, der bis in die Mitte der Oberschenkel Ueberfall hat und gegürtet ist, ihr Haar fällt in Locken auf die Schultern. Mit beiden Händen regiert sie einen grossen, ziemlich niedrigen Rundkorb auf dem Kopfe. Trotz der Zerstörung ist ein vergnügter Ausdruck ihres Gesichtes unverkennbar.

Unterhalb der Felszacken auf B 13, also in der Ebene, ist ein weibliches Maulthier mit kurzen Schritten nach rechts im Gang, sein Schwanz fehlt, der grösstentheils abgesplitterte Kopf wendete sich sehr lebendig nach vorn zur Seite. Auf dem Rücken trägt es einen mit Trittbrett und hoher Seitenlehne versehenen Reitstuhl, und in diesem sitzt, der rechte Arm auf der Lehne des Reitstuhls ruhend, der Kopf in sanfter Neigung zurückgewandt, eine anmuthige weibliche Gestalt, die in Körperbewegung und Tracht der thronenden Herrscherin von A 9 gleicht. Ausser dem Chiton und Obergewand hat sie einen über dem Kopf sich segelartig blähenden Schleier, den sie in Schulterhöhe mit der Linken hält und dessen anderes Ende unter dem rechten Oberarme im Grunde wegflattert. Dem Maulthiere folgt unmittelbar in lebhaftem Schritt ein Krieger, von dessen Kopf sich die oberen Reliefschichten gelöst haben. Nach dem verbliebenen Umrisse war der Kopf behelmt, nach der Musculatur des Halses zurückgewendet. Die linke Hand hält er geschlossen über der Hüfte, als ob sie einen Schild trüge, die rechte gesenkt und hinter den rechten Oberschenkel etwas zurückgezogen (wie die Mittelfigur auf B 12 und die Krieger links auf B 10), als ob er schräg einen Speer hielte; Schild und Speer sind aber im Relief nicht angegeben.

c) Der Amazonenkampf
(Tafel XIV, XV)

zieht sich oben auf sechs Steinen, unten auf sechs und einem halben hin. Baumstämme mit kürzer oder länger verkappten Aesten verkleiden die Fugen, indem sie die Figuren des Oefteren überschneiden, nicht wie auf der Südwand aussen von ihnen überschnitten werden. Eine Ausnahme macht die Fuge A 12 A 13, an der zwei Figuren im entgegengesetzten Sinne sich kreuzen und der Baumstamm zwischen ihnen liegt. Dass sich der Kampf auf mehrfach unebenem, stellenweise hügeligem Boden entwickelt, ist für den Wechsel der Kampfmotive günstig.

Wie oben auf S. 40 ausführlich dargelegt ist, sind die Reliefs von A 14 und B 16 für einen späteren Einbau theilweise weggemeisselt worden. Die hier erkennbaren Ueberreste von Figuren inbegriffen, constatirt man jetzt in der oberen Reihe 19, in der unteren 20, zusammen 39 Figuren mit oben 7, unten 6 Pferden. Möglicher Weise kam an den zerstörten Stellen noch eine oder je eine Figur hinzu. Davon sind 20 Amazonen, 13 zu Pferd, 7 zu Fuss, und 19 Griechen, welche sämmtlich zu Fuss sind. Kam an einer der zerstörten Stellen noch ein Grieche hinzu, so war beiderseits die gleiche Zahl vorhanden.

Auf jeden Stein kommt eine Reiterin, nur A 17 hat keine und A 14 und A 15 deren zwei. Der Schwerpunkt der Darstellung lag also, wie bei der Griechenschlacht und der Stadtbelagerung, in der oberen Reihe, und zwar ist hier die Mitte nicht blos durch jene Paarung an sich bezeichnet, sondern dadurch, dass diese gepaarten Reiterinnen und in vielleicht perspectivisch gedachtem Zusammenhange damit auch die zwei einzeln reitenden der untern Reihe auf B 17 und B 18 nach links in Bewegung sind, während die übrigen sämmtlich nach rechts reiten.

Ohne einleitende Motive, wie sie bei der Feldschlacht vorkamen, wird man unmittelbar in die Schlacht versetzt, und der Kampf wogt gleichmässig von einem Ende zum andern. Eine entscheidende Wendung ist nirgends eingetreten, der endliche Sieg nicht zu sehen, nur durch Zählung der Verwundeten und Todten wird man ein gewisses Uebergewicht der Griechen gewahr: je eine Leiche haben beide Parteien, die Amazonen ausserdem fünf Verwundete, die Griechen einen; ein zweiter verwundeter Grieche dürfte indessen in der weggemeisselten Stelle auf B 16 anzunehmen sein. Dass den Griechen das Glück günstig ist, tritt besonders in der später zu erörternden Gruppe der beiderseitigen Führer heraus.

Im Gegensatze zur Stadtbelagerung erscheint das Bild flächenhaft. Die Figuren stehen nebeneinander, überschneiden sich selten, nur in der Mitte der obern Reihe tritt eine gewisse Tiefenerstreckung hervor. Die Composition ist eine einfache Reihung von Gruppen, je zwei oder drei Personen ohne erkennbare Gliederung. Dass sich oben und unten je acht Gruppen befinden, wird jedenfalls als solche nicht empfunden.

Die Amazonen haben enganliegende Tricotgewänder, die einige Male zu constatiren sind und über die bisweilen noch ein Chiton gezogen ist, möglicher Weise durchgängig getragen. Mit Ausnahme von zweien auf A 15 und A 17 tragen sie ausserdem einen fliegenden Mantel und mit Ausnahme der Verwundeten auf A 15 sämmtlich phrygische Mützen. In ihrer Bewaffnung ist das Schwert nur einmal sicher auf B 16, möglicher Weise indessen auch auf B 15 — und zwar dort an der rechten Hüfte — vertreten, die Streit-axt viermal, Köcher und Bogen dreimal, der Schild neunmal. Der letztere hat nur die halbe Grösse des Schildes der Griechen und ist kreis- oder eirund, mit einem mehr oder weniger kleinen halbmondförmigen Ausschnitt auf der dem Ellbogen zugewandten Seite, ohne Randgliederung, die Handhabe, wie B 15 lehrt, im Centrum der Innenseite. Die Pferde, durchgehends Hengste, gleichen in Grösse, Bau und Dressur den berühmten des Parthenonfrieses. Wie dort ist die Mähne kurz geschoren, das Stirnhaar mitunter zu einem Busch zwischen den Ohren aufgebunden, eine plastische Andeutung von Decken, Zaum und Zügel fehlend (Zügel möglicher Weise auf B 14). Die Schweife sind meist schlicht, theilweise leicht gefurcht, auf B 18 quer herüber. Mit Ausnahme des Pferdes der Führerin auf B 15 sind sämmtliche Pferde im Galopp begriffen, mit geöffnetem Maul, geblähten Nüstern, vorquellenden Augen und lebhaft bewegten Ohren.

Bei den Griechen ist das Mannes- und Jünglingsalter ziemlich gleichmässig vertreten. Alle tragen sie den gegürteten ärmellosen Chiton — nur der Leichnam B 13 ist nackt —, fast alle sind behelmt und haben den Rundschild, viele tragen einen Panzer und haben Speer oder Schwert als Angriffswaffen, das Schwert meist mit Wehrgehäng an der linken Brust, zweimal allerdings, auf B 19 und vielleicht A 16, steckt das Schwert im Gürtel. Fliegende Mäntel kommen nur zweimal, auf A 14 und B 17, vor. Der Helm ist acht-mal pilosförmig, siebenmal attisch, einmal korinthisch, und zwar der korinthische mit, die anderen theils mit, theils ohne Bügel und Kamm. Der attische Helm hat Stirn- und Nackenschirm und ist ohne Backen-laschen, mit einer Ausnahme, wo sie fest sind und nicht in Scharnieren laufen.

Auf A 12 eine Gruppe von drei Figuren: links ein Grieche in räthselhafter Handlung, in der Mitte eine Amazone, nach rechts einen Hügel hinangaloppirend, im Kampf mit einem Griechen, der ihn von der andern Seite ersteigt. Dies letztere Motiv wiederholt A 16 und A 3 auf Taf. XXIII an der Südmauer aussen.

Der erstgenannte Grieche, bartlos, in Muskelpanzer und Piloshelm, schreitet nach links lebhaft aus, indem er den rechten Arm über dem geneigten Kopfe stark einwärts, die geschlossene Hand im Gelenke stark auswärts beugt und den linken Arm mit geöffneter Hand nach rückwärts ausstreckt. Von der rechten Faust läuft ein stabförmig dünner Gegenstand bis zur linken Hand herab, und zwar jenseits des Kopfes, wie sich aus der Relieftechnik erklärt. Nach der Haltung der rechten Faust könnte man den Gegenstand für eine Lanze nehmen, aber der Stoss würde zwecklos ins Leere gehen. Ein Schwert, unter Hinderungen aus der Scheide gezogen, dürfte die eigenthümliche Situation besser erklären, aber dabei würde die rechte Faust natürlicher von innen erscheinen und die Haltung der linken Hand nicht hinreichend verständlich sein.

Die Amazone zieht den rechten Unterschenkel ein, während der linke Fuss jenseits ausgestreckt zum Vorschein kommt — dem entsprechend galoppirt das Pferd links — und mit der linken Hand auf dem Widerrist zieht sie die Zügel an. Der Schild ist ihr entfallen und rollt am Boden aufrecht auf seiner Kante. Mit der erhobenen Rechten zückt sie die Lanze, welche diesseits über ihren Schläfen bis zu den Backen des Pferdekopfes verläuft. Sie trägt Tricot, Chiton, einen fliegenden gespangten Mantel und eine phrygische Mütze mit gezacktem Saume. Ihr Gegner setzt, vorgebeugt in halber Rückensicht, den linken Fuss auf die Bodenerhöhung, das Gesicht mit dem Schilde deckend, die Lanze tief vorstossend. Er trägt einen Platten-panzer über dem Chiton und einen attischen Helm mit Bügel und Kamm. Sein rechtes Bein greift hinter dem Baumstamme auf A 13 über. Der geschwungene Pferdeschweif ist nur bis zur Hälfte plastisch und verläuft dann im Grunde.

A 13 hat eine Gruppe zu drei und eine weitere zu zwei Figuren. Die erste zeigt einen jugendlichen Griechen, der eine Amazone todt zu Boden gestreckt hat und nun den wüthenden Angriff einer zweiten, zu Fuss kämpfenden parirt. Die gefallene Amazone liegt auf dem Rücken, das rechte Bein im Knie empor-gezogen, beide Arme über den Kopf ausgestreckt, der linke schlaff auf der Erde ruhend, der rechte über das Gesicht gebogen, die Hand krampfhaft noch die Waffe, wahrscheinlich eine Steinkugel, haltend. Ihr Chiton scheint zerrissen und von der rechten Achsel herabgesunken zu sein, so dass beide Brüste wie ent-blösst aussehen. Der Kopf ist nach rückwärts gefallen, das Gesicht im Profil nach oben gerichtet, die Haare gehen wirr zu Boden; das Ohr und der weit geöffnete Mund sind noch zu unterscheiden. An der linken Hüfte sieht man den breiten Köcher. Jenseits zu den Füssen der Leiche schreitet der Grieche energisch aus — sein rechtes Bein ist diesseits des Baumstammes auf A 12 hinübergeführt —, den Schild vorhaltend, das gezückte Schwert zum Stosse in Bereitschaft; die Schwertscheide ist nicht angegeben, sein Helm hat die Form eines Pilos mit Bügel und Federkamm. Die Bewegung der Amazone, die gleichfalls jenseits der Leiche auf ihn einstürmt, ist ungewöhnlich lebhaft und ausdrucksvoll. Die Art, wie ihre Chlamys im Grunde nach links und rechts in die Höhe flattert, gibt, verglichen namentlich mit dem noch deutlicheren Motiv einer Figur des Leukippidenraubes (B 3 auf Tafel XVI), den Eindruck, als sei sie in entgegengesetzter Richtung bewegt gewesen und habe sich zum Angriff plötzlich umgedreht. Mit der Linken hat sie den Schild des Gegners am Rand erfasst, um ihn zur Seite zu biegen und freie Bahn für die Streitaxt zu schaffen, mit der sie tief im Rücken zum Schlage ausholt; ihr rechter Arm ist hoch erhoben und derart gebogen, dass der Unterarm diesseits über den Kopf geht und die Faust über der Schulter sitzt. An der linken Hüfte trägt sie einen Köcher und darüber gebunden den Bogen, dessen eines Ende nach rechts im Grunde absteht. Unmittelbar am Contur des Rückens scheint eine grössere viereckige Vertiefung, unklar zu welchem Zwecke (ob irgendwie in Verbindung mit dem Einbau S. 40 f.?), in den Grund eingemeisselt zu sein.

Die zweite Gruppe von A 13 zeigt einen bärtigen (?) Griechen in Verfolgung einer nach rechts galoppirenden Amazone. Er hält den Schild vor und die Lanze auf den Leib der Gegnerin derart gerichtet, dass der Schaft zwischen Unterarm und Brust eingepresst festeren Widerhalt findet; vielleicht hängt mit diesem Motiv auch das auffällige Einknicken des nachgezogenen Beines zusammen. Seine sonstige Rüstung besteht in einem Panzer mit doppelter Laschenreihe, Schwert im Wehrgehäng und attischem Helm mit Bügel und Kamm. Die Amazone und ihr Ross haben besondere Zerstörung erlitten. Dem letzteren fehlt in Folge von Abkantungen an der Stossfuge der Kopf von der Stirne an, auch zeigt die Gegend des Widerristes eine, wie es scheint, absichtliche Aushöhlung, die zugleich den linken Arm der Amazone mit zerstörte. Dieser fehlt ausserdem der Kopf und der zum Lanzenstoss erhobene rechte Arm. Ihr rechtes Bein ist ausgestreckt, das linke eingezogen. Von ihrer Bekleidung sind nur Falten am Gürtel des Chitons sicher zu erkennen.

Die erwähnte Abmeisselung der Reliefs hat auf A 14 eine Reiterin fast ganz, eine zweite zur Hälfte betroffen. Die letztere links ist im Fernkampfe verwundet von einem Griechen, der nun aus der Nähe auf sie eindringt und das Schwert zieht, um ihr den Todesstoss zu geben. Ihr Oberkörper, von dem Kopf, Hals und linke Schulter weggemeisselt sind, macht eine Wendung nach vorn und ist nach rechts stark geneigt; zugleich zeigt der senkrecht nach unten gerichtete rechte Fuss, dass sie Anstrengung macht, sich zu halten. Mit der linken Hand muss sie sich rechts gestützt haben, jedenfalls führt sie die Zügel nicht mehr, wie auch der jäh auffahrende Pferdekopf verräth, und diesseits des Pferdevorderbugs sinkt ihr die Rechte, die den Stiel der Streitaxt noch gefasst hat, matt herab: alles untrügliche Anzeichen, dass sie, durch eine feindliche Fernwaffe welche freilich im Relief nicht ausgedrückt ist, kampfunfähig gemacht vom Pferde fällt. Von ihrer Bekleidung sind nur einige Chitonfalten am linken Schenkel und ein Stück des aufliegenden Mantels über der rechten Schulter zu sehen. Der andringende jugendliche Grieche scheint mit dem vorgehaltenen Schild einen Schlag der Streitaxt parirt zu haben und erfasst den Griff des im Wehrgehänge an der Seite steckenden Schwertes. Er trägt einen Panzer mit langen Laschen, einen Pilosbelm und eine weitabfliegende gespangte Chlamys, auf der Innenseite des Schildes ist einmal der strickartige Riemen für die Hand und der breite für den Arm im Centrum deutlich erhalten. Von der zweiten Reiterin des Steines ist auf

A 15, überschnitten vom Steinrahmen, die Hinterbacke des Pferdes mit abwärts fliegendem Schweif vorhanden. Dann galoppiren von rechts her hintereinander zwei Amazonen, welche in die Schlacht frisch einzurücken scheinen. Die hintere ist bogenschiessend gedacht, Bogen und Pfeil sind aber wieder im Relief übergangen, die Sehne zieht sie mit verwandter Hand an; am linken Oberschenkel sieht man fast den ganzen Contur eines dort befestigten Schildes und links darüber denjenigen ihres Köchers, die Bestandtheile ihrer Tracht sind nicht mehr festzustellen. Die vorn reitende Amazone hält den Schild an dem gebeugten Arm wie in Parade und mit der vorgestreckten rechten Faust offenbar die Zügel; sie trägt Chiton, Mütze und einen auf den Pferderücken herabwallenden Mantel.

Neben diesen zu Pferd einrückenden Amazonen verlässt eine verwundete, von einer Genossin geleitet, zu Fuss das Schlachtfeld (Fig. 118 c). Die Verwundete bringt sich, gesenkten Hauptes, mit kurzem Schritt und brechenden Knieen mühevoll vorwärts, indem sie den rechten Arm um die Schultern der Gefährtin schlingt und sich mit der erhobenen Linken auf einen Speer stützt, der im Relief nicht ausgedrückt war. Die Gefährtin hat sie mit dem (nicht sichtbaren) linken Arm im Rücken erfasst, hält ihre rechte Hand auf der eigenen Schulter fest und schiebt sie in dieser Haltung vorwärts. Der Kopf der Gefährtin ist in Vordersicht nach links geneigt und mit der phrygischen Mütze bedeckt, der Kopf der Verwundeten, an dem von der Gegend der Schläfe abwärts über das Ohr hinweg wellenförmig bewegte, steife, lange Locken niedergehen, scheint unbedeckt. Der Verwundeten gehört der lange Mantel, welcher hinter der Gruppe nach links in grossen Falten aufliegt, er ist auf ihrer Brust geschlossen.

A 16 wiederholt mit geringen Variationen die Gruppe von A 12. Die Bodenerhöhung ist grösser, daher fehlt der Amazonenschild. Die Amazone hält die Lanze, an welcher der Sauroter sichtbar ist, tief. Der Grieche hat einen Piloshelm. Mit welcher Waffe er kämpft, lässt sich nicht sagen. An seiner linken Hüfte, wo eine Schwertscheide vorhanden sein könnte, ist ein Stück Stein ausgebrochen. Sein rechter Unterschenkel und ein Theil der Bodenerhöhung ist für Herstellung eines grossen viereckigen Loches, das möglicher Weise als Balkenlager des Einbaues S. 40 f. diente, abgemeisselt.

Auf A 17 scheinen sich ein Grieche und eine Amazone im Handgemenge zu umkreisen. Beide Figuren haben sehr gelitten, zum Theil durch absichtliche Zerstörung. Abgemeisselt sind an dem Griechen wie an der Amazone der rechte Unterschenkel sammt Fuss und der rechte Arm gänzlich. Auch in der rechten untern Ecke des Steines findet sind ein nachträglich eingearbeitetes viereckiges Loch, kleiner als auf A 16. Der Grieche ist mit vorgehaltenem Schild und gezücktem Schwert, das an der rechten Hüfte sichtbar ist, in Angriffsstellung, er trägt einen Piloshelm und hatte möglicher Weise einen Panzer. Die Amazone setzt in Rücksicht den linken Fuss vor und streckt jenseits des Griechenschildes den linken Arm aus, ihr Mund ist zum Schrei geöffnet.

In der unteren Reihe auf B 13 ist der Amazonenkampf von der Auszugscene nicht geschieden; denn die Berglinie, welche zur Rechten des Maulthieres vom Boden aufwärts läuft und sich mit den oberhalb aufragenden Klippen zu einer landschaftlichen Andeutung von Gebirg vereinigt, ist so leicht eingerissen, dass ihr irgendwie trennende Bedeutung nicht zukommt.

Die aus drei Figuren bestehende erste Gruppe der unteren Reihe greift über die Stossfuge auf B 14 über. In der Ecke unten auf B 13 liegt die nackte Leiche eines jugendlichen Griechen. Sie liegt auf dem Rücken, die Füsse angezogen, so dass die Knie in die Höhe stehen, die Brust emporgewölbt, der Unterleib eingesunken, vielleicht mit einer Wunde in der Gegend der Lenden. Der rechte Arm ruht auf dem Körper, die linke Hand unter dem nach vorn gewandten Kopf, dessen Haar rings herabwallt. Jenseits der Leiche kämpft ein bärtiger Genosse, der einen korinthischen Helm mit hohem Kamm trägt, mit vorgehaltenem Schild und gezücktem Schwert, indem er den linken Fuss auf eine Erhöhung zu setzen scheint, mit einer auf B 14 gegen ihn vordringenden Amazone. Unter dem Helm sind seine Haare, vom Gesicht Augen und Mund noch kenntlich, an der Hüfte sieht die Schwertscheide vor. Auch die Amazone setzt in vorsichtig gekrümmter Haltung das linke Bein auf eine Erhöhung und hält den Schild vor, wobei ihr rechter Arm nicht sichtbar wird. Sie trägt einen gegürteten Chiton, einen fliegenden Mantel und die phrygische Mütze.

Die Mitte von B 14 nimmt eine weitere Gruppe zu drei Figuren ein. Ein jugendlicher Grieche unterstützt einen verwundet niedersinkenden Altersgenossen und schützt ihn gegen den Lanzenstoss einer davonreitenden Amazone. Der Verwundete ist ins rechte Knie gefallen, mit vorgeneigtem Oberkörper und gesenktem Kopf. Halt gibt ihm noch der Schild, der aufrecht auf dem Boden steht, seine Rechte lässt matt das Schwert hängen. Ueber dem Chiton scheint er einen Muskelpanzer zu tragen, den Helm hat er verloren, lange Locken fallen längs der Schläfe in den Nacken. Der Unterstützende fasst ihm mit der Rechten unter die rechte Achsel und hat aufgerichteten Hauptes zugleich die Lanze der Gegnerin mit dem vorgehaltenen Schilde aufgefangen: die Lanze hat den Schildrand durchbohrt und geht diesseits an der Innenseite des Schildes herab. Er trägt einen Piloshelm mit hohem Kamm und einen Plattenpanzer mit Achselklappen und einer doppelten Reihe herabhängender Lederstreifen. Die Reiterin ist eine genaue Wiederholung der Figur von A 13.

Die folgende zweigliedrige Gruppe ist wieder durch eine Stossfuge gespalten. Ein jugendlicher Grieche, der einen Plattenpanzer mit zwei Reihen von Lederklappen und einen korinthischen Helm mit geschweiftem Kamm trägt, fällt mit Schild und Schwert gegen eine Amazone aus. Diese setzt, in Rücksicht ausschreitend, den linken Fuss auf eine Bodenerhöhung, hält den kleinen Schild in Augenhöhe empor und erhebt hinter dem Kopf die rechte Hand mit einer Waffe, die im Relief nicht ausgedrückt war oder nicht mehr erkennbar ist, eher Schwert oder Dolch als Lanze, da man auf den Rücken, nicht auf die Finger der geballten Hand sieht. Sie hat gegürteten Chiton, fliegenden Mantel und phrygische Mütze.

Auch die folgende Gruppe ist zweigliedrig und durch die Stossfuge getheilt, hier geht aber die Stossfuge zwischen den beiden Theilen durch, ohne Figürliches zu treffen. Sie fordert als Ganzes wie im Einzelnen besondere Beachtung: man sieht auf B 15 eine Amazone im Begriffe vom Pferde zu springen und sich einem Manne, der auf B 16 zum Nahkampfe andringt, zu ergeben.

Der Mann ist vor seinen Kampfgenossen durch stärkeren Körperbau und eine eigenthümliche Helmzierde ausgezeichnet. Sein Helm hat die attische Form und auf der Scheitelhöhe einen zwar sehr beschädigten, aber seinen Hauptbestandtheilen nach unterscheidbaren figürlichen Aufsatz, ein löwenartig gebildetes Thier, das den Vorderkörper duckt, die rechte Pranke erhebt und die Flügel aufschlägt, welche den Helmkamm tragen, also eine Sphinx oder möglicher Weise einen Greifen, der löwenköpfig auf älteren lykischen Münzen vorkommt. Seine übrige Rüstung besteht in einem besonders grossen Schilde, einem mit Achselklappen versehenen Plattenpanzer, der in zwei Reihen von Lederstreifen endigt, und einem Wehrgehäng. Er schreitet diesseits des Baumes energisch auf die Amazone vor und zieht das Schwert aus der Scheide, wobei die vom Schilde verdeckte linke Hand offenbar die Scheide hält, weshalb der Schild mit dem linken Arme zurückführt.

Das Pferd der Amazone fällt durch schöne Zeichnung und eigenthümliche Bewegung auf. Es hat die beiden Beine der linken Seite erhoben und das rechte Vorderbein schräg vorgestemmt, dabei wirft es den Schweif auf und neigt den Kopf so tief zur Brust, dass Kinn und Maul zwischen den Vorderbeinen verschwinden. Wie Kenner sagen, ist dies die Haltung, welche man an Pferden beobachtet, wenn sie sich legen oder wälzen wollen; eine Verwundung, an die man denken könnte, wäre jedesfalls durch nichts angedeutet. Die Amazone reitet nicht mehr, sondern scheint zurückgeschnellt auf das Kreuz des Thieres. Sie hat den rechten Unterschenkel völlig eingezogen und das Knie jenseits über dem Pferderücken hoch emporgehoben, als wollte sie den Fuss herüberziehen und diesseits absteigen, freilich nicht um zu kämpfen oder den Angriff abzuwehren. Denn dass sie die Streitaxt mit der Rechten passiv wie ein Attribut hält und noch mehr, dass sie den Schild nicht zur Vertheidigung, sondern demonstrativ wie ein Signal erhebt, lässt sich nur verstehen, wenn sie erschreckt um Gnade fleht. Leider ist ihr Gesicht, in dem sich die Situation gewisslich reflectirte, abgeschlagen. Sie trägt einen gegürteten Chiton, unter dem man ein Tricotgewand voraussetzen möchte, um die Schultern einen langen, in schweren Falten aufliegenden Mantel und eine Mütze mit langem Nackentuch und hängenden Wangenlappen.

Die folgende in der Mitte zerstörte Gruppe muss dreigliedrig gewesen sein. Eine nach rechts galoppirende Amazone schwingt den Speer gegen einen in einiger Entfernung auf sie in Rücksicht zuschreitenden Griechen, von dem nur das auf B 17 übergreifende Bein noch erhalten ist. In dem Zwischenraume kann sich nur eine verwundete Figur, wahrscheinlicher ein Grieche als eine Amazone, befunden haben, auf dem Boden kniend oder zusammensinkend, vielleicht das Motiv von B 19 in Gegensinne wiederholend. Die Abmeisselung hat von dem Pferde nur den Vorderkopf und die Vorderbeine betroffen. Die Spitze des Speers ist unter dem rechten Pferdeohr erhalten. Jenseits des Pferderückens zeigt sich ein Stück des Amazonenschildes, den die linke Hand gleichsam im Gleichgewicht der gesammten Körperhaltung erhebt. Die Kleidung besteht in einem gegürteten Chiton, einem lang fliegenden Mantel und einer hohen Mütze, deren linker Wangenlappen im Winde rechtshin fliegt.

Auf B 17 begegnet ein bärtiger Grieche mit vorgehaltenem Schild und Speer dem Angriff einer Amazone, die mit einer im Relief nicht ausgeführten geschwungenen Waffe (Streitaxt?) auf ihn einsprengt. Der Grieche ist bewaffnet mit Muskelpanzer, Schwert an der linken Brust und Piloshelm mit Bügel und hohem geschweiften Kamme, überdies hat er als einziger der unteren Reihe einen am Hals geschlossenen

17*

fliegenden Mantel. Sein Gesicht ist bis auf die fehlende Nase deutlich. Die Amazone hat ein gegürtetes
Tricotgewand ohne Chiton, einen fliegenden Mantel von grober dicker Textur und eine phrygische Mütze.
Vom Schilde macht sie keinen Gebrauch, sie hält ihn rückwärts, mit der Linken scheinbar sich aufstützend,
auf dem Rücken des Pferdes.

Auf B 18 fällt eine Amazone, beiderseits von bärtigen Griechen mit der Lanze bekämpft, tödtlich
verwundet vom Pferde. Das Pferd galoppirt auf unebenem Terrain. Sein linker Hinterfuss ist auf eine
Erhöhung gesetzt, während das rechte Bein jenseits so tief steht, dass der Huf sammt Fessel und Ballen
unsichtbar bleibt. Da die Reiterin die Zügel nicht mehr regiert, fährt es mit dem Kopfe in die Höhe, die
Nase des Thieres ist weggebrochen. Die Amazone fällt diesseits rückwärts herab, in Folge eines Lanzen-
stosses, den sie im Rücken erhält. Ihre Schenkel haben den Schluss verloren und fahren beiderseits am
Halse des Thieres in die Höhe. Beide Arme gleiten matt nach vorn herab, die Rechte leer mit ausgestreckten,
aber geschlossenen Fingern, die Linke noch mit dem Schilde. Das lockige Haupt senkt sich, dem Beschauer
zugekehrt, gegen die linke Schulter, umwallt von dem auffliegenden Mantel.

Die Amazone trägt ausserdem einen Chiton und eine Mütze. Den Todesstoss hat sie im Rücken von
dem rechts in Vordersicht auf sie einschreitenden Griechen erhalten, der mit Muskelpanzer, Schwert (?),
attischem Helm (?) und Schild bewaffnet ist und mit vorgeneigtem Körper dem Stosse Nachdruck zu geben
scheint. Sein Kampfgenosse auf der andern Seite steigt gebückten Leibes mit dem linken Fusse einen
Hügel empor, in der Rechten die Lanze an den Schenkel gestemmt, in der Linken den Schild, über den
er vorspäht. Sein Helm hat die Form eines Pilos mit einem Kamme, dessen vorderer Contur allein
plastisch angegeben ist.

Die Gruppe auf B 19 muss der auf B 16 befindlichen, in der Mitte zerstörten, in allen Hauptsachen
entsprochen haben. Die reitende Amazone nimmt sich wie eine Wiederholung aus, mit dem Unterschiede,
dass sie einen Chiton anhat, keinen Schild trägt und mit der Lanze tiefer herabstösst. Die Lanze ist gegen
den Rücken eines auf einer Bodenerhöhung zwischen den Vorderbeinen der Pferde zusammenbrechenden
jugendlichen Griechen gerichtet, der einen Plattenpanzer mit doppelten Laschenreihen, einen buschlosen
Piloshelm und einen grossen Schild trägt. Der Schild, dessen Gewicht offenbar den erschöpften Körper
niederzog, steckt noch an dem Arme und dient ihm zur Stütze, indem er mit der Kante auf dem Boden
steht. Die linke Hand hat den Riemen des Schildes fahren lassen und hängt mit gelösten Fingern matt
herab. Das Haupt sinkt in Vordersicht auf den oberen Rand des Schildes, so dass der Helm herabzufallen
droht. Der linke Unterschenkel ist in flachem Relief diesseits der Bodenerhöhung schräg herabgeführt,
derart, dass der Fuss von der Lagerfuge abgeschnitten wird. Sein Kampfgenosse steigt in Rückensicht die
Bodenerhöhung hinan, mit dem wagrecht übergehaltenen Schild ihn schützend, mit der nicht sichtbaren
Rechten offenbar das Schwert ziehend, dessen Scheide unter der linken Achsel leer zu sehen ist. Sein Helm
ist buschlos und hat die attische Form mit festen Wangenklappen.

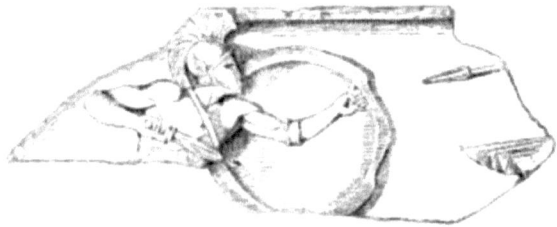

124. Relief im Capitolinischen Museum.

125. Sog. Stamnos im britischen Museum.

In der gegebenen Beschreibung, welche der Deutung nicht vorgreifen sollte, ist doch die Deutung durchgehend schon enthalten. Eine Flotte die ein Griechenheer gelandet hat, eine Schlacht die dieses Griechenheer von der Küste her bis zu einer wohlbefestigten Bergstadt führt und mit einem Angriff auf ihre Mauern und Thore verbindet, diese Stadt selbst von Orientalen vertheidigt, ein über ihren Zinnen thronender betagter Herrscher dem nach Art des Grosskönigs aufgewartet wird, ihm zugesellt nicht wie eine Gemahlin sondern dominirend über ihm im Mittelpunkte des Ganzen wie eine Göttin ein schönes Weib, das von höchster Stelle Freund und Feind übersieht, ein Kampf von Griechen und Amazonen der die Stadt land-einwärts umgibt, dazu die Bedrängniss der Belagerten und die gewissen Anzeichen ihres endlichen Unterliegens, da das Volk schon sich ins Gebirge rettet, das schöne Weib mit ihrem Ritter abzieht — aus allen Theilen der ausgebreiteten Erfin-dung spricht die Idee des troischen Krieges. Klar war sie dem unbefangenen Blicke des Entdeckers aufgegangen (vgl. oben S. 8 f.), und auch uns hat sie sich über zeitweilige Zweifel hinweg befestigt und im fortschreitenden Verständniss un-sicherer oder dunkler Einzelheiten bestätigt.

126. Reliefkopf eines persischen Doryphoros im unteren Belvedere in Wien.

Zweifel hatte der vorläufige Bericht geäussert, ohne sich für eine Deutung zu entscheiden, da es zunächst mit dem That-sächlichen bekannt zu machen galt. Es hatte befremdet, dass sich Beziehungen zu dem grossen Kreise troischer Darstellungen und seiner in einheitlicher Tradition gewonnenen reich ausge-bildeten Typik nur in Nebendingen ergeben wollten, während Einzelheiten von localem Charakter zu zeigen schienen, dass es sich wie in den Relieffriesen des Nereidenmonumentes von Xanthos möglicher Weise um lykische Landesgeschichte handeln könne. Indessen hätte jenes Befremden eher an den leitenden kunstgeschichtlichen Voraussetzungen als an einer klar angezeigten Erklärung beirren dürfen, um so mehr, als auch jenes landschaftlich Individuelle sich bei näherer Prüfung als täuschend oder belanglos erwies.

Die Gestalt der Stadtthore hatte an die Spitzbogenform der Sarkophage erinnert, die ja zu den auf-fälligsten Eigenthümlichkeiten der lykischen Denkmälerwelt gehört. Vielleicht ist aber nicht einmal voll-kommen sicher, ob diese spitzbogig erscheinenden Thore spitzbogig gebaut sein sollten. Es wäre immerhin denkbar, dass nur ein unvollkommener Versuch vorläge, Rundbogen in perspectivischer Ansicht zu zeichnen (s. oben S. 124), wenigstens ist an dem schon erbrochenen offenen Thore bei Thurm V in Fig. 120 der

18

innere Contur der Wölbung rund, nicht zugespitzt, und spitzbogige Thore sind in den Stadtruinen Lykiens,
wie freilich auch rundbogige, bis jetzt nicht nachgewiesen. Wäre der Spitzbogenbau aber auch vollkommen
gesichert, wie er in assyrischen Städtebildern wirklich mit Rundformen wechselt, so würde er mit demjenigen der Sarkophage, der seine eigene Entwicklungsgeschichte besitzt,[1] nichts zu thun haben, sondern
sich aus der alterthümlichen Scheinwölbung der Tholen und Nuraghen erklären, nach Art der spitzbogig
überkragten Thore, die in Assos, Ephesos, Thorikos, Oiniadai, Tiryns, Mykenai und anderwärts erhalten
sind,[2] also die belagerte Stadt durchaus nicht als eine lykische charakterisiren.

Unter den Bestandtheilen der lykischen Waffentracht führt Herodot Sicheln an und πόλυς ἑτέροισι
περιεστεφανωμένους.[3] Sicheln und Flügelschmuck an den Helmen haben mehrere Figuren der belagerten
Partei in der Stadt. Auch dieses Zusammentreffen ist unbeweisend und zum Theil sogar nur scheinbar.
Πτεροῖσι kann Federn oder Flügel bedeuten, πόλος Mützen oder Helme. Flügel und Helme aber scheinen
ausgeschlossen durch περιεστεφανωμένους, das einen kranzartig umlaufenden Schmuck bezeichnet, also wohl
auf einen Federbesatz von Mützen oder Hüten führt, etwa wie er an den Doryphoren der persischen
Königsgräber vorkommt (Fig. 126).[4] Derartige Kopfbedeckungen sind noch auf keinem lykischen Monu-

127. Kelchförmiger Krater in der kaiserl. Ermitage in St. Petersburg Nr. 1680.

[1] Reisen, Band I, S. 103 f., Band II, S. 30. Die dort dargelegte Entwickelung aus dem Urtypus fliegender Hütten
bestätigt das Epigramm Anthol. Pal. VII, 179, in welchem das Grab als καλύβη, bezeichnet wird, was sonst nicht zu belegen ist,
und alle Umstände darauf führen, dass es sich um ein lykisches Grab handelt. Genau entsprechen im Baue die spitzbogig gewölbten Holzbauten (10—20 Meter lang, 8—10 Meter hoch, aus festen Balken gezimmert, mit Matten, Häuten und Schilf ein-
gedeckt), welche als Wohnungen von den Somâl in Ostafrika benutzt werden; Paulitschke. Beiträge zur Ethnographie und
Anthropologie der Somâl, Galla und Harari, Leipzig 1886, Taf. 13. S. 29. Vergl. die Mithrashütten z. B. Annali dell' instituto 1864,
tav. d'agg. K und das merkwürdige Relief Annali dell' instituto 1849, tav. d'agg. N, S. 302.

[2] Texier, Descr. de l'Asie mineure III, pl. 110 bis. Adler in Ernst Curtius Beiträgen zur Geschichte und Topographie
Kleinasiens, S. 40. Dodwell, Views and descriptions on cyclopian, or pelasgic remains, pl. 22. Heuzey, Le mont Olympe et
l'Acarnanie, pl. XIII. Leicht spitzbogig ist auch der ausgebaute Theil des Tunnels in der Wasserleitung des Eupalinos auf
Samos (Fabricius, Mittheilungen des k. deutschen archäologischen Institutes in Athen IX, Taf. VII) und die rohe Construction
des Aquäductes bei Patara, Texier a. a. O. III, 173.

[3] Herodot VII, 92: Λύκιοι δὲ παρείχοντο νέας πεντήκοντα θωρηκοφόροι τε ἐόντες καὶ κνημιδοφόροι, εἶχον δὲ τόξα κρανέϊνα καὶ
ὀϊστοὺς καλαμίνους ἀπτέρους καὶ ἀκόντια, ἐπὶ δὲ αἰγὸς δέρμα περὶ τοὺς ὤμους αἰωρεύμενον, περὶ δὲ τῆσι κεφαλῆσι πίλους πτεροῖσι περιεστε-
φανωμένους· ἐγχειρίδια δὲ καὶ δρέπανα εἶχον ... 93 Κᾶρες δὲ ἱπλισμένοι παρείχοντο νέας, τὰ μὲν ἄλλα κατὰ περ Ἕλληνες ἐσταλμένοι,
εἶχαν δὲ καὶ δρέπανα καὶ ἐγχειρίδια. Vergl. V, 112.

[4] v. Sacken und Kenner, Die Sammlungen des k. k. Münz- und Antikencabinetes, S. 50, n. 246 a. Schnaase, Geschichte
der bildenden Künste I², S. 210, Fig. 44.

ment zum Vorschein gekommen. Dagegen ist die Helmzierde von zwei Seitenflügeln neben dem Busche, welche in der belagerten Stadt offenbar ein Abzeichen der Anführer ist und in diesem Sinne wohl auch einem Krieger im Centrum der Feldschlacht auf B 5 zukommt, allgemein griechisch. Nachweisbar ist sie[1] auf rothfigurigen Vasenbildern schon im strengen Stile, ein Helm Alexanders des Grossen scheint sie gehabt zu haben, häufiger tritt sie an Pallasköpfen, namentlich auf unteritalischen Münzen und am Romatypus der Gentilmünzen auf; seit dem strengen rothfigurigen Stil führt sie Perseus zugleich mit der Sichel, nach Perseus der makedonische König Philipp der Fünfte, sie spielt in späterer Zeit vielfach bei der ornamentalen Verwendung von Helmen eine Rolle, in breiter Varietät namentlich an den phantastischen Kopfbedeckungen der Sassaniden. Etwas speciell Lykisches kann sie also nicht bedeuten, und ähnlich steht es um den militärischen Gebrauch von Sicheln,[2] der im Orient seit alter Zeit verbreitet war. Sicheln und Dolche hebt Herodot auch an den Kariern hervor, die sonst wie Hellenen gerüstet seien. Ein Kampfspiel, in welchem Sicheln als Waffe dienen, zeigen pamphylische Münzen, ein sichelförmig gekrümmtes Schwert hat ein »lykaonischer« Krieger auf einer Stele von Konia, haben Figuren in dem Felsenrelief von Pteria, von Assyrischem und Aegyptischem ganz zu schweigen. In griechischen Darstellungen kommt die Sichel als Waffe nur mythologisch vor, u. a. im Kampfe des Herakles mit der Hydra, der Pygmaien mit Kranichen,

128. Fragment eines Kraters im Cabinet des médailles zu Paris.

[1] Z. B. an Peirithoos: Gerhard, Auserlesene Vasenbilder IV, 329; an Theseus (?): Monumenti inediti dell' instituto X, 28; an Athena: Heydemann 1924, Millingen, Peintures de vases, pl. XXVII; an Herakles: Sammlung Jatta, 1088, Bullett. archeol. Napol., N. S, I, 6 (Conze, Vorlegeblätter III. 4, 1, vgl. Serie B 1). — Ein Bronzehelm mit zwei aufrecht stehenden Flügeln im Museo nazionale zu Neapel, Gargiulo collection of the most remarkable monuments of the National Museum, Naples 1870, vol. II, pl. 42. — Befremdlich ist »je eine flügelartige Lasche« an einem korinthischen Helm auf einer Terracotta von Tarent, Archäologische Zeitung 1882, S. 310; Annali dell' instituto 1883, tav. d'agg. O 2. — Plutarch, Alexander, 16, 4 (vgl. 32, 5): ζῆ δὲ τῆ πέλτῃ καὶ τοῦ κράνους τῆ χαίτῃ διακριτός, ἧς ἑκατέρωθεν εἱστήκει πτερὸν λευκότητι καὶ μεγέθει θαυμαστόν. Philopoimen, 9, 5: κράνος καὶ πτερὰ βαφαῖς κοσμούμενα. Hesychius und Photius lex. s. v. πτεροφόρος. — Ueber Flügelhelme auf Münzen Imhoof-Blumer, Wiener numismat. Zeitschrift 1871, S. 46. Klügmann, L'effigie di Roma nei tipi monetarii più antichi, S. 48. Babelon, Monnaies de la république, S. XIX. — Ornamentale Verwendung z. B. Clarac, Musée de sculptures, II, pl. 251, 715. Benndorf, Gesichtshelme und Sepulcralmasken, Fig. 1, Taf. VII.

[2] ἅρπαινον, bald kürzer ὁρπανοδράγκαρα, bald länger ὁαρωδράκανον, λεγγοὁρίκανον (Jacobs, Animadv. in antholog. III, 1, S. 346, vgl. Archäologische Zeitung 1844, Taf. 24, 3, 1846, S. 137. Philostr., imag., I, 19, δρέπανα ἐπὶ δόρατος). Otto Jahn, Archäolog. Beiträge, S. 256. Ficoron, Cista, S. 31. R. Schöne, Annali dell' instituto 1870, S. 347. Löschke, Archäolog. Zeitung 1881, S. 29. — Ueber die pisidischen Münzen J. P. Six in A. von Sallet's Zeitschrift für Numismatik VII, S. 76, der auf das gleiche Kampfspiel in einem Relief bei Dümichen, Die Flotte einer ägyptischen Königin, Taf. VI, XI hinweist. Reliefs von Konia und Pteria, Texier, Descr. de l'Asie mineure I, pl. 76, II, pl. 103 (Schreiber, Culturhist. Bilderatlas XXXVIII, 3.) — Ein in Mesopotamien gefundenes Sichelschwert aus Bronze mit Keilschrift, nach Opperts Lesung aus dem 14. Jahrhundert v. Ch., Transactions of the Society of Biblical Archeology IV, S. 347. Revue archéologique 1883, pl. XX. — Sichelschwert in Aegypten, Wilkinson-Birch,

des Perseus mit der Gorgo (etwa seit Polygnot statt des früher verwendeten Schwertes). Als militärische
Waffe ist sie dagegen den Griechen fremd, und daher mag sie die belagerte Stadt in der That, wie die Tracht
der steinschleudernden Vertheidiger und der unter einem übergehaltenen Sonnenschirm thronende Herrscher (vergl. oben S. 128), als eine orientalische charakterisiren.[1]

Der trojanische Krieg folgt schon aus der Amazonomachie, deren Bedeutung der vorläufige Bericht
gleichfalls verkannt hatte. Wie ein Mosaik scheint sie zusammengesetzt aus rothfigurigen Vasenbildern des
strengen und schönen Stiles, welche Einzelkämpfe des Theseus und anderer attischer Heroen gegen berittene

129. Vom Nereidenmonument zu Xanthos.

130. Amphora der kaiserl. Ermitage zu St. Petersburg Nr. 98.

Amazonen darstellen und nach Klügmanns Darlegungen von dem Wandgemälde Mikons in der Stoa Poikile
abhängen, oder wo sie hin und wieder etwas älter sein sollten, jedesfalls die Typen veranschaulichen, die

---

Manners and customs of the ancient Egyptians I, S. 213, z. B. Lepsius, Denkmäler III, 128 a, 129 a, 130 b. — Ueber die »unge-
heure Sichel der (heutigen lykischen) Jörüken mit ihrem grössten Durchmesser von 0^m. 59 und dem langen eisernen Stiel« erinnernd
eher »an die Schwerter der Monbuttu und vom Aruwimi, als an unsere Sichelformen« F. von Luschan, Reisen, Band II, S. 219.

[1] Ein gekrümmtes Schwert findet sich an dem Tropaion einer Goldmünze des Brutus (Cohen, Monnaies impériales I[2],
S. 26, 14), welche Cavedoni auf die Besiegung der Lykier bezog, Observations sur les anciennes monnaies de la Lycie (Extrait
du tome second de la première série des mémoires présentés par divers savants à l'académie royale des inscriptions et belles
lettres) S. 9.

in dem Gemälde zur Verwendung kamen (vergl. Fig. 125, 127, 128).[1] Wie hier ist auf diesen Vasen ein sehr einfaches Motiv, welches eine Reiterin mit einem oder höchstens zwei Fusskämpfern paart, beständig variirt. Uebereinstimmend ist die orientalische Tracht der Reiterin[2] und ihr constantes Galoppiren,[3] die Bodenerhöhung auf die der andringende Grieche den Fuss setzt, selbst untergeordnete Eigenthümlichkeiten wie der oftmals fortgeschwungene Pferdeschweif. Aus einer ersten Vergleichung war daher der Irrthum entstanden, dass attische Sage, nicht die ilische, zu Grunde liege, obschon es auffiel, dass Theseus nicht anzugeben war. Aber die verschiedenen Amazonenkämpfe der griechischen Sage haben sich schwerlich je in feste Kunsttypen gesondert, sondern ihre Darstellungen gingen in einander über, wie ihre

131. Aus dem Phigaliafriese.

132. Reliefs einer Amphora von Silber in der kaiserl. Ermitage zu St. Petersburg.

---

[1] Klügmann, Annali dell' instituto 1867, S. 211 f.; Die Amazonen in der attischen Literatur und Kunst, S. 46 f. E. Schulze, De vasculo et Amazonis pugnam et inferiarum ritus repraesentante, Gotha 1870, S. 3 f. Fränkel, Archäologische Zeitung 1878, Taf. 21, 2, S. 161. Furtwängler, Sammlung Sabouroff, Taf. LXVI. J. de Witte, Description des collections d'antiquités conservées à l'hôtel Lambert (Collection du prince Czartoryski) pl. XXI, S. 66.

[2] Ueber Amazonentracht im rothfigurigen Stil vergl. Klügmann, Annali dell' instituto 1874, S. 206 f.

[3] Erinnernd an Herodot V, 111: κινδυνεύω τὸν Ἀρτυβίου ἵππον (δεδιδαγμένον πρὸς ὁπλίτην ἵστασθαι ὀρθὸν) ἱστάμενον ὀρθὸν καὶ ποσὶ καὶ στόματι καταργάζεσθαι πρὸς τὸν ἂν προσενεχθῇ.

dichterischen Behandlungen von einander abhingen, und das einzige individualisirende Moment, an das sich die Deutung halten kann, bilden die beiderseitigen Führer und Vorkämpfer. Wie die Beschreibung S. 133 ergab, sind diese in der Gruppe auf B 15 und B 16 vereint. Hervorgehoben ist hier die Königin durch ihr Pferd, welches das einzige nicht galoppirende der Schlacht ist, und durch eine auffällige Bewegung der Figur, während ihren Gegner stärkerer Körperbau und eine figürliche Helmzierde[1] auszeichnet. Dieser Gegner aber ist bärtig, was für Theseus in dieser Zeit unerhört wäre, für Achilleus nichts Ungewöhnliches ist, da in den rothfigurigen Vasenbildern des fünften Jahrhunderts Achilleus öfter noch als Mann gebildet wird. Damit allein ist für die Aithiopis entschieden, doch auch Penthesileia ist an der Situation zu erkennen.

Ihr Pferd, welches aussieht, als ob es sich legen wolle — man vergleiche die verwundet zusammenbrechenden Pferde auf Tafel XXIII A 2 und Tafel XXIX 9[2] — erinnert an dasjenige des Nestor in der Iliupersis Polygnots, von dem Pausanias die nämliche Bemerkung macht, und Penthesileia scheint zurückgeschnellt auf das Kreuz des Thieres, um die Vorderbeine desselben für das Sichlegen zu entlasten. Einen späteren Augenblick vergegenwärtigt eine Kampfepisode vom Nereidenmonumente (Fig. 129), die sich mit einigen Abweichungen, welche den Sinn der Sache weiter erläutern, am Tempel der Athena Nike wiederholt.[3] Ein verwundeter, wehrlos gewordener Reiter ist an eine Bodenerhöhung des Schlachtfeldes herangeritten, um abzusteigen. Ihm dies zu erleichtern, hat sich das Pferd auf das linke Vorderbein niedergelassen, und unterstützt von zwei Kampfgenossen, die ihm unter die Achsel greifen und den Rücken umfassen, führt er sein Vorhaben unter sichtlicher Anstrengung aus, indem er die linke Hand auf die Croupe des Pferdes stützt, mit dem einen Fusse Fühlung auf dem Boden sucht und das andere Bein behutsam über den Rücken herüberzieht. Aehnlich erklärt sich die Hauptplatte des Amazonenfrieses von Phigalia (Fig. 131).[1] Dienstfertig kniet hier im Gewühl der Schlacht das Pferd der Amazonenkönigin auf beide Beine nieder, die von Theseus verwundete Königin hat aber nicht mehr die Kraft, das Bein über das Pferderückgrat zu ziehen, um abzusteigen, sondern sinkt sterbend vor und wird von einem mitleidigen Griechen, der sie mit der rechten Hand an der Schulter fasste, vor dem Falle geschützt und willenlos herabgehoben. Da Steigbügel unbekannt waren, bedurften die Reiter besonderer Hilfen beim Auf- und Absteigen. War kein Diener (ἀναβολεύς, strator) zur Hand oder ein Trittstein auf der Strasse wie im Westfriese des Parthenon, wo die Reiter aufsitzen, so schwang man sich an der Lanze in die Höhe, wobei wohl die Ankyle zu Statten kam. Man richtete aber auch die Pferde ab, sich durch Streckung der Beine zu senken (ὑποβιβάζεσθαι) und niederzuknieen (ὀκλάζειν, insistere).[5] Plutarch sagt schlechthin, dass schwache oder üppige Leute ihre Pferde auf das Niederknieen dressirten,[6] und in der nämlichen Weise, wie es die erklärten Reliefs zeigen, wird das Kunststück unter Anderem vom Bukephalas Alexanders des Grossen beschrieben. Wie diese Dressur erzielt

---

[1] Als Träger der Crista ist zum Helmaufsatze verwandt ein Hund (Gerhard, Auserlesene Vasenbilder III, T. CCVII), eine Sphinx (Benndorf, Griechische und sicilische Vasenbilder, Taf. XXXI, 1), ein Flügelthier (Millingen, Peintures de vases, pl. XLIX, Overbeck, Bildwerke zum thebischen und troischen Sagenkreise, XXII, 8), ein Fuchs (Overbeck a. a. O. XVII, 4), eine Schlange (Archäolog. Zeitung 1856, Taf. LXXXVIII), der Hals eines Schwanes (Ἐφημερὶς ἀρχαιολογικὴ 1887, Πίν. 7, S. 143: ὡς πολλάκις ἐν τῇ ἀρχαϊκῇ τέχνῃ Στυδνίczka), ein Vogel (Archäologische Zeitung 1878, Taf. 23; vgl. den Hahn auf dem Helme der Athena des Pheidias in Elis Pausanias VI, 26, 3).

[2] Desgleichen Monumenti inediti dell' instituto X, 26, wo aber trotzdem die Amazone absteigt.

[3] Monumenti inediti dell' instituto X, 13. Michaelis, Annali 1875, S. 88 folgt der Auffassung Brauns, Archäologische Zeitung 1844, S. 363, der das Pferd todt zusammenbrechen und die linke Figur mit dem Schwert angreifen lässt.

[4] Stackelberg, Der Apollotempel zu Bassae, Taf. XIV. Das Pferd wird allgemein als todt zusammenbrechend gefasst; dagegen sprechen aber schon der eingezogene Schwanz und die in die Höhe gezogenen Vorderhufe, welche auf Anstrengung beim Knieen hindeuten. Das Zusammenbrechen ist ein so plötzlicher und gefährlicher Act, dass während desselben ein Herabheben nicht stattfinden kann. Hier im Besondern ist klar, dass das Pferd eine gewisse Zeit bereits in dieser Haltung verharren musste, damit der Grieche überhaupt in die Lage kommen konnte, die Amazone so anzufassen, wie er es thut.

[5] Schlieben, Die Pferde des Alterthums, S. 152, wo die wichtigsten Stellen angeführt sind. Xenophon, Hipparch. I, 17, bezeichnet das ἀναβάλλεσθαι ἐπ' ἄλλων als Ἡρωικὰς τρόπος (vgl. Anab. IV, 4, 4; Cyrop. VII, 1, 38). Ueber die Trittsteine an den Strassen Plutarch, C. Gracchus 7, 2. So erklärt sich auch der Stein in der 29. Südmetope des Parthenon und in der Frauenraubgruppe der Kentauromachie in Gjölbaschi, Tafel XXII, B 2.

[6] Plutarch, Coniugalia praecepta 8, vol. VI, S. 526, 6, ed. Reiske: οἱ τοὺς ἵππους ἐφάλλεσθαι μὴ δυναμένους δι' ἀσθένειαν, ἢ μαλακίαν, αὐτοὺς ἐκείνους ὀκλάζειν καὶ ὑπικτίπτειν διδάσκουσιν.

wurde, lehren die Reliefs des berühmten Silbergefässes der kais. Ermitage zu St. Petersburg, das in dem Grabe eines Skythenkönigs bei Alexandropol gefunden ist (Fig. 132), und wie allgemein man die Sache verstand, u. a. auch vielfache Kentaurendarstellungen, die erst unter diesem Gesichtspunkte lebendig und natürlich werden. So knieen Kentauren auf die Vorderbeine, beispielsweise im Westgiebel von Olympia, um die geraubten Weiber und Knaben auf den Rücken zu bringen; kniet die Kentaurin eines vaticanischen Reliefs, um einer Mainade, die auf ihrem Rücken sitzt und der sie dienstfertig zugleich die Hand reicht, herabzuhelfen; Nessos in einem bekannten pompejanischen Wandgemälde, um zu zeigen, wie er Deianeira aufnehmen und über den Fluss tragen werde; Cheiron auf der capitolinischen Brunnenmündung macht sich klein, um den jungen Achill aufsitzen zu lassen, die Kentaurin des Zeuxis, um ihr Junges besser säugen zu können u. a. m. Auf einer schwarzfigurigen Amphora der Petersburger Sammlung (Fig. 130) lässt eine Amazone ihr Pferd, das sie mit dem Speer regiert, niederknieen, um aufzusteigen,[1] und ähnlich mag Nestor in der Iliupersis Polygnots die Lanze, welche an ihm hervorgehoben wird, gebraucht haben; jedenfalls war er im Begriff aufzusitzen und aus der eroberten Stadt zuerst, als der Friedlichste von allen, in das Griechenlager abzureiten, wobei ihn das Kunststück seines Pferdes sicherlich als alten Mann, der solcher Hilfen bedarf, und als ἱππόδαμος charakterisiren sollte. Zuchtpferde dieser Art mussten kostbar sein und sich für Herrscher eignen: in Gjölbaschi wie im Phigaliafriese ist die Königin der Amazonen daran zu erkennen.

Welcker hat in einer schönen Darlegung des epischen Cyclus gezeigt, eine wie bedeutende Bereicherung die Aithiopis des Arktinos in den troischen Stoff brachte, indem sie dem wirklichen Heldenleben der Ilias die beiden poetischen Völker der Amazonen und Aithiopen entgegenstellte, und wie die Neuheit dieser Erscheinungen in der Ebene von Troja äusserlich am meisten durch den bei Homer niemals vorkommenden Gebrauch des Reitens in der Schlacht auffalle.[2] Diese aus der dichterischen Art der Aithiopis und der

---

Curtius, Hist. Alexandri VI, 5, 18, vom Bukephalos: namque ille nec in dorso insidere suo patiebatur alium et regem, cum vellet ascendere, sponte genua submittens excipiebat credebaturque sentire, quem veheret. Desgleichen Diodor XVII, 76: μόνῳ δὲ Ἀλεξάνδρῳ παρίστατο καὶ συγκαθίει τὸ σῶμα πρὸς τὴν ἀνάβασιν.

Silius Italicus, Pun. X, 459, vom Pferde des Cloelius in der Schlacht bei Cannae, gewiss nach älterer Poesie:

Agnovit sonipes, arrectisque auribus acrem
hinnitum effundens . . . ac domini consistit in ora iacentis.
Inde, inclinatus colla, et submissus in armos,
de more inflexis praebebat scandere terga
cruribus, ac proprio quodam trepidabat amore.
Milite non illo quisquam felicius acri
insultarat equo etc.

Xenophon, Περὶ ἱππικῆς 6, 16: Ἐπειδάν γε μὴν ὁ ἱππεκόμος τὸν ἵππον παραδιδῷ τῷ ἀναβάτῃ, τὸ μὲν ἐπίστασθαι ὑποβιβάζεσθαι τὸν ἵππον ὥστε ῥᾴδιον εἶναι ἀναβῆναι, οὐ μεμφόμεθα· τὸν γε μέντοι ἱππέα νομίζομεν χρῆναι μελετᾶν, καὶ μὴ παρέχοντος ἵππου, δύνασθαι ἀναβαίνειν. (Vgl. I, 14, τὴν ὑπόβασιν.)

Pollux, Onom. I, 213: διδακτέον δὲ τὸν ἵππον καὶ ὑποβιβάζεσθαι· ἔστι δὲ τοῦτο δυσταντα τὰ σκέλη ἐγκαθίζειν τε καὶ ταπεινοῦν ἑαυτόν, ὥστε εὐπετῶς ἀναβαίνειν τὸν ἱππέα.

Strabo III, 4, 15, S. 163, von den Iberern: τοῖς δὲ πεζοῖς δυνάμεσι παρεμέμικτο καὶ ἱππικά, διδιδαγμένων ἵππων ὀρειβατεῖν καὶ κατοκλάζεσθαι ῥᾳδίως ἀπὸ προστάγματος, ὅτε τούτου δέοι.

Dio Cassius XLIX, 30, 4, von der Testudo der Römer im Kriege des Antonius gegen die Parther a. u. 718: χρῶνται δὲ αὐτῇ ἀεὶ ἢ γὰρ πρὸς φρούριόν τι προσμιγνύντες προσπαρίοντα, καὶ πολλάκις καὶ ἐπ' αὐτὸ τὸ τεῖχος ἀναβιβάζουσί τινας, ἢ ὑπὸ τοσούτων περιισχουργηθέντες κυκλώσωσι πάντες ἅμα, καὶ γὰρ οἱ ἵπποι ὀλαζεῖν καὶ κατακλίνεσθαι διδάσκονται, κἂν τούτῳ δοκηθῇ σφισιν ὡς καὶ κεκμηκότες παραγάγεσι τε ἐξεγείρονταί τε κἀκατάνων αὐτῶν ἐξαίρνες, καὶ ἐς ἐκπληξιν σφας καθιστᾶσιν.

Herodot IV, 22: Ὕρκαι, καὶ οὗτοι ἀπὸ θήρης ζώοντες τρόπον τοιόνδε. λοχᾷ ἐπὶ δένδρεον ἀναβάς, τὰ δέ ἐστι πυκνὰ ἀνὰ πᾶσαν τὴν χώρην· ἵππος δὲ ἑκάστῳ δεδιδαγμένος ἐπὶ γαστέρα κεῖσθαι ταπεινότητος, εἴνεκεν ἑτοίμως ἐστὶ καὶ κύων· ἐπεὰν δὲ ἀπίδῃ τὸ θηρίον ἀπὸ τοῦ δενδρέου, τοξεύσας καὶ ἐπιβὰς ἐπὶ τὸν ἵππον διώκει, καὶ ὁ κύων ἔχεται.

Dio Cassius, Epitome LXVIII, 18, 2, vom Zug Trajans gegen die Parther: ἐπεὶ δὲ ἐνέβαλεν ἐς τὴν πολεμίαν, ἀπήντησαν αὐτῷ οἱ τῇδε σατράπαι καὶ βασιλεῖς μετὰ δώρων, ἐν οἷς καὶ ἵππος ἦν δεδιδαγμένος προσκυνεῖν· τοῖς τε γὰρ ποσὶ τοῖς προσθίοις ὀκλάζει, καὶ τὴν κεφαλὴν ὑπὸ τοὺς τοῦ πέλας πόδας ὑπετίθει.

Ueber Darstellungen des ὑποβιβάζεσθαι Hawkins ancient marbles of the British Museum VIII, S. 157. Robert, Annali dell' instituto 1874, S. 243; Archäologische Zeitung 1878, S. 162. Brunn, Archäologische Zeitung 1880, S. 18. — Darstellungen von Auf- und Absteigenden, Percy Gardner, types of greek coins, pl. IV 26. Tölken, Verzeichnis der geschnittenen Steine, S. 343, n. 9, 10. Archäologische Zeitung 1876, Tafel 7.

[1] Museo Pioclementino IV, 25 c (richtig verstanden von Zoega, Abhandlungen von Welcker, S. 368); Helbig, Wandgemälde, n. 1146; Stephani, Vasensammlung, n. 98; Compte-rendu 1864, S. 5 und pl. I—III = Fig. 130.

[2] Welcker, Der epische Cyclus II, S. 215 f. Vgl. Preller, Griechische Mythologie II², S. 434, 1.

herrschenden Idee der Amazonen erschlossene Auffassung, der es an Widerspruch nicht gefehlt hat, wird
jetzt durch die älteste und ausführlichste Darstellung der Amazonen vor Troja, welche Gjölbaschi uns
schenkt, unterstützt. Unmöglich konnte Mikon, der in seinem grossen Bilde in der Stoa Poikile für Athen
offenbar zum ersten Male die Amazonen reiten liess, diesen Zug erfunden haben oder ihn zu verwenden
durch seine Virtuosität im Pferdemalen verleitet worden sein, sondern er bürgerte in Athen einen im Orient
volksthümlichen Begriff der Amazonen ein, der durch die älteste Amazonis dichterische Fassung und Verbreitung gefunden hatte. Dass er ihn unmittelbar dem Epos entlehnt habe, ist bei der Continuität, welche
künstlerische Erzeugnisse bindet, kaum zu erwarten, vielmehr wird er ältere Ausgestaltungen der Aithiopis
mit leisen Umbiegungen, wie es griechischer Art entsprach, auf die attische Sage angewendet haben, und

133. Achill und Penthesileia, Gjölbaschi.   134. Sog. Stamnos im Museo Gregoriano.

135. Amphora Nolana M. i. d. i X. 9, 2.   136. Vase der Sammlung Hamilton.

dann würde die jüngere Darstellung in Gjölbaschi zugleich in Beziehung zu seinem Bilde stehen und dennoch, wofür auch andere Anzeichen sprechen, ein Mikon vorausliegendes Stadium bezeugen können. Sind
diese Annahmen begründet, so ist für den Kampf des Achill und der Penthesileia im Epos zu vermuthen,
dass auch das Leibross der Königin in demselben eine Rolle spielte. Die erhaltenen Bilder dieses Kampfes
sondern sich in zwei deutlich geschiedene Reihen. In der einen, die durch altattische Vasenmaler vertreten
ist,[1] sind beide zu Fuss und die Heroine in schwerer Waffentracht, die ein Berittensein ausschliesst. In der
anderen[2] kämpft Penthesileia in orientalischer Tracht, zu Pferde (vergl. Fig. 133—136), und wenn man

---

    [1] Arthur Schneider, Der troische Sagenkreis, S. 137.
    [2] Overbeck, Bildwerke zum thebischen und troischen Heldenkreis, S. 502 f. Klügmann, Annali dell' instituto 1874, S. 214 f.

die verschiedenen Momente, welche von dem Kampfe hier vorgeführt werden, einheitlich in den Verlauf einer Handlung zusammenfasst, so sprang sie im Epos vom Pferde, den Gewaltigen um Gnade flehend, und wurde von ihm vor dem Pferde getödtet, sterbend aber, als ihre Schönheit ihn überwand, in den Armen aufgefangen, emporgehoben und in das Griechenlager gebracht.

Ein bemerkenswerthes Zeugniss für das Alter und die Bedeutung der erläuterten Gruppe liefert eine Wiederholung, die in dem Amazonenkampfe einer apulischen Amphora des königl. Museums in Berlin vorkommt (Fig. 137). Es ist eine Wiederholung wie aus dem Gedächtniss oder durch den weiten zeitlichen Abstand und vermittelnde Zwischenglieder gebrochen. Der Moment des Kampfes ist der gleiche, auch stimmt die Stellung und Richtung der Figuren überein. Aber dass sich die Amazone gefangen gibt, ist weit stärker ausgedrückt, und die Bewegung des Pferdes ist, wie in späteren Monumenten überhaupt des Oefteren, entweder missverstanden oder missverständlich wiedergegeben.

137. Von einer apulischen Amphora im königl. Museum zu Berlin Nr. 3241.

Im Gegensatze zu den Amazonen fällt in der linken Hälfte des Frieses das Fehlen von Reitern auf, wie in der Ilias. Der allgemeine Charakter der Schlacht, das reihenweise Gegeneinandervorrücken in der Mitte bei sonst durchgängiger Auflösung in Zweikämpfe, dann im Besonderen der Streitwagen, der häufige Gebrauch von Feldsteinen, die Art der sparsam in die Schilderung aufgenommenen Verwundungen, so die Tödtung mit dem Schwerte oberhalb des Schlüsselbeines (B 3, A 5, vgl. oben S. 121, 1), der Speerstoss in den Rücken (A 2, B 4) oder in die Brust (A 6, B 5), an bestimmte Dichterstellen erinnernde Züge, wie das Herausziehen der Lanze aus der Wunde (A 2, hier noch ohne die Härten, die in den Friesen des Nereidenmonumentes begegnen),[1] das Brechen der Lanze am Schilde (B 6) und Anderes mehr entspricht in der That einem Schlachtengesange der Ilias.[2] Dass Nachhomerisches eingemischt ist, wie der Salpinxbläser bei den Schiffen (vgl. oben S. 116, 2),[3] das Tropaion, vor dem die Gefangenen gemordet werden (vgl. oben S. 119, 1), das Springen in den Kampf (vgl. oben S. 116, 1), auch das Viergespann statt der im Epos üblichen Zweigespanne, würde natürlich nicht entgegenstehen. Auf dem Viergespanne wäre der Heerführer der Griechen vorauszusetzen. Aber eine Handlung wie die hier von ihm dargestellte wird in der Ilias nicht beschrieben — am meisten klingt noch E 38 f. an:

πρῶτος δὲ ἄναξ ἀνδρῶν Ἀγαμέμνων
ἀρχὸν Ἁλιζώνων, Ὀδίον μέγαν, ἔκβαλε δίφρου·
πρώτῳ γὰρ στρεφθέντι μεταφρένῳ ἐν δόρυ πῆξεν
ὤμων μεσσηγύς, διὰ δὲ στήθεσφιν ἔλασσεν.
δούπησεν δὲ πεσών, ἀράβησε δὲ τεύχε' ἐπ' αὐτῷ.

---

[1] Michaelis, Annali dell' instituto 1875, S. 85 f.

[2] Vgl. Albracht, Kampf und Kampfschilderung bei Homer, Programm von Schulpforte, Naumburg 1886.

[3] Vgl. den Hornbläser zu Beginn der einen Schlachtreihe auf der Amphora des Amasis im Cabinet des médailles zu Paris, Duc de Luynes, Description de quelques vases peints, pl. I; am Beginn des Amazonenkampfes, Millingen, Peintures de vases, pl. XXVII; Inghirami, Pitture di vasi fittili III, 226.

und es fehlt auch in den anderen Kampfscenen an einem fassbaren Zusammentreffen mit Homer. Denn die Figur im Schiffe braucht keineswegs Achill zu sein, wie Schönborn nothwendig schien (vgl. oben S. 8), sondern lässt sich wie die entsprechende der Landungsschlacht (Tafel XXIV, B 5) als Wächter der Flotte auffassen. Auch der Bogenschütze am rechten Ende der Schlacht charakterisirt nicht näher, und ob der Umstand, dass ein Kriegsgeschrei nur auf troischer Seite zum Ausdruck gebracht ist (vgl. oben S. 123), an die berühmten Verse Γ 2, 8

$$\text{Τρῶες μὲν κλαγγῇ τ' ἐνοπῇ τ' ἴσαν ὄρνιθες ὥς·} \ldots$$

$$\text{οἱ δ' ἄρ' ἴσαν σιγῇ μένεα πνείοντες Ἀχαιοί}$$

erinnern sollte[1] oder auf einem Zufall beruhe, wird nicht auszumachen sein. Man würde sich also, wie ja an sich natürlich und wohlverständlich wäre, allgemein bei einem troischen Kampfe, welchen der Zusammenhang des Ganzen als solchen erweise, zu beruhigen haben, wenn nicht eine sehr merkwürdige Figur doch wieder die Möglichkeit einer bestimmten Scene, und zwar einer in den Kreis der Aithiopis fallenden, eröffnete.

Ich meine den waffenlosen kahlköpfigen Mann bei den Schiffen (B 2), der mit krummem Rücken, schlotternden Knieen und gespreizten Füssen wie ein Lahmer dasteht und sich ängstlich hinter dem in die Schlacht strebenden Jüngling zusammenduckt, der sich also durch Feigheit und Missgestalt auszeichnet und der darum nur Thersites sein kann.[2] Die Beschreibung, die der Dichter von ihm entwirft B 216:

$$\text{αἴσχιστος δὲ ἀνὴρ ὑπὸ Ἴλιον ἦλθεν·}$$

$$\text{φολκὸς ἔην, χωλὸς δ' ἕτερον πόδα· τὼ δέ οἱ ὤμω}$$

$$\text{κυρτώ, ἐπὶ στῆθος συνοχωκότε· αὐτὰρ ὕπερθεν}$$

$$\text{φοξὸς ἔην κεφαλήν, ψεδνὴ δ' ἐπενήνοθε λάχνη}$$

— krummbeinig (wie φολκὸς seit Buttmann mit Recht verstanden wird), lahm an dem einen Fusse, bucklig mit zusammengebogenen Schultern, schief am Kopf mit spärlichem Haarwuchse — passt thatsächlich auf

diese Figur, und der Ausdruck von Verachtung, mit dem sich der zweite Krieger gegen den Furchtsamen zurückwendet, reflectirt die Schätzung, deren sich Thersites im Griechenheere erfreute. Es ist das erste Thersitesbild, das wir aus griechischer Kunst erhalten.[3] Durch seine massvolle Behandlung des Hässlichen überrascht es einigermassen, kann aber darin dem Thersites in der Nekyia zu Delphi unähnlich gewesen sein, von dem wir sonst aus Pausanias etwas mehr erfahren, als dass Polygnot ihn bärtig gemalt hatte, und bestätigt wird es sofort durch ein Bild des Hieron,[4] dessen an Darstellungen der Verwundung Philoktets erinnernde Composition zwar noch nicht aufgehellt ist, in welchem aber der seltsame Alte, eine Art Bomolochos, auch da sichtlich hinkend (Fig. 138), sich als eine Variante des Typus zu erkennen gibt. So leicht sich indessen die Gestalt aus Homer entwickelt, so schwierig wäre ihre Handlung aus Homer zu verstehen. Zwar treibt Thersites in der Ilias zur Rückkehr und hier scheint er einen ihm nahe stehenden Griechen, also Diomedes, den Enkel seines Oheims Oineus, aus

138. Von einer Schale des Hieron in der Sammlung Branteghem.

---

[1] Vgl. Δ 429. Plutarch, De audiendis poetis 10. Buchholz, Die homerischen Realien II, S. 318 f.

[2] Buttmann, Lexilogus I, S. 242 f. Jacobs Vermischte Schriften VI, S. 81 f. Friederichs, Archäologische Zeitung 1855, S. 49 f. Richard Schöne, Archäologische Zeitung 1866, S. 153 f.; 1870, S. 57 f. Zu den hier aufgezählten Repliken kommt ein Kopf in Hannover und Caylus, Recueil I, 67, vgl. Otto Jahn, Bilderchroniken, S. 27, 170. — Auf Thersites ist ein Marmorkopf von schmerzlichem Ausdruck in der Ermitage zu St. Petersburg bezogen worden, Friederichs-Wolters, Die Gipsabgüsse antiker Bildwerke, n. 1418.

[3] Nicht ganz ohne Einfluss der bildenden Kunst wird es gedacht sein, wenn seine Seele nach Platons Republik, p. 620 C, die Gestalt eines Affen angenommen haben soll (ψυχὴν δ' ἐν ὑστάτῳ ἰδεῖν τὴν τοῦ γελωτοποιοῦ Θερσίτου πίθηκον ἐνδυομένην), und wenn Lykophron, Kassandra 1000, ihn den πιθηκόμορφος Αἰτωλὸς nennt. Epiktet IV, 2 nennt ihn κυρτὸν καὶ φαλακρόν.

[4] Monumenti inediti dell' instituto II, 48. Wiener Vorlegeblätter, Serie C 2. Burlington fine arts club, catalogue of objects of greek ceramic art, London 1888, S. 13, Nr. 9. In der Kopfhaltung ähnlich ist ein Bild des Pavor auf Münzen der gens Hostilia

der Schlacht zurückzuhalten; dort krümmt er sich weinend, ohne Widerstand zu wagen, unter den Schlägen des Odysseus, und hier geberdet er sich im Angesichte der Gefahr wie ein ἀπτόλεμος καὶ ἄναλκις B 201. Aber diese Aehnlichkeiten sind zu überlegt und wenig sinnfällig, um Zusammenhang zu verrathen, und dem natürlichen Verhältniss von Kunst und Poesie würde es besser entsprechen, aus dem individuellen Bilde auf eine verlorene Erzählung zurückzuschliessen.

Thersites spielte im Fortgange der troischen Begebenheiten noch einmal eine wichtige Rolle. In der Aithiopis schmähte er den Achill, als dieser Penthesileia den Troern zur Bestattung überantwortete, und büsste das Vergehen mit seinem Leben, da der auflodernde Zorn des in seiner edelsten Regung Beleidigten ihn mit einem Faustschlage vernichtete; darüber entstand dann Aufruhr im Lager der Griechen, Achill gerieth mit Agamemnon in ein neues, gegen die Ilias gesteigertes Zerwürfniss und fuhr erbittert von Troja ab; erst als Odysseus ihn in Lesbos eingeholt, versöhnt und von dem Morde gereinigt hatte, kehrte er zurück, doch am Kriege nahm er nicht eher wieder Theil, als bis Antilochos gefallen war und es den Freund an Memnon zu rächen galt. In diesem von Welcker klargelegten Zusammenhange der Ereignisse bedurfte die Tödtung des Thersites, welche wie die Wegführung der Briseis in der Ilias den Angelpunkt der Handlung bildete, fühlbar der sorgfältigsten dichterischen Motivirung, wenn nicht die Achilleis gefährdet und das Interesse in dem von Lessing[1] empfundenen Sinne zu Gunsten des Getödteten umschlagen sollte. Das Epos wird daher nicht blos die überlieferte Misshandlung der Leiche Penthesileias, zu der sich Thersites in der Wuth hinreissen liess, indem er ihr Auge mit der Lanze ausstach, sondern vorausliegende Züge anderer Art verwerthet haben, um das Wesen des Thersites zu offenbaren und seinen Ausgang in gerechterem Lichte erscheinen zu lassen. Als ein solcher vorbereitender Zug würde sich aber die Gjölbaschiscene trefflich dem Aufbaue der Handlung einfügen. Wenn Diomedes, wie nach übereinstimmenden späteren Berichten[2] wahrscheinlich ist, im Epos für den getödteten Thersites als Verwandter Partei ergriff, so empfahl es sich, dieses Verwandtschaftsverhältniss, dessen die Ilias nicht gedenkt, an einer früheren Stelle zu berühren. Bethätigte sich dasselbe wie hier, hatte sich Thersites im Beginne der Schlacht, in welcher Penthesileia fiel, durch Feigheit verächtlich gemacht, so konnte die Sinnesart, in der er sich gegen Achill verging, nicht leicht greller beleuchtet und der Tod, mit dem er sie büsste, nicht leicht besser einem Acte poetischer Vergeltung genähert werden. Dass die fragliche Scene aus der Aithiopis stamme, ist hiernach jedesfalls als eine Möglichkeit einzuräumen, und diese Möglichkeit würde sich empfehlen, da sie einen höheren Grad von Einheitlichkeit in den ganzen Fries brächte.

Denn dass ebenso das Mittelstück des Frieses einen nachhomerischen Vorgang enthalte, kann nicht bezweifelt werden, wie sehr es auch hier wieder die Ilias ist, aus der sich uns das Verständniss im Allgemeinen und der beiden Hauptgestalten im Besonderen ergibt.

Priamos und Helena zeigen sich auf den Zinnen der Stadt wie in der Teichoskopie. Sie sitzen nicht beisammen wie ein Paar, sondern ihrem Verhältniss entsprechend entfernt von einander, erscheinen jedoch durch die Gleichheit der Richtung und das beiderseitige Thronen zusammengehörig. Nur thront Helena höher, prächtiger als Priamos, und gleich einer Aphrodite hat sie der Künstler mit allen Reizen, über die er verfügte, ausgestattet, als hätte er mit Zeuxis die Bewunderung der Trojaner beglaubigen wollen Γ 156:

οὐ νέμεσις Τρῶας καὶ ἐυκνήμιδας Ἀχαιοὺς
τοιῇδ' ἀμφὶ γυναικὶ πολὺν χρόνον ἄλγεα πάσχειν·
αἰνῶς ἀθανάτῃσι θεῇς εἰς ὦπα ἔοικεν.

---

[1] Lessing, Laokoon, cap. XXIII.

[2] Quintus Smyrnaeus I, 767 f.

    Τυδείδης δ' ἄρα μοῦνος ἐν Ἀργείοις Ἀχιλῆι
    χώετο Θερσίταο δεδουπότος, οὕνεκ' ἄρ' αὐτὸς
    εὔχετ' ἀφ' αἵματος εἶναι, ἐπεὶ πέλεν ὃς μὲν ἀγαυοῦ
770 Τυδέος ὄβριμος υἱός, ὃ δ' Ἀγρίου ἰσοθέοιο,
    Ἀγρίου, ὅστ' Οἰνῆος ἀδελφεὸς ἔπλετο δίου·
    Οἰνεὺς δ' υἷα γείνατ' ἀρήιον ἐν Δαναοῖσι
    Τυδέα· τοῦ δ' ἐτέτυκτο πάις σθεναρὸς Διομήδης.

Tzetzes, Posthomerica 206, zu Lykophrons Kassandra 999, Eustathios B 212, S. 203, 41, ed. Rom. Malalas Chronogr. V. S. 127, 6, ed. Niebuhr.

.In ihrer Anmuth unter dem Baldachine ist sie an dieser Stelle des Bildes in Wahrheit der glänzende Mittelpunkt und eine glaubwürdige Ursache des ganzen Krieges. Ihr Thron steht wie derjenige des Priamos auf
einer besondern Basis, von der man den obern Rand der Vorderseite über den Zinnen, wie bei Priamos
zwischen den Zinnen, erkennt, — ein zur Erhöhung und Sicherung des Sitzes dienendes, stufenartiges
Bema, das aus der Hofsitte des Orients zu stammen scheint und seit dem fünften Jahrhundert allgemein
für Thronende verwandt wird. [1] Der Thron selbst aber in seiner schrägen Stellung und mit einer figürlich
gestützten Armlehne, der verzierte Schemel, die Dienerschaft, der auch die Ilias gedenkt Γ 143, die schöne
Biegung und Wendung des Körpers, das zarte durchsichtige Gewand und die Idee von Sonnenschein und
luftigem Schatten unter dem übergespannten Schutzdache, Alles macht den Eindruck auf einen Entwurf
zurückzugehen, der einmal die alterthümliche Regel mit seinen perspectivischen Reizen als eine grosse
malerische Erfindung durchbrach. Aehnlich wird man die Helena des Polygnot denken dürfen, die im
Plane seiner Iliupersis nicht minder wunderbar hervortrat und, wie die Beschreibung des Pausanias erkennen lässt, gleichfalls nach rechts sass und nach links gegen den herzugekommenen Herold Eurybates
zurücksah. Einen berühmten Anfang sicherlich setzen die zahlreichen Fortbildungen der Figur voraus,
welche sich in der späteren Kunst theils für Helena selbst, theils für ähnliche Typen, wie auf den Hippolyt-
sarkophagen für die Phaidra, verwandt finden. [2]

Eigenthümlich und mit besonderer Ausführlichkeit ist Priamos geschildert. Der Ausdruck des Ge-
sichtes und die leise Vorneigung des Körpers machen sein hohes Alter deutlich, während der Majestät das
Scepter gilt, die Kopfbinde, das Thier vor dem Throne und die Dienerschaft im Grunde zu beiden Seiten.
Rechts der Schirmträger als ein Attribut der Königswürde nach assyrischen und persischen Darstellungen,
wie auf dem Nereidenmonumente dem Satrapenkönig ein Sonnenschirm oder wie in Vasengemälden dem
König Midas oder dem thronenden Amazonenkönigin ein fächerartiger Schirm übergehalten wird. [3] Unter
ihm ruhend sodann das der gleichen Lebenssphäre des Orients entlehnte Raubthier, [4] das den Begriff des
Herrschers ins Wunderbare steigert, ein gezähmter Löwe oder wahrscheinlicher ein gezähmter Panther,
wie ein solcher Panther auf der Arkesilaosschale unter dem Sitze des Königs liegt oder anderwärts dem
höchsten Könige Zeus oder der Hera beigegeben ist. Auch der links kauernde Mann oder Jüngling, von
dem man vielleicht nur zufällig keine Bekleidung sieht, muss zu Priamos gehören, nicht zwar als ein
Gefangener, wie ich früher für möglich hielt, da er die Hände ungebunden hat und sich offenbar frei bewegt,

---

[1] Vgl. Layard, Monuments of Niniveh, t 59, 65. Place, Ninive III, pl. 45. Perrot et Chipiez, Histoire de l'art II, S. 506,
Fig. 230. Auf mehrstufigem Bema steht der König in den Reliefs von Persepolis, Flandin et Coste, Voyage en Perse III, pl. 162.
Herodot IV, 88: Μανδροκλέης ... ζῷα γραψάμενος πᾶσαν τὴν ζεῦξιν τοῦ Βοσπόρου καὶ βασιλέα τε Δαρεῖον ἐν προεδρίῃ κατήμενον
καὶ τὸν στρατὸν αὐτοῦ διαβαίνοντα, ταῦτα γραψάμενος ἀνέθηκε ἐς τὸ Ἡραῖον (vgl. VII, 44, die προεδρίη ἔθηκε λευκοῦ ἐπὶ καλωστοῦ).
So ist die stufenartige Basis des Zeus zu verstehen, überhaupt die grosse Zahl von Sitz und Fussbank tragenden Basen grosser Götterbilder (E. Petersen, De Atreo et Thyesta, Dorpat 1877, S. 3, 2), das Bema des Pelias (Monumenti inediti
dell' instituto VI, 52), des Königs auf Tafel XXIV, B 1, der Helena (Raoul-Rochette, Monuments inédits, pl. 49 A; Archäolog. Zeitung 1851, T. 36) u. s. w.

[2] Vgl. das oben S. 128, Fig. 123 mitgetheilte Bild, dazu die Londoner Vase Nr. 1356, für die gleichfalls „Paris vor
Helena' am nächsten liegt; die Helena mit Sonnenschirm, Archäolog. Zeitung 1853, Taf. 53; Annali dell' instituto 1852, tav.
d'agg. O; vor Allem die Helena des überaus feinen Petersburger Vasenbildes (Stephani, Compte-rendu 1861, Taf. V, 1; Klein,
Archäologisch-epigraphische Mittheilungen aus Oesterreich XII, S. 111) und die ähnliche Hauptfigur eines räthselhaften pompe-
janischen Wandgemäldes, auch hier mit einer den Sonnenschirm haltenden Dienerin, Museo Borbonico IX, 4, Helbig n. 1113. —
Grabreliefs: Archäolog. Zeitung 1845, Taf. 34, 1871, Taf. 44 Aphrodite: Winckelmann, Monumenti inediti I, 115. Omphale:
Gerhard, Apulische Vasen, Taf. XIV. Phaidra (?): Griechische und sicilische Vasenbilder, Taf XXXXV. Iphigenia: Archäolog.
Zeitung 1849, Taf VII. — Gerhard, Trinkschalen, Taf. XVI, 3, 4. Jatta, Vasi Caputi, n. 366. J. de Witte, Collection du prince
Czartoryski, T. XXXIII. Antiquités du Bosphore Cimmérien, pl. XLIX, 3.

[3] Layard, Niniveh and its remains II, S. 326. Flandin et Coste, Voyage en Perse III, pl. 147. Monumenti inediti dell' instituto IV, 43. Annali dell' instituto 1844, tav. d'agg. H. Welcker, Alte Denkmäler III, S. 360. Vgl. die Vasen München Nr. 253 (mit
den Bemerkungen von Otto Jahn), Adria Nr. 419, Berlin Nr. 2351, Wien (Laborde I, 38, v. Sacken und Kenner, S. 203, n. 140). —
Auf etruskischen Sarkophagen hält der Diener einen Sonnenschirm über der Gattin, Monumenti inediti dell' instituto VIII, 19
(vergl: V 16).

[4] Ueber gezähmte Löwen und Panther als Begleiter orientalischer Könige vergl. Dümichen in Brehms Thierleben I[2], S. 380,
437. Otto Keller, Thiere des classischen Alterthums, S. 140 f. Aus dieser Sitte erklären sich unter Anderem die Verzierungen
der Fussschemel an den Thronen, namentlich die übergelegten Löwen- und Pantherfelle, so auch an dem Schemel der Hera des

auch nicht als Hüter des Raubthieres, wie von anderer Seite vermuthet worden ist,[1] da diese Beziehung sicherlich nicht durch ein blosses Nebeneinander zum Ausdruck gelangt wäre, sondern als Diener schlechthin, nach Art der Herolde und Wärter, welche die homerischen Könige zu begleiten pflegen. Neben oder richtiger seitwärts hinter dem Bema des thronenden Herrschers sitzt er mit untergeschlagenen Beinen auf dem Boden, wie auf attischen Grabsteinen der Sclavenbursche neben dem stehenden Herrn, hockend seinem niederen Stande gemäss, da diese Haltung die allgemein gebräuchliche der Ruhe im Leben aller Naturvölker ist. Dabei schaut er wie Priamos in die Weite und gleicht so dem vom Verdecke des Schiffes ins Land schauenden Argonauten auf der ficoronischen Cista und einer berühmten Statue der Villa Ludovisi, einem bewaffneten nackten Jünglinge in kauernder Haltung, der sich einst mit einem symmetrischen Doppelgänger als Schildwache an einem Palasteingange befunden haben mag.[2] Ob Priamos wirklich den Auszug der vorüberziehenden Krieger mit einer Spende begleite (S. 128), und ob es etwa von Bedeutung sei, dass er die Spende mit der linken Hand vollziehe, wird schwerlich festzustellen sein.

Erinnern nun auch Priamos und Helena an die Teichoskopie, und müsste man gewiss von den trojanischen Greisen absehen, die dem zeichnenden Erzähler mindestens entbehrlich gewesen wären, so bleibt doch die Hauptsache, die allgemeine Lage des Krieges, grundverschieden. Die Schilderung dieser Kriegslage nimmt aber einen so breiten Raum ein und ist so kunstgemäss und in sich folgerichtig durchgeführt, dass der erfindende Künstler unmöglich damit die Ilias im Auge haben konnte, wenn anders er als Grieche im dichterischen Stoffe lebte und mit dem geschichtlichen Organismus der troischen Kampfsage vertraut war. Zwar hat man auf die der Teichoskopie folgende Bedrängniss der Troer hingewiesen,[3] welche den Hektor in die Stadt treibt und einen Bittgang zum Tempel der Burggöttin veranlasst, insbesondere auf den Versuch, die Stadt an schwacher Stelle zu ersteigen, dessen Andromache gegen Hektor gedenkt Z 433:

> λαὸν δὲ στῆσον παρ' ἐρινεόν, ἔνθα μάλιστα
> ἀμβατός ἐστι πόλις καὶ ἐπίδρομον ἔπλετο τεῖχος.
> 433 τρὶς γὰρ τῇ γ' ἐλθόντες ἐπειρήσανθ' οἱ ἄριστοι
> ἀμφ' Αἴαντε δύω καὶ ἀγακλυτὸν Ἰδομενῆα
> ἠδ' ἀμφ' Ἀτρείδας καὶ Τυδέος ἄλκιμον υἱόν·
> ἤ πού τίς σφιν ἔνισπε θεοπροπίων εὖ εἰδώς,
> ἤ νυ καὶ αὐτῶν θυμὸς ἐποτρύνει καὶ ἀνώγει.

Aber die Bedrängniss betrifft nicht die Stadt, sondern das Heer im Felde, der Bittgang zum Tempel wird nicht von Hektor gehalten, und jene kritisch wichtigen Verse, die Aristarch als Einschiebsel erkannte, stehen nicht nur mit der Erzählung der Ilias in vollkommenem Widerspruch, sondern sind mit dem Gange des

---

Polyklet. Unter einem kostbar verzierten Steinbette aus einem Grabe von Pydna im Louvre ruht ein Löwe, Gazette des beaux arts 1873, I, S. 307. Ein Panther neben dem Throne der Hera in einem unteritalischen Parisurtheil (Gerhard, Antike Bildwerke, Taf. 43. Welcker, Alte Denkmäler V, S. 388, 398, Taf. B 4. Inghirami, Vasi fittili IV, 353. Overbeck, Kunstmythologie II, S. 140 B, Taf. X, 1, 1 a), wie Hera in anderen Parisurtheilen mit dem Löwen auftritt. Ein Panther neben Zeus auf einer Londoner Schale (Nr. 811, Gerhard, Trinkschulen und Gefässe I, Taf. D. Stephani, Compte-rendu 1873, S. 168), welche einerseits den Kampf des Achill mit Memnon darstellt, anderseits Zeus (mit Ganymedes) und Hera (mit Iris) im Widerstreit um einen zwischen ihnen stehenden Krieger (Memnon ausrichtend?) nach Art des Widerstreites von Zeus und Hera um das Schicksal des Sarpedon Π 433—458. Zeus widerstrebt, Hera drängt zur Spende und spricht dabei ein Wort, über welches Iris erschrickt. Auch an sich scheint mir die Identität der Situation mit dem in Π eingeschobenen Gespräche dafür zu sprechen, dass die Aithiopis zu Grunde liege.

[1] Friederichs-Wolters, Die Gipsabgüsse antiker Bildwerke, n. 993, S. 321.

[2] Vorläufiger Bericht S. 62, Taf. III. Ficoronische Cista, S. 20. Schreiber, Die antiken Bildwerke der Villa Ludovisi, n. 118. Friederichs-Wolters, Die Gipsabgüsse antiker Bildwerke, n. 1269.

[3] Petersen, Reisen, Band II, S. 15: »Dass der auf weitschauender Höhe der Burg über den Zinnen thronende alte Herrscher Priamos, die schöne Frau, von einer Dienerin mit dem Schirme beschattet, damit an die Aphrodite der Parthenonfrieses erinnernd, der Helena gleicht, wird von Niemandem, denke ich, verkannt, es muss aber bei jedem auch die Teichoskopie dabei einfallen. Im sechsten Buche, in welchem Glaukos eine Rolle spielt, wie Pandaros und Sarpedon im fünften, wird dann die Bedrängniss der Troer — und der Versuch, die Stadt an schwacher Stelle zu ersteigen, wird ja V. 433 noch besonders hervorgehoben — Anlass zu einem Bittgange zum Tempel der Burggöttin. Hektor mahnt dazu, er selbt lehnt ein Trankopfer an Zeus ausdrücklich ab. Es ist die nämliche Freiheit wie im Odysseebilde, wenn in dem troischen doch Hektor (?) selbst opfert und betet. Nur ein noch weitergehendes Mass jener Freiheit ist wieder die Einmischung späterer Momente: der Abzug Flüchten-

troischen Krieges überhaupt nicht leicht zu vereinigen.[1] Eine Belagerung Trojas kam in den Kyprien so wenig vor als in der Ilias. Nach der grossen Landungsschlacht, in welcher Protesilaos fiel und Achill den Kyknos tödtete, und nach einem darauf folgenden Versuche, die Stadt im Sturme zu nehmen, worauf sich jene Verse möglicher Weise zurückbeziehen sollten (Proklos: καὶ διαπρεσβεύονται πρὸς τοὺς Τρῶας τὴν Ἑλένην καὶ τὰ κτήματα ἀπαιτοῦντες· ὡς δὲ οὐχ ὑπήκουσαν ἐκεῖνοι, ἐνταῦθα δὲ τειχομαχοῦσιν. Ἔπειτα τὴν χώραν ὑπεξελθόντες πορθοῦσι κτλ.), verschanzen sich die Griechen in ihrem Lager und beschränken sich auf Brandschatzungen, während die Troer in der Stadt bleiben und sich kaum einzeln herauswagen; so sehr herrscht Schrecken vor Achill, der die Hervorkommenden überfällt und durch zahlreiche Streifzüge zu Wasser und zu Lande unerbittlich Alles in Schach hält. Erst seit Achill im Zorne feiert, werden Kämpfe zwischen Heer und Heer in der Skamandrosebene möglich, aber in der Ilias kommt kein Grieche weiter als bis in die Nähe der Stadtmauern. Erst in der Aithiopis bringt es Achill, nachdem er die herbeigeeilten Bundesgenossen, die Amazonen und Aithiopen, geschlagen hat, zu einem ersten Vorstosse gegen Troja selbst, indem er in das Skaiische Thor eindringt, allwo ihn im Augenblick, da er den höchsten Sieg zu erreichen im Begriff ist, der Tod ereilt. Und in einem noch späteren Zeitpunkte, nachdem der Verlust von Achill und Aias durch Einholung von Neoptolemos und Philoktet wieder aufgewogen ist, kommt es endlich zu einer regelrechten Belagerung: καὶ οἱ Τρῶες πολιορκοῦνται, wie Proklos aus der kleinen Ilias des Lesches erzählt.

Geprüft an dieser klaren natürlichen Entwickelung, welche von der Ueberlieferung überall so scharf und übereinstimmend festgehalten wird, dass sie in der Hauptsache zu den durch keine Dichtung verdeckbaren geschichtlichen Grundlagen der Sage gehören dürfte, rückt das Stadtbild in die letzten Stadien des Krieges, mögen aus denselben auch nur typische Züge gewollt und in freier Wahl vereinigt sein.

Das Hauptmotiv der Belagerung, dass die Griechen sich schon des einen Thores bemächtigt haben und im Hofe desselben einem äussersten Aufgebot der Vertheidigung begegnen, erinnert an die Aithiopis und liesse sich gewissermassen als Ende des Achill hinter der Scene auffassen.[2] Der betende Krieger, der sich mit dem Opfernden zu einer stimmungsvollen Gruppe isolirt und ihr durch das Miterheben des Schildes besondere Feierlichkeit verleiht,[3] wie in der Iliupersis des Polygnot Aias in Kampfrüstung den grossen Schwur am Altare leistet, — einen ähnlich stimmungsvollen Gegensatz bildet in der Belagerungsnoth von Theben das Selbstopfer des Menoikeus auf den Zinnen der Stadtmauer — würde dann gut für den frommen Götterliebling Aineias passen, und unter den vielen Angleichungen an die Ilias, welche die Aithiopis durchzogen, wäre auch eine Wiederholung der Teichoskopie nicht zu verwundern, wenn freilich zu betonen bleibt, dass Priamos und Helena künstlerisch nicht so sehr eine Situation als überhaupt die Stadt bezeichnen. Weiter an das Ende des Krieges weist aber ein merkwürdiges Zusammentreffen mit

der, die schon sich und ihre Habe in Sicherheit bringen, ein Zug, der eigentlich erst dem letzten Stadium des Krieges angehört .... So weit nun das ganze Bild gerade von den speciellen Darstellungen des Kampfes um Ilion aus polygnotischer Schule im Grossen und Ganzen sich entfernt, so nahe kommt es doch wieder jener schon in früher Zeit vorhandenen, von der hohen Kunst des fünften Jahrhunderts, z. B. gerade in Polygnots Marathonschlacht, im Parthenonfriese zu vollendeter Meisterschaft gebrachten Fähigkeit, auf gedachten Flächen erzählend darzustellen, räumlich und zeitlich Getrenntes, Anfang, Mitte und Ende zur Einheit zusammenzufassen. Solches Zusammenfassen verträgt oder fordert gar eine gewisse Abstreifung des ganz Individuellen, nur einmal Vorgekommenen, um nicht wirklich die Empfindung des Anachronismus zu wecken. Wären unzweideutige Züge aus der ersten Landung des Kyprien, aus dem dritten und sechsten Buche der Ilias und wieder aus der Aithiopis vereint, so würde jene Empfindung gewiss sich einstellen; aber Protesilaos fehlt, wie Penthesileia; so, wie wir im Bilde sehen, drangen die Griechen ja oft siegreich von den Schiffen gegen Ilion vor, so müssen Priamos, Helena und andere oft von den Zinnen ausgeschaut haben; mehr als einmal werden die Götter angefleht worden sein; an Flucht mochte auch früher schon in Zeiten harter Bedrängniss Mancher denken, wie Polydoros von Priamos schon früher in Sicherheit gebracht war.«

[1] Thucydides I, 11. Nitzsch, Die Sagenpoesie der Griechen, S. 192 f.

[2] Nach der Weissagung des Hektor X, 360 stirbt Achill ἐνὶ Σκαιῇσι πύλῃσιν, womit Proklos im Auszuge der Aithiopis stimmt: τρεψάμενος δ' Ἀχιλλεὺς τοὺς Τρῶας καὶ εἰς τὴν πόλιν συνεισπεσὼν ὑπὸ Πάριδος ἀναιρεῖται καὶ Ἀπόλλωνος, desgleichen die Tabula Iliaca und das zweite Pariser Fragment mit der Inschrift ἐν ταῖς Σκαιαῖς πύλαις Ἀχιλλεὺς ὑπὸ ... vgl. Otto Jahn, Bilderchroniken, S. 28. Das Stadtthor einrennend scheint der Phokeer Alkias auf dem in Korinth gefundenen Grabrelief gedacht, Mittheilungen des deutschen archäologischen Institutes in Athen XI, Taf. V. Vgl. Valturio, De re militari, Paris 1535, S. 234.

[3] Zur Schildhaltung vgl. die Tarentiner Terracotta: Wolters, Archäolog. Zeitung 1882, Taf. 14, 4. Dümmler, Annali dell' instituto 1883, S. 198, und zur Sache das Opfer in dem von Sidonius Apollinaris XXII, 158 f. beschriebenen Gemälde der Belagerung von Kyzikos durch Mithradates (Purgold, Archäolog. Bemerkungen zu Claudian und Sidonius, S. 118), auch die betende Gestalt in dem pompejanischen Wandgemälde, welches die Einbringung des hölzernen Pferdes schildert, Helbig, n. 1326.

Quintus Smyrnaius, der in der letzten Belagerung Trojas von vier Seiten her vier Rotten Achaier wie hier gegen die Mauer vorrücken und unter den Geschossen und Steinwürfen der Vertheidiger ein geschlossenes Schilddach bilden lässt:

Σκαιῆς μὲν προπάροιθε πύλης Καπανήος υἱὸς
μάρναθ' ἅμ' ἀντιθέῳ Διομήδεϊ· τοὺς δ' ἄρ' ὕπερθε
340 Δηΐφοβός τε μενεπτόλεμος κρατερός τε Πολίτης
σὺν τ' ἄλλοις ἑτάροισιν * * *
       * * *   ἀρηγόντεσσι διστοῖς
ἐξ' ἄρα χερμαδίοισι· περικτυπέοντο δὲ φωτῶν
βαλλόμεναι κόρυθές τε καὶ ἀσπίδες, ἀπ' ἀλεγεινὸν
αἰζηῶν ῥίοντο μόρον καὶ ἀμείλιχον αἶσαν.

345 ἀμφὶ δ' ἄρ' Ἰδαίησιν ἀριζηλοῖσι πύλῃσιν
υἱὸς Ἀχιλλῆος· πονέοντο δέ οἱ πέρι πάντες
Μυρμιδόνες κρατεροῖο δαήμονες ἰωχμοῖο·
τοὺς δ' ἀπὸ τείχεος εἶργον ἀπειρεσίοις βελέεσσι
θαρσαλέως Ἑλένός τε καὶ ὀξυμέθωμος Ἀγήνωρ,
350 Τρῶας ἀποτρύνοντες ἀνὰ μόθον· οἱ δὲ καὶ αὐτοὶ
προφρονέως μάρναντο φίλης πέρι τείχεσι πάτρης.

ἐς πεδίον δὲ πύλῃσι καὶ οἰκοπόρους ἐπὶ νῆας
νισσομένης Ὀδυσεύς τε καὶ Εὐρύπυλος πονέοντο
ὠλεμίως· τοὺς δ' ἐγγὺς ἄρ' ἕρκεος ὑψηλοῖο
355 Αἰνείας λάεσσι μέγα φρονέων ἀπέρυκε.

πρὸς δὲ ῥόον Σιμόεντος ἔχεν πόνον ἀλγινόεντα
Τεῦκρος ἐϋμμελίης· ἄλλῃ δ' ἔχεν ἄλλος διζύν.

καὶ τότ' ἄρ' ἀμφ' Ὀδυσῆα δαΐφρονα κλίζιμοι ἄνδρες
κείνου τεχνήεντι νόῳ ποτὶ μῶλον ἄρηος
360 ἀσπίδας ἐντύναντο, βάλον δ' ἐφύπερθε καρήνων
θέντες ἐπ' ἀλλήλησι· μιῇ δ' ἅπαν ἥρμοσεν ἀρμῇ.
φαίης κεν μεγάροιο κατηρεφὲς ἔμμεναι ἕρκος
πυκνόν, ὃ τ' οὔτ' ἀνέμοισι διέρχεται ὑγρὸν ἀέντος
ῥιπῇ, ἀπειρεσίη, οὔτ' ἐκ Διὸς ἀσπετος ὄμβρος·
365 τοῖαι ἄρ' Ἀργείων πεπυκασμέναι ἀμφὶ βοείης
καρτύναντο φάλαγγες· ἔχον δ' ἕνα θυμὸν ἐς ἀλκὴν
εἰς ἓν ἀρηράμεναι· καθύπερθε δὲ Τρώϊοι υἷες
βάλλον χερμαδίοισι· τὰ δ' ὡς στυφελῆς ἀπὸ πέτρης
γαῖαν ἐπὶ τραφερὴν ἐκυλίνδετο· πολλὰ δὲ δοῦρα
370 καὶ βέλεα στονόεντα καὶ ἀλγινόεντες ἄκοντες
πήγνυντ' ἐν σακέεσσι, τὰ δ' ἐν χθονί, πολλὰ δ' ἄπωθε
. . . . οἱ δὲ κνίπον οὔτι ῥέοντο
ἄσπετον, οὐδ' ὑπόεικον, ὅτε φωκάδων ἀΐοντες
375 θῦνον· ἄνω δ' ὑπὸ τείχος ὁμῶς ἴσαν κτλ.

Denn hier ist das Schilddach, welches die Rotte des Odysseus bildet, sicherlich nicht anachronistisch nach der Testudo der Römer, wie die Interpreten annehmen, sondern wohl der echte Zug einer alten Iliupersis, die ihrerseits hierin von der vorbildlichen Epinausimache (M 86 folg.) abbing, nach der die Troer in fünf getrennten Abtheilungen auf das Schiffslager eindringen, die Schilde gleicher Weise dicht erhoben. [1]

----

[1] Quintus Smyrnaius XI, 338 f. Virgil, Aeneis II, 441, IX, 441, 505, 705. Vgl. die Botenrede der Phoinissen des Euripides. Aus einer Stadtbelagerung mag der von herabfliegenden Pfeilen umschwirrte, im Fliehen nach rückwärts aufschauende Krieger einer Schale von Corneto sein (Berlin, Nr. 2304; Gerhard, Trinkschalen und Gefässe VI, VII, 5).

Das Ende des Krieges nehmen schliesslich die beiden Gruppen der flüchtenden Auswanderer und des abziehenden Siegers voraus. Oben das gemeine Volk mit dem bepackten Esel, der schon in assyrischen
Reliefs typisch ist für den Auszug aus der eroberten Stadt. Unten Helena in ihrem vornehmen Reitstuhl[1]
auf dem weiblichen Maulthiere, wie Ismene auf der Αἰτναία πόλις, in reizvoller Gruppierung mit dem
schützend folgenden Menelaos: so zwar von dem üblichen Typus der attischen Kunst wie von Polygnot
völlig abweichend und bisher durch keine analoge Darstellung bestätigt, aber als Helena doch nicht blos
durch die wie ein musikalisches Motiv sich wiederholende Gestalt, sondern durch den nothwendigen
Zusammenhang der Sache gesichert; denn welche Iliupersis würde ihrer Idee gerecht ohne Wieder-
gewinnung der Helena?

139. Krater von Akragas der Sammlung Stoddart.

        Die erhaltenen Denkmäler, welche sich auf den troischen Krieg beziehen, sind mit verschwindenden
Ausnahmen Einzelbilder. Aus der epischen Erzählung greifen sie eine verhältnissmässig kleine Zahl von
Situationen heraus, welche der Gestaltung formelle Reize versprachen oder die künstlerische Phantasie
durch ihren ideellen Gehalt anzogen. Diese Situationen geben sie meist ohne Beiwerk in wenigen Figuren,
die das Wesentliche aussprechen, so dass die dichterische Idee oftmals auf die kürzeste Formel gebracht
scheint. Wo die Darstellungen ausführlicher sind, binden sie sich nicht ängstlich an örtliche und zeitliche
Einheit, aber die Stelle, welche sie in der geschichtlichen Abfolge des Sagenstoffes einnehmen, ist in der
Regel nur durch die Deutlichkeit, mit der sie sich selbst erklären, seltener zusätzlich durch eingeflochtene
Beziehungen auf Vorausliegendes oder Zukünftiges bezeichnet.

        Wie sich der Fries einer langen Halle zu bescheidenen Zimmergemälden verhält, so tritt jetzt diesen
troischen Einzelbildern eine umfassende Gesammtdarstellung des troischen Krieges gegenüber, und mit
der räumlichen Grösse scheint sich die gegensätzliche Eigenart der letzteren zu steigern.

        In dieser Eigenart liegt zunächst eine gewisse Lockerung der Composition und der Mangel einer
symmetrischen Anlage begründet. In der langen Flucht hebt sich zwar die Stadtbelagerung durch ihre
Scenerie formell als eine Mitte heraus, und als Mitte ist sie nicht nur durch tieferes Relief und gedrängtere
Gruppirungen, sondern auch durch eine gewisse Sinnschwere der Darlegung betont. Durch eine starke Verschiebung ist indessen die Bedeutung dieses Centrums wieder geschwächt, und die entstandene Gliederung
markirt sich überhaupt so schwach und ist auch in dem Baue der beiden Seitentheile nur so leise weitergeführt, dass sie auf Entfernungen, in denen man die Wand ganz übersah, nicht eigentlich dem Auge noch
eindrücklich werden konnte, sondern mehr wie ein Verhältniss von Zeitgrössen empfunden wurde, wenn

─────────────
    [1] Einer ἀστράβη, Hermann-Blümner, Griechische Privatalterthümer, S. 481, und Heydemann, Fünftes Halle'sches Winckel-
mannsprogramm, S. 30. Genau entspricht der Reitstuhl, in welchem Dionysos in einem rothfigurigen Vasengemälde des schönen
Stils (Berlin, Nr. 2334) auf einem Maulthiere sitzt, auch derjenige des Hephaistos im Hochzeitsstreifen der Françoisvase, Wiener
Vorlegeblätter 1888, Taf. II. Vgl. die Eselsänfte in einem ägyptischen Relief aus dem alten Reiche, Lepsius, Denkmäler II, 43 a,
und Layard, monuments of Niniveh, pl. 82, und die heute in Kleinasien gebräuchliche Vorrichtung, Fellows, Asia minor, S. 291. —
Eine merkwürdige Auszugscene zeigt das Bruchstück einer schwarzfigurigen Vase von Deffeneh, Flinders Petrie, Tanis, part II,
pl. XXIX 4: eine anscheinend unbekleidete weibliche Gestalt, welche rittlings auf einem reich gesattelten und geschmückten,
langsam nach rechts ausschreitenden Pferde sitzt, dessen Zügel sie in den Händen hält; vorausgehend und nach ihr zurückblickend ein bärtiger Mann mit Lanze; unter dem Pferde ein wie traurig mitschleichender Hund, und über dem Pferde ein weg-
fliegender Vogel. — Studniczka erinnert an ein seltsames Relief in Neapel (Museo Borbonico XIV, 11; Böttiger, Baumcultus
der Hellenen, Fig. 21), in welchem ein nackter Jüngling mit Torques und ein halbbekleidetes Mädchen, das eine Fackel hält,
zusammen auf einem Pferde reiten.

man den Fries in mässiger Nähe abging und Figur für Figur betrachtend in sich aufnahm. In diesem Sachverhalt stellt sich eine merkwürdige Verwandtschaft mit den beiden Gemälden Polygnots in der Lesche zu Delphi heraus, und diese Verwandtschaft ist zugleich geeignet, das Gesagte zu bestätigen und weiter zu begründen. Aus der Beschreibung des Pausanias erhellt, dass jedes dieser Gemälde in zwei übereinander hinlaufenden Reihen angeordnet war, und in dieser Gliederung geben sie sich beide schon durch die grosse Zahl der Figuren als Friesbilder zu erkennen, was auch in den bisherigen Reconstructionsversuchen unbewusst und ungewollt, gerade deshalb aber um so überzeugender, selbst dem blossen Format nach als Thatsache heraustritt. Beide Friesbilder besassen nun eine gewisse geistige Mitte an zwei bedeutungsvollen Vorgängen, welche die Phantasie stärker beschäftigten: das eine an der Kassandrascene mit dem folgenschweren Eide, welchen Aias vor den versammelten Fürsten ablegt, das andere an der Todtenbeschwörung des Odysseus, welche als einleitende Ursache den Sinn der ganzen Nekyia aufschloss. Jede dieser Gruppen war aber in der Abfolge des Ganzen dermassen aus der Mitte verschoben,[1] dass sie ein Centrum der Composition nicht abgab, und damit hängt zusammen, dass abgesehen von den äussersten Enden, die als solche deutlich charakterisirt waren und daher in deutlichem Wechselbezuge zu einander standen, nur geringe Gliederungen und keine Gleichungen vortraten, dass vielmehr Alles, was sich in den Friesbildern entsprach oder zu entsprechen schien, in dieser Eigenschaft mehr auf innere Wahrnehmung berechnet, als für den vergleichenden Blick vorhanden war. Es erscheint hiernach als ein Grundirrthum der herrlichen Abhandlung Welcker's, die mit diesem Irrthume ein Kleinod unserer Literatur bleibt, dass sie von Friesen die Eigenart von Giebelcompositionen forderte, indem sie einen in Symmetrie vollendeten architektonischen Aufbau herzustellen trachtete, wo vielmehr Alles in freiem Wachsthume der Gestaltung hinlief, um im Geiste des Betrachtenden stimmungsvoll sich zusammenzuschliessen und für die Erinnerung zu einer grossen Einheit zu verbinden.

Man begreift weiter, dass die Composition eine gewisse Orientirung besitzt. Eine bildliche Erzählung, die nicht mit einem Blicke zu übersehen, sondern in der geschilderten Weise gewissermassen wie eine Inschrift abzulesen war, musste einen bestimmten Anfang und ein bestimmtes Ende haben, konnte sich jedesfalls nicht schlechthin gleichmässig vor- und rückwärts lesen lassen. In der That erläutern sich die Friese rascher und sachgemässer von der Südwestecke her, wo die gelandete Flotte und die charakteristische Figur des Thersites den Beschauer sofort in den troischen Krieg versetzten und auf alles Weitere vorbereiteten; an diesem nächsten Ende mussten aber die in das Heroon Eingetretenen die Betrachtung beginnen (vergl. Fig. 31, S. 41.) So verfolgt man den Panathenaienzug am Parthenon von seinem natürlichen Anfange an auf der Westseite. So entwickelten die beiden delphischen Gemälde Polygnot's ihren Inhalt beide von der Eingangsthür an — wo das Schiff des Menelaos und der Nachen des Charon als symmetrische Werthe ins Auge fielen — deutlicher und folgerichtiger jedesfalls als von den entgegengesetzten Enden her, weshalb sie auch in dieser baulich vorgezeichneten Richtung von Pausanias beschrieben worden sind. In allen diesen Fällen erscheint die hervorgehobene Eigenthümlichkeit als Vollendung einer natürlichen Praxis, die sich in der Decoration öffentlicher Hallen und grösserer Innenräume schon seit alter Zeit ergeben und beständig fortgebildet hatte.[2]

---

[1] Das Factum dieser Verschiebung hob klar hervor Adolf Michaelis, Ueber die Composition der Giebelgruppen am Parthenon, Tübingen 1870, S. 23 folg.

[2] Vergl. Plinius, Naturalis historia 35, 154: Plastae laudatissimi fuere Damophilus et Gorgasus, idem pictores, qui Cereris aedem (geweiht 261 d. St. — 493 v. Chr.) Romae ad circum maximum utroque genere artis suae excoluerant versibus inscriptis Graece quibus significarent ab dextra opera Damophili esse, ab laeva Gorgasi. Rechts und links kann hier nicht wohl anders als von der Eingangsthür aus verstanden sein, was auch der Gedanke des bekannten anonymen Epigrammes der Anthologia Palatina IX, 758, sicherlich einer alten Künstlerinschrift, die nicht in der ursprünglichen Fassung vorliegt, gewesen sein wird:

δεξιὸν ἔγραψε τὴν θύραν τὴν δεξιήν·

τὴν δ' ἐξιόντων δεξιὰν Διονύσιος.

Die Verse werden auf die beiden Flügel einer Thür bezogen. Allein Thüren pflegten mit Metall verziert zu werden, von Thürmalerei ist nichts bekannt — der einzige Beleg, den Raoul-Rochette, Peintures antiques inédites, p. 124, dafür beibringt: Anthol. Pal. III, 16, beruht auf einer irrthümlichen Interpretation — und vom linken Thürflügel verstanden sind die Worte ἐξιόντων δεξιὰν eine gesuchte Wendung, für die man keinen Grund einsicht. Kimon malte wohl das Gemälde, welches die in das Gebäude Eintretenden, Dionysios dasjenige, welches die aus dem Gebäude Austretenden rechterhand hatten (etwa τὴν θύραν δεξιήν, scil.

20

Die Composition hat ferner ein ungewöhnliches Gepräge von Continuität. Es reiht sich nicht Glied an Glied, Scene an Scene auf, wie etwa in der Iliupersis der Vivenziovase, sondern Alles verbindet sich wechselseitig und hängt ohne Sonderung wie ein Fliessendes zusammen. Kaum irgendwo hat man daher Anlass, länger zu verweilen, vielmehr vertheilt sich das Interesse ziemlich gleichmässig durch das ganze Werk und treibt von jedem Punkte der Betrachtung vorwärts. In dieser formellen Eigenschaft ist aber die ganze innere Auffassung des Gegenstandes begründet. Verschieden von jenen geschilderten Einzelbildern, welche sich durch psychologische Feinheiten der Darlegung auszeichnen, ihre Situationen dramatisch vertiefen, die Handlung ethisch, den Krieg persönlich fassen, liegt hier der Hauptreiz in einer durchherrschenden landschaftlichen Idee, der alles Einzelne sich unterordnet und mit der im letzten Grunde die Möglichkeit zusammenhieng, den Krieg elementar als Masse wirken zu lassen.

140. Krug der Sammlung Oppermann im Cabinet des médailles zu Paris.

Es liegt schliesslich in der Natur einer auf langen Flächen ausgebreiteten bildlichen Erzählung, dass sie eine zeitliche Einheit der dargestellten Handlung nicht bedarf, ja im Grunde nicht verträgt. Besässen wir noch den ganzen Reichthum epischer Poesie, welchen solche Bildercyclen zur Voraussetzung hatten, so würde sicherlich manche Einzelheit, schwerlich aber der Zusammenhang des Ganzen in helleres Licht treten. Wo also dieser Zusammenhang mit gewissen Härten und Widersprüchen behaftet scheint,

γραφή, was einmal nicht mehr verstanden wurde und die bestehend glatte Correctur veranlasste). Auch die beiden Wandgemälde im Pronaos der Athena Areia in Theben, der Freiermord des Polygnot und die Sieben gegen Theben von Onasias (Pausanias IX, 4, 1), desgleichen die beiden Gemälde des Polygnot und Mikon im Anakeion in Athen werden rechterhand und linkerhand der Thür anzunehmen sein, wie die Friesstreifen im Thetideion der Françoisvase und diejenigen im Pronaos des Tempelgrabes der Haterier (Monumenti inediti dell' instituto V, 8).

beruht dies kaum auf unserer unvollkommenen Kenntniss des Stoffes, auch gewiss nur zum Theile auf dem Maasse seiner künstlerischen Durchgestaltung, sondern im Wesentlichen auf der Kunstform als solcher, in der er dargelegt ist. Da dieselbe ein augenblickliches Erfassen des ganzen Bildwerkes ausschliesst, vielmehr stets zu einer vorrückenden Betrachtung seiner einzelnen Theile nöthigt, so muss die dargestellte Handlung mit dem Betrachtenden in gewissem Sinne selbst vorrücken, sich für ihn beständig verwandeln, bald reicher entfalten und gleichsam auseinanderlegen, bald zusammenziehen und übersichtlich verkürzen. Es genügt und bezeichnet zugleich ein Höchstes der ganzen Gattung, wenn eine wirkliche Einheit der Handlung immer für den Umfang des jeweiligen Gesichtsfeldes erreicht ist und die am Schlusse der Betrachtung entstehende Gesammtvorstellung den reinen Eindruck einer idealen Einheit hinterlässt. Auf einem solchen Gipfel der Ausbildung steht die Iliupersis des Polygnot und mit ihrem besonders günstigen

141. Hydria der Münchener Sammlung Nr. 65.

Stoffe in gesteigerter Herrlichkeit der Form die Composition des Parthenonfrieses, welche bisher ohne kunstgeschichtliche Vorstufen erscheinen konnte. Von der Fülle nothwendig vorausliegender Leistungen gibt nun aber der troische Krieg von Gjölbaschi einen bestimmteren Begriff, da hier die Einheit der Darstellung im Grunde noch durch die paratatische Gliederung der alterthümlichen Kunst erzielt ist und sogar durch die eingeschobenen beiden Gruppen der Auswanderer, welche nach beiden Seiten ohne Verbindung sind, eine naive Störung erleidet, die nicht eigentlich nothwendig war und leicht zu vermeiden gewesen wäre.

Aus dem Dargelegten folgt, was sich ohnehin nicht anders voraussetzen liesse, dass der Fries unmöglich für Gjölbaschi erfunden sein kann. Aber auch das Original, welches ganz oder hauptsächlich zu Grunde liegen mag, konnte keine persönliche Schöpfung seines Urhebers sein, sondern wird sich in oft-

20*

maligen Wiederholungen herausgebildet haben und einer Gattung öffentlicher Bildwerke angehören, deren Stilgeschichte nicht minder weit zurückreicht als diejenige, die sich für die bekannten troischen Einzelbilder ergibt. Unsere Ueberlieferung ist arm an grösseren Denkmälern und eingehenderen Nachrichten, beleuchtet aber diesen Sachverhalt mit hinlänglicher Deutlichkeit.

Gewissermassen in Keimgestalt hat man die Composition in der Beschreibung, welche Homer von der belagerten Stadt auf dem Schilde des Achilleus gibt. Denn die vielbesprochenen Verse Σ 509 f.

Τὴν δ' ἑτέρην πόλιν ἀμφὶ δύω στρατοὶ εἵατο λαῶν
τεύχεσι λαμπόμενοι. δίχα δέ σφισιν ἥνδανε βουλή κτλ.

und die Schwierigkeiten der sich anschliessenden dichterischen Erzählung erklären sich, wie Murray[1] erkannt hat, vollkommen, wenn ein Bildwerk zu Grunde lag, welches das Belagerungsheer wie auf der Silberschale von Amathus[2] zu beiden Seiten der belagerten Stadt vertheilte. Mit einer Schlacht vereinigt Hesiod das Bild der belagerten Stadt auf dem Schilde des Herakles, und die Bedrängniss der Angegriffenen malt er dabei in Zügen aus, welche für die bildende Kunst typische Geltung erlangten, V. 237 f.:

οἳ δ' ὑπὲρ αὐτέων
ἄνδρας ἐμαρνάσθην πολεμήϊα τεύχε' ἔχοντες,
τοὶ μὲν ὑπὲρ σφετέρης πόλιος σφετέρων τε τοκήων
240   λοιγὸν ἀμύνοντες, τοὶ δὲ πραθέειν μεμαῶτες.
πολλοὶ μὲν κέατο, πλέονες δ' ἔτι δῆριν ἔχοντες
μάρνανθ'· αἱ δὲ γυναῖκες ἐϋδμήτων ἐπὶ πύργων
χάλκεον ὀξὺ βόων, κατὰ δ' ἐδρύπτοντο παρειάς,
ζωῇσιν ἴκελαι, ἔργα κλυτοῦ Ἡφαίστοιο.
245   ἄνδρες δ', οἳ πρεσβῆες ἔσαν γῆράς τ' ἐλάμπαρεν,
ἆθρόοι ἔκτοσθεν πυλέων ἔσαν, ἂν δὲ θεοῖσι
χεῖρας ἔχον μακάρεσσι, περὶ σφετέροισι τέκεσσι
δειδιότες· τοὶ δ' αὖτε μάχην ἔχον· αἱ δὲ μετ' αὐτοὺς
Κῆρες κυάνεαι κτλ.

Grössere Kampfreihen, welche Schlachten vergegenwärtigen sollten, fehlen auf keiner Entwicklungsstufe der altgriechischen Malerei. Schon der Dipylonstil konnte sich an eine Aufgabe wagen, wie die Landung eines Kriegsschiffes und den Kampf seiner Besatzung gegen Krieger am Strande,[3] im Grunde also das grosse Motiv der Landungsschlacht, womit der troische Krieg auf troischem Boden anhebt. Der mittlere Streifen der Kypseloslade enthielt im Gegensatze zu den zahlreich getheilten mythologischen Scenen, welche die unteren und oberen Streifen nach Art gereihter Ornamente füllten, eine bandartig durchlaufende Darstellung zweier kampfgerüstet gegeneinander vorrückenden Heere. Eine leider flüchtig gemalte hochalterthümliche Amphora in Florenz zeigt einen weithinwogenden Kampf, der an beiden Enden durch Befestigungen abgeschlossen ist, linkerhand eine Mauer mit kampfbereiten Kriegern, rechterhand eine Stadt mit klagenden Insassen auf den Zinnen, möglicherweise eine Schlacht der Ilias oder Aithiopis zwischen Griechenlager und Troja.[4] Auf einem der nämlichen Stilart angehörigen Kruge, der aus der Sammlung Oppermann in das Antikencabinet der Pariser Nationalbibliothek gelangt ist, sieht man die wesentlichen Elemente der neuen Iliupersis wie in einem dürftigen Auszuge vereinigt: eine Schlacht, eine Stadt und auf der andern Seite derselben eine auswandernde Familie (vergl. Fig. 140).[5]

Einen energischen Schritt weiter geht dann eine schwarzfigurige Vulcenter Hydria der Münchener Sammlung,[6] welche, wie in dem Mittelstücke unseres Frieses, ein breites Stadtbild als Träger der dar-

---

[1] Murray, History of greek sculpture, p. 49. Helbig, Das homerische Epos[2], S. 411.

[2] Cesnola-Stern, Cypern, Taf. 51.

[3] Furtwängler, Archäologische Zeitung 1885, Taf. 8, S. 132.

[4] Inghirami, Pitture di vasi fittili IV, tav. CCCIV.

[5] Ernest Babelon, Le cabinet des antiques à la bibliothèque nationale, pl. XL, p. 129 f.

[6] Monumenti inediti dell' instituto I, 34; Inghirami, Pitture di vasi fittili IV, tav. CCCLVI; Galleria omerica III, 80. Richtig erklärt von Welcker, Alte Denkmäler V, S. 469 f. Vergl. Klein, Euphronios[2], S. 232 f., der an Gjölbaschi zu erinnern nicht verfehlt. Arthur Schneider, Der troische Sagenkreis, S. 130 f. Für die Figur des Trinkenden verwies Inghirami auf Ilias X 2.

gestellten Handlung einführt (Fig. 141). Achill mordet im Heiligthum des Apollon Thymbraios den jugendlichen Troilos, der sich vor das Thor wagte, um Wasser zu holen, und Troja bildet den fernen Hintergrund
der Scene. Man sieht in einem zweiten höheren Plane auf der Schulter des Gefässes die Bekrönungen der
Stadtmauer hinlaufen und zwischen ihnen, klein erscheinend, eine bewegte Menge von Zuschauern, die
den entsetzlichen Vorgang in höchster Aufregung verfolgen. Ohnmächtig langt die Mutter mit beiden
Armen herab, jammernd raufen sich die Schwestern das Haar, klagend oder vielleicht betend wie auf dem
Hesiodischen Schilde erhebt ein Stadtältester die Rechte; die Wachtposten sind allarmirt, Paris sendet
gegen den Unerreichbaren einen Pfeil, der an die einstige Vergeltung erinnert wie der Pfeil Apollons in
den Darstellungen vom Falle Hektors, und in naivem Contrast zu der ganzen Tragik erläutert ein durstiger
Krieger die Wassernoth der Belagerten, indem er den Rest eines Trinkhornes leert. Vor dem Skaiischen
Thore aber, auf der Warte, wo der Erineos als Wahrzeichen steht, sitzt Priamos und sieht in Verzweiflung
das Schicksal seines Sohnes sich vollenden; denn die zu Fuss und zu Wagen herbeieilende Hilfe bringt keine
Rettung mehr, da Athena übergewaltig dazwischentritt. Das merkwürdige Bild ist unsorgsam ausgeführt
und verräth auch durch die sinnlosen Beischriften und mitunter missverständlich zusammengezogenen
Motive eine spätere Entstehung; aber es gibt willkommene Einblicke in die Freiheit, mit der die monumentale Malerei schon im sechsten Jahrhunderte landschaftliche Motive in heroischen Vorwürfen entwickelt haben muss, und zwar gewiss nicht blos bei Troilosbildern, in deren Stoff von jeher ein besonderer
Antrieb dazu lag.

142. Schale Depoletti.

Dahin deuten auch vereinzelte Beispiele aus den ersten Entwicklungsstadien des rothfigurigen Stiles,
unter Anderm das in Fig. 142 wiederholte einer ehemals bei Depoletti befindlichen Schale.[1] Hier erstreckt
sich die trojanische Mauer mit ihren Zinnen und Thoren und dem nach X 145 wieder nicht vergessenen
Erineos um das ganze Gefäss, als Scenerie der grossen Verfolgung Hektors durch Achill, bei der die Helden
dreimal die Stadt umkreisen. Priamos und Hekabe, welche bei Homer in ergreifenden Reden Hektor von der
Mauer herab anflehen, sich in die Stadt zurückzuziehen, sind unter dem Zwange des Raumes oder richtiger
vielleicht um den hohen Antheil, den sie in der Erzählung des Dichters behaupten, vollwerthig auszu-
drücken, nicht als vorragende Brustbilder, sondern in ganzer Gestalt gegeben. Sich dem Sohne zu zeigen
und ihn anzulocken sind sie aus der Stadt herausgekommen, aber, da der Alles Ueberwältigende naht,
flüchten sie in das grosse Skaiische Thor zurück. Auch die beiden anderen Thore sind zugänglich gedacht,
dort stehen Bogenschützen kampfbereit, um Hektor zu decken, wenn er sich in eines derselben retten
sollte. Allein seine Furcht vor Achill ist so gross, dass er blind und unaufhaltsam fortstürmt, ohne ihrer
zu achten, und man sieht, wie ihn erst das Eintreten von Athena (X, 214 f.) zum Stehen bringen und
an Achill überliefern wird. Auch diese Gedanken und scenischen Motive sind schwerlich in dem Kreise
bescheidener Gefässdecorationen erwachsen.

[1] Eduard Gerhard, Auserlesene Vasenbilder III, Taf. CCIII, S. 111. Overbeck, Bildwerke zum thebischen und troischen
Sagenkreis, Taf. XIX 1, S. 449 f. Luckenbach, Das Verhältniss der griechischen Vasenbilder zu den Gedichten des epischen
Kyklos, S. 516.

Von grösstem Interesse aber ist es, ein hochberühmtes Monument, die stilistisch wohl noch etwas jüngeren Gemälde der Stoa Poikile in Athen, aufmerksam nach den erhaltenen Nachrichten zu vergleichen.[1]

Pausanias sah und beschrieb in dieser Halle vier Gemälde.[2] Zunächst eine sonst nicht weiter bezeugte Schlacht zwischen Athenern und Lakedaimoniern bei Oinoe. Sodann an der Mittelwand der Halle (ἐν δὲ τῷ μέσῳ τῶν τοίχων), von Mikon gemalt, den Kampf des Theseus gegen die Amazonen, daran anschliessend weiter (ἐπὶ δὲ ταῖς Ἀμαζόσι) von der Hand Polygnots das von den Griechen eingenommene Ilion mit dem Gerichte der Heerführer über den Frevel des Aias an Kassandra, schliesslich (τελευταῖον δὲ τῆς γραφῆς) die von Mikon oder Panainos gemalte Niederlage der Perser bei Marathon, welche mit einer Andeutung ihrer Flotte endigte: ἔσχαται δὲ τῆς γραφῆς νῆές τε αἱ Φοίνισσαι κτλ. Wie Klügmann gesehen hat,[3] befanden sich die drei letzten Bilder an der mittleren Hauptwand der Halle, das erste an einer ihrer Nebenseiten, so dass Pausanias mit dieser Nebenseite begann und von ihrem Winkelpunkte aus die Hauptwand der Halle bis zu Ende abschritt. Die Schlacht von Oinoe wird jetzt in den korinthischen Krieg gesetzt[4] und wäre sonach eine spätere Zuthat, wofür sie Brunn schon früher gehalten hatte; jedenfalls hat sie nichts mit den Gemälden der Hauptwand zu thun, die nach dem Wortlaute des Pausanias eine γραφή bildeten, wie er zweimal hervorhebt, also äusserlich ein zusammenhängendes Ganze ausgemacht haben müssen. Mit Gjölbaschi ergibt sich aber dann eine überraschende Aehnlichkeit der Gegenstände und ihrer Abfolge, wie die beistehenden Schemata veranschaulichen:

Stoa Poikile

Flotte	Schlacht in der Marathonebene	Das eingenommene Troja	Theseus und die Amazonen	Oinoe

Westwand Gjölbaschi

Flotte	Schlacht in der Skamandrosebene	Das bestürmte Troja	Achill und die Amazonen

Diese Uebereinstimmung steigert sich noch, wenn man die Stellen zu Rathe zieht, die über Einzelnes in den Gemälden berichten. Zwar das von Polygnot gemalte Mittelstück fasste den Gegenstand später und konnte sich formell kaum mit der Stadtbelagerung berühren. Desto grössere Aehnlichkeit muss in dem Amazonenbilde geherrscht haben, da die Amazonen auch dort ritten, mithin in orientalischem Costüm waren, die erhaltenen attischen Vasenmalereien aber, die zu jenem Gemälde in Beziehung stehen, mit dem Gjölbaschifriese, wie ich S. 138 ergab, merkwürdig zusammentreffen. Besonders reich an solchen Aehnlichkeiten ist namentlich in Fig. 139 aus Gerhard wiederholte rothfigurige Vasenbild, welches den umlaufenden Fries eines aus Akragas stammenden fuss- und henkellosen Kraters, einst in der Sammlung Studdart, bildet.[5] Einige Motive dieses Bildes wurden bereits zur Erläuterung der Feldschlacht herangezogen, zahlreicher noch sind die Berührungen mit der Amazonomachie, und namentlich ist es die Gruppe der zu Pferde frisch in den Kampf einrückenden Amazonen, die sich in unserem Friese sehr

---

[1] Böttiger, Archäologie der Malerei, S. 249. Brunn, Geschichte der griechischen Künstler II, S. 21. Heydemann, Achtes Hallisches Winckelmannsprogramm 1883, S. 8 f.

[2] Pausanias I, 15, 2—4: Αὕτη δὲ ἡ στοὰ πρώτα μὲν Ἀθηναίους ἔχει τεταγμένους ἐν Οἰνόῃ τῆς Ἀργείας ἐναντία Λακεδαιμονίων· γέγραπται δὲ οὐκ ἐς ἀκμὴν ἀγῶνος, οὐδὲ τολμημάτων ἐς ἐπίδειξιν τὸ ἔργον ἤδη προῆκον, ἀλλὰ ἀρχομένη τε ἡ μάχη καὶ ἐς χεῖρας ἔτι συνιόντες. ἐν δὲ τῷ μέσῳ τῶν τοίχων Ἀθηναῖοι καὶ Θησεὺς Ἀμαζόσι μάχονται. μόναις δὲ ἄρα ταῖς γυναιξὶν οὐκ ἀφῄρει τὰ πταίσματα τὸ ἐς τοὺς κινδύνους ἀφειδές . . . ἐπὶ δὲ ταῖς Ἀμαζόσιν Ἕλληνές εἰσιν ᾑρηκότες Ἴλιον, καὶ οἱ βασιλεῖς ἠθροισμένοι διὰ τὸ Αἴαντος ἐς Κασσάνδραν τόλμημα· καὶ αὐτὸν ἡ γραφὴ τὸν Αἴαντα ἔχει, καὶ γυναῖκας τῶν αἰχμαλώτων ἄλλας τε καὶ Κασσάνδραν. τελευταῖον δὲ τῆς γραφῆς εἰσιν οἱ μαχεσάμενοι Μαραθῶνι· Βοιωτῶν δὲ οἱ Πλάταιαν ἔχοντες καὶ ὅσον ἦν Ἀττικὸν ἴασιν ἐς χεῖρας τοῖς βαρβάροις. καὶ ταύτῃ μέν ἐστιν ἴσα παρ' ἀμφοτέρων ἐς τὸ ἔργον· τὸ δὲ ἔσω τῆς μάχης φεύγοντές εἰσιν οἱ βάρβαροι καὶ ἐς τὸ ἕλος ὠθοῦντες ἀλλήλους. ἔσχαται δὲ τῆς γραφῆς νῆές τε αἱ Φοίνισσαι, καὶ τῶν βαρβάρων τοὺς ἐσπίπτοντας ἐς ταύτας φονεύοντες οἱ Ἕλληνες. ἐνταῦθα καὶ Μαραθὼν γεγραμμένος ἐστὶν ἥρως, ἀφ' οὗ τὸ πεδίον ὠνόμασται, καὶ Θησεὺς ἀνιόντι ἐκ τῆς γῆς εἰκασμένος, Ἀθηνᾶ τε καὶ Ἡρακλῆς . . . τῶν μαχομένων δὲ δῆλοι μάλιστά εἰσιν ἐν τῇ γραφῇ Καλλίμαχός τε, ὃς Ἀθηναίοις πολεμαρχεῖν ᾕρητο, καὶ Μιλτιάδης τῶν στρατηγούντων, ἥρως τε Ἔχετλος καλούμενος . . .

[3] Klügmann, Die Amazonen in der attischen Literatur und Kunst, S. 44.

[4] Ernst Curtius, Griechische Geschichte III 4, S. 763 f. Ulrich Köhler, Hermes V, S. 5. Für heroisch hält sie Schäfer, Historische Aufsätze, S. 43 f., 57 f.

[5] Eduard Gerhard, Auserlesene Vasenbilder IV, Taf. CCCXXIX, CCCXXX, S. 104.

ähnlich wiederfindet. Neues Licht fällt von Gjölbaschi auch auf die Marathonschlacht. Diejenige Figur dieses Gemäldes, in der man Miltiades erkannte, obwohl sie keine Beischrift besass, wie denn dem Gemälde überhaupt Inschriften gefehlt zu haben scheinen, war im Beginne der Schlacht von dem Ilionbilde her angebracht und feuerte die Hellenen zum Kampfe an, indem sie mit ausgestreckter Hand auf die Barbaren hinwies.[1] Hiernach muss sie dem an gleicher Stelle hervortretenden Heerführer der Feldschlacht auf B 8 verwandt gewesen sein; das Motiv wiederholt sich in der Feldschlacht ähnlich an dem Heerführer auf B 6 wie in der Stadt A 10 und ist in dieser letzteren Form auch an dem Heerführer eines Schlachtreliefs zu bemerken, welches eine in Nikopol gefundene goldene Schwertscheide des fünften Jahrhunderts in der kais. Ermitage in St. Petersburg ziert (Fig. 143).[2] Am meisten fällt aber eine Nachricht über die Darstellung der Plataier auf.[3] Wenn man dieselben, an den boiotischen Sturmhauben kenntlich, im Beginne der Schlacht zur Hilfe herbeieilen sah, »ein jeder so geschwind er konnte «, womit also streng genommen

143. Theil einer Schwertscheide aus Nikopol in der kais. Ermitage zu St. Petersburg.

verschiedene Grade von Eile im Bilde bezeugt sind, so passt dies merkwürdig genau auf die Anfangs-gruppen der Feldschlacht in A 2 und A 8 mit ihren anschreitenden, vorauseilenden und schliesslich fort-

---

[1] Aeschines c. Ctesiph. 186: Προσέλθετε δὴ τῇ διανοίᾳ καὶ εἰς τὴν στοὰν τὴν ποικίλην· ἁπάντων γὰρ ὑμῖν τῶν καλῶν ἔργων τὰ ὑπομνήματ' ἐν τῇ ἀγορᾷ ἀνάκειται. τί οὖν ἐστιν, ὦ Ἀθηναῖοι, ὃ ἐγὼ λέγων ἐνταῦ0' ἡ ἐν Μαραθῶνι μάχη γέγραπται. τίς οὖν ἦν ὁ στρατηγός; οὑτωσὶ μὲν ἐρωτηθέντες ἅπαντες ἀποκρίναισθ' ἂν, ὅτι Μιλτιάδης, ἐπεῖ δ' οὐκ ἐπιγέγραπται. πῶς; οὐκ ᾔτησε τὴν δωρεὰν ταύτην; ᾔτησεν, ἀλλ' ὁ δῆμος οὐκ ἔδωκεν, ἀλλ' ἀντὶ τοῦ ὀνόματος συνεχώρησεν αὐτῷ πρῶτος γραφῆναι, παρακαλοῦντι τοὺς στρατιώτας. Scholion zu dieser Stelle: ἐπιφανεστάτη δὲ γραφή ἐστιν ἡ τὴν ἐν Μαραθῶνι μάχην ἔχουσα, ἐν ᾗ ἕστηκε Μιλτιάδης ἐγκελευόμενος τοῖς στρατιώταις. Aristides ὑπὲρ τεττάρων 174, 1, II, S. 232 ed. Dindorf: Μιλτιάδης εἷς ἀνήρ ἐστιν, οὐκ ἄλλος οὐδείς· δι-ὸ δὴ καὶ προὐκρίθη μόνος ἐξ ἁπάντων, ὥς φασι, τὴν χεῖρα ἐκτετακὼς γραφῆναι, ὡς τότε ἔτυχε τοῖς στρατιώταις παρακελευόμενος. Scholion zu dieser Stelle III, S. 566: ἦν γὰρ ἐν τῇ ποικίλῃ στοᾷ γεγραμμένος ὁ Μιλτιάδης, ἐκτείνων τὴν χεῖρα καὶ ὑποδεικνὺς τοῖς Ἕλλησι τοὺς βαρβάρους, λέγων ὁρμᾶν κατ' αὐτῶν. Cornelius Nepos Miltiades 6, 3: nam huic Miltiadi, quia Athenas totamque Graeciam liberarat, talis honos tributus est in porticu, quae ποικίλη vocatur, cum pugna depingeretur Marathonia, ut in decem praetorum numero prima eius imago poneretur, isque hortaretur milites proeliumque committeret.

[2] Compte-rendu de la commission imp. archéologique de St.-Pétersbourg 1864, Taf. V 1, S. 174. Vergl. die schöne Statuette: E. v. Sacken, Die antiken Bronzen des k. k. Münz- und Antikencabinets, Taf. XLII, S. 104.

[3] [Demosthenes] gegen die Neaera 94: Πλαταιεῖς γὰρ, ὦ ἄνδρες Ἀθηναῖοι, μόνοι τῶν Ἑλλήνων ὑμῖν ἐβοήθησαν Μαραθωνάδε . . . καὶ ἔτι καὶ νῦν τῆς ἀνδραγαθίας αὐτῶν ὑπομνήματα ἡ ἐν τῇ ποικίλῃ στοᾷ γραφὴ δεδήλωκεν· ὡς ἕκαστος γὰρ τάχους εἶχεν, εὐθὺς προσβοηθῶν γέγραπται, οἱ τὰς κυνᾶς τὰς Βοιωτίας ἔχοντες.

springenden Figuren. Auch für die Art, wie die Götter und Dämonen, welche bei Marathon den Hellenen
Hilfe gebracht hatten, im Schlachtbilde erschienen, kann ein Beleg aus Gjölbaschi, das rechte Ende des
Kampfes um Theben (Taf. XXIV, A 5), einen ungefähren Anhalt geben.

  Die nachgewiesenen Parallelen zwischen der Westwand von Gjölbaschi und den Gemälden der Stoa
Poikile schliessen ein Spiel des Zufalls aus. Aber ein Abhängigkeitsverhältniss, wie immer geartet es auch
zu denken wäre, ergibt sich deshalb aus ihnen nicht, sondern sie erklären sich, wenn ich recht sehe, befrie-
digend allein durch das Band einer typischen Gemeinschaft. Man wird auf eine beiden Monumenten vorausliegende Form der Composition geführt, welche oft genug bald in Malerei, bald in bemaltem Relief,
was ja altgriechisch fast auf dasselbe hinauslief, wiederholt worden sein mag und der die innere Einheit nicht gefehlt haben kann, welche die drei Theile der Friese von Gjölbaschi verbindet. In der Stoa
Poikile ist diese innere Einheit gelöst und die einzelnen Theile haben eine Umbildung erfahren. Die
Lockerung des Ganzen ist indessen eine so lose, dass sie sich aus jener älteren Form, welche uns die in
entlegener Berggegend ausgeführten Reliefs trotz ihres zeitlich jüngeren Ursprungs reiner bewahrt haben,
leicht begreift. Eine Amazonomachie der Aithiopis, wie sie die Reliefs bieten, wurde fast durch eine blosse
Aenderung der beigeschriebenen Namen oder selbst durch den blossen Ort der Ausführung, wenn es ein
vielbesuchtes öffentliches Gebäude von Athen war, zu einem Denkmale der attischen Sage. War aber mit
dieser Aenderung der ursprüngliche Zusammenhang einmal zerrissen, so konnte sich an die Stelle des
Mittelstückes um so leichter ein gleichwerthiges neues einschieben: theilweise wiederholt oder in Verwerthung ihrer Hauptmotive die gewiss einmal höchst moderne Iliupersis, welche Polygnot in Delphi
gemalt hatte. Und wie geringer Umgestaltungen wird es dann bedurft haben, um aus der typisch überlieferten Feldschlacht, die mit einer gelandeten Flotte endigte, ein Gemälde von historischer Geltung zu
entwickeln, welches den Athenern den Geburtstag ihrer politischen Grösse, die That von Marathon und
ihre gefeierten Helden, in das Gedächtniss rief.

144. Theile eines Sarkophages im Westen der Stadt.
(Vergl. Fig. 8. S. 22.)

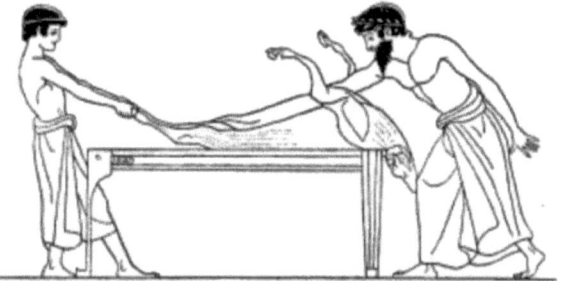

145. Aussenbild einer Capuaner Schale der Sammlung Czartoryski.

5. Leukippidenraub.

(Tafel XVI.)

Die Friese der Nordwand bestehen oben aus 21, unten aus 22 Steinen, von denen 9 und 8 linkerhand den Leukippidenraub, die übrigen rechterhand eine Jagd und einen Kentaurenkampf, Beides wieder ungesondert ineinander überlaufend, vergegenwärtigen. Der Leukippidenraub bildet die kleinere Hälfte, welche aber die grössere in jeder Hinsicht übertrifft. Obschon durch Verwitterung namentlich nach rechts hin stark mitgenommen, verräth der Leukippidenraub noch jetzt, dass er das anmuthigste, künstlerisch hervorragendste Stück des ganzen Monumentes war. In wohlerwogener, schöner Gliederung entrollt sich eine Erzählung, die durch ihren poetischen Gehalt anzieht, in schlichter Deutlichkeit des Vortrages fesselt und durch wirkungsvoll gesteigerte Gegensätze, man kann sagen, dramatisches Leben entwickelt.

Der Blick haftet zunächst an dem Tempelgebäude, das in stattlicher Grösse beide Reihen einnimmt. An seinen einst in Malerei gegliederten Massen wächst ein bedeutender Körper heraus, von dem sich die Friese rechts und links wie Flügel ausbreiten. Die Flügel sind ungleich, da die künstlerische Mitte auch hier neben der mathematischen liegt, doch ist die grössere Ausdehnung des rechten durch lebhaftere Bewegung und gedrängtere Formenfülle des linken aufgewogen. Jedem Flügel ist eine besondere, in gewissem Sinne selbstständige Handlung zugewiesen, aber durch Figuren, die sowohl aus dem Tempel heraus, wie jenseits hinter ihm vom rechten Flügel her nach links hinüberlaufen, sind diese Handlungen unter sich verknüpft und in Beziehung gesetzt. Der Tempel verbindet also von rechts nach links, er verbindet aber auch von unten nach oben. Indem er einzelne Figuren der oberen Reihe mit seinem Dache theilweise verdeckt, dieselben also jenseits denken lässt, nöthigt er die Phantasie, beide Friesstreifen in einem aufsteigenden Plane zu vereinigen, so dass man das senkrechte Uebereinander wie auf der Westwand in ein perspectivisches Hintereinander umdenkt. In dieser Weise schliessen sich die einzelnen Theile vollkommen zu einem Ganzen zusammen, und die dargestellte Handlung läuft wie in Rundsicht einheitlich rings um den Tempel. Sie spielt also deutlich in seinem heiligen Bezirke, und den Hain desselben scheinen die gekappten Bäume vorstellen zu sollen, welche rechterhand vom Tempel an den Fugen der Steine ausgearbeitet sind.

Mit vollendeter Klarheit ist auch die Handlung an sich zum Ausdrucke gebracht. Man sieht in dem Heiligthume ein grosses Opfer zurüsten. Mächtige Koch- und Mischkessel, die erforderlichen Handgeräthe stehen bereit, Diener laufen geschäftig hin und her, um Wasser zuzutragen, und von zwei in ihre Hantirung emsig vertieften Gruppen wird auf einem Tische ein stattlicher Widder und auf dem Erdboden ein geschlachtetes gewaltiges Rind ausgeweidet: das Ganze eine abgeschlossene religiöse Genrescene, wie sie in dieser Ausführlichkeit aus älterer griechischer Kunst neu ist. Aber die Festversammlung, die sich des Opfers erfreuen sollte, ein Mann bei dem Tempel und ein aufgelöster Chor von zwölf anmuthigen

21

weiblichen Gestalten, die wohl, eine neben der andern, soeben noch in einem Festreigen begriffen waren, ist in schmerzlicher Erregung verstört und bekundet still jammernd oder laut klagend, dass ein Unglück über sie hereinbrach: zwei Jungfrauen sind aus ihrer Mitte geraubt und ritterlich entführt worden. Mit Geberden leidenschaftlicher Verzweiflung verlangen die Entführten nach den Ihrigen zurück, aber die Entführer halten sie fest in den Armen, und ihre feurigen Viergespanne, welche im Rücken des Tempels wie auf gebogener Strasse hintereinander her ins Weite fahren, sind in rasender Eile. Zwar hat die That Alles in Aufruhr versetzt. Eilboten vom Opfer her rufen die Wehrfähigen zur Hilfe auf, blind sind Einige in den Tempel gestürzt, um sich Waffen aus seinen Weihgeschenken zu holen, und von allen Seiten setzt nun laufend, springend, vorstürmend die gesammte Wehrkraft des Ortes nach und sucht die Räuber mit Schwert oder Lanze oder Steinwürfen zu erreichen. Aber die edlen Gespanne sind nicht zu verfolgen, nur die beiden jugendlichen Reiter, die ihnen nachgaloppiren, haben Aussicht sie einzuholen. Sowohl diese beiden Reiter wie die beiden Entführer sind durch gleiches Alter, gleiche Tracht und gleiche Bewegung als Freundes- oder Brüderpaare hervorgehoben.

Auf A 3, 4 und B 4, 5 ist das Heiligthum gegeben als Front eines Templum in antis, an die sich linkerhand Dach und Langmauer der Cella in Verkürzung anschliessen. Plastisch sind verhältnissmässig wenig Gliederungen an ihm markirt. Tempelstufen fehlen, das Gebäude erhebt sich unmittelbar aus dem Fussboden. Auf B 5 erkennt man die rechte Ante, welche unten beschädigt ist, aber einen Fuss so wenig wie eine Capitellform besass. Fuss- und capitellos sind auch die beiden hohen, leise verjüngten glatten Säulen, welche fast doppelt so weit als die seitlichen Intercolumnien auseinander stehen. Die linke Ante kann nur gemalt gewesen sein. Plastisch ungegliedert erhebt sich über der Zwischenfuge der beiden Steinreihen das Gebälk, dessen Profil auf ein Geison und einen weitausladenden Architrav schliessen lässt, ohne Fries, wie auch die reliefartig ausgemeisselten Tempelfassaden der lykischen Felsgräber und selbst das marmorne Nereidenmonument von Xanthos frieslos sind. Gemalt war auch das Gebälk und das untere Dachende der Langseite, während das Giebeldreieck und die beiden Giebelgeisa wieder plastisch angedeutet sind. Längs des Firstes unterscheidet man auf A 4 jetzt sieben (ehedem im Ganzen wohl neun), auf A 3 sechs halbelliptische Akroterien, wozu über dem Giebeldreieck ein hohes Frontakroterion kommt. Dieses letztere besteht aus einem grossen herzförmigen Blatte (die Spitze vom oberen Rand überschnitten, der rechte Contur verstossen), das auf einem unten beiderseits ausgreifenden Volutenfusse steht. Auch die Tempelfront enthält perspectivische Elemente: die Linie des Giebelbodens steigt nach links etwas an, die Giebelspitze ist nach rechts etwas aus dem Mittel gerückt (vergl. S. 124 die Stadtthore der Westwand B 10, B 12); und die Tempelthür, von der nur der nach aussen geschlagene rechte Flügel sichtbar ist, hat fälschlicherweise diese Verschiebung nach rechts mitgemacht. Das Loch in der Langwand der Cella ist schräg nach unten in den Stein vertieft (vergl. d in Fig. 32) und hat mit einem Fenster nichts zu thun. Es ist durch den oben S. 41 f. besprochenen nachträglichen Einbau der Nordwestecke veranlasst, dem zuliebe auch eine Figur über dem Loche, auf A 3 rechts neben dem Reiter, zerstört wurde.

Das Opfer vollzieht sich auf A 5 bis A 9. In der Mitte, auf A 6 und A 7, bilden die Opfernden zwei getrennte Gruppen, die einen mit einem grossen Rinde, die andern mit einem grossen Widder beschäftigt, und wie ein Rahmen um dieses Bild stehen beiderseits die erforderlichen Opfergeräthe.

Auf A 5 zunächst ein bankartig langer Tisch, über den ein grosses Fell ausgebreitet zu sein und von ihm herabzufallen scheint. Auf ihm stehen zwei geräumige Gefässe, rechts ein dickbauchiger, henkelloser Krater, anscheinend auf einem eigenen Gestell von trochilosartigem Profil, links desgleichen ein ähnliches Gefäss, nur etwas kleiner und schlanker geformt, dessen oberer Theil weggebrochen ist. Mit diesem letzteren scheint sich ein links stehender, mit Chiton bekleideter Diener zu beschäftigen, der, die Kniee etwas beugend, den linken Fuss auf den Zehen zurückgesetzt, beide Arme vorwärts senkt, etwa als ob er das schwere Gefäss unten anfassen wolle, um es aufzuheben.

A 6 schildert das Widderopfer. Der Widder ist schon getödtet und liegt mit dem Rücken derart über einem Tische, dass der Kopf rechts, der kurze wollige Schwanz links von demselben herabhängt. Rechts hält ein ruhig stehender Jüngling, dessen Gewand, vermuthlich ein Schurz, über die Kniee herabreicht, die Vorderbeine des Thieres mit beiden Händen nieder, als Gehilfe des Schlächters, der, in gleicher Tracht, mit gespreizten Beinen jenseits des Tisches steht und mit einem Messer das Fell abzuziehen scheint. Von rechts springt ein mit einem Chiton bekleideter Diener herzu, der ein auf seiner linken Achsel stehendes, offenbar gefülltes Gefäss trägt. Er zeigt den Leib von vorn, den Kopf nach links im Profil etwas gesenkt, das vorgesetzte rechte Bein berührt mit den Zehen den Boden, während das linke rückwärts in der Luft schwebt. Das Gefäss wird eine Hydria sein. Man unterscheidet am Original den Fuss, die spitzovale Form des Bauches, die breite Mündung: die über den Kopf erhobene Rechte wird den einen der beiden horizontalen Henkel von oben, die Linke den andern von unten erfassen. Noch eiliger ist ein weiterer gleich bekleideter Diener, der fortspringend das rechte Bein weit in die Luft zurückschleudert. Derselbe hält in der gesenkten Rechten einen Schöpfeimer am Bügelhenkel — die Form des Gefässes ist nicht mehr hinreichend zu erkennen — und hat mit der Linken den Henkel einer leer auf seiner linken Schulter ruhenden Spitzamphora erfasst.

Das Rindsopfer auf A 7 beschäftigt gleichfalls vier Figuren. Das Rind ist getödtet und liegt auf der Erde, den Kopf nach rechts, den Bauch nach oben gekehrt. Man unterscheidet noch am Kopfe schwach das Maul, ein Auge und ein kurzes Horn, während vom Schwanze nichts zu sehen ist. Die Vorder- und Hinterbeine werden von zwei knabenartigen Gestalten niedergehalten, um dem wieder jenseits stehenden Schlächter freie Hantirung zu verschaffen. Beide haben ein Gewand, das bis über die Kniee herabreicht; der eine links steht vorwärts gebückt mit gespreizten Beinen, der andere rechts in Schrittstellung, indem er mit zurückgeworfenem Kopfe und schräg gesenkten beiden Armen die Vorderbeine des Thieres straff anzieht. Jenseits überragen zwei sehr zerstörte erwachsene Gestalten. Die eine links, deren Gewand nicht erkennbar ist, mit gekrümmtem Rücken stark nach rechts vorgebückt, scheint, mit einem Messer (?) in der Hand, die Eingeweide auszunehmen; neben dem Instrumente ist ein schlitzartig horizontales Loch im Bauche zu sehen. Die andere Gestalt rechts, im gegürteten Chiton, etwas weniger gebückt, scheint mit beiden Händen am Leibe des Rindes zwischen den Vorderfüssen zu hantiren (abzuschaben?). Weiterhin schreitet abseits eine wieder etwas kleiner gebildete Figur mit leise gebeugten Knieen und vorgeneigtem Oberkörper, indem sie beide Arme in einiger Entfernung voneinander gesenkt vorstreckt; die Hände selbst werden von dem Baume der Fuge überschnitten. Das Gewand der Figur reicht bis zu den Knieen und ist über der Hüfte nicht mehr zu verfolgen. Ihre Bewegung würde sich erklären, wenn sie etwa den Inhalt eines Gefässes ausschwenkend weggösse.

Den Beschluss der Opferscene machen mehrere Geräthe. Auf A 8 stehen, theilweise einander deckend, zwei augenscheinlich dreibeinige metallene Kübel von besonderer Grösse. Im Verhältniss zur Länge der erwachsenen Gestalten schätzt man die Höhe ihrer Füsse auf anderthalb Fuss, ihre Gesammthöhe auf ungefähr vier Fuss, und nahezu ebensoviel würde ihr Durchmesser betragen. Die Beine sind etwas auswärts gestellt und so dünn, wie im Verhältniss zum Bauchvolumen nur bei Metall möglich ist; man sieht von dem Kübel links nur ein Bein, von dem andern deren zwei. Der Bauch hat annähernd Halbkugelform mit oben ausgebogtem Rande und ist henkellos. Nach alledem würden die Gefässe als Kochkessel für das Opferfleisch aufzufassen sein. Auf A 9 schliesslich hat man einen Tisch mit zwei nach unten verjüngten Beinen, einem nahezu senkrechten breiten und einem schmalen, welches schräg auswärts gerichtet ist, also wohl einen dreibeinigen Klapptisch. Auf demselben steht rechts ein schlankes Ausgussgefäss, links wahrscheinlich ein breites, niedriges Becken, über das etwa ein beiderseits herabfallendes Tuch gebreitet ist. Die Zerstörung ist hier zu stark, um Sicheres erkennen zu können.

Die zum Opfer gehörige Festgemeinde sieht man auf B 5 bis B 8, aufgeregt, mit klagenden Geberden. Dem Tempel zunächst und in Vordersicht ihm zugewandt ist ein eigenthümlich breit stehender Mann, der den rechten Arm rufend oder betend gegen das Heiligthum erhebt und das bärtige Antlitz mit augenscheinlich geöffnetem Munde in die Höhe richtet. Sein Haar hat rings einen zackigen Contur, vielleicht von einem Kranze, der in Verbindung mit der Geberde des Gebetes in der Nähe des Tempels den Priester charakterisiren könnte. Er trägt ein grosses Himation, das von der linken Schulter am Rücken niederfällt, die möglicherweise nackte rechte Brust frei lässt und von dem gebeugten linken Unterarme aufgenommen wird, von wo es in langen Falten herabhangt.

21*

Es folgt ein in vier dreigliedrige Gruppen gesonderter Chor von zwölf klagenden Frauengestalten, welche kurzes, theilweise aufgebundenes Haar und, soweit erkennbar, mit einer Ausnahme sämmtlich dorischen Chiton, meist mit langem, über die Gürtung herabhangendem Ueberschlag, haben.

Die erste neben dem Manne auf B 5 eilt in Vorderansicht nach rechts vor, indem sie verzweiflungsvoll beide Arme ausbreitet; ihr rechtes Bein tritt nackt aus dem bewegten Gewande heraus. Neben ihr stürzt ein mit langem Chiton bekleidetes etwa sechsjähriges Mädchen mit vorgestreckten Armen, die der Baum der Fuge fast ganz verdeckt, auf die zweite zu.

Auf B 6 eilt diese in leicht gebückter Haltung dem Kinde entgegen, mit vorgehaltenen beiden Händen bereit, dasselbe aufzufangen; sie trägt einen gegürteten Aermelchiton, der im Nacken Luft zu fangen scheint.

Die dritte eilt mit zurückgewandtem Kopfe in Vorderansicht rechtshin, indem sie den rechten Arm klagend vorstreckt. Ueber dem im Einzelnen nicht verfolgbaren Chiton trägt sie ein Obergewand, das von der linken Schulter am Rücken niederfällt, über die rechte Hüfte vorgeht und von dem gebeugten linken Unterarme, von dem man in Verkürzung nur die Stelle der Hand sieht, aufgenommen wird.

Die vierte steht in Vorderansicht ruhig auf dem linken Beine, das Spielbein etwas zur Seite gesetzt; sie sieht nach rechts empor und hält mit der erhobenen linken Faust das eine Ende eines im Bogen um ihr Haupt flatternden und wieder um ihren rechten Oberarm geschlungenen Schleiers.

Die fünfte und sechste stehen dicht beisammen einander zugewandt. Die erstere im Profil nach rechts, mit der vor das Gesicht erhobenen Linken und schräg vorgestreckten Rechten die beiden Enden eines um den Rücken geschlagenen Obergewandes fassend. Die letztere in Vorderansicht nach links, die Hüfte des (linken) Standbeines stark ausgebogen, das (rechte) Spielbein leicht vorgesetzt, mit einem Obergewande, das wie bei der dritten angeordnet ist; ein Ast des begrenzenden Baumes trifft unter ihren linken Ellenbogen, so dass es aussieht, als ob sie sich aufstützte. Ihr Haar scheint als Zopf in den Nacken niederzugehen; der unter ihrem linken Vorderarme herabfallende Saum des Obergewandes ist in alterthümlicher Weise gefältelt.

Die siebente auf B 7 sitzt auf einer niedrigen felsartigen Bodenerhöhung, nach links zurückgelehnt und mit dem rechten Ellenbogen auf einen Ast gestützt, die beiden Beine nach rechts straff ausgestreckt und aneinandergepresst. Sie wirft den Kopf in den Nacken zurück und gesticulirt leidenschaftlich mit dem linken Arme, den sie senkrecht in die Höhe führt. Ihr Haar scheint auf dem Scheitel in einen Schopf zusammengenommen gewesen zu sein; das Gesicht ist abgebrochen. Die Brust bedeckt der Chiton, ein am Rücken herabfallendes Obergewand beide Beine.

Die achte und neunte bilden wieder ein eng verbundenes Paar und stehen nahe einander zugewandt. Verstehe ich recht, so ist die neunte wie in Verstörung ermattet und wird von der achten unterstützt. Die Ermattete steht in Vorderansicht auf dem rechten Beine, das linke wie im Schreiten nachziehend, den Kopf betrübt nach links geneigt. Sie streckt den rechten Arm horizontal vor und legt die Hand auf die Achsel der achten, während die linke Hand matt über die Brust geführt ist und vielleicht den Chiton von der Schulter löst. Die achte steht im Profil nach rechts ruhig auf dem linken Beine, mit der linken Hand den rechten Ellenbogen der Ermatteten unterstützend und die rechte Hand verwandt an die Hüfte legend; ihr Haar ist in einen Zopf aufgebunden.

Die zehnte sitzt im Profil nach rechts auf einer gestaltlosen niedrigen Bodenerhöhung, das rechte Bein ausgestreckt, das linke im Knie gebeugt und angezogen. Die rechte Hand legt sie auf das linke Knie und unterstützt das nach vorn gewandte Gesicht mit der Hand des linken Armes, dessen Ellenbogen auf dem linken Oberschenkel aufruht. Wahrscheinlich hat sie ein Band im Haar, Obergewand fällt an ihrem Rücken herab und bedeckt beide Beine.

Die elfte steht von vorn auf dem linken Beine und streckt klagend den rechten Arm nach oben. Ihr Kopf ist abgebrochen, der Chiton undeutlich, das Obergewand wie bei der dritten geordnet, der linke Unterarm fast ganz verschwunden.

Die zwölfte auf B 8 steht wie ihre Nachbarin und hat auch den rechten Arm ähnlich erhoben, nur nicht frei, sondern gegen den Baumstamm gelehnt, während die linke Hand an die Brust gelegt ist. Ihr Chiton ist ungegürtet und hat einen langen Ueberschlag.

Nach einem grösseren Zwischenraume, der die beschriebenen Frauengestalten als zusammengehörig zu erkennen gibt, schliessen das Bild zwei eilig Flüchtende, welche zurückblicken. Zunächst eine weibliche Figur mit gelöstem (?) langem Haar, im gegürteten dorischen Chiton, mit der gesenkten Rechten und wohl auch der erhobenen Linken die Enden eines Obergewandes haltend, das am Rücken und vorn über dem rechten Knie niedergleitet. Sodann eine männliche unbärtige (?) Gestalt, scheinbar nackt, mit gleicher Bewegung der Arme ein shawlartiges Gewandstück haltend, welches einmal um den rechten Oberschenkel geschlungen ist. Ein Grund, warum diese beiden Figuren fliehen, ist nicht vor Augen gestellt, und da sie beide ängstlich zurückblicken, während Niemand sie zu bemerken scheint, so erhält man den Eindruck einer verstohlenen Flucht, irgendwie in Zusammenhang mit dem Ereignisse, welches den Kreis, den sie verlassen, in Jammer und Klage versetzte.

Dieses Ereigniss selbst, die Entführung zweier Mädchen auf Viergespannen durch zwei jugendliche Helden, denen zwei Reiter und, von allen Seiten zuströmend, gewappnete Fussgänger nachsetzen, ist linkerhand, im Rücken des Tempels, geschildert. Da die Viergespanne, das eine unten am äussersten Ende, das andere oben etwas weiter zurück, mithin im Hintergrunde, angebracht und beide schräg nach links gewandt sind, so entsteht die Vorstellung, dass sie eines hinter dem andern gewissermassen im Bogen aus dem Tempelbezirke heraus fahren, wodurch dann auch die Art der von links und rechts, diesseits wie jenseits des Tempels eingeleiteten Verfolgung besonders lebendig wird, so dass das ganze Bild für die Phantasie Weite und Tiefe gewinnt.

Der für die Gespanne verfügbare Raum war ungünstig, namentlich bei B 1 durchschneidet die Stossfuge unschön die Hauptfiguren. Hier ist von dem Wagen sichtbar rechts von der Fuge das schräg gestellte vierspeichige Rad sammt einem Theile der Achse, links von der Fuge über dem Rücken des ersten Pferdes der obere halbkreisförmige Rand der Antyx; die Deichsel ist nicht angedeutet. Der Perspective des Wagens entsprechend schieben sich die galoppirenden Pferde nach links im Profile hintereinander vor, in lebendiger Haltung die beiden mittleren Köpfe nach vorn einander zugewandt, das letzte links emporschnaubend. Die Pferde haben gleich denjenigen des zweiten Gespannes die Mähne geschoren und die Haare zwischen den Ohren zu einem Schopfe aufgebunden. Das erste Pferd rechts ist als Hengst charakterisirt, sein Schweif ist weggelassen, wie auch Zaum und Zügel am ganzen Gespanne fehlen.

Neben dem Lenker steht auf dem Wagen der jugendliche Held, indem er das entführte Mädchen, das mit aller Gewalt zurückstrebt, schwebend im linken Arme hält. Von dem Helden sieht man nur den halb nach rechts zurückgewendeten Kopf mit Pilos, ein Stück der Brust, von der die Chlamys wild in die Höhe flattert, ein Stück Oberschenkel, den rechten Arm, mit dem er sich am Wagen anhält, und die linke Hand unter der Brust des Mädchens. Der Körper des Mädchens zeigt sich schräg aufgerichtet im Profil nach rechts, mit beiden steif vorgestreckten Armen und in Erregung geöffneten Händen zurückverlangend. Sie trägt einen ärmellosen Chiton, der unter dem Gürtel, die Schenkel scheinbar entblössend, in langen bewegten Faltenzügen herabfällt. Ihr Haar ist leicht gerippt und ringsum auf die Höhe des Scheitels zu einem Schopfe zusammengebunden. Das jetzt verstossene Gesicht und die Bewegung der Arme kamen gut zur Wirkung auf der jenseits glatt belassenen grossen Fläche der Chlamys, die in der strengen Fältelung ihrer oberen und unteren Enden noch etwas an alterthümliche Kunst erinnert. Auch dem jugendlichen Wagenlenker, der mit vorgebeugtem Oberkörper und emporgehaltenen beiden Fäusten über dem Wagenrande zum Vorschein kommt, flattert die unter dem Kinn zusammengehaltene Chlamys nach beiden Seiten in die Höhe.

Das etwas gedrängter gehaltene zweite Viergespann auf A 2 und A 3 entspricht dem beschriebenen mit unbedeutenden Abweichungen. Der Dioskur hat keinen Mantel, sondern einen gegürteten ärmellosen Chiton. Sein Wagenlenker ist augenscheinlich bärtig gewesen, von seiner Chlamys sieht man die Spange auf der Brust. Die verzweifelte Lage des Mädchens kommt besser zum Ausdruck, da ihre Beine diesseits des ersten Pferdes gesehen werden. Zwischen dem zweiten und dritten Pferde gewahrt man ein Stück vom Querjoche der Deichsel.

Ungemein lebendig wirkt es, dass die Verfolgenden nicht blos von rechts her diesseits und jenseits des Tempels, sondern auf A 1 auch von links her zum Angriff eilen, die letzteren gewiss nicht, um sich den Gespannen entgegenzuwerfen, sondern alle gemeinsam von verschiedenen Seiten nachstürzend, wie ein plötzlicher Einfall einen ganzen Ort alarmirt. Die Verfolgenden sind im Chiton und mehr oder weniger gerüstet, mit einer Ausnahme sämmtlich im Pilos. Auf A 1 springt zuerst im mächtigen Laufschritt ein Jüngling hinzu, den Schild am Arme, die Lanze ordonnanzmässig schulternd; unterhalb der Hand war vielleicht der Lanzenschuh angedeutet. Ihm voraus eilt ein Geharnischter, zurückblickend und mit der erhobenen Rechten aus der Ferne Hilfe herbeiwinkend, mit Schild und Lanze in der Linken und einem shawlartigen Gewand über den Achseln; an seinem Panzer ist eine doppelte Reihe oblonger Pteryges zu unterscheiden, der Kopf ist abgesplittert, seine Haltung aber am Contur zu erkennen. Dann folgt ein behelmter Mann mit vorgehaltenem Schilde und gezücktem Schwerte, vorgebückt in Ausfallsstellung.

Auf A 3 setzt dem Gespanne zuerst ein Mann nach, in Rückensicht, mit einem Stein zum Wurfe ausholend, mit dem wie in Vertheidigung vorgestreckten linken Arme die herabfallende Chlamys entfaltend. Ihm hinterdrein sprengt im Galopp auf einem scheinbar ungezäumten Hengste ein Jüngling, dessen Figur namentlich rechtshin stark mitgenommen ist. Er trägt einen flachen Petasos, einen gegürteten Chiton und eine von der Schulter flatternde Chlamys. Die geschlossen erhobene Hand des gebeugten linken Armes ist doch wohl die Zügel regierend gedacht, der jetzt unkenntliche rechte Arm war vermuthlich zum Lanzenstoss erhoben wie bei dem Reiter auf B 3. Die folgende Figur, deren Füsse das Tempeldach überschnitt, ist für den nachträglichen Einbau der Nordwestecke (s. oben S. 41 f.) abgemeisselt, man unterscheidet aber in der Zerstörung noch, dass sie nach links lief, einen Chiton nebst flatterndem Mantel trug und die rechte Hand hielt, als ob sie die Lanze schulterte. Die letzte Figur auf A 3 ist ein bärtiger Hoplit, von dem man nur den Oberkörper über dem Dache des Tempels sieht. Er ist mit vorgehaltenem Schilde und eingelegter Lanze nach rechts hin gewandt, als ob er sich dem auf A 4 verfolgenden bärtigen Hopliten widersetzte. Von diesem sieht man über dem Dache nur ein Stück der vorgebeugten Brust, den Helm, den flatternden Mantel und den grössten Theil des Schildes. Ihm folgt im Laufschritt auf A 4 rechts vom Tempel ein dritter bärtiger Hoplit, die rechte Hand geschlossen vor sich haltend, als ob sie die Lanze schulterte. In gleicher Bewegung springt auf A 5 ein Jüngling nach, das Gesicht nach rechts zurückgewendet, mit der Linken einen Stab schulternd, sonst ohne Waffen, gewiss kein Krieger, augenscheinlich fortgesendet von dem neben ihm stehenden Manne, der anfeuernd oder nachrufend den rechten Arm gegen ihn erhebt. Dieser macht den Eindruck, als habe er früher rechtshin gestanden und sich dann in der Richtung auf den Beschauer linkshin rasch umgedreht. Darauf führt die Zeichnung seiner Tracht, des Chitons sowohl wie des am Rücken niedergehenden, vermuthlich auf der Brust gespangten Mantels, welche beide nach links und rechts vom Körper wegflattern, und auch die Haltung der Beine — das eine steht fest auf, das andere ist auf der Fussspitze etwas zurückgestellt — würde mit dieser Auffassung in Einklang stehen. Seine linke Hand hält an der Hüfte einen Stab schräg gegen den Boden.

Der erste Verfolgende der unteren Reihe auf B 2 ist ein bärtiger Hoplit, der sich vor den übrigen durch einen attischen Helm auszeichnet. Er streckt dem geraubten Mädchen den Arm weit entgegen, als wäre es möglich es noch zu erreichen. Ihm folgt im Laufschritt ein Beschildeter, dem die Chlamys über die Fuge hinweg nach rückwärts fliegt, dann auf hochgaloppirendem Hengste ein Jüngling, in Tracht und Haltung dem Reiter von A 3 gleich; die Falten seiner Chlamys sind eigenthümlich brüchig wie von dickem Wollenstoffe. Weiterhin hat ein, wie es scheint, mit der Linken den Speer schulternder Mann, dem die unter dem Kinn zusammengehaltene Chlamys im Bogen nach rechts auffliegt, im Nacheilen sich mit Kopf und beiden Armen zurückgewandt, um Hilfe schreiend, wie der geöffnete Mund verräth, und daraufhin scheint sein Nebenmann, ein bärtiger Hoplit mit Pilos, Schild, Plattenpanzer und geschulterter Lanze, seinen Laufschritt zu beschleunigen.

Auf B 4 kommen aus dem Tempel zwei Bewaffnete heraus. Haben sie sich im Tempel wie aus einem Arsenale die Waffen geholt? Im ersten Intercolumnium, zum Theil von der Säule verdeckt, ein Bärtiger mit Pilos und, wie es scheint, mit Panzer, mit der Rechten auf die Entfliehenden hinweisend und den Kopf wie im Gespräch gegen den Begleiter zurückgewendet. Dieser schreitet im mittleren Intercolumnium ihm nach, von der nach aussen aufgeschlagenen Thür halb verdeckt, im Plattenpanzer, vielleicht auch behelmt, die rechte Hand geschlossen vorhaltend, als ob sie die Lanze schulterte.

146. Relief aus Kujundschik.

In der Schilderung des Bildes, die der Einzelbeschreibung vorausging, treten die Grundzüge der Leukippidensage heraus. Wie mit ähnlicher Deutlichkeit die Vasenbilder[1] dieses Sagenkreises, namentlich die Meidiasvase, auch die einer anderen Version folgenden etruskischen Aschenkisten[2] ausführen, rauben die beiden Dioskuren Kastor und Polydeukes die schönen Töchter des Leukippos, Hilaeira und Phoibe, aus dem Heiligthume einer weiblichen Gottheit, in welchem die Anverwandten und Gespielinnen zu festlichem Reigen versammelt sind. Wie dort und wie überhaupt in den älteren Darstellungen, die ihre Entstehung in der Glanzzeit der hippischen Agone nicht verleugnen, geschieht die Entführung zu Wagen, und zwar wider den Willen der Mädchen, mit einem Feuer, welches an die Schilderung des Koreraubes im homerischen Hymnus auf Demeter erinnert. Nach der Sage fand die Entführung an dem Tage statt, als die Leukippiden ihren beiden Verlobten, den Söhnen des Aphareus, Lynkeus und Idas, vermählt werden sollten, und setzten die Apharetiden den Räubern nach bis zum Grabe ihres Vaters, wo sich ein Kampf entspann.[3] So erklärt sich denn das Opfer als das bei Hochzeiten übliche grosse Opfer, von dem das Hochzeitsmahl gehalten wurde, desgleichen der im Festreigen gestörte Chor der klagenden Mädchen, die

[1] a. Rolle aus Terracotta im Cultusministerium in Athen mit Malerei auf weissem Grunde: Ἐφημερὶς ἀρχαιολογικὴ 1885, mv. 5, 1 a, S. 117 (Tsuntas); Matz bei Otto Jahn, Entführung der Europa, S. 45.

b. Rothfiguriger Krater aus Akragas der Sammlung Coghill: Millingen, Vases grecs de la collection Coghill, pl. I; Thiersch, Veterum artificum opera, t. II; Archäologische Zeitung 1852, Taf. XLI, S. 436 f.; erklärt zuerst von Otto Jahn, Archäologische Zeitung 1845, S. 27 f.

c. Hydria des Meidias mit Vergoldung der rothen Figuren im britischen Museum Nr. 1264; Gerhard, Abbildungen zu den gesammelten akademischen Abhandlungen, Taf. XIII; Conze, Vorlegeblätter IV, 1; die Literatur bei Klein, Die griechischen Vasen mit Meistersignaturen, S. 205.

d. Fragmente eines rothfigurigen Kraters aus Ruvo im Besitze Heinrich Heydemanns: Jahrbuch des archäologischen Institutes I, Taf. 10, a—f; Archäologische Zeitung 1870, S. 82; erklärt von Luckenbach, Das Verhältniss der griechischen Vasenbilder zu den Gedichten des epischen Kyklos, S. 588, 1, und Kuhnert, Jahrbuch des archäologischen Institutes II, S. 271.

e. Rothfiguriger Krater aus Ruvo der Sammlung Jatta Nr. 1096: Monumenti inediti dell' instituto XII, 16; Annali 1885, p. 158 f. (Heydemann). Das Idol auch bei Overbeck, Griechische Kunstmythologie III, S. 18 c.

f. Nolanische Hydria: E. Braun, Bullettino dell' instituto 1844, S. 86: »ritraente il ratto delle figliuole di Leucippo per i figliuoli di Leda. Veggonsi fuggire da Ilaire e Febe da ambedue le bande e dietro il manico già scorgesi quella che a piede più veloce raggiunse il vecchio genitore della rapita coppia, facendogli il racconto della funesta avventura«.

Ein glockenförmiger Krater aus Lokri in Karlsruhe (Winnefeld Nr. 209), welcher einerseits die beiden Dioskuren reitend, anderseits einen Greis mit Scepter zwischen zwei davoneilenden Mädchen zeigt, wurde von Gerhard, Archäologischer Anzeiger 1851, S. 34, frageweise auf den Leukippidenmythos bezogen. Mit den Vasen stimmt in der Hauptsache das Holzgemälde eines bei Pantikapaion gefundenen Sarkophages der kais. Ermitage zu St. Petersburg: Dubois de Montpéreux, Voyage au Caucase III, t. 25 a; Aschiks russisches Werk über die Alterthümer von Kertsch, Taf. 211; Antiquités du Bosphore Cimmérien III, pl. 83; Archäologische Zeitung 1852, Taf. 40, 1. 2. Auch zwei architektonisch verwandte Marmorreliefs des Palazzo Colonna in Rom (Matz-v. Duhn n. 3472) geben die Entführung zu Wagen. Die übrigen Monumente zeigen die Leukippiden von den Dioskuren getragen, so die von Furtwängler gedeuteten Akroterien der Nereidenmonumente (Archäologische Zeitung 1882, S. 347), eine Terracottaplatte im Museo Gregoriano (Campana, Due sepolcri, tav. VIII B, Antiche opere di plastica II, 55, Archäologische Zeitung 1852, Taf. 40, 3), die zahlreichen Sarkophage, das Relief einer Silbervase (Chabouillet, Catalogue général des camées Nr. 2808). Das Relief Archäologische Zeitung 1862, T. 166, n. 1, ist gefälscht, wie Engelmann a. a. O. 1873, S. 134, bemerkte.

[2] Raoul-Rochette, Monuments inédits III, 75 und Taf. XXXVII und XXXVIII des zweiten Bandes der Urne etrusche, deren Kenntniss ich der Freundlichkeit Körte's danke. Die Leukippiden tragen beide Götterbilder und erinnern so an Hygin fab. 80, wo Phoibe Priesterin der Athena, Hilaeira Priesterin der Artemis ist.

[3] Schol. A zu Γ 243. Schol. Pindar N. 10, 112. Lykophr. 544 f. Ovid Fast. 5, 699 f. Hor. 16, 327. Propert. I 2, 15 f. Hygin fab. 80. Lactant. I, 10, 2.

priesterliche Gestalt des Betenden als Vater Leukippos, neben ihm die verzweifelnde Mutter Philodike und das geängstete Kind, vielleicht als Arsinoe, die nachgeborene Schwester der Leukippiden.[1] Den forteilenden Gespannen jagen aber die Apharetiden zu Pferd nach, wie in den schönen Versen des Theokrit XXII, 136 f., denen die Darstellung links von dem Tempel wie eine Illustration beigesetzt werden könnte:

> Τὼ μὲν ἀναρπάξαντε δύω φερέτην Διὸς υἱώ
> δοιὰς Λευκίπποιο κόρας· δισσὼ δ' ἄρα τώγε
> ἐσσυμένως ἐδίωκον ἀδελφειὼ υἵ' Ἀφαρῆος,
> γαμβρὼ μελλογάμω, Λυγκεὺς καὶ ὁ καρτερὸς Ἴδας.
> ἀλλ' ὅτε τύμβον ἵκανον ἀποφθιμένου Ἀφαρῆος,
> ἐκ δίφρων ἄρα βάντες ἐπ' ἀλλήλοισιν ὄρουσαν,
> ἔγχεσι καὶ κοίλοισι βαρυνόμενοι σακέεσσι κτλ.

Theokrit ist der älteste Schriftsteller, welcher als Grund für den Streit zwischen Dioskuren und Apharetiden den Raub der Leukippostöchter kennt. Die Kyprien, welche diesen Streit episodisch in die Erzählung von der Entführung der Helena einflochten, um das Gelingen der Entführung nicht durch die Abwesenheit des Gemahls, sondern das Abgezogensein der Brüder zu motiviren, liessen den Streit wegen geraubter Heerden entstehen und kannten die Frauen der Dioskuren als Töchter des Apollon, nicht des Leukippos.[2] Auch bei Pindar, der in der zehnten Nemeischen Ode den Kyprien folgt, ist nur vom Heerdenraub die Rede. Aber an Stelle dieses alterthümlich groben Motivs muss früh das romantische getreten sein, und Theokrit kann sich nur einer älteren Quelle, möglicherweise dem Leukippidenkataloge Hesiods, angeschlossen haben. Dafür bürgt nicht nur die Darstellung von Gjölbaschi, sondern auch eine bisher ungenügend verstandene literarische Ueberlieferung, auf deren Sinn ich zuerst durch Dr Carl Masner aufmerksam geworden bin.

Sie betrifft das Anakeion zu Athen, wo Mikon die Argonauten und Polygnot die Leukippiden gemalt hatte. Die Beschreibung, welche Pausanias I, 18, 1 von den beiden Gemälden gibt: ἐνταῦθα Πολύγνωτος μὲν ἔχοντα ἐς αὐτοὺς (scil. Διοσκούρους) ἔγραψε γάμον τῶν θυγατέρων τῶν Λευκίππου, Μίκων δὲ τοὺς μετὰ Ἰάσονος ἐς Κόλχους πλεύσαντας· καὶ οἱ τῆς γραφῆς ἡ σπουδὴ μάλιστα ἐς Ἄκαστον καὶ τοὺς ἵππους ἔχει τοὺς Ἀκάστου ist, soweit sie Polygnot angeht, im Sinne der erhaltenen Bildwerke gedeutet worden, welche ausnahmslos den Raub der Leukippiden durch die Dioskuren vorführen. Allein diesen Gegenstand bezeichnet Pausanias sowohl bei dem Throne des Apollon in Amyklai wie bei den Reliefs des Tempels der Athena Chalkioikos in Sparta (III, 18, 11 und III, 17, 2) als ἁρπαγὴ τῶν Λευκίππου θυγατέρων, während hier von einem γάμος τῶν θυγατέρων τῶν Λευκίππου die Rede ist, der sich auf die Dioskuren beziehe. Das Wort γάμος lässt sich nicht, wie geschehen ist, durch ‚Entführung' wiedergeben und kann sprachlich allein ‚Hochzeit' bedeuten. Da die Dioskuren in dem Bilde nicht selbst die Hochzeiter waren, sondern nur in Bezug zu dieser Hochzeit standen, so ergibt sich für Polygnot ein Vorwurf, der dem in Gjölbaschi behandelten verwandt ist. Erwägt man hierzu, dass die Darstellung von Gjölbaschi die einzige ist, welche die Hochzeit der Leukippiden als Anlass und Zeitpunkt ihrer Entführung schildert, dass sie ferner die bei Weitem ausführlichste und künstlerisch bedeutendste von allen ist, ausgezeichnet namentlich durch eine ganze Erfindung beherrschende landschaftliche Idee, so eröffnet sich ein Verhältniss zu Polygnot, welches um so natürlicher erscheint, als auch bei den übrigen Friesen mehr oder minder deutliche Beziehungen zur monumentalen Malerei des fünften Jahrhunderts vorliegen.

Wie die gelegentliche Erinnerung des Pausanias VIII, 11, 2, dass sich in dem Gemälde des Mikon die Töchter des Pelias, Asteropeia und Antinoe, befanden, und die Zeitform πλεύσαντας beweisen, sah man im Anakeion die Argonauten nach ihrer Rückkehr von dem Zuge zu Jolkos. War dabei, wie die Beschreibung hervorhebt, der unter den Argonauten sonst zurücktretende Akastos als eine Hauptperson behandelt

---

[1] Apollodor III, 10, 3, 5.

[2] Dies hob Welcker, Der epische Cyclus II, S. 97, 11 hervor. Vergl. U. von Wilamowitz-Moellendorff, Isyllos von Epidauros, S. 77: »der tödtliche kampf zwischen den Dioskuren Spartas und Messeniens . . . , den im altertum die Kyprien und ein gemälde des Polygnotos, uns die copieen dieser Werke, der hymnus des Theokrit und das relief von Trysa am schönsten schildern, den es aber schwer wird für älter als die kämpfe zwischen Lakonern und Messenern zu halten«.

und besonderer Fleiss auf sein Gespann verwendet, so lässt unsere Ueberlieferung für jenen Zeitpunkt und die hervorgehobenen Umstände, wie schon gesehen worden ist, nur ein Motiv, die Leichenspiele des Pelias, zu. Heroischer Sitte gemäss werden also Wettfahrten in dem Bilde eine bedeutende Stelle eingenommen und Mikon neuen Anlass gegeben haben, seine Meisterschaft im Malen von Pferden zu zeigen. Damit wächst aber eine Gestalt der Composition heraus, welche es, abgesehen von der Theilnahme der Dioskuren am Argonautenzuge, begreiflich macht, dass sie im Anakeion als Gegenstück zum Leukippidenbilde gewählt werden konnte. Hier wie dort dürften Frauen in Trauer und Klage und die Pracht ritterlicher Erscheinung zu Ross und Wagen formelle Hauptreize der Malereien ausgemacht haben.

Von besonderem antiquarischen Interesse ist das Opferbild. Der letzte Tisch rechterhand kann nach der verschiedenen Form der beiden sichtbaren Beine, von denen eines von vorne, das andere von der Seite zu sehen ist, nur dreibeinig sein, eine im früheren Alterthum allgemein gebräuchliche Form,[1] welche für die Benutzung im Freien und auf dem ungedielten Fussboden der Wohnungsräume natürliche Vortheile bot. Dass das eine Bein bedeutend schräg nach aussen gerichtet ist, erweckt die Vorstellung eines Klapptisches, wofür zwar kein directes Zeugniss vorliegt, jedoch die Analogie der sehr alten Klappstühle und der epische Sprachgebrauch des πταλίειν, ταντίειν, ἐπιπροιαλλειν τραπέζας angeführt werden könnte; vielleicht sind aber auch die beiden anderen Beine, die sich perspectivisch decken, schräg nach aussen gerichtet zu denken.[2] Mit dem Tische bilden die Geräthe, die er trägt, das übliche Requisit der Mahlzeiten gemäss den oft wiederholten Versen der Odyssee α, 136—139:

χέρνιβα δ' ἀμφίπολος προχόῳ ἐπέχευε φέρουσα
καλῇ χρυσείῃ ὑπὲρ ἀργυρέοιο λέβητος
νίψασθαι· παρὰ δὲ ξεστὴν ἐτάνυσσε τράπεζαν,

wonach man also die Opfermahlzeit angedeutet finden könnte, wenn nicht ein Bezug auf die Opferhandlung, die mit Waschungen begann, näher läge.[3] Für das Opfer selbst dienen jedenfalls die grossen Kübel neben dem Tische, ihrer Form nach Dreifüsse wie die grossen Tripoden, in denen das Wasser für das Bad der homerischen Helden gekocht wird, oder wie der μέγας τρίπος ἐμπυριβήτης, welchen Achill Ψ, 702 bei der Leichenfeier des Patroklos für den Ringkampf des Aias und Odysseus als Preis aussetzt.

Ungemein lebendig und wie nach directen Naturstudien sind dann die Thierschlachtungen behandelt, welche in Griechenland und dem Orient noch jetzt schon ihrer Seltenheit wegen als eine festliche Hauptaction vorgenommen und mit allgemeiner Kennerschaft verfolgt zu werden pflegen. Man sieht es auch diesen Entwürfen an, dass sie nicht mit einem Male entstanden, sondern aus einer langen typengeschichtlichen Entwicklung erwachsen sind, mag immerhin Gleichartiges aus älterer griechischer Kunst fehlen oder zu fehlen scheinen. Das Motiv der Ochsenschlachtung hat schon die aegyptische Kunst des alten Reiches in den reizvollen Kreis ihrer Darstellungen des täglichen Lebens gezogen und in ungezählten Wiederholungen mit naiver Treue vorgeführt.[4] Eine ähnliche Scene scheint der homerische Schild zu enthalten in der Schilderung der Aerndte, wo abseits von der Arbeit für die Schnitter das Mahl zubereitet wird; Herolde sind da unter einer Eiche mit der Schlachtung eines grossen Ochsen beschäftigt Σ, 558:

κήρυκες δ' ἀπάνευθεν ὑπὸ δρυῒ δαῖτα πένοντο
βοῦν δ' ἱερεύσαντες μέγαν ἄμφεπον·

und das Thier liegt gewiss wie hier und wie in den ägyptischen Reliefs durchaus auf dem Erdboden.[5] Der geschlachtete Widder oder das geschlachtete Schaf liegt dagegen schon in assyrischen Darstellungen[6] auf

---

[1] H. Blümner, Archäologische Zeitung 1884, S. 179 f.; 1885, S. 287.

[2] Einigermassen ähnlich einem ägyptischen Tische im Britischen Museum (Wilkinson-Birch, Manners and customs of the ancient Egyptians I, p. 418, Nr. 193), der aus einer mit einem Bilde der Göttin Rannu bemalten oblongen Platte und drei schräg stehenden, nach aussen geschweiften Füssen besteht.

[3] Vergl. den für Todtenopfer bestimmten Tisch mit Praefericulum, Patera und Secespita auf dem Cippus des Amemptus aus dem Anfange des ersten Jahrhunderts n. Chr., Clarac, Musée de sculpture II, pl. 185, 177. C. I. L. VI 11541.

[4] Vergl. z. B. Lepsius, Denkmäler II, 32, 52, 68. Das Ritual beschreibt Adolf Ermann, Aegypten I, S. 435 f.

[5] Vergl. A. S. Murray, History of greek sculpture I, pl. I, p. 44.

[6] Vergl. Fig. 146 nach Layard, Monuments of Niniveh, second series, pl. 36. Wie es scheint, eine zweite Darstellung aus Kujundschik bei Rawlinson, Five great monarchies I, p. 577.

22

dem Tische, und es ist merkwürdig, dass sich dieser Umstand auch in den Gjölbaschi gleichzeitigen oder späteren Bildern der griechischen Kunst[1] zugleich mit der Lage des Thieres rechtshin immer gleich bleibt. Namentlich das Letztere zeigt möglicherweise Zusammenhang an, da durch alle Veränderungen und Umgestaltungen, welche ein bildlicher Typus im Laufe der Zeit erfährt, seine Orientirung sich erfahrungsgemäss als ein Letztes zu behaupten pflegt.

147. Innenbild einer rothfigurigen Schale im Museum zu Bologna.

6. Jagd.

(Tafel XVII, A 10 — A 20.)

Der Zusammenhang beider Friesstreifen, dessen der Leukippidenraub bedurfte, ist für den Rest der Nordwand, der durch Zerstörung noch mehr gelitten hat, aufgegeben. Beziehungslos übereinander erstrecken sich hier eine Jagd und eine Kentauromachie, beide mit weitgereihten, fast durchgängig ins Profil gestellten Figuren. Namentlich die obere Composition wird rechtshin allmälig lockerer, um sich gegen das Ende wieder ein wenig zu verdichten: eine Dehnung, die sich übrigens gut mit dem Vorwurfe einer Jagd verträgt.

Die Jagd nimmt elf Steine in Anspruch und besteht aus zehn Stück Wild, fünf Hunden und achtzehn Jägern, wovon zehn beritten sind. Die Jäger tragen alle den Chiton, elf führten Lanzen, drei den Bogen, zwei die Streitaxt; die Waffen selbst sind nur in seltenen Fällen noch zu sehen und nur aus der Art der Armhaltung zu erschliessen. Gejagt werden zwei Steinböcke, vier löwen- oder pantherartige Thiere mit überaus langem Schweif, ein Bär und drei Eber. Die Pferde (Hengste) sind mit einer Ausnahme stets im Galopp, haben langgeschwungene Schwänze und kurzgeschorene Kämme. Ueberall sind Baumstämme an den Fugen angebracht.

Auf A 10 springen zwei Steinböcke, durch den aufgeworfenen kurzen Schwanz und das deutliche lange Hörnerpaar charakterisirt, hintereinander her über eine Bodenerhebung, verfolgt von zwei Jägern.

---

[1] Vergl. Fig. 145 nach J. de Witte, Descriptions des collections d'antiquités conservées à l'hôtel Lambert, p. 95, pl. XXiX, und Fig. 147 nach einer rothfigurigen Schale des Museums zu Bologna. Verschollen scheint eine Caeretaner Vase, welche Brunn 1861 bei Castellani in Rom sah; Bullettino dell' instituto 1865, p. 145: »Notai nel 1861, ma finora non ritrovai un vasetto a bocca di cannone a figure nere (?): sopra una tavola è messo un ariete morto; un uomo nudo barbato sta per sprigli il ventre, mentre un altro gli tiene la zampa posteriore; sotto la tavola un cratere; nel campo un panno: R). Citaredo nudo preceduto da un uomo barbato e clamidato.« Einer Nachfrage, welche Emanuel Löwy auf meine Bitte bei Castellani hielt, gelang es nicht, den Verbleib festzustellen.

Von dem einen Jäger, der in Rückensicht mit der Lanze ausholt, sieht man in Folge eines Ausbruchs des Steines nur ein Stück des linken Unterschenkels und den Oberkörper bis zur Brust, auch diesen sehr zerstört. Der andere Jäger, mit einer spitzen Kopfbedeckung, bewegt die Arme wie ein Bogenschiessender, das linke Bein gebeugt, das rechte vorgesetzt.

A 11 zeigt einen Reiter, der die Rechte geschlossen erhebt, wohl zum Lanzenwurfe gegen den Jagdleoparden auf A 12, dessen Schweif noch auf A 11 zum Vorschein kommt und der dort von einem symmetrisch entsprechenden zweiten Reiter angegriffen wird; auch bei diesem fehlt der geschwungene Speer und eine Andeutung der Zügel.

A 13. Auf felsiger Erhöhung in der Mitte bricht ein Eber zusammen, gegen den ein Jäger links die Streitaxt schwingt und ein zweiter rechts die Lanze nach dem Rüssel herabstösst, beide im Pilos.

A 14. Ein Hund und ein behelmter Jäger zu Pferd, der letztere lanzenschwingend, verfolgen einen Jagdleoparden, der den Kopf anscheinend nach vorn wendet.

A 15. Lanzenschwingend galoppirt ein Jäger einem aus der Ferne auf ihn losspringenden Bären entgegen.

A 16. In der Mitte steht nach links ein grosser Eber mit vorgestreckten Vorderläufen. Von links her schreitet ein Jäger im Pilos in Vordersicht auf ihn zu, indem er die mit beiden Händen fast wagrecht gehaltene Lanze in den Hals des Thieres — der Kopf desselben ist zerstört — stösst. Von rechts wirft ein berittener Jäger, dessen Pferd nicht im Galopp ist, sondern vor dem Thiere zu scheuen scheint, die Lanze auf dasselbe nieder.

A 17. Ein Jagdleopard ist mit beiden Vorderbeinen auf einen Mann gesprungen, der in Vordersicht in die Kniee gesunken ist und sich mit der ausgestreckten Rechten auf den Boden stützt, während er mit der augenscheinlich von Gewand umhüllten erhobenen Linken den Kopf des Thieres abzuwehren sucht. Unmittelbar von rechts her dringt ein Jäger, dessen Bewegung und Angriff unklar ist, mit einem ausgebreiteten Bekleidungsstücke (oder Netze?) gegen das Thier an, und aus weiterer Ferne beschiesst es dann ein Bogenschütze, der den Oberkörper vorneigt, das linke Bein beugt und das rechte vorsetzt.

A 18. Ein Jäger galoppirt nach rechts bogenschiessend gegen einen über eine Bodenerhöhung hinweg anrennenden Jagdleoparden, der von einem Hunde verfolgt wird.

A 19. In der Mitte rennt ein Eber nach rechts, in seine Keule beisst sich ein Hund ein. Rechts holt ein Jäger in Chiton und weitflatternder Chlamys mit einer Waffe (Streitaxt? Keule?) in beiden erhobenen Händen gegen ihn aus, links bewirft ihn mit Herangaloppirender mit der Lanze.

A 20. Ein Reiter nach links mit hocherhobenem Arme. Ihm folgt im Laufschritt, nach der Haltung der rechten Hand möglicherweise den Speer schulternd, ein Jäger, der in der gesenkten Linken eine Schnur gehalten und an dieser zwei gekoppelt nachlaufende Hunde geführt haben wird. Die Hinterbeine der Hunde sind durch den Baum am Ende der Darstellung verdeckt.

Die Jagd ist mit dem Gelage der einzige nicht heroische Gegenstand in dem ganzen Bildercyclus, beide Ausnahmen bestätigen aber den aristokratischen Charakter des Grabmals. Wie das Gelage mit dem Cultus und der Cultusehre des Todten zusammenhängt, so soll den Todten neben den Heldenthaten vergangener Geschlechter auch eine Erinnerung an die in Jagdgefahren erprobte eigene Tüchtigkeit erfreuen, denn die Jagd, von Göttern und Heroen erfunden und als Lieblingsbeschäftigung gepflegt, wie Xenophon im Eingange seiner Fachschrift ausführt, ist ein herkömmliches Hauptvergnügen des von Göttern und Heroen abstammenden Adels. Aus diesem Grunde waren Jagddarstellungen eine häufige Zierde vornehmer Grabmäler. So hat das Heroon von Xanthos einen ganzen Jagdfries. Eine grosse Jagd auf eine Menge verschiedenartiger Thiere füllte den dritten Streifen an dem Scheiterhaufen des Hephaistion, während im vierten Streifen sich eine Kentauromachie hinzog,[1] also übereinander dieselben Gegenstände wie in den vorliegenden beiden Friesen. Eine Jagd hat ein grosser Sarkophag von Golgos zugleich mit einem aus-

---

[1] Diodor XVII, 115, 3: κατὰ δὲ τὴν τρίτην περιφορὰν κατεσκευάσατο ζῴων παντοδαπῶν πλῆθος κυνηγουμένων· ἔπειτα ἡ μὲν τετάρτη χώρα κενταυρομαχίαν γραπτὴν εἶχεν.

führlichen Gelage und einem wappenartigen Bilde aus dem Perseusmythus,[1] welches auf den Stand und die Abkunft des Verstorbenen hindeutet. Aus Grabgedichten, Inschriften und erhaltenen Denkmalen der verschiedensten Form und Grösse erhellt, wie Jagddarstellungen bis in späteste Zeiten des Alterthums an Grabmälern beliebt waren.[2]

7. Kampf von Lapithen und Kentauren.
(Tafel XVI, B 9; XVII, B 9—22; XVIII, 1—7.)

Die Darstellung dieses Kampfes, welche nicht minder gelitten hat wie die Jagd, nimmt auf der Nordwand vierzehn Steine in Anspruch und setzte sich auf die Ostwand fort, von der sieben zugehörige Steine erhalten sind.

Wie bei der Jagd ist die Composition gedehnt und skizzenhaft. Ein schematischer Act ist an den andern gereiht, ohne Gesammtgliederung und ohne individuelle Charakteristik einzelner Kämpfer. Die Kentauren sind alle bärtig. Die Lapithen tragen alle Gewand und sind mit Pilos, einmal einem korinthischen Helme (Tafel XVIII, B 4), Schilden, Schwertern, Bogen und Lanzen bewaffnet, doch sind auch hier die Waffen selten plastisch noch vorhanden. Frauengestalten fehlen; man hat durchaus den Eindruck, dass es sich um einen Kampf im Freien handle, und die auch hier an den Fugen vorhandenen Baumstämme, von denen einer einmal zu einem Kampfmotiv benutzt ist, vereinzelte Bodenerhöhungen, sogar eine Art Felsenthal mit einer aufwärts flüchtenden Ziege am linken Ende auf B 9 müssen in dieser Auffassung bestärken. Die Darstellung der Ostwand ist weniger leer und, soweit das Erhaltene ein Urtheil gestattet, von einem Zuge nach links beherrscht, während im Friese der Nordwand ein entgegengesetzter Zug vorwaltet.

B 10. Ueber eine Bodenschwellung sprengt ein Kentaur nach rechts, den linken Arm, über den ein Fell herabfällt, vorstreckend, in dem rechten einen Ast zum Stoss erhoben. Auf ihn los schreitet in Rückensicht ein Lapithe, den Schild vorhaltend, die Rechte zum Wurfe erhoben.

B 11. Ein Kentaur hat rechtshin einen Lapithen überrumpelt und zu Boden geworfen. Der Lapithe sitzt nach links, mit der Rechten, die ein Schwert gezückt hält, rückwärts sich auf den Boden stemmend, den Schild vorschützend. Der Kentaur hat das rechte Vorderbein auf dem Schilde, greift mit dem linken Arme jenseits desselben herab und erhebt die Rechte zum Wurfe.

B 12, 13. Ein Bogenschütze schiesst aus der Ferne und ein Beschildeter dringt mit blanker Klinge in der Nähe ein auf einen Kentauren, der einen Ast von einem Baume abbricht, um sich zur Wehre zu setzen. Der Bogenschütze trägt einen Mantel über dem Chiton und schreitet in Vordersicht nach links aus, während er nach rechts schiesst.

B 14. Ein Lapithe tödtet einen Kentauren, der wie im Begriffe scheint, sich zu überschlagen. Der Lapithe, dem ein Mantel von der Schulter flattert, hat ihn mit der Linken am Hinterkopfe erfasst und, um ihm das Schwert über den Schlüsselbeine in den Leib zu stossen, derart niedergedrückt, dass sein Gesicht und menschlicher Oberleib wagrecht nach abwärts gekehrt ist. Da das rechte Bein des Kentauren steif nach rückwärts gesetzt, das linke gekrümmt erhoben ist, die beiden Hinterbeine schräg von einer Bodenerhöhung abstehen, auch seine rechte Hand unter das Kinn, die linke an das Bein des Lapithen greift, so ergibt sich eine Situation, die ein Sichüberschlagen erwarten lässt.

B 15, 16. Ein bärtiger, scheinbar nackter Lapithe, der zum Wurfe ausholt und sich mit Gewand deckt, das über seinen gebeugten linken Arm geworfen ist, secundirt im Angriffe offenbar einem vor ihm schreitenden Genossen, gegen den über die Fuge hinweg auf B 16 ein Kentaur eine gefährliche Waffe schwang. Beide Steine sind an dieser Fuge weit verstossen, und in Folge davon ist fast der ganze Vordertheil des Kentauren und die Figur des Lapithen bis auf den Unterschenkel des zurückgesetzten Beines, das

[1] Perrot et Chipiez, Histoire de l'art dans l'antiquité III, p. 613, fig. 419, 420, 421.

[2] Vergl. z. B. Anthol. Palat. VII, 338. 578. Kaibel, Epigrammata graeca, n. 196. Le Bas, Voyage archéologique, monuments figurés, pl. 76, 93, 3.

Chitonende und vielleicht eine Spur des Armes verloren. Den Rest des Steines füllt ein auf die rechte Brust niedergestreckter bärtiger Todter und ein jenseits von den Hüften an sichtbarer Kämpfer, der mit gezücktem Schwerte und vorgehaltenem Schilde rechtshin schreitet.

B 17. Ein Kentaur ist rechtshin auf beide Kniee und die rechte Hand gestürzt. Von jenseits kniet ihm ein Lapithe in das Rückgrat und reisst mit der Linken den Kopf zurück, indem er zugleich mit der Rechten zu einem Wurfe, wohl mit der Lanze, weit ausholt. Vergeblich sucht der Kentaur mit der Linken den Angriff abzuwehren. Das Gewand des Lapithen scheint an den Hüften aufgezogen, um das Knie freizulassen.

B 18. Ein mit zurückgehaltenem Schilde weitausschreitender Lapithe hat, wie man an dem gebeugt vorgehaltenen rechten Arme erkennt, den Speer in den Rücken eines Kentauren gebohrt. Dieser ist in Folge davon in die Hinterbeine gestürzt und greift mit beiden Händen hinter den Rücken an die Wunde. Das rechte Vorderbein des Kentauren ist schräg vorgestemmt, das linke hoch erhoben.

B 19. Ein nach rechts sprengender Kentaur erhebt mit beiden Händen über dem Kopfe einen grossen Stein zur Abwehr gegen einen in Rückensicht mit vorgehaltenem Schilde auf ihn eindringenden Lapithen. Zwischen beiden Figuren erhöht sich der Boden.

B 20. In Rückensicht schreitet mit zurückgehaltenem Schilde lanzenstossend ein Lapithe auf einen Kentauren ein. Dieser fasst die Lanze mit der vorgestreckten Rechten, hat aber durch sie schon eine Wunde in der Brust erhalten; mit der linken Hand greift er an die verwundete Stelle, der Oberleib fährt etwas zurück, das linke Vorderbein ist schräg vorgestemmt, das rechte gekrümmt erhoben.

B 21, 22. Ein nach rechts schreitender Kentaur holt mit hocherhobener Hand zum Wurfe auf einen Lapithen aus, indem er sich durch ein gebeugt vorgehaltenes Fell gegen dessen Angriff schützt. Der Lapithe, in Rückensicht nach rechts ausschreitend, holt seinerseits zum Wurfe auf ihn aus, indem er die Chlamys vorschützt, die er über dem Chiton trägt. Zu Hilfe kommen ihm auf B 22 ein in Rückensicht ausschreitender zielender Bogenschütze und ein Beschildeter, der mit der Rechten, wie es scheint, die Lanze schulterte.

Tafel XVIII, 1. Ein Kentaur in eigenthümlicher Schrittstellung, das rechte Vorderbein schräg vorgesetzt, das linke erhoben, durch ein vorgehaltenes Fell sich schützend, schleudert einen Baumstamm gegen ein Lapithenpaar, das mit hocherhobener Rechten auf ihn eindringt. Der vorkämpfende der beiden Lapithen ist mit Pilos, Schild und Panzer bewehrt. Der Stein ist aus zwei Stücken wieder zusammengesetzt.

2. Von einem auf dem einst links anstossenden Steine verlorenen Kentauren ist (rechts von dem Baumstamme der Fuge) der Schwanz und ein Stück der Pferdebacken sichtbar. Ein nach links in Rückensicht vorschreitender Lapithe hat diesen Schwanz erfasst und schleudert einen Stein gegen den Kentauren herab.

Weiterhin ein Kentaur, der seinen, wie es scheint, waffenlosen Gegner am rechten Unterschenkel gefasst und so zu Falle gebracht hat. Der Gefallene sucht sich mit dem schräg gegen den Boden gestemmten rechten Arme wieder in die Höhe zu bringen und hat mit der Linken den Kentauren am Kopfe erfasst, dieser schwingt aber einen grossen Baumast, der einen Nebenast hat, zu offenbar tödtlichem Streiche gegen ihn nieder.

Schliesslich zwei unbewaffnete Lapithen, die über die Fuge hinüber in Beziehung zu einem Kentauren sind, der mit vorgeschütztem Fell im Galopp sie verfolgt und mit einem Steine in der erhobenen Rechten bedroht. Die Lapithen fliehen umblickend in gleicher Bewegung nach links, die Rechte zum Wurfe erhebend und mit dem linken Arme zurückfahrend; der rechte von beiden scheint bärtig und kahlköpfig zu sein. Der Stein ist links von der Mitte durchgebrochen.

3. Die Mitte des Steines ist gleichfalls durchgebrochen und hat hier einen grösseren Defect, durch den nicht nur die Hinterbeine des Kentauren betroffen sind, sondern auch theilweise rechterhand eine schöne Gruppe, die nach einer verwandten der Meleagerjagd (B 5, S. 113) wiederherzustellen ist. Verwundet, mit geneigtem Kopfe und schlaff herabhangendem Arme, ist ein Lapithe zusammengesunken und wird von einem jenseits stehenden Gefährten mit beiden Händen unter den Achseln gefasst und aufgerichtet.

4. Ein ähnliches Motiv zeigt die Kampfscene des folgenden Steines. In der Mitte ist ein Lapithe schön zu Boden gesunken, im Oberkörper noch halb aufgerichtet: der rechte Arm hangt, mit verwandter Hand, wie es scheint, zu Boden, der Kopf senkt sich nach vorne auf die Brust, das rechte Bein ist ausgestreckt, die linke Hand ruht auf dem angezogenen linken Knie. Von rechtsher naht ein Kentaur, im Begriffe, auf den Schwerverwundeten mit den erhobenen Vorderbeinen zu treten und mit den über dem Kopfe vereinigten Händen vermuthlich einen tödtlichen Stein herabzuwerfen. Von links aber schreitet, zum Schutze einen grossen Schild über den Verwundeten breitend und diesen an der rechten Schulter fassend und haltend, ein mit dem korinthischen Helme bewaffneter Lapithe ein.

5. Die Handlung ist dem Steine der Nordwand B 18 ähnlich, mit dem Unterschiede, dass es sich dort um einen vorgerückteren Moment und um einen Lanzenstoss, hier um einen Pfeilschuss handelt. Ein Kentaur, nach links gewandt, ist durch einen von rechts andringenden Bogenschützen im Rücken verwundet und bricht mit den Hinterbeinen zusammen. Aengstlich sieht er zurück, beide Hände greifen in den Rücken, sein Schweif peitscht in die Höhe. Das rechte Ende des Steines und die linke obere Ecke fehlen.

6. Die linke Ecke und ein guter Theil der ganzen oberen Seite des Steines fehlen. In der Mitte ist eine Erhöhung des Bodens, auf welcher ein Kentaur mit dem linken Vorderbeine kniet. Zwei Beschildete dringen von beiden Seiten auf ihn ein, der eine zur Linken mit gezogenem Schwerte, der andere jenseits von rechts, indem er den Kentauren beim Kopfe erfasst und zurückbiegt, wogegen dieser matt mit dem linken Arme reagirt.

7. Ein am rechten Ende angedeuteter, breit in die Höhe sich erstreckender und oben etwas nach links überragender Felsen überschneidet den Hintertheil eines nach links niedergestürzten Kentauren. In dem Felsen ist hiernach eine Höhle gedacht, aus welcher der Kentaur hervorbricht. Er ist auf die rechte Hand und die Kniee der Vorderbeine gefallen, am Kopfe gepackt von einem linksher eindringenden Lapithen, der ihm das Schwert über dem Schlüsselbeine in den Leib stösst; ohnmächtig greift die Linke des Kentauren in die Schwertklinge.

Es ist möglich, aber nicht wahrscheinlich, dass die Darstellung in den Lücken, die sie auf der Ostwand zeigt und deren Ausdehnung nicht mehr festzustellen ist, durch besondere Züge charakterisirt war. In der gegenwärtigen Erhaltung macht sie den Eindruck eines beziehungslosen Kampfes, wie ja in Kunst und Dichtung der Kampf schlechthin typisch ist für das Verhältniss von Kentauren und Lapithen. Von solchen Kämpfen, an denen er theilgenommen, ganz allgemein spricht Nestor in der Ilias A 262 f. Die Kentaurenschlacht des Hesiodischen Schildes ist ohne ersichtlichen Anlass und nur durch den Antheil, welchen Ares und Athena offenbar als Widerpart nehmen, ausgezeichnet. Auch der Kentaurenkampf der Françoisvase ist situationslos u. a. m.

148. Von einem Krater der Sammlung Czartoryski.

8. Theseus- und Perseusthaten.
(Tafel XIX, 9—16.)

9. Der Stein ist an den Ecken, namentlich der linken unteren, beschädigt und das Relief sehr zerstört. Man erkennt einen kegelförmig aufragenden Felsen, dessen Spitze bis an den oberen Rand des Steines reicht. Links hinter demselben kommt in schwachen Spuren der Vordertheil eines Vierfüsslers zum Vorschein, während von rechts her ein Jüngling (Perseus) mit flatternder Chlamys und hoch vorgestrecktem rechten Arme herzueilt, weit schreitend, augenscheinlich zurückblickend und in der gesenkten Linken einen menschlichen Kopf haltend, wahrscheinlich das vom Rumpfe der Medusa getrennte Gorgoneion.

Es folgt eine Reihe von Theseusthaten, die einen grösseren Raum bedurft zu haben scheint. Die betreffenden Steine nehmen an Höhe nach rechts zu; deshalb wird der mit 11 bezeichnete links vor den mit 10 bezeichneten, an den er aber hier nicht anschliesst, gehören.

11. Auffindung der Gnorismata. Links an der Fuge ein Baum, daneben rechts ein schräg nach rechts durch die ganze Bildfläche laufender massiver Felsen. Gegen diesen stemmt Theseus beide Arme, um ihn zu heben. Theseus schreitet in Rückensicht weit aus, eine Chlamys flattert von seinen Schultern. An der rechten Stossfuge wieder ein Baum, der gleich dem andern einen in die Bildfläche hereinreichenden gekappten Ast hat.

10. Minotaur. Theseus kniet in Vordersicht mit dem linken Knie auf der rechten Hüfte des rechtshin zu Boden geworfenen Minotauren, mit dem linken Arme, wie es scheint, ihn umhalsend und mit der Rechten zum Schlage (mit der Keule?) gegen ihn ausholend. Mit beiden Händen sucht sich der Minotaur von der Umhalsung zu befreien; sein rechtes Bein ist nach links auf den Boden ausgestreckt, das weggebrochene linke wird gekniet haben. Nach links entfliehen zurückblickend ein Jüngling und ein Mädchen, der erstere nackt, mit beiden Händen den Saum eines hinter seinem Rücken bauschenden Gewandes erfassend, das Mädchen in ärmellosem gegürteten Chiton mit Ueberfall, den rechten Arm vorstreckend, die linke Hand gegen das Gesicht führend.

12, 15, 16. Skiron. In der Mitte steht stumpfartig schmal und niedrig ein Felsen, auf dem Skiron linkshin gesessen hat. Theseus, im Chiton und Pilos, ist ihm von links genaht, hat mit beiden Händen seine Unterschenkel gepackt und ihn mit einem Rucke kopfüber geschleudert; weit ausschreitend steht er da, die Beine des Gegners noch hoch erhoben haltend, während der Oberkörper desselben übergesunken ist, mit herabhangendem Kopfe und beiden Armen. So viel man noch wahrnimmt, war die Gesichtsbildung des Skiron barbarisch, mit wildem Haupthaar. Ein nackter bärtiger Mann, der mit ausgebreiteten Armen von rechts herzuspringt, möglicherweise nach rechts zurückblickend, gehört wohl als Fliehender zu einer andern Theseusthat. Zugehörig waren dagegen, wie mit hoher Wahrscheinlichkeit zu vermuthen ist, zwei aneinander stossende Blöcke (15, 16), die aus der unteren Friesreihe herrühren werden. Auf beiden sind aufragende Klippen und unregelmässig verlaufender Meeresgrund dargestellt. Links in der unteren Ecke auf 15 befindet sich eine mit dem Kopfe aufwärts gerichtete grosse Schildkröte, die mit grosser Naturtreue gebildet ist, dann ein kleinerer und ein grösserer Fisch und rechts gegen den Bruchrand des unvollständigen Steines 16 der Kopf eines Delphins. In den Fischen erkennt der Zoolog Herr Dr. Steindachner Thunfische. Die Höhe der beiden Steine nimmt rechtshin ab. Die obere Lagerfläche von 15 hat eine Einkerbung, in die vielleicht die linke untere Ecke von 12 einsetzte, wobei sich dann der schiefe Verlauf beider Steinlager ausglich, ähnlich wie auf der Innenseite der Südwand Tafel XX, A 2, B 1, 2.

13 ist nur ein Fragment, auf dem die nackten Beine eines nach rechts schreitenden Jünglings oder Mannes zu sehen sind. Die Grösse der Körperverhältnisse und die augenscheinliche Nacktheit lassen vermuthen, dass der Stein in die Reihe der Theseusthaten gehörte.

14. Pityokamptes. Eine schlanke nackte Jünglingsgestalt mit Pilos schreitet, weit vorgebeugt, nach rechts aus und drückt mit beiden Händen das obere Ende eines kahlen Baumastes zu Boden. Der Ast kommt aus einem besonders dicken Stamme heraus, der die rechte Stossfuge verkleidete.

Die Gestaltung der Theseusthaten gleicht in vielen Zügen derjenigen, welche die ältesten rothfigurigen Vasenmalereien zeigen. Wie in diesen tritt Theseus durchgängig jugendlich und bald mit, bald ohne

Kleidung auf. Die Motive der Handlung entsprechen sich und das scenische Beiwerk ist identisch: dasselbe höchlich einfache Schema des Baumes bei Sinis, dieselbe klippenartig aufragende Gestalt der Felsen, welche der ersten rothfigurigen Malerei überhaupt eigen ist (vergl. z. B. Fig. 148), bei Skiron. [1]

Dem Typus dieser Zeit entspricht das Schema des Minotauroskampfes sowohl in der Orientirung nach rechts wie der Auffassung nach als ein Kampf in Verfolgung und in manchen charakteristischen Einzelheiten. Namentlich ist Minotauros des Oefteren ähnlich zusammenbrechend dargestellt, [2] und eine aus Aphrodisias im Maiandrosthale stammende Bronzegruppe des königl. Museums zu Berlin, [3] welche eine Composition dieser Zeit in jüngerer Fassung wiederholt, lässt in der Bewegung des Theseus, besonders hinsichtlich des in die Hüfte Knieens, weitere Uebereinstimmungen erkennen; nur ist in der Bronzegruppe der Charakter des Ringkampfes durchgeführt, während in Gjölbaschi Theseus das Unthier mit Schwert oder Keule zu erschlagen scheint. Auch die Zugabe flüchtender Figuren, welche die Handlung durch ihren Schrecken beleben, kann den ausgesprochenen Zeitansatz bestätigen, da sie sich historisch wie eine energische Umbildung der steifen Zuschauercorona des schwarzfigurigen Stiles ausnehmen.

Besonders klar ist die Aehnlichkeit beim Skironabenteuer, welches, wie die meisten Theseusthaten, überhaupt erst in der rothfigurigen Malerei aufkommt. Hier wiederholt sich nicht nur die Orientirung der Composition rechtshin, welche fast ohne Ausnahme gleichmässig von der älteren rothfigurigen Vasenmalerei eingehalten wird, und die schon hervorgehobene eigenthümliche Gestalt des Felsens, sondern auch das Motiv des Anpackens an den Beinen und das klägliche Ueberstürzen des Unholdes. Die Darstellung in Gjölbaschi zeichnet sich aber vor den meisten Vasenbildern durch grössere Einfachheit, Frische und Energie der Handlung aus, und einen besonderen Reiz scheint sie durch eine malerisch ausführliche Schilderung des Meeres erhalten zu haben. Ausser der Schildkröte, welche der Sage nach die Leichen der Herabgeschleuderten frass und die darum in den Vasenbildern am Fusse des Felsens, und zwar immer wie hier emporgerichtet, angebracht ist [4] — im Innenbilde einer Berliner Schale kriecht sie aus der in realistischer Zeichnung angedeuteten Uferbrandung hervor, in der man ausserdem vier Seesterne gewahrt, auf der Metope des Theseion tritt ein Taschenkrebs dafür ein — beleben schwimmende Fische, Delphine und submarine Riffe den weiten Abgrund. Auch am Mausoleum von Halikarnass war der Kampf des Theseus mit Skiron ähnlich dargestellt. [5]

Dass die jugendliche fichtenbeugende Gestalt Theseus sei, ist nicht zu bezweifeln. Sinis aber fehlt, und wie schon die Vasenbilder meist im Unklaren darüber lassen, in welcher Weise die Bestrafung des Räubers gedacht sei, [6] so scheint hier die Möglichkeit nicht ausgeschlossen, dass eine unbekannte Wendung der Sage zu Grunde liege.

Die Auffindung der Gnorismata tritt zum ersten Male in so alter Kunst auf und überraschenderweise in der nämlichen Form, die uns aus später Zeit geläufig ist. [7] Es ist hiernach nicht unwahrscheinlich, wie schon

[1] L. A. Milani, Tazza di Chachrylion ed alcuni altri vasi inediti con le imprese di Teseo, Museo italiano di antichità classica III, punt. I. Walther Müller, Die Theseusmetopen vom Theseion zu Athen in ihrem Verhältnisse zur Vasenmalerei, Göttingen 1888.

[2] E. Gerhard, Auserlesene Vasenbilder III, Taf. CCXXXIV. Dubois-Maisonneuve, Introduction à l'étude des vases 68, 1. Heydemann, Griechische Vasenbilder, Taf. VIII 1. Inghirami, Vasi fittili III, tav. CCXCVI. Milani a. a. O., tav. II.

[3] Conze, Theseus und Minotauros, Berlin 1878. Sehr ähnlich ist die attische Bronzemünze: Imhoof-Blumer and Percy Gardner, A numismatic commentary on Pausanias D D III.

[4] In folgenden fünf Vasenbildern: 1. Panofka, Der Tod des Skiron, Taf. I (Berlin Nr. 2288). 2. Bullettino dell' instituto 1865, p. 164 f. (Cataloghi del museo Campana IV, 710). 3. Durissdale, Wiener Vorlegeblätter VI 3 (British Museum Nr. 824). 4. Journal of hellenic studies 1881, pl. X (British Museum Nr. 824*). 5. Monumenti inediti dell' instituto III 47 (De Witte, Description des collections d'antiquités conservées à l'hôtel Lambert, collection du prince Czartoryski, pl. XXXIII, Nr. 124). Vergl. Heydemann, Archäologische Zeitung 1871, S. 55, n. 49. — Schwimmende Fische und Delphine auf dem Sarkophage von Gjölbaschi: Reisen, Band II, Fig 10.

[5] Newton, History of discoveries at Halicarnassus II 1, p. 246. Urlichs, Skopas, S. 199.

[6] Walther Müller a. a. O., S. 37. Vergl. Marx, Mittheilungen des k. deutschen archäologischen Instituts, römische Abtheilung I, S. 250 f.

[7] Gesammelt und besprochen sind die betreffenden Monumente von Wieseler in den Nachrichten von der königl. Gesellschaft der Wissenschaften zu Göttingen 1886, S. 65 f., wo die Darstellung von Gjölbaschi fehlt, und das Relief einer zu Nabulus in Palästina gefundenen dreiseitigen Basis, welche sich, wie mir E. Reisch mittheilt, jetzt im Museum zu Constantinopel

vermuthet worden ist,[1] dass eine Bronzegruppe desselben Gegenstandes, welche Pausanias auf der Akropolis von Athen als ein offenbar alterthümliches Werk hervorhebt, in der gleichen Weise componirt gewesen sei. Die Orientirung der Composition ist in den sonstigen Denkmälern, so viel ich sehe, allgemein die entgegengesetzte.

Perseus, nach der Tödtung der Medusa fliehend, ist ein Lieblingsthema der alterthümlichen Kunst, während der Geschmack der späteren Zeit andere Motive dieser Sage bevorzugt. Dass Perseus im Fliehen den Kopf der Medusa offen in der Hand hält, kommt dagegen erst in rothfigurigen Vasenbildern vor.[2] Diese Umstände entsprechen wieder dem Zeitansatze, auf welchen alle sonstigen Stilkriterien hinweisen.

149. Kelchförmiger Krater im Museum von Corneto (vergl. Fig. 150 a, 150 b).

9. Das Gelage.
(Tafel XVIII 8; XIX 17, 18; XX; XXI)

Wie oben S. 39 f. des Näheren auseinandergesetzt ist und Fig. 31 frei erläutert, bildete das Gelage, das sich auf die anstossende Ostwand fortsetzte, den inwendigen Schmuck von Einbauten, auf deren Decken und Wände die Reliefs Rücksicht nahmen. Anhaltspunkte für nähere Vorstellungen von der Form dieser Einbauten sind nicht vorhanden, aber ihre Bestimmung ist klar. Wie Inschriften anderer Heroengräber lehren, dienten sie dem Culte der Todten, der die überlebende Sippe zu regelmässigen Opfern und Gastmälern vereinigte. Lustbarkeiten von Musik und Tanz und der übliche Festschmuck konnten solchen Familientagen nicht fehlen, und diesen Hergang illustriren die Reliefs vollkommen. In der oberen Reihe hat man auf Betten gelagert, zechend, aber zum Theile mit Zeichen von Trauer die Männer der Sippe (den ἀνδρείος σύλλογος S. 45 f., die μένθις der Inschrift von Kyaneai, Fig. 34), unten ihre Weiber, Töchter und Knaben in Spiel und Tanz: μολπή τ' ὀρχηστύς τε· τὰ γὰρ τ' ἀναθήματα δαιτός (a 152). Die gegen sieben Meter lange Darstellung der Südwand, die bis auf den Verlust eines halben Steines (B 2 auf Tafel XX) zusammenhängend wiedergewonnen ist, mag vielleicht nur der kleinere Theil des einstigen Ganzen sein. Dem Aufbaue der Ostwand nach — vergl. Fig. 30 — liegt die Möglichkeit vor, dass das Gelage noch über zwölf Meter länger war und mehr als die Hälfte der Ostwand einnahm. Auch sprechen

befindet, veröffentlicht von Theodor Schreiber in der Zeitschrift des deutschen Palästinavereines 1883, VI, S. 231, VII, Taf. III, S. 136 f., und von Clermont Ganneau in den Proceedings of the society of biblical archeology 1884, S. 182 f. Unter den Reliefs war der Giebelschmuck einer attischen Stele (L. v. Sybel, Katalog der Sculpturen zu Athen, n. 40, 49) bisher das älteste Monument (ἐπὶ Ἀγαθίου ἄρχοντος), welches nach Schriftkriterien und einer Erwähnung des Stratokles, Sohnes des Euthydemos aus Diomeia, in Z. 21 von St. Kumanudis in den Anfang des dritten Jahrhunderts v. Chr. gesetzt wird (Athenaion V, S. 525).

  [1] F. v. Duhn, Archäologische Zeitung 1877, S. 169 f. Pausanias I, 27, 8.
  [2] Otto Jahn, Philologus XXVII, S. 8 f.

die drei von der Ostwand erhaltenen Blöcke (Tafel XVIII 8; XIX 17, 18) für eine längere Ausdehnung. Vorbereitungen der Mahlzeit scheinen hier vorhanden gewesen zu sein und dann wohl auch das Opfer selbst, wie auf dem Nereidenmonument von Xanthos, dessen Cellafries ein ähnlich langgedehntes Gelage mit einem Opfer verbindet,[1] und wie auf dem mit Relieffriesen geschmückten Heroon von Kadyanda, auf welchem ausser Kriegsbildern Männer beim Mahle dargestellt sind, getrennt von ihnen Frauen mit Kindern nebst spielenden Mädchen, und wieder Männer, die sich zum Schlachten des Todtenopfers anschicken.[2] Die Ausführung der Reliefs war, nach einigen besser erhaltenen Figuren zu schliessen, feiner, als der erste Anblick vermuthen lässt. Die lange Dehnung der Betten mit ihren stereotyp liegenden Paaren wird durch die Weitstellung und senkrechte Haltung der Figuren im unteren Friese etwas compensirt, und mit fühlbarer Angelegentlichkeit sind auch im Einzelnen allerhand Variationen und individualisirende Züge in das herkömmliche Schema eingeführt. Aber zu etwas Erfreulichem ist es darum nicht geworden, das Gelage hat die ganze Langeweile einer Staatsaction, ein Charakter, der auch jenen gewiss sehr förmlichen Familientagen in Wirklichkeit eigen gewesen sein mag.

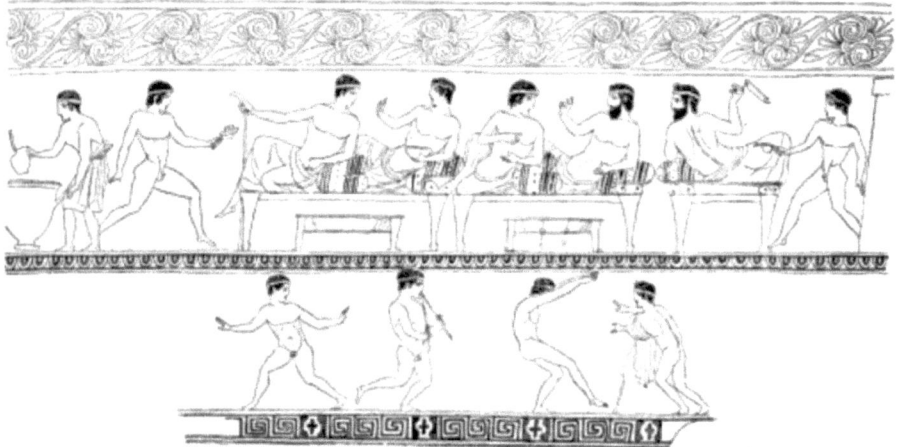

150 a. Kelchförmiger Krater im Museum von Corneto (vergl. Fig. 149).

Auf der Südwand kommt auf jeden der sieben oberen Steine ein Ruhebett, und es ist ersichtlich, dass die Grösse nicht blos der Betten, sondern bis zu einem gewissen Grade auch der auf ihnen Ruhenden sich nach der wechselnden Grösse der Steine richtete; nur A 5 war so kurz, dass das Bett mit dem einen Ende über die Stossfuge hinübergreift. Auch dass die Betten bald aneinander stossen, bald Zwischenräume lassen, wird auf diesen Umstand zurückzuführen sein.

Man sieht von jedem Bette zwei gedrechselte Beine, auf ihnen die Langseite des Polsters, welches rechts in grösserer oder geringerer Masse von dreieckiger Form als Rückenlehne erhöht ist, und einen über das Polster gebreiteten Laken, dessen Unterkante an beiden Enden wie in Untersicht bis in die Mitte der Beine nach abwärts läuft, um sich dann im Reliefgrunde zu verlieren.

Der Sitte entsprechend ruhen auf jedem Bette zwei Personen, durchgehends bärtige Männer, indem sie den linken Ellenbogen auf ein Kopfkissen aufstützen. Sie zeigen sich alle von vorn — nur bei fünfen

[1] Monumenti inediti dell' instituto X. 18.
[2] Fellows, Lycia, S. 116 f. und vor dem Titel. Petersen, Reisen, Band II, S. 143 f., Fig. 84.

ist der Kopf ins Profil gestellt — und strecken die Beine nach links, wobei der links liegende diesseits gedacht ist und den Nachbar bis zur Mitte der Oberschenkel deckt. Alle haben kurzes Haupthaar, blosse Füsse, einen ungegürteten ärmellosen Chiton und ein frei um die Hüften geschlagenes Obergewand. Ohren sind mit einer Ausnahme nicht erhalten oder nicht angedeutet gewesen, die Augen an den Profilköpfen von vorn gebildet; der links Liegende auf A 5 scheint eine Kopfbinde gehabt zu haben, was nach einer durch das Haar laufenden Furche vielleicht auch für eine Figur von A 7 anzunehmen ist. Eine Auszeichnung ist damit indessen schwerlich beabsichtigt, keine Figur ist in der Reihe besonders hervorgehoben. Vielleicht ist es nicht ganz zufällig, dass sich die aufwartenden Diener alle in der rechten Hälfte der Darstellung, wo auch nur Knaben tanzen (auf Tafel XXI), finden, wiewohl gerade hier die Raumverhältnisse der einzelnen Steine Füllfiguren forderten. Henkellose flache Schalen, einmal ein Horn (A 2) und einmal, wie es scheint, ein Kantharos (A 1), dienen als Trinkgefässe. Tische vor den Betten fehlen; es scheint sich also hier, wie auch der Schenktisch auf B 6 zeigt, nur um einen der Mahlzeit folgenden oder vorangehenden Act zu handeln.

Auf A 1 schlürft der rechts Liegende aus einer Schale, indem er die linke Hand geöffnet darunter hält, als sollte sie Hinabtropfendes auffangen. Der andere sieht ihm zu, indem er den linken Unter-

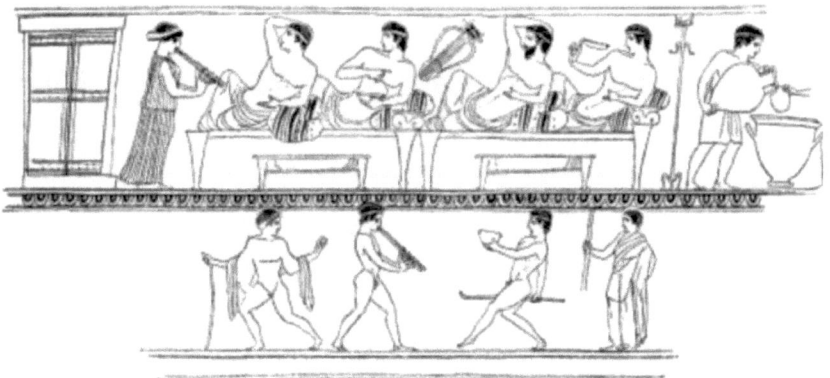

150 b. Kelchförmiger Krater im Museum von Corneto.

schenkel einzieht und auf dem etwas erhobenen rechten Oberschenkel den rechten Arm ruhen lässt; in der linken Hand scheint er einen Kantharos zu halten, in dessen einen Henkel er, wenn ich recht sehe, mit dem zweiten und dritten Finger greift, während der vierte und fünfte Finger gestreckt sind.

A 2. Der links Liegende hat sich mit geneigtem Kopfe im Oberkörper vorgebeugt und schiebt sich mit der Rechten das Kissen zurecht, ohne den linken Ellenbogen merklich zu erheben; sein Mund war, wie es scheint, im Sprechen geöffnet. Sein Nachbar giesst aus einem in der Rechten erhobenen Trinkhorne, dessen Form nicht mehr zu erschliessen ist, in eine Schale, die er auf der Linken vor der Brust hält.

A 3. Der links Liegende scheint ausgetrunken zu haben und auf einen Diener zu warten; er hält die Schale auf dem angezogenen Knie zum Abholen bereit, die linke Hand hängt müssig herab. Klagend erhebt sein Nachbar die rechte Hand, deren Rücken dem Beschauer zugewandt ist und deren Finger geschlossen gegen den Oberkopf ausgestreckt sind; die Linke geht müssig über die Brust, ein Zipfel des Obergewandes fällt links vom Polster herab.

Auch der rechts Liegende auf A 4 scheint betrübt in Gedanken versunken. Seine rechte Hand ist unthätig nach links herabgesunken, Daumen und Zeigefinger der andern Hand hielten wohl auf der Brust

23*

etwas (eine Frucht oder dergleichen, jedesfalls keine Schale), der Blick ist geradeaus gerichtet. Wie ermunternd wendet sich ihm der Nachbar zu, seine Schale in der Nähe des Mundes zum Trunk bereit haltend und das Gesicht doch von ihr weggewandt.

A 4 ist dann durch einen mit einem tiefen Loche versehenen leeren Streifen, an den ein Pfosten des Einbaues anstiess, getheilt, und hat rechts von demselben noch die Figur eines Dieners, der also in die andere Abtheilung des Einbaues gehört.

Der Diener, den Proportionen des Körpers nach wohl ein Knabe, trägt wie seine Genossen, die auch denselben Alterseindruck machen, einen gegürteten ärmellosen Chiton und schreitet im Profil lebhaft nach rechts, indem er auf der geöffneten Rechten vorsichtig eine nur zum Theil erhaltene Schale trägt und ihr die Linke unterhält. Sein Kommen wird ungeduldig von den Männern auf A 5 erwartet, welche beide durstig mit der Rechten ihm entgegenfahren. Der erste öffnet dabei rufend den Mund und führt seine linke gegen die rechte Hand des Nachbars, augenscheinlich in der Absicht, sie zu behindern und abzuwehren. Bei beiden Figuren fällt je ein Zipfel des Obergewandes herab, und ist der Chiton in schwachen Linien auf der Brust noch zu erkennen.

A 6 hat wieder einen Diener links, aber in Rückensicht mit stark ausbiegender rechter Hüfte stehend, den Kopf nach rechts gewandt, mit der Hand des wagrecht ausgestreckten rechten Armes eine nur an den Umrissen noch erkennbare Schale auffällig weit hinhaltend, während der linke Arm am Körper niedergeht. Der links Ruhende wendet sich ihm zu und hält ihm die Hand entgegen. Der andere führt eine Schale an den Mund, indem er wieder die Linke unterhält.

Den Beschluss macht auf A 7 wieder ein Betrübter. Er sieht geradeaus ins Leere über die Schale hinweg, die er auf der Linken in der Gegend der Brust hält. Sein Nachbar hat sich aber zu ihm umgewandt und spricht auf ihn ein, indem er ihn zugleich aufrüttelt; die rechte Hand des Nachbars hat seinen schlaff herabgehenden rechten Arm über dem Handgelenk gepackt, was kaum eine andere Deutung zulässt.

Auf den drei ersten Steinen des unteren Frieses tanzen Frauen, auf den beiden weiteren Knaben. Die Frauen tanzen paarweise, in gemessenem Abstande einander zugewandt. Das erste Paar auf B 1 bildet ein im Profil nach rechts gerichtetes Mädchen und eine in Vordersicht nach links gewandte Frau von gedrungenen, breiten Körperformen. . Sie sind in gleicher Bewegung der Arme und Beine und tragen beide einen Chiton mit langen, bauschenden Aermeln und ein weites Obergewand. Beide setzen das rechte Bein im Tanzschritt mit etwas erhobener Ferse vor, fassen das Obergewand am Oberschenkel und beugen den linken Arm, die Hand gegen die Brust gerichtet. Das Obergewand des Mädchens geht von der linken Schulter, über den durchscheinenden linken Oberarm hinweg, am Rücken, der sich bis zur Körpermitte gleichfalls durchmodellirt, mit einem umschlagenden Theile herab bis in die Mitte des rechten Oberschenkels und muss dann wieder auf die linke Schulter in die Höhe gehen, von der es schleierartig mit einem Ende abflattert. Der Chiton der Frau ist auf der Brust und bis in die Mitte des rechten Oberarmes zu sehen; ihr Obergewand geht von der linken Schulter auf den Kopf, ist mit einem Umschlage unter der Brust am Leibe fest angezogen und fällt aus der Beuge des linken Armes in zwei Zipfeln herab.

B 1 ist am rechten, B 2 am linken Ende gebrochen, doch wird mehr vom letzteren Steine fehlen. Ausgefallen ist wahrscheinlich nur eine Figur, ein Mädchen, das mit der ersten Tänzerin von B 2 in entsprechender Tanzbewegung begriffen war. Die letztere hat sich offenbar nach links im Kreise um sich gedreht und hat in einer Schlussstellung des Tanzes plötzlich derart festen Stand genommen, dass der untere Theil des Chiton, in Untersicht nach beiden Seiten bauschend, noch die Wirbelbewegung mitmacht. Ihr Oberkörper ist mit zurückgeworfenem Kopfe und flatterndem Haare nach vorn bewegt, die Beine in Seitensicht nach rechts, wobei der linke Fuss augenscheinlich platt aufsteht und die Ferse des rechten gegen seinen Rist hin erhoben ist. Ihr Chiton hat bauschende Halbärmel und einen Ueberfall unter der Brust; ein kurzes Obergewand liegt schleierartig auf dem Kopfe und wird mit beiden Händen an seinem Saume erfasst. Die Hände stehen nach rechts und links anmuthig vom Körper ab, als hätten sich die Arme während des Drehens etwas erhoben. Den Tanz macht rechterhand ein schlankes, etwa zehnjähriges Mädchen mit, und zwar ahmt sie zierlich die ganze Haltung der Erwachsenen nach, mit dem einzigen Unterschiede, dass sie in Ermanglung eines Obergewandes ihren Chiton mit der rechten Hand fasst.

während die Linke frei zur Seite gestreckt ist. Auch ihr Chiton hat Aermel und ist gegürtet mit zwei auf beide Hüften überfallenden Zipfeln; von dem in die Höhe blickenden Kopfe, welcher zerstört ist, sieht man noch links über der rechten Schulter den Contur des zurückgeworfenen Haares.

Auf B 3 tanzen zwei einander im Profil zugewandte Frauen, indem sie zugleich die Doppelflöte blasen. Von den Flöten sind allerdings nur bei der einen rechts noch schwache Reste vorhanden, aber die gleiche Haltung der Arme und des noch erhaltenen Theiles der linken Hand sichern die Flöten auch der Figur zur Linken. Sie setzen beide den linken Fuss im Tanzschritt vor, die Figur zur Rechten mit etwas höher erhobener Ferse, und halten die Hände geschlossen nahe beieinander über der Brust. Ihre Tracht ist, von unbedeutenden kleinen Veränderungen abgesehen, eine genaue Wiederholung von B 1; an der linken Tänzerin ist der rechte Hängeärmel des Chitons deutlich, aus dem der Unterarm nackt in die Höhe geht.

B 4 beginnt mit dem besprochenen leeren Streifen und hat dann zwei im Profil nach rechts hintereinander tanzende Knaben, die vom Boden aufgesprungen sind und senkrecht, mit rückwärts bewegten Armen (einer deckt den andern), in der Luft schweben. Ein dritter Knabe auf B 5 tanzt ihnen in derselben Richtung voraus, indem er den Boden mit beiden Fussspitzen berührt und den rechten Arm (die linke Hand scheint geschlossen an der Brust zu ruhen) nach rechts erhebt; sein Kopf ist besonders gross gerathen. Diesem entgegen steht, das rechte Bein ruhig vorsetzend, eine weibliche Gestalt, Flöte (vermuthlich Doppelflöte) blasend. Ihre Tracht entspricht der ersten Figur von B 1, mit dem Unterschiede, dass das Ende des Ueberwurfes nicht von der Schulter wegflattert, sondern aus der Beuge des Armes ruhig niederfällt. Die Knaben haben kurzen ungegürteten Chiton.

Auf B 6 steht ein dreibeiniger Klapptisch von der Form, welche schon im Leukippidenraube (A 9 auf Tafel XVI) vorkam. Wie dort ist auch hier das eine dicke Bein rechts, während das linke dünn ist, sich nach unten verjüngt und schräg absteht. Die schmale Tischplatte trägt nebeneinander zwei im Vergleich mit den Körperverhältnissen der umgebenden Figuren sehr grosse Deckelschalen von der Form der sogenannten Lekane. Rechts vom Tische steht in Vordersicht nach links mit zurückgesetztem linken Beine, schwerlich schreitend gedacht, ein bärtiger Diener mit sehr grossem Kopfe, der ein Gefäss gegen die Tischplatte hinhält, während der linke Arm am Körper niedergeht. Die noch sichtbaren Reste des Gefässes führen auf eine bauchige Schale mit niedrigem Fusse und zwei grossen Ohrhenkeln. Vielleicht will der Diener sie auf den Tisch abstellen, doch ist seine ganze Haltung nicht klar.

B 7 hat links nur so weit Relief, als der anstossende Einbau Raum bot. Mit lebhaftem Schritte eilt hier ein Knabe nach links, indem er auf der erhobenen Hand nahe am Leibe eine Schüssel mit aufgehäuftem unbestimmbaren Inhalte trägt; sein linker Arm geht am Leibe herab, wie es scheint, mit geschlossener Hand, möglicherweise also etwas haltend.

Die drei Steine, welche vom Gelage der Ostwand übrig geblieben sind, zeigen, so zerstört durchgängig ihre Reliefs sind, dass die Darstellung dort ähnlich gehalten war. Aus dem oberen Streifen rührt das Ruhebett mit den zwei gelagerten Männern her (Tafel XIX 17, 18), während der Tisch mit den beiden musicirenden Gestalten (Tafel XVIII 8) in den unteren Streifen gehört, und zwar, da beide Figuren nach links bewegt sind, vermuthlich an das rechte Ende desselben (oder auch an das rechte Ende einer Abtheilung), wie auch der Tisch im Gelage der Südwand am rechten Ende des unteren Streifens befindet. Auch von dem Steine mit dem Ruhebett (18) könnte man vermuthen, dass er aus der Ecke stamme, da er rechts von dem oben S. 40 besprochenen, mit einem Loche versehenen Streifen, der mit einer verticalen Lehre zu endigen scheint, weitere unbearbeitete Fläche hat. Da indessen links von dem Bette ein anderes Thema der Darstellung beginnt, wäre es auffällig, wenn das Gelage nur mit einem Bette auf die Ostwand übergegriffen hätte, auch fordern die beiden musicirenden Figuren des unteren Frieses eine längere Reihe von Tanzenden und über diesen dann doch auch eine längere Reihe von Betten. Wahrscheinlicher ist daher, dass der Stein von einer mittleren Stelle der Wand stammt.

Tafel XVIII 8. In der Mitte des Steines steht ein dreibeiniger Tisch, die Beine sind in der Mitte eingebogen und nach unten verjüngt, während der Fuss sich wieder verdickt, als ob sie die Gestalt von Thierfüssen gehabt hätten. In der Mitte der Tischplatte steht ein Gefäss mit trochilosartigem Profil, wahrscheinlich ein Hypokraterion. Zu beiden Seiten des Tisches stehen, im Profil nach links gewandt, zwei musicirende, der Tracht nach weibliche Gestalten. Die zur Linken hält eine Leier schräg nach oben auffällig hoch auf der linken Brust, so dass der eine Arm des Instrumentes ihren Backen berührt haben muss; die zur Rechten bläst die Doppelflöte. Die letztere hat einen langen Chiton mit hangenden Halbärmeln und ein nicht mehr deutlich verfolgbares Obergewand. Auch die andere hat einen bis zu dem Boden reichenden Chiton und ein Obergewand, dessen unteren Saum man unterhalb des Kniees annähernd horizontal nach rechts verlaufen sieht.

Tafel XIX 17, 18. Das Bett gleicht denen der Südwand und greift mit dem unteren Ende auf 17 über. Der diesseits liegende Mann hat das gebeugte Aufstützen des linken Armes aufgegeben und sich zu sitzender Stellung aufgerichtet, um mit der rechten Hand sein Kissen auf dem Bette zurechtzurücken. Sein Nachbar scheint dies als Störung zu empfinden und ihn mit der rechten Hand im Rücken zu berühren. Links vom Bette stehen nebeneinander in Vorsicht auf dem rechten Beine, das linke schräg zur Seite gesetzt, zwei jugendlich männliche Figuren, welche beide einen augenscheinlich ungegürteten kurzen Chiton tragen. Der zur Linken hat den Kopf im Profil nach links gewandt, lässt den linken Arm am Körper herabhangen und hält mit der rechten Hand einen undeutlichen, links abgebrochenen Gegenstand in Brusthöhe weit von sich ab. Der Gegenstand bildet, soweit er erhalten ist, eine Masse von der Dicke eines menschlichen Thorax, rechts ungefähr halbmondförmig endigend, aus deren Mitte ziemlich horizontal ein Stab absteht, den die rechte Hand genau an seinem Ende erfasst. Der Jüngling rechts macht den Eindruck eines müssig Zuschauenden, der Kopf ist linkshin etwas geneigt, der linke Arm lässig am Körper gesenkt, die andere Hand verwandt eingestemmt an der Hüfte. Unterhalb des räthselhaften Gegenstandes sind noch dürftige Reste einer knabenhaften Figur sichtbar, welche nach links wahrscheinlich kniete (vergl. z. B. Fig. 151); man erkennt in Grundzügen Kopf, Hals, ein Stück des Leibes und einen rechtwinklig gebeugten Arm, dessen Hand in Schulterhöhe nach links erhoben war: wahrscheinlich ein »puer sufflans languidos ignes« oder dergleichen; denn dass sein Nachbar ein Thier am Spiesse brät und der andere, vielleicht als Ersatzmann für das mühselige Geschäft des Bratendrehens, ihm dabei zusieht, scheint mir die natürlichste Auffassung der fraglichen Gruppe.

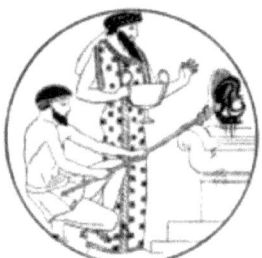

151. Schale im Museum zu Chiusi.

10. Amazonenkampf.

(Tafel XXI, A 2, 3.)

Die Friese der Eingangsfront sind am ärgsten verwittert und zeigen einen Grad von Zerstörung, den in der Nähe zu betrachten Ueberwindung fordert. Ueberall sind die ursprünglichen Flächen tief weggefressen, die Gestalten meist wie zu Gerippen abgezehrt, Gesichtsformen bestenfalls in leisen Grundzügen unterscheidbar; ob z. B. eine männliche Gestalt Bart hatte, ist nicht immer, ob sie bartlos war, nie festzustellen. Trotz dieser Entstellung sind aber die Figuren merkwürdigerweise doch noch immer nach Bewegung, Tracht, Gruppirung, oft selbst nach den Geschlechtszeichen zu bestimmen; ja bei angelegentlichem Durchprüfen haben sich so viele Einzelheiten herausgestellt, dass man über die Absicht der Erfindung kaum irgendwo im Ungewissen bleibt und in der verfolgbaren Ausführlichkeit des Sachlichen eine beson-

dere Sorgfalt der einstigen Form erräth. Was an Einzelheiten sich erkennen lässt, wurde in den Radirungen thunlichst nachgetragen; bei flüchtiger Vergleichung scheinen diese daher mehr zu bieten und
deutlicher zu sein als die Originale.

Die Friese bilden weder links noch rechts vom Thore ein Ganzes unter sich, sondern verlaufen
ihrem Inhalte nach getrennt. So hat man linkerhand einen Amazonen- und einen Kentaurenkampf übereinander. Diese Kämpfe haben die westlichen Endsteine nicht mehr und sind jetzt auf zwei sehr grosse
Blöcke, die zu den längsten Werkstücken des Baues zählen, beschränkt. Die Mittelfugen dieser Blöcke
sind von Baumstämmen mit gekappten Aesten umschlossen.

Im oberen Friese zählt man sechzehn Figuren. Davon sind zehn an der Ausrüstung, an der Handlung und an dem Körperbaue, der fast immer noch weibliche Form der Brust zeigt, als Amazonen zu
erkennen. Die Gegner sind also stark in der Minderzahl; da sie indessen nur einen Verwundeten haben,
während von den Amazonen drei unterliegen, darunter in der ungefähren Mitte des Ganzen die Königin,
die sich dem Feinde, der ihr das Pferd unter dem Leibe niedersticht, ergibt, so ist nicht blos ein Uebergewicht, sondern der Sieg der Griechen ausgesprochen.

Von dem Amazonenkampfe der Westwand (Tafel XIV, XV) unterscheidet sich die Composition
hauptsächlich dadurch, dass nur drei Amazonen reiten, die Fusskämpfer mithin weit überwiegen. Auch
die Tracht der Kämpfenden ist verschieden, und nur an einer Stelle ist der sonst wagrechte Kampfplan
malerisch behandelt. Aber in dem durchgängig flächenhaften Charakter sind sich beide Bilder gleich.
Man unterscheidet nebeneinander am rechten Ende drei Gruppen zu zwei Figuren, denen sich links drei
Gruppen zu drei Figuren anschliessen. Unter diesen letzteren ist die erste von rechts, welche durch die
Fuge getheilt ist, ohne Feind und besteht nur aus drei Amazonen, welche sich, die eine zu Pferd, die
beiden anderen zu Fuss, alle rechtshin bewegen und daher mit der rechts anschliessenden Gruppe zu zwei
Figuren ein grösseres Ganze bilden. Sie erinnern an die Gruppe A 14, 15 in dem Amazonenkampfe der
Westwand und scheinen wie diese gleichsam aus dem Hintergrunde frisch in die Schlacht einzurücken.

Die Griechen sind alle behelmt und führen grosse Rundschilde. Vier scheinen über den Chitonen
gepanzert zu sein, zwei haben lange Mäntel; fünf Schwerter und eine Lanze bilden die sonstige Bewaffnung. Die Amazonen haben Helmkappen mit nachflatterndem Nackenschutz, einen kurzen Chiton, viermal mit fliegendem Mantel, dreimal Köcher und Bogen, dreimal den kleinen ausgeschnittenen Schild; zwei
schützen statt des Schildes ein grosses Fell vor, die übrigen sind ohne jede Deckung. Schwerter fehlen
durchaus, dagegen kommt viermal die Streitaxt vor. Das Metall der Streitaxt besteht aus zwei ungleichen
Theilen, einem längeren hackenförmigen, der sich schräg vom Stiele zuspitzt, und einem kürzeren, der
bald beilartig, bald spaten- oder blattförmig ist.

Ich gebe die Einzelbeschreibung vom Thore aus linkshin.

A 3 hat rechts am Ende als erste Gruppe eine Amazone, welche mit einer hoch im Rücken geschwungenen Streitaxt gegen einen vor ihr ins Knie gesunkenen Griechen kämpft. Sie trägt eine phrygische Mütze,
einen Chiton, von dem man den Armschlitz in der linken Achselhöhle wahrnimmt, und unter dieser einen
anscheinend deckellosen Köcher, dessen rückwärtiges oberes Ende abgerundet ist, mit einem daraufgebun-
denen stark geschweiften Bogen. Ihr Gegner ist auf das linke Knie gesunken und hält ihr den Schild hoch
entgegen, während die Rechte sich auf den Boden stützt oder zum Boden langt, um einen Stein aufzugreifen. Er ist anscheinend nackt und bärtig, trägt einen korinthischen Helm mit flatterndem Kamme und
an der linken Brust ein Schwert im Wehrgehäng.

Zweite Gruppe. Eine nach links über eine Erhöhung reitende Amazone scheint ihr Pferd zum
Sprunge (ob über Wall und Graben?) anzuspornen, ihrem Feinde entgegen, der in gedeckter Stellung auf
sie eindringt. Das Pferd scheut zurück, indem es mit dem Kopfe in die Höhe fährt, den Schweif aufwirft,
das linke Bein gegen die Bodenerhöhung vorstemmt und die beiden rechten Beine erhebt. Die Reiterin
reisst den Zügel an und hat sich im Sitze so gewendet, dass der Oberkörper mit nach links gewandtem
Kopfe fast von vorn erscheint und das linke Bein im Profil nach rechts gewendet ist, um mit erhöhtem
Nachdrucke dem Thiere die Ferse zu geben; zugleich schwingt sie über dem Kopfe an einem langen Stiele
eine Doppelaxt. Bekleidet ist sie mit einer phrygischen Mütze, deren Lappen längs des Halses auf die

Brust fallen, einem Chiton und einem auf der Brust zusammengehaltenen, weit zurückflatternden Mantel. Unterhalb des linken Ellenbogens sieht das untere Ende eines Köchers oder einer Schwertscheide hervor. Den Rücken und die Seiten des Pferdes deckt eine grosse Schabracke, welche vorn die Brust umschliesst und an ihrem hinteren senkrechten Saume in sechs Fransen endigt. Der Feind, ein jugendlicher (?) Grieche in Chiton, Panzer und kammbesetztem Pilos, springt in geduckter Stellung an, aufblickend, den Schild vorhaltend, die Rechte tief mit gezücktem Schwerte; an der linken Brust sieht die Schwertscheide hervor.

Dritte Gruppe. Ein bärtiger Grieche sticht eine zusammenbrechende Amazone mit dem Schwerte nieder. Die Amazone ist in Vordersicht kläglich ins linke Knie gesunken, den beschildeten linken Arm gegen den Boden stützend, mit gelöstem und von den Schultern herabsinkendem Chiton, der ihre Brüste entblösst, und macht mit der erhobenen Rechten einen vergeblichen Versuch, den Griechen abzuwehren, der ihr sein Schwert senkrecht in die rechte Brust stösst; um ihr Gesicht hangen lange Locken nieder. Der Grieche schreitet weit aus, mit stärker einknickenden Knieen, als ob er dem Stosse des gestreckten rechten Armes Nachdruck gäbe; er trägt Chiton, Muskelpanzer ohne unteren Vorstoss, Schild, Wehrgehäng unter der linken Brust und einen attischen Helm mit geschweiftem Kamme.

Vierte Gruppe. Drei Amazonen nach rechts zu Hilfe eilend, wovon zwei auf A 2. Zunächst galoppirt eine Amazone mit wagrecht eingelegter Lanze herzu. Sie trägt Chiton und phrygische Mütze mit lang nachflatterndem Nackenschutz (?), und scheint ausser dem Zügel in der Linken auch die Streitaxt zu halten, welche über dem Buge des Pferdes zum Vorschein kommt. Das Pferd trägt wieder eine gefranste Schabracke von der beschriebenen Form, der Schweif ist auf A 2 hinübergeschwungen.

A 2. Eine Amazone schreitet mit erhobenem Schilde in Vordersicht nach links aus und zückt die Lanze, welche von der rechten Hand schräg nach links hinauf und rechts abwärts bis zur linken Brust zu verfolgen ist, zum Wurfe rechtshin. Sie hat Stiefel mit oben abstehendem Besatze, einen Chiton, vielleicht einen Panzer, wohl eine Helmkappe und einen langen Mantel, der am Halse geschlossen über den Rücken bis zum Boden herabfällt. Die folgende Figur ist den erhaltenen Formen nach schwierig zu bestimmen (die Brust ohne Relief), aber ihre Bewegung wäre unverständlich, wenn man sie nicht als Amazone auffassen dürfte. Sie schreitet in Vordersicht mit eingelegter Lanze nach rechts aus, indem sie ein Thierfell über dem erhobenen linken Arme vorschützt. Ihre Tracht besteht aus hohen Stiefeln, Chiton, Panzer (?), Helmkappe (?) und dem erwähnten Thierfell, das um den Hals auf der rechten Schulter zusammengeknüpft ist, ihre linke Brust bedeckt und mit Schädel und Vorderpranken vom Arme herabhängt.

Fünfte Gruppe. Ein Grieche sticht einer um Gnade flehenden Amazone das Pferd unter dem Leibe nieder und wird von einer zweiten Amazone mit einem Pfeilschusse bedroht. Der Grieche, scheinbar bartlos und nackt bis auf einen langen Mantel, der seinen Rücken und seine linke Brust bedeckt, behelmt, den Schild am Arme und ein Wehrgehäng an der Seite, schreitet in Vordersicht nach rechts aus und stösst dem Pferde mit der hoch erhobenen Rechten den Speer in das Schulterblatt. Das Pferd ist mit untergehaltenem Kopfe und eingezogenem Schweife nach rechts auf die Vorderbeine gefallen; es ist aufgezäumt und trägt eine Schabracke. Die Reiterin zieht, den Fall des Thieres gewärtigend, den Unterschenkel an, indem sie sich zugleich mit der Rechten auf den Bug des Pferdes stützt und mit der weit ausgestreckten Linken den Schild als Zeichen der Ergebung hinhält. Sie trägt eine Helmkappe, einen Chiton und einen auf der Brust befestigten langen Mantel, der sich von ihrem Rücken faltenreich aufbauscht; die Brust hat weibliche Form, in der Rechten hält sie die schlaffen Zügel und querüber eine Streitaxt. Links neben dem Pferde steht rechtshin bogenschiessend eine Amazone, das linke Bein vorgesetzt, in den einknickenden Knieen den Körper gleichsam balancirend; sie hält den starkgeschweiften Bogen weit vor und zieht die (nicht sichtbare) Sehne mit verwandter Hand an. Sie hat einen Chiton, einen fliegenden Mantel, eine hohe Mütze und einen Köcher an der linken Hüfte.

Sechste Gruppe. Ein Grieche tritt eine Amazone nieder, der eine Genossin angreifend zu Hilfe eilt. Die Amazone ist in Vordersicht auf das linke Knie gesunken, und der Grieche, den man gleichfalls von vorn sieht, setzt seinen linken Fuss auf ihren linken Oberschenkel, um sie am Aufstehen zu hindern; zugleich packt er sie mit der ausgestreckten Rechten an den Haaren und scheint ihren Kopf an sich zu reissen, während sie mit den Armen zur Abwehr in die Höhe fährt und mit der rechten Hand seinen rechten Unterarm, mit der linken Hand seine Rechte fasst. Die Amazone scheint ihre Waffen verloren zu haben und trägt nur den Chiton. Der Grieche hat Chiton, Panzer (?), einen über den Rücken herabgehenden Mantel, Helm und einen grossen Schild.

Von einer siebenten Gruppe ist noch ein bärtiger Hoplit vorhanden, der nach links ausschreitet und mit vorgehaltenem Schwerte über die Fuge hinweg kämpft. Seine Gegnerin wird beritten gewesen sein, da nach der Gliederung der Composition wieder ein Pferd zu erwarten wäre und die abfangende Bewegung des tief gehaltenen Schwertes gut dazu passen würde. Schild, Panzer und ein korinthischer Helm mit wehendem Kamme bilden die sonstige Bewaffnung. Am Steinrahmen ist die Form eines Baumes nicht kenntlich.

153. Innenbild einer Schale der Münchener Sammlung (Nr. 368).

11. Kentaurenkampf.
(Tafel XXII, B 2, 3.)

Im Gegensatze zu dem situationslosen Charakter, welcher dem Kentaurenkampfe der Nord- und Ostwand eigen ist, treten hier die typischen Züge einer bestimmten Sage, der berühmten Schlacht, die sich bei der Hochzeit des Peirithoos entspann, hervor. Man hat nicht blos Kentauren und Lapithen vor sich, sondern auch Frauen; der Kampf wird zum Theil mit den vom Hochzeitsmahle herrührenden Gefässen geführt; man erkennt Kaineus und die geraubte Braut und wird in der Nähe der letzteren Theseus und Peirithoos voraussetzen dürfen. Möglicherweise bot das links fehlende kleine Stück einen weiteren Zug zur Sache.

Die Composition gleicht in ihrer Bewegung und flächenhaften Gliederung derjenigen des oberen Frieses, auch stellt sich ein gewisser Parallelismus der Centralgruppen heraus. Genau unterhalb der Amazonenkönigin hat der Kentaur Eurytion Deidameia ergriffen, und an diesen ursächlichen Mittelpunkt der ganzen Schlacht, den auch eine Häufung bewegter Formen äusserlich auszeichnet, reiht sich rechts die fünfgliedrige Kaineusgruppe, die mit einer ebenfalls fünfgliedrigen über ihr in einer weiteren Parallele steht. Sonst schliessen sich unten wie oben immer je zwei oder drei Figuren zusammen. Durchgehends möchte aber der ganze malerische Apparat der Bekleidungsstücke, der fliegenden Mäntel, gelösten Gewänder, vorgehaltenen Thierfelle u. s. w. und der Wechsel von Pferde- und Menschenformen die Aehnlichkeit der Zwillingsfriese erhöhen.

24

Der Fries hat jetzt 21 Figuren, nämlich 8 Kentauren, 11 Lapithen und 2 Frauen. Die Frauen sind getrennt von einander, und es ist nicht unwahrscheinlich, dass eine dritte auf dem fehlenden Steine B 1 vorhanden war. Die Kentauren sind alle bärtig, mit grossen Thierfellen ausgestattet und kämpfen zweimal mit Baumästen, zweimal schleudern sie Gefässe auf die Gegner, vier von ihnen sind ohne Waffen. Von den Lapithen hat nur einer, Kaineus, den Schild. Dessen Stelle vertritt fünfmal der um den linken Arm geschlungene Mantel, den mit drei Ausnahmen alle Lapithen tragen. Nur zwei sind abgesehen von diesem nackt, die übrigen kleidet der übliche gegürtete Chiton. Helme sind nicht zu constatiren; von Angriffswaffen handhaben fünf das Schwert, einer eine Lanze, einer eine Streitaxt, drei scheinen unbewehrt; es sind diejenigen, die sich mit ihren Gegnern in einen Ringkampf eingelassen haben.

Ich beginne die Beschreibung wieder vom Thore her.

A 3 hat am rechten Ende als erste Gruppe einen nach links ansprengenden Kentauren, auf den von beiden Seiten in Vordersicht je ein bärtiger Lapithe mit dem Schwerte einstürmt. Der anscheinend kahlköpfige Kentaur erhebt zum Wurfe hinter seinem Kopfe das gebrochene Obertheil einer dickbauchigen Amphora, die er mit der Linken an einem Henkel gepackt zu haben scheint; das offenbar zugehörige Untertheil, das in eine Spitze ausläuft, liegt unter ihm am Boden. Auf seiner rechten Achsel wird ein Thierfell liegen, dessen Kopf über den Pferderücken nachfliegt, während das Hintertheil desselben zwischen den vorderen Pferdebeinen herabhängt. Der Lapithe links, gegen den der Wurf gerichtet ist, hält das Schwert gezückt an der Hüfte und streckt den von einem flatternden Mantel umwickelten linken Arm gegen den rechten Oberarm des Kentauren zum Schutz empor. Wehrgehenk und Scheide sind noch zu erkennen. Der Lapithe rechts ist erst im Begriffe, das Schwert zu ziehen; er hat die im Wehrgehenk befindliche Scheide mit der Linken erfasst und hält sie etwas rückwärts; sein linker Arm ist bis zum Handgelenk bedeckt von einem Mantel, welcher lang nachfliegt und auf der linken Achsel eine Spange zu haben scheint.

Zweite Gruppe. Ein Kentaur nach links im Ringkampf mit einem anscheinend jugendlichen Lapithen. Der letztere steht mit geneigtem Kopfe auf dem im Knie etwas gebogenen rechten Beine und hat das erhobene linke um das rechte Vorderbein des Kentauren geschlungen, während er von oben her dessen Hals umklammert. Man sieht ihn mit seinem rechten Arme das nach vorn gewandte Haupt des Kentauren gegen den Leib pressen, und wahrscheinlich kommt seine linke Hand unter dem Barte des Kentauren hervor. Der Lapithe ist nackt bis auf ein wohl gelöst zu denkendes Gewand, das von seinem Rücken steil zur Erde fliesst. Der Kentaur ist auf die Hinterbeine gesunken und stemmt das linke Vorderbein steif vor; abwehrend stemmt er zugleich die linke Hand gegen den Kopf des Lapithen und hat dessen rechten Oberschenkel mit der rechten Hand unterfasst, wohl um ihn emporzuheben. Der Zipfel eines Kleidungsstückes fliegt über seinen Rücken.

Linear zu dieser Gruppe gehörig und doch selbstständig zwischen ihr und der folgenden ist eine einzelne weibliche Gestalt, welche lebhaft rechtshin schreitet und klagend die Rechte an die Brust und die Linke an den nach vorn gerichteten Kopf legt. Sie trägt einen tiefgegürteten Chiton, in dem die Brust weiblich hervortritt, und ein shawlartiges Obergewand, dessen beide Enden über die Schultern herabfallen; ihr Haar fällt zu beiden Seiten in langen Locken auf die Brust. Nach ihrer Isolirung ist sie matronal.

Die dritte Gruppe umfasst die vier letzten Figuren von A 3 und die erste von A 2. Sie ist streng symmetrisch: den in der Mitte nach vorn zusammengesunkenen jugendlichen Kaineus umgeben rechts und links zunächst je ein Kentaur und weiterhin je ein jugendlicher Lapithe, alle kämpfend. Kaineus ist mit gespreizten Schenkeln in die Kniee gesunken und vertheidigt sich nach beiden Seiten mit hoch emporgehaltenem Schilde (man erkennt den Riemen über dem Unterarm und den Griff für die linke Hand) und mit dem gezückten Schwerte, dessen Spitze gegen den Pferdeleib des linken Kentauren gerichtet ist. Ueber dem gegürteten Chiton trägt er einen faltigen Mantel, der in der Mitte der Brust zusammengeheftet ist und über den Rücken herabfällt. Die Kentauren sprengen beide auf Kaineus ein und halten mit der linken Hand der eine den Rand seines Schildes, der andere seinen Kopf gepackt, indem sie zugleich auf ihn einschlagen, der eine rechts mit einem Baumast, der andere links mit einer bauchigen Spitzamphora, die er an einem Henkel gefasst hält; beide führen grosse Thierfelle. Der von rechts eindringende Lapithe hat die Haltung des Harmodios, er schwingt über dem Kopfe ein langes Schwert und hält die Scheide rückwärts in der gesenkten Linken; über dem gegürteten Chiton führt er ein Obergewand, das um seinen linken Arm gewickelt ist. Sein Genosse am linken Ende der Kaineusgruppe, der in Vordersicht, nach links schreitend, mit erhobener Lanze zum Wurfe nach rechts ausholt, hat die nämliche Tracht; über seinen ausgestreckten linken Arm, der über die Stossfuge hinweggreift, fällt, ähnlich wie bei Aristogeiton, ein langfaltiges Obergewand herab.

Vierte Gruppe, auf A 2. Ein nach rechts gewandter Kentaur hat mit ausgestreckten Armen eine weibliche Gestalt erhoben, um sie auf seinen Rücken zu schwingen, während ihn ein Grieche am Schopfe fasst und mit einem Steine gegen ihn ausholt. Der Kentaur hat, um seinen Rücken niedriger zu machen, das linke Vorderbein schräg ausgestreckt, das rechte Vorderbein gebogen und die Hinterbeine nach vorn unter den Bauch geschoben. Rechts neben ihm steht auf dem Boden ein Trittstein, wie sie für das Bedürfniss der Reiter zum Aufsitzen auf den Strassen zu stehen pflegten (vergl. S. 140, 5). Das Weib hat er in sein Fell gefasst, dessen Kopf und Pranken nach rechts fliegen, und sie bemüht sich in höchster Aufregung, indem sie die Arme auseinander breitet und heftig die Beine bewegt, von ihm loszukommen. Ihr Leib ist in Vordersicht, die Beine und der gesenkte Kopf im Profil nach links gegeben, ihre Tracht scheint nur in einem Chiton zu bestehen. Der Grieche (Theseus?) ist jenseits des Kentauren eilig zur Rettung eingeschritten; ein Mantel, den er über dem gegürteten Chiton trägt, hat sich dabei gelöst und fliesst, weithin in seinem Rücken sich ausbreitend, in schönen Falten bis auf die Erde herab.

Fünfte Gruppe. Ein nach links gewandter Kentaur würgt einen Lapithen und wird von einem zweiten Lapithen mit der Streitaxt bedroht. Der Kentaur hat den Lapithen von hinten her erfasst, ins Knie gedrückt und umbalst die mit dem rechten Arme, indem er ihn mit der linken Hand zugleich am Kopfhaar packt; seine linken Beine sind schräg nach links gestellt, die beiden rechten erhoben, als wolle er sein Opfer mit den Hufen treten; von seinem Kopfe, der im Profil nach links gesenkt gewesen zu sein scheint, fliegt ein Thierfell, straff gespannt, mit Schweif und Hintertatzen, über den Pferdeleib nach rechts. Der gewürgte Lapithe, anscheinend bartlos und völlig von vorn, deckt mit seinem Oberkörper dessen Menschenleib; sein rechtes Bein steht rechtwinklig gebogen nach links auf dem Boden, sein linkes kniet derart, dass sich der Unterschenkel stark nach links verkürzt; sein rechter Arm, dessen unterer Theil bis zur Hand ausgebrochen ist, war nach oben gewendet und die Hand hatte den Kentauren über der Stirn erfasst; sein linker Arm, dessen Ellenbogen abwärts gerichtet ist, sucht die Umschlingung des Feindes zu lösen, indem die Hand dessen rechten Unterarm fasst. Der zur Befreiung hraneilende Lapithe schreitet in Rückensicht aus und schwingt über seinem Kopfe mit beiden Händen eine offenbar sehr schwere Streitaxt; dass sie besonders schwer ist, zeigt die Haltung der Hände und die Grösse des Metallstückes an, das sich nach beiden Seiten in gleicher Gestalt beilartig verbreitet.

Sechste Gruppe. Einem nach rechts gewandten Kentauren ist ein jugendlicher Lapithe rittlings auf den Rücken gesprungen, um ihn mit beiden Armen zu würgen. Der Kentaur stemmt das rechte Vorderbein vor, hat das linke krampfhaft erhoben und knickt mit den Hinterbeinen ein, wie im Begriffe, sich zu setzen; zugleich erfasst er mit beiden Händen abwehrend die Unterarme des Gegners; ein Thierfell fällt über die linke Brust und den linken Oberarm nach rechts, sein Gesicht ist nach vorn gewandt. Der aufgesprungene Lapithe hat den rechten Unterschenkel wagrecht angezogen und das linke Bein schräg nach vorn ausgestreckt, wo der Fuss zwischen den Vorderbeinen des Kentauren hervorsieht; von seinen Armen sieht man nur den rechten; die Führung des linken, dessen Hand den Kentauren möglicherweise am Kopfe packte, ist nicht klar.

Siebente Gruppe. Ein nach links gewandter Kentaur hat sich auf den Hinterfüssen steil aufgerichtet und schlägt mit einem über dem Kopfe erhobenen Baumstamme auf einen Lapithen ein, der vor ihm auf dem rechten Beine kniet und mit vorgehaltenem Gewande und stichbereitem Schwerte den Angriff erwartet; ein Thierfell, mit den Hinterpranken um den Hals des Kentauren gebunden, fliegt über seinen Rücken nach rechts.

Ziemlich für jede der beschriebenen Gruppen lassen sich Parallelen von Sculpturen des fünften Jahrhunderts beibringen. Beispielsweise wiederholt sich die mittlere Kaineusgruppe im Sunion, die zweite

24*

Gruppe steht ähnlich am Parthenon, beinahe gleich im Phigaliafriese, die Elemente der Deidameiagruppe stimmen zum Westgiebel von Olympia, der siebenten Gruppe entspricht ein Kämpferpaar am Theseion u. a. m. Näher stehen aber im Ganzen die Vasengemälde, welche den geschilderten unruhig bunten Apparat von Waffen und Bekleidungsstücken ebenso ausführlich haben, und so sieht man sich auch hier auf malerische Vorbilder hingewiesen. Die von Hippys oder Hippeus in Athen gemalte Hochzeit des Peirithoos, welche in Polemons[1] Beschreibung an den Wiener Kentaurenkrater erinnert, mag nach ihrer Scenerie einer etwas jüngeren Zeit angehören. Aelter war die Kentauromachie Mikons im Theseion, in welcher Theseus seinen Kentaurengegner getödtet hatte, während die übrigen noch im Kampfe begriffen waren: ein Gegensatz, den wohl die Decoration einer Münchener Schale (Fig. 152, 153) im Auszuge wiedergibt. Zu diesem Gemälde des Mikon dürfte sich der vorliegende Fries in ähnlicher Weise parallel verhalten wie das nördliche Drittel der Westwand zu Mikons Amazonenkampfe in der Stoa poikile.

---

1 Athen. XI, 474 d. Πολέμων δ' ἐν τοῖς πρὸς Ἀντίγονον περὶ ζωγράφων φησὶν «Ἀθήνησιν ἐν τῷ τοῦ Πειρίθου γάμῳ πεποίηκεν Ἵππυς τὴν μὲν εὐωχίαν καὶ τὸ κλισίαδιον λίθινα[?], χρυσοῦ τὰ χείλη περιτετραμμένας, τὰς δὲ κλισίας Ἰλιατίνας χαράξει ποικίλως στρώμασιν κεκοσμημένας. Ἱππόματα δὲ κεραμίους κατειλημμένας, καὶ τὸν λύχνον ὁμοίως ἐκ τῆς ὀροφῆς ἐξηρτημένον ἀναατεγμένας ἔχοντα τὰς φλόγας »

153. Aussenbilder einer Schale der Münchener Sammlung (Nr. 368).

a *b* *c*

154. Bronzemünzen des Septimius Severus
a und *b* von Bizya, *c* von Anchialos in Thrakien
a und *c* im kön. Museum zu Berlin, *b* in der Sammlung Hunter zu Glasgow.

12. Kampf der Sieben gegen Theben.

(Tafel XXIV, A 1 — A 5.)

Die beiden Relieffriese rechts vom Thore zeigten im Baue einen Zustand, den man vollständig auf Tafel III ersieht. Durch die gewaltigen Stosskräfte eines Erdbebens waren ihre Steine beinahe sämmtlich aus der ursprünglichen Lage gebracht und erschienen wie aus der Mauerfront herausgerüttelt; zwei Steine der oberen Reihe, A 4 und A 5, fehlten. Diese letzteren waren den Abhang hinabgeschleudert und sind in trauriger Beschädigung am Fusse desselben wieder aufgefunden worden. Petersen, der sie zuerst untersuchte, erkannte an ihren Reliefs den Kampf der Sieben gegen Theben.

Im Unterschiede von dem ausführlichen Stadtbilde Trojas auf der Westwand hat man Theben nur durch einen Thurm, noch dazu einen sehr flüchtig gebildeten, gegen den die Leiter des Kapaneus lehnt, auf A 4, angedeutet, und bei einer den Raum durchgängig füllenden Anordnung der Figuren ist kaum anzunehmen, dass Malerei den Schauplatz erheblich vervollständigt habe; für das leere Feld von A 6, welches die Nebenseite eines Blockes von der äusseren Parallelwand der Ostmauer, als solche sichtbar auf Tafel III, bildet, kann dies natürlich nicht angenommen werden, vielmehr hat es hier wie nach der leeren Stelle zu Anfang des unteren Frieses auf B 1 eher den Anschein, als ob fertige Compositionen dem verfügbaren Raume in unzureichender Weise angepasst worden wären. Die vermisste Scenerie darf man auch gewiss nicht in einer oberen, hier etwa unterdrückten Frieshälfte voraussetzen, da es der dargestellten Handlung in ihrer weitaus grösseren Erstreckung an Beziehungen nach oben fehlt. Es ist also mit der Thatsache einer sehr geringen landschaftlichen Erläuterung der Handlung zu rechnen; denn die Baumstämme, welche hier wie in dem unteren Friese den Steinrändern längs der Stossfugen angearbeitet sind, wollen nichts besagen.

Den Schluss bezeichnen an beiden Enden zwei nach aussen gekehrte Viergespanne, links das fliehende des Adrastos, rechts als vorletztes Glied der Reihe das in die Erde einsinkende des Sehers Amphiaraos. Zwischen diesen Gespannen, die sich wie die beiden Seitenflügel der Meleagerjagd (vergl. oben S. 106) als besondere Schlussgruppen abscheiden, laufen in der üblichen Gliederung zu zwei oder drei Figuren Kampfscenen hin. In der Mitte des Frieses sind sie gedrängt, dann lockern sie sich etwas und werden weitläufiger, um im Einklange mit dem Laufe der Viergespanne der Darstellung hüben wie drüben einen starken Zug von innen nach aussen zu geben. Knotenpunkt der Bewegung ist der noch schwebende Zweikampf von Eteokles und Polyneikes auf A 3, der auch durch zwei symmetrisch anschliessende Kämpferpaare und einen Gefallenen den Charakter einer Mitte erhält, und von hier aus rinnt und rauscht gleichsam der Strom über Entgegenstehendes nach beiden Seiten. Seine Arme sind wiederum ungleich, doch erscheint die kürzere zur Rechten entschädigt durch ein Uebergewicht an stofflicher Fülle und Bedeutung, ähnlich wie im Bilde der Leukippiden (Tafel XVI, vergl. oben S. 159).

Zunächst gilt es das Erhaltene und künstlerisch Erkennbare festzustellen, in einer genauen Beschreibung, welche am Natürlichsten von der Thür her beginnt.

Zu Beginn von A 1 hat man das Viergespann des Adrastos in perspectivischer Verschiebung nach
links galoppirend. Von dem schräg gestellten zweirädrigen Wagen ist das vierspeichige jenseitige Rad
erhalten, desgleichen die Achse und ein Theil des Wagenkastens, dessen Form von den übrigen Beispielen
abzuweichen und niedrigere Seitentheile gehabt zu haben scheint. Die anspringenden Thiere (Hengste)
haben nur den linken Hinterhuf auf dem Boden, ihre Mähnen sind kammartig geschoren, die Köpfe
des ersten und dritten wenden sich nach vorn, ein Schweif ist nur vom ersten sichtbar, in geschwungener Linie am Wagenkasten hinlaufend; Spuren von plastischen Brustriemen haften an allen vier, von
plastischen Zügeln an den Hälsen des ersten und dritten. Der Lenker des Gefährtes steht jenseits auf
dem Boden des Wagenkastens, in Knie und Hüfte gebeugt, Kopf und Oberkörper vorgewandt, mit der
weit vorgestreckten Rechten und der etwas zurückgezogenen Linken die Zügel regierend, von denen
ein Theil noch, von der linken Hand abwärts, zu erkennen ist; er trägt einen Kegelhelm, von seiner
Bekleidung lässt sich nichts unterscheiden, augenscheinlich ist er jugendlich. Diesseits neben dem
Wagenlenker kommt die Figur des Helden zu voller Geltung, ein bärtiger Mann, der im Begriff scheint,
abspringen zu wollen. Er lehnt sich weit rückwärts, indem er mit der Rechten den Wagenrand festhält und mit der Spitze des linken Fusses unter dem Wagenkasten den Boden berührt; sein Körper hat
dabei eine Wendung nach vorne gemacht, während das Haupt linkshin gerichtet bleibt; er trägt einen
Panzer über dem Chiton und einen attischen Helm; der Schild, den er der Absicht des Herunter-
springens gemäss weit hinter sich hält, ist über der Schwertscheide frei unterarbeitet.

Es folgt ein jugendlicher Todter, rechtshin niedergestreckt, mit angezogenen Knieen auf dem Rücken
liegend, der linke Arm schlaff an der Seite ruhend, der rechte rückwärts gebogen über dem noch mit
dem Kegelhelm bedeckten Kopfe, die übrigen Waffen hat er verloren. Jenseits hinter diesem Todten
flieht hinwegspringend ein bärtiger Krieger, indem er mit dem niedergehaltenen Schilde sich den
Rücken deckt und die Rechte mit theilweise gespreizten Fingern gesticulirend vorhält; er hat ein Schwert
oder eine Schwertscheide auf der Brust und einen konisch geformten Helm auf dem nach vorn gerichteten Haupte.

Von rechts her stösst dann ein bärtiger Hoplit, in Rückenansicht nach rechts ausschreitend, mit
hocherhobener Rechten eine Lanze in den Nacken eines bärtigen Gegners, welcher links in Vordersicht
zusammenbricht. Dieser greift mit der Rechten rückwärts nach der Lanze und neigt den Kopf schmerz-
haft zur Seite, sein rechtes Knie biegt weiter aus, als ein Schritt erfordert, das weit gestreckte andere
Bein macht den Eindruck, als ob es nachschleifte. Die Kämpfer sind beide beschildet, der linke hat
einen Kegelhelm, der rechte einen attischen, der letztere ausserdem einen Panzer.

Ein in Vordersicht stehender Hoplit holt mit dem Schwerte zum Todesstreich aus auf einen diesseits vor ihm nach rechts gestürzten Krieger. Der letztere befindet sich in knieender Haltung, in der
er sich nur durch den auf den Boden aufgestemmten Schild und die rechtshin aufgestützte Faust erhält;
sein rechter Arm war ganz frei gearbeitet und ist ausgebrochen bis auf einen Ansatz an der Schulter und
die Faust mit dem linkshin gerichteten Schwerte⁽³⁾. Beide Kämpfer haben Kegelhelme und Schilde, die
von innen sichtbar sind; das Schwertgehänge des Hopliten läuft quer über seinen Panzer, bei dem Gestürzten kommt die Scheide an der Hüfte zum Vorschein.

A 2 hat neun Figuren in vier zweigliedrigen Gruppen, von denen die dritte und vierte durch einen
Gefallenen untereinander verbunden sind.

Zunächst ein bärtiger Hoplit, der einen jugendlichen Gefangenen fesselt und stadtwärts vor sich
hertreibt: beide schreiten in Vordersicht mit dem linken Beine nach rechts aus. Der Hoplit hat ausser
dem Schilde einen Plattenpanzer mit Achselklappen und einen attischen Helm; mit der Linken hält er
die am Rücken gebundenen Hände des Gefangenen, der bis auf den Piloshelm seiner Waffen beraubt
ist, und mit dem zur Schleife gelegten Bindestrick in der erhobenen Rechten peitscht er auf ihn ein.

Sodann ein bärtiger Hoplit in Vordersicht nach rechts ausschreitend und zum Schwertstreiche
ausholend gegen einen diesseits nach links zurückgesunkenen Gegner. Dieser kniet mit dem rechten
Beine am Boden, stützt sich auf mit der rechten Faust, der das Schwert nicht entfallen ist, und sucht
aufblickend sich durch den emporgehaltenen Schild zu schützen; er trägt einen attischen Helm und

einen Mantel, welcher, vor dem Halse zusammengehalten, nach beiden Seiten über den Rücken herab-fällt, an der Brust sieht die Schwertscheide vor. Diese Figur war eine offenbar geschicktere Wieder-holung des Niedergesunkenen auf A 4 der Westwand. Der angreifende Hoplit, der ausser dem Schilde einen Plattenpanzer, eine Schwertscheide an der Brust und einen attischen Helm trägt, führt den rechten Arm wie die Figur des Perikles auf dem Schilde der Athena Parthenos in die Höhe; der rechte Unterarm ist wie das Schwert und der Helmbusch mit einem dreieckigen Stücke der Grundfläche ausgebrochen.

Weiter zwei Hopliten in Vordersicht hintereinander herspringend, der bärtige rechts den jugend-lichen links verfolgend, indem er seinen Schildrand erfasst; die Gruppe ähnelt der ersten auf B 5 der Westwand. Der bärtige Hoplit hat beide Füsse in der Luft, doch scheinen die Zehen des rechten Fusses noch mit dem Boden verbunden gewesen zu sein; mit der Linken schultert er die Lanze hinter dem Schilde, ausserdem hat er einen Muskelpanzer, ein Schwert am Wehrgehäng und einen attischen Helm, rechts von seiner rechten Wade ist ein Stück alter Oberfläche erhalten. Der Fliehende hat einen Platten-panzer mit Achselklappen und einen Piloshelm, er hält das linke Bein hoch in der Luft und wendet das Gesicht zurück, sein rechter Arm ist undeutlich.

Die Leiche, welche die dritte und vierte Gruppe verbindet, liegt jenseits beider mit dem Kopfe nach links, auf ihrer rechten Seite, einen Piloshelm noch auf dem Haupte, beide Arme über den Leib herabgestreckt.

Die letzte Gruppe ist wieder eine Verfolgungsscene. Rechts in Vordersicht ein bärtiger Hoplit, der den rechten Arm über den Helm erhebt und mit dem Schwerte zum Schlage ausholt, er ist ausserdem mit einem Plattenpanzer, Wehrgehäng, Schilde und attischem Helme bewehrt, links in Rückensicht mit Piloshelm und einem von der linken Achsel niederhängenden Thierfell ein Bärtiger fliehend, aber mit dem tiefgehaltenen Schwerte sich noch vertheidigend.

A 3 hat sieben Figuren in drei Gruppen; die mittlere dreigliedrige ist die des Eteokles und Polynei-kes, welcher der correspondirende Aufbau der beiden anderen verstärktes Gewicht giebt.

Der Zweikampf der Brüder findet über einer Leiche statt, welche linkshin auf dem Boden liegt, wohl noch mit dem Helme auf dem Haupte, das Gesicht abwärts gekehrt, die Beine ausgestreckt, die linke Hand unter dem linken Oberschenkel. Mit weit vorgestreckten Schilden und gezückten Waffen fahren die Kämpfer aufeinander los, die zwischen ihnen liegende Leiche, wie es scheint, umkreisend, um geeignete Angriffsstellen aneinander zu erspähen. Der eine zur Linken, der einen langbauschenden Mantel über dem Chiton und einen korinthischen Helm zurückgeschoben auf dem Hinterkopfe trägt, schleicht in Seitensicht heran, stark vorgebückt, so dass das rechte Knie dem Boden nahe kommt, indem er den Schild über die Leiche und das Schwert zum Tiefstosse bereit hält. Der andere zur Rechten, mit einem Panzer und einem attischen Helme bewaffnet, fällt in Rückensicht mit erhobener Lanze aus und scheint mit dem in die Luft zurückgeschleuderten rechten Beine dem Stosse besonderen Nachdruck geben zu wollen. Rechts vom Kopfe des Heranschleichenden ist ein grosses dreieckiges Stück ausge-sprungen. Ein Sprung geht auch durch den Schild, das rechte Handgelenk und die Brust des Todten.

Den Zweikampf der Brüder isoliren die beiden links und rechts anschliessenden, aber nach links und rechts abgewandten Seitengruppen.

Die Gruppe zur Linken zeigt einen bärtigen Hopliten, der einem zu Boden gedrückten jugend-lichen Gefangenen in den Rücken kniet, um seine Fessel fester zu schnüren. Der Gefangene kniet auf dem linken Beine, den Kopf rückwärts geneigt und vorgewandt, beide Hände im Rücken. Rechts neben ihm steht der Hoplit auf dem einknickenden linken Bein und drückt das erhobene rechte Knie mit voller Wucht auf die Arme des Gefangenen nieder, indem er die Fesseln desselben, deren Ende er in der linken Hand hält, mit der Rechten anzuziehen scheint: die Radirung giebt den Sachverhalt nicht hin-reichend wieder. Der Gefangene hat einen Piloshelm, der·Hoplit einen attischen Helm und einen Plattenpanzer.

Die Gruppe zur Rechten zeigt einen jugendlichen Hopliten, der auf einen zu Boden gesunkenen bärtigen Hopliten die Lanze herabstösst. Der jugendliche steht links in Vordersicht, die Beine eigen-thümlich gespreizt, was sich durch ein vorgängiges Ausschreiten nach rechts und das linkshin darauf erfolgte Ausholen zum Hochstosse erklärt; er hat ausser dem Schilde ein Schwert an der Brust, einen attischen Helm und einen Muskelpanzer. Der bärtige rechts kniet auf dem linken Beine und stützt sich auf den schräg gegen den Boden gerichteten Schild, mit dem auffahrenden rechten Arme scheint er um Gnade zu flehen, ausser dem Schilde hat er einen Kegelhelm und einen Plattenpanzer.

Dem Blocke A 4 fehlt die rechte obere Ecke, auch ist der linke Seitenrand wie die Bodenleiste vielfach beschädigt, und seine Reliefs sind gleich denjenigen von A 5 noch zerstörter als die übrigen des Frieses.

In der Mitte von A 4 erhebt sich ein augenscheinlich zinnenloser Thurm, von dem man in Verkürzung die rechte Nebenseite sieht. Linksher gegen sein oberes Ende lehnt eine lange Leiter, an der man sieben Sprossen zählt, und diesseits vor ihr schwebt Kapaneus in der Luft, indem er kopfüber herabstürzt. Er fällt in Vorsicht mit kläglich auseinanderfahrenden Gliedmassen. Mit gebeugten Knieen sind die Beine emporgeschleudert, matt hängen die Arme nieder, der Linken ist der Schild, der Rechten das Schwert entsunken — Schwert und Schild schweben, das erstere in kreisförmiger Innensicht nahe über dem Boden, das letztere etwas höher unter dem Helmbusche — der Chiton bauscht überfallend rings vom Leibe ab, im Plattenpanzer biegt sich die Brust, das Haupt mit dem attischen Helm war, wie es scheint, halb nach rechts gewandt. Ergänzt wird die treffliche Erfindung durch eine merkwürdig naturwahre Zeichnung der Leiter — nach oben verjüngt und wie unter einer plötzlichen Wucht einbiegend, zeigt sie, der Fallrichtung des Kapaneus entsprechend, den hinteren Leiterbaum erhoben, als ob sie in Folge seines Uebergewichtes umkippte — und möglicher Weise wird die Situation durch ein ausdrucksvolles Symbol vollendet. Links neben den beiden höchsten Sprossen der Leiter erhebt sich aus dem Reliefgrunde ein unregelmässig geformtes Stück, dessen oberer Theil abgebrochen ist, scheinbar mit wagrechten Ausläufern in der Richtung auf die Brust des Helden länglich niedergehend: wenn nicht ein Spiel zufälliger Verwitterungsformen täuscht, gewiss der Blitz des Zeus.

Unter dem Thurme liegt ein jugendlicher Gefallener mit angezogenen Knieen rechtshin auf dem Boden. Gesicht und Oberleib zeigen sich von vorne, während die Beine im Profile hintereinander zu sehen sind; der rechte Arm fällt quer herab, wie der linke zu denken sei, bleibt unklar, am Kopfe ein Pilos.

Rechts vom Thurme ein Salpinxbläser, mit einknickenden Knieen in Vorsicht nach links schreitend, ein stabartiges Attribut im linken Arm, die lange konisch geformte Salpinx, welche gegen zwei Drittel seiner Körperlänge gross ist und von der ausgestreckten Rechten weit vor ihrem Ende erfasst wird, wagrecht am Munde haltend; der zurückgeworfene Kopf (der obere Theil abgesprungen) trägt einen Pilos, ein über der Brust zusammengefasster Mantel fällt, beide Arme verdeckend, im Rücken nieder.

Dem Blocke A 5 fehlt die rechte Unterecke, ein Stück der linken Unterecke war abgesprungen und ist wieder eingesetzt. Er enthält den Untergang des Amphiaraos und das Ende zweier Hopliten.

Ueberaus einfach und deutlich ist das in die Tiefe Sinken des Viergespannes ausgedrückt. Die Bodenlinie überschneidet seine unteren Theile derart, dass man vom Wagen nur ein Stück der Antyx, von den wie im Niedersitzen vorgestreckten Pferdebeinen nur die Ansätze unter dem Bauche, den im Wagen stehenden Amphiaraos nur von den Oberschenkeln an aufwärts sieht. Ausdrucksvoll recken die Pferde (augenscheinlich Stuten, während die Pferde sonst überall auf dem Monument als Hengste charakterisirt sind), den Hals empor und ziehen den Kopf an, das erste und dritte indem sie ihn nach vorne umbiegen; alle haben Brustriemen, das zweite und vierte Zügel, einen Schweif nur das erste, lebhaft zurückgeschwungen. Amphiaraos steht in Vorsicht allein, ohne Wagenlenker, auf dem Wagen und blickt nach rechts in die Höhe, indem er mit dem rechten Arm wie in Abwehr oder bedeutender Rede nach derselben Richtung emporfährt. Er ist in voller Waffentracht, den Schild trägt er ruhig am Arm, das Schwert in der Scheide über dem Plattenpanzer, im Rücken niederwallend einen grossen Mantel, der über der Brust zusammengenommen ist, schliesslich einen attischen Helm. Im Zusammenhang mit ihm ist eine bärtige Gestalt von feierlicher Erscheinung zu denken, welche in Vorsicht ihm zugewendet auf einer Felserhöhung oberhalb der Pferde sitzt. Sie sitzt, das linke Bein ausgestreckt, das rechte angezogen, den rechten Ellenbogen auf den rechten Oberschenkel gestützt, den Kopf gegen die erhobene rechte Hand geneigt und mit der linken Hand in Kopfhöhe einen am oberen Ende, wie es scheint, etwas gekrümmten scepterartigen Stab haltend. Ihre Kleidung besteht in einem augenscheinlich bis zu den Füssen reichenden Chiton und einem Obergewande, welches beiderseits vom Kopfe herabfällt und den Schooss bedeckt.

Der Streifen endet mit einer Gruppe von zwei unterliegenden Hopliten. Der eine links im Muskelpanzer und attischen Helme schreitet die Lanze schulternd in Vordersicht nach links aus, indem er den Leib stark neigt und den Schild gegen eine von oben drohende Gefahr hoch erhebt, etwa wie wenn er vom Blitze getroffen würde. Der andere rechts, im Plattenpanzer und attischen Helm (der Helm mit einem auffällig langen Schweife), ist im Profil rechtshin in das linke Knie vorgestürzt und erhält sich vor dem völligen Zusammenbrechen noch durch den auf den Boden gestemmten Schild und rechten Arm: die Radirung zeigt weniger, als zu erkennen bleibt.

155. Etruskische Aschenkiste im Museo archeologico zu Florenz, Nr. 55.[1]

Der Fries ist von Interesse als das erste Gesammtbild, das wir vom Zuge der Sieben vor Theben erhalten, und als solches eröffnet er neue Einblicke in den Geist einer verlorenen Dichtung, die an Höhe und plastisch klarer Ausbreitung eines herrlichen Stoffes den beiden homerischen Epen in der That nahe stand.

Wie oben hervorgehoben wurde, hat der Fries in der Gliederung der Composition eine gewisse formale Aehnlichkeit mit anderen gemein, um so ausgeprägter ist die Eigenart der Handlung, die ihn auszeichnet. Das Auge folgt nicht einer gleichmässig auf und abwogenden Schlacht wie in dem trojanischen Kriege, nicht Kämpfen wie den zuletzt beschriebenen beiden der Südwand, die sich mit einer gewissen Gelassenheit ausbreiten, sondern man wird in das Ende einer mit leidenschaftlicher Erbitterung durchgefochtenen Niederlage versetzt, und durch begleitende Wunder und überirdische Erscheinungen stellt sich dieselbe als ein göttliches Verhängniss dar. Alles ist hier erregt und in gewaltiger Bewegung; die Kampfmotive, Verwundung, Tod, Gefangenschaft, Flucht und Verfolgung steigern und überbieten sich; in dämonischem Schrecken, wie Pindar und das erste Chorlied der Antigone den Ausgang schildern, stieben die Reihen des argivischen Heeres auseinander; vergebens ruft sie die unter Blitz und Donner erdröhnende Kriegstrompete zurück; die beiderseitigen Anführer erschlagen sich, Kapaneus stürzt jählings von der Leiter, Amphiaraos versinkt sammt seinem Viergespann lebendig in dem Schlunde,

[1] Diese Abbildung konnte, ebenso wie Fig. 157 und 158, nach Probetafeln des in Herausgabe begriffenen zweiten Bandes des Urnenwerkes (G. Körte, I rilievi delle urne etrusche, vol. II, tav. XIX 1, XXIV 8, XXV 2) hergestellt werden. Mit Genehmigung der Centraldirection des kais. deutschen archäologischen Institutes hatte der Autor des Bandes die Güte, jene Tafeln nebst dem zugehörigen Texte zur Verfügung zu stellen.

der sich im Schlachtfelde für ihn öffnete, und in finsterer Majestät thront fern über aller Vernichtung der höchste Zeus, wider dessen Zeichen der Feldzug unternommen war und der nun unter allgemeinem Aufruhr von Himmel und Erde seinen Rathschluss vollendet.

Geistreich ist der Streit der beiden königlichen Brüder als die Seele des Krieges, ähnlich wie Helena im troischen Friese, in die Mitte des Ganzen gebracht und dadurch, dass er noch schwebt, vor allen übrigen Kämpfen, deren Schicksal ohne Ausnahme bereits entschieden ist, hervorgehoben. Da die Stadt in der rechten Hälfte des Frieses angedeutet ist, während die Flucht in das Freie linkshin erfolgt, so erwartet man in der stadtwärts befindlichen Figur der Gruppe Eteokles, in der andern wie knieend herzuschleichenden Polyneikes. Damit stimmt, dass Polyneikes in einem etwas späteren Momente ähnlich auf der Kypseloslade dargestellt war: Πολυνείκει πεπτωκότι ἐς γόνυ ἔπεισιν Ἐτεοκλῆς, was die erhaltenen jüngeren Monumente, namentlich die etruskischen Aschenkisten, auf denen Polyneikes das Schwert dem Bruder knieend von unten in den Leib stösst, während Eteokles ihn von oben am Halse erstich, in solcher Uebereinstimmung weiterführen (vergl. Fig. 155),[1] dass man daraus auf die Erzählung im Epos zu schliessen versucht ist. Merkwürdig würde damit ein Zug aus der sonst Verschiedenartiges mischenden Schilderung des Kampfendes bei Statius Thebais XI 539 f. zusammengehen:

> Fratris uterque furens cupit affectatque cruorem,
> et nescit manare suum; tandem inruit exul,
> hortatusque manum, cui fortior ira nefasque
> iustius, alte ensem germani in corpore pressit,
> qua male iam plumis imus tegit inguina thorax.

während in einem Wandgemälde des nach François benannten Vulcenter Grabes[2] die Rollen vertauscht scheinen und bei Euripides, der in den Phoinissen 1404 f. mit Kampfkenntniss, wie Welcker hervorhob, aber nicht nach epischem Vorbilde schilderte, zunächst Eteokles den Polyneikes in den Nabel und dieser, nachdem er zusammengesunken ist, jenen in die Lebergegend sticht. Ein Altersunterschied ist an den beiden Streitern nicht zu erkennen, sie scheinen beide bärtig gewesen zu sein. Dass sie über einer Leiche aufeinander stossen, könnte rein künstlerisch sein, um ihrer Gruppe durch diesen Zusatz vor den anderen Kampfscenen Breite und verstärktes Ansehen zu geben, auch scheint unsere Ueberlieferung sonst eine sichere Spur für ein solches Kampfmotiv nicht zu enthalten. Aber der Umstand, dass Polyneikes den Schild schützend über die Leiche hält, was sich in Gjölbaschi so nicht wiederholt — vergl. die nächstverwandten Züge im unteren Friese B 3 und auf B 7, B 15 der Westwand —, macht nicht den Eindruck einer Formel, wie der Kampf um eine Leiche auch in der Dichtung ein für Höhepunkte der Handlung aufgespartes Motiv ist,[3] und könnte eher ein persönlichesVerhältniss zu dem Todten aussprechen. Dies würde dann auf Tydeus führen, mit dem Polyneikes verschwägert und durch heroische Freundschaft, die mit Theseus und Peirithoos, Orest und Pylades verglichen wird, verbunden war. Um die Leiche des Tydeus entspinnt sich ein Kampf der Heere bei Statius, worin Welcker Nachahmung älterer Poesie vermuthet,[4] und ein wohl aus dem Griechischen übertragenes Gedicht der lateinischen Anthologie, welches die nach friedlicher Jugend in Feindschaft gerathenen Brüder Eteokles und Polyneikes mit Polyneikes und Tydeus, den nach heftigem Streite im Mannesalter innig sich verbindenden Freunden, in epigrammatischen Gegensatz bringt:[5]

> Quos paribus nutrix eadem pavisse papillis,
> pectore quos uno genitrix gestasse probatur,
> discidiis indiscissis in mutua saevi
> vulnera non una perituri clade ruerunt.

---

[1] G. Körte, I rilievi delle urne etrusche II S. 32 f.

[2] Monumenti inediti dell' instituto VI 32, VIII. Brunn, Annali dell' instituto 1859, S. 360. Noël des Vergers, L'Étrurie et les Étrusques II, T. 25 —28.

[3] Vergl. P 132 Αἴας δ᾽ ἀμφὶ Μενοιτιάδη σάκος εὐρὺ καλύψας ἑστήκει κτλ. Θ 330 Αἴας δ᾽ οὐκ ἀμέλησε κασιγνήτοιο πεσόντος. ἀλλὰ θέων περίβη καί οἱ σάκος ἀμφεκάλυψεν.

[4] Statius, Thebais IX 140 f. Welcker, Kleine Schriften I S. 399.

[5] Anthologia latina ed Riese II 936. H. Meyer, Anthologia latina II S. 181.

Quos post longaevos discordia deserit annos
aut post commissas iunxerunt foedera dextras,
constantis dederunt documenta frequenter amoris:
Thebanum nullo linquit discrimine Tydeus,
Tydea nullo unquam Polynices Marte relinquit.

würde bessern Sinn durch den Bezug auf ein Kunstwerk erhalten, in welchem Polyneikes ähnlich wie
hier den Freund gegen den Bruder schützte. Die Deutung ist also immerhin möglich, wenn auch, so
viel ich sehe, nicht auf einen gewissen Grad von Wahrscheinlichkeit zu bringen, wie denn überhaupt
für den ganzen Fries unsicher bleibt, wie weit der Künstler über die geringe Zahl typisch ausgeprägter
und sofort erkennbarer Hauptgestalten hinaus einzelne Helden unterscheiden wollte.[1]

Einen Gipfel von Erfindung bezeichnet das Bild des Kapaneus, das an Kühnheit und Naturwahr-
heit alle bisher bekannten Darstellungen des Gegenstandes übertrifft. In seinen Einzelzügen, welche
die Beschreibung verfolgte, lässt es sich nicht besser zusammenfassen als mit den Worten des Euripides
Phoinissen v. 1182:

ἐκ δὲ κλιμάκων

ἐσφενδονᾶτο χωρὶς ἀλλήλων μέλη,
κόμαι μὲν εἰς "Ολυμπον, αἷμα δ' εἰς χθόνα,
1185 χεῖρες δὲ καὶ κῶλ' ὡς κύκλωμ' Ἰξίονος
εἱλίσσετ'· εἰς γῆν δ' ἔμπυρος πίπτει νεκρός.

und diese Schilderung verliert das Uebertriebene,[2] das man ihr vorgeworfen hat, wenn solche Kunst-
werke beim Publicum geläufig waren. Aehnlich muss in allem Anscheine nach alterthümliches Gemälde im Tempel der Dioskuren zu Ardea behandelt gewesen sein, in welchem
Kapaneus vom Blitzstrahle durch die Schläfe getroffen wurde,[3] während Polygnot, wenn wirklich seine
»tabula in porticu Pompei quae ante curiam eius fuerat, in qua dubitatur, an ascendentem cum clipeo
pinxerit an descendentem« mit Recht auf Kapaneus bezogen worden ist, nach Art einiger erhaltener Darstellungen einen der Vernichtung vorausgehenden Moment gewählt haben würde,[4] anders wie in seinem
Bilde des Salmoneus, den er von Blitzen getroffen malte.

---

[1] In einer Darstellung des Brudermordes auf einer Urne im Museum von Cortona erkennt Körte a. a. O. tav. XII 5,
S. 41 »aggiunta la figura generica di un uomo nudo caduto, che deve supporsi morto«. Aber diese Figur findet sich jenseits des
Kampfes im Hintergrunde der Darstellung und ist ein nackter Jüngling, der in sehr auffälliger Haltung, augenscheinlich noch
lebend, zu Boden stürzt, ohne Waffen und einen Gegner zu haben. Denkbar wäre Menoikeus, der nach der thebanischen Orts-
sage beim Neitischen Thore sich herabgestürzt hatte, nicht weit von dem Orte, wo die feindlichen Brüder fielen, vergl. Pausanias IX 25, 1—2. Die fragliche Jünglingsfigur kehrt wieder auf einer Urne zu Perugia (G. Körte a. a. O. tav. XX 7, S. 51
»Polinice . . . appoggia il ginocchio al corpo di un uomo tunicato, che ferito giace per terra«), wo sie sich vergeblich zwischen
die Kämpfenden gestürzt zu haben scheint, ehe Oedipus und Antigone hervoreilten.

[2] Gottfried Hermann: »Ligna, saxa, atque alia rigida sic fulmine disiici nemo nescit: hominem vero ad istum modum vi
fulminis dissipatum incensumque quum finxit Euripides, κεραυνῷ ἀρείσσων εὕρηκεν βίλος, βροντῆς δ' ὑπερβάλλοντα καρτερῶν κτόνων.«
Auch Welcker, Der epische Cyclus II S. 360 spricht von »übertriebener Kräftigkeit«, die mir nur in Vers 1184 zu liegen scheint;
Nauck hat die Verse 1185—1185 eingeklammert.

[3] Servius zu Vergil, Aen. I 44. Ardeae in templo Castoris et Polluces in laeva intrantibus (vergl. oben S.151, 2) post forem
Capaneus pictus est fulmen per utraque tempora traiectus. Vergl. Plinius, Naturalis historia XXXV 17 exstant certe hodieque
antiquiores urbe picturae Ardeae in aedibus sacris, quibus ego quidem nullas aeque miror, tam longo aevo durantis in orbitate
tecti veluti recentes. Gemälde des Marcus Plautius im Tempel der Juno regina in Ardea, Plinius XXXV 115.

[4] Plinius, Naturalis historia XXXV 58. Vergl. Anthol. Plan. IV 106. εἰς ἀνδριάντα Καπανέως.

Εἰ τείχος Θήβης Καπανεὺς ἐκαρήνατο πύργου,
ἄρμβασον ἐμείην κλίμακα μεχθάμενος,
εἷλεν ἂν ἄστυ βίη, καὶ ὑπὲρ μόρον. αίλτεε γάρ ζα
καὶ σκηπτοῖς Κρονίδου τεῖδιν ὕλαῖν πρήμαχον.

Aeschylus Septem 446 vom Schildzeichen des Eteoklos:

ἐγχειμάτισται δ' ἀστὸς οὐ σμικρὸν τρόπον·
ἀνὴρ δ' ὁπλίτης κλίμακος προσαμβάσεις
στείχει πρὸς ἐχθρῶν πύργον, ἐκπέρσαι θέλων·
βοᾷ δὲ χοῦτος γραμμάτων ἐν ξυλλαβαῖς
ὡς οὐδ' ἂν Ἄρης σφ' ἐκβάλοι πυργωμάτων.

E. Reisch erinnert an mehrere Vulcenter Goldscheiben im Museo Gregoriano I, Taf. LXIX = A 1, Taf. CXVII b, mit Darstellung eines nackten Jünglings, der mit Rundschild an der Linken und kurzem Schwert in der Rechten, das Haupt

Auf Kapaneus folgt am Fusse des Thurmes eine Leiche, fühlbar mit Absicht isolirt, worin Parthenopaios erkannt werden darf, welchen Periklymenos, wie nach der Thebais herrschende Ueberlieferung
ist, von der Stadtmauer herab mit einem Steine tödtete.

Auch der Trompetenbläser mag aus der Thebais stammen. Die bedeutende Stelle, die er im
Friese einnimmt, der Umstand, dass er vereinzelt in dem kunstgeschichtlichen Humus etruskischer Urnen-
reliefs auftaucht,[1] die Betonung der Salpinx in den Botenreden der Phoinissen (1102, 1378) und der
nur in Argos bestehende Cult der Athena Salpinx,[2] mag auch die örtliche Legende dieses letzteren nicht
an die thebanische Sage anknüpfen, scheinen jene Vermuthung zu empfehlen, und dann würde das
musikalische Kampfsignal mit der Sturmleiter, als deren Erfinder Kapaneus galt, einen gegen die Ilias
vorgerückten Stand der Kriegskunst im Epos bezeichnen. Denn dass die Trompete in den troischen
Schlachten nicht vorkomme, ist in alter und neuer Zeit oftmals bemerkt worden; Homer erwähnt sie
direct nur einmal, in einem Gleichnisse, welches die gewaltige Stimme schildert, mit der Achilleus die
Trojaner am Graben des Griechenlagers schreckt Σ 219:

ὡς δ᾽ ὅτ᾽ ἀριζήλη φωνή, ὅτε τ᾽ ἴαχε σάλπιγξ
ἄστυ περιπλομένων δηΐων ὕπο θυμοραϊστέων,
ὥς τότ᾽ ἀριζήλη φωνὴ γένετ᾽ Αἰακίδαο.

und es verdient Beachtung, dass diese älteste Stelle den Gebrauch der Salpinx gerade bei einer Stadtbelagerung hervorhebt, möglicherweise wirklich im Hinblick auf die Thebais.

Zweifellos im engsten Anschluss an das Epos steht die Amphiaraosscene, deren Grösse sich durch
Vergleiche mit späteren Darstellungen, beispielsweise dem Sarkophage der Villa Pamfili,[3] in jedem Sinne
steigert.

Pindar gibt den Hergang übereinstimmend an mehr als einer Stelle.[4] Als in dem gottverhängten
Schrecken, der über das Argeierheer hereinbrach, auch Amphiaraos, von Periklymenos bedroht, sich
zur Flucht wandte, schützte Zeus seinen Liebling vor Schmach, indem er mit dem Blitze den Erdboden
spaltete und ihn sammt dem Gespanne in der Tiefe verschwinden liess, ehe noch der Speer des Periklymenos seinen Rücken erreichte. Periklymenos darf wohl auf der Mauer gedacht werden, von wo er den
Parthenopaios tödtete; denn der Ort, wo sich dem Amphiaraos die Erde geöffnet hatte, befand sich in
der Nähe von Theben beim ismenischen Apollon, wo er durch Einfriedung und Säulen geheiligt war.[5]

---

zurückgeworfen, auf das rechte Knie zusammengebrochen, ist, während ein Blitz gegen seinen Hals herabfährt; eine Leiter
fehlt. Als eine Darstellung des Kapaneus citirt Overbeck, Bildwerke zum thebischen und troischen Heldenkreis, S. 127.
eine unter Philippus sen. geschlagene Münze von Bizya in Thrakien (Numismata Musei Hon. Arigoni Tarvisii 1741, Tab. XII,
n. 185), welche einen nackten Krieger darstellt, der ausschreitend den linken Fuss auf einen am Boden liegenden undeutlichen
Gegenstand setzt und zwischen linkem Arm und Bein eine Sturmleiter hat. Zwei unter Septimius Severus geprägte Exemplare
desselben Typus zeigt Fig. 154 a und b, nach A. von Sallet, Beschreibung der antiken Münzen, I Taf. V 46, und Sboronos, Ephimeris archaiol. 1889, pin. 2, 15. A. v. Sallet vermuthet in dem undeutlichen Gegenstande ein Vexillum, Sboronos ein Thymia-
terion. Dieser erkennt Kapaneus und glaubt Fig. 154 c zugehörig, eine Münze von Anchialos, welche Zeus mit Aigis, blitzschleudernd auf der Mauer von Theben, zeige.

[1] Vergl. G. Körte, I rilievi delle urne etrusche II, tav. XVI 5, XXIV 8, vergl. unten Fig. 157.

[2] Pausanias II 21, 3. Die Ueberlieferungen über die Erfindung der Salpinx sind zusammengestellt von O. Müller-Deecke,
Die Etrusker II S. 206 f.

[3] Overbeck, Bildwerke zum thebischen und troischen Heldenkreis VI 9. Wiener archäologische Vorlegeblätter 1889,
Taf. XI 13, 16 nach Robert, Die antiken Sarkophagreliefs, Band II, Mythologische Cyklen, Nr. 60.

[4] Pindar Olymp. VI 21 ἐπὶ κατὰ γαῖ᾽ αὐτόν τέ νιν καὶ φαιδίμας ἵππους ἔμαρψεν.

Nem. IX 56 ὁ δ᾽ Ἀμφιάρῃ σχίσσας κεραυνῷ παμβίᾳ
Ζεὺς τὰν βαθύστερνον χθόνα, κρύψεν θάμ᾽ ἵπποις,
δουρὶ Περικλυμένοιο πρὶν νῶτα τυπέντα μαχατάν
θυμὸν αἰσχυνθῆμεν. ἐν γὰρ δαιμονίοισι νόβοις φεύγοντι καὶ παῖδες θεῶν.

Vergl. Spiro, De Euripidia Phoin. S. 21, 19.

Nem. X 15 γαῖα δ᾽ ἐν Θήβαις ὑπέδεκτο κεραυνωθεῖσα Διὸς βέλεσιν
μάντιν Οἰκλείδαν, πολέμοιο νέφος.

[5] Pausanias IX 8, 3 Ἐκ δὲ τῶν Ποτνιῶν ἰοῦσιν ἐς Θήβας ἔστιν ἐν δεξιᾷ παρίβολος τῆς ὁδοῦ οὐ μέγας καὶ κίονες ἐν αὐτῷ
διαστῆναι δὲ Ἀμφιάραον τῆς γῆν ταύτη νομίζουσιν, ἐπιλέγοντες καὶ τάδε ἐπ᾽, μήτε ὄρνιθας ἐπὶ τῶν κιόνων καθίζεσθαι τούτων, μήτε πόαν
τὴν ἐνταῦθα μήτε ἥμερον ζῷον, μήτε τῶν ἀγρίων νέμεσθαι. Vergl. Preller, Berichte der sächsischen Gesellschaft der Wissenschaften,
1852, S. 167.

Der Künstler überging jedesfalls den Periklymenos, vielleicht in dem Gefühl, dass die Handlung bildlich erst durch volle Abgeschlossenheit ihrer Idee entsprach und für die Vorstellung ins Erhabene wuchs, während eine verfolgende Figur sie den gewöhnlichen Kampfbildern genähert haben würde. Ebenso würde ein Donnerkeil, wie er schon über Kapaneus schwebt, die Deutlichkeit der Sache nicht vermehrt und die feierliche Höhe des Gedankens, dass der Gott selbst sich fernher über Amphiaraos offenbart, eher beeinträchtigt haben. Man sieht auch keine Waffe in seiner Hand, sondern er ist stimmungsvoller gefasst und erscheint in einer dem Sturm- und Gewittergott eigenthümlichen Gestalt, verschleierten Hauptes, aufgeregt sitzend und den Oberkörper vorneigend,[1] ähnlich dem Zeus des Theseionfrieses, der in unruhiger Haltung und mit bedeutend erhobenem Gewande als Schicksalslenker in die Schlacht schaut (Fig. 156). Es ist Zeus Hypsistos, der auf dem höchsten Hügel des thebanischen Stadtgebietes, nahe bei dem gleichnamigen Thore, eine Cultstätte mit einem Tempel besass.[2] Und zu ihm hin, dessen Willen er als frommer Seher so oft vergeblich verkündigt hatte, wendet sich nun mit hocherhobener Hand aufblickend Amphiaraos, in der Todesstunde betend, aber als streitbarer Held furchtlos im Abgrunde versinkend.

136. Aus dem Ostfriese des Theseion.

Hier verdient ein kürzlich in Eretria gefundenes attisches Vasenbild, jetzt im Nationalmuseum zu Athen, auf das mich G. Körte aufmerksam zu machen die Freundlichkeit hatte, verglichen und in nähere Betrachtung gezogen zu werden. Es steht in schwarzen Figuren auf einer 0·35 Meter hohen weissgrundigen Lekythos und ist in Fig. 157 nach einer Zeichnung von Dr. Rudolf Heberdey in halber Grösse wiedergegeben. Nach der Ausführung und dem Charakter der Darstellungsformen gehört es dem fünften Jahrhundert an und kann von den Gjölbaschifriesen zeitlich nicht weit abliegen. Um so wichtiger ist die Uebereinstimmung, mit der es unsere Amphiaraosscene in allen wesentlichen Zügen wiederholt; einige Veränderungen und Zusätze verleihen ihm indessen eigenen Werth und lassen es möglicher Weise durch andere Wendungen der Sage, wie sie sich an den verschiedenen Orten der Amphiaraosverehrung ausbilden und dann von einem auf den andern übertragen mochten, beeinflusst erscheinen.

Die Richtung und ganze Gestaltung des Gespannes, namentlich die Art, wie es in den Erdboden sinkt, ist auffallend gleich. In Verbindung mit dem in leidenschaftlicher Erregung himmelwärts gestreckten Arme, der auch auf einer etruskischen Urne (hier freilich missverständlich mit dem Schwerte, vergl. Fig. 159) als offenbar bedeutender Zug wiederkehrt, ist sodann durch den geöffneten Mund des Helden das Beten bestätigt, und in sinnreicher Weise hat seine kriegerische Lage einen besonderen Ausdruck erhalten. Er erscheint, wie auch sonst öfter, jugendlich und in voller Rüstung; ausser dem sehr ausführlich gezeichneten Brustpanzer führt er einen Schild und einen grossen korinthischen Helm mit mächtigem Busche; ein Schwert scheint nicht vorhanden, mit Sicherheit erkennt man aber das übliche Lanzenpaar, dessen Spitzen den Helmbusch beide überragen. Den Schild hat er in ungewöhnlicher Weise auf dem Rücken, nicht zurückgeschoben an einem über die Brust laufenden Tragriemen, wie ihn fahrende Krieger und Wagenlenker oftmals in alterthümlichen Bildwerken tragen; sondern mit dem linken Arme, der von der Schulter an hinter dem Rumpfe verschwindet, was nicht Zufall oder Nachlässigkeit sein kann, hält er ihn frei nach hinten, um sich gegen die Verfolgung zu decken,[3] und die

[1] Vergl. Overbeck, Griechische Kunstmythologie II S. 254 f. und oben Fig. 154 c, S. 193, 4.

[2] Ernst Fabricius, Theben, S. 27. Pausanias IX 8, 3, wozu Ulrichs, Reisen und Forschungen II S. 15, 3 eine Stelle des Nonnus Dionys. V 84, vergleicht. Vergl. Fig. 154 c, Zeus mit Aigis, blitzschleudernd über einem Thore von Theben nach Sboronos, Ephimeris archaiol. 1880, pin. 2, 16, S. 102.

[3] Vergl. die Haltung des Schildes an dem Fliehenden hinter dem Wagen des Adrastos auf A 1.

26

hoch von oben niederfahrende Lanze des Periklymenos wird nun vom Schilde aufgefangen, ohne seinen
Rücken zu erreichen. Neu ist ferner der Baum im Hintergrunde, der zwar ganz in dem starren, abge-
lebten Schema der schwarzfigurigen Technik gehalten ist, aber in einem so ausführlich gedachten und
durch die hervorgehobene Uebereinstimmung in Zusammenhang mit der grossen Malerei seiner Zeit
gerückten Bilde nicht ohne Weiteres als Füllornament betrachtet werden darf. Er erinnert an die von
Plutarch überlieferte Gründungssage von Harma, welche den Namen dieser mehrere Stunden abseits

157. Lekythos im Nationalmuseum zu Athen, Nr. 1194.

auf dem Wege nach Chalkis gelegenen Stadt durch eine Verlegung der geheimnissvollen Niederfahrt
des Amphiaraos erklärte.[1] Am Tage vor der grossen Schlacht, als die Heerführer mit Polyneikes beim
Mahle waren, sollte ein Adler die Lanze des Amphiaraos durch die Lüfte entführt und bei dem Orte
Harma, wie man den Zusammenhang bei Plutarch nothwendig verstehen muss, fallen gelassen haben, wo
sie dann als Lorbeerbaum ergrünte und die Stätte bezeichnete, an der die Niederfahrt stattfand. Auch in
dem Vasenbilde markirt der Baum den Ort des Wunders, und als Diener des göttlichen Willens deuten

---

[1] Plutarch, Parallela min. 6 (C. Müller, Fragmenta historicorum graecorum III S. 337 unter Lysimachos, IV S. 471 unter
Pausimachos) Τῶν ἅμα Πολυνείκει εὐωχουμένων λοχαγῶν, ἀετὸς καταπτὰς τὸ Ἀμφιάρεω δόρυ εἰς ὕψος καὶ εἴσω· τὸ δὲ παγὲν
ἐν γῇ δάφνη ἐγένετο. Τῇ δ' ὑστεραίᾳ πολεμούντων, κατ' ἐκεῖνο κατεσύθη, ὁ Ἀμφιάρεως τῷ ἅρματι. Ἔνθα νῦν πόλις Ἅρμα καλεῖται· ὡς
Τροίμαχος [Δωρίμαχος?] ἐν τρίτῳ κτίσεων. Stephan. Byzant. s. v Ἅρμα. Nonnus Dionys. XIII 68.

die beiden Vögel den Hergang weiter aus. Der eine, der dem Amphiaraos mit dem Siegeskranze vor-
ausfliegt, hat ihn als Führer zur Stelle geleitet, der andere, dem Amphiaraos entgegengewandte, der
sich mit einer Schlange auf die Erde herablässt, verkündet das Ende am Ziele der Fahrt. Merkwürdig
ist aber die taubenähnliche Bildung der Vögel, in denen man doch nach ihrer Beziehung zu Amphiaraos
und nach der Schlange Adler zu erwarten hätte, ein Widerspruch, den durch Flüchtigkeit oder Un-
vermögen des Malers zu erklären schwerlich zulässig ist, da die charakteristische Form von Raubvögeln
in der alterthümlichen Kunst schon sehr früh beobachtet und zum Ausdruck gebracht wurde.

Das Gefährte des Amphiaraos ist auf der Vase wie in Gjölbaschi und bei den Tragikern[1] ein Viergespann, während das Epos nur zwei Rosse, wie es scheint weisse Stuten,[2] kannte, und erst Antimachos,
Statius, das von Philostratos beschriebene Bild mit der Niederfahrt des Amphiaraos bei Oropos und das
Pamfilische Sarkophagrelief zu dem alterthümlichen Zweigespanne zurückkehren.[3] Das Vasenbild hat
ferner den Wagenlenker Baton, der im Relief fehlt, und zwar nicht etwa zufällig fehlt in Folge der Verwitterung, sondern weil er, wie die Schildhaltung des Amphiaraos und die ganzen Raumverhältnisse
zeigen, in der Composition nicht mit aufgenommen war. Dieses Weglassen fällt aber um so mehr auf, als
in Gjölbaschi keines der sieben sonst erhaltenen Viergespane ohne eine wagenlenkende Figur ist, und es
fragt sich daher, welches die ursprüngliche Ueberlieferung sei. Bei Euripides, bei Statius,[4] auf einer
Urne von Volterra (Fig. 159, wo bemerkenswerther Weise auch Adrast allein auf dem Viergespann steht)
und dann wieder auf dem Gemälde des Philostratos und dem Pamfilischen Relief lenkt Amphiaraos
den Wagen selbst, und für den Augenblick des Versinkens wäre dies jedesfalls das poetisch Grössere.
Ueberdies scheint Baton, der in Argos ein eigenes von Amphiaraos getrenntes Heiligthum besass,[5] auch
anderwärts keinen Antheil am Culte des Amphiaraos gehabt zu haben, Polybios zufolge sollte er sogar
nach Harpyia in Illyrien ausgewandert sein.[6] Unter den Schriftstellern erwähnen das Mitversinken des
Baton zufällig erst Diodor, die Scholien zu Pindar und Pausanias; unter den bildlichen Zeugnissen ist
das in Rede stehende Vasenbild das älteste. Denn die Statuengruppe der Sieben von Hypatodoros und
Aristogeiton, welche die Argeier nach Theben weihten, zeigte den Baton wohl auf dem Wagen des
Amphiaraos, aber gewiss nicht im Augenblicke des Verschwindens.

Die Gewitterstimmung, welche scenisch die Handlung des ganzen rechten Friestheiles beherrscht,
klingt in der Haltung der unterliegenden beiden Hopliten am Ende desselben aus. Der eine ist, wie es
scheint, kampflos, jedesfalls ohne Gegner zusammengebrochen, als ob ihn ein Blitz erschlüge, und wie
gegen eine vom Himmel drohende Vernichtung schützt sich der andere mit erregt erhobenem Schilde.

---

[1] Sophokles bei Strabon p. 399 (Trag. graec. fragm. 2. ed Nauck, n. 873)
Ῥήξατο μαχεῖσθ᾽ Θηβαία κόνις
αὐτοῦσιν ὅπλοις καὶ τετραόρῳ δίφρῳ.

Euripides, Suppl. 925: καὶ μὴν τὸν Οἰκλέους γε γενναῖον τόπον
θεοὶ ζῶντ᾽ ἀναρπάσαντες εἰς μυχοὺς χθονὸς
αὐτοῖς τεθρίπποις εὐλογοῦσιν ἐμφανῶς.

Vergl. Propertius III 33, 40.

[2] Pindar, Olymp. VI 21 φοίνισας ἵππους mit der Bemerkung von Boeckh im Commentar II 2, S. 155. Euripides, Phoin.
172 ἅρμα λευκόν, mit den Scholien. Philostratus Imagines I 27 καὶ οἱ ἵπποι λευκοί. Statius Theb. VI 330 ipse habitu niveus, nivei
dant colla iugales, concolor est albis et cassis et infula cristis.

[3] Welcker, Alte Denkmäler II S. 176 f.

[4] Statius, Thebais VII 818   Illum ingens haurit specus, et transire parantes
mergit equos, non arma manu, non frena remisit,
sicut erat, rectos defert in tartara currus
respexitque cadens coelum campumque coire
ingemuit, donec levior distantia rursus
miscuit arva tremor lucemque exclusit Averno.

Euripides, Phoen. 172 — 178. Vergl. R. Unger, Thebana paradoxa, S. 408
[5] Pausanias II 23, 2 Τοῦ Διονύσου δὲ ἐγγυτάτω οἰκίαν ὄψη τῆς Ἀράτου καὶ ἀπωτέρω ταύτης ἱερὸν Ἀσκληπιοῦ, καὶ τοῦ ἱεροῦ
πέραν Ἐριφύλης μνῆμα. ἑξῆς δὲ τούτων ἐστὶν Ἀσκληπιοῦ τέμενος καὶ μετὰ ταῦτα ἱερὸν Βάτωνος. Ἦν δὲ ὁ Βάτων γένους Ἀμφιαράῳ τοῦ
αὐτοῦ τῶν Μελαμποδιδῶν καὶ ἐς μάχην ἐξιόντι ἠνίοχει τοὺς ἵππους· γενομένης δὲ τῆς τροπῆς ἀπὸ τοῦ Θηβαίου τείχους, χάσμα γῆς
Ἀμφιάραον καὶ τὸ ἅρμα ὑπεδέξατο ἠφάνισεν ὁμοῦ καὶ τοῦτον τὸν Βάτωνα.

[6] Stephan. Byzant. s. v. Ἅρπεια.

Aehnliche Figuren finden sich in dem gleichen Sinne verwendet auf einer Urne von Volterra, wo sich der jähe Schreck malt, den das durch die Blitze des Zeus bewirkte Ende des Kapaneus im Argeierheer hervorruft.[1] Im Gegensatze zu dieser Vernichtung steht dann am entgegengesetzten Ende des Frieses die Rettung des Adrastos, der mit seinem Wundergespann allein von allen Helden lebend die Kampfstätte verlässt. Hier verdient aber hervorgehoben zu werden, dass ihn der Künstler von dem hinwegsprengenden Gespanne absteigend dargestellt hat. Wollte er etwa andeuten, dass er nur dem Bereiche der Schlacht vor der Hand entrinne, da er ja nach dem Gange der epischen Handlung noch die Leichenfeier der Gefallenen veranstaltete und Theben erst nach Beendigung derselben ›im Trauergewand mit Arion dem dunkelbemähnten‹ verliess?[2]

Mehr noch wie in den troischen Gedichten auf Seiten der Achaier lag in der Thebais der Schwerpunkt der dichterischen Theilnahme auf Seiten der Argeier, deren Schicksale in dem unheilvollen Kriegszuge den eigentlichen Inhalt des Gedichtes bildeten. Das Interesse dieser Schicksale gipfelte in der Schilderung ihrer sieben Helden, die daher auch in der Kunst, wie es scheint, sämmtlich oder doch

158. Etruskische Aschenurne in Chiusi.

zum grössten Theile typische Gestalt gewannen. Zu den Fünfen, die der berühmte Stoschische Stein der Berliner Sammlung[3] vereinigt und welche auch hier theils sicher, theils mit Wahrscheinlichkeit erkannt werden konnten: Amphiaraos, Adrastos, Parthenopaios, Polyneikes und vielleicht Tydeus, kommt Kapaneus, während von den gegnerischen Führern nur Eteokles gesichert ist. Unter den Thebanern hatten sich die Söhne des Astakos besonders hervorgethan, und vielleicht hätte ein mit dem Epos vertrauter antiker Betrachter auch sie in den übrigen Theilen des Frieses heraus erkennen können, während der Stand unserer Ueberlieferung heute keinen Deutungsversuch erlaubt. Am ehesten schiene ein solcher Versuch angezeigt für ein besonders individuelles Kampfmotiv, welches in der ganzen Reihe hervorsticht, die Fesselung des Gefangenen auf B 2, den der Sieger stadtwärts treibt, indem er ihn mit dem Stricke peitscht. Sehr ähnlich ist das Motiv in der gleichzeitigen und älteren Kunst für Seilen verwandt, der gefangen vor Midas geführt wird, und dass es schon weit früher zur Anwendung gekommen war, lehrt eine Scene am Throne des Apollon in Amyklai: Pausanias III 18, 11 τον δὲ Μίνω καλούμενον ταύρον οὐκ

[1] G. Körte, I rilievi delle urne etrusche, vol. II tav. XXII 5, S. 63. Overbeck, Bildwerke zum thebischen und troischen Heldenkreis V 2, S. 125.

[2] Welcker, Der epische Cyclus II S.369, dessen Darlegung G. W. Nitzsch, welcher in den Beiträgen zur Geschichte der epischen Poesie S. 448 f. einen ungelösten Widerspruch in dem Entrinnen des Adrast und seinem Antheil an der Leichenfeier sah, nicht vollkommen gewürdigt zu haben scheint.

[3] Conestabile, Monumenti di Perugia, tav. LXXIII—XCIX 4, S. 484—488. Winckelmann, Monumenti inediti, 93.

οἶδα ἀνθ᾽ ὅτου πεποίηκε Βαθυκλῆς; δεδεμένον τε καὶ ἀγόμενον ὑπὸ Θησέως ζῶντα, worin in neuerer Zeit meines Erachtens ohne hinreichenden Grund Irrthümer der Beschreibung vorausgesetzt worden sind.[1]

Der thebanische Sagenstoff hat früh die griechische Sculptur beschäftigt. Der Brudermord des Eteokles und Polyneikes fand sich schon auf der Lade des Kypselos, und die grosse Statuengruppe der Sieben, welche die Argeier von der Hand des Hypatodoros und Aristogeiton in Delphi hatten anfertigen lassen, scheint nach der Inschrift, aus der wir diese Künstler kennen lernen, in die ältere Zeit zu fallen. Auch der Bildhauer Pythagoras hatte eine Gruppe des Brudermordes gearbeitet, wie Tatian berichtet, und in nicht unmöglicher Weise ist mit dieser Nachricht verbunden worden, dass Plinius bei dem Heiligthume der Fortuna in Rom »signa . . . septem nuda et senis unum« (»Eteokles im Kampf mit Polyneikes in der Mitte der Uebrigen«, der Seher Amphiaraos als Greis) von Pythagoras kannte.[2]

Bedeutender aber tritt in der Ueberlieferung der Antheil der Malerei heraus. Ein Maler Tauriscus hatte nach Plinius »Polynicem regnum repetentem et Capanea« gemalt, was nur auf die Schlacht vor den Mauern Thebens bezogen werden kann. Grössere Ausdehnung mag auch das Gemälde besessen haben,

159. Etruskische Aschenurne in Volterra.

welches im Dioskurentempel zu Ardea, einer an alterthümlichen Malereien reichen Stadt, vorhanden war und wegen des Gegenstandes, einer Darstellung des vom Blitze in den Schläfen getroffenen Kapaneus, hervorgehoben wird (vergl. oben S. 193, 3); die ungewöhnliche Ortsangabe »in laeva intrantibus post forem« entspricht wenigstens der oben S. 151, 2 f. erörterten Eigenart, welche für Anordnung und Vortragsweise von Gemäldefriesen aus der Polygnotischen Zeit vorauszusetzen ist. Von einem Maler dieser Zeit, von Onasias, steht fest, dass er im Pronaos der Athena Areia zu Plataiai die Belagerung von Theben durch die Sieben als Gegenstück zu dem Freiermord des Polygnot gemalt hatte.[3] An Nachwirkungen solcher Werke fehlt es auch nicht in dem trotz aller Fülle beschränkten Kreise der erhaltenen Vasengemälde. Von der Innenfigur eines in Berlin befindlichen Trinkgefässes (Fig. 160), welche einen entfliehenden Krieger von oben her mit Pfeilen beschossen und senkrecht zurückblickend

[1] W. Klein in den Archäologisch-epigraphischen Mittheilungen aus Oesterreich IX S. 152. F. Dümmler, Jahrbuch des kais. deutschen archäologischen Institutes II S. 22.

[2] Urlichs, Chrestomathia Pliniana, S. 321.

[3] Pausanias IX 4, 1 Πλαταιεῦσι δὲ Ἀθηνᾶς ἐπίκλησιν Ἀρείας ἐστὶν ἱερόν· . . . γραφαὶ δέ εἰσιν ἐν τῷ ναῷ Πολυγνώτου μὲν Ὀδυσσέως τοὺς μνηστῆρας ἤδη κατηργασμένου, Ὀνασία δὲ Ἀργείων ἐπὶ Θήβας ἡ προτέρα στρατεία· αὗται μὲν δή εἰσιν ἐπὶ τοῦ προνάου τῶν τοίχων αἱ γραφαί. IX 5, 11 ἡ Εὐρυγανείας δὲ τῆς Ὑπέρφαντος ἐγγόνασιν (παῖδες τῷ Οἰδίποδι)· δῆλοϊ δὲ καὶ ἃ τὰ ἔπη ποιήσας ἃ Οἰδιπόδια ὀνομάζουσι, καὶ Ὀνασίας Πλαταιᾶσιν ἔγραψε κατηφῆ τὴν Εὐρυγάνειαν ἐπὶ τῇ μάχῃ τῶν παίδων. Plutarch, Aristides 20, 3 οὕτω δὲ διαλλαγέντας Ἡλεῖοι ὀρθωμένους τάλαντα τοὺς Πλαταιεῦσιν, ἀφ᾽ ὧν τὸ τῆς Ἀθηνᾶς ἐποδόμησαν ἱερὸν καὶ τὸ ἕδος ἔστησαν καὶ γραφαῖς τὸν νεὼν διεκόσμησαν, αἱ μέχρι νῦν ἀκμάζουσαι διαμένουσιν.

darstellt, hatte Eduard Gerhard mit gutem Grunde vermuthet, dass sie aus dem Bilde einer Stadtbelagerung, am liebsten der Bestürmung Thebens, herrühre,[1] und die seltene Uebereinstimmung der
mitgetheilten neuen Lekythos aus Oropos (Fig. 157) deckt den Zusammenhang der Friese mit der monumentalen Malerei ihres Jahrhunderts wieder in besonders deutlicher Weise auf. Das Gemälde des
Onasias, in dem gerade das, was allein daraus bekannt wird, die Anwesenheit der über den Kampf der
Brüder betrübten Mutter Euryganeia, von Gjölbaschi abweicht, wird nicht das einzige seiner Art
gewesen sein und selbst bei einer tiefer greifenden Verschiedenheit der Anlage, die sich indessen aus
jener Abweichung nicht nothwendig ergibt, im Grossen und Einzelnen Aehnlichkeiten besessen haben,
wie sie der gleiche Charakter der Zeit, die typische Strenge der alterthümlichen Kunst und die Eigenart
einer in weiten Kreisen schöpferisch thätigen Schule begründen mussten. Dafür bürgt nicht nur das
Gegenstück des Polygnotischen Gemäldes, sondern der Umstand, dass wie bei dem Freiermord (vergl.
oben S. 104 f.), so bei dem Kampfe der Sieben vor Theben sich gewisse Hauptzüge der Composition,
eben noch erkennbar, bis in die späten trüben Bilder der etrurischen Aschenkisten vererbt haben.

Aus der nicht kleinen Reihe thebanischer Bildwerke, die der zweite Band des von Brunn begründeten Urnenwerkes der wissenschaftlichen Forschung erschliesst, hebt sich schon numerisch der Wechsel-
mord der Brüder als Hauptsache wie in Gjölbaschi hervor. In ihren bunt zusammengewürfelten Kampfscenen, welche zum Hintergrunde die meist ohne überragende Figuren sich hinziehende Stadtmauer
haben, findet man den Trompeter, das Ende des Parthenopaios, den Schreckenstod des Kapaneus, den
Untergang des Amphiaraos und die Flucht des Adrast, allerdings in wechselnder Folge und Fassung,
aber mit beständig sich wiederholenden Eigenheiten wieder, und in alledem lässt Gjölbaschi einen
Schatz von Darstellungsformen erkennen, dessen erste Begründung sich aus der Glanzzeit der epischen
Malerei herschreibt, ähnlich wie in literarischer Ueberlieferung der Reichthum heroischer Dichtungen
zuletzt in die dürre Prosa mythologischer Compendien zusammenschrumpft. Besonders deutlich wird
dies an zwei in Fig. 158 und 159 nach Körtes Publication wiederholten Stücken, in denen die beiden
Viergespanne, rechts am Ende dasjenige des Amphiaraos, links am Ende dasjenige des Adrast, auf der
Urne von Chiusi (Fig. 158) einander abgewandt, auf derjenigen von Volterra das eine hinab-, das
andere auffahrend, ganz wie auf unserem Friese in Gegensatz stehen, ein Gegensatz, den wohl schon
die Dichtung enthielt, wenn sie den frommen Seher in weissem Kleide mit weissen Stuten allein im
Abgrunde versinken und den Adrast in Trauergewand mit Areion, dem dunkelbemähnten, allein entrinnen liess. Auf den hocherhobenen Arm des Amphiaraos im Relief der Urne von Volterra (Fig. 159)
sei in diesem Zusammenhange noch einmal verwiesen.

160. Innenbild einer Schale in königl. Museum zu Berlin. (Nr. 2304.)

---

[1] E. Gerhard, Trinkschalen und Gefässe Taf. VI, VII 5, S. 8. Furtwängler, Beschreibung der Vasensammlung im Antiquarium Nr. 2304. Panofka, griechische Eigennamen mit Kaios, Taf. IV 4. Ἐφημερὶς ἀρχαιολογικὴ 1887, S. 123.

13. Die Landungsschlacht des trojanischen Krieges.
(Tafel XXIV, B1—B5.)

Auch den unteren Fries erfüllt ein grosser, heftig sich entwickelnder Kampf, und die Composition desselben ist ganz wie diejenige des oberen Frieses gegliedert. Auch hier sondern sich an den Enden, auf B1 und B5, bis zu einem gewissen Grade selbstständige Schlussgruppen aus, und das durch einen Reihen-kampf, auf B2 und 3, bezeichnete Centrum der Schlacht ist wie der Brudermord des Eteokles und Polyneikes aus der Mitte verschoben. Aber diese Verschiebung ist eine ungleiche und die Richtung, welche der Kampf nimmt, ist conträr. Während das Centrum oben rechts von der mathematischen Mitte liegt, ist es unten linkshin gerückt, so dass die beiden Hälften des Ganzen übereinander verschie-dene Länge haben. Während ihre Bewegung oben sich theilt und in entgegengesetztem Sinne aus-einanderstrebt, wie bei Bächen welche auf einem Passe entspringen, läuft sie unten sowohl von der Seite des thronenden Königs am linken Ende, wie von Seite der Flotte am rechten Ende her mit grosser Energie sich entgegen, wie Flüsse sich vereinigen welche aus verschiedenen Himmelsgegenden kommen. Mag in dieser gegensätzlichen Haltung Zufall oder Absicht walten, jedenfalls besteht sie als Thatsache, und sie mag einst, als die Darstellungen noch die volle Frische der Formen und aufgetragenen Farben besassen, dazu beigetragen haben, die Wandflucht gleichmässig zu beleben und die Friespaare zu einer decorativen Einheit zu verbinden.

B1 zeigt zunächst vier bärtige Hopliten, die im Profil nach rechts auf dem Boden knieen, und dann einen auf einer Thronstufe nach rechts sitzenden König, umgeben von vier sich Rüstenden.

Die vier Hopliten knieen, in zwei Paare geordnet, einer vorgeschoben hinter dem andern, auf dem rechten Beine mit angezogenem linken Fusse. Sie haben alle attische Helme, Plattenpanzer, Schilde, die sie in kreisförmiger Innensicht an dem linken Arme auf den Boden stützen, und lange Speere, die beiden ersten links auch Schwerter im Wehrgehäng an der Brust. Die letzteren halten die Speere auf gleichförmige Weise in der gesenkten Rechten schräg geneigt gegen den Erdboden, während die beiden anderen die Speere auf der linken Seite geschultert halten sammt dem Schilde und die Rechte über die Brust führen, um nach den Lanzen zu greifen. Das streng Gleichmässige in der Erscheinung und Bewegung dieser Gestalten gibt den Eindruck, dass es sich um eine ungewöhnliche militärische Action handle.

Dann folgt die breite niedrige Thronstufe, auf welcher der König zwischen zwei stehenden Figuren sitzt. Sein Thron besteht aus einem lehnenlosen Stuhle mit zierlich gedrechselten Beinen und einem lose davorstehenden Fusschemel, dessen nähere Formen man nicht mehr erkennt und der wahrscheinlich nach rechts diagonal verkürzt war; dies erwartet man so auch nach der Art, wie der König sitzt und wie die senkrechte Seitenfläche des Stuhles über den Beinen nach links gegen den Reliefgrund zu etwas geneigt ist. Der König ist bärtig und nach der gebeugten Haltung des Thorax und der Vorneigung des Hauptes Greis. Er sitzt in halber Seitensicht, die Beine gleichmässig nebeneinander ausgestreckt, den Kopf auf die geschlossene Rechte stützend, mit der Linken in der Höhe des Kopfes einen senkrecht gestellten, oben ein wenig gekrümmten Stab haltend. Seinem Stande und Alter entspricht die Tracht, ein bis zu den Füssen reichender Aermelchiton und ein Mantel, welcher von der linken Achsel nach vorne wie im Rücken niedergeht und über die Beine geschlagen ist. Eine Kopfbedeckung war augenscheinlich nicht vorhanden. Links vom Könige steht auf der Stufe ein jugendlicher Krieger, der sich in auffällig an-muthiger Haltung den Helm aufsetzt. Er steht auf dem nach rechts ins Profil gestellten rechten Beine, das linke rückwärts gesetzt, sodass nur die Zehen desselben den Boden berühren, und führt eine der-artige Drehung aus, dass er den Leib in Vordersicht, das Haupt leise geneigt linkshin wendet. Er hat einen Plattenpanzer mit Wehrgehänge und drückt sich mit beiden Händen den attischen Helm auf dem Kopfe fest. Der Zweite, rechterhand neben dem Könige auf der Thronstufe, ist gleichfalls jugend-lich und steht ähnlich zurückblickend nach rechts, das leicht gebeugte linke Bein neben dem Standbein gestellt. Ueber dem gegürteten Aermelchiton trägt er einen auf der rechten Schulter zusammen-gehaltenen grossen Mantel, welcher über den Rücken und vorne über den linken Arm herab bis zur

Wade ruhig niederfällt, auf dem Kopfe einen Piloshelm; mit der Linken hält er geschultert die Lanze und zugleich kreisförmig in Innensicht den Schild, mit der Rechten am unteren Ende gefasst eine Beinschiene aufrecht vor sich hin.

Die letztere ist offenbar für den bärtigen Hopliten bestimmt, welcher rechts vor der Thronstufe dem Könige zugewandt ist und sich die andere Beinschiene anlegt. Er steht auf dem leicht einknickenden linken Beine in halber Seitensicht nach links und setzt die Fussspitzen des rechten, das er beschient, auf eine flach convexe Erhöhung, welche die Thronstufe auf ihrem rechten oberen Ende neben dem königlichen Fussschemel zeigt, und in der man gewiss einen hingelegten Schild zu vermuthen hat. Der Hoplit hat einen Plattenpanzer und einen auf den Hinterkopf zurückgeschobenen korinthischen Helm mit Busch; die Hände hält er gleichmässig diesseits und jenseits der rechten Wade, die Beinschiene selbst ist nicht mehr zu erkennen. Die Scene endet mit einer bärtigen Gestalt, welche eigenthümlich isolirt in Vordersicht auf dem linken Beine steht, das Spielbein breitspurig zur Seite gestellt, mit der über Kopfeshöhe erhobenen rechten Hand einen langen Stab (die Lanze) aufstützt und die gesenkte Linke auf der Wölbung eines Schildes lässig ruhen lässt, der an seine linke Hüfte gelehnt auf dem Boden steht. Trüge er nicht selbst einen Helm und stände er nicht abgewandt, so läge die Annahme am nächsten, dass er Schild und Lanze für den sich Rüstenden linker Hand bereit hielte; formell hat er die Bedeutung die Handlung abzuschliessen.

B 2 hat nebeneinander sieben Kämpfer, welche alle nach rechts hin thätig sind. Der erste spannt den Bogen, die anderen sechs sind im Angreifen begriffen, und zwar in bestimmter taktischer Abfolge, zunächst Steinschleuderer, dann Bogenschützen und schliesslich Hopliten. Diese letzteren, die ein Zwischenraum von den anderen abscheidet, gruppiren sich über die Steinfuge hinweg mit einem auf B 3 ihnen entgegenstürmenden Hoplitenpaare, als abgekürztes Bild eines Reihenkampfes, wie auf A 4 der Westwand.

Zuerst, wie erwähnt, ein unbärtiger (?) Bogenschütze in phrygischer Mütze, deren Ende lang auf den Nacken herabgeht. Er steht mit vorgebeugtem Oberkörper auf dem einknickenden rechten Beine, hat das eine Ende seines gehörnten Bogens auf den rechten Oberschenkel gelegt, das andere mit der linken Hand erfasst, das linke Bein schwebend über die Mitte des Bogens geführt, um ihn mit dem Kniegelenke zusammenzudrücken, und ist nun mit der geschlossenen rechten Hand an dem obersten Bogenende beschäftigt, die angezogene (plastische) Sehne zu befestigen. Sein rechter Fuss ist weggebrochen.

Darauf folgen in Vordersicht zwei Bärtige im Pilos, welche Steine zum Wurfe erheben und den linken Arm vorstrecken, über den ein Kleidungsstück herabfällt, bei dem zur Linken ein schwerer, fast faltenloser Mantel, bei dem anderen, wie es scheint, ein Fell mit Steinen, das auch um die Hand gewickelt ist. Der Haltung des Thorax und der Beinstellung nach würden sie einander entgegenzulaufen scheinen, erst die gleichmässige Richtung des Kopfes nach rechts und die Bewegung der Arme macht klar, dass sie aus der Ferne, in verschiedenen Momenten des Wurfes, denselben Feind bekämpfen.

Sodann zwei zielende Bogenschützen im Profil, der eine rechts im vorderen Gliede knieend, der andere links hinter ihm stehend und über ihn hinwegschiessend, beide im attischen Helm, den breiten deckellosen (?) Köcher an der linken Brustseite und mit einem Thierfelle, das von dem linken Arme herabfällt (doch ist das Fell bei dem Knieenden als solches nicht ganz sicher), der Stehende wahrscheinlich jugendlich, der andere wahrscheinlich bärtig. Der erstere hat das linke Bein stark gebeugt, das rechte auf die Fussspitzen vorgesetzt, und hält den gehörnten Bogen wagrecht vor, indem er die Sehne mit verwandter Hand anzieht. Der letztere kniet auf dem rechten Bein und streckt das linke vor, er hat einen breiteren Köcher und einen grossen flachgeschwungenen Bogen, dessen Sehne er gleichfalls mit verwandter Hand anzieht (vergl. oben S. 98, 1). An den Bogen sind die Sehnen plastisch nicht angegeben oder nicht zu erkennen.

Schliesslich die beiden Hopliten in Vordersicht, zum Hochstosse mit der Lanze ausholend, beide bärtig, in Plattenpanzern, attischen Helmen, Wehrgehängen und Schilden, von denen Schutzleder herabhängen. Der zur Rechten springt auf die Gegner ein, während der andere linkshin ausschreitet, um dem Wurf grössere Wucht zu geben.

Ihre beiden Gegner auf B 3 sind gleichfalls bärtig und fallen, in Rückensicht vorschreitend, in der nämlichen Weise mit den Lanzen aus; auch ist ihre Rüstung gleich bis auf die fehlenden Wehrgehänge und die Helme, welche die korinthische und die attische Form haben.

Auf B 3 folgen dann noch zwei Gruppen zu zwei Figuren, beide Male links mit einer aufrechten, rechts mit einer knieenden Figur. Der Knieende der ersten Gruppe sinkt linkshin in Rückensicht zusammen, vor einem in Rückensicht heranschreitenden Hopliten, der jenseits seines rechtshin gekehrten Hauptes mit dem Schwerte zum Todesstreiche gegen ihn ausholt. Der Hoplit trägt einen Piloshelm und einen Plattenpanzer, den Schild hält er rückwärts, sein linkes Bein, das man von hinten sieht, berührt nur mit den Zehen den Boden. Der Knieende, jugendlich dem Anschein nach, hat einen attischen Helm und hält dem Hopliten den mit einem Schutzleder versehenen Schild hoch entgegen, die Art aber, wie er das rechte Bein nachschleift, den Kopf ins Genick wirft und mit dem rechten waffenlosen Arme rechtsab herabfährt, macht nicht den Eindruck von Widerstand, sondern von Erliegen. Auch in der zweiten Gruppe bricht ein jugendlicher Krieger verwundet zusammen, halb in Vordersicht, rechtshin auf beide Kniee, mit geneigtem Kopf und parallel vor die Kniee herabsinkenden Armen, ein bärtiger Hoplit hält aber schützend den Schild über ihn und unterstützt ihn unter der rechten Achsel. Der Knieende hat den Schild noch am Arme und trägt einen Pilos und ein Schwert an der Brust. Der Schützende steht in Seitensicht rechtshin auf dem rechten Beine, das linke Bein vorgesetzt hinter dem Rücken des Knieenden; gerüstet ist er mit einem korinthischen Helme, den er zurückgeschoben auf dem Hinterkopfe trägt, mit einem Plattenpanzer und dem Schwerte im Wehrgehänge.

B 4 zeigt zunächst einen knieenden Bogenschützen, dann eine Gruppe von drei und eine solche von zwei Figuren. Der Bogenschütze ist bärtig und kniet in Seitensicht nach links auf dem linken Beine, indem er mit der verwandten(?) Rechten die plastische Sehne des gehörnten Bogens anzieht. Er trägt einen attischen Helm und einen über den Rücken herabfallenden Mantel, unter dem an der linken Hüfte der geöffnete Köcher mit emporgeschlagenem Flügeldeckel hervorsieht. Die dreigliedrige Gruppe besteht aus drei bärtigen Hopliten, einem in der Mitte zusammensinkenden, dem ein zweiter links die Lanze in den Leib bohrt, ein dritter rechts steinschleudernd zu Hilfe kommt. Der Hoplit zur Linken schreitet in Vordersicht nach rechts aus, den Schild am Arm, im Muskelpanzer, zurückgeschobenem korinthischen Helme und Wehrgehänge. Sein Gegner taumelt rückwärts, Kopf, Leib und ausgestrecktes linkes Bein von vorne, das gebogene rechte im Profil, der rechte Arm mit dem gezückten Schwert, der linke mit dem Schilde herabsinkend; er hat einen attischen Helm mit abstehenden Klappen und einen Plattenpanzer, über den das Wehrgehänge mit der leeren Scheide läuft. Den Hopliten rechts sieht man von rückwärts, wie er, das linke Bein vorgesetzt, rechtshin zum Steinwurfe ausholt; bewehrt ist er mit attischen Helme, Plattenpanzer, Schilde und Wehrgehänge. Die zweigliedrige Gruppe bildet ein jugendlicher Krieger, der mit emporgehaltenem Schilde in Vordersicht linkshin zusammenduckend nach einem Steine auf den Boden greift, und ein bärtiger Hoplit, der von rechts mit hochgeschwungenem Schwerte auf ihn einstürmt. Der letztere hat einen Plattenpanzer, Schild und Pilos, der erstere einen attischen Helm und ein Wehrgehänge mit leerer Scheide; der Kopf des ersteren blickt in Dreiviertelwendung empor, sein linker Oberarm ist unsichtbar zu denken, zurückgeschoben hinter dem Rücken.

B 5 zeigt zunächst einen bärtigen Hopliten im Sturmlauf der Schlacht zustrebend, dann zwei Männer, die einen Todten in seinem Schilde wie auf einer Bahre hinwegtragen, weiter zwei über einen Strandhügel Herzueilende, schliesslich eine gelandete Flotte ähnlich wie im Beginne der Westwand. Auch die einleitende Gruppe, welche die drei ersten Figuren der Feldschlacht auf A 2 der Westwand bilden, wiederholt sich hier, allerdings unterbrochen durch die Todtenträger, fein variirt in allen ihren ausdrucksvoll sich steigernden Hauptmotiven. Zwischen dem ersten und zweiten Schiffe von links war der Block quer durchgeborsten. Der Hoplit, welcher in Sturmlauf dargestellt ist, hat das rechte Bein in leiser Beugung des Knies vorgesetzt, das linke hoch in die Luft zurückgeschleudert; der rechte Fuss und Unterschenkel sind abgesprungen. Er trägt einen Plattenpanzer, am Arm den Schild, die Lanze geschultert, den korinthischen Helm zurückgeschoben auf dem Kopfe; der fliegende Busch des Helmes malt die Eile. Die beiden Träger schreiten mit vorgesetztem linken Bein nebeneinander nach rechts,

27

der erste links im Profil, mit Pilos, der zweite, möglicher Weise bärtige rechts von vorne, stark vorgebückt. Sie halten den Schild, welcher auf der linken Schulter des ersten und dem Nacken des zweiten
ruht, mit emporgehaltenen Händen erfasst. In diesem ruht der Todte nur mit dem Oberleibe und einem
Theile der Beine, seine Unterschenkel hängen nebeneinander von ihm herab, links von dem ersten Träger.
Der Oberleib ist auf die linke Seite nach vorne gewendet, der linke Arm liegt wagrecht vor demselben,
der rechte ist schräg über ihn herabgeführt, die Hände scheinen sich berührt zu haben. Auch das
Gesicht des Todten scheint nach vorne gewandt zu sein; er war bekleidet — von seinem Chiton sieht
man das Ende deutlich unterhalb der Knie — und auf dem Kopfe trägt er einen Pilos. Den beiden
Trägern entgegen, aber wie die Ueberschneidung der Lanze zeigt, diesseits derselben gedacht, eilt ein
bärtiger Hoplit in Vordersicht nach links, mit dem Kopf nach rechts zurückgewendet. Er trägt Plattenpanzer, attischen Helm, Wehrgehäng an der linken Hüfte; den Speer hat er geschultert, den Schild sieht
man perspectivisch in Innensicht.

Es folgt eine, nach links allmälig ansteigende und dann schroff abfallende Erhöhung des Bodens,
die einzige im ganzen Friese. Auf sie ist ein junger Hoplit, im Muskelpanzer und attischem Helm mit
herabwallendem Busche, vom Schiffe herabgesprungen und nun im Begriff, in die Schlacht zu eilen.
Er zeigt sich in Rückensicht, das im Knie stark gebeugte linke Bein vorgesetzt, den Schild tief vorhaltend, als ob die Wucht desselben beim Sprunge ihn vorgerissen hätte, wie man beim Sprunge die
Halteren voraushält: die Hand des verdeckten rechten Armes kommt am oberen Rande des Schildes zum
Vorschein, als ob sie zur Sicherung gegen einen Sturz den Schild gefasst hielte; die linke Hand hält
den Schild in der Mitte, nicht am Randbügel. Der Fries endet mit drei Schiffshintertheilen, welche sich
nach links hintereinander vorschieben; in den beiden Zwischenräumen der drei Schnäbel werden noch
zwei Curvenlinien sichtbar, die perspectivisch gemeint sind oder weitere Schiffe bedeuteten. Von dem
diesseitig ersten und zweiten Schiffe gehen Steuerruder nach links herab; sie sind also noch nicht empor-
gezogen und aufgesteckt wie bei der Flotte der Westwand, die Landung ist eben erst erfolgt. In dem
diesseitig ersten Schiffe sitzt in Vordersicht eine unbärtige männliche Gestalt, die angezogenen Beine
rechtshin, den mit Pilos versehenen Kopf, gegen den die linke Hand greift, linkshin gewendet, mit
dem rechten Arm sich aufstemmend.

Die rechte Nebenseite des Steines B5, welche das Südende der äusseren Ostfront des Heroon
bildete, zeigt stark vorstehenden Werkzoll und verhältnissmässig glatte Streifen an den Rändern.

161 Oinochoe im Museum zu Bologna.

War der Kampf der Sieben gegen Theben wenigstens in seinen wichtigsten Elementen aus früheren Kunstwerken bekannt, so ist der soeben beschriebene nicht nur als Ganzes, sondern formell in allen seinen Theilen neu. Ein Versuch, von dieser Bereicherung ungefähre Rechenschaft zu geben, den der vorläufige Bericht zu einer Zeit unternehmen musste, als die Originale, die sich an ihrer Stelle im Baue einer verlässlichen Betrachtung entzogen, noch nicht wieder zugänglich waren, hatte der Aufgabe nicht gerecht werden können und bedarf jetzt, wo die Darstellung in durchgeprüften Aufnahmen übersichtlich vorliegt, keiner ausdrücklichen Berichtigung. Unbestreitbar handelt es sich um einen Landungskampf. Die Schiffe einer Kriegsflotte sind an das Ufer gefahren, ihre Truppen haben sie verlassen und sind in Feindesland auf Widerstand gestossen. Aus dem Widerstand ist eine Schlacht geworden, die eben erst entbrennt, nach beiden Seiten sich ausbreitet und von beiden Seiten frische Nahrung erhält. Die Eingedrungenen sind Griechen und ihre Gegner in Tracht und Bewaffnung von ihnen nicht unterschieden, nur eine grössere Zahl von Bogenschützen und Steinschleuderern fällt auf Seiten der letzteren auf. In der Mitte, wo die Krieger reihenweise aufeinanderstossen, ist Alles noch im Beginne; gegen die Küste hin, wo der Kampf sich hartnäckiger entwickelt, fehlt es nicht an Verwundeten und Unterliegenden; aber ein einziger erst ist todt, und dieser wird mit höchsten Ehren in seinem Schilde dem Schiffslager zugetragen. Ihn zu rächen stürzt von dort neue Mannschaft vor, und auf der entgegengesetzten Seite des Bildes, wo ein greiser König, umgeben von seinen Getreuen, als Landesherrscher thront und wie Xerxes bei Salamis der Schlacht zuschaut, legen die ihm Nächststehenden ihre letzte Rüstung an, um gleichfalls nachzurücken. Eine besondere Truppe aber, eine Art Leibwache, liegt hier kampfbereit im Hinterhalte, um im Falle der Noth hervorzubrechen und den König zu schützen.

Mit Ausnahme der beiden Darstellungen des Gelages und der Jagd, welche das Andenken und den Stand des Grabstifters in besonderer eigener Weise ehren, sind die übrigen Friese, wie die bisherige Erörterung gezeigt hat, sämmtlich der Heroensage entlehnt. Es ist also eine natürliche Erwartung, dass auch der letzte Rest des Ganzen Heroensage enthalte, und wenn man ihn unbefangen auf seine künstlerische Idee prüft, was läge näher als die Landungsschlacht des trojanischen Krieges. Zuerst hat Robert von Schneider diese Erklärung ausgesprochen. Als bedeutsam war ihm namentlich der mit sichtlicher Auszeichnung hervorgehobene einzige Todte der Schlacht erschienen, er hatte sich dadurch an den Heldentod des Protesilaos erinnert gesehen und folgerichtig in dem thronenden greisen Könige Priamos, in dem vor Priamos sich rüstenden Manne Hektor vermuthet. In den grossen Zusammenhang der Kunst des epischen Cyclus gedacht, empfahlen sich diese feinsinnigen Annahmen in hohem Grade, und in näherer Untersuchung haben sie sich mir nicht nur als wahrscheinlich bestätigt und mit Wahrscheinlichkeit erweitert, sondern mit Hilfe eines bisher ungenutzt gebliebenen Zuges der Ueberlieferung zur Gewissheit erhoben. Wie in dem oberen Friese für die Thebais, steht ein Gewinn hier für die Kyprien in Frage.

In dem dichterischen Baue der Kyprien, der sich nach den Umrissen des Proklos mit zunehmender Deutlichkeit im Widerscheine der Denkmäler aufhellt, bildete die nach langen Vorbereitungen, Hemmnissen und Irrfahrten endlich erreichte Landung des Griechenheeres in Troas einen Höhepunkt der Handlung, der durch einen ersten Ausbruch von Achills Eigenart gesteigerte Bedeutung erhielt.

Proklos sagt von der Landungsschlacht: ἔπειτα ἀποβαίνοντας εἰς Ἴλιον εἴργουσιν οἱ Τρῶες καὶ θνήσκει Πρωτεσίλαος ὑφ᾽ Ἕκτορος· ἔπειτα Ἀχιλλεὺς αὐτοὺς τρέπεται ἀνελὼν Κύκνον τὸν Ποσειδῶνος καὶ τοὺς νεκροὺς ἀναιροῦνται. Da es dem Geiste der homerischen Poesie entgegen wäre, dass die Griechen in Nachtheil gerathen, wenn Achill mit ihnen ist, so liegt in diesen Worten, dass Achill nicht sofort am Kampfe theilnahm, sondern in denselben erst eintrat und dem Heere Sieg brachte, nachdem Bedrängniss entstanden und der edle Nachbar seiner thessalischen Heimat, Protesilaos, welcher trotz des Tod verkündenden Orakels das Land zuerst betreten hatte, durch Hektor gefallen war. Als Ursache dieses Verhaltens ergibt sich, was im Auszuge des Proklos unmittelbar vorhergeht καὶ Ἀχιλλεὺς ὕστερος κληθεὶς διαφέρεται πρὸς Ἀγαμέμνονα: das Zerwürfniss des Achill mit Agamemnon, das auf der letzten Station vor Troja, in Tenedos, bei dem von Agamemnon veranstalteten wüsten Mahle, von dem Philoktet, der Freund und Nachbar Achills, verstossen wurde, sicherlich nicht ohne Zusammenhang mit diesem Vorfalle ausbrach und sich auch bei

27*

Sophokles bis zur Landung in Troas fortsetzte.[1] Es ist wohl dasselbe berühmte Zerwürfniss, von welchem Demodokos den versammelten Phaiaken in Gegenwart des Odysseus, θ 74, singt.[2] Ueber den Verlauf des Streites in den Kyprien ist Nichts überliefert. Dion Chrysostomos,[3] in der an die Bewohner von Ilion gerichteten Rede, welche das feine Gewebe der troischen Dichtung euhemeristisch auflöst, weiss von einem misslungenen Landungsversuche der Griechen, demzufolge sie an das Gegenufer des Hellespont absegeln, um den Protesilaos dort zu bestatten, und möglicher Weise ist dies nicht lediglich aus dem Orte und der Lage des bei Elaius auf dem thrakischen Chersones befindlichen Protesilaos-grabes[4] zum Ruhme der Troer erschlossen, sondern wie das bei Dion Folgende, dass sie dann des Nachts im Achaierhafen wieder landen und furchtsam das Lager aufschlagen, im Grundgedanken der Erzählung aus dem Epos geflossen. Irgendwie muss jedesfalls ein zeitweiliges Zurückhalten und dann um so mächtigeres Wiedereingreifen des Peliden stattgefunden haben, in einer Abfolge von Ereignissen, welche wie die analogen der Aithiopis (vergl. oben S. 145) dem Zorne in der Ilias nachgebildet war. Wie der Tod des Patroklos in der Ilias und der Tod des Antilochos in der Aithiopis, so trieb in den Kyprien offenbar der Tod des Protesilaos den grollenden Achill wieder in die Schlacht. Und wie den Patroklos der Sieg über Hektor, den Antilochos der Sieg über Memnon sühnte, so folgte auf den Verlust des Protesilaos, nicht zwar im Sinne persönlicher Vergeltung, aber als hervorstechende, das Griechenheer wieder aufrichtende Grossthat, der Sieg über Kyknos. Diese drei höchsten Siege des Achill stellt Pindar, bei dem jedes Wort in wachsender Sagenkenntniss sich vertieft, als Inbegriff seines Ruhmeslebens zu- sammen:

> Ol. II 145 Ἀχιλλέα, ὃς Ἕκτορ' ἔσφαλε, Τροίας
> ἄμαχον ἀστραβῆ κίονα, Κύκνον τε θανάτῳ πόρεν,
> Ἀοῦς τε παῖδ' Αἰθίοπα.

> Isthm. IV 49 λέγε, τίνες Κύκνον, τίνες Ἕκτορα πέφνον,
> καὶ στράταρχον Αἰθιόπων ἄφοβον
> Μέμνονα χαλκοάραν· τίς ἄρ' ἐσλὸν Τήλεφον
> τρῶσεν ἑῷ δόρι Καΐκου παρ' ὄχθαις;

Den gleichen Inbegriff malte der geistverwandte Polygnot in einer jetzt sinnvoll sich erschliessenden Gruppe der Nekyia, in welcher Achill mit Patroklos, Antilochos, Protesilaos, als den drei jugendlichen Blutzeugen seines Zornes, und mit Agamemnon, der ihn dreimal im Laufe des troischen Krieges als

---

[1] Nur so ist das von Plutarch überlieferte Gespräch zwischen Achill und Odysseus aus dem Drama Ἀχαιῶν σύλλογος zu verstehen (Sophocles, Fragm. 141 ed. 2 Nauck): ὁ παρὰ Σοφοκλεῖ τὸν Ἀχιλλέα παροξύνων Ὀδυσσεὺς οὐ φησὶν ὀργίζεσθαι διὰ τὸ δεῖπνον, ἀλλ'

> Οὐ κῆδος μὲν τὰ Τροίας εἰσορᾶν θέλεις
> δέδιακας;

(nach der englischen Karte liegt Tenedos 10 Meilen, 5 Stunden, von Ilion entfernt) καὶ πρὸς ταῦτα πάλιν τοῦ Ἀχιλλέως δυσχεραι- νοῦντος καὶ ἀπιελθεῖν λέγοντος

> Οὐ ἐγῷδ' ὅ φεύγεις· οὐ τὸ μὴ κλύειν κακῶς,
> ἀλλ' ἐγγὺς Ἕκτωρ ἐστί· θυμαίνειν καλόν.

Das μὴ κλύειν κακῶς bezieht sich wohl auf die im Auftrage von Agamemnon vollzogene Verstossung des Philoktet, welche der tiefere Grund des Zwiespaltes gewesen sein mag.

[2] Diese Auffassung von Nitzsch hat Bergk, Griechische Literaturgeschichte I S. 677, gegen Welcker, Der epische Cyclus I[2] S. 168, Griechische Tragödien I S. 113 wieder aufgenommen, was sich namentlich empfiehlt, wenn der Ausdruck νεἵκεος ἀρχή, der schon Eustathios auffiel, den Zeitpunkt nicht der Orakelbefragung, sondern des Streites im Anfange des troischen Krieges bezeichnet. Hier sei an das auf S. 144, 4 angezogene Schalenbild des Hieron erinnert.

[3] Dio Chrysost. XI 74, S. 171 M. ἐπὶ δ' οὖν ἔλθον οἱ Ἀχαιοί, τὸ μὲν πρῶτον εἴργοντο τῆς γῆς καὶ Πρωτεσίλαός τε ἀποθνήσκει βιαζόμενος ἀποβῆναι καὶ πολλοὶ τῶν ἄλλων, ὥστε διέπλευσαν εἰς τὴν Χερρόνησον ὑποσπόνδους τοὺς νεκροὺς ἀνελόμενοι, κἀκεῖ θάπτουσι τὸν Πρωτεσίλαον. ἔπειτα περιπλέοντες ἀνέβαινον εἰς τὴν χώραν καὶ τῶν πολισμάτων τριὰ ἐπόρθουν. ὁ δὲ Ἀλέξανδρος μετὰ τοῦ Ἕκτορος τὸν μὲν ὄχλον συνῆγεν ἅπαντα τὸν ἐκ τῆς χώρας εἰς τὸ ἄστυ, τὰς δὲ μικρὰς πόλεις τῶν τῆς πρὸς τῇ θαλάττῃ διὰ τὸ μὴ δύνασθαι πανταχοῦ βοηθεῖν· πάλιν δὲ καταπλεύσαντες εἰς τὸν Ἀχαιῶν λιμένα νυκτὸς ξὺαθεν ἀπέβησαν, καὶ ναύσταθμον περιεβάλοντο καὶ τάφρον ὥρυξαν φοβούμενοι τὸν Ἕκτορα καὶ τοὺς Τρῶας, καὶ μᾶλλον ὡς αὐτοὶ πολιορκησόμενοι παρεσκευάζοντο. Vergl. Schlie, Die Darstellungen des troischen Sagenkreises S. 14 f.

[4] Schliemann, Troja, S. 286 f.

Retter hatte begrüssen müssen, vereinigt war.[1] Noch Quintus Smyrnaeus scheint etwas von dem Sachverhalte zu kennen, wenn er das Schicksal des Kyknos mit demjenigen des Protesilaos, der doch von Kyknos nicht gefallen war, mittelbar in Verbindung bringt:[2]

> καὶ οἱ τεύχεα καλὰ πόρεν μεγάλοιο Κύκνοιο
> δῖα Θέτις· τὸν γάρ ῥα φόνῳ ἔπι Πρωτεσιλάου
> πολλῶν θυμὸν ἑλόντα κατέκτανε Πηλέος υἱὸς,
> πρῶτον ἀριστήων· Τρῶας δ᾽ ἄχος ἀμφεκάλυψεν.

Allem Anscheine nach war auch der dichterisch wichtige Moment der ersten Wiederbethätigung nach dem Zorne übereinstimmend behandelt. Wie sich die persönliche Wirkung Achills in der Ilias zu übermenschlicher Grösse steigert, als er am Graben mit der Aigis der Athena und einem vom Haupte aufflammenden Feuerschein den Feinden entgegentritt und der Ruf seiner Stimme genügt, sie in die Flucht zu jagen, so sprang er bei der Landung in Troas zuletzt von allen Griechen, als heroischer Renner mit einem solchen Wucht an das Ufer, dass unter seinem Fusse eine Quelle aus dem Boden drang. Dass der Edelste hinter allen zurückblieb, ist nur unter Umständen zu verstehen, die seinem Charakter Ehre zusetzten, und als blosses gelegentliches Kraftstück wäre jener märchenhafte Zug nichtssagend, wogegen er Vollwerth erhält, wenn er den Schrecken malte, mit dem der Beleidigte endlich vorbrach, um das Schicksal der Griechen zu entscheiden. Hier nun setzt Aufklärung gebend und empfangend unser lykisches Bildwerk ein.

Die Kassandra des Lykophron[3] leitet den Anfang des Krieges, der die trojanischen Fluren verheert, von dem »Pelasgischen Sprunge« ab, mit dem der »grimme Wolf« zuletzt an das Gestade setzt und aus Dünensand verborgener Quellen Labung erschliesst, wozu die Scholien und in erweiterter Fassung Tzetzes[4] die Fabel mittheilen, ohne ihre Stelle im Epos zu erwähnen, aber nicht ohne den dahin zurückführenden Weg zu weisen. Antimachos hatte sie erzählt, Euripides in der Andromache spielt auf

---

[1] Pausanias X 30, 3 Μετὰ δὲ τοῦ Πανδάρου τὰς κόρας Ἀντίλοχος τὸν μὲν ἕτερον ἐπὶ πέτρας τῶν πυθῶν, τὸ δὲ πρότερον καὶ τὴν κεφαλὴν ἐπὶ ταῖς χείρεσιν ἀμφοτέραις ἔχων ἐστίν. Ἀγαμέμνων δὲ μετὰ τὸν Ἀντίλοχον σαφεστέραν τι ὑπὸ τὴν ἀριστερὰν μασχάλην ἐπειλήφασιν καὶ ταῖς χερσὶν ἔστιν ἐς τοῦτα ῥάβδον. Πρωτεσίλαος δὲ πρὸς Ἀχίλλεα ἀφορῷ καθεζόμενον, καὶ ὁ Πρωτεσίλαος τοιοῦτον παρέχεται σχῆμα· ὑπὲρ δὲ τὸν Ἀχίλλεα Πάτροκλός ἐστιν ἑστηκώς. οὖτοι πλὴν τοῦ Ἀγαμέμνονος οὐκ ἔχουσι γένεια οἱ ἄλλοι. Von Interesse sind aus dem Heroikos des Philostrato drei Stellen: bei der Landung im teuthranischen Kriege springen Achill und Protesilaos, der den Achill zu Aulis im Sprunge besiegt hatte, zugleich ans Land und kämpfen gemeinsam gegen Telephos, dem Protesilaos zuerst den Schild entreisst und Achill dann mit der Lanze die Wunde beibringt, worauf ein Schiedsgericht der Achaier das zwischen beiden streitige Besitzrecht des Schildes entscheidet (S. 298 f., vergl. Welcker, Der epische Cyclus II S. 140); C. Robert, Jahrbuch des kais. deutschen archäologischen Institutes II S. 257 f.); als Antilochos im fünften Jahre zum Heere kommt und durch seine jugendliche Schönheit die Bewunderung der Achaier erregt, erinnern diese sich trauernd der gleichen Erscheinung des gefallenen Protesilaos (S. 303); Agone in Troas und Elaius zu Ehren von Achill, Patroklos, Antilochos und Protesilaos (S. 304).

[2] Quintus Smyrnaeus IV S. 468.

[3] Lykophron Kassandra 243 ed. Scheer:

> Καὶ δὴ στένει Μύρινα καὶ παράκτιοι
> ὕππων φριμαγμὸν ἤσεις δεδεγμένοι,
> ὅταν Πελασγὸν εἶμα λαίφεους᾽ ποδῶν
> εἰς θῖν᾽ ἐρείσας λοίσθιον ἄθλοις λύσας
> κρηναῖον ἐξ ἄμμοιο ῥυβρήξῃς γάνος,
> παχνὰς ἀνολξας τὰς πάλαι κεκρυμμένας.

[4] Schol. Lykophr. ed Kinkel, S. 88. Scheer, Rheinisches Museum für Philologie XXXIV S. 444. Tzetzes, Schol., S. 243, 245, 530: Πελασγὸν εἶμα τὸ Θετταλικὸν πέδηγμα, τὸ τοῦ Ἀχιλλέως, Πελασγὸς γὰρ καὶ Θετταλὸς ὁ Ἀχιλλεύς . . . . Ἡ δὲ περὶ τοῦ Ἀχιλλέως πεδήγματος ἱστορία τοιαύτη ἐστί. Χρησμὸς ἦν δαθεὶς Ἕλλησι τὸν προσπελάσαντα τῶν Ἑλλήνων κατὰ τῶν Τρώων ἐν τῶν ἐλαχίστων πρώτων τῶν ἄλλων ἀπωθεῖν· Προσπελάσαντος δὲ τοῦ Πρωτεσιλάου καὶ σκαρφωθέντος ὑφ᾽ Ἕκτορος ἢ ἑτέρου τινός, ὁ Ἀχιλλεὺς τῷ τούτου παθήματι παιδευθεὶς ὕστερος ἀπαινων τῆς ἰδίας νεὼς πόῤῥω σφοδρότερα πεδήσας πλήττει τὴν γῆν, καὶ ὕδωρ ἐξ αὐτῆς, ὥς φασιν, ἀνεδόθη· Μαρτυρεῖ δὲ καὶ ὁ Ἀντίμαχος (fragm. 5) λέγων οὕτως·

> Ῥεῖρμα δ᾽ ἐπ᾽ ἠπείροιο μελαίνης ὑψόσ᾽ ἀερθεὶς
> Πηλεΐδης ἀπέλυσσεν ἰλαφρὸς ἠὼς κέρσας
> τοῦ δ᾽ Ἡμπροσθε πολὺ κρήνη γένετ᾽ ἀνάσσαν.

Καὶ Εὐριπίδης φησὶ διὰ Νεοπτολέμου (Andromache v. 1139)·

> τὸ Τρωικὸν πήδημα πηδήσας ποδοῖ·
> χωρεῖ πρὸς αὐτούς.

Favorinus s. v. εἶμα. Dazu vergl. das Ausoniusepigramm S. 208, 4 und die Stelle des Dion Chrysostomos oben S. 206, 3.

das Τρωικὸν πήδημα an, wie vielleicht mit gegensätzlicher Ironie Aischylos in den Persern V. 308, wo es in der Schlacht von Salamis von dem durch einen Speer getroffenen Chiliarchen Dadakes heisst:

πήδημα κοῦφον ἐκ νεὼς ἀφήλατο.

Die sprichwörtliche Bedeutung[1] des Θεσσαλὸν πήδημα, auch eine Ἀχιλλέως πήδημα benannte Oertlichkeit[2] der Troas (vielleicht die Quellen von Kum Kaleh in der antiken Ortschaft Achilleion[3] am Westufer der Skamandrosmündung) und weiter ausschmückende Züge, wie die boshafte, übrigens gut in die Charakteristik der Kyprien stimmende Erzählung von Odysseus, der bei der Landung aus Furcht vor dem Orakel den Schild an das Ufer vorauswarf, um den Schild, nicht auf das Land, zu springen,[4] bezeugen das Alter und den Ruhm der dichterischen Erfindung, und deutlicher als Alles bestätigt ihn die Darstellung in Gjölbaschi. Denn dass der unmittelbar von der Flotte herkommende jugendliche Hoplit vom Schiffe herab auf den Strandhügel gesprungen sei, lehrt der Augenschein, und mit diesem Sprunge und mit dem Strandhügel, der als die einzige Bodenerhebung im Friese einen besonderen Sinn haben muss, und dadurch, dass der Hoplit als letzter in die Schlacht herabspringt, ist die Deutung auf Achill gegeben. (Vergl. Fig. 163 b, c.) Diese Deutung sichert aber den Fries als Landungsschlacht des troischen Krieges.

Leichen aus der Schlacht hinwegzutragen ist in älterer Kunst ein nicht gerade vereinzelter, aber auch nicht häufiger Vorwurf. Zuweilen trägt ein Held die Last allein auf seinem Rücken, wie Aias den Achill auf der Françoisvase und einem Trinkgefässe des Gregorianischen Museums,[5] wie Diomedes den Thersandros aus der mysischen Schlacht auf einem kelchförmigen Krater der kaiserlichen Ermitage zu St. Petersburg,[6] eine Gruppe, die in gleicher Richtung und ähnlichem Aufbaue in der Amazonenschlacht des Phigaliafrieses wiederkehrt u. s. w. Aber auch zwei Krieger vereint tragen die Leiche, wie Aias P 717 dem Menelaos mit Meriones die Weisung gibt, zusammen den gefallenen Patroklos aufzunehmen:

ἀλλὰ σὺ μὲν καὶ Μηριόνης ὑποδύντε μάλ᾽ ὦκα

νεκρὸν ἀείραντες φέρετ᾽ ἐκ πόνου,

wie Sinon und Anchialos dies so mit dem Leichname des Laomedon in der Iliupersis des Polygnot thun, oder zwei Figuren der Meleagerjagd in Gjölbaschi mit einem vom Eber getödteten Genossen (B1, vergl. oben S. 113), oder in bekannten, oft besprochenen Darstellungen je zwei wechselnde Träger mit dem gefallenen Sarpedon, dem gefallenen Memnon u. s. w. Aber diese Träger fassen und halten den Todten alle unmittelbar mit den Händen, während mir kein zweites Beispiel der Kunst bekannt ist, dass sie ihn so wie hier in den Schild gebahrt hielten. Auch fällt auf, dass dieser Schild länger ist als die sonstigen Schilde in Gjölbaschi, länger selbst als die perspectivisch sich verkürzenden, welche aus optischen Gründen etwas grösser sind als die kreisrunden, deren durchaus constante Grösse nicht hinreichen würde, einen Todten einzubahren. Damit wird klar, dass es sich nicht etwa um einen künstlerisch hinzuerfundenen Zug handelt, sondern um einen im Stoffe der Erzählung selbst liegenden, dem Künstler vorgeschriebenen, welcher dem Kriegswesen der Zeit, in der diese Schlachtbilder entstanden, ungeläufig war. Es dürfte daher im Epos so die Leiche des Protesilaos gerettet worden sein.

[1] Eustath. zu B 732 und zu Dionys. perieg. v. 427.

[2] Schol. Euripides Androm. 1139 τὸ Τρωικὸν πήδημα· ἐπειδὴ ἐν τῇ Τροίᾳ ἐπήδησεν ὁ Ἀχιλλεύς· οἱ γὰρ συντετάχησι τὰ Τρωικά φασιν ὡς τόπος ἐστὶν ἐν Τροίᾳ καλούμενος Ἀχιλλέως πήδημα, ὅπερ ἀπὸ τῆς νεὼς ἐπήδησεν· οὕτως δὲ, φασὶ δὲ ἐλάτα ὡς καὶ ὕδωρ ἀναδίδωσι. Ueber Küstenquellen vergl. Reisen im südwestlichen Kleinasien II S. 46, S. 65, 1.

[3] Ueber Kum Kaleh vergl. Schliemann, Ilios, S. 121.

[4] Ausonius epitaphia 13 ed. C. Schenkl: Protesilao.

 Fatale adscriptum nomen mihi Protesilao,
  nam primus Danaum bello obii Phrygio,
 audaci ingressus Sigeia litora saltu,
  captus pellacia Lartiadae insidiis.
 qui, ne Troianae premeret pede litora terrae,
  ipse super proprium desiluit clipeum etc.

womit in der oben S. 206, 3 angeführten Stelle des Dion Chrysostomos zu vergleichen ist: Πρωτεσίλαός τε ἀποθνήσκειν βιαζόμενος ἀπηφθέναι.

[5] Vergl. Monumenti inediti dell' instituto II 11, Museo Gregoriano II 67, 2.

[6] Monumenti inediti dell' instituto VI 34; Petersen, Archäologische Zeitung 1879, S. 96; E. Löwy, Archäologisch-epigraphische Mittheilungen aus Oesterreich IV S. 272 (wo die Deutung zuerst gegeben ist); C. Robert, Jahrbuch des archäologischen Institutes II S. 250.

Vergil wird dieses Vorbild benutzt haben in der auch sonst mehrfach ähnlichen Landungsschlacht der Aeneide, in welcher die Leiche des von Turnus getödteten Pallas unter grossem Wehklagen auf den Schild erhoben und zurückgetragen wird (X, 5o5):[1]

> At socii multo gemitu lacrimisque
>
> inpositum scuto referunt Pallanta frequentes.
>
> o dolor atque decus magnum rediture parenti,
>
> haec te prima dies bello dedit, haec eadem aufert,
>
> cum tamen ingentis Rutulorum linquis acervos.

worauf allgemeine Flucht und höchste Noth entsteht, bis Aeneas nach anerkannt homerischem Muster wie ein zweiter Achill vordringt, das Kriegsglück herstellt und schliesslich den Verlust seines Freundes Pallas an Turnus im Zweikampfe rächt (XII 696 f.). Auch Euripides wird nach epischer Vorlage die ergreifende Scene der Troerinnen gestaltet haben, in welcher der getödtete Astyanax zur Klage der Hekabe auf die Bühne getragen wird, in den Schild des Vaters gebettet, um darin bestattet zu werden. Der grosse männerdeckende Schild des heroischen Zeitalters kam früh bei den übrigen Griechen ausser Gebrauch, während ihn die Lakedaimonier bis auf Kleomenes den Dritten behielten.[2] So erklärt sich der von Plutarch überlieferte berühmte Spruch der Spartanerin, die ihrem in den Krieg ziehenden Sohne den Schild mit den Worten reichte: »ἢ τὰν, ἢ ἐπὶ τάς«,[3] und wie sehr hier das Heimkommen auf dem Schilde eine höchste Auszeichnung war, wird unter Anderem aus einem schönen Grabgedichte eindrücklich, welches namenlos bei Plutarch und als Dioskorides in der Anthologie überliefert ist:[4]

> Τᾷ Πιτάνᾳ Θρασύβουλος ἐπ᾽ ἀσπίδος ἤλυθεν ἄπνους,
>
> ἑπτὰ πρὸς Ἀργείων τραύματα δεξάμενος,
>
> δεικνὺς ἀντία πάντα· τὸν αἱματόεντα δ᾽ ὁ πρέσβυς
>
> παῖδ᾽ ἐπὶ πυρκαϊὴν Τύννιχος εἶπε τιθείς·
>
> »Δειλοὶ κλαιέσθωσαν· ἐγὼ δὲ σέ, τέκνον, ἄδακρυς
>
> θάψω, τὸν καὶ ἐμὸν καὶ Λακεδαιμόνιον.«

Für weitere Namengebungen, die eigentliche Schlacht betreffend, ist es wie oben bei der Thebais schwieriger, die Grenze des Erlaubten als des Möglichen zu finden.

In dem Achill voraufeilenden und zu ihm zurückblickenden Manne, der hiedurch in nächste Beziehung zu ihm gesetzt ist, ähnlich wie der vermuthliche Diomedes zu Thersites im Beginne der Griechenschlacht auf der Westwand (S. 121, 144), könnte man Patroklos vermuthen, den Achill seit der Kaïkosschlacht im Kampfe nie von seiner Seite liess.[5] Bei der durch ihren Platz und eine gewisse Ausführlichkeit der Behandlung sich auszeichnenden Figur des Bogenschützen auf B 4, welche durch die linksher ohne inneren Zusammenhang anstossende Gruppe in den Hintergrund gerückt wird — ein Kunstmittel der Composition, das namentlich in der Meleagerjagd (auf B 4, vergl. oben S. 108) für ein perspektivisches Hintereinander fein verwandt ist — wird man sich am liebsten des ersten Bogenschützen im Achaierheere, des Salaminiers Teukros, erinnern; vielleicht ist er im Hinterhalte zu

---

[1] Vergl. Vergil, Aen. X 841. Silius Italicus Pun. V 584. Statius Thebais VIII 641. An die im Texte behandelte Stelle der Aeneide bin ich durch ein Mitglied des archäologisch-epigraphischen Seminares, Herrn Nowotny, erinnert worden.

[2] Otfried Müller, Die Dorier II S. 245.

[3] Plutarch. Lacaenarum apophthegmata 15, vol. VI S. 898, ed. Reiske. Ausonius epigr. XXIII ed. C. Schenkl.

[4] Anthologia Palatina VII 229. Plutarch, Apophthegmata Laconica 48, vol. VI S. 874, ed. Reiske. Ausonius epigr. XXII ed. C. Schenkl. Vergl. das von Philipp von Thessalonich missverstandene Epigramm des Antiphilos von Byzanz, Anthol. Pal. IX 294, auf die Leiche des Leonidas, welche der Dichter dem Xerxes, der sie in Purpur hüllen will, entgegnen lässt:

> Οὐ δέχομαι· προδότας αὖτα χάρις· Ἀσπὶς ἔχοι με
>
> καὶ νέκυν· ὁ πλούτεις δ᾽ οὐκ ἐμὸν ἐντάφιον

Weitere Stellen über die lakedämonische Sitte bei Meursius, Miscellanea Laconica II 2, S. 97. Wyttenbach, Animadversiones in Plutarchi opera moralia II S. 469. — Ueber die gleiche Sitte bei den Germanen vergl. A. Schultz, Das höfische Leben[2] S. 88, 307, 309.

[5] Pindar Ol. IX 76

> ἐξ οὗ Θέτιος γ᾽ ὄχος εὔδην νιν ἐν Ἄρει
>
> παραγορεῖτο μή ποτε
>
> σφετέρας ἄτερθε ταξιοῦσθαι
>
> δαμασιμβρότου αἰχμᾶς.

denken, gedeckt durch den Baumstamm, wie Bogenschützen solche Deckungen lieben.[1] Der diesseits
von ihm mit Ungestüm aus den Trojanerreihen vorgedrungene bärtige Hoplit, der anscheinend schon
den einen der beiden auf B 3 zusammenbrechenden Griechen verwundet hat und dem in auffälliger
Haltung vor ihm Umsinkenden eben den Todesstoss giebt, unverkennbar der eigentliche Vorkämpfer
der Trojaner, scheint allen Anspruch auf die Benennung Kyknos zu haben. Der einzige Krieger auf
griechischer Seite, der einen Pilos trägt, die letzte Figur auf B 4, könnte als Odysseus gelten; aber,
von Kyknos abgesehen, ist mit diesen Vermuthungen dem Verständnisse des Bildwerks wenig gedient
und gewiss nicht die Frage erschöpft, wie weit der Künstler gewillt war, einzelne Helden erkennbar
vorzuführen. Anders steht dies wieder am linken Ende des Frieses, wo der auf dem königlichen Bema
(vergl. oben S. 146, 1) thronende Greis nur Priamos sein kann und auch für andere Figuren nicht blos
aus der Gesammtlage heraus sich bestimmtere Auffassungen ergeben.

Die Viermännerschaar zunächst, mit der das Bild hier schliesst, ist deutlich im Hinterhalte. Ausgedrückt ist dies nicht nur durch ihren versteckten Platz abseits der Schlacht im Rücken des Herrschers,
sondern durch die Art, wie sie zusammenkauern: die Speere zur Erde senkend oder im Begriffe, sie zur
Erde zu senken, um durch ihre blinkenden Spitzen nicht aufzufallen, und andererseits mit aufmerkendem
Blicke in voller Waffenbereitschaft, als gälte es jeden Augenblick aufzuspringen und zum Angriff über-
zugehen. So lauert Achill hinter dem Brunnen hockend dem armen Troilos auf. So wird ein Lochos
beschrieben im Bilde der belagerten Stadt auf dem Schilde des Achill Σ 522:

ἐνθ' ἄρα τοί γ' ἧσντ' εἰλυμένοι αἴθοπι χαλκῷ,

oder von Odysseus ξ 474:

ὑπὸ τεύχεσι πεπτηῶτες κείμεθα,

oder von Idomeneus N 277, wo geschildert ist, wie der Feigling sich im Hinterhalte durch Unruhe
verrathe, indem er unstät hocke und sich wechselnd bald auf den einen, bald auf den andern Fuss setze:

ἐς λόχον, ἔνθα μάλιστ' ἀρετὴ διαείδεται ἀνδρῶν, —

ἔνθ' ὅ τε δειλὸς ἀνὴρ, ὅς τ' ἄλκιμος, ἐξεφαάνθη·

τοῦ μὲν γάρ τε κακοῦ τρέπεται χρὼς ἄλλυδις ἄλλη,

οὐδέ οἱ ἀτρέμας ἧσθαι ἐρητύετ' ἐν φρεσὶ θυμός,

ἀλλὰ μετοκλάζει καὶ ἐπ' ἀμφοτέρους πόδας ἵζει κτλ.

So zeigt einen Lochos, wie ich aus dem Werke Wilhelm Kleins über die Vasen mit Lieblingsinschriften
ersehe, eine rothfigurige Schale mit dem Lieblingsnamen des Leagros der Sammlung Branteghem: auf
den Aussenseiten der Schale kauern sechs nackte Krieger nebeneinander, drei auf der einen mit Beinschienen, die andern drei mit einem Schurz um die Hüften, alle mit Helmen, Schilden und gesenkten
Lanzen. Noch ähnlicher ist das in Fig. 161 wiederholte schwarzfigurige Bild einer Oinochoe von Bologna,[2]
wo die Helden in einem Weinberge versteckt sind und eben dieser Besonderheit wegen nur etwas Einmaliges gemeint sein kann, vielleicht ein Hinterhalt der berühmten Schlacht, welche nach Pindar in
der »weinreichen mysischen Ebene« am Kaikos stattfand und in der sich Telephos von Achill verfolgt in die Reben eines Weinstockes verstrickte.[3] Dies Vasenbild nimmt sich wie ein Gegenstück zu

---

[1] Vergl. Α 371: αὐτὰρ Ἀλέξανδρος, Ἑλένης πόσις ἠϋκόμοιο,
Τυδείδη ἔπι τόξα τιταίνετο, ποιμένι λαῶν,
στήλῃ κεκλιμένος ἀνδροκμήτῳ ἐπὶ τύμβῳ
Ἴλου Δαρδανίδαο . . . ὁ δὲ μάλα ἡδὺ γελάσσας
ἐκ λόχου ἀμπήδησε, κτλ.

[2] A. Zannoni, Gli scavi della Certosa di Bologna, tav. CVII, S. 363; R. Engelmann, Bilderatlas zum Homer. Odyssee,
Taf. XIII 71, wo die Bezeichnung Lochos zuerst gegeben ist. Vergl. das Innenbild der Schale des Pamphaios im Bonner
Provinzialmuseum, in den Bonner Studien, Reinhard Kekulé gewidmet, S. 198 (Alfred Körte).

[3] Pindar, Isthm. VIII 105 καὶ νεαρὸν Βοιῶν στεφόν στάματ' ἀπέρριψεν ἀρετᾶν Ἀχιλέος· ὃ καὶ Μύσιον ἀμπελόεν αἵμαξε
Τηλέφου μέλανι ῥαίνων φόνῳ πεδίον, mit den Scholien. Tzetzes zu Lykophron 206. Schol. Ven. A und Eustathios zu Α 59.
Jahrbuch des kais. deutschen archäologischen Institutes II, S. 249 (C. Robert). Dass Dionysos dem Telephos wegen unter-
lassener Verehrung zürnte, wird alt sein, und möglicher Weise hängt das Geschenk des goldenen Weinstockes, welches
Priamos dem Weibe des Telephos gab, damit sie ihren Sohn Eurypylos den Troern zu Hilfe sendete (Fragm 6 der kleinen
Ilias, Kinkel, vergl. Welcker, Der epische Cyclus II S. 261 f.) damit zusammen.

dem Lochos unseres Frieses aus und könnte leicht einem grösseren Ganzen entnommen sein, welches die mysische Landungsschlacht der Kyprien ähnlich darstellte wie hier die troische.

Klar ist ferner die Rüstungs- und Auszugsscene in der Umgebung des Königs. Denn dass der links von ihm stehende jugendliche Krieger sich den Helm aufsetzt, zeigt nicht blos die Haltung seiner Hände und die Neigung des Kopfes, sondern ein Rest des Helmes selbst, von dem Busche über der Rundung des Schädels. Durch den Augenschein gesichert ist auch die Beinschiene, welche der andere bärtige Nachbar des Königs für den sich rüstenden Hopliten bereit hält, und dass die convexe Ueber-höhung des Bemas unter dem erhobenen Fusse des letzteren als platt auf dem Boden liegender Schild, seine Armhaltung im Anschienen gedacht werden muss, beweist die typische Darstellung dieses Actes auf zahlreichen Vasen, unter Anderem das in Fig. 162 mitgetheilte Innenbild einer Schale des Museo Gregoriano.[1] Alle diese Rüstungsmotive sind für sich allein oder in gruppenweiser Vereinigung alther-

162. Innenbild einer Schale des Museo Gregoriano.

kömmlich, aber in den ersten Stadien des rothfigurigen Stils werden sie ein breites Lieblingsthema der Malerei, und wo Beischriften oder innere Bezüge den jeweiligen Sinn offenbaren, handelt es sich fast immer um Auszüge von Trojanern, in Sonderheit von Hektor. Hauptbeispiele dieser Zeit sind die Troilosschale des Euphronios in Perugia und die Duris-Pythonschale im österreichischen Museum zu Wien.[2] Der Auszug ist zuweilen durch Gegenstücke in diesen Bildern verknüpft mit einem bestimmten einmaligen Ereignisse, wenn es den kritischen Versuch gilt, Troilos von Achill zu erretten,[3] weit öfter aber entbehrt er eines ausdrücklichen Bezuges, und in diesen Fällen hat man sich in Ermangelung einer directen Erklärung aus der Ilias und, wie es schien, dem Epos überhaupt, dabei beruhigt, allgemein »ein Gesammtbild des Ausmarsches der troischen Schaaren unter Hektors Führung« zu erkennen. Aber eine solche poetisch schwebende Abstraction aus dem Kreislaufe epischer Vorkommnisse wäre kein Vorwurf für eine Kunst, welche vor Allem erzählen wollte, und würde von den Zeitgenossen, welche den

---

[1] Museo Gregoriano T. LXXXI 2 = A II T. LXXXV 2. E. Gerhard, Auserlesene Vasenbilder III, Taf. CCLXIX—CCLXX.

[2] W. Klein, Euphronios², S. 218. H. Brunn, Troische Miscellen I S. 13. Luckenbach, Das Verhältniss der griechischen Vasenbilder zu den Gedichten des epischen Kyklos, S. 543. C. Robert, Bild und Lied, S. 23.

[3] So scheint mir auch die chalkidische Amphora der Würzburger Sammlung (Nr. 315, E. Gerhard, Auserlesene Vasen-bilder IV, Taf. CCCXXII) verstanden werden zu müssen, auf welcher in dem jetzt sinnlosen, weil missverständlich be-handelten Bilde der Rückseite der grosse, unter dem zweiten Henkel noch einmal wiederholte Renner nur Achill sein kann.

28

trümmerhaften Zusammenhang der troischen Ueberlieferung als ein lebendiges Ganzes kannten und genossen, immer individuell verstanden worden sein. Jetzt lehrt unser Fries, dass nicht ein Ausmarsch schlechthin, sondern der erste im Kriege gemeint ist, der historisch erste und als solcher wichtigste und berühmteste, der zu ausführlichen dichterischen Schilderungen reizte, aus denen selbst in eine so schlichte bildliche Fassung etwas von ihrer glücklichen Contrastwirkung überging.

Die graziöse Fussstellung, die geschmeidig weibliche Gesammterscheinung des Jünglings, ein Act, der in der Zeit des Euphronios wie eine schöne Entdeckung auftaucht und sich in zahlreichen Wiederholungen vervollkommnet, ist der leibhaftige Paris. Der vornehmste männlichste Held, der sich an der Ehrenstelle vor dem Angesichte des Königs mit glaublicher Eile waffnet, dabei von anderen umstanden und bedient wird, also künstlerisch den Hauptaccent der Handlung trägt, ist die Säule Trojas, Hektor. Der müssig neben ihm stehende Trabant, welcher die Scene gegen die Schlacht hin abschliesst, erinnert daran, dass dem Bildtypus vom Auszuge Hektors seit alters Kebriones als Wagenlenker und Kampfgenosse angehört, und auch der vierte Krieger dürfte sich aus der dichterischen Grundlage erklärt haben, wenigstens empfiehlt sich eine solche Voraussetzung für diese fühlbar sinnvolle Stelle der Friesreihe. Allerdings wurde in den Kyprien Protesilaos durch Hektor getödtet, während die Ilias B 701 unbestimmt einen Dardaner als Thäter nannte, was Spätere auf Aineias, Achates oder Euphorbos ausdeuteten, und dies scheint einen Widerspruch in der vorgetragenen Erklärung aufzudecken. Aber kriegsgemäss muss zwischen dem Falle des Protesilaos und der Möglichkeit, seine Leiche hinwegzuschaffen, eine gewisse Zeit verstrichen sein, in der eine Ueberhandnehmen der Achaier stattfinden konnte, das den Hektor wie in der Ilias hinweg nach Troja und von dort mit Paris wieder in die Schlacht zurücktrieb, so dass ein Verlauf der epischen Handlung denkbar wäre, der es dem Künstler ermöglichte, den Besieger von Protesilaos nicht auf dem Schlachtfelde, sondern in Troja zu zeigen. Es würde damit lediglich ein weiteres Glied hervortreten in der merkwürdigen Kette von Uebereinstimmungen, welche zwischen diesem Theile der Kyprien und der Ilias bestanden und von Welcker aus Anlass eines jetzt in Würzburg befindlichen Vasenbildes, das einen dem siebenten Gesange der Ilias nachgebildeten Zweikampf des Achilleus und Hektor darstellt,[1] erkannt und nachgewiesen worden sind,[2] Uebereinstimmungen, die sich nach diesem Zweikampfe auf Waffenruhe und Todtenbestattung, auf die Frage der Rückgabe von Helena und die Verschanzung des Griechenlagers erstrecken. Jedoch auch wenn jene in sich mögliche Annahme unbegründet wäre und damit ein nach Art des Freiermordes engster Anschluss des Bildwerkes an das Epos wegfiele — eine deutliche Idee des epischen Herganges ist aus der Ueberlieferung nicht zu gewinnen und das Bild musste ihn unter allen Umständen zusammenziehen —, so würde das Verdienst des Künstlers dennoch eher eine Steigerung erfahren, da er um den Preis einer Abweichung im Factischen das vielsagende innere Schönheit erkauft hätte. Die Figuren von Hektor und Achilleus an den entgegengesetzten Enden unseres Frieses gleichen den belasteten Schalen einer Wage, welche die Bewegung des Ganzen bestimmen. Indem die beiden ebenbürtig grössten Gegner gleichzeitig den Ihrigen zu Hilfe in die Schlacht nachsetzen und wie obschwebende Gewitter von fernher einander entgegenrücken, gewinnt nicht nur die gegenwärtige Handlung ungemeines Leben, sondern es eröffnet sich ein Ausblick in die wechselvolle Zukunft des ganzen Krieges. Man ahnt an diesen bescheidenen Schildereien, welche Quelle von Genüssen die von Homer erfüllten Griechen der alten Zeit an den grossen epischen Gemälden Polygnots besassen.

---

[1] Monumenti inediti dell' instituto I 35, 36. Welcker, Alte Denkmäler III, Taf. XXVI 1, 2, S. 428 f. Overbeck, Die Bildwerke des thebischen und troischen Sagenkreises, Taf. XV 4. Urlichs, Verzeichniss der Antikensammlung der Universität Würzburg III Nr. 302, S. 65.

[2] Welcker, Der epische Cyclus II S. 104; Alte Denkmäler III S. 431; Die griechischen Tragödien, I S. 117. Die in der befremdlichen Unselbständigkeit des Stasinos gipfelnden Bedenken Luckenbachs, a. a. O. S. 521, erledigen sich, scheint mir, für diejenigen, welche in dem beständigen Wiederaufnehmen, Angleichen und Fortweben vorhandener Motive das eigentliche Leben der Sagendichtung erkennen. Mit Recht aber erinnerte Luckenbach, dass in dem Schildzeichen als solchem keine Hindeutung auf Achill liege und dass nur für Priamos, nicht ein unbekannter Erzieher des Hektor, sich auf troischer Seite annehmen lasse. In dem schwarzfigurigen Münchner Vasenbilde, welches Brunn und unabhängig von ihm Wilhelm Klein auf diese Scene bezogen haben (Archäologische Zeitung 1854, Taf. LXVII. Verhandlungen der 29. Versammlung

V. Die Gräber.

ἔστι γὰρ ἴσ,
πάντοθεν εἰς ἀίδην ἐρχομένοισιν ὁδός.

Tymnos, Anth. Pal. VII 477.

Wie auf allen Trümmerstätten Lykiens überwiegen unter den erhaltenen Monumenten auch in Gjölbaschi die Gräber. Sie sind hier sogar besonders zahlreich und geben von dem Wechsel der heimischen Bestattungsweise auf engem Raume ein ausführlicheres Bild als die Ruinengebiete mancher lykischen Metropole. Man begegnet fast allen Grabformen, die im Lande vorkommen, und stösst auch abgesehen von der sonst nicht sich wiederholenden Anlage des Heroon auf Einmaliges, dessen Verständniss keine Varianten erleichtern. Dieser unverhältnissmässige Reichthum der Erhaltung an dem kleinen Orte mag sich durch die hohe, schwer zugängliche Lage erklären und vielleicht auch durch den Umstand, dass Trysa zur Bedeutungslosigkeit herabgesunken war, als in den ersten glücklichen Jahrhunderten des römischen Kaiserreiches alle städtischen Plätze des Landes sich baulich verjüngten.[1]

---

deutscher Philologen und Schulmänner in Innsbruck, S. 152 f.), ist die Bekränzung der beiden Kämpfer und der beiden Jünglinge, welche sie trennen, auch die Binde in dem freien Felde der Mitte, schwerlich bedeutungslos. Aus dem Friese erwächst der Welckerschen Deutung des Würzburger Vasenbildes neue Wahrscheinlichkeit und bestätigt sich die treffende Schilderung Brunns, Troische Miscellen III S. 174, die ich mir nicht versagen kann hier zu wiederholen: »Es ist natürlich, dass die beiden Haupthelden der feindlichen Partеien vor Begierde brennen, ihre Kräfte mit einander zu messen, und dass darum der Dichter sie so schnell als möglich, wahrscheinlich unmittelbar nach dem Tode des Kyknos, einander gegenüberstellt, aber ebenso natürlich, dass es im Interesse beider Parteien liegt, die besten Kräfte nicht sofort beim ersten feindlichen Zusammentreffen aufs Spiel zu setzen, sondern für die letzten Entscheidungskämpfe aufzusparen. So wird die erste Begegnung beziehungsreich für die Folge, und die Bedeutung der beiden Helden für die letzte Entscheidung des Krieges tritt gerade durch die gewaltsame Verzögerung derselben in das hellste Licht.« Vergl. C. Robert, Bild und Lied, S. 122, 56. — Wie Hektor H 216 in dem Zweikampf vor Aias fürchtet, so dürfte die viel beanstandete Furcht des Achill vor Hektor H 114 in der Landungsschlacht vorgekommen sein.

Mit dem Motive der Figur des Achilleus in unserem Friese ist nicht ohne Interesse eine Darstellung des Protesilaos auf Münzen von Theben in Thessalien zu vergleichen. (Fig. 163 b und c, nach R. Weil, Archäologische Zeitung 1873, S. 40. Vergl. Imhoof-Blumer, Monnaies grecques, S. 134; A. v. Sallet, Zeitschrift für Numismatik I S. 175; Gardner, Types of the greek coins, pl. XII 7.) »Ein Krieger mit voller Waffenrüstung, Panzer, fliegendem Helmbusch, einem grossen länglichen [vielmehr länglich sich verkürzenden] Schild in der Linken, in der Rechten ein kurzes gezücktes Schwert, eilt mit grossen Schritten von einem auf den Uferstrand gelaufenen Schiffe, dessen Vordertheil allein sichtbar ist, gegen seinen in der Nähe zu denkenden Feind. Es ist Protesilaos, der, eben am troischen Ufer gelandet, dem von Orakel ihm bestimmten sicheren Tode entgegengeht.« (R. Weil) Die Situation ist die gleiche, nur ist das Herabspringen, namentlich auf der Bronzemünze, weit weniger deutlich ausgedrückt.

Eine Foxische Bronzemünze von Elaius auf dem thrakischen Chersones, jetzt im kön. Museum zu Berlin (Fig. 163 a nach A. v. Sallet, Beschreibung der antiken Münzen I S. 264, Taf. VII 63) zeigt ein »reichverziertes Schiffsvordertheil rechts, das Akrostolium in einen Hirschkopf auslaufend, der Kiel rechts in einen Eberkopf. Unten am Kiel Delphin rechts. Oben steht rechts ein Krieger, behelmt, im Panzer und kurzem Kleid, im linken Arm Lanze, die Rechte erhebend.« Hierin hat W. Drexler

163. Münztypen des Protesilaos.
a Bronze von Elaius, b Silber, c Bronze
von Theben.

in A v. Sallet's Zeitschrift für Numismatik XIV S. 130, die Nachbildung eines statuarischen Werkes erkannt, welches Philostratos (Heroic. 39, II S. 141 ed. min. Kayser) als eine im Heiligthume des Protesilaos bei Elaius befindliche Darstellung des Protesilaos beschreibt: τὸ δὲ ἄγαλμα τοῦτο βέβηκε μὲν ἐπὶ νεώς, ἐν γὰρ τῆς βάσεως σχῆμα πρῴρα, ὥρμηται δὲ ναύαρχος · περιτρέχει δὲ αὐτὴ ὁ χρόνος καὶ νὴ Δί' οἱ ἀλείφοντές τε καὶ οἱ ἐπομαργάμενοι τὰς εὐχὰς ἐξηλλάχασι τοῦ εἴδους, worauf der Winzer die Grünse des mit ihm verkehrenden Heros, nicht seines Bildes, auf zehn Ellen schätzt und auf die Frage des Fremden, ob er gerüstet sei, antwortet: χλαμύδα ἐσθῆται, ξένε, τὸν Θετταλικὴν τρόπον, ὥσπερ τὸ ἄγαλμα τοῦτο. Dieser letztere Umstand stimmt also mit der Münze nicht überein, welche das typische Bild eines Nauarchenanathems gibt, den Nauarchen gerüstet, die Rechte in Adlocution erhoben. Vergl. den nauarchus thoracatus des Parrhasius, der das älteste Beispiel für das Motiv der grossen Nike von Samothrake sein mag, eine Stele von Paros (E. Löwy, Archäologisch-epigraphische Mittheilungen aus Oesterreich XI S. 172 f.), eine Stele der Krim in Petersburg (Compte-rendu 1877, S 246), Münzen von Byzanz mit dem Bilde des Byzas auf einem Schiffe (Ephemeris archaiol. 1884, pin. I 16, S. 79) u. s. w. — Ein Compendium der Friescomposition auf einem Sarkophage von Telmessos, Texier, Asie mineure III 173.

[1] Vergl. Gustav Hirschfeld, Zur Typologie griechischer Ansiedlungen, Historische und philologische Aufsätze, Festgabe an Ernst Curtius, 1884, S. 21.

Der durch das Harpyienmonument bekannten Classe der Grabpfeiler oder Grabthürme gehört als ältestes Beispiel ein mit Reliefs geschmückter Monolith an, welcher im Westen der Stadt in Trümmern liegt.[1] Eine Seltenheit ist das grosse Reliefmal eines Hundes, das am Rande des schroffen Absturzes nach Tschukur (Fig. 8, S. 22) aus dem nackten Felsen gemeisselt ist und mit der Bildseite in das sich öffnende Thal schaut.[1] Aus hellenistischer Zeit sind Grabstelen mit Reliefs wenigstens in Fragmenten, aus römischer Zeit cylindrische Grabcippen vorhanden.[2] Allenthalben im Weichbilde der Stadt erblickt man kolossale Sarkophage mit spitzbogigem Dache, welche auf ihrer zwei- oder dreistufigen Basis meist noch aufrecht stehen, aber in der gewohnten Weise durchaus erbrochen sind, und das Dach zuweilen verschoben oder halb zerschlagen haben, so dass die mächtigen Reste wild durcheinander-liegen. Zwei dieser Sarkophage, und zwar die beiden grössten, besterhaltenen, von denen der eine in der Nähe des Marktes, der andere in der Nähe des Heroon stand, der erstere jetzt in Constantinopel,[4] der letztere jetzt in Wien (Tafel I und II im Texte und Tafel XXXII, Fig. 1—3 des Atlas), haben Reliefs, der letztere auch Schrift, während von den Sarkophagen des Heroon nicht mehr als Trümmer ihrer reichen einstigen Ausstattung vorliegen (Tafel XXIX). Auch die weitverbreitete Gattung der mit Fassaden im Gezimmerstil verblendeten Felsgräber ist wenigstens durch ein, leider von uns nicht aufgenommenes Beispiel unweit der Südmauer der Akropolis vertreten, und die anderwärts seltenen Grabhäuser,[5] die den Riegelbau der lykischen Wohnungen nachahmen, lernt man in einer Reihe ausgezeichneter Exem-plare kennen, von denen einige die vornehme Begräbnisstätte neben dem Heroon zierten (Tafel XXXIV), der bedeutendste aber als Hauptgrab im Innern desselben stand. Mit den Gräberresten aus dem Hofe des Heroon und den erwähnten Reliefsarkophagen fordern die letzteren eine eigene Behandlung.

1. Die Grabhäuser.

(Tafel XXIX Fig. 7; XXX, XXXI, XXXII Fig. 4—6; XXXIII, XXXIV).

Die unter diesem Namen zusammengefassten Bauten nehmen in der Formenfülle, welche die lykischen Nekropolen auszeichnet, eine besondere Stelle ein. Sie nähern sich dem Typus der Sarkophage durch die monumental gestufte Basis, durch einen dem Hyposorion entsprechenden Untersatz und durch die dem kastenartigen Mittelstücke sowohl im Grund- als Aufrisse eigenen rechteckigen Verhältnisse. Dagegen haben sie die Thür, die Gebälkeinfassungen des horizontalen Erddaches und die auf allen vier Seiten angedeutete Holzbalkenconstruction mit dem strengen Typus der Hausgräber gemein, und an Häuser erinnern sie auch durch ihre über einander sich aufbauenden Stockwerke. Genau genommen handelt es sich also um Spielarten zwischen Haus- und Sarkophaggebilden, wie sich denn die letztere in Lykien stilgeschichtlich aus der ersteren entwickelt, und man kann daher schwanken, wie sie zu be-nennen seien. In den Unterschriften unserer Tafeln und auch sonst im Texte sind sie als Sarkophage auf-geführt, während ich bei näherer Prüfung hier den Hausnamen vorziehe. Im Ganzen kommen folgende fünf Exemplare in Betracht, welche Niemann sämmtlich aufgenommen und wiederhergestellt hat:

Nr. I. Grabhaus im Innern des Heroon, mit I bezeichnet im Grundriss auf Tafel II, wiederher-gestellt auf Tafel XXXIII Fig. 4 und 5, nach den im Fussboden haftenden Planresten (Fig. 172 und Tafel XXXII Fig. 6), sowie einzelnen Fragmenten (Fig. 170, 171; Tafel XXIX Fig. 7).

Nr. II. Wahrscheinlich zweistockiges Grabhaus im Westen der Stadt, zwischen dem Pfeilergrabe und der Stele des Hundes, als Sarkophag bezeichnet in dem Stadtplane Fig. 8, als Ruine abgebildet in Fig. 144, in zwei Aufrissen und einem Längendurchschnitt wiederhergestellt auf Tafel XXXIII Fig. 1—3.

---

[1] Vergl. oben S. 25. Vorläufiger Bericht S. 32. Reisen, Band II S. 13, Fig. 9. Perrot et Chipiez, Histoire de l'art V S. 390, Fig. 273—275.

[2] Vergl. oben S. 25. Reisen, Band II S. 17, Fig. 11. Weisshäupl, Grabgedichte der griechischen Anthologie, S. 76.

[3] Vergl. oben S. 26 f. Gollob und E. Löwy, Archäologisch-epigraphische Mittheilungen aus Oesterreich VII S. 142 f.

[4] Reisen, Band II, Taf. II S. 16, Fig. 10.

[5] Reisen, Band I S. 99, Taf. XXVI, Band II, Taf. XIII, XIV.

Nr. III, IV, V. Drei Grabhäuser im Osten des Heroon, mit III, IV, V bezeichnet im Grundrisse auf Tafel II, in ihrem Verfall gezeichnet auf Tafel XXX, wiederhergestellt auf Tafel XXXIV, das zweistockige Grabhaus Nr. III auf Tafel XXXI.

Grabhaus Nr. II.

Am wenigsten zerstört und daher für das Verständniss der übrigen massgebend ist Nr. II im Westen der Stadt, dessen heutigen Zustand Fig. 144 veranschaulicht. Soweit es noch erhalten ist, besteht es aus einem Deckstücke, einer Todtenkammer und einer aus zwei ineinander gefugten Theilen hergestellten Platte, die den Untersatz für den Aufbau und wahrscheinlich zugleich die Decke für ein verlorenes unteres Stockwerk bildete.

Die Untersatzplatte hat eine Länge von 3·27 Meter, eine Breite von 1·47 Meter und eine Höhe von 0·4 Meter. Die Breite entspricht derjenigen der Todtenkammer, während die Länge überragt. Der Unterseite der Todtenkammer sind in den Ecken vier flache Zapfen angearbeitet, die in entsprechende Löcher des Untersatzes einpassen und eine Verschiebung verhüteten; sie springen nur etwa 0·03 Meter vor und sind 0·17 Meter im Quadrat gross. Ebensolche Zapfen finden sich auch an der Unterfläche der zusammengesetzten Platte, jedoch nur zwei, in der Diagonale einander gegenüber, und zwar nicht in den Ecken, sondern in der Längsrichtung der Platte ziemlich genau unter die Zapfen der Todtenkammer hereingerückt (vergl. den Längenschnitt Tafel XXXIII Fig. 3), so dass unterhalb wahrscheinlich nicht ein Sockel oder unmittelbar die Basis anzunehmen ist, sondern ein eigener Unterstock, dem die Untersatzplatte als Decke diente, indem sie ihn an beiden Schmalseiten überragte. Als Decke ist die Untersatzplatte charakterisirt durch die an ihren Oberkanten ausgearbeiteten, beiden pfostenartig breiten Längs- und Querschwellen, welche sich wie die Balkenrahmen des lykischen Eckdaches an den Ecken überblatten und überkreuzen,[1] eine Kunstform, die an Sockelgliedern sonst vermieden scheint.

Die Todtenkammer ist in der üblichen Weise dem Holzbaue der Privatwohnungen nachgebildet. Den Querschwellen fehlen weder die eigenthümlich aufgebogenen Endformen, noch die oberhalb eingeschlagenen Holzpflöcke, die den Stand der eingezapften Stützbalken festigen sollten. Die beiden Schmalseiten haben zwei Felder von Rahmenwerk, das rechte Feld der vorderen Schmalseite ist als Oeffnung durchbrochen und war durch eine Platte geschlossen, die nach Art einer Schiebthür in einem oberen Falze lief. Die Thür beweist, dass das Deckstück, obwohl es der Todtenkammer aufgefalzt und abnehmbar war, bei den Beerdigungen nicht wie die Deckel der Sarkophage abgehoben wurde.

In dem Deckstücke sind Bauformen von Decke und Dach vereinigt. Klar ist eine Holzdecke nachgebildet durch einen Rahmen mit daraufgelegter doppelter Balkenreihe, bestehend aus Quer- und Längsbalken, welche die epistylartigen Gliederungen des horizontalen Erddaches und das übergebreitete Adlerdach tragen. Die beiden Giebel sind verschieden gebildet, durch einen Vorsprung des einen ist die Eingangseite hervorgehoben.

Grabhaus Nr. III.

Die drei Grabhäuser im Osten des Heroon, Nr. III, IV, V, fanden wir, wie Tafel XXX zeigt, in vollkommenem Ruin. Die Art dieses Ruins war schwer auf einen blossen Zusammenbruch oder Umsturz zurückzuführen und machte wahrscheinlich, dass gewaltsame Zerstörung im Spiele war. Die Lage der Bruchstücke auf oder neben dem zugehörigen Stufenunterbau oder den zugehörigen Felsbearbeitungen liess aber erkennen, dass seit dieser Zerstörung wohl Mancherlei verschwunden sein mochte, aber keine weitere Veränderung der Lageverhältnisse stattgefunden haben konnte. Nach diesen Lageverhältnissen fand Niemann bei näherer Untersuchung das Auseinandergeborstene leicht wieder zusammen, und eine Vermessung und Aufnahme des Umherliegenden ergab ihm, von hin und wieder

---

[1] Reisen. Band I S. 97. Perrot et Chipiez, Histoire de l'art V S. 364.

fehlenden Zwischengliedern abgesehen, zwanglos eine in sich übereinstimmende Wiederherstellung, die er auf Tafel XXXIV in einem Gesammtbilde veranschaulichte.

Das Hauptmal des Begräbnissplatzes war das zweistockige Grabhaus Nr. III mit seinen weit vorspringenden Dachformen. Unmittelbar neben seinem dreistufigen Unterbau lagen die beiden Todtenkammern des Unter- und Oberstockes, die sich in Länge und Breite gleichen, ferner das in zwei Stücke gebrochene Dach und mehrere Stücke der grossen Zwischendecke. Damit waren die Haupttheile des Aufbaues gegeben, welche Tafel XXXI Fig. 2, 5, 8 mit Hinweglassung der beiden Sockelstücke übereinanderstellt.

Der auf Tafel XXXII Fig. 5 im Plane, auf Tafel XXXI Fig. 8 im Aufrisse der vorderen Schmalseite gezeichnete Unterbau hat ungewöhnliche Grösse. Er hebt mit einer aus dem gewachsenen Felsen

gehauenen Stufe von 6·94 Meter Länge und 5·2 Meter Breite an, worauf zwei je 0·48 Meter hohe Stufen folgen, die aus mehreren untereinander verklammerten Werkstücken zusammengesetzt sind. Die oberste Stufe bildet an ihrer äusseren Kante ein Rechteck von 3·5 zu 4·28 Metern. Innerhalb dieses Rechtecks ist ihr in einer Breite von 1·39 Metern und einer Länge von 2·8 Metern der Anfang des Aufbaues als Basisprofil angearbeitet. Dieses Basisstück ist 0·21 Meter hoch und an den Ecken verkröpft. In der südwestlichen und nordöstlichen Ecke seiner oberen Fläche finden sich zwei flache quadratische Einarbeitungen, in welche wie bei Nr. II entsprechende Zapfen des folgenden Baugliedes eingriffen, um den Stand zu festigen. Von

164. Profil des Sockelstückes
am Grabhause Nr. III.

diesem folgenden Baugliede, das ein dem Hyposorion der Sarkophage vergleichbares Mittelstück zwischen Stufenbau und Todtenkammer bildete, lagen zwar nicht in situ, jedoch nach der Art ihres Zusammenliegens als zugehörig gesichert, mehrere Bruchstücke auf der oberen Fläche. Sie ergaben eine Höhe des Zwischenstückes von 0·5 Metern und hatten das beistehende Profil (Fig. 164). Unter denselben fand sich ein Eckstück, das an der Unterfläche

einen angearbeiteten Zapfen besass, auffälliger Weise aber die Verkröpfung des Basisprofils nicht fortgesetzt zeigte.

Die Todtenkammer des unteren Stockwerkes (Fig. 3, 5, 9 auf Tafel XXXI) ist ohne Zapfen an ihrer Unterfläche und ohne Falz an ihrem oberen Rande. Diese Theile hielten sich also durch die eigene Schwere und durch die Belastung der weiteren Theile des Oberbaues, welche ihrerseits wieder untereinander verzapft waren. Die Todtenkammer des unteren Stockwerkes hat die nämliche Nachbildung des lykischen Riegelbaues wie Nr. II. Auch hier befindet sich die Thür im rechten Felde der Eingangseite, füllt aber nicht die ganze Ausdehnung desselben nach unten aus. Linker Hand im Innern der Kammer läuft an der Langseite ein klineartiger Vorsprung hin.

165. Eine Ecke
des Zwischendeckstückes
am Grabhause Nr. III.

Das aufliegende Zwischendeckstück, welches Fig. 3, 5, 6 und 9 auf Tafel XXXI in Vordersicht, Seitensicht, Untersicht und Längenschnitt darstellen, hat eine sonst an lykischen Gräbern nicht beobachtete Gestalt.

Es besteht aus einem inneren und äusseren Rahmen, zwischen denen ein genau eingetheiltes regelrechtes Cassettenwerk angebracht ist. Der innere Rahmen bildete das Auflager, der äussere war freischwebend und trägt, nach aussen als ionisches Epistyl gebildet, ein Zahnschnittgesimse, dessen Vorsprünge sich incongruent zu dem Cassettenwerk verhalten und dem sonstigen lykischen Gebrauche entgegen auf allen Seiten in gleicher Höhe liegen. Fig. 165 zeigt eine Ecke dieses Deckstückes. Bemerkenswerth sind hier die paarweise 0·1 Meter weit von der Ecke entfernten viereckigen Einarbeitungen, welche nur etwa 0·015 Meter breit und tief sind. Dieselben erscheinen ihrem Platz wie ihrer Form nach gleich ungeeignet als Einsatzstellen für Hebevorrichtungen, wie etwa zur Einfügung tragender Bauglieder zu dienen, an welche letztere man im Hinblick auf das befremdende

Freischweben des äusseren Rahmens und die grosse Ausladung des ganzen Deckstückes denken könnte. Eher liesse sich an Vorkehrungen für zeitweilige Bekränzung erinnern, wie solche des Oefteren an antiken Grabmälern beobachtet worden sind,[1] etwa an eingreifende Klammern, an denen Guirlanden hingen: ihre Bestimmung bleibt noch zu ermitteln. In der oberen, sonst vollkommen glatten Fläche des Deckstückes finden sich wiederum jene flachen, etwa 0·15 Meter im Quadrat messenden Zapfenlöcher, welche in zwei diagonal einander gegenüber liegenden Ecken angebracht und zur Verbindung eines oberen Werkstückes bestimmt sind. Sie entsprechen indessen, wie das in Fig. 166 wiederholte Bruch-

stück einer Ecke lehrt, weder der Zahl noch dem Orte nach den an der Unter- fläche der oberen Todtenkammer (Fig. 1, 2 und 7 auf Tafel XXXI) vorhan- denen Zapfen und können nur für ein basisartiges Zwischenstück gedient haben, welches weniger in der Breite als in der Länge über die Grundform der oberen Todtenkammer hinausgriff. Von diesem Zwischenstücke ist Nichts aufgefunden worden. Die Wiederherstellung auf Tafel XXXIV gibt ihm die Gestalt einer Stufe, welche zugleich als Ueberschneidungsglied diente und als solches auch bei dem weiten Vorsprunge des Deckstückes nöthig war.

166. Fragment des Zwischendeckstückes am Grabhause Nr. III.

Die obere Todtenkammer (Fig. 1, 2 und 7 auf Tafel XXXI) hatte im Wesentlichen dieselbe Form wie die untere. Breite und Länge sind gleich, die Höhe ist etwas geringer; dem Riegelbaue fehlen die aufgebogenen Schwellen und in sie eingeblat- teten Langhölzer, möglicher Weise waren diese Formen der stufenartigen Zwischenbasis angearbeitet.

Das Deckstück der oberen Todtenkammer hatte die Form eines Tempeldaches, dessen horizontales Balkenwerk (Fig. 1, 2, 4 und 7 auf Tafel XXXI) an den beiden Schmalseiten weit vorlud. Cassettenwerk ist nur an diesen beiden Schmalseiten, und zwar wie an der Zwischendecke innerhalb eines Rahmens

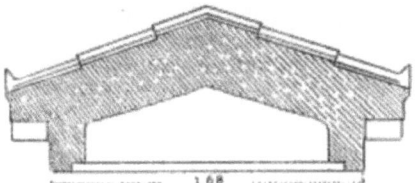

167. Querschnitt des Deckstückes am Grabhause Nr. III.

angebracht, über den dann hinaus in weiteren Abständen die stärkeren Balkenköpfe einer oberen Decke vorladen. In der Untersicht der Decke (Fig. 4 auf Tafel XXXI) erscheint von der oberen Balkenreihe der Frontbalken der Langseite nur an den Ecken, nicht über den Zwischenräumen der unteren Balken- köpfe angedeutet. Einen Querschnitt des Deckstückes gibt Fig. 167. Dasselbe zeichnet sich durch die genaue Nachahmung von Flach-Deck und Stirnziegeln vor den sonst in Lykien bekannt gewordenen Grabdächern aus; auch die Akroterien fehlen nicht, am Giebel wie an den Ecken, von denen sie nicht senkrecht, sondern schräg abstehen.

In der oberen Fläche der dritten Stufe des Unterbaues finden sich unregelmässig angebracht mehrere Zapfenlöcher von 0·12 Meter im Quadrat, über deren Bedeutung Niemann durch eine Be- obachtung an einem Grabmale zu Termessus major Aufschluss erhielt. Daselbst lag auf dem Unterbau eines Sarkophages, hart neben einer solchen Einarbeitung, eine kleine Stele, welche darin befestigt gewesen war. Aehnliche Vorkommnisse hat Petersen[2] in Kyaneai und an verschiedenen anderen Orten

---

[1] Reisen, Band I S. 102, 2; E. Löwy, Archäologisch-epigraphische Mittheilungen aus Oesterreich XII S. 178.

[2] Reisen, Band II S. 20, 2. Weisshäupl, Grabgedichte der griechischen Anthologie, S. 55. E. Löwy, Archäologisch-epi- graphische Mittheilungen XI S. 176 f.

Lykiens wahrgenommen, auch sind sie aus schriftlichen Zeugnissen zu erweisen, wie es in der Natur dieser Monumente als Geschlechtsbegräbnisse liegt, dass dem Gedächtnisse der einzelnen Todten durch besondere Male Genüge geschah. Nicht erklärt wird indessen dadurch das dritte kleinere Loch in der Oberfläche des auf der dritten Stufe ruhenden Ansatzes, welches kleiner ist als die beiden diagonal vertheilten Zapfenlöcher.

Grabhaus Nr. IV und V.

Etwas westlich von dem Unterbaue von Nr. III fand Niemann in zwei Stücke gebrochen ein zweites dachförmiges Deckstück, welches von der nämlichen Form wie dasjenige der oberen Todtenkammer von

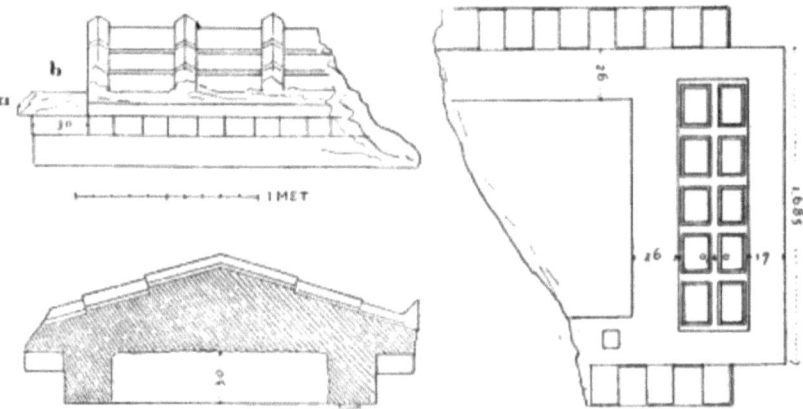

168. Fragment vom Deckstücke des Grabhauses Nr. V.

Nr. III und auch in den Maassen nur wenig von diesem verschieden ist. Es erschien ihm zugehörig zu dem Grabmal, dessen aus dem Felsen gehauene, fast unkenntliche Ueberbleibsel nahe der Mauer

169. Fragmente vom Grabhause Nr. IV
mit Rundhölzern.

des Heroon mit V auf Tafel II verzeichnet sind. Eines der beiden Fragmente, in welche das Deckstück geborsten war, zeigt Fig. 168 in Untersicht, Seitensicht und Querschnitt. Bemerkenswerth an demselben ist, dass der Giebel, wie a und b in der Seitensicht anzeigen, besonders gearbeitet und besonders angesetzt war. Die Wiederherstellung auf Tafel XXXIV lässt das Grab rechts im Hintergrunde sehen.

Der in diesem Bilde links ganz im Vordergrunde stehende Grabbau Nr. IV war wahrscheinlich mit Ausnahme des Daches vollkommen aus dem gewachsenen Felsen geschnitten. Seinen Grundriss hat man auf Tafel XXXII Fig. 4. Die Todtenkammer war über dem Boden um zwei Stufen erhöht und hatte die übliche lykische Form. Die umherliegenden Bruchstücke des Daches gaben kein vollständiges Bild, besassen aber gleiche Formen wie bei Nr. II im Westen der Stadt (vergl. oben S. 215); zwei Bruchstücke zeigten Kopfenden von Rundhölzern der gewöhnlichen lykischen Felsgräber, vergl. die Skizze Fig. 169.

Grabhaus Nr. I.

Es erübrigt nun des ganz zerschlagenen und nur in geringen Resten noch vorhandenen Grabhauses Nr. I zu gedenken, welches im Innern des Heroon aus einer zufällig aufragenden Felsmasse (vergl. oben S. 31) gewonnen war und die übrigen Gräber an Grösse übertraf. Tafel XXXII Fig. 6 gibt die Gestalt seines Grundrisses nach den Ueberresten, die dem Felsboden davon anhaften, Fig. 172 einen Querschnitt desselben. Als ihm zugehörig erkannte Niemann ein Bruchstück vom Gebälk, abgebildet auf Tafel XXIX Fig. 7 (wo die untere Bruchendigung weggelassen ist), und in den beiden Textvignetten, Fig. 170 a und b,

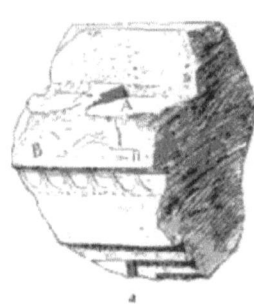 

170. a, b. Fragment vom Grabhause des Heroon,
a in seitlicher Obersicht, b im Querschnitt.

ferner ein Fragment vom Firste des Daches, abgebildet in der Textvignette Fig. 171, und mehrere andere Bruchstücke des Daches, an welchen sowohl die vorspringende, mit Cassetten verzierte Unterseite, als auch die Dachfläche mit den Deckziegeln erhalten waren, im Ganzen also recht Weniges, als Beweis einer hier besonders gründlichen Zerstörung. Die gegebenen Elemente liessen indessen volle Verwandtschaft mit den behandelten Grabbauten hervortreten und genügten zu einer Wiederherstellung, für welche die Analogie dieser letzteren massgebend war. Auf Tafel XXXIII Fig. 4 und 5 ist eine Front-, eine Seitensicht und ein halber Längenschnitt geboten; auf Tafel I sieht man den Bau aus der Vogelschau, in Fig. 31 S. 41 erscheint er in perspectivischer Seitensicht theilweise, rechter Hand im Bilde.

171. Fragment vom Dache des
Grabhauses Nr. I im Heroon.

Er erhob sich auf zwei Stufen und hatte, wie Bruchstellen von Balkenköpfen, die an dem Felsenstumpfe (Fig. 172) zu erkennen sind, beweisen, das Schema des lykischen Riegelbaues. Für seine Höhe ist kein Mass gegeben, dagegen ist der obere Abschluss der Kammer mit dem an solcher Stelle ungewöhnlichen Eierstabe gesichert. Das Bruchstück, welches hierüber belehrt, zeigt oben einen rechtwinkligen Einsprung, der als Falz für das übergreifende Deckstück diente; die Horizontalfläche dieses Einsprunges hat zwei eingetiefte Stellen (die eine mit A in Fig. 170 a bezeichnet), welche nicht ursprünglich sind, sondern unzweifelhaft von einer nachträglichen Benutzung des Steines herrühren. Die Stirnfläche des Bruchstückes über dem Eierstabe (mit B in Fig. 170 a bezeichnet) trägt figürliche Reliefs, die sich also ähnlich dicht unter der Decke, auch in ähnlich kleinen Proportionen und mit einer ähnlichen Composition wie die Reliefs des Felsgrabes in Kiöibaghtsche in der Bazyrganjaila[1] hinzogen. Was von diesen arg mitgenommenen Sculpturen erkennbar ist, deutet auf ein Gelage; man sieht auf einer Matratze eine grössere Figur in der für Gelage üblichen Weise nach links liegen, den linken Ellbogen auf Kissen gestützt und in der rechten Hand, wie es scheint, ein Trinkgefäss; von einer zweiten, offenbar in gleicher Lage befindlichen und gleich grossen Figur glaubt man linker Hand den rechten Contur jedoch ohne den Kopf zu erkennen. Von rechts kommt dann eine kleinere Figur mit erhobenem rechten Arme herzugelaufen, welche an die Dienerfiguren des Cellafrieses vom Nereidenmonument erinnert, auf dem es sich gleichfalls um ein Gelage handelt.[?] Auch sonst wäre natürlich Reliefverzierung an dem Grabmal nicht ausgeschlossen, aber ein Nachweis dafür ist nicht zu erbringen gewesen. Ebenso möglich, aber nicht erweislich ist eine Gliederung des Baues in zwei Stockwerke, jedesfalls würden die winzigen Verhältnisse der Figuren an dem beschriebenen Friesreste dieses Stück dem unteren Stockwerke zuweisen.

Die Formen der behandelten Grabhäuser machen den Eindruck, dass sie zeitlich nicht weit auseinanderliegen. Die zusammengehörige Gruppe Nr. III, IV, V mag, was auch topographisch das Natürliche ist, etwas jünger sein als das Hauptgrab des Heroon. Sammt und sonders finden sie ihre nächste Parallele an einem zweistockigen Grabhause von Limyra,[3] das noch ohne Giebel ist, aber schon die Rundhölzer der Decke aufgegeben hat und nach dem Buchstabenschnitt seiner oft behandelten Bilinguis um die Wende des fünften und vierten Jahrhunderts, wenn nicht älter, angenommen werden muss. Auch die in Limyra befindlichen zweistockigen Sarkophagbauten[4] und ein ähnlicher, aber weit alterthümlicherer in Xanthos neben dem Harpyienmonumente[5] sind zu vergleichen.

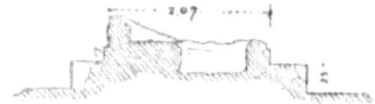

172. Querschnitt des Grundrisses vom Grabhause Nr. I. im Heroon.

2. Die Sarkophage.
(Tafel XXIX Fig. 1—3, 8—11.)

Ausser dem Hauptgrabe müssen nach den innerhalb der Umfassungsmauer an verschiedenen Stellen zum Vorschein gekommenen Reliefstücken anderweitige Monumente im Heroon vorausgesetzt werden. Ihre einstigen Standspuren zu finden, ist uns allerdings nicht geglückt; aber dies kann zufällig sein, da die Arbeiten, welche im Innern des Heroon bis zum Schlusse unseres Aufenthaltes beständig vorgenommen werden mussten, genaue Untersuchungen des Fussbodens erschwerten. Jene Reliefstücke sind auf Tafel XXIX vereinigt, wo sie in verschiedenem Massstabe, Fig. 1—4 und 7 zehnfach, Fig. 5, 6, 8—11 zwölffach verkleinert erscheinen, ihre Wiedergabe überdies, welche leider erfolgte, ehe alle Correcturen ausgeführt waren, mit dem beschreibenden Texte um so genauer zusammengehalten sein will, da der durchgängig schlechte Erhaltungszustand Anlass zu verschiedenen Missverständnissen gegeben hat.

Sarkophagkasten allseitig mit Reliefs aus dem Heroon.

Seiner Gestalt nach deutlich unter dem Erhaltenen ist ein Sarkophagkasten, von dem mehrere unmittelbar aneinanderpassende Fragmente vorliegen. Er war auf allen vier Seiten mit grossen gegen-

[1] Reisen, Band I S. 155 mit Taf. XXXIX und der Texttafel, auch Fig. 80 und 81.
[?] Monumenti inediti dell' instituto X 18.
[3] Reisen, Band II Taf. XIV.
[4] Reisen, Band II Taf. XIII.
[5] Reisen, Band I Taf. XXVI.

ständlich bedeutenden Reliefs ausgestattet und ist dadurch vor allen anderen lykischen Sarkophagen ausgezeichnet. Dass er ein zweites Stockwerk des Hauptgrabes (Grabhaus Nr. I S. 219) gebildet haben könne, ist nach seinen weit kleineren Planverhältnissen unwahrscheinlich.

Die vorhandenen Stücke rühren von dem massiven Boden des Sargkastens her und sind in Fig. 1 auf Tafel XXIX, so wie sie zusammengerückt werden müssen, in Obersicht abgebildet. Die horizontale Fläche, welche man da zwischen den gebrochenen Wänden sieht, ist der innere Boden, welcher 0·48 Meter hoch über der Unterfläche des Kastens liegt. Unter das Niveau dieses inneren Bodens erstrecken sich die Reliefs aussen auf allen vier Seiten bis zu einem von der Unterkante aufwärts ungefähr 0·1 Meter hohen Rande. Fig. 1 und 3 geben die Nebenseiten, Fig. 2 die eine rechts an Fig. 1 anschliessende Langseite, Fig. 4 die eine Hälfte der anderen links an Fig. 1 anschliessenden Langseite, und an das linke Ende dieser letzteren gehört Fig. 11. Die Unterfläche des Kastens zeigt an den drei besser erhaltenen Ecken etwa 0·15 Meter einwärts angebrachte Zapfen, welche 0·1 Meter im Geviert haben und etwa 0·03 Meter vorstehen, wodurch also nach den oben erläuterten Beispielen ein Unterbau oder zunächst ein anschliessender Untersatz erwiesen ist. Die Länge des Sarges beträgt 2·36, die Breite 1·16, die Stärke der Wände 0·2 Meter. Die Reliefs waren mit besonderer Sorgfalt gearbeitet und sind im Stile den Friesen ungefähr gleichzeitig.

Die beiden Langseiten haben eine im Wesentlichen gleiche Darstellung des Todtenmahles. In der Länge vollständig ist nur die eine, anscheinend minder ausführliche, Fig. 2. Vom Bette ist hier freilich nichts zu sehen; die Figuren, welche rechter und linker Hand am Ende stehen, werden die Beine der Betten verdeckt haben, und bis zur Höhe des Bettlagers reicht die Erhaltung nicht heran. Auch von dem dreibeinigen Tische, welcher in der Mitte diesseits des Bettes stand, sind nur vorhanden die ungleich geformten Füsse zweier Beine, das rechte Ende der Tischplatte und der untere Contur eines der letzteren parallelen Tischtheiles. Mehr sieht man von den Figuren, die um den Todten gruppirt und zu ihm in Beziehung gesetzt waren. Zunächst sein der Heroenehre mittheilhaftiges Weib auf einem Sessel ihm zur Seite sitzend, die Füsse auf einem verzierten Schemel, reich bekleidet, die linke Hand im Schoosse; ein unbestimmt gerundeter Reliefrest neben dieser linken Hand über dem rechten Knie mag von der Figur des Todten oder seinem Kopfkissen stammen. Sodann rechts im Rücken der Frau linkshin stehend eine gewiss jugendliche weibliche Gestalt, deren Kleid in karyatiden-artig langen, steifen Falten bis zu dem Boden reicht, das Standbein sammt Fuss verhüllend, während das Spielbein jenseits des Sessels leise vortritt. Schliesslich links am Ende die undeutlichen Reste einer oder wahrscheinlicher zweier, gleichfalls langbekleideter stehender Figuren. Unter dem Tische nach rechts ein taubenartiger Vogel, der jedoch grösser als eine Taube zu sein scheint.

Die andere Langseite variirt dasselbe Thema. In Fig. 4 sieht man einen Theil vom Lager des Bettes und darüber Reste wohl vom Gewande und Kissen des Todten, auch hier verdeckt eine rechts am Ende stehende Gewandfigur das Bettbein, das an dieser Stelle da sein müsste. Unter dem Bette zieht sich eine breite viereckige Erhöhung hin, welche den benachbarten Fussschemel nicht überragt und durch die auf ihr liegenden Früchte an die niedrigen Speisetische im heutigen Orient erinnert:[1] man unterscheidet Weintrauben, zwei Granatäpfel, drei Paradeisäpfel(?), drei Citronen, eine Feige. Rechts sitzt wieder auf feingeschnitztem Sessel linkshin an der Seite des Todten die Frau, die Füsse neben einander auf einen kunstvoll verzierten Schemel gestellt; ihr Chiton fällt in langer Schleppe abwärts zwischen die Stuhlbeine, quer über demselben hin sind noch die sich absetzenden Falten des Obergewandes zu erkennen. Im Stuhle steht über der Schleppe ein Steinhuhn nach links. Von der rechts jenseits der sitzenden Frau befindlichen weiblichen Gewandfigur sieht man nur das bis auf den Boden reichende Gewand. Von einem jüngeren Mädchen, das dem Vater entgegengekehrt links auf dem Bette sass, hängen, von Gewand bedeckt, die beiden Unterschenkel herab. Ein älterer Knabe schliesslich steht neben einer grösseren Gewandfigur am linken Ende der Darstellung, wohin, wie bemerkt, das in etwas kleinerem Masstabe wiederholte Bruchstück Fig. 11 gehört.

---

[1] Vergl. u. A. die antiken Beispiele, welche Löschcke, Archäologische Zeitung 1884, S. 96, 8 anführt.

Ob dieses aus mehreren Fragmenten wieder zusammengesetzte Stück nach links unmittelbar an Fig. 3 anstosse, war bis jetzt, vor der Aufstellung, nicht zu entscheiden. Dass es zugehöre, ist jedoch durch die gleiche Dicke der Sargwand (0·2 Meter) und durch den Umstand gesichert, dass der innere Sargboden, von dem hinten etwas übrig ist, gleich hoch über der Unterfläche des Sargkastens liegt: die Entfernung beträgt zwar nur 0·42 Meter, also um ein Geringes, 0·06 Meter, weniger, aber das untere Ende ist verstossen und der Reliefrand, auf dem die Figuren stehen, um so viel niedriger; auch scheint sich eine Spur von der oberen Horizontale des Bettlagers links von der Schulter des Knaben, wie desgleichen eine solche von der unteren Horizontale des Bettlagers 0·2 Meter hoch über dem Fuss-boden, was gleichen Abstand wie in Fig. 4 ergibt, erhalten zu haben. Wie an dem nämlichen Platze der anderen Langseite (Fig. 2) standen zwei Figuren dem Todten nach rechts entgegengekehrt: ein Knabe im Profil, das linke Bein vorsetzend, bekleidet mit einem ruhig bis zu den Knöcheln herab-fallenden, am Oberkörper nicht mehr erkennbaren Gewande, in der geschlossenen Rechten eine Granate abwärts haltend — der linke Arm ist nicht zu sehen, vom Kopf sind Kinn und Hals erhalten, die Radirung übertreibt die Formen von Brust und Rücken ins Fehlerhafte — und rechts von dem Knaben eine grössere Gestalt. Von dieser letzteren ist übrig das rückwärts gesetzte rechte Bein, dessen vorderer Contur über das Knie bis zur Mitte des Oberschenkels aufwärts vortritt aus dem Gewande, welches rechts davon in symmetrischen Falten bis zu dem Boden herabhängt, und ein Stück des niedergehenden linken Unterarmes, der nach einer Spur zu schliessen einen Stab schräg gehalten zu haben scheint.

Auf der links anstossenden Nebenseite (Fig. 3) sass eine langbekleidete Gestalt auf einem Sessel nach rechts und eine eben solche stand, ihr zugewandt, daneben nach links, augenscheinlich ein Jüngling vor einem Manne oder Greise. Von diesem sieht man nur die Unterschenkel mit den auf einem ver-zierten Schemel ruhenden Füssen und an der Seitenschwinge des Sessels vier lose gehaltene Finger der rechten Hand, einen Stab haltend, dessen unteres Ende schräg nach rechts gegen den Boden läuft. Zwischen den Sesselbeinen hockt ein Hund, sichtlich ein Exemplar derselben fetten Rasse wie das auf dem Harpyienmonument auch unter einem Stuhle angebrachte Thier, in dem man nach Emil Brauns Vorgang einen Bären zu sehen pflegt, oder wie die beiden Thiere unter den Betten des Gelages auf dem Grabhause von Kadyanda.[1] Von dem Jünglinge sind die Beine bis zur Mitte des Oberschenkels sichtbar, das rechte als Standbein, das linke etwas zurückgesetzt; der untere Saum des Gewandes zieht sich oberhalb der Fussknöchel etwas in die Höhe.

Noch weniger vorhanden ist von der andern Nebenseite (Fig. 1), auf der zwei jugendliche Figuren, eher Mädchen als Jünglinge, im Tanz dargestellt waren. Man sieht ihre auf die Zehen gestellten Füsse mit einem Stück der Unterschenkel paarweise einander abgekehrt. Die Darstellung erinnert an die kurzbekleideten Mädchen, welche auf der Nebenseite eines Sarkophages von Xanthos tanzen.[2]

Sarkophagfragmente mit Reliefs aus dem Heroon.

Als Sarkophagtheile, schwerlich aber von dem soeben beschriebenen stammend, geben sich dann die sehr zerstörten, arg verwaschenen Stücke Fig. 5 und Fig. 10 zu erkennen.

Fig. 5 ist allseitig gebrochen, 0·45 Meter hoch, 0·56 Meter breit, 0·3 Meter dick. Die rückwärtige Bruchseite zeigt eine viereckige, roh gearbeitete, an Balkenlager erinnernde Vertiefung, vermuthlich nicht ursprünglich, sondern von einer späteren Wiederbenutzung des Steines. Die Darstellung ist dem in Fig. 28, S. 39 veröffentlichten Bruchstücke verwandt und in der Grösse ähnlich, scheint aber mit diesem nicht in Zusammenhang gestanden zu haben, dort hat auch das Bett eine Matratze, die hier fehlt.

Man gewahrt ein horizontal durchlaufendes Bettlager, über demselben Reste von gelagerten Figuren, vor demselben eine nach links sitzende weibliche Gestalt, links am Ende die Spur eines Bett-

[1] Friederichs-Wolters, Bausteine, n. 127—130, S. 75. Fellows, Lycia, pl. 7 zu S. 116. Helbig, Das homerische Epos², S. 94, 1.

[2] Nach einer Skizze von E. Petersen, Reisen Band II S. 6, Fig. 4, wo auch das hier besprochene Stück aus dem Heroon mitgetheilt ist.

beines, das rechte Bettbein fehlt und ist schwerlich durch die sitzende Gestalt verdeckt. Diese ist ganz in Gewand gehüllt, hat die linke Hand im Schoosse ruhen und führt mit der rechten eine Frucht zum Munde;[1] ihr Kopf, an dem noch der Haarzopf im Nacken wahrnehmbar ist, überragt eben das Bett. Gerade über ihr sieht man das Kissen und den im Ellbogen aufgestemmten linken Arm eines Symposiasten. Rechts von ihrem Kopfe ist dann wieder ein Kissen mit dem herabgehenden rechten Arme einer gelagerten Figur und weiterhin möglicher Weise der Rest eines weiteren Kissens vorhanden. Auffällig und regelwidrig wäre das Aufstützen des rechten Armes, gemeint ist wohl, dass die rechte Hand das Kissen zurechtrückt, ähnlich wie am Gelage der Südwand innen, Tafel XX A 2, oder wie in dem Firstrelief des Sarkophages des Dereimis und Aischylos, vergl. den Kupferlichtdruck Tafel I und II.

Auch Fig. 10 ist allseitig gebrochen, 0·32 Meter hoch, 0·45 Meter breit und 0·28 Meter dick; die Figuren sind, soweit erhalten, 0·22 Meter hoch. Auf der Rückseite zieht sich parallel zur wahrscheinlichen Fussbodenlinie der Figuren und über dieser 0·3 Meter hoch der Rest eines falzartigen Vorsprunges hin, von dem inneren Boden eines Bestattungsraumes, etwa dem Hyposorion eines Sarkophages. Ueber jenem Reste ist das Relief 0·19 Meter dick, was die Stärke der Wand anzeigen würde. Die Grundfläche des Reliefs springt am oberen Ende etwas vor, so dass nicht wohl anzunehmen ist, dass es sich höher erstreckt habe.

Erhalten ist nur das Obertheil zweier Gewandfiguren, welche nach links im Profil augenscheinlich ruhig nebeneinander standen. Die zur Linken, etwa ein Jüngling, wohl im Chiton, hält mit der linken Hand an der Brust ein längliches, auch unterhalb bei der Hand abgebrochenes Geräth, das sich schräg bis zur Schulter herauf erstreckte; vom rechten Arme ist nichts zu sehen. Die zur Rechten ist nach der reichen, den linken Arm fast bis zur Hand deckenden Kleidung weiblich und damit stimmt, dass sie die Doppelflöte bläst, was auch sonst in Gjölbaschi, so Tafel XVIII 8, XXI B 3, XXII B 5, und am Firste des Dereimissarkophages (abgesehen von der mythologischen Darstellung auf dem Thürsturze Taf. VI) von Weibern geschieht. Dann folgen unbestimmbare Reste, ungefähr erinnernd an Brust und Arm einer dritten nach rechts stehenden Figur, von welcher der Kopf fehlen würde. Obschon links auffällig viel leerer Reliefgrund ist, dürfte das Fragment doch zu einer Sepulcraldarstellung, etwa einem Todtenmahle, wie in dem Firstrelief des Sarkophages des Dereimis und Aischylos (vgl. die erste der beiden folgenden Lichtkupferdrucktafeln), einer Prothesis oder dergleichen,[2] gehört haben. In den unbestimmbaren Resten rechts könnte sich vielleicht ein grosses stehendes Geräth wie auf dem Sarkophage des Dereimis und Aischylos vermuthen lassen.

Doppelseitiges Relief aus dem Heroon.

Räthselhaft ist mir lange Zeit ein Bruchstück gewesen, das auf beiden Seiten Reliefs trägt. Die zwei Seiten desselben sind Tafel XXIX, Fig. 8 und 9 abgebildet und der oberwähnten Umstände halber noch einmal nach einem Lichtbilde im Texte Fig. 173. Das Stück ist oben, unten, rechts und links unvollständig — denn die in Fig. 9 sichtbare, oben lagerartig eingetiefte Fläche von rauher Beschaffenheit kann in gleicher Weise wie bei Fig. 7 von einer nachträglichen Benutzung herrühren — 0·75 Meter hoch, 0·72 Meter breit und hat die beträchtliche Dicke von beinahe einem halben Meter (0·46). Die Verhältnisse würden ungefähr zu den variirenden Massen der Friesblöcke passen, aber doppelseitige Reliefs sind an keiner Mauerstelle denkbar, auch nicht für die Bekrönung des Thürsturzes (Fig. 20, S. 34), welcher mehr als doppelt so breit ist und nach seinen drei Dübellöchern — die Friese sind durchgängig unverdübelt — eher Einzelaufsätze trug. Doppelseitige Reliefs kommen dagegen an dem in einen freiliegenden Felsblock gemeisselten Grabhause zu Kiöibaghtsche in der Bazyrganjaila vor, welches auch für Fig. 7 die nächste Parallele bot (vergl. oben S. 219). Dasselbe hat eine pronaosartige Vorhalle, mit einem innen dicht unter der Decke auf allen drei Seiten angebrachten niedrigen Friese,

---

[1] Vergl. Benndorf, Griechische und sicilische Vasenbilder, Taf. XXIV 2, S. 42, 215. Furtwängler, Vasensammlung im Antiquarium n. 2246.

[2] Prachov, Monumenta Xanthiaca I 2. Reisen, Band I S. 88, 5. Weisshäupl, Grabgedichte der griechischen Anthologie, S. 98 f.

der im Gegenstand wie in den Verhältnissen Fig. 7 gleicht, und an den beiden Seitenwänden der
Vorhalle tafelbildartige Reliefs in den durch das Balkenschema gebildeten Feldern, und zwar innen
je zwei übereinander, aussen je eines oben, so dass die oberen Hälften der Seitenwände doppelseitigen
Bildschmuck besitzen. Die Dicke dieser aus dem Felsen gehauenen Seitenwände (0·3 Meter) ist zwar
etwas geringer, das Höhenmass der Reliefs aber gleich, auch könnte sich der untere Rand etwa als
stehen gebliebene Wandfläche und der Unterschied der Verwitterung, den die beiden Seiten zeigen,
als aussen und innen erklären. Aber bei dem Hauptgrabe des Heroon, das nach den Massen allein in
Frage käme, ist durch den im Felsboden verbliebenen Grundriss (Tafel XXXII Fig. 6) eine Vorhalle
ausgeschlossen, und die Darstellungen des Bruchstückes ergeben, wenn man sie ergänzt, auf beiden
Seiten eine weit grössere, entschieden friesartige Breite. Dieser letztere Umstand leitet auf die Doppel-
reliefs, mit denen der kammartig vorstehende Firstbalken spitzbogiger Sarkophagdeckel verziert zu

173. Fragment aus dem Heroon mit doppelseitigen Reliefs.

sein pflegt, und auf ein solches Monument, welches dem Pajafa- und Merehisarkophage im britischen
Museum an Grösse kaum nachgestanden haben dürfte, lässt das Bruchstück in der That mit aller
Wahrscheinlichkeit schliessen. Durch einen Blick auf den Sarkophag des Dereimis (Tafel XXII Fig. 2)
erklärt sich so der bei Friesen sonst ungewöhnliche untere Randstreifen, welcher beiderseits verschieden
hoch ist, wie desgleichen die oben eingearbeitete Vertiefung, und eine vergleichende Tabelle lehrt,
dass auch die Masse harmoniren. Der Firstbalken ist

am Sarkophage des Pajafa[1]				0·32 dick und 0·47 hoch			
»	»	»	Merehi	0·36	»	»	0·56 »
»	»	»	Dereimis und Aischylos	0·37	»	»	0·63 »
»	»	»	Heroon (nach Fig. 8 und 9)	0·46	»	»	0·75 »

    In der Mitte von Fig. 8 schreitet in Vordersicht nach links ein Jüngling aus, der einen attischen
Helm mit hohem Kamm, über dem Chiton einen Muskelpanzer, am Arme einen Schild und deutliche

---

[1] Die Masse von den beiden Sarkophagen im britischen Museum danke ich einer freundlichen Mittheilung von
Herrn Cecil Smith.

Beinschienen trägt. Er sieht nach rechts gegen einen auf ihn eindringenden bärtigen Mann zurück und erfasst mit der gesenkten Rechten eine Steinkugel, welche ihm die rechte Hand einer links unten am Boden befindlichen nach rechts gewendeten jugendlichen Figur hinhält. Man sieht von dieser Figur ausser der rechten Hand mit einem Stücke des Unterarmes einen Theil von Hals und Kopf, das Gesicht im Profil nach rechts emporgerichtet, darüber das untere eingekerbte Ende eines Pilos und über Brust und linke Schulter abwärts fallendes Gewand, welches von der geballten linken Hand unterhalb der rechten etwa wie der Bauch eines Steinschleuderers emporgehalten wird und von dieser Hand in einem kurzen zipfelartigen Ende herabfällt. In welcher Bewegung diese Figur zu denken sei, ist nicht leicht zu sagen. Zieht man die Bodenlinie weiter, so scheint bei dem geringen Abstande des emporgerichteten Kopfes — denn dass die sichtbaren Extremitäten etwa auf zwei Figuren zu vertheilen seien, schliesst nicht nur die in Gjölbaschi übliche Art der Gruppirung, sondern der Augenschein aus — eine kniende oder hockende Haltung schwer ausführbar; indessen geht senkrecht unterhalb des Ballens der rechten Hand von dem unteren Rande des Gewandes abwärts ein Reliefcontur, der von dem linken Schienbeine herrühren dürfte. Die unbestimmten Formen, welche über der linken Achsel hervorkommen, scheinen der weiteren Figur anzugehören, deren Oberleib jenseits über dem Helme hervorragt. Diese letztere ist nach der Form der linken Brust und den quer von dieser weglaufenden Gewandfalten weiblich, sie streckt offenbar im Schreiten nach rechts den linken Arm vor, über den ein Thierfell mit Kopf und den beiden Vorderfüssen herabfällt, und hält mit der linken Hand einen geschweiften Bogen, mit der rechten an der Brust einen Stab gefasst, welcher unterhalb der linken Hand hinter der rechten Schulter des mittleren Kriegers verläuft und dieser Haltung, wie seiner Länge nach nicht als Pfeil, sondern als Lanze aufzufassen ist. Von rechts her dringt dann ein bärtiger Krieger in Vorsicht weit ausschreitend und mit hoch erhobenem Arme zum Schlag ausholend ein, er ist grösser an Statur und nur mit Pilos und Schild bewaffnet. Jenseits seines rechten Fusses zieht sich eine regelmässig geformte Erhöhung hin, die einem zu Boden gefallenen Schilde gleicht, und zwischen den Beinen des mittleren Kriegers liegt ein mit Busch versehener korinthischer Helm am Boden.

Von der weit stärker verwitterten Darstellung der andern Seite Fig. 9 sind nur die Grundzüge wahrnehmbar. Man erkennt ein rechtshin niederknieendes oder in die Knie stürzendes Pferd und die auf ihm reitende Figur, die nach den Formen der linken Brust weiblich ist, mit emporgezogenen Unterschenkeln in zusammenduckender Haltung. Die Reiterin, unzweifelhaft eine Amazone, greift mit der Rechten, in der sie eine Streitaxt hält, an den Hals des Pferdes und führt am vorgestreckten linken Arme einen Schild, dessen Contur unten rund, oben zerstört ist, aber nach der Art, wie er am Arme befestigt ist, wohl nur ein ausgebogter Amazonenschild sein kann. Der Kopf der Amazone ist ganz zerstört, ein Mantel flattert im Rücken. Von ihrem Gegner ist der Unterschenkel des ausschreitenden Beines erhalten und ein Theil der Lanze, die er dem Pferd in die rechte Schulter rennt. Links schliessen die Reste einer weiteren Gruppe an. Sichtbar ist das Hintertheil eines nach links gewandten Pferdes mit schräg eingestemmten Beinen, über demselben die rechtshin auseinandergespreizten Beine einer herabfallenden menschlichen Figur, die nach der Art der Bewegung weiblich scheinen, und über dem linken Oberschenkel ein Rest von linker Schulter und linkem Arme einer in Vorsicht stehenden Figur. Dies entspricht der in Fig. 131, S. 139 wiederholten berühmten Gruppe aus dem Amazonenfriese von Phigalia. Die Amazone ist verwundet und sinkt in dem Augenblicke, da das Pferd dienstfertig niederkniet, um ihr das Absteigen zu erleichtern, sterbend herab, während ihr von Mitleid erfasster Gegner bemüht ist, sie vor dem Falle zu schützen und sorglich herabzuheben. Hiernach wird man auch die andere Firstseite als Amazonenkampf aufzufassen haben, obwohl es in den erhaltenen Amazonenkämpfen, wie es scheint, an einer Analogie für die individuelle Situation gebricht.

Bruchstück einer Stele.

Fig. 6, hoch 0·45, breit 0·38, unten dick 0·19 Meter, scheint eher das Bruchstück einer Stele als eines Sarkophages zu sein. Es ist rechts und unten gebrochen, die obere horizontale Fläche ist roh

behauen und erhöht sich fragmentarisch über dem Kopfe der dargestellten Figur. Die Rückseite ist
in der nämlichen Weise eben, die Nebenseite verjüngt sich etwas und zeigt oben einen 0·08 Meter hohen
abacusartigen Vorsprung, der sich auch auf der Vorderseite fortsetzte. Die Reliefhöhe beträgt 0·09 Meter.
Erhalten ist das Obertheil einer anscheinend nackten jugendlich männlichen Figur (Brust und wohl
auch der Kopf von vorne) deren rechter Arm gesenkt zu sehen war, während der linke erhoben gewesen
zu sein scheint. Das Gesicht ist vollkommen zerstört, möglicher Weise hatte der Kopf eine Bedeckung.
Die Figur erinnert an die Tänzer der Thürpfosten auf Tafel VI, passt aber nicht zu der Tänzergruppe
auf der Nebenseite des Sarkophages Tafel XXIX Fig. 1.

Spitzbogiger Sarkophag des Dereimis und Aischylos in Wien.

Auf der Begräbnissstätte neben dem Heroon haben wir 1881 den jetzt in Wien befindlichen
Sarkophag des Dereimis und Aischylos aufrecht und als Bau fast unversehrt gefunden. Man sieht ihn
auf Tafel III und in Fig. 16 S. 16 rechts neben der Ostmauer des Heroon, auf den Tafeln XXX und
XXXIV im Hintergrunde. Auf Tafel XXXII Fig. 1—3 ist er in geometrischer Zeichnung einer Lang-
und einer Schmalseite und in einem Querschnitte abgebildet, vier Ansichten des Daches geben die
beistehenden beiden Kupferlichtdrucktafeln.

Der Sarkophag besteht aus vier Haupttheilen:

1. einem durch Quadern hergestellten Stufenunterbaue,

2. einem darauf stehenden niedrigen Kasten von 2·53 × 1·3 Meter Grundfläche, dem sogenannten
Hyposorion, welches in der Regel für die Bestattung der Dienerschaft bestimmt war und auch hier
eine schmale quadratische Oeffnung auf einer Nebenseite besitzt,

3. einem grossen Sargkasten von 2·2 Meter äusserer Länge, 1·12 Meter äusserer Breite und
1·52 Meter äusserer Höhe, welcher auf der einst stadtwärts gewandten Langseite — der südlichen,
wie ich deutlichkeitshalber sage — eine zweizeilige Grabschrift trägt und für die Familienglieder diente,

4. einem gewölbartigen hohlen Dache mit kammartig vorstehendem Firste und vier thierförmigen
Knaggen, welche bei Bestattungen als Handhaben zum Oeffnen des Grabmales benutzt wurden.

Das Hyposorion, der Sargkasten und das Dach sind je aus einem Stücke gearbeitet. Nur bei einem
der 0·42 Meter weit vorspringenden Knaggen des Daches scheint der Stein nicht zugereicht zu haben,
da hier eine Anstückung stattgefunden hat. Der angestückte Theil selbst ist verloren, in der Anstückungs-
fläche finden sich zwei grössere viereckige Löcher übereinander, in denen keine Dübelreste vorgefunden wurden. Das obere Loch ist 0·08 Meter breit, 0·09 Meter hoch, 0·06 Meter tief und verschmälert
sich nach innen, das untere ist etwas kleiner und nach innen noch keilförmiger; beide Dübel scheinen
horizontal herausgegangen zu sein, der obere mit Wendung nach links, der untere mit Wendung nach
rechts, und sind wohl aus Holz anzunehmen. Dem Sargkasten ist bei einer Plünderung in späterer Zeit
ein grosses Loch in der einen Nebenseite eingeschlagen worden. Der First zeigt oben in der Mitte eine
sorgfältig ausgehauene Einkerbung, 0·03 Meter tief und 0·95 Meter lang, welche nicht nachträglich hergestellt, sondern ursprünglich, ihrer Bestimmung nach aber räthselhaft ist. In ihrem gerauhten, aber
streng ebenen Boden deutet nichts auf einen Aufsatz.

Die Inschrift steht auf der Wetterseite des Sarkophages und ist schwer lesbar, über die Lesung
kann aber, wie das folgende, nach einem Abklatsche photographirte Facsimile (Fig. 174) bestätigt, kein
Zweifel sein, wonach die Angaben des vorläufigen Berichtes S. 32 zu berichtigen sind.

Die Kürze der Inschrift und ihre Fassung ist in Lykien ungewöhnlich und beides spricht für höheres
Alter. Die Buchstaben sind leider vom Wetter so zerfressen und nach allen Seiten ausgewaschen, dass
ihre Form nicht sicher zu beurtheilen ist und theilweise den Schein einer späteren Entstehung trägt.
Das Alpha mit gebrochenem Strich scheint in Lykien älter zu sein als anderwärts, die oberen und unteren
Hasten des Sigma brauchen nicht parallel zu sein und der rechte Theil des Ny war sicherlich
höher als der linke; es nöthigt daher kaum etwas, die Schrift für beträchtlich jünger zu halten als die
grosse Grabschrift von Kyaneai (vergl. oben S. 46, Fig. 34), welche zweifellos früh in das vierte Jahr-

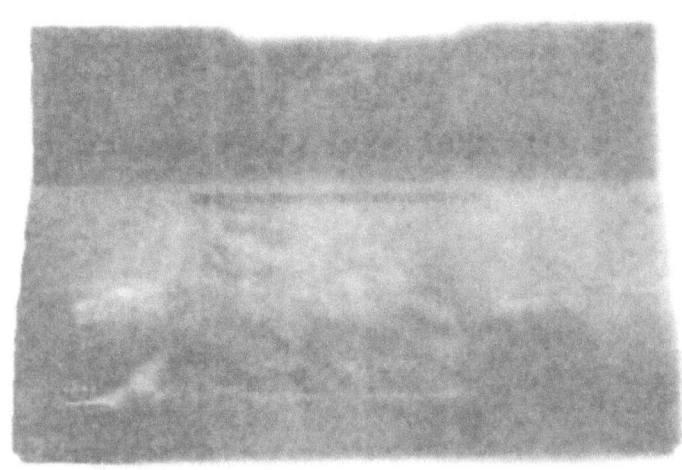

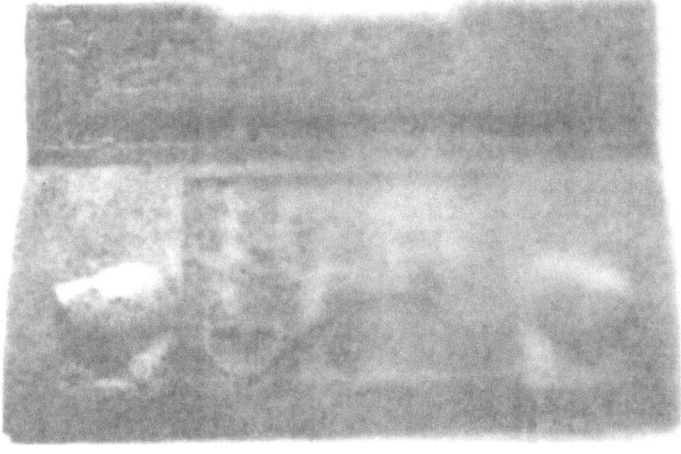

hundert zu setzen ist. Der lykische Name Dereimis kehrt auf der Ostseite der Columna Xanthiaca wieder, wie mir gleichzeitig Moriz Schmidt und Eugen Petersen bemerkt haben;[1] Parnos vermag ich als Personennamen sonst nicht nachzuweisen.[2]

174. Inschrift des lykischen Sarkophages in Wien.

Δερείμιος καί
Αἰσχύλου τοῦ Πάρνου.

Die zeitlichen Anzeichen der Inschrift werden dadurch ergänzt, dass die Reliefs noch Nichts für die hellenistische Zeit Charakteristisches enthalten. Ein in dem Firstrelief der Südseite stehendes eigenthümliches Geräth, welches sonst nicht gerade häufig vorkommt und einer offenbar kurzwährenden Mode angehört, nämlich der auf einem verhängten Dreifusse ruhende bauchige Krater, bietet sogar eine Handhabe den Sarkophag bestimmter zu datiren. Auf meine Bitte hatten Alexander Conze und Herr Dr. J. Böhlau die Güte, auf das Vorkommen dieses Geräthes hin eine Musterung des von der Wiener Akademie begründeten Apparates der griechischen Grabreliefs vorzunehmen, und dabei ergab sich, dass die in Frage kommenden Reliefs, soweit sie attisch sind, durchaus dem vierten Jahrhundert angehören, soweit sie von anderen Orten stammen aber kein Kennzeichen eines nothwendig späteren oder früheren Ursprunges darbieten.[3] Sollte sich die Inschrift des Sarkophages daher mit einer so frühen Ansetzung nicht vereinigen lassen, so würde man eher einen späteren Besitzwechsel des Grabes, wie er sich ja für lykische Gräber durch zahlreiche Urkunden belegen lässt, als eine spätere Entstehung des Sarkophages anzunehmen haben.

Von der vorstehenden Steinmasse der Knaggen, welche im Anfang wahrscheinlich rechteckig zubehauen war, ist der untere Theil wie ein Brett stehen geblieben, auf welchem die Löwen heraus-

---

[1] Vergl. Savelsberg, Beiträge zur Entzifferung der lykischen Sprachdenkmäler II, S. 216, Ostseite Zeile 17.

[2] Vergl. Diogenian 8, 27 und Suidas s. v. Τὸ Πάρνου σκαρῖθοω· ἐπὶ τῶν μιαρὰ ζητούντων. Πάρνος γάρ τις τὴν σκάρφιο ἀπολέσας συνεχῶς ἐκάλχει τῷ ὄφρῳ. Grasberger, Studien zu den griechischen Ortsnamen, S. 3o.

[3] Wie Böhlau im Einzelnen mittheilt, sind »verhängte Dreifüsse« als Untersätze für den Krater bei Todtenmahlen aus dem Grabdenkmälerapparate in folgenden Fällen nachweisbar:

I. Auf attischen Reliefs:

1. Constantinopel, Salomon Reinach, Catalogue n. 214.
2. Berlin 816 (Furtwängler, Sammlung Sabouroff, Taf. XXXIII 1).
3. Berlin 823.
4. Leyden 288 (Janssen, Taf. VI 17).
5. Oxford, Michaelis, Ancient marbles, S. 576, 7, n. 146.
6. Cambridge, Michaelis, Ancient marbles, S. 249, n. 78.
7. London, British Museum, sepulcral room (Apparat n. 51).
8. Athen, Privatbesitz (bei Karapanos).
9. Athen, Varvakion, Kumanudis ἐπιγρ., n. 3704.
10—14. Athen, v. Sybel, n. 4326, 4337, 6140, 3334, 3437.
15. Athen, Varvakion (Apparat n. 131).
16. Peiräeus (Apparat n. 66).

II. Auf nicht attischen Reliefs:

17. Turin, Dütschke, Bildwerke in Oberitalien IV, n. 163. Abbildung fehlt. Notiz »sehr abgestumpft«.
18. Venedig, Paciaudi, Monumenta Peloponnesiaca I S. 110. Conze: »attisch, viertes Jahrhundert«. Angeblich aus Zakynthos.
19. Wien, nach einer Notiz des Verkäufers aus Teos. Erwähnt von Furtwängler, Sammlung Sabouroff I S. 34.
20. Berlin 825 (Furtwängler, Sammlung Sabouroff, Taf. XXXII 1) aus Theben. »Gewöhnliche Arbeit guter Zeit.«

fahren. Sie sind nur mit dem Vordertheile sichtbar und ducken auf die horizontal vorgestreckten Tatzen nieder, indem sie den Kopf seitwärts gegen die Schmalseiten des Sarkophages wenden. Alle Formen sind verwittert, meist ist nur die Stelle der Ohren noch zu unterscheiden, doch erkennt man die Mähne, welche kranzartig den Kopf umgibt, in den wellenartig unruhigen Linien, die den Hals umspielen; in den Winkeln des geschlossenen Maules treten die Lefzen hervor.

Zwischen den Knaggen steht beiderseits ein Relief, dessen Grund als viereckiges Feld eingetieft ist. Ebenso behandelte Reliefs, deren Verwitterung ziemlich überall gleich vorgeschritten ist, sind ausserdem auf allen vier Seiten des Firstes und in den Zwickeln angebracht, welche die Balken der Schmalseiten bilden. Die südliche Langseite, die am Kasten die Inschrift trägt, ist auch am Deckel durch reichere Composition der Reliefs als Hauptseite hervorgehoben.

Südliche Langseite.

Am gewölbten Dache eine nach rechts galoppirende Quadriga mit Mann und Frau. Man erblickt vom Wagen ein vierspeichiges Rad, den untern Boden und zwei senkrechte Flächen des Kastens mit einem oben und einem seitlich ausgebogenen Rande. Die Deichsel und das Geschirr scheinen plastisch nicht angedeutet gewesen zu sein. Das erste Pferd (Hengst), dessen Schweif gegen den Wagen geschwungen ist, hält den Kopf nach vorn, das zweite in die Höhe, das dritte und vierte nach rechts im Profil; die Mähne scheint kammartig verschnitten.

Am Firste ein Gelage von sechs Männern auf drei dicht nebeneinander gestellten Betten. Die Füsse der Betten sind gedrechselt und scheinen auf eigenen Untersatzsteinen zu stehen, das Bettuch fällt an den Enden schräg herab. Vor dem mittleren, vornehmsten Bette hat die Hausfrau Platz genommen, auf dem dritten sitzt ein Kind. Die Darstellung ist rechts durch eine Flötenbläserin, links durch einen herzueilenden Mundschenk und ein scenisches Requisit des Gelages, einen Dreifuss mit Zubehör, eingefasst. Der Dreifuss reicht über die Betten aufwärts und ist oben mit Stoff verhängt, auf ihm ruht ein bauchiger, fusslos zu denkender Krater, zwischen den beiden allein sichtbaren Beinen des Gestelles steht am Boden ein Weinkrug. Der Mundschenk scheint mit der vorgestreckten linken Hand eine flache Schale, in dem etwas zurückgezogenen rechten Arme möglicher Weise ein Rhyton zu tragen.[1] Die Symposiasten sind, so viel man erkennt, sämmtlich bärtig, ein jeder in der üblichen Lage und doppelten Kleidung mit einem einmal zusammengelegten Kopfkissen. Der erste von links führt die Hand zum Munde, vermuthlich mit einem Trinkgefässe, der zweite sucht mit der Rechten, indem er sich nach vorne kehrt, das Kissen zu ordnen, der dritte wendet sich nach rechts gegen seinen Nachbar, der die Hand vertraulich auf seinen Rücken legt, der fünfte liebkost das Kind, der letzte hält in der Linken ein Gefäss und erhebt mit der Rechten ein Rhyton. Die Flötenbläserin steht im Profil nach links, in doppeltem Gewande, den rechten Fuss etwas vorsetzend. Die Frau sitzt auf einem Lehnsessel mit geschwungenen Beinen, in doppeltem Gewande, und scheint mit der linken Hand sich zu entschleiern. Das Kind ist bekleidet, also ein Mädchen.

Oestliche Schmalseite.

Am Firste ein Ehepaar im Profil einander entgegensitzend. Links in einem Lehnsessel, die Füsse auf einem Schemel, die Frau, welche im Schoosse einen unkenntlichen Gegenstand hat. Rechts

21. Samos. Von Puchstein nach einer brieflichen Mittheilung d/o. Alexandria 13. Februar 1882, in Tigani gesehen und beschrieben als »strenger Composition und nicht so spät«.

22. Athen, v. Sybel n. 1277. Arbeit aus guter Zeit.

Hieran schliesse ich zweifelnd, ob das Geräth gemeint sei:

23. Paros, Löwy, Archäologisch-epigraphische Mittheilungen XI S. 173.

24. Thasos, Conze, Reise auf den Inseln des thrakischen Meeres, Taf. X 1.

Die attischen Reliefs gehören sämmtlich in das vierte Jahrhundert. Für die nicht attischen fehlen äussere Anhaltspunkte der Datirung; abgesehen von n. 17, wovon keine Abbildung vorliegt, und von n. 23 und 24, wo nicht zu entscheiden ist, ob das Geräth dargestellt sei, möchte man indessen geneigt sein, alle Beispiele mit der nöthigen Reserve dem vierten Jahrhundert noch zuzuschreiben.«

[1] Vergl. Reisen Band II S. 16, 105, wo irrthümlich adorirende Figuren angenommen sind.

auf einem Sessel mit gedrechselten Beinen der bärtige Mann, lang bekleidet, die linke Hand an die Brust legend und mit der erhobenen Rechten einen Stab senkrecht aufstützend.

In den Zwickeln des Rahmenwerkes zwei bärtige Männer im Profil einander entgegensitzend. Sie sitzen beide auf bettartig breiten lehnenlosen Stühlen, welche zwei gedrechselte Beine zeigen und oben mit Zeug überhängt sind, das in Curven rechts und links etwas herabhängt, tragen beide einen langen Chiton mit Obergewand und stemmen mit hocherhobenen Händen senkrecht einen Stab auf.

Nördliche Langseite.

Am gewölbten Dache eine nach rechts sprengende Quadriga mit Wagenlenker und Hoplit. Rad und Wagen sind auf die nämliche Weise wie auf der andern Seite behandelt, dagegen galoppiren die Pferde (Hengste) nicht, sondern springen gestreckt empor, die Hinterfüsse auf dem Boden, die Vorderfüsse hoch in der Luft. Das erste schwingt den Schweif und hält den Kopf wie das zweite nach rechts im Profil, das dritte hält den Kopf nach vorn, das vierte im Profil nach rechts in die Höhe. Im Wagen steht links in halber Rückensicht ein bärtiger Hoplit, der sich mit der Hand am Wagenrande anhält — von seiner Rüstung ist nur der etwas rückwärts gehaltene Schild und der korinthische Helm mit wallendem Busch zu unterscheiden, die Beine sind durch die Wagenbrüstung verdeckt zu denken — und rechts in Vordersicht der Wagenlenker, eine jugendliche Gestalt mit blossem Kopfe, dessen arg verwaschene Formen fast weiblichen Eindruck machen, die linke Hand (mit den Zügeln) hoch über den Rücken der Pferde erhoben, den rechten Arm gebeugt zurückhaltend.

Am Firste ein durchaus entsprechend, aber einfacher componirtes Gelage. Sechs Männer, auch hier augenscheinlich alle bärtig, ruhen in der herkömmlichen Weise nebeneinander auf drei Betten, die in geringen Abständen nebeneinanderstehen. Der erste links hält die linke Hand am Leib und lässt die Rechte herabsinken, der zweite scheint ein Rhyton zu erheben und in der Linken ein Gefäss in Brusthöhe zu halten, der dritte legt die rechte Hand ans Knie, der vierte führt sie gegen den Kopf, der fünfte greift nach den Beinen und wendet sich nach rechts zu seinem Nachbar, der ein grosses Rhyton zu erheben und mit der Linken ein Gefäss an der Brust zu halten scheint. Rechts am Ende steht im Profil nach links eine musicirende Gewandfigur, die nach der Art des Stehens, und da ihr unterer Gewandsaum sich oberhalb des Knöchels hinzieht, wohl für männlich zu halten ist; von ihrer Brust ab steht schräg nach links in die Höhe die Spur eines von der linken Hand gehaltenen Saiteninstruments. Links am Ende entspricht im Gegensinne eine zweite flöteblasende Gewandfigur, bis über die Knöchel lang bekleidet, mit dem linken Beine ausschreitend oder in leichter Tanzbewegung, vermuthlich weiblich.

Westliche Schmalseite.

Am Firste zwei Gewandfiguren auf Sesseln im Profil einander entgegensitzend, links augenscheinlich ein Mann, rechts vielleicht eine Frau, die rechte Hand gegen das Gesicht führend.

In den Zwickeln des Rahmenwerkes unten zwei bärtige Männer auf Sesseln, welche denen der Gegenseite entsprechen, im Profil einander entgegensitzend. Sie haben beide doppeltes Gewand; der zur Rechten erhebt wie im Gespräche die Rechte und hält mit der Linken auf dem Knie einen Stab schräg nach abwärts, der zur Linken hat den Rücken von Alter gekrümmt und stützt mit der erhobenen Linken senkrecht einen Stab auf.

Spitzbogiger Sarkophag in Constantinopel.

Weit interessanter, aber leider mehrfach bis zur Unkenntlichkeit zerstört sind die Reliefs, die der jetzt in Constantinopel befindliche Sarkophag trägt, welcher in der Nähe unseres Lagers, unweit des voraussetzlichen alten Marktes stand.[1] Der Charakter dieser Reliefs ist erheblich jünger, wenn auch gewiss vorrömisch.

---

[1] Reisen Band II, Taf. II S. 16, Fig. 10. Vergl. oben S. 26.

Der Sargkasten hat nur Ornament in der Mitte der Flächen als schmale Streifen eingetieft, und zwar auf der südwärts gewandten Hauptseite in Erinnerung an die Opfer der Todtenfeste vier mit Binden geschmückte Rindsköpfe, die in gleichen Abständen drei Guirlanden tragen und drei Rosetten zwischen sich haben, auf den beiden Schmalseiten je zwei Opferschalen zu beiden Seiten eines stehenden palmettenartigen Zweiges, der vielleicht an die Lustrationszweige der Opferdarstellungen erinnern sollte; die rückwärtige Langseite ist am Sarge ohne alles Ornament und oben nur mit zwei Rindsköpfen an den Bossen verziert.

Der Deckel, der auf den beiden Schmalseiten roh belassene Bossen, auf der südlichen Langseite zwei gross und eigenthümlich ausgeführte Gorgoneia, mit wild fliegendem Haar und unter dem Halse zusammengeschlungenen dicken Schlangen, im Ganzen also sechs Vorsprünge als Anhalt für das Auf- und Abheben besitzt, hat wieder den Hauptschmuck. Derselbe concentrirt sich an First und Dach auf die südliche Langseite, da auf den beiden Nebenseiten in den Zwickeln des Rahmenwerkes nur zwei Delphine und Fische, oben am First nur Maskenköpfe angebracht sind. Man hat hier wieder den heroisirten Stifter des Grabes auf einer nach rechts sprengenden Quadriga und unter derselben wie am Heroon (vergl. oben S. 62) sein Wappen: einen Löwen mit emporgeschwungenem Schweife, vermuthlich einem Thierkopfe unter der linken Vorderpranke, und einem Stabe, den er vielleicht wie die Löwen am Leichenwagen Alexanders des Grossen oder wie Löwen auf Münzen u. A. von Pantikapaion im Maule hielt.[1] Zwei Kränze rechts und links von dem Viergespann bezeichnen Ehren, die er erhielt, und die seltsamen Vorstellungen am Firstbalken hängen möglicher Weise nach den Symbolen eines Seesieges, woran Petersen erinnert hat, mit seinen Verdiensten zusammen. Klar und wirklich erkennbar ist allerdings hier nur Weniges. Man glaubt von links nach rechts eine menschliche Figur auf einem grossen Vogel, etwa Gans oder Schwan, sitzend, zu unterscheiden, ferner einen Mann in kurzem Chiton oder Panzer stehend neben einem Altar, auf dem sich ein Gegenstand erhebt, dann eine langbekleidete, ruhig stehende, weibliche Figur, weiter einen Complex von Formen, in dem man am ehesten ein Schiffs-vordertheil mit daraufstehender Pallas, wie auf Münzen von Phaselis,[2] sehen könnte, wieder eine lang-bekleidete Figur mit Flügeln, wahrscheinlich Nike, einen in Kämpferstellung nach links gegen einen zu Boden sinkenden Gegner ausholenden Hopliten, endlich einen davongaloppirenden Reiter.

Zu erwähnen ist noch, dass Niemann an einem der schmucklosen Sarkophage das Firstende durch ein ausgearbeitetes Profil verziert fand (vergl. Fig. 176), und dass er im Heroon die in Fig. 175 wieder-holten Fragmente aufnahm, von denen zwei zu einer Basis gehört haben können, das dritte, dem schwachen Relief seines Profils nach alterthümliche, nicht zu deuten gewesen ist.

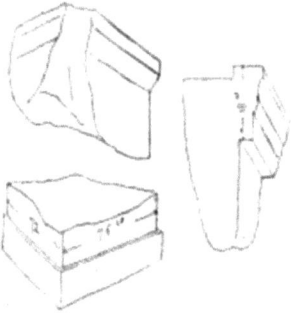

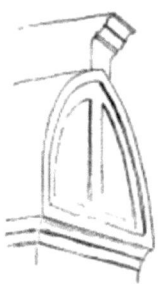

175. Fragmente aus dem Heroon.   176. Firstverzierung eines Sarkophagdeckels.

---

[1] Diodor 18, 27, 3. Stephani, Compte-rendu 1864, S. 95.

[2] Vergl. Imhoof-Blumer, in A. von Sallet's Zeitschrift für Numismatik III S. 319.

VI. Zeit und Stil der Bildwerke.

παραπέμπεσθα τοῖς παροῦσι τύχαις
Euripides Oinomaos.

Als das Heroon an dem Ostende der Akropolis von Trysa erbaut wurde, musste ein Stück ihrer Umfassungsmauer dafür abgeschnitten werden (vergl. oben S. 31). Daraus erhellt, was an sich nicht wohl anders gedacht werden könnte, dass das Heroon jünger ist als die Befestigung der Akropolis. Die gegen Osten unmittelbar folgenden Grabhäuser haben sich nach ihren Bauformen als um die Wende des fünften und vierten Jahrhunderts v. Chr. entstanden, der neben ihnen errichtete Sarkophag des Dereimis und Aischylos nach seinen Sculpturen als noch dem vierten Jahrhundert angehörig mit Wahrscheinlichkeit erwiesen. Der natürliche Hergang beim Entstehen antiker Gräberanlagen ist, dass sie bei der Ortsmauer beginnen und sich in allmäligem Vorrücken mit der Zeit von ihr entfernen. Topographisch erwartet man also, dass das Heroon älter sei als das vierte Jahrhundert. Bei dem Mangel schriftlicher Ueberlieferungen lässt sich für diesen Zeitansatz kein urkundlicher Beweis führen, aber in Uebereinstimmung damit steht der Stil der Bildwerke, welcher das Monument dem fünften Jahrhundert, und zwar eher den mittleren als den späteren Jahrzehnten desselben, sichert.

Da die Reliefs alle feinere Plastik eingebüsst haben, so kann für eine Stilbetrachtung nur ihre Zeichnung und künstlerische Erfindung in Frage kommen. Diese Einschränkung wird aber minder fühlbar, da der vergleichende Blick über einen grossen Spielraum verfügt, und erleichtert wird die Aufgabe durch den S. 52 hervorgehobenen Umstand, dass es sich um eine zeitlich wie stilistisch einheitliche Leistung handelt, welche mehrere Bildhauer zugleich verhältnissmässig rasch vollendeten. Ich beginne mit Einzelnem, Nebensächlichem, den Formen von Gefässen, Geräthen, Trachten, Waffen u. s. w., woran die bezeichneten Entstehungsgrenzen unmittelbar augenfällig werden, und ende nach dieser unvermeidlich mühsamen, aber wie ich hoffe nicht fruchtlosen Analyse mit einigen Bemerkungen über die kunstgeschichtlichen Fragen, welche das Monument Förderung empfangen.

Von Gefässen ist eine ziemliche Zahl, allerdings selten in hinreichender Deutlichkeit, erhalten. So lässt sich von den Tellern und henkellosen flachen Schalen, auch dem Rhyton, dem Kantharos und einer napfartigen Henkelschale im Gelage (Tafel XX und XXI) nur hervorheben, dass sie ihrer geringen Grösse nach wohl von Metall, vermuthlich Edelmetall, zu denken sind. Dies gilt gewiss auch für die mit einem Nabel in der Mitte versehene kleine Phiale, welche Antinoos im Freiermord zu Boden sinken liess (Tafel VIII A 3), eine seit hohem Alter bekannte Form, die sich durch Jahrhunderte im Gebrauch erhielt.[1] Ob das Gefäss, mit dem der Mundschenk des Freiermordes durch die Thür enteilt (Tafel VII A 1), schlauchartig gewesen sei, ist eine unsichere Vermuthung.[2] Zwischen Spitzamphora oder Sack hat man die Wahl in dem Relief der Innenseite des Thores (Tafel VI), und namentlich die Amphora sieht man in Darstellungen des fünften Jahrhunderts häufig wie dort zum Sitzen verwendet: es genügt, auf die schönen Münzen von Terina zu verweisen, wo Nike, oder auf das bekannte Schalenbild der Sammlung Bourguignon in Neapel, wo Silen auf einer Spitzamphora sitzt.[3] Wahrscheinlich Säcke, wie man sie für das Reisegepäck benutzte (ςακκόλια),[4] nicht Gefässe, hat man auf dem Esel der auswandernden Gruppe in der Iliupersis (Tafel XIII A 11), und das Geräth der Frau in dieser Gruppe ist ein flacher Korb von der Gestalt, wie ihn beispielsweise die Dienerinnen des Priamos in dem streng rothfigurigen Vasenbild des österreichischen Museums in Wien, welches die Auslösung Hektors darstellt,

---

[1] Löschcke, Archäologische Zeitung 1882, S. 37 f.

[2] Ein Rhyton mit Thierkopf, in der Publication der Monumenti inediti dell' instituto X 18, 61 nicht erkannt, hält in der gesenkten Rechten ein ähnlich eilender Mundschenk des Nereidenmonumentes.

[3] P. Gardner, Types of greek coins I 24. Archäologische Zeitung 1883, Taf. 10. Später scheint das Sitzen auf Säcken vorgenommen, vergl. z. B. Millingen, Peintures de vases de diverses collections, pl. 32 (Neapel 1760); Jatta, Vasi Caputi, tav. 1; Overbeck, Bildwerke zum thebischen und troischen Heldenkreise, Taf. XXVIII 3.

[4] Otto Jahn, Archäologische Zeitung 1854, S. 232.

gefüllt mit Kleidern (Ω 229), auf dem Kopfe tragen.[1] Nichts erkennbar Charakteristisches bieten die
Formen des Schöpfeimers in der Meleagerjagd (Tafel VIII B 7), der Oinochoe, des Beckens, der Hydrien
in dem Leukippidenfriese (Tafel XVI A 6, 9), und für die merkwürdig grossen metallenen Kochkessel
ebenda (Tafel XVI A 8) ist mir kein zweites Beispiel bekannt. Die Spitzamphoren des Kentauren-
kampfes auf der Frontseite des Heroon (Tafel XXIII B 3) haben die bauchige Gestalt, welche besonders
oft in der ersten Hälfte des fünften Jahrhunderts begegnet. Der eigenthümliche Bau der beiden vorzüglich dargestellten Deckelschalen des Gelages (Tafel XXI B 6) hat sich früh entwickelt, Vorläufer
desselben reichen bis in den Dipylonstil hinauf, die Fabrication beginnt, wohl zunächst in Metall, in
der ersten Hälfte des fünften Jahrhunderts, die aus Thon gefertigten Exemplare sind vollkommen

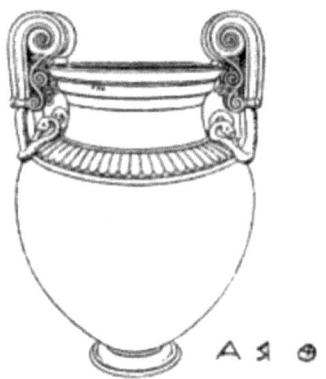 

177. Bronzegefäss aus Lokri im British Museum.　　　178. Thongefäss des Museums von Bologna.

schwarz gefirnisst oder mit rothen Figuren.[2] Rundbauchig und henkellos wie Gefässe des Exekias und
das Gefäss in dem weissgrundigen Schalenbilde des Hegias[3] ist der grosse Krater in der Opferscene
des Leukippidenfrieses (Tafel XVI A 5) und dementsprechend steht er, wie in älterer Zeit überhaupt
häufig, auf einem eigenen Untergestelle. Das alterthümliche Profil dieses letzteren wiederholt sich im
Wesentlichen an einem zweiten Untergestelle, welches auf einem losen Reliefblock des Gelages
(Tafel XVIII 8) noch ohne seinen Aufsatz in der Mitte eines Tisches steht. Auch das grosse Mischgefäss des Freiermordes (Tafel VII A 2), eine Amphora mit deutlichen Volutenhenkeln, steht anscheinend
auf einem eigenen trochilusartigen Untersatze,[4] wie dergleichen in den verschiedensten Formen erhalten

　　　　1 Monumenti inediti dell'instituto VIII 27. Conze, Vorlegeblätter 1 3. Vergl. E. Brizio, Vasi dipinti del museo civico
di Bologna, tav. 1 1, S. 4, die strenge rothfigurige Malerei eines Kraters, wo ein Satyr einen solchen Korb auf dem Kopfe
trägt. 6. Gerhard, Auserlesene Vasenbilder IV 310, schwarzfigurig u. s. w.

　　　2 Fr. Winter, Die jüngeren attischen Vasen, S. 53 (vergl. Rayet et Collignon, Histoire de la céramique grecque,
S. 79, Fig. 17, S. 35, Fig. 21, pl. 5). Stephani, Compte-rendu 1860, S. 3 f. (vergl. 1861, S. 5, 1863, S. 12, 1875, S. 245), lässt
die Fabrication augenscheinlich etwas zu spät, in der Mitte des fünften Jahrhunderts beginnen. Furtwängler beschreibt
als »spät korinthisch« mit horizontal geriefeltem Deckel Nr. 1665, 1666 der Berliner Sammlung, als »attisch rothfigurig
schöner Stil ältere Hälfte« Nr. 2571 — 2579, in welcher Reihe namentlich das aus Athen stammende Gefäss Nr. 2578
wichtig ist. Eine Anzahl feinster Stücke mit dunkelrothen Streifen auf dem schwarzen Firniss in der kaiserlichen Sammlung zu Wien. Böhlau, Jahrbuch des kais. deutschen archäologischen Institutes III, S. 335. Dumont, Céramiques de la
Grèce propre, pl. V 17.

　　　3 Stackelberg, Gräber der Hellenen, Taf. XXV.

　　　4 Vergl. z. B. Carapanos, Dodone et ses ruines, pl. XXIII 1, 2, XL 1, 2; Museo Gregoriano I 58, 2; Th. Lau, Die
griechischen Vasen, Taf. XX 1; J. de Witte, Collection Czartoryski, S. 111 n. 43; Volutenamphora auf einem grossen
ähnlich profilirten Untersatze in einem eleusinischen Relief, Ephemeris archaiol. 1886, pin. 3, 1.

sind. Dies Gefäss erinnert an die Prachtamphoren der unteritalischen Malerei, bezeichnet aber ein dem
fünften Jahrhundert eigenes früheres Stadium der Entwicklung. Die Form der Volutenhenkel liegt der
Arbeit in Metall näher als der Arbeit in Thon und weist damit auf älteren toreutischen Ursprung.
Wie alt in der That die tektonische Gestalt der Volutenamphoren ist, lehrt unter Anderem ein schönes
Bronzeexemplar des britischen Museums, welches mit einem archaischen Bronzecandelaber in Lokri zu
Tage gekommen ist und archaische Charaktere trägt (Fig. 177).[1] Man kann die Form weiter verfolgen
an Thongefässen mit schwarz- und streng rothfiguriger Malerei (vergl. Fig. 178); Exemplaren der
letzteren Art aber ist die Profilirung der Amphora im Freiermord verwandt,[2] wie auch unter Anderem
die schönen Volutenamphoren auf alterthümlichen Münzen von Boiotien, namentlich solchen von
Theben, mit diesem Zeitansatze übereinstimmen.[3] Bauchiger ist die Volutenamphora, welche in der
alterthümlichen Reliefdarstellung eines Gelages auf einem Sarkophage von Golgoi gleichfalls am linken
Ende steht[4]; schlanker eine Amphora mit anders geformten grossen Henkeln, welche in dem Todtengelage des Nereidenmonumentes den nämlichen Platz einnimmt und über einem Gestelle sich erhebt,
dessen Profil die vorausgesetzte trochilusartige Gestalt bestätigt: in dem Stiche der Monumenti sind
diese deutlich erhaltenen Umstände theils verfehlt wiedergegeben, theils ganz übergangen.[5]

Unter den Geräthen tritt einiges Neue, das Bekannte meist ohne bestimmtere Zeitmerkmale entgegen. Das Gelage und der Freiermord haben die beiden Bettformen, welche seit alters nebeneinander
im Gebrauch waren: die einfachere mit gedrehten Füssen, und die reichere oft durch eingelegte Arbeit
und den ständigen Zierat von Palmetten und ionischen Voluten ausgezeichnete mit viereckigen einge-
schnittenen Füssen, worin man die berühmten milesischen Fabricate erkennen darf, die unter Anderem
in den Schatzverzeichnissen des Parthenon vorkommen. Die auffällige Breite des Stuhles im Freiermord (Tafel VII A 1) kehrt in anderen lykischen Werken wieder, so am Sarkophage des Dereimis und
Aischylos, und ist nicht ohne Beispiel in rothfigurigen Vasendarstellungen der älteren Zeit.[6] Die auf
besonderen Podien stehenden schönen Throne von Priamos und Helena (Tafel XII A 9), namentlich
derjenige der Helena mit seinen von Sphingen gestützten Armlehnen und einem Schemel mit geschwungenen Füssen, die in Thierklauen auslaufen, bilden ein Prachtmobiliar, das nach orientalischen
Vorbildern früh im fünften Jahrhundert (mit Podien etwas später) aufkommt;[7] so viel man erkennt, sind
die Gliederungen entwickelter als an den Thronen des Harpyienmonumentes. Verschieden im Bau sind
die Tische; rechteckige Platten haben diejenigen des Freiermordes, möglicher Weise auch die merkwürdigen Dreibeine des Gelages und Leukippidenraubes (Tafel XVI A 9; XXI B 6, oben S. 167), welche
durch die Schiefstellung eines Beines an Klapptische[8] erinnern; rund zu denken ist der Tisch auf
Tafel XVIII 8 (S. 179), der drei in Thierklauen auslaufende, gebogene Füsse zu haben scheint, eine
Form, die keineswegs jung ist, wie man nach ihrem häufigen Vorkommen auf hellenistisch-römischen
Monumenten erwartet;[9] niedrig wie ein Bema ist der Tisch in dem einen Todtenmahle des Sarkophages

[1] C. I. G. IV, 8522; Panofka, Antiques du cabinet Pourtalès-Gorgier, pl. 3, S. 34; Vente Pourtalès Nr. 717, 751.

[2] Vergl. Michaelis, Annali dell' instituto 1860, S. 481; Fr. Winter, Die jüngeren attischen Vasen, S. 13, 61; Bruna,
Ausgrabungen der Certosa, S. 23; Martha, L'art etrusque, S. 487, Fig. 324; J. de Witte, Collection Czartoryski, S. 22, n. 22.

[3] Head-Poole, Catalogue of greek coins, Central Greece, pl. V 7—9, 11; XIII 12—15; XV 1—8

[4] Cesnola-Stern, Cypern, Taf. XVIII.

[5] Monumenti inediti dell' instituto X 18, 50. Der dabeistehende Mundschenk schöpft mit dem gesenkten rechten
Arm aus der Amphora.

[6] Vergl. z. B. Nr. 50 im Museo civico zu Bologna, rothfigurig, mit Scenen der Gynaikonitis; Zannoni, Scavi della
Certosa, tav. LXXIX; Annali dell' instituto 1853, tav. d'agg H; Conze, Vorlegeblätter I 1.

[7] Vergl. oben S. 146; E. Petersen, Die Kunst des Pheidias, S. 354, de Atreo et Thyesta, Dorpat 1877, S. 3, 2;
Stephani, Compte-rendu 1859, S. 64, 1864, S. 143; Perrot et Chipiez, Histoire de l'art II, S. 725, Fig. 383.

[8] Tische mit gekreuzten Beinen, nach Art von Klappstühlen, auf hethitischen Sculpturen, (Humann und Puchstein,
Reisen in Kleinasien und Nordsyrien, S. 376 folg., Fig. 53, 5, 7, Taf. XLV 1, 2, XLVII 2—5), auf einer phoinikischen Schale,
Perrot et Chipiez, histoire de l'art III S. 783, Fig. 550.

[9] Altetruskisch) Notizie degli scavi 1882, pl. XII, XIII; Micali, Monumenti inediti VIII 6. Im Gemälde der Tomba
Golini zu Orvieto: Conestabile, Pitture murali, pl. XI. In einem rothfigurigen Vasenbilde des schönen Stiles; Compte-rendu
de la commission archéologique, St.-Pétersbourg 1860, pl. I. Dreifuss von Bronze, Cesnola-Stern, Cypern, Taf. LXII 1

aus dem Heroon (Tafel XIX 4, oben S. 221), besonders lang der mit einem Felle bedeckte im Leukippi-denopfer (Tafel XVI A 5).

Von den in Betracht kommenden musikalischen Instrumenten ist das Tympanon und die gewöhn-lich Trigonon benannte dreieckige Harfe (Tafel VI)[1] in griechischer Kunst, wie es scheint, zuerst auf rothfigurigen Vasen des schönen Stils nachweisbar, die auf unteritalischen Vasen so häufige gestreckt rechteckige Lyra (Magas?) für ältere Zeit u. A. durch eine aus Golgoi stammende Statuette wie durch ägyptische, hethitische und assyrische Sculpturen, auch durch das Nereidenmonument bezeugt;[2] viel-

leicht darf man das neben dem Lyraspieler befindliche räthselhafte Becken nach assyrischen Darstellungen als Pauke auffassen.[3]

Den Schiffshintertheilen der beiden Flotten fehlen die Leitern und Aphlasta, im Baue ihrer Formen sind sie sich nicht völlig gleich. Zu Beginn der Landungsschlacht (Tafel XXIV) erscheinen die Schnäbel unter dem Zwange des verfügbaren Raumes etwas niedriger, während sie im troischen Friese (Tafel IX) höher herauskommen, stärker sich biegen und rückwärts krümmen. Von Vasendarstellungen lassen sich nur rothfigurige zum Vergleich ziehen, denen allen die geniale Kürze der Andeutung von Schiff oder Flotte durch den blossen Abschnitt eines Schiffsendes eigenthümlich ist, während auf schwarzfigurigen und noch älteren Gefässen immer wie ganze Schiffe gemalt werden;[4]

179 Münzen von Phaselis.

aber die Grösse und Gestalt der Curven wie der Steuerruder wechselt in diesen Nachbildungen. Die schöne, streng gezogene Form der Steuerruder scheint so nicht oft vorzukommen, abgesehen von der grösseren Kürze entspricht im Umriss das Steuer der Argo auf der Ficoronischen Cista. Von Münz-typen stehen am nächsten Exemplare von Phaselis »aus der Mitte oder der zweiten Hälfte des fünften Jahrhunderts«, die in Fig. 179 zum Vergleich bringen zu können ich der Güte Imhoof-Blumers danke.[5]

Geringen Anhalt für die Zeitfrage gibt die spärlich vertretene Architektur. Zu dem Stadtbilde in Troja bot eine streng rothfigurige Schale mit der Verfolgung Hektors durch Achill eine Parallele

---

[1] Bie, Die Musen in der antiken Kunst, S. 15, 19.

[2] Cesnola-Stern, Cypern, Taf. XXXI 2; Doell, Sammlung Cesnola, Taf. VI 3; Lepsius, Denkmäler II 133; Ermann, Aegypten I S. 341; Humann und Puchstein, Reisen in Kleinasien und Nordsyrien S. 388; Rawlinson, Five great monarchies I S. 532; Perrot et Chipiez, Histoire de l'art III S. 406, 278, IV S. 357, 284 (hittitisch). In dem Cellafriese des Nereiden-monumentes hält Fig. 31, welche jenseits eines viereckigen Altares steht, eine rechteckige Lyra schräg an der linken Brust; Altar und Lyra fehlen im Stiche der Monumenti inediti dell' instituto X 18.

[3] Rawlinson a. a. O., S. 537. Vergl. die von Jan, Die griechischen Saiteninstrumente, S. 26, 44 citirten Stellen: Hesych. s. v. ἐχεῖον τὸν χαλκοῦν (Meineke τὸ χαλκίον) · οἱ δὲ μουσικοὶ τὸ πρὸς τῇ μαγάδι χαλκίωμα. Aristoteles περὶ ἀκουστῶν, S. 801 b 8 ed. Bekker ζετέρ γὰρ καὶ τὰ χαλκία καὶ τὰ κέρατα προσχρῶντα τινὲς τοῖς ἀπὸ τῶν ὀργάνων φθόγγοις συρρίζουσι (συμφέρουσι, Wallis). Da Magas den Steg der Kithara bezeichnet, »welcher rechteckig war (Hesych. und Phot. μαγάς· οὖσις τετράγωνος ὑπόσχεσος κτλ.)«, so wird das Magas genannte Saiteninstrument ebenfalls rechteckig zu denken sein (vergl. H. Stephanus im Lexikon s. v.).

[4] Epinausimache (München, Nr. 209): Gerhard, Auserlesene Vasenbilder III 197; Overbeck, Bildwerke zum thebanischen und troischen Heldenkreis XVII 6. Talos: Conze, Vorlegeblätter IV 5. Bestrafung des Amykos: Gerhard a. a. O. III 153; Wiener Vorlegeblätter 1889 XII 5. Phineus: Monumenti inediti dell' instituto III 49. Kielboden(?): Archäologische Zeitung 1873, Taf. 5; Dumont, Céramiques de la Grèce propre, pl. XXIII. Ankunft der Helena in Troja(?): Otto Jahn, Archäo-logische Beiträge, Taf. 11. Die Charonbilder und eine Abschiedsdarstellung: von Duhn, Archäologische Zeitung 1885, S. 1 folg.; Jahrbuch des archäologischen Institutes III S. 229. — Vergl. Grabreliefs: L. von Siebel, Katalog der Sculp-turen zu Athen 118, 4037; die Reliefs mit Schifffskämpfen: Archäologische Zeitung 1866, Taf. 215; das pompejanische Bild Theseus und Ariadne: Presuhn, Pompeji, Abtheilung I, Taf. XX, die Iphigeniasarkophage u. s. w.

[5] Imhoof-Blumer bemerkt hiezu: »Aus der Zeit, die hier in Betracht kommt, sind Schiffshintertheile auf Münzen selten. Ich kenne blos solche von Sidon (Graser A 584[b], Head, Hist. num., S. 672) und von Phaselis (Graser A 420[b], B 422[b], C 424[b], Mus. Hunter XLIII 9—11). Von Hunter's Nr. 9 sende ich einen Abguss und füge eine kleinere Silber-münze von Phaselis (Drittelstater) bei. Beide Münzen datiren aus der Mitte oder der zweiten Hälfte des fünften Jahr-hunderts, und ihre Schiffsdarstellungen unterscheiden sich wesentlich von den späteren von Phaselis, die Graser allein in seine Abhandlung aufgenommen hat; sie sind auch die einzigen, deren Form mit derjenigen des Reliefs von Gjölbaschi ziemlich übereinstimmt.« Aehnlich, aber weit stärker geschweift und mit Reliefs auf dem Blatte verziert ist ein Steuer-ruder in den Balustradenreliefs von Pergamon, Alterthümer von Pergamon II 44, S. 117 (Droysen).

(Fig. 142), die Formen der Thürme, der Zinnen, des gurtartigen Gesimses wiederholen sich im zweiten Friese des Nereidenmonumentes, als hochalterthümlich ward die Scheinwölbung der Stadtthore verständlich (S. 135). Das Tempelbild des Leukippidenraubes veranschaulicht durch die Weitsäuligkeit, das Fehlen eines Frieses, überhaupt seine ganze tektonische Armuth die provinciale Eigenart der gemischten Stein- und Holzbauten (Reisen, Band I, S. 113), älterem Geschmacke gemäss ist die geringe Höhe des Giebels und das wohl mit einer Palmette geschmückte Firstakroterion. Dass an der Front des trojanischen Tempels (Tafel XII A 8) die Dachgeisa am Firste in Voluten auslaufen, erklärt sich gleichfalls aus dem Holzbaue, der nämliche Endigungsschmuck kommt u. A. an dem Hauptbalken eines lykischen Grabes von Limyra und dem Geison eines tempelförmigen Grabes in Norchia vor.[1]

Um so deutlicher weist die mit ermüdender Ausführlichkeit behandelte Kleidung in die zweite Hälfte des fünften Jahrhunderts. Die Frauen haben in dem Todtengelage, welches die örtliche Sitte von Trysa wiedergibt (Tafel XVIII 8, XX XXI B 1—6), sämmtlich den ionischen Chiton, in den auf ausländischer Kunst beruhenden übrigen Darstellungen mit einer Ausnahme (Tafel XVI B 6) immer den dorischen. Dieses Nebeneinander wird vielsagend, wenn man einerseits sich erinnert, dass in den aus den ersten Jahrzehnten des fünften Jahrhunderts herrührenden rothen Malereien der ionische Chiton ausschliesslich herrscht, um dem nach den Perserkriegen wieder aufkommenden dorischen allmälig theilweise zu weichen,[2] andrerseits aber beachtet, dass beide Kleidungsstücke in Gjölbaschi stets die tiefe Gürtung über den Hüften zeigen, welche im vierten Jahrhundert, wie Petersen nachgewiesen hat,[3] von der rasch und allgemein beliebten Hochgürtung unter den Brüsten abgelöst wird. Auch bei den männlichen Figuren sieht man den ionischen Chiton nur ausnahmsweise, so an Priamos (Tafel XXIV B 1), vielleicht bei Zeus (Tafel XXIV A 5), als Regel den dorischen, und zwar gegürtet (ungegürtet nur die Tänzer, auch an der Thür) und bis zu den Knieen reichend, wie auf dem Nereidenmonumente. Ohne Chiton, nur mit Himation, also im Widerspruche mit der Sitte, sind die um Penelope freienden Junker (S. 97, 101, vergl. u 107 πάντε; κεκριμένοι καὶ ὁμήλικες), auch sonst ein Paar Figuren, die sich gewiss so aus ihrer Vorlage herschreiben, der fliehende Jüngling des Leukippidenraubes und eine ähnliche Figur der Ostmauer (Tafel XVI B 8, XIX 10), Perseus und Theseus ebenda, der letztere auch im Amazonenkampfe der Eingangsseite, wo er als führender Heros derart neben den übrigen Griechen steht. Wohl nur scheinbar ohne Unterkleid ist Priamos auf der Westwand, und ob sein hockender Diener und die dritte Rotte der Angreifer rechts unter ihm nackt war, steht ebenfalls nicht fest. Ganz ohne Gewand sind die Kobolde des Thürstockes, deren Zauber sich durch die Nacktheit steigerte, ferner eine Griechenleiche im troischen Amazonenkampfe (Tafel XIII B 13), zweimal Theseus, Skiron und ein Fliehender in den Theseusthaten der Ostwand, die überhaupt durch freiere Behandlung des Nackten merkwürdig hervorstechen. Sehr auffällig ist die decente oder richtiger prüde Gewandbehandlung im Freiermorde (S. 98).

Die Motive und das Zubehör der Tracht bestätigen den Zeitansatz. Die Erscheinung der Penelope bildet ein Seitenstück zu derjenigen von Eurydike in dem aus der Epoche des Pheidias stammenden Orpheusrelief der Villa Albani. Der einseitig über den Thorax gezogene Mantel einiger Kämpferfiguren (S. 107, 1), die Art des Amazonencostums liess sich schon in früher rothfiguriger Malerei nachweisen. Die vom Körper wegbauschenden Gewänder nehmen sich nach der meist noch etwas steifen Zeichnung und der noch ungleichmässigen, spärlicheren Art der Verwendung als Vorgänger der ungestümen Pracht des Phigaliafrieses aus, zuweilen verräth sich das etwas höhere Alter auch durch alterthümliche Fältelung einzelner Theile (Tafel XIV B 15, XVI B 2, 6, S. 162). Das dreimal benutzte Motiv des im Rücken bogenförmig wehenden Obergewandes erinnert an die Iris des Parthenon, die Nike des Paionios, die Nereiden von Xanthos, die vom Schwane getragene Aphrodite auf den schönen, vor 405 v. Chr. fallenden Münzen von Katana und lässt sich kunstgeschichtlich nur als eine voraufliegende Neuerung der

---

[1] Reisen, Band II, Taf. XV, S. 73; Dennis, Cities and cemeteries of Etruria I² S. 99; Inghirami, Monumenti etruschi IV 41, 3. Zum Giebelakroterion vergl. Blouet, Expedition de Morée III 53, 55, 56.

[2] Böhlau, Quaestiones de re vestiaria Graecorum, S. 35 f.; Studniczka, Beiträge zur Geschichte der griechischen Tracht, S. 25 f.; Mittheilungen des kais. deutschen archäologischen Institutes, römische Abtheilung II S. 54.

[3] Archäologisch-epigraphische Mittheilungen aus Oesterreich V S. 7 f.

grossen Malerei verstehen, als ein Verdienst des Polygnot nach dem Zeugniss des Lukian über die Figur der Kassandra in dem Gemälde der delphischen Lesche.[1] Zu den wirbelnden Gewändern der Tänzerinnen des Todtengelages hat man eine genaue Parallele an der Mainade einer gleichzeitigen Vulcenter Schale.[2] Wie die Polyxena des Polygnot haben die Leukippiden das Haar jugendlich auf dem Scheitel zusammengeflochten, die Frisur ist jedesfalls nicht früher nachweisbar. Auch das wild sich lösende Haar (Tafel XIV A 13, XV B 18, XXIII B 3) wird in dieser Zeit zuerst reicher und freier für künstlerische Schilderung verwerthet (vergl. Fig. 181). Die eigenthümlich geschweifte Form des Kalathos, wie ihn die Tänzer der Thür tragen, ist aus südrussischen Goldfunden des fünften Jahrhunderts bekannt. Odysseus hat den Pilos bereits in Bildern, welche älter scheinen als Apollodor. Der orientalische Luxus des Sonnenschirms dringt den Denkmälern zufolge nach den Perserkriegen ein.

Die Form der Waffen und die Art, wie sie geführt und gebraucht werden, steht in vollkommenem Einklang mit dem Kriegswesen der älteren rothfigurigen Malerei.

Die Schilde sind gleichmässig von mittlerer Grösse und kreisrund, nur wo sie in Verkürzung zu sehen sind, ist ihnen aus optischen Gründen ein grösserer Umfang gegeben (S. 116, 298). Ihrem Baue nach, mit einer breiten Schlinge für den Unterarm, einem Griff für die Hand, von dem umlaufenden tieferliegenden Randstreifen aus nach aussen leise gewölbt, sind sie aus Metall zu denken, wie denn auch an Niederstürzenden oder Zusammenbrechenden die Schwere des Schildes mehr als einmal deutlich zum Ausdruck gebracht ist; eine Griechenabtheilung in der Iliupersis führt jedoch lederne Schilde, die im Relief etwas abweichen (Tafel XIII B 11); zweimal sieht man Schutzdecken angebracht (Tafel XXIV B 2, 3); die halbmondförmigen Pelten der Amazonen sind aus dem Phigaliafriese und sonst vielfach aus gleicher und etwas älterer Zeit zu belegen (Fig. 127, 131). Im Nahkampfe werden die Schilde dicht unter das Auge gehalten (Fig. 119, Tafel XIII A 10, 11), während sie in älterer Zeit, so noch in der Marathonschlacht, am Halse unter dem Barte eingesetzt zu werden pflegten,[3] eine Veränderung, die mit einem Wechsel der Helmformen, welche leichter wurden und dem Gesichte weniger Schutz boten, in Zusammenhang stehen mag.

Die Helme haben in der That diese jüngere Gestalt. Die korinthischen werden auf älteren Monumenten während des Kampfes gleich Topfhelmen über das Gesicht gestülpt, wie dies unter Anderem auch ein archaistisches Relief des capitolinischen Museums veranschaulicht (Fig. 124), hier sind sie immer auf die Höhe des Kopfes zurückgeschoben. Die attischen, welche früher feste Backenlaschen hatten, etwa nach den Perserkriegen bewegliche, wie an der Parthenos des Pheidias, erhielten, sind mit verschwindenden Ausnahmen ohne solche und haben dann sowohl die feste als die bewegliche Form derselben. Ich zähle am ganzen Monument auf 77 attische Helme nur 4 mit Backenlaschen, ausserdem 23 korinthische, 29 phrygische (mit Inbegriff der Amazonen) und 143 in Form eines Pilos. Die letztere Gattung, die in der Regel als lakonisch oder arkadisch bezeichnet wird, aber nicht selten auch auf attischen Monumenten begegnet und in zahlreichen, an den verschiedensten Orten gefundenen Exemplaren vertreten ist, erscheint als die beliebteste (wobei freilich unsicher bleibt, ob nicht öfters wie etwa

---

[1] Lukian Imag. 7 ὁ Πολύγνωτος δὲ ὀφρύων τὸ ἐπιπρεπὲς καὶ παρειᾶς τὸ ἐνερευθὲς, οἷαν τὴν Κασσάνδραν ἐν τῇ λέσχῃ ἐποίησι τοῖς Δελφοῖς · καὶ ἐσθῆτα δὲ οὕτως σκιαράτω ἐς τὸ λεπτότατον ἐξειργασμένην, ὡς συνεπτύχθαι μὲν ὅσα χρή, διεκχείσθαι δὲ τὰ πολλά. Aehnlich bewegt ist das Gewand des Wagenlenkers in dem Weihrelief eines hippischen Siegers aus der Epoche des Pheidias im britischen Museum (Ancient marbles in the British Museum IX 38; R. Weil, Die Künstlerinschriften der sicilischen Münzen, S. 32) und das Gewand der auf einem Maulthiere reitenden Selene einer Vase des schönen Stils in der Ermitage zu St. Petersburg (Nr. 1799), Compte-rendu 1860, pl. III.

[2] Monumenti inediti dell' instituto V 35. Vergl. Inghirami, Museo Chiusino II 182. E. Reisch, Griechische Weihgeschenke, S. 93.

[3] Herodot VI 117 ἄνδρα οἱ δοκέειν ὁπλίτην ἀντιστῆναι μέγαν, τοῦ τὸ γένειον τὴν ἀσπίδα πᾶσαν σκιάζειν. Vergl. dazu beispielsweise den Krieger von Dodona, Archäologische Zeitung 1882, Taf. XXV, das Innenbild einer Schale des Duris, Conze, Vorlegeblätter VII 5; Millingen, Ancient unedited monuments I, pl. VII, Kampf des ΠΟΣΕΔΟΝ gegen ΕΦΙΑΛΤΕΣ, Overbeck, Griechische Kunstmythologie III S. 226. Der späteren Sitte gemäss ist Euripides Phoinissen 1384 ἡ δ᾽ ὄμμ᾽ ἐπηρϵν ἴτυος ἄτερος μᾶστο, λόγχην ὑπείρα, στόματι προσθῆναι θέλων. Troerinnen 1199 εἰς ἦλυξ ἐν πόρπαισι σὰς κώλου τύπος ἴτυος τ᾽ ἐν εὐτρώτοισι περιδρόμοις ἱδρώς, ὃν ἐκ μετώπου πολλάκις πόνους ἔχων Ἕκτωρ προσηύδα γενειάδι. Dem entsprechend hoch wird der Schild gehalten in den Kämpfen des Niketempels, des Nereidenmonumentes, des Phigaliafrieses.

in der Jagddarstellung der Nordwand nur Filzhüte mit dieser Form gemeint sind\,[1] daher denn der Stifter des Heroon auf dem Viergespanne neben dem Thore selbst einen Pilos trägt (Tafel XXIII). In der Griechenschlacht und den Friesen der Aussenseite östlich vom Thore überwiegt die attische Form; in den letzteren beiden Darstellungen findet sich auch die phrygische Mütze, die in der Iliupersis und sonst als orientalisches Costum verwerthet ist.[2] Lederne Kappen scheinen in der Stadtbelagerung vorzukommen (Tafel XII B 11\), der Flügel- und Figurenschmuck der Helme wurde S. 137, 1, 140, 1 aus gleichzeitigen Monumenten belegt.

Die Panzer, deren Varietäten S. 116 f. beschrieben wurden, sind einfacher und weniger vollkommen nachgebildet als am Nereidenmonumente, geben also gleichfalls den Eindruck höheren Alters; auffällig ist jedoch die eigenthümliche Endigung der Muskelpanzer in der Griechenschlacht der Westwand. Derartige Panzer pflegen im fünften Jahrhundert mit langen rechteckigen Streifen, welche sich im Laufe des sechsten Jahrhunderts aus Einschnitten der Lederkoller entwickelt zu haben scheinen, besetzt zu sein, in einfacher oder mehrfacher Reihung, wie letzteres ein aus Xanthos stammendes Reliefbruchstück des britischen Museums zeigt[3] (Fig. 180); zuweilen sind die Streifen kürzer, behalten dann aber die eckige Form bei, runde Endigungen sind selten und finden sich an dicht gestellten langen Streifen, während die spitzenartig kurze und zugleich gedehnte Ausbogung, wie sie hier dem Metall als Unterlage dient, aus unteritalischen Vasengemälden, Spiegel-, Cistengraffiti und griechisch-römischen Reliefs Jedermann im Gedächtniss ist. Vereinzelte Beispiele sind aber doch auch aus älterer Zeit zu erbringen, so von einer mindestens dem vierten Jahrhun-

180. Bruchstück einer Reliefplatte von Kalkstein aus Xanthos im britischen Museum.

dert angehörigen Vase des Museo Gregoriano (Fig. 182), einem wohl noch älteren attischen Grabrelief des Berliner Museums, von zwei Reitern des Parthenonfrieses und einer Figur des Schildes der Parthenos nach der im britischen Museum befindlichen marmornen Nachbildung, allerdings theilweise mit einer zweiten Reihe rechteckiger Streifen und nicht immer in so entschiedener Rundung, wenn anders die Veröffentlichungen zuverlässig sind.[4]

---

[1] Zu der von Droysen, Heerwesen und Kriegführung der Griechen, S. 11 angeführten Literatur vergl. Stephani, Compte-rendu 1874, S. 192 f.; Richard Schöne, Griechische Reliefs, S. 43, Nr. 79.

[2] Rübbeck, Die römische Tragödie, S. 397, 55. Erhaltene Exemplare: Caylus, Recueil IV 33, 2; Bullettino dell' instituto 1880 S. 261, 1881 S. 203, 3. Auf attischen Reliefs nach den Katalogen von Kekulé Nr. 400, Heydemann Nr. 395, L. von Sybel Nr. 944, 3790; vergl. Kekulé, Terracotten von Sicilien, Taf. XIV 2; Xenophon, Anabasis V 4, 13 (von den Mossynoiken) χιτωνίσκους δὲ ἐνεδεδύκεσαν ὑπὲρ γονάτων, πάχος ὡς λινοῦ στρωματοδέσμου, ἐπὶ τῇ κεφαλῇ δὲ κράνη σκύτινα, οἶάπερ τὰ Παφλαγονικά, κρωβύλον ἔχοντα κατὰ μέσον, ἐγγύτατα τιαροειδῆ.

[3] Das Bruchstück ist 1·06 Meter hoch, 0·59 Meter breit, unten 0·41, oben mit Relief 0·2 dick. Rechts und links Stossfläche. Die um die Hälfte kleiner gegebene Seitenansicht ist von rechts genommen.

[4] Museo Gregoriano II 30, 2²; Friederichs-Wolters, Bausteine, 1050; Michaelis, Parthenon, Taf. 10 I 4; 12 XXII 65; 15, 34; vergl. Annali dell' instituto 1851, tav. d'agg. R; Monumenti inediti dell' instituto XI 14.

Die Schwerter werden wie auf gleichzeitigen Denkmälern am Wehrgehänge ziemlich hoch auf der linken Seite getragen und zu Stoss wie Hieb gebraucht. In den wenigen Fällen, wo die Erhaltung ein klares Bild gibt (vergl. Fig. 36 auf S. 51), sind sie zuweilen einschneidig, mit ausgeschwungener Schneide und einer kurzen Parirstange zum Schutze der Hand.[1] Neben den zweischneidigen, meist etwas längeren Schwertern ist dieses Dolchmesser auf älteren rothfigurigen Malereien, so des Duris und Brygos, anzutreffen. Einige Male steckt es nach orientalischer Weise[2] unter einem Gürtel (Westwand B 11, 19, vielleicht auch A 19), eine Amazone hat es nach persischer Art an der rechten Hüfte (Westwand B 16).[3] Das Sichelschwert wurde S. 176 f. behandelt.

Der Köcher hat die bekannte rechteckige Gestalt mit überhängendem, blattförmig wohl aus Leder geschnittenem Deckel und meist mit Abrundung der oberen Ecke des tiefhängenden Endes, welch letzterer Umstand sich wohl aus Rücksicht auf das Pferd beim Reiten erklären dürfte (vergl. z. B. Fig. 134). Er sitzt regelmässig an der linken Hüfte; nicht nur die Amazonen, sondern die Bogenschützen der Landungsschlacht, Odysseus und Atalante tragen ihn so. Die Bogen sind doppelt geschwungen, einmal einfach (Tafel XXIV B 2), und wo sie nicht gespannt werden, dem Köcher aufgebunden (Tafel XIII A 3). Auch dafür und für die Bewaffnung der Bogenschützen, welche zuweilen Helm und Panzer tragen, desgleichen für die Form ihrer Streitäxte, deren Metall sich auf der einen Seite wie eine Hacke zuspitzt, auf der anderen in mannigfachen Formen wie ein Beil verbreitert, geben die gleichzeitigen und älteren Vasenbilder Belege.

Beinschienen sind, wie S. 117 bemerkt wurde, in den Kampfdarstellungen der Friese nicht vorhanden. Ein Trojaner hält indessen eine solche in der Rüstungsscene der Landungsschlacht für Hektor bereit, wie sie sich wohl aus der typischen Vorlage ergab, und auf dem doppelseitigen Relief Fig. 173, welches von dem Firste eines Sarkophages herrührt, ist der eine Kämpfer damit gerüstet. Dieser letztere Umstand beweist, dass das Fehlen sich nicht etwa aus Rücksichten auf die Natur des Materials erklärt, wie manche Kleinformen deshalb unterdrückt zu sein scheinen (S. 54), vielmehr ein weiteres Zeitkriterium anzeigt. In schwarzfigurigen Malereien sind Beinschienen unerlässlich für jeden Krieger, selbst zu Pferde werden sie getragen. Auch die älteste rothfigurige Malerei hat sie, wo es der Gegenstand fordert, fast ohne Ausnahme; aber schon Duris, Brygos, Hieron bringen sie unregelmässig, weiterhin werden sie zusehends seltener, in den Bildern des schönen Stiles kommen sie nur vereinzelt, zuweilen, wie es scheint, im Sinne einer Auszeichnung, ähnlich wie bei den Centurionen der Kaiserzeit im Gegensatz zu den Legionaren,[4] meist aber gar nicht vor (vergl. Fig. 125, 127, 128, 134, 135 und namentlich den Figurenfries Fig. 139). In den Reliefs des Theseion, Parthenon, des Niketempels, des Apollontempels von Phigalia, des Nereidenmonumentes fehlen sie gänzlich und erst in späteren unteritalischen Monumenten tauchen sie öfters wieder auf. Mag diese Schutzwaffe zeitweise weniger gebraucht worden sein, wofür sich anführen liesse, dass ihrer bei Schriftstellern des fünften Jahrhunderts selten Erwähnung geschieht — nach Massgabe der Lexica haben Thukydides, Sophokles, Pindar, Euripides das Wort nicht, Aischylos nur einmal in den Septem 657 bei dem Führer der Thebaner Eteokles — oder mag sie, was grössere Wahrscheinlichkeit für sich hat, in den Darstellungen der bildenden Kunst aus künstlerischen Gründen weggelassen worden sein, jedenfalls behält der Sachverhalt Werth für die Zeitbestimmung, und er erscheint in Trysa um so bemerkenswerther, als Herodot in der Ausrüstung der lykischen Mannschaft, welche dem Xerxes Heerfolge leistete, ausdrück-

---

[1] Carapanos, Dodone et ses ruines, pl. LVII 5; Alterthümer von Pergamon II 45, S 111 (Droysen). Ein Sichelschwert Carapanos a. a. O., pl. LVII 4.

[2] Vergl. Perrot et Chipiez, Histoire de l'art II S. 43, 62; Robert, Archäologische Zeitung 1882, S. 40 Taf. III e.

[3] Vergl. A. Furtwängler, Der Goldfund von Vettersfelde, S. 36 f. Auch der Satrap auf dem Pajafasarkophage im britischen Museum trägt es so, was die Abbildungen nicht erkennen lassen.

[4] A. von Domaszewski, Archäologisch-epigraphische Mittheilungen aus Oesterreich V S. 206, 13, und in Marquardt, Römische Staatsverwaltung II² S. 338, 5.

lich Beinschienen erwähnt: zufälliger Weise auch bei ihm die einzige Stelle, in welcher das Wort gebraucht ist.[1]

Die Lanzen sind ungewöhnlich kurz, was Zufall der Erhaltung oder durch Raumverhältnisse bedingt sein kann, und zuweilen mit einem Sauroter versehen. Die Kämpfer haben immer nur eine zur Hand, tragen sie im Laufschritt geschultert in den Kampf und brauchen sie gleichmässig zum Hoch- wie Tiefstosse, freigeschwungen oder gelegentlich eingelegt im Arme.

Die zweimal verwandte Salpinx (Tafel IX A 1, XXIV A 4) hat den langen, geraden, gegen Ende sich erweiternden Lauf, den rothfigurige Vasen, anfänglich mit einem besondern glockenförmigen Schalltrichter, später ohne einen solchen zeigen; im sogenannten strengen Stile wird sie in gebückter oder kauernder Stellung abwärts geblasen, wobei die Linke in die Seite greift, im schönen Stile, wie in Gjölbaschi, aufwärts in stehender oder schreitender Haltung.[2]

Für das Tropaion auf der Westwand A 5 und 6, das wie immer den Schild auf der linken Seite hat, liefert die genaueste Analogie der Westfries des Niketempels, auch der Theseionfries, wo es allerdings am Ende der Schlacht angebracht war aber das Herzuschleppen eines Gefangenen sich wiederholt. Aelterer Darstellungen eines Tropaion entsinne ich mich nicht, mit der Nikebalustrade und den bekannten attischen Reliefs dürfte es zu den frühesten Beispielen gehören; denn die wenigen Vasenbilder, welche in Vergleich kommen, sind sichtlich späteren Datums.[3]

Auch der Bau der Streitwagen und die Composition der Gespanne ergibt das nämliche Resultat. Zur Darstellung gebracht sind Viergespanne vor sechs zweirädrigen Wagen (Tafel X A 3, XVI B 1, A 2, XXII C 1, XXIV A 1, 5). Die Räder der Wagen haben vier Speichen, die Kasten, wo sie deutlicher zu sehen sind, viereckige Form mit drei ausgebogten Geländern; die noch bei den älteren Malern rothfiguriger Vasen vorhandene Verbindung des Deichselendes mit dem vorderen Geländer fehlt überall. Zweimal (Tafel X, XXII) sind die Räder in Kreisform gegeben, die Wände des Wagenkastens hoch, in den übrigen Fällen sind die letzteren niedriger und die Räder schräg gestellt, der durchgängig perspectivischen Auffahrt der Pferde entsprechender, die dann besonders frei und lebendig durchgeführt ist. Dieser bei der völligen Gleichheit des Vorwurfes auffällige Wechsel zwischen einer laxeren und einer folgerichtigeren Perspective, welcher mit der abweichenden Form der Wagen auf verschiedene Hände zurückgehen mag, deutet mit Wahrscheinlichkeit auf eine Zeit, in der das ganze Motiv noch neu war. Die alterthümliche Kunst hatte die Viergespanne entweder stillstehend streng von vorn, wie in den Centralmetopen der ältesten Tempelfront von Selinunt, oder laufend wie stillstehend streng im Profil gebildet, wobei oft deutlichkeitshalber und zuweilen zur Unterscheidung von Joch- und Seitenpferden die Köpfe oder die ganzen Vordertheile paarweise auseinandergeschoben wurden. Diese letztere Weise war die herrschende gewesen, wie sie denn auch im Parthenonfriese festgehalten wurde, hier jedoch durch das Galoppiren, durch die Varietät der Kopfhaltung und durch eine vollendete Auffassung der ganzen Naturform auf eine höchste Ausbildung gebracht ist; entwicklungsloser hatte sich aber auch die andere Weise forterhalten. Neben diese beiden Schemata trat nun als ein drittes jene kunstvolle mittlere Anordnung, welche mit dem sich überbietenden Vorstreben der einzelnen Thiere den Ausdruck feuriger

---

[1] Herodot VII 92. Nach Xenophon, Anabasis I 2, 16, hatten die griechischen Söldner des Kyros, grossentheils Peloponnesier, sämmtlich Beinschienen. Er erwähnt sie ausserdem bei Persern, Cyrop. II 3, 18; Chalybern, Anabasis IV 7, 16; Drilen, Anabasis V 2, 22.

[2] Salpinx (mit Schalltrichter) abwärts geblasen: Oltos und Euxitheos, Wiener Vorlegeblätter D 2; Hypsis, Gerhard, Auserlesene Vasenbilder II 105; I 50, 51; Klein, Meistersignaturen S. 389, 290; Ephimeris archaiol. 1885, pin. 8; auf Schilden als Emblem: Overbeck, Bildwerke zum thebischen und troischen Heldenkreis XV 4, Benndorf, Griechische und sicilische Vasenbilder 46, 1; rothfigurige Lekythos strengen Stils aus Gela in der archäologischen Sammlung der Wiener Universität; Erosjüngling kauernd, die Salpinx abwärts blasend, vor ihm aufgehängt ein Schwert. Salpinx (mit oder ohne Schalltrichter) aufwärts geblasen: Annali dell' instituto 1856, 8; Welcker, Alte Denkmäler V 17, 2; Furtwängler, Sammlung Sabouroff I 66; Inghirami, Vasi fittili III 226; Petersburg Nr. 854, 1530, Alterthümer von Pergamon II 45, 1.

[3] Otto Jahn, De Minervae simulacris attica III; R. Schöne, Griechische Reliefs, Taf. XXIII; Archäologische Zeitung 1865, Taf. 199, 3; Inghirami, Vasi fittili II 164; Tischbein, Vases Hamilton IV 21; Élite céramographique I 94; vergl. Annali dell' instituto 1881, tav. d'agg. G.

Eile steigerte und durch die aufgenommenen perspectivischen Elemente, da ja die haarscharfen Profil-
und Vordersichten aus der thatsächlichen Unendlichkeit der Erscheinung nicht mehr als zwei seltene
Fälle aushoben, das Ansehen grösserer Natürlichkeit gewann: allem Früheren gegenüber eine kühne,
plötzliche Neuerung, die in der Hauptsache gleich so fertig dasteht, dass sie sich nicht im untergeord-
neten Handwerk gewissermassen von selbst vollzogen haben kann, sondern als Erfindung eines führenden
Meisters der Malerei zu erkennen gibt. Dem älteren rothfigurigen Stil, der doch so unternehmend nach
allen Seiten ausgreift, ist das neue Schema noch völlig fremd; erst die Vasenmalerei der zweiten Hälfte
des fünften Jahrhunderts weist es auf (vergl. Fig. 181);[1] geht man die Reihe der signirten Gefässe durch,
so liefern Xenophantos mit einem Zweigespanne und Meidias die ersten Beispiele; schwarzfigurige
Gefässe, auf denen es sich, und zwar immer flüchtig karikirt findet, oft fehlen jenseits der Pferde die
Untertheile der Figuren und das Wagengehäuse, sind sichtlich späteren Ursprungs.[2] Gegen Ende des
fünften Jahrhunderts bürgert es sich, den älteren Profiltypus verdrängend, in den Darstellungskreis der

181. Bild einer Amphora des Museums von Arezzo.

sicilischen Münzen ein, es erlebt in der Folge formelle Steigerungen und beherrscht mit diesen die
weitere Kunst des Alterthums. Nach alledem wird man seine Entstehung in der Epoche des Polygnot
zu suchen haben, und neben einigen stilistisch nicht weit abliegenden Weihereliefs von hippischen
Siegern,[3] unter denen das spartanische des Damonon, von dem mir eine Skizze Emanuel Löwys
vorliegt, mit seiner alterthümlichen Inschrift über das vierte Jahrhundert hinaufreicht,[4] werden
die Viergespanne von Gjölbaschi zu den frühesten Verwendungen des Schemas in der Sculptur
gehören.

Schliesslich ergibt auch eine Betrachtung der wenigen auf die Zeit prüfbaren Naturformen nichts,
was mit dem Gesagten in Widerspruch stände. Der überhängende Felsen, gegen den sich Theseus
stemmt (Tafel XIX 11), die aufragenden Klippen des Skironabenteuers (vergl. Fig. 148),[5] der Berg in

---

[1] Amphora des Museums von Arezzo, Monumenti inediti dell' instituto VIII 3; vergl. X 25 Aryballos von Capua in
Berlin Nr. 3072.

[2] Brunn, Ueber die Ausgrabungen der Certosa von Bologna, S. 48 f.

[3] Besprochen von Furtwängler, Sammlung Sabouroff, im Text zu Taf. XXVI.

[4] Mittheilungen des kais. deutschen archäologischen Institutes in Athen II S. 318; Röhl, I. G. A. 79.

[5] Nach J. de Witte, Collection du prince Czartoryski, pl. XIII.

dem Perseusbilde, hinter dem ein Thier zum Vorschein kommt, die Höhle, aus der ein Kentaur hervorgezogen wird (Tafel XVIII 2),[2] die mannigfach für die Composition verwertheten Bodenerhöhungen, welche in der Griechenschlacht der Westwand unbestimmtere Formen zeigen, die Stranddünen, auf welche Achill springt (Tafel XXIV B 5) und die Flotte des Griechenheeres aufgefahren ist (Tafel IX B 1), selbst die leisen Andeutungen von Gebirge, welche die wegreitende Helena von der Volksgruppe mit dem Esel abscheiden, Alles hält sich in dem Rahmen bescheidener, aber durch Sicherheit in der wesentlichen Form klarverständlicher Bezeichnungen, wie sie die Conturmalerei ausgebildet hatte. Auch die kahlen Baumstämme, die hier ein technisches Bedürfniss verdecken halfen (S. 53), entsprechen dem constanten Stile dieser Gattung und lassen sich selbst im attischen Relief, das sich doch gegen alles Landschaftliche spröde verhielt, während die archaische Sculptur des griechischen Orients, wie der Sarkophag von Golgoi zeigt, dem Wagniss vollbelaubter Baumkronen nicht aus dem Wege ging, in vereinzelten Fällen nachweisen.[3] Die sehr lebenswahre Zeichnung der Schildkröte und der Fische auf der Ostwand, welche an die Virtuosität des Malers Androkydes, eines Zeitgenossen des Zeuxis, erinnert, findet in bekannten älteren Bildern genaue Belege. Die charakteristischen Unterschiede von Pferd, Maulthier und Esel, die man am Ende der Iliupersis auf engem Raume nebeneinander studirt, sind in gleicher Schärfe früh entwickelt worden; es genügt, an die Maulthiergespanne der älteren Malerei zu erinnern,[4] an den gleichfalls am Ende in gleicher Richtung perspectivisch angebrachten Packesel des Polygnot[5] und an den schon vor den Perserkriegen sich ausbildenden[6] attischen Pferdetypus, den Mikon durch das schwierige Schema des Galoppirens, welches der früheren Kunst des ganzen Alterthums unbekannt war, bereicherte. Das kunstgeschichtliche Merkmal, welches in den Jagdscenen die Dimensionen des Ebers im Verhältniss zur Menschengrösse bieten, ist S. 111 dargelegt worden. Die merkwürdig langgeschwänzten Panther oder Leoparden der Nordmauer (Tafel XVII) sind genau so auf einem Gefäss des Phintias und in Bildern des entwickelten rothfigurigen Stiles gezeichnet.[7]

Die Beurtheilung menschlicher Formen ist schwierig, da sich immer nur einzelne zufällige Stellen dazu eignen und die Art der Erhaltung auch da leicht zu falschen Vorstellungen verleitet. So mag das unerfreulich stillose, zuweilen hässliche Aussehen der Köpfe in der Griechenschlacht grossentheils eine Wirkung der Zeit sein, bei manchen halb oder ganz von vorne gegebenen freilich scheint auch Ungeschultheit im Spiele, wie selbst jüngeren Vasenmalern oftmals solche Stellungen noch missrathen. Die Verhältnisse der Gestalten wechseln in den einzelnen Friesen aus compositionellen Rücksichten und nach der verschiedenen Auffassung der ausführenden Künstler (S. 55, 106, 120), die Unterschenkel sind dem alterthümlichen Geschmack entsprechend wie namentlich am Nereidenmonument in manchen Friesen etwas kurz genommen. Eine Abnormität wie die Gestalt des verwachsenen kahlköpfigen Thersites fand bei Hieron eine Parallele (S. 144). Gut sind die Proportionen der Knaben in dem Todtengelage getroffen. Was man von den Köpfen auf dem Hauptblocke der Stadtbelagerung (Tafel XII A 9) erkennt oder zu erkennen vermeint, deutet bei aller ursprünglichen Schärfe auf sehr eigenartig breite, naturalistisch herbe und derbe Formen, wofür mir ausserhalb Lykiens stricte Analogien

---

[1] Vergl. z. B. Annali dell' instituto 1845, tav. d'agg. C.

[2] Vergl. z B. Gerhard, Auserlesene Vasenbilder II 119, 3.

[3] Wörmann, Die Landschaft in der Kunst der alten Völker, S. 124 f.; Th. Schreiber, Die Wiener Brunnenreliefs aus Palazzo Grimani, S. 90 f.

[4] z. B. Pinax in Berlin Nr. 1814. Gerhard, Auserlesene Vasenbilder III 217 (Nausikaa?); R. Schöne, Antichità del museo Bocchi di Adria I, Nr. 404, S. 117 (wo der Text Pferde angibt statt der πολικαί ἀπῆναι: Sophokles Oidipus Tyr. 802; Pausanias V 9, 2; Euripides, Phoinissen 41) = Wiener archäologische Vorlegeblätter 1889, VIII 8, vergl. VIII 11. Auch sonst ist die Bildung verkannt, z. B. von Stephani, Compte-rendu 1860, pl. III (Nr. 1795 Petersburg), wie schon im Alterthume: Pausanias V 11, 8.

[5] Pausanias X 27, 4; Hesych. Πολυγνώτου τοῦ ζωγράφου ὄνος ἐστὶ γεγραμμένος ἐναντίος ἐπεστραμμένος, κοφίζων στανοφόρον κτλ. Vergl. Böttiger, Archäologie der Malerei, S. 329.

[6] Winter, Jahrbuch des kais. deutschen archäologischen Institutes II S. 232, vergl. 78 f. (Mayer).

[7] Monumenti inediti dell' instituto XI 27 (vergl. VI, VII 79 in der tomba del citaredo); Stephani, Compte-rendu 1868 pl. IV 1, 1869 pl. IV 8; vergl. Rosellini, Monumenti dell' Egitto I 220.

nicht blos aus attischer Kunst fehlen, am nächsten kommen noch Typen des Phigaliafrieses. Die unver-
witterten Köpfe des Kämpferpaares am Ende der Griechenschlacht (Fig. 36, S. 51, Fig. 119), welche
den einzigen Werthmesser für die einstige Plastik liefern, wird nach der S. 120 gegebenen Analyse
Niemand einer anderen Epoche zuschreiben. Wie bei ihnen ist das Auge auch vielfach sonst an Profilköpfen von vorn gezeichnet, so bei den zwei Kriegerphalangen der Stadtbelagerung, bei fünf Männern
des Todtengelages; daneben finden sich aber auch Bildungen, welche der Natur gut oder besser entsprechen, so bei dem Kriegerpaar links neben Helena (Tafel XII A 9). Dieses Schwanken stimmt vollkommen zu dem ausgesprochenen Zeitansatze.

Von besonderer Wichtigkeit für die Zeitfrage ist eine Prüfung des Nereidenmonumentes, das schon
seiner Herkunft nach zunächst in Betracht kommt. Die Meister desselben, die in der günstigen Lage
waren, sich in Marmor aussprechen zu können, hatten die gleiche Aufgabe zu lösen und haben es in
der herkömmlichen Weise mit dem nemlichen Hauptgedanken gethan. Was sie zu erzählen hatten,
mussten sie an dem gesäulten Tempel, den sie als Heroon schmückten, in getrennten Abschnitten an
verschiedene Plätze vertheilen, während die ungegliederten Wände von Gjölbaschi den Vortheil einer
übersichtlichen Ausbreitung boten, aber der allgemeinste letzte Zusammenhang ist darum nicht minder
augenfällig. Hier wie dort ehrt die Sippe den Todten durch ein festliches, mit Opfer verbundenes
Gelage — in Trysa kann sich das Opfer auf der fehlenden Ostwand, wo jedesfalls Zurüstungen zur
Mahlzeit vorliegen, sehr wohl angeschlossen haben —, hier wie dort sollten ihn in treuen Schilderungen
die Lieblingsmühen der Jagd erfreuen und ein Spiegelbild ritterlicher Tugenden, sei es aus der Ver-
gangenheit des eigenen Lebens und der Geschichte seines Landes oder aus dem ruhmvollen Sagenkreise
der alten heroischen Geschlechter, in denen er mit Stolz seine Vorfahren verehrte. Voll entwickelte
oder sich in spannende Einzelkämpfe auflösende Schlachten, die harten Nöthe einer Stadtbelagerung,
die erhöhten Gefahren und kühnen Contraste eines Reitertreffens mit seinen edel aufbäumenden
Thieren, mannigfache Schicksale von Unterliegenden, Gefangenen, Verwundeten, Todten, Entfaltung
von Waffenpracht und kunstgerechte Führung der Waffen, Alles war dem kriegsverständigen Blicke der
Zeit- und Standesgenossen in gleichem oder ähnlichem Sinne zur Schau gestellt, und bei der örtlichen
und zeitlichen Nähe der Entstehung glichen oder ähnelten sich auch die künstlerischen Motive. Auf
diese Verwandtschaft der Motive ist schon des Oefteren in der Behandlung der einzelnen Friese hingewiesen worden, und mit jeder Musterung der Publication von Michaelis treten weitere Bezüge hervor,
so dass es müssig wäre, sie erschöpfen zu wollen. Wichtiger sind die bei näherer Vertrautheit sich
steigernden Unterschiede beider Denkmäler, welche eine in der nemlichen Richtung fortgeschrittene
jüngere Kunstübung verrathen. Manches von diesem Eindruck mag auf Rechnung des feineren Materials,
des bedeutenderen Masses der Ausführung, der plastisch reinen Erhaltung kommen, wie denn die voller
übersehbaren grossen Tänzer der Thür mit ihren dünnen, zart angeschmiegten Gewändern den lang-
bekleideten Figuren des Hauptfrieses vom Nereidenmonument auffällig entsprechen. Aber auch wenn
man sich auf den Contur beschränkt und den Umriss der Figuren, die Zeichnung der Gruppen und
ihre Verbindung zu grösseren Massen gegeneinander abwägt, ist über die naive Schlichtheit von Gjölbaschi hinaus eine grössere Freiheit und Mannigfaltigkeit namentlich in den beiden Hauptfriesen von
Xanthos unverkennbar. Der gegensätzliche Reiz unbekleideter Formen, der dort in seltenen, kaum be-
merkbaren Ausnahmen wie ein Verpöntes einschleicht, hat sich hier bereits, wenn auch immer noch in
gewissen Schranken, Recht und Geltung verschafft. Der zwei- oder dreigliederige Vortrag der Gruppen,
in den sich am Heroon im Grunde genommen Alles auflöst, ist polyphon geworden, die verknüpfenden
Beziehungen von Gruppe zu Gruppe sind natürlicher und vielseitiger, der decorative Charakter hat sich
in den beiden reicheren Friesen durch Milderung des Flächenhaften belebt, in den beiden Silhouetten-
friesen durch malerisch loses Schalten mit dem Grunde gelockert. Dem Interesse des Gedankens, der
in Gjölbaschi jedes künstlerische Motiv beherrscht und bindet, tritt überall und oft mit grosser Ent-
schiedenheit das Bedürfniss nach schöner Form zur Seite. Wo die nemlichen Vorwürfe behandelt sind,
ist der Abstand am schärfsten schätzbar. Verglichen mit der schüchternen, sich nur in leisen mühsamen Einzelzügen vorwagenden Perspective der Stadtbelagerung, hat das Bild der eroberten Stadt in

dem zweitgrössten Friese durch eine ausgiebigere Anstrengung der nämlichen Darstellungsmittel an Gliederung und Tiefe gewonnen. Das ornamentartige Einerlei des Todtengelages ist möglichst aufgelöst und durch wechselnde, liebevoll beobachtete Einzelzüge, von denen der Stich der Monumenti keinen genügenden Begriff gibt,[1] etwas gefälliger geworden. Auch in den tektonischen Formen spiegelt sich das zeitliche Verhältniss. Wer die in Fig. 14 und 15 zusammengestellten Proben des Eierstabes vom Heroon und vom Nereidenmonumente aufmerksam verfolgt, wird in dem ersteren an der strengeren Zeichnung und grösseren Länge der Blätter, die ja im Laufe der Zeit ständig sich verbreitern, in dem gleichen Verhältniss wie sich die Glieder der Astragalenschnur verschmälern, besonders aber an der sehr bescheidenen Profilirung das höhere Alter auf den ersten Blick wahrnehmen. Neuere Untersuchungen haben erwiesen, dass das Heroon von Xanthos älter ist, als man früher annahm und noch aus dem fünften Jahrhundert datirt.[2] Der Abstand beider Denkmäler ist gewiss auf einige Jahrzehnte abzuschätzen. Man gelangt also auch auf diesem Wege für Gjölbaschi zu dem nämlichen Ergebniss.

182. Figur eines glockenförmigen Kraters im Museo Gregoriano.

Die beiden Sculpturbänder, welche den Unterbau des Nereidenmonumentes umzogen, waren durch einen beträchtlichen Zwischenraum von einander geschieden. Unmittelbar zusammenhängende monumentale Friespaare wie in Gjölbaschi kommen im Bereiche der Antike, so weit uns dasselbe bis heute erschlossen vorliegt, anderweit nicht vor. Sie bilden hier eine Anomalie, die jedoch vor einem kunstgeschichtlichen Rückblicke verschwindet. Zurückgedacht an ihren kleinasiatischen Standort

---

[1] Ich hebe aus dem Material, das sich mir bei einem eingehenden Studium des ganzen Monuments im Jahre 1880 ergab, die wichtigeren Bemerkungen aus, welche das Todtengelage betreffen. Rechts von Fig. 43 der Zählung von Michaelis ist Stossfuge. Fig. 44 hält in der Rechten ein Gefäss, vermuthlich eine kleine Oinochoe. Die Hauptperson 47 ist eine schwere beleibte Gestalt mit einem in senkrechten stilisirten Locken lang herabfallenden Barte und einem stephanosartigen breiten Kopfbande; sein linkes Knie ist im Gewande zu sehen; das Rhyton, welches er in der Rechten erhebt, endet in einen geflügelten Steinbock, also dem grossen silbernen Trinkhorne des fünften Jahrhunderts sicherlich ionischer Fabrik entsprechend, welches 1876 in der Krim zu Tage gefördert worden ist (Stephani, Compte-rendu 1877, S. 13, pl. 1 3). Fig. 48 hat die linke Hand im Gewande und stützt die rechte Hand ausdrucksvoll des Vorbeugens wegen auf das Knie. Neben 48 Stossfuge. 49 hat den linken Fuss hoch erhoben im Laufe ohne den Boden zu berühren. Ueber 50 vergl. oben S. 233, 5. Auf der Brust von 51 hält in der Rechten ein erhobenes Trinkhorns. 53 hält in der Rechten Nichts, 58 eine Schale (der rechte Arm des Letzteren hängt über das Bett lose herab, die Hand sichtbar), desgleichen 60 und 62. Der Kopf des Mundschenks war, vielleicht einer Reparatur wegen sorgfältig herausgemeisselt, in der gesenkten Rechten hält er ein Rhyton mit Thierkopf. 63 hat ein undeutliches Gefäss in der erhobenen Rechten. 64 trägt im linken Arme ein gefülltes Trinkhorn, das in einen Pegasos ausläuft. 65 fasst sich den Bart an. 67 ist ein schmerbauchiger Herr mit feisten Beinen. 68 hält ein Trinkhorn erhoben. Von 69 ist der ganze linke Arm sichtbar. 70 ist gleichfalls dickbäuchig. Rechts von 73, wo ein Stück verstossenes Relief noch vorliegt, ist Stossfuge erhalten, scheinbar auch links von 74.

[2] Die richtigere Datirung des Nereidenmonumentes zuerst ausgesprochen zu haben ist ein Verdienst von Furtwängler, Archäologische Zeitung 1882, S. 359 f. und mit Recht haben sich ihm angeschlossen Murray, History of greek sculpture II S. 216, Wolters in Friederichs Bausteinen, S. 315, L. von Sybel, Weltgeschichte der Kunst, S. 204 f. Lucy M. Mitchell, History of ancient sculpture, S. 408. Vergl. Puchstein, Das ionische Capitell, S. 27.

32

erweisen sie sich als Abkömmlinge der alten allgemeinen Decorationsweise des Orients. Diese in letzter Zeit oft und eindringend gewürdigte Decorationsweise kennzeichnen namentlich zwei Eigenschaften, die im Grunde auch in Gjölbaschi noch Hand in Hand gehen. Einmal eine horizontale Streifengliederung, welche die zu Schmuck bestimmten Flächen wie ein Gewebe überzog, um die auszubreitende Fülle der Figuren in Ordnung und Zusammenhang zu erhalten; sodann ein naiver Wechsel oder vielleicht richtiger eine Art embryonischer Gemeinschaft von Relief und Malerei, da man sich bald der blossen Farbe, bald zugleich des plastischen Schattens bediente, um für die Umrisszeichnungen monumentale Deutlichkeit zu erreichen. Mit diesen Eigenschaften war die Decoration auf die griechische Kunst übergegangen, die sich Jahrhunderte hindurch an diesen Geleisen genügen liess. Mit der Malerei, die ja in älteren Zeiten, was die zuströmenden Funde immer bestimmter herausstellen, nicht blos auf Thonplatten oder Thongeräthen einen keramischen Charakter besass, bildete sie in engstem Darstellungsverbande das farbige Thonrelief aus — ich erinnere nur an die ›plastae laudatissimi Damophilus et Gorgasus, idem et pictores, qui Cereris aedem Romae ad circum maximum utroque genere artis suae excoluerant‹, an die Reliefs von Velletri in Neapel und ihre Genossen, an die sich mehrenden Wandgemälde auf Terracotta, an die ›figlina opera‹ des Zeuxis[1] —, aber nicht allein das Relief von Thon, sondern in gleicher Verschwisterung das kunstgewerbliche in Elfenbein und Holz, das monumentale in Metall und Stein. Ein noch ungenutztes bedeutendes Zeugniss für dieses Wechselverhältniss hat man in Xanthos, wo die für Malerei bestimmten Marmorplatten eines wohlerhaltenen grossen Pfeilergrabes den Kalksteinreliefs an dem benachbarten gleichgeformten Harpyiendenkmale genau entsprachen (S. 54). Auch unsere Reliefs, welche auf Ergänzung und Ausgestaltung durch Farbe schlechthin berechnet waren, würden sich ohne wesentliche Umwerthung ihrer Anlage und Darstellungsformen altgriechisch in reiner Malerei denken lassen, was für die gleichzeitigen Friese attischer Tempel nicht mehr zutrifft. Für das Fortwirken orientalischer Traditionen sind sie daher ein sprechendes Denkmal, um so lehrreicher, je später ihre Entstehung fällt, und erst in diesem Lichte wird ihre besondere Art, scheint mir, recht verständlich.

Ein zeitlich letztes und äusserstes Denkmal freilich, denn in der überkommenen Weise waltet der reifende Geist einer von Anbeginn überlegenen höheren Gattung. Reliefs, die über Steinfugen hinweg zusammenhängen wie in der Stadtbelagerung, ein zuweilen an Perspective gemahnendes Nebeneinander schematisch wiederholter Gestalten kennt schon das ägyptische Relief im alten Reiche, und wenn ein Gott oder ein Pharao durch mehrere zu ihm in Beziehung stehende Figurenzonen in übernatürlichem Wuchse hindurch reicht, um sie für den Verstand miteinander zu verbinden, so kann das formell ähnliche Mittel, die beiden Reihen der Griechenschlacht durch die hochgeschnäbelten Schiffe, die beiden Reihen des Leukippidenraubes durch den aufragenden Tempel unter sich zu vereinigen, als etwas Gleichwerthiges erscheinen. Allein was dort Schablone war, ist hier aus dem Leben geschöpft, und die abgenutzten alten Versuche, der dritten Dimension des Raumes gerecht zu werden, haben durch die Art ihrer Verwendung auch sonst Frische und mit allen Fehlgriffen künstlerisches Interesse erhalten. In dem Leukippidenbilde, das gleichsam einen Rundblick um den Tempel eröffnet, in der langen Flucht des troischen Krieges, der sich von der Küste her über die Ebene bis unter die Mauern der schräg sich aufbauenden Bergstadt und landeinwärts darüber hinaus erstreckt, sind, wenn man will, ähnliche Probleme berührt wie in den grossen landschaftlichen Scenerien, welche das jüngere assyrische Relief für seine erstaunlichen Kriegs- und Bauactionen bedurft und vielleicht nicht ohne Mitwirkung ionischer Künstler in tapferer, an Landkartenstil erinnernder Bilderschrift gewissermassen lesbar gemacht hatte; aber die Probleme sind eingeschränkt, und wie nicht anders denkbar wäre, unendlich vertieft. In leisen,

---

[1] W. Klein, Archäologisch-epigraphische Mittheilungen aus Oesterreich XII S. 114. E. Pottier, Les vases archaïques à reliefs dans les pays grecs im Bulletin de correspondance hellénique XII, S. 508: »dans l'histoire de la céramique grecque depuis les origines jusqu'au Vᵉ siècle, il faut faire à la technique à reliefs une place importante ... il est probable qu'en bien des endroits elle a devancé la décoration peinte. En tout cas, elle a été pratiquée concurremment avec celle-ci pendant de longs siècles dans les pays grecs jusqu'au jour où la perfection du dessin donna aux vases peints une supériorité telle qu'elle fit négliger les autres procédés.« E. Pottier, Vases à reliefs provenant de Grèce in den Monuments grecs publiés par l'association pour l'encouragement des études grecques en France. Nᵒˢ 14—16, Années 1885—1888.

mehr für die Empfindung als für das Auge vorhandenen Winken hat sich das landschaftliche Bild zu einer landschaftlichen Idee verflüchtigt, die sich für aufmerksamere Organe darum nicht verliert, wenn sie wie Duft über dem Wesentlichen der Handlung schwebt. Die kunstvolle Auflösung der beiden geraden Kampfcolonnen in dem alterthümlichen Schema der kalydonischen Jagd und ihre Umformung zu einem Ringe von Kämpfern um den Eber (S. 106) ist wie ein Griff in eine neue Ordnung der Dinge. Summirt man vollends in der Vorstellung die vielen perspectivischen Neuerungen, welche durch das ganze Werk hin ausgestreut sind, die ausführlichen Quergliederungen der Stadt und der beiden Tempel, die sich vertiefende Kampfscene im Thorhofe von Troja, die zahlreichen Rücken- und Dreiviertelsichten, die scenische Verdeckung oder Ueberschneidung einzelner Figuren, so des wie aus einem Hohlwege hervorkommenden Esels, die kleineren Dimensionen der im Hintergrunde gedachten Gestalt des Zeus Hypsistos, die Schrägsicht der Wagen und Gespanne, die mannigfaltigen Verkürzungen der Waffen und Geräthe, die moderne Ummodelung selbst so untergeordneter Einzelformen, wie der von oben gezeichneten Cisterne der Meleagerjagd, der aufwärts verjüngten, in der Mitte einbiegenden und zugleich umkippenden Sturmleiter des thebanischen Frieses, so erhält man den Eindruck, als treibe in knospenhaften Ansätzen ein allgemeiner malerischer Frühling hervor, der nur kurzer Zeit noch bedürfe, um durch entscheidende letzte Erfindungen in Blüthe zu kommen.

Namentlich diese durchherrschenden perspectivischen Elemente haben für unsere an die Plastik des griechischen Mutterlandes gewöhnten Vorstellungen nothwendig etwas Befremdendes. Sie erscheinen charakteristisch für das grosse, nach Nord und Süd ausgreifende Gebiet ostgriechischer Kunst, das man nach seinen Hauptplätzen als ionisch zu bezeichnen pflegt, und geben Aufschluss über den Stand der Vervollkommnung, den die zeichnenden Künste etwa zur Zeit der letzten Perserkriege daselbst erreicht und von dort aus weiter verbreitet hatten. Wie im sechsten Jahrhundert hauptsächlich ionische Sculptur, hatte sich im fünften hauptsächlich ionische Malerei nach Athen verpflanzt, in hervorragenden persönlichen Leistungen, welche mit ihrem machtvoll treibenden Gedankenreichthume Alles aufregten, in der genialen Unruhe ihrer Sprache aber der harmonischen attischen Art nicht völlig zusagten und eben damit eine epochemachende Reform beförderten. Die Friese von Gjölbaschi lassen in ein dem Parthenon stilistisch vorausgehendes gährendes Entwicklungsstadium monumentaler Compositionen blicken und lassen begreifen, wie aus ihm heraus einerseits unter dem Ferment gewaltiger technischer Erfindungen, an die sich der Name des Atheners Apollodoros knüpft, wirkliche Malerei sich abklärte, andrerseits bei aller Herübernahme congenialer Motive in bewusster Ablehnung und Vereinfachung das vollendete Relief hervorging. Was auf der Kunststufe des Polygnot in gewissem Sinne noch vereinigt lag, sollte in Pheidias und Apollodor sich scheiden. Wie Dithyrambus und Drama aus gemeinsamer Wurzel entsprangen und zu eigenen Dichtungsarten erwuchsen, so haben sich in Athen Relief und Malerei zum ersten Male von einander befreit und zum ersten Male zu reinen selbständigen Kunstgattungen ausgestaltet, welche fortan getrennte Bahnen verfolgten. Erst in späterer Zeit, als die Darstellungsmittel beider Gattungen sich in alle Wege gesteigert hatten, und zwar, was zu beachten bleibt, nicht in Athen, sondern im hellenistischen Orient, fand eine Wiederannäherung des Reliefstiles an die Malerei statt, welche nach den überkommenen Proben die Züge einer historischen Rückbildung nicht ganz verleugnet.

Der Zusammenhang unserer Friese mit der gleichzeitigen Malerei ist schon in den Gegenständen gegeben. Fast überall hat die Erklärung auf Nachrichten geführt, die wir von dem Kreise des Polygnot besitzen. Bei dem Kampfe der Sieben um Theben liess sich auf den gleichen Vorwurf, welchen Onasias im Pronaos des Athenatempels zu Plataiai als Gegenstück zu Polygnot ausgeführt hatte, nur im Allgemeinen verweisen. Der Amazonenkampf des Theseus auf der Eingangswand und der damit gepaarte der Kentauren und Lapithen, an dem Theseus hervorragend betheiligt ist, lenkten den Blick auf die nämlichen Stoffe, welche den attischen Helden im Theseion malerisch verherrlichten. Eine Gruppe der Meleagerjagd verständlichte eine Stelle des Plinius über ein Bild des Aristophon, welches Ankaios und Astypalaia in offenbar analoger Situation zeigte. Bestimmtere Ueberlieferungen stellten für den prächtigen Leukippidenraub Aehnlichkeit mit dem Gemälde des Polygnot in dem Dioskurenheiligthum zu Athen heraus. Der in drei Theile gegliederte troische Fries der Westwand

32*

tauschte geschichtliches Licht mit den drei berühmten Gemälden des Mikon, Polygnot und Panainos, welche vereinigt die Langwand der Stoa Poikile zierten, und wieder war es ein Polygnotisches Werk, das soeben genannte von Plataiai, mit dem die Composition des Freiermords in unleugbaren Zusammenhang trat. Gilt es auch diese Beziehungen, welche bei der Dürftigkeit unserer sonstigen Kenntnisse meist auf ein unsicheres Maass von Verwandtschaft hinauslaufen, im Einzelnen nicht zu überspannen, so vereinigen sie sich doch in ihrer Gesammtheit zu einem verlässlichen Leitfaden.

Denn der Zusammenhang ist noch in anderen, bestimmenderen Dingen gegeben als in dem blossen Gegenstande. Das Bekanntwerden von Gjölbaschi hat genügt, um unmittelbar, zum Theile ehe noch eine Begründung dafür mitgetheilt werden konnte, die öffentlichen Gemälde Polygnots als Friese erkennen zu lassen. Klar ist dies zuerst von Reinhard Kekulé in der kunstgeschichtlichen Einleitung zu Bädekers Griechenland für die beiden delphischen Gemälde ausgesprochen worden. In der That leitet hier die beträchtliche Zahl der Figuren, welche anscheinend vollständig überliefert ist, und sich in beiden Gemälden ungefähr entsprach, in Verbindung mit den Angaben über ihre räumlichen Beziehungen auf eine weit überwiegende Längenerstreckung der Bildflächen, und mehr oder weniger alle strenger angestellten Versuche, die Beschreibungen des Pausanias durch Anschauungshilfen zu ergänzen, haben diesen Sachverhalt hervorgekehrt, man darf behaupten, um so überzeugender, je weniger ihren Urhebern seine Bedeutung zum Bewusstsein gekommen war. Mag man den Cyclus der Stoa Poikile im Reichthume seines Ausbaues noch so abweichend von den Darstellungen der Westwand vergegenwärtigen, so hat doch die aufgedeckte Gemeinsamkeit einzelner Motive, die typische Uebereinstimmung des Amazonenbildes, vor Allem das überraschende Entsprechen der Bestandtheile des Cyclus, ein Entsprechen, das sich nicht blos auf den allgemeinen Stoff der Gemälde, sondern auf ihre Zahl, die Art ihrer Abfolge, bis zu einem gewissen Grade selbst auf Einzelgliederungen erstreckt, auch für ihn den Friescharakter zu voller Wahrscheinlichkeit erhoben. Aus dieser künstlerischen Grundform erschloss sich dann die innere Eigenart der ganzen Gattung. Galt es doch nur einmal die Thatsache ins Auge zu fassen, dass Compositionen einer für öffentlichen Verkehr bestimmten Halle wegen ihrer Säulenstellungen und geringeren Tiefe immer nur theilweise, nie vollständig zu übersehen waren, um die nothwendige Folge zu verstehen, dass sie hiernach kein strenges architektonisches Gleichgewicht der Anlage, welches nur empfunden wird, wenn mit den Theilen zugleich das Ganze gegeben ist, sondern die Gesetzmässigkeit einer gewissermassen vegetabilischen Entwickelung nach Art hinwachsender Ranken zu entfalten hatten. Wie damit der Reiz einer sich allmälig aufrollenden Erzählung, eine gewisse Orientirung durch leise Unterscheidungen von Anfang und Ende, eine in der Phantasie fortwirkende Freiheit der Ausgestaltung mit ihren aus der Mitte verschobenen Höhepunkten gegeben war, ist bei dem troischen Kriege, der besonders dazu aufforderte, eingehender erörtert worden, und jetzt ist nur hinzuzufügen, dass im Gegensatze zu den mehr ornamental verlaufenden Darstellungen alle bedeutenderen Friese des Baues diese Eigenschaften in mannigfachen, durch den Stoff bedingten Variationen schwächer oder stärker wiederholen. Ebendeshalb hat man es sichtlich nicht mit vereinzelten Erscheinungen zu thun und wird eine bald kürzere, bald längere Friesform für die historischen Gemälde der älteren Zeit insgemein als das Natürliche vorauszusetzen haben. Wer geneigt ist, die Ueberlieferung unbefangen an dem gleichzeitigen Denkmälerbefunde zu prüfen, dürfte sich auch eingestehen, wie wenig eine Ausbreitung der Malerei auf die ganze Wand, zumal in kolossaler Figurengrösse, wie angenommen werden müsste, der Schlichtheit des älteren Decorationsstiles entspräche, wie wenig überdies die bescheidene Technik der überlieferten vier keramischen Farben: Schwarz, Weiss, Dunkelroth und Ocker (vielleicht noch Gold, S. 186, 1) dazu einladen mochte. »Nondum libebat parietes totos tingucre« bemerkt Plinius von Apelles und Protogenes, wie viel mehr mag dies von Polygnot zu gelten haben.

Den allgemeinen Friescharakter schränken dann noch besondere Aehnlichkeiten weiter ein. Unter diese zähle ich zunächst die Gliederung der delphischen Gemälde in zwei Figurenreihen, da ich die vorurtheilslos eindringende Interpretation des Pausanias, welche Otto Jahn gab, nicht widerlegt sehe und in der Hauptsache für nicht widerlegbar halte. Diese Ueberzeugung des Näheren zu begründen kann hier nicht der Ort sein. Nur die Bemerkung sei erlaubt, dass das aus der herkömmlichen Streifendecoration erwachsene Princip dieser Anordnung für das künstlerische Aussehen der Composition an und für sich noch sehr wenig lehrt, da es selbstverständlich die verschiedensten Grade der Durchführung von reliefartiger Strenge bis zu vollster malerischer Lockerung vertrug. Irre ich nicht, so sind auch in den Beschreibungen der Gemälde selbst solche Abstufungen noch zu verspüren. Während die Iliupersis, wie es scheint, sparsameren Gebrauch machte von dem System durchlaufender Bodenlinien, welches gewiss mit Recht als polygnotisch gilt und ein Hauptmittel abgab, die Gestalten neben- über- hintereinander in stimmungsvoller Isolirung vielsagend vorzuführen, ist dasselbe in der Nekyia, für die eine solche ideale Raumgliederung vorzüglich angemessen war und die man sich deshalb als das später Ausgeführte denken könnte, zu allseitiger Ausbildung gekommen. Aber auch da müssen, wenn wir den einzigen Führer, über den wir verfügen, nicht ganz beseitigen wollen, die einzelnen Gruppen, die er bald oben bald unten von einander scheidet, in einer sei es irgendwie durch die Technik oder anderweitig ersichtlichen Doppelreihung hervorgetreten sein. Eine Menge gleichzeitiger oder nicht viel späterer Gefässe, welche von Winter zusammengestellt und besprochen worden sind,[1] hauptsächlich Hydrien, kelchförmige Krater und Vasen von der Aryballos und Stamnos benannten Form, haben unmittelbar übereinander doppelte Compositionszonen, welche im Gegenstande bald getrennt, bald einheitlich gedacht sind. Diese Decoration ist auch aus früherer Zeit nachweisbar, tritt aber im fünften Jahrhundert so häufig und in so geschlossener fester Handhabung auf, dass man darin einen Reflex aus den oberen Regionen der Kunst vermuthen darf, und das in Fig. 149, 150 a, 150 b mitgetheilte neue Beispiel, welches den Typus unseres Todtengelages wiederholt, kann in dieser Auffassung bestärken. Auch mehrere etruskische Wandgemälde zeigen diese Anordnung,[2] desgleichen zwei attische Stelen aus dem Ende des fünften und dem Anfange des vierten Jahrhunderts, deren Darstellungen auch in anderen Hinsichten den nämlichen Zusammenhang verrathen.[3] In Gjölbaschi ist die Paarung der Friese selbst für die einreihigen Bilder festgehalten, offenbar als etwas Wichtiges, Gewohntes, nicht blos der Uniformität wegen, wozu auf der Stirn des Gebäudes keinerlei Anlass gewesen wäre. Wenn ich also alle angeführten Umstände genau erwäge, so finde ich mich nur einem neuen Momente gegenüber, welches das Heroon mit polygnotischer Malerei verbindet.

Auch eine Reihe besonderer Eigenthümlichkeiten der Vortragsweise wollen als Symptome dieser Verbindung beachtet sein. Die halben Schiffe der Griechenflotte zu Anfang des troischen Krieges weisen über die Darstellung hinaus wie in entgegengesetztem Sinne die abziehenden Gruppen der Stadtbelagerung bei dem Amazonenkampfe. Die Schlussgruppen der Meleagerjagd, welche wie Flügel an die mittlere Hauptmasse ansetzten, waren von einander abgekehrt und gegen den Rahmen zu nach aussen gewandt. Stärker noch ist das Auseinanderstreben der Enden in dem Leukippidenraube und dem thebanischen Friese betont. Aehnliche Freiheiten des Abschlusses laufen wohl auch in den Bildern der älteren Kunst gelegentlich mit unter, aber ohne näheres Interesse zu erwecken und ohne besondere Absichten zu verrathen. Hier sind sie, wie die öftere Wiederholung lehrt, zu einer bestimmten Sprachform der Composition erhoben und werden bewusst als ein ausgiebiges Kunstmittel gebraucht, um die Bildgrenze gleichsam durch eine Ueberraschung aufzuheben, das Sichtbare als Ausschnitt eines unbestimmten grösseren Zusammenhanges erscheinen zu lassen und die Phantasie zu weiterer Verfolgung desselben anzuregen. Vollkommen ähnlich verhalten sich hierzu die beiden delphischen Bilderfriese. Auch dort reichten einerseits das Schiff des Menelaos und der Nachen des Charon nach allen Analogien der entwickelteren Malerei, entgegen der früheren Weise, wie S. 234 bemerkt wurde, nur zu einem Theile in die Bildfläche herein, während die anderen Enden der Gemälde von einem entsprechenden Zuge in entgegengesetzter Richtung beherrscht waren, in der Iliupersis durch die auswandernde Familie des Antenor, in der Nekyia durch Sisyphos, der sich anstrengte, den Felsen auf den Hügel hinaufzutreiben, und durch

---

[1] Winter, Die jüngeren attischen Vasen, S. 12 f. Die Zusammenstellung lässt sich erheblich erweitern.

[2] Martha, L'art étrusque, S. 402. Ein im Conservatorenpalast zu Rom befindliches, noch unveröffentlichtes Fragment eines Wandgemäldes hatte die gleiche Disposition; es stellt auf gelbem Grund in zweierlei Roth und Schwarz mit aufgemalten altlateinischen Inschriften eine Stadtvertheidigung dar.

[3] Brückner, Mittheilungen des kaiserlich deutschen archäologischen Institutes XIV S. 404 f.

Tantalos, der zu dem hereinragenden Steine zurückschreckend emporblickte; denn wie für eine feinere Composition kaum anders vorausgesetzt werden könnte und die erhaltenen Nekyien ausdrücklich bestätigen, waren beide, Sisyphos wie Tantalos, aus dem Bilde hinausgerichtet und leiteten mit dieser ihrer Bewegung in das jenseitig Endlose der dunklen Unterwelt über.

Eine Sprachformel, die dem gleichen Gedanken in anderer Fassung dient, bilden die durchdachten Einleitungsgruppen der Griechenschlacht in der comparativ anwachsenden Bewegung ihrer zunächst anschreitenden, sodann laufenden, schliesslich fortspringenden Figuren. Diese Formel ist zu Anfang der Landungsschlacht (Tafel XXIV B 5) wieder angewendet, um drei Figuren erweitert, in einer dem verschiedenen Gegenstande angepassten Variation, welche für das Vorgehen des Componirenden ungemein lehrreich ist, und erinnert ihrem künstlerischen Sinne nach an die Eckgruppen des Parthenonfrieses mit ihrem unvergleichlichen Reichthume von allmälig an- und wieder abschwellenden Motiven. Man wird sie hiernach zu dem Bestande von Compositionsweisen zählen dürfen, welche Pheidias aus der Malerei seiner älteren Zeitgenossen übernahm, um sie in der ihm eigenthümlichen Weise zu vervollkommen und zu steigern. Wie berechtigt dieser Schluss ist, zeigt die S. 157 behandelte Nachricht über die in der Marathonschlacht dargestellten Plataier, welche im Beginne des Bildes in verschiedenen Graden der Schnelligkeit herzueilten, also die Idee der in Rede stehenden Einleitungsformel wiederholten.

Bemerkenswerth dünkt mich ferner, dass die delphischen Gemälde in Bezug auf die Verwendung nackter Formen eine verwandte Geschmacksrichtung verfolgt zu haben scheinen. Die Beschreibung des Pausanias, welche von jeder Figur das Hervorstechende anmerkt, erwähnt äusserst selten nackte Figuren, während sie weit öfter Bekleidung, Bewaffnung oder Trachtstücke, die auf mindestens theilweise Verhüllung schliessen lassen, hervorhebt; bei vielen Gestalten, von denen sie nichts sagt, ist ohnehin aus der Sitte der Zeit und der Kunst oder nach ihrer Situation an Bekleidung zu denken. Ausdrücklich als nackt finde ich nur bezeichnet das Knäbchen im Schoosse der eunuchenartigen Gestalt neben Medusa, den Aithiopenknaben neben Memnon, von den Leichnamen der Iliupersis allein Pelis, Epeios der die Stadtmauer von Troja zerstörte und vielleicht nicht einmal in ganzer Gestalt sichtbar war, während indirect Nacktheit sich ergibt für den sitzenden Daimon der Verwesung Eurynomos, der von schwarzer Farbe war, und wohl für den lokrischen Aias, bei dem wahrscheinlich eine schadhafte efflorescirende Stelle der Malerei im Hinblick auf seine Todesart die sophistisch alberne Bemerkung veranlasste, seine Hautfarbe sei wie etwa bei einem Schiffbrüchigen, der noch von Meerwasser triefe.[1] Die Beobachtung scheint mir um so begründeter, als Nacktheit von den Knaben hervorgehoben wird, für die sie sich doch nach stehender Gewohnheit von selbst versteht, so dass man den Eindruck einer Ausnahme erhält. Jedesfalls würde sich die vorausgesetzte Erscheinung im Gegensatze zu attischer Art trefflich erklären durch den Zusammenhang Polygnots mit ostgriechischer Kunst, welche in dieser Hinsicht immer von orientalischer Sitte und Auffassung abhängig oder beeinflusst war. Aus demselben Productionsgebiete stammen, wie Furtwängler überzeugend dargethan hat, die berühmten in Südrussland gefundenen Goldreliefs, die sich durch Prüderie in der Verwendung der Gewänder auszeichnen, und gerade diese Darstellungen sind es, welche zu der gleichen auffälligen Erscheinung in dem auf Polygnot zurückgehenden Freiermorde die einzige mir bekannte genaue Analogie aus gleicher Zeit liefern (vergl. namentlich Fig. 143). Da sie sich auch ausserdem in vielfachen Motiven mit den Friesen von Gjölbaschi berühren, so scheint die seltsame Scheu vor nackten Formen nicht etwa nur, wie ich früher annahm, als eine Accommodation an örtliche Sitten betrachtet werden zu dürfen, sondern den Kunstkreis zu charakterisiren, aus dem sie hervorgingen. Es sind vor der Hand allerdings nur Symptome, mit denen man es zu thun hat, aber bei der Seltenheit der Sache gewinnen sie erhöhte Bedeutung.[2]

[1] Ephimeris archaiol. 1887, S. 128. Der Ausdruck ἐπανθούσης τῆς χροιᾶς ἐπὶ τῆς ἄχρης ist Imitation von Herodot II 12 ἅλμη ἐπανθέουσα, der damit das ägyptische Phänomen bezeichnet, wonach sich der natronhaltige Boden beim Verdunsten des Salzwassers mit krystallinischen Gebilden wie mit einem Reife überzieht. Ein derartiges Effloresciren ist hin und wieder an weissgrundigen Malereien zu beobachten, so namentlich stark an der Prothesislekythos des österreichischen Museums in Wien, übrigens zuweilen auch sonst am Thone antiker Vasen.

[2] Beispiele von decenter Gewandbehandlung hat Wieseler, Göttinger gelehrte Anzeigen 1876, S. 1489 f., zusammengestellt und dabei der russischen Funde gedacht. Die ionische Fabrication der Letzteren erwies Furtwängler. Der Goldfund

Mit einem Wort sei schliesslich noch auf die meist schon früher besprochenen Umstände zurück-
verwiesen, welche den Malereien der polygnotischen Zeit ein ähnliches Mass von Perspective zuer-
kennen. Allem Anscheine nach erfanden die Maler dieser Zeit zuerst die Dreiviertelwendung der
thronenden Gestalten, die Schrägsicht der Geräthe, der Wagen und Gespanne, das Motiv der Bodenerhöhungen in den Kampfscenen, das sich bald zu einem compositionellen Netze örtlich berechneter
Bodenlinien erweiterte; entsprechende Tempel- und Stadtveduten wären früher unerhört. Hin und
wieder liessen sie auch eine perspectivische Deckung von Figuren zu, wie sie den Leukippidenfries und
die Stadtbelagerung gelegentlich belebt. Als ein keckes Durchbrechen der Regel erschien einmal der
nur mit dem Kopfe hinter dem Berge vorsehende Butes, in der Halle des Anakeion wie es scheint, εἰς
ἐλαχίστου τοῦ σώματος, wie Diogenian sagt, ein Umstand, der den attischen Volkswitz herausforderte. Nur
einmal, und mit dem gleichen Ausdrucke εὐὲ ἐλάχιστον εἴδωλον, erwähnt Pausanias in der delphischen
Lesche etwas Aehnliches an dem hingestreckten Tityos, der gewiss von einer Bodenwelle theilweise
überschnitten war, etwa wie der liegende Niobide auf dem Pariser Argonautenkrater, dessen Bedeutung
für die polygnotische Frage von Robert und nach ihm von Winter gewürdigt worden ist.

Mehr als alles Einzelne und Formelle steht aber der poetische Gehalt und die ganze Geistesart
dieser Kunst zu Polygnot. Geschichtlich treten alle ihre Werthunterschiede zurück vor dieser inneren
Verwandtschaft, die uns in gewissem Sinne für das verlorene Grössere entschädigt. Es ist Leben vom
Leben Homers und aus der Fülle der älteren Poesie, die den Grund für die weltgeschichtliche Ge-
sittung des Griechenthums legte, was ihren Ruin verklärt und in einen Schatz verwandelt, zu welchem
Forschung und Genuss vereinigt immer wieder zurückkehren. So unmittelbar scheint Alles episch, und
von der umgestaltenden Kraft des attischen Dramas ist auch nicht der leiseste Hauch noch zu spüren.
Ueberblickt man den ganzen Reichthum, der in den verschiedensten Situationen das dichterische Ideal
eines Theseus, das Heldenthum der Dioskuren, das vereinte Wagniss von Meleager und Atalante und
an auserlesenen Stoffen der Kyprien, der Aithiopis, der Odyssee, der Thebais, die Thaten so vieler
anderer sagenberühmter Heroen schilderte, so erschliesst sich ein epischer Cyclus von einer Grösse und
Reinheit, an die kein zweites Denkmal unserer Ueberlieferung heranreicht. In allen Theilen dieses
Cyclus aber ergibt sich die nämliche schlichte Treue im Darlegen des Factischen, welche Polygnot zu
einem Homer der Malerei erhob, und eine ähnliche Fähigkeit, aus dem Flusse der dichterischen Erzählung das bildlich Fruchtbare herauszugreifen, in ein neues Sprachgefüge umzuordnen und mit über-
raschenden Bezügen, in denen ganze Reihen poetischer Erinnerungen aufleben, zur Einheit einer eben-
bürtigen Kunst abzurunden.

Die Bedeutung, welche der Bilderkreis an dem Orte seiner Verwendung erhielt, an griechischen
Ueberlieferungen und verwandten Denkmälern näher zu verfolgen, wäre eine lohnende Aufgabe, die
indessen über den Rahmen eines Commentars hinausführen würde. In der Hauptsache ergab sich die Bedeutung schon aus dem Vergleiche des Heroon von Xanthos, und auch geringere Monumente von gleicher
oder ähnlicher Bestimmung, welche zeitlich dem nämlichen Culturkreise angehören, sind geeignet sie
zu bestätigen. Ein solches ist der alterthümliche Sarkophag von Golgoi, der auf den beiden Langseiten
ein Todtengelage und eine Jagddarstellung, auf den beiden Schmalseiten das Bild des bestatteten Heros
in vornehmer Erscheinung zu Wagen wie auf dem bekannten xanthischen Friese und das Bild seines
Ahnherrn Perseus in dem Ruhme seiner ritterlichsten That zeigt. Was hier in eine kürzeste Formel
zusammengedrängt ist, die persönliche Abkunft, die Standesweisen und Geschlechtsehren des Todten,
seine Blutsgemeinschaft mit dem alten ehrwürdigen Adel der Nation, der in den herrlichsten Gesängen
fortlebte und auf den Inseln der Seligen einer Vereinigung genoss, in welche einzutreten auch ihm
verheissen war, dieser allgemeinste panegyrische Sinn und Zusammenhang der cyclischen Schilderung,
welcher nach Sitte und Religion auf aristokratischen Gräbern in immer neuen Formen wiederholt

---

von Vettersfelde, S. 43. Weiter beleuchtete den Sachverhalt Fr. Hauser, Die neuattischen Reliefs, S. 126, der auch Gjölbaschi
richtig einbezog. Vergl. Helbig, Das homerische Epos², S. 427; Studniczka, Beiträge zur Geschichte der griechischen Tracht,
S. 56; Perrot et Chipiez, Histoire de l'art II S. 514 f. Ein seltenes Beispiel decenter Gewandzeichnung aus früherer Zeit
ist der Geranostanz in dem Ariadnestreifen der Françoisvase.

wurde und selbst in den zu mythologischem Ornament erstarrenden Amazonen- und Kentaurenkämpfen spätgriechischer Grabstelen nicht ganz untergeht, hat sich in der Fülle von Gjölbaschi lediglich vielseitiger getheilt und voller ergossen. Ob daneben ein Gedankenfaden besonderer Art die einzelnen Theile verband, ob sie der Stifter des Heroon nach stofflichen Interessen, etwa im Hinblick auf nähere Beziehungen seines Geschlechtes auswählte oder die bestellten Künstler nach formellen Rücksichten ihrem Vorrathe entnahmen, werden Verschiedene verschieden beurtheilen und bleibt für mich eine offene Frage.

Eine offene Frage fast wie die andere nach der Herkunft der Künstler. Die Bildhauer des Nereidenmonuments gelten für Lykier, die sich in Athen gebildet hatten und einen Abglanz der perikleischen Epoche, so gut sie vermochten, in ihre bescheidene Heimat übertrugen. Aber der Werth ihrer Leistung ist vielfach unterschätzt und Manches von dem, was provinzial an ihr erschien, ist Eigenart ostgriechischer Kunst überhaupt, welche im Verhältniss zur attischen trotz aller zunehmenden Wechselbeziehungen noch die Selbständigkeit einer parallelen Entwicklung behauptete. Ich räume ein, dass der harte Eindruck, den wir von dem prähistorischen Elende der heutigen Bevölkerung und der Verkehrsnoth ihres weglosen Alpenlandes erlebten, nicht ohne Weiteres zum Masstab für die antike Cultur genommen werden darf. Indessen kann es kaum Zufall sein, dass Lykien in der Ueberlieferung von griechischer Kunst keine Rolle spielt. Die einzige Bildhauerinschrift, die wir besitzen (Fig. 11), steht auf einer unscheinlichen späten Stele; Protogones stammte nach Einigen aus Xanthos, schlug jedoch in Rhodos seinen Kunstsitz auf, und Bilder des Zeus und Apollon (vergl. S. 37, 1) von Pheidias oder Bryaxis Hand sollen sich in Patara befunden haben: das dürfte so ziemlich Alles sein. Vergegenwärtige ich mir die ausgedehnten lykischen Trümmerstätten mit ihrem völligen Mangel von Marmor, die seltenen Reste von Steinbauten aus älterer Zeit, die allgemeine Armuth der architektonischen Gliederungen, das gänzliche Fehlen von hellenistischen Sculpturen, so will mir eine irgend erhebliche einheimische Kunstblüthe auch heute noch schwer erweislich erscheinen. Denn wie die analogen Verhältnisse von Samothrake und Phigalia lehren und wie an sich überall das Natürliche ist, werden mit dem kostbaren Materiale des Nereidenmonumentes auch die fertigstellenden Künstler zugewandert sein, möglicher Weise von dem nächsten Weltplatze der griechischen Kunst, von der Insel Rhodos, für deren frühe Cultur Lykien, wie später für ihre Politik die zugehörige Peraia war. Eine ähnliche Zuwanderung möchte ich auch für Gjölbaschi voraussetzen und in den stilistisch sehr merkwürdigen Sculpturen von Myra nur unvollkommenere Beispiele derselben Kunstrichtung aus gleicher oder älterer Zeit erkennen. Die ganze Frage ruht indessen besser, bis sie durch neues Material ein anderes Fundament erhält. Jedenfalls ist der Grundstock der mythologischen Compositionen nicht in Lykien erwachsen. Dass die Künstler einigermassen von Vorlagen abhängig waren, scheinen auch die leeren Stellen an den Enden des thebanischen Frieses und der Landungsschlacht, vielleicht selbst die leere Stelle bei Penelope, wo indessen Malerei möglich wäre (vergl. S. 102), zu beweisen.

Ohne Einwirkungen mutterländischer, insbesondere attischer Kunst freilich ist kein ostgriechisches Denkmal dieser Zeit zu denken. Das Heroon erinnert an den Peribolos mit dem Freiermord in Korinth (S. 105, 2) an das reliefgeschmückte Aiakeion auf Aigina, vor Allem an das von Kimon gestiftete Theseusheiligthum in Athen, dessen berühmte Gemälde die Umfassungsmauern des Heroengrabes in umlaufenden Hallen verziert haben mögen wie die Friesreliefs in Trysa.

Seit Kimon und der für diese Gegenden besonders epochemachenden Schlacht am Eurymedon gehört Lykien zum delisch-attischen Bunde, um kurz darauf, während des Samischen Krieges, auf lange wieder der persischen Macht zu verfallen. Auf diese Wiedereroberung bezieht sich das hoch ins fünfte Jahrhundert reichende Epigramm der wichtigsten lykischen Urkunde, der Columna Xanthiaca. Darnach setzte der erobernde Harpagide Subregenten zur Befestigung der Königsherrschaft ein: πολλοὶς τεγγάνεῖσι δῶκε μέρος βασιλήας, wie in einem an Guerillakrieg gewohnten Lande natürlich war. Im Thorschmuck kündigt sich ein höfischer Bezug des Heroonstifters an (S. 70). Vielleicht führte dieser den persischen Hoftitel eines Syngenes und war einer jener Subregenten. Die Zeit würde stimmen und es ist jedenfalls Pflicht auf diese Möglichkeit hinzuweisen.

REGISTER.*

* Die Herstellung der Register danke ich der freundlichen Beihilfe Wolfgang Reichels.

Verzeichniss der Tafeln

und der zugehörigen Textstellen.

183. Friesfragmente aus Marmor im Kentrikon-Museum zu Athen.

Verzeichniss der Abbildungen im Texte.

34*

Druckfehlerverzeichniss.